신약신학

신약신학

초판 1쇄	2008년 6월 9일
초판 2쇄	2010년 3월 17일
증보판	2016년 3월 28일
지은이	송영목
펴낸곳	도서출판 생명의 양식
등록	1998년 11월 3일. 제22-1443호
주소	06593 서울특별시 서초구 고무래로 10-5 (반포동)
전화	(02)533-2182
팩스	(02)533-2185
편집디자인	김희년
ISBN	978-89-88618-85-1 (93230)
가격	30,000원

이 책은 저작권법에 의해 보호를 받는 출판물입니다.
기록된 형태의 저자의 허락이 없이는 무단 전재와 복제를 금합니다.
www.kosinbook.com

증보판

신약신학

송영목 지음

생명의 양식
THE BREAD OF LIFE

머리말

  2008년에 신약신학 초판이 발행된 이후 증보판이 나오기까지 8년이 흘렀다. 이 8년 동안 신학의 발전에 발맞춰 신약신학 연구도 진일보해 왔다. 초판에서 다룬 40개 주제 가운데 10개만 이번 증보판에서 그대로 수록하고, 새로운 주제 24개를 추가하였기에 초판을 70%나 개정했다.

  필자가 8년 동안 학술지에 게재한 논문들을 중심으로 엮어진 이번 증보판이 역점을 둔 주제는 다음과 같이 분류된다: (1) 삼위 하나님의 인격과 종말론적 사역, (2) 구원계시사, (3) 신약의 구약 사용, (4) 출애굽주제, (5) AD 1세기 상황과 신약성경이 1차 독자에게 미친 효과, (6) 바울의 새 관점 비평, (7) 일반서신의 몇 가지 주제 연구, (8) 미래종말론에 대한 오해 비판 및 대안 제시, (9) 수사학적 분석, (10) 헬라어 본문 강독의 체계적 원리, (11) 20-21세기 개혁 신약신학의 회고와 전망, (12) 한국의 현실 문제에 대한 해법 제시, (13) 신약 메시지의 한국교회에 적용.

위의 13가지를 다시 묶으면 크게 5가지다: **(1)** 구원계시사(기독론, 성령론, 신약의 구약 사용, 출애굽 주제, 20-21세기 개혁 신약신학, 계시록의 부분적 과거론), **(2)** 현대 신약 주제에 대한 평가(바울의 새 관점), **(3)** 종말론(감람산강화, 세대주의 비평, 요 14장의 거주지), **(4)** 헬라어 본문 분석(수사학, 헬라어강독), **(5)** 한국 상황(세월호 구속하기, 예배, 화해-소통-공존).

현재까지 필자의 주요 관심 분야는 계시사, 종말론, 이슈가 된 주제에 대한 평가, 헬라어 본문 분석, 그리고 한국의 변혁이다. 눈물이라는 신약학 방법으로써 세상을 하나님 나라로 변혁시키기 위해 새롭게 연구해야 할 분야에 매진하도록 자비와 지혜의 하나님께 은혜를 구한다. 그리고 국내외 여러 스승님, 사랑하는 고신대 학생들 그리고 '생명의 양식'에 깊은 감사를 표한다.

'세계의 명품 기독교 대학'을 추구하는
고신대 연구실에서 오륙도와 태평양을 내다보면서
2016년 四旬節에 송영목

차례

제1부 공관복음 신학
01 감람산강화의 전환적 부분적 과거론적 해석 — 013
02 예수님의 제자들과 마태공동체의 관련성: 마태복음 23:34를 중심으로 — 041
03 공관복음의 신명기 인용 비교 — 061
04 누가복음의 세 찬송이 한국교회의 찬송에 주는 함의 — 093
05 공관복음의 악령 들린 사람의 치유 사건 비교 — 123

제2부 요한복음 신학
01 요한복음 3:30에 나타난 세례 요한의 겸손과 예수님의 인격 — 143
02 요한복음의 구원론 — 153
03 요한복음 7:38의 구약 사용 — 175
04 간음하다 잡힌 여자 사건에 나타난 예수님의 선지자로서의 정체성 — 197
05 요한복음 14장의 거주지의 성격 — 225

제3부 사도행전 신학
01 사도행전 12장의 베드로의 출애굽의 계시사적 해석 — 251
02 누가와 시인의 계시사적 대화: 사도행전에 나타난 시편 — 257
03 사도행전 19장의 종말론적 변혁자 성령님 — 285
04 사도행전 23-24장의 법정적 수사학 — 303

제4부 바울신학

01 칼빈의 신약의 구약 사용 이해: 고린도전서 2:9를 중심으로 313
02 에베소서 1-2장의 삼위완결적 해석과 교회완결적 적용 329
03 디모데전서 5장의 과부 357
04 OPP vs NPP 377
05 목회서신에 나타난 율법관: 바울의 새 관점과 비교하며 409

제5부 일반서신 신학

01 고난 중의 소망: 목회서신과 히브리서를 중심으로 441
02 소통, 화해, 공존: 베드로전서와 요한계시록을 중심으로 455
03 헬라어강독을 위한 하나의 샘플: 베드로전서 1:3-12를 중심으로 479

제6부 요한서신과 요한계시록 신학

01 요한공동체의 삶의 정황 503
02 요한서신의 구원론 513
03 요한서신의 삼위 하나님과 윤리 519
04 요한계시록에 나타난 예배 527
05 요한계시록의 세대주의 전천년설과 역사적 전천년설 비평 547
06 요한계시록의 구원론 581
07 부분적 과거론과 이상주의적 해석 비교 611

제7부   기타 신약 논문

01 세월호 재앙을 구속하기: 신약의 관점에서   651
02 개혁파와 장로파의 '신약의 구약 사용' 이해와 의의
    : 존 칼빈, 존 낙스, 제네바성경(1560)을 중심으로   669
03 20세기 개혁주의 신약신학 : 헤르만 리덜보스, 리챠드 개핀 2세,
    야콥 판 브럭헌 그리고 안드리 두 토잇을 중심으로   697
04 21세기 개혁주의 신약신학의 흐름: 복음서, 사도행전,
    바울서신, 베드로서신, 요한계시록 및 신약 종말론을 중심으로   715
05 신약성경의 예배에서 배우기   743

Theology of the New Testament

제1부

공관복음 신학

01 감람산강화의
전환적 부분적 과거론적 해석

들어가면서

한국교회의 미래 종말론적 편향성은 성도의 삶에서 긴박성을 빼앗아 가며, 삶의 피상성을 강화시키는 요소가 되어 왔다.[1] 이런 미래적 해석에 대한 오해가 발생하는 신약 본문들 가운데 가장 대표적인 것이 공관복음에만 등장하는 감람산강화(the Olivet Discourse)이다(마 24-25; 막 13; 눅 21). 여전히 감람산강화를 연구하는 다수의 신약학자들과 이 본문으로 설교하는 설교자들은 예수님의 최종 파루시아 직전에 일어나는 환난을 중심으로 미래적이며 문자적인 해석을 하고 있다. 이런 이해는 정당한가?

---

1) 이 글은 『신약연구』 6(2007, 3), 493-525에 게재되었다. 황창기교수(1981:3)의 신학석사논문에서 이것과 관련된 상세한 주장을 볼 수 있다. 그는 예수님의 초림과 오순절 성령의 강림 그리고 주님의 최종 파루시아보다는 덜 중요하지만, 매우 중요한 계시사적 사건인 AD 70년 사건의 중요성에 입각하여 신약 전반을 연구하려는 입장을 보인다. 그 결과 그는 신약의 지배적인 종말론의 시간적 틀인 '이미 그러나 아직 아니' 중에서 '이미'를 강조하는 경향이 짙으며 M. Kik처럼 '승리의 종말론'을 주창한다. 참고. C.K. Hwang, *The Significance of the Destruction of Jerusalem(A.D. 70) in the Synoptic Gospels* (Th.M. Thesis, Philadelphia: Westminster Theological Seminary, 1981), 3.

이 글에서는 마태복음 24장의 감람산강화를 구원계시사적인 석의와 투영(transparency)의 원칙을 따라서 살펴보면서, 전환적 부분적 과거론(the transitional partial preterism)의 정당성을 찾아보고자 한다.[2] 이를 위해서 마태복음 24장의 구조, 문맥, 주제의 전환, 계시사적 의의, 반(反) 로마적 메시지, 그리고 오늘에의 적용을 차례로 살펴볼 것이다. 감람산강화의 전환적 부분적 과거론적 해석은 마태복음은 물론, 마태복음 24장과 간(間)본문성(intertextuality, 상호텍스트성)을 보이는 구약의 선지서와 신약 전반에 올바른 종말론적 관점을 제공할 것이다.[3]

1. 감람산강화의 표층 구조 및 언약적 구조

1.1. 담론분석을 통해서 본 감람산강화의 표층 구조

절	콜라	제목	관계
1-2	1-7	제자의 성전에 관한 진술과 예수님의 파괴 예언	서론: 진술과 대답
3	8-11	어느 때, 주의 임하심과 세상 끝의 징조는?	제자들의 질문
4-14	12-35	주님의 임하심의 징조들	예수님의 답변 1
15-28	36-60	큰 환난과 징조들	답변 2
29-31	61-71	우주적 징조들	답변 3
32-35	72-79	무화과나무의 비유	답변 4

---

2) '부분적 과거론'(partial preterism)은 계시록의 경우 계 1-19장은 AD 70년경의 유대-로마전쟁과 로마 제국의 혼란상을 배경으로 하는 하나님의 심판과 구원으로, 반면에 계 20장 이후는 예수님의 최종 파루시아로 임할 세상의 미래 종말적 완성을 다루는 것으로 본다. 즉 계시록 안에 요한 당시인 AD 1세기 사건과 불특정 미래의 사건이 혼합되어 있다는 것이다. 이 특징은 간본문적 관점에서 볼 때 감람산강화에서도 나타난다. 부분적 과거론의 한 줄기인 '전환적 부분적 과거론'은 계 1-12장까지는 주로 AD 70년 사건을, 계 13-19장까지는 하나님의 로마에 대한 심판을, 계 20-22장은 초림과 재림 사이의 천년왕국과 주님의 최종 파루시아로 임할 하나님 나라의 완성을 다루는 것으로 본다. 참고. 송영목,『요한계시록의 신학』(서울: 성광문화사, 2007), 82.

3) '미래적'(futuristic), '이상적'(idealistic), 그리고 '철저과거적'(consistent preterism) 해석은 본문을 오늘날 적용할 때 일부 유용할 뿐이다.

36–41	80–90	노아의 때와 같은 인자의 임함	예수님의 다른 차원의 답변: 세상 역사의 마지막
42–51	91–109	충성되고 지혜 있는 종처럼 깨어있으라	마땅한 반응

이것을 크게 분류하면 다음과 같다:

(1) 제자들의 돌 성전에 관한 진술과 예수님의 대답(1-35절)
(2) 세상 역사 마지막에 대한 주님의 가르침(36-51절)

이것을 세분하면 다음과 같다:

(1) 돌 성전 건물을 본 제자와 성전의 파괴를 예언하는 예수님(1-2절)
(2) 예수님의 예언에 대한 제자들의 질문(3절)
        (a) 돌 성전 파괴는 어느 때에 일어납니까?
        (b) 주님의 임하심과 세상 끝의 징조는 무엇입니까?
(3) 제자들의 질문에 대한 예수님의 답변 1(4-14절)
        사람의 미혹을 받지 않도록 주의하라(4-5절)
        재난/사회적 대 환란의 시작: 난리, 전쟁, 기근, 지진(6-8절)
        외부인에 의한 핍박과 결과(9-10절)
        거짓 선지자들의 미혹과 결과(11-13절)
        만국에 복음이 전파됨(14절)
(4) 제자들의 질문에 대한 예수님의 답변 2(15-28절)
        멸망의 가증한 것을 보면 속히 도망가라(15-22절)
        적그리스도의 활동(23-26절)
        인자의 임함과 결과(27-28절)
(5) 제자들의 질문에 대한 예수님의 답변 3(29-31절)
        우주적 징조들(광명체의 빛을 잃음)과 인자의 임함(29-31절)

(6) 제자들의 질문에 대한 예수님의 답변 4(32-35절)

    무화과나무의 비유(32-33절)

    이 세대 안에 이루어져야 함(34-35)

(7) 다른 차원의 답변: 세상 역사의 마지막(36-41절)

    노아의 때와 같은 인자의 최종 오심 그리고 남은 자(36-41절)

(8) 마땅한 반응(42-51절)

    충성되고 지혜 있는 종처럼 깨어 있으라(42-51절)[4]

1.2. 감람산강화의 개략적인 언약적 구조:[5]

(1) 서언(왕의 칭호): '예수님께서 대답하여 가라사대'(마 24:2, 4)

(2) 역사적 서언: 큰 왕이 작은 왕에게 해 준 일의 진술(마 23:37)

(3) 언약 조항: 마태복음 24:13, 44 그리고 마태복음 25장의 비유 등에 나타난 '하라/하지 말라'

(4) 복과 저주: 마태복음 24:40-51의 '남은 자는 주인의 모든 소유를 맡음/ 그렇지 못한 자는 주인에게 맞아서 이를 갈게 됨'

(5) 증인을 부름: '내 말'(마 24:35)

따라서 감람산강화는 대왕이신 예수님과 신하인 그의 백성 된 제자들이 새 언약을 체결하는 방식으로 전개된다. 즉 언약의 전환 사건인 임박한 돌 성전의 파괴와 구원 계시의 종결 사건인 예수님의 미래적인 최종 파루시아를 핵심으로 하는 언약 체결문으로 볼 수 있다.

---

4) 마태복음의 권위자인 옥스퍼드대 R.T France도 최종 파루시아를 다루는 36절에서 주제의 전환이 있다고 본다. 또한 그는 막 13장의 경우 32-37절에서 예루살렘 파괴가 아니라 주님의 최종 파루시아를 다룬다고 본다. 참고. R.T. France, *Matthew. Tyndale Commentary* (Leicester: IVP, 1995), 347; T.R. Hatina, "The Focus of Mark 13:24-27: The Parousia, or the Destruction of the Temple?", *Bulletin for Biblical Research* 6(1996), 50도 참고하라.

5) C. Vanderwaal,『성경 언약 연구』(서울: 나침반사, 1995), 195-222.

2. 감람산강화의 주요 구절에 대한 구원 계시사적 석의와 주제의 전환

예수님의 공 사역 말기에 행하신 감람산강화는 마태복음 24-25장, 마가복음 13장, 그리고 누가복음 21장에 등장하지만 요한복음에는 빠져 있다.[6] 감람산강화에 대한 두 개의 극단적인 의견이 있다. 하나는, AD 132-135년경의 하드리안 황제 치하에서 발발한 바 코흐바 반란(Bar Kochba Revolt)의 상황과의 유사점으로 인해, 감람산강화에 나타난 예루살렘의[7] 멸망에 대한 예언을 실제 멸망 후에 회상하는 것(prophetia ex eventu)으로 간주하는 의견이다(예. H. Detering). 다른 극단은, AD 37-41년 갈리굴라 황제 치하에서의 위기를 배경으로 한다는 견해이다(예. G. Theissen). 이 두 견해는 극단적인 견해로서 추상적인 추론에 근거한 것이기에 학자들의 지지를 얻는 데 실패했다. 분명한 것은 예루살렘 멸망에 대한 (가까운) 미래적 예언을 염두에 둔다면 AD 70년 이전 즉 AD 60년대 중순을 마태복음의 기록 연대로 보지 않을 이유는 없다.[8] T. Colani(1864)와 W. Weiffenbach(1873)에 의해서 '소 묵시록'(little apocalypse)이라 불린 감람산강화는 묵시적 특징을 일정 부분 가진 성경 예언의 한 부분이므로,[9] 단지 세상 끝 날

---

6) 요한복음에 빠진 이유를 '정경론적 해석의 입장'(canonical approach)에서 진단해보면, 아마도 사도 요한은 계시록에서 본격적으로 그리고 길게 감람산강화를 다루고자 의도했을 수 있다. 이미 18세기에 계시록을 감람산강화의 간본문적 빛 속에서 해석하는 동시에, 네로 황제의 박해 상황으로 이해한 이도 있었다(예. Firmin Abauzit, 1679-1767).

7) 신약에는 두 가지 형태로 '예루살렘'을 언급한다. 하나는 헬라형식인 Ἱεροσολύμα이고 다른 하나는 유대형식인 Ἱερουσαλήμ이다. 마가복음과 요한복음에서 오직 지상의 도시를 가리킬 때만 Ἱεροσολύμα가 사용되었지만, 히브리서와 계시록에서는 천상적이며 종말론적인 도시를 가리킬 때 Ἱερουσαλήμ이 사용되었다. 바울은 갈 4:25-26에서 이런 구분에 동의하지만, 예루살렘(Ἱερουσαλήμ)의 의미를 풍유적 사물로서(allegorical figure)의 지상의 도시를 포함하는 것으로 확대시킨다. 마태복음, 누가복음, 사도행전에서는 이러한 일반적인 구분이 견지된다(예. 마 23:37). 결론적으로, Ἱεροσολύμα는 거의 어떤 것이 암시되어 있지 않는 통상적인 도시의 헬라적 이름으로 사용되는 반면에, Ἱερουσαλήμ은 히브리적이며 신학적인 요소가 있거나 아니면 암시된 곳에서 규칙적으로 사용된다고 할 수 있다. 그렇다면 Ἱερουσαλήμ의 성경 상징주의적이며 계시사적인 의미에 주목하는 것은 유용하다. 참고. Hwang, *The Significance*, 6-7.

8) H.N. Ridderbos, *Mattheüs* (Kampen: Kok, 1965), 15.

9) 감람산강화에는 묵시문헌에서 볼 수 있는 익명성, 천상의 여행, 그리고 국가적 이스라엘의 구원

에 일어날 미래적인 예언만 담고 있는 것이 아니기에, 예수님 당대와 복음서 수신자를[10] 고려하면서 언약적이며 구원계시사적으로 이해되어야 한다.[11]

은 등장하지 않고, "끝은 아직 아니다"(마 24:6)라는 시간 개념도 상이하다. 참고. C.S. Keener, *A Commentary on the Gospel of Matthew* (Grand Rapids: Eerdmans, 1999), 565.

10) 마태를 비롯한 복음서 기자들은 확실한 역사성을 가진 예수 그리스도의 복음이라는 소위 '신적 세계'를 알고 있다. 로마 제국이라는 큰 틀 속에 위치한 마태 자신이 속한 기독교 공동체는 바로 이 신적 세계를 이상적인 상징세계로 삼아서, 신적 세계가 자기 공동체 안에 반영되도록 한다. 이러한 투영/반영의 원리는 복음서의 공동체가 초월적 실재와 상응함을 전제로 한다. 여기서 주의할 것은 '상징 세계'(symbolic world)라는 말이다. 복음서의 상징 세계는 영생을 누리는 평등하고 포괄적인 하나님 나라인데, 이것을 단순히 상징으로만 볼 수 없고 실재(reality)로 보아야 한다. 그러므로 상징 세계는 이상적인 믿음의 세계이지만 실재이다. 여기서 논하는 '투영의 원칙'은 단순히 인간 마태의 '투사'(projection)가 아니라 신적 '반영'(reflection)임을 전제로 한다. 참고. 서중석,『복음서의 예수와 공동체의 형태』(서울: 이레서원, 2007), 7, 112, 120. 반석 위에 지은 사람과 모래 위에 지은 사람(마 7:24-27), 알곡과 가라지(마 13:24-30), 좋은 고기와 나쁜 고기(마 13:47-50), 지혜로운 처녀와 어리석은 처녀(마 25:1-13), 두 달란트와 다섯 달란트를 남긴 자와 한 달란트 그대로 가지고 있었던 자(마 25:14-30)에서 볼 수 있듯이 마태공동체 안에는 상이한 두 부류의 그룹이 혼합된 공동체(corpus mixtum)로 보여진다. 따라서 마태공동체가 감람산강화 다음에 등장하는 마 25장의 양과 염소의 심판의 비유를 읽고 들을 때 마 25장 이전의 모든 대조적 말씀들을 기억하면서 긍정적인 인물들과 동일시하면서 이해했을 것이다.

11) 여기서 몇몇 주요 주석가들의 감람산강화에 대한 입장을 살펴보자. 윌리엄 바클레이(W. Barclay)는 마태가 복음서를 기록할 때 주제별로 집성한 것에 주목하면서, 미래에 있을 '서로 다른 국면'을 가진 사건들을 마 24장에 모아 놓았다고 본다. 그리고 마 24:6-8, 29-31은 죄악과 고통으로 가득한 현 세대를 마감하고 구원의 오는 세대를 가져다주는 진통과도 같은 '주의 날'을 묘사하는 것으로 본다. 그리고 마 24:3, 14, 27-28, 32-41은 최종 파루시아를 가리킨다고 본다. 참고. W. Barclay,『마태복음 (하)』(*The Gospel of Matthew*. Vol. 2, 황장욱 역, 서울: 기독교문사, 1993. 13판[1956]), 436-37. 윌리엄 바클레이의 입장을 따르는 마이클 그린(Michael Green)은 마 24:2은 예루살렘 성전의 파괴에 대해서, 3절은 세상 만물의 종말에 관한 말씀으로 본다. 그에 따르면 이 두 주제는 서로의 성격을 이해하도록 서로 도와준다. AD 70년 사건이 유대인의 종말이라면 최종 파루시아는 온 인류의 마지막이다. 그러나 마이클 그린은 마 24:3, 14, 27-28을 최종 재림을 묘사하는 것으로 본다. 참고. M. Green,『마태복음 강해』(*The Message of Matthew*, 김장복 역, 서울: IVP, 2005[2000]), 365. 마 24:3을 예루살렘 멸망과 최종 파루시아에 관한 두 가지 질문으로 보면서 해그너(D.A. Hagner)는 마 24:4-14이 예루살렘 멸망을 언급하지만 최종 파루시아 이전의 모든 시기에 적용할 수 있다고 본다. 또한 마 24:15-28은 예루살렘 멸망과 최종 파루시아의 확실한 징조로 최종 파루시아 이전의 모든 시기에 적용할 수 있다고 본다. 마 24:29-36은 인자의 최종 파루시아를 다루지만 예루살렘 멸망과 분리시킬 수 없다고 본다. 참고. D.A. Hagner, *Matthew 14-28*. WBC (Dallas: Word, 1995), 684. 존 라일(John Ryle)은 마 24:29부터 최종 파루시아로 본다. 참고. J.C. Ryle,『마태복음서 강해』(*Expository Thoughts on the Gospels*, 지상우 역, 서울: 기독교문서선교회, 1984), 271. 프란스(R.T. France)를 따르면서 양용의교수는 마 24:1-35을 예루살렘 성전에 대한 심판으로, 마 24:36-25:13을 예기치 않은 인자의 최종 파루시아로 본다. 참고. 양용의, "성전 파괴와 마지막 때에 대한 교훈", in 목회와 신학 편집부 (ed.)『마태복음 어떻게 설교할 것인가』(서울: 두란노, 2003), 361-71. 반즈(A. Barnes)는 마 24:30은 AD 70년 사건과 최종 파루시아 모두에 적용시킨다. 참고. A. Barnes,『마태, 마가복음』(*Barnes' notes on the New Testament. Matthew, Mark*, 서울: 크리스챤서적. 1988), 535. 여기서 감람산강화에 관한 학자들의 입장을 소개하는 해그너(Hagner, 1995:685)의 정보를 들어보자: 엄격한 미래적 해석자는 Schlatter,

2.1. 감람산강화에는 내용/주제의 전환(thematic transition)이 있는가?

베다니로 가는 길에 있는 예루살렘 동편의 감람산에서의 주님의 강화를 이해하는 열쇠는 다음의 질문에 대한 답에 달려있다. 마태복음 24장과 병행본문은 처음부터 끝까지 예루살렘 멸망만 다루는가? 아니면 시작부분을 조금 지나서 곧바로 예수님의 최종 파루시아를 다루는가? 아니면 어디서 이 두 주제(예루살렘 멸망, 예수님의 최종 파루시아)의 전환이 나타나는가? 위에서 살펴본 대로 아직까지 학자들 사이에 이 문제에 있어서 의견이 분분하다.

2.1.1. 감람산강화의 문맥

이 문제에 답하기 위해 마태복음에 나타난 감람산강화의 문맥(textual context)에 주목해 보자. 마태복음 전체를 통하여 유대 지도자들과 군중은 모두 악한 세대로서 예수님을 거역하는 자들로 묘사된다(예. 마 21:18-19).[12] 마태복음 21:41-44의 소작농의 비유, 마태복음 22:8-10의 혼인잔치 비유, 마태복음 23장의 7(8)개의 '화 있을진저, 외식하는 서기관들과 바리새인들이여'(Οὐαὶ δὲ ὑμῖν,

---

Schniewind, Zahn, Gnilka, Agbanou, Dupont, Harrington, Walvoord 등이다. 마 24:35 이전까지는 과거적 사건을 다룬다고 보는 이는 Tasker, France, S. Brown, Garland 등이다. 과거-미래 지향적인 해석을 혼용하는 경우도 있는데, 마 24:4-14은 현 시대를 언급하는 것으로, 15-28절은 예루살렘 멸망과 함께 이 시대의 종말을 언급하는 것으로, 29-31절은 최종 파루시아로, 32-41절은 예언의 성취에 대한 확실성을 언급하는 것으로 본다(예. W. Barclay, M. Henry, D. Dickson, M.E. Boring, H.A.W. Meyer, E. Schweizer, R.C.H. Lenski, W.D. Davies & D.C. Allison, M.J. Wilkins, A.L. Williams, M.S. Augsburger, D. Hill, J.A. Bengel, Lambrecht, R. Gundry, Beasley-Murray, D.A. Carson, Blomberg, H.C. Van Zyl, D.C. Sim 등). 현재까지 감람산강화에 대한 통일된 입장은 없으며, 다수의 주석가들이 AD 70년 사건과 최종 파루시아를 구분하지 않고 혼동하여 설명하는 것으로 보인다. 이런 현상은 자연스럽게 드러나는 문맥을 고려하지 않거나 AD 70년 사건과 최종 파루시아 사이의 모형론적 연관성 때문에 일어난 것으로 진단해 볼 수 있다.

12) "만일 너희가 믿음이 있고 의심치 아니하면 이 산더러 들려 바다에 던지우라 하여도 될 것이요"(ἐὰν ἔχητε πίστιν καὶ μὴ διακριθῆτε, οὐ μόνον τὸ τῆς συκῆς ποιήσετε, ἀλλὰ κἂν τῷ ὄρει τούτῳ εἴπητε· ἄρθητι καὶ βλήθητι εἰς τὴν θάλασσαν, γενήσεται, 마 21:21)라는 구절은 '산'으로 비유되는 옛 이스라엘이 '바다'로 비유되는 이방 열국 가운데 흩어져 버릴 것을 상징한다. 그 조건은 '너희' 즉 '새 이스라엘'인 교회가 기도와 믿음으로 담대히 행하여 그 대적을 물리치는 것이다.

γραμματεῖς καὶ Φαρισαῖοι ὑποκριταί)라는 구절들,[13] 마태복음 23:38,[14] 그리고 마태복음 27:22-23은 유대인들의 외식에 대한 예수님의 비난과 책망 그리고 심판 예고이다. 이런 고의적인 배교를 유대 지도자뿐 아니라[15] 모든 백성들이 영적인 우둔함 가운데 저질렀다. 따라서 문맥상 감람산강화 역시 반유대적 성격이 강함을 부인할 수 없다. 여기서 투영의 원리를 살펴볼 수 있는데, 마태공동체는 주로 유대인 출신 그리스도인들로 구성된 공동체였는데, 주로 불신 유대인으로부터 핍박을 받아서 회당에서 추방당한 경험을 겪고 있었던 것으로 보인다.[16] 따라서 마태는 모체(matrix)인 불신 유대인들은 하나님의 관점에서 볼 때 사악하고 불법적인 집단에 불과하고, 자신이 속한 마태공동체만 참된 새 이스라엘로서 개혁된 유대인 사회를 구성하고 있다고 소개하고 있는 듯하다. 마태공동체의 정체성은 예수님을 믿는 새롭고 참된 이스라엘 공동체이다.

---

13) 마 23:14를 원본에 있는 것으로 인정하면 마 23장은 '8화'를 포함하는데, 이것은 흥미롭게도 마 5장의 '8복'에 상응하는 메시지가 된다.

14) 마 23:38의 '너희 집이 황폐하여 버린바 되리라'에서 '너희 집'은 좁게는 예루살렘 성전을(참고. 왕상 9:1-9; 대하 7:19-2), 넓게는 '이스라엘 백성'을 가리킨다. 비슷하게 렘 22:1-8에서도 예루살렘 도시의 파멸이 '이 집이 황무하리라'로 언급된다(5절). 성전은 이스라엘 백성의 영적, 정치적, 군사적, 그리고 모든 면의 중심지이기에 성전과 백성 이 둘은 연결된다. 그리고 마 23:38의 '너희 집'에서 '너희'는 하나님과 대조되는 것 즉 하나님과는 무관한 것 혹은 하나님의 포기의 대상으로 전락해 버린 옛 이스라엘의 상태를 의도적으로 강조하는 것이다. 그리고 마 23:38의 동사 ἀφίεται(is left, 현재 수동 직설 3인칭 단수; 현재형이지만 임박한 예루살렘의 멸망[ἐρημός; 사 1:7; 5:9; 겔 5:14; 단 9:17]을 가리키는 미래적 의미를 가지고 있음)를 신적 수동태로 본다면 성전으로부터 하나님의 임재를 가리키는 하나님의 영광(Shekinah; 겔 11:23)이 떠나버리는 것을 암시한다. 즉 하나님의 Shekinah이시며 참 성전이신 예수님께서 그림자인 돌 성전으로부터 나와 버리는 것 즉 ἔξοδος를 가리킨다(마 24:1). 실제로 마 24:1 이후로 예수님은 다시는 돌 성전으로 들어가시지 않았다. 참고. Hwang, *The Significance*, 50-51.

15) 마 23:32의 "너희가 너희 조상의 분량을 채우라!"(καὶ ὑμεῖς πληρώσατε τὸ μέτρον τῶν πατέρων ὑμῶν)는 명령은 그 누군가 이전부터 이미 부분적으로 채워왔다는 말인데 바로 유대인들의 조상들이다. 이 조상의 사악한 행동의 연속선상에 유대 지도자들이 자리 잡고 있다. 뒤따르는 마 23:33은 의도적인 가정법(deliberative subjunctive)을 동원하여 수사학적인 의도적 질문을 함으로써 이들을 향한 하나님의 불가피한 심판을 강조한다.

16) 마가공동체와 동시대로 추정되는 사도행전의 경우도 마찬가지이다. 예를 들어, 비시디아 안디옥(행 13:45, 50), 이고니온(행 14:2), 루스드라(행 14:19), 데살로니가(행 17:5), 베뢰아(행 17:13), 고린도(행 18:12, 20:3), 예루살렘(행 21:27; 23:12) 그리고 가이사랴에서(행 24:1-9) 불신 유대인들은 초대 교회 최대의 직접적인 박해자였다.

그런데 최근까지 감람산강화는 거의 일방적으로 미래론적 해석에 의해 지배당했다고 해도 과언이 아니다.[17] 이 말은 감람산강화가 예수님의 최종 재림이나 세상의 종말을 다루는 본문으로 이해되어 왔다는 의미이다. 환언하면, 설교자나 학자들이 감람산강화에 나타난 '이미'보다는 '아직 아니'의 측면에 일방적인 관심을 보인 것은 아닌가? 라이트(N.T. Wright)와 같은 일부 학자들은 이런 미래적인 해석을 정당하게 비판하면서, 감람산강화는 구약의 심판의 이미지를 사용하여 문자적으로 세상 마지막을 묘사하는 것이라기보다는, 주로 AD 70년의 성전 파괴를 중심으로 하는 AD 1세기 중반의 역사 속에서 일어날 사건을 묵시적 용어로 묘사하고 있는 것으로 본다.[18] 예수님은 감람산강화에서 수천 년 후에 일어날 일에 대해서만 말씀하지 않는다. 감람산강화의 핵심 내용은 예수님께서 인자로 다시 오실 하나의 파루시아(a parousia; 마 24:35 이전; 참고. 계 1:7)와 이것과 구분되는 그 날을 알 수 없는 최종 파루시아(the Parousia)다(마 24:36 이하).

2.1.2. 감람산강화의 계시사적 문맥

예수님의 공 사역과 그 직후 기간이 계시사에 있어서 독특한 시대였음을 이해하는 것이 중요하다. 예수님의 승천과 예루살렘 멸망 사이에 초대 교회가 박해자들의 희생물로 곤경을 겪었는데, 이 40년 동안 돌 성전과 유대인 중심의 '이 세대'(this age, the old dispensation)와 메시아의 우주적 구원이 이루어지는 '오는 세대'(the age to come)가 중첩(overlapping)되었다. 하지만 이 중첩 기간은 그리 오래 가지 못했다. 왜냐하면 하나님은 무제한적으로 형벌/신원의 날을 연기하면서

---

17) 대표적인 예를 홀 린지(Hal Lindsey)의 『신세계의 도래』(*There's a New World Coming: a Prophetic Odyssey*, 김용순 역, 서울: 보이스사, 1993)에서 볼 수 있다.
18) 라이트는 예수님이 말씀하신 심판과 신원의 이야기는 다가올 사회정치적 재난에 그 온전한 신학적 의미를 부여하기 위하여 우주적 재앙의 범주들을 끌어다 말했던 선지자 예레미야가 한 이야기와 아주 흡사하다고 본다. 참고. N.T. Wright, 『예수와 하나님의 승리』(*Jesus and the Victory of God*, 박문재 역, 고양: 크리스챤 다이제스트, 2004[1996]), 500, 509.

기다릴 수 없으셨기 때문이다(눅 21:22).[19] 고통당하는 의로운 자를 위한 신원을 위해서 임하시는 주님을 영적인 차원에서 이해해야 하지, 육체적인 실제 차원의 오심으로 볼 이유는 없다.[20] 상술하면, 마태복음 24:3 이하에 나타난 세

---

19) '언약의 중첩' 문제를 논해 보자. 구약의 언약들에 중첩이 있는가? 구약의 다양한 언약들은 아담(창 1:28; 2:15-17), 노아(창 6:18; 9:8-17), 아브라함(과 다른 족장들; 창 15, 17), 시내 산(출 20-24), 모압(신 28-29; 참고. 수 24장의 세겜언약), 다윗(삼하 7; 참고. 왕상 2:1-9), 출바벨론(렘 25), 새 언약(렘 31:33) 등이다. 분명한 것은 이들 자체만으로는 불완전하기에, 이 모든 언약을 개별적으로 그리고 전체적으로 예수님의 인격과 사역이 공시적으로(synchronically, 수직적으로) 성취하셨다는 사실이다(눅 24:27; 행 13:32-33; 히 1:1-2). 예수님은 '영원한 언약', '영세에 주시는 언약'이란 말씀을 자신과 연합된 신약의 교회를 위해서 말 그대로 영원하게 만드셨다(창 9:16; 17:8). 예수님께서는 신약의 교회를 그런 영원한 언약을 성취하는 하나님 나라의 도구로 사용하신다(히 11:49). 이것을 구약 언약들 중에서 핵심적이라고 할 수 있는 아브라함과 다윗에게 맺으신 언약을 예수님께서 성취하셨다고 신약 첫 머리(마 1:1)에서부터 선언한다(눅 1:32-33). 참고. G. Goldsworthy, 『복음과 하나님의 계획』(According to Plan, 김영철 역, 서울: 성서유니온선교회, 1994 [1991]), 77. 예레미야가 예언한 새 언약은 마 26:28과 행 2장에서 분명하게 성취되었다. 실체 앞에서 그림자는 사라져 가야함이 당연하다. 이런 이유로 구약에 대한 그리스도 중심적이고 완결된 해석이 가능하다. 그런데 이렇게 다양한 구약의 언약들은 통시적으로(diachronically, 수평적으로) 중첩되는가? 즉 뒤따르는 언약이 그 앞의 언약과 일정 부분 중복되는 기간이 있는가? 뒤따르는 언약은 앞의 언약보다 그리스도를 좀 더 분명하게 진전된 방식으로 내다보는 것 같다. 구약 언약의 점진성은 하나님의 계시 역사의 통일되고도 점진적인 발전과 관련 있다. 진리의 충만한 빛이 그리스도 안에서 계시될 때까지 차츰 차츰 단계에 따라서 계시되었다는 뜻이다. 예를 들어, 아담 언약과 노아 언약이 중첩되는가? 이 두 언약 사이에는 내용상 '생육하고 번성하라'는 유사한 것이 있다(창 1:28; 창 8:22-9:1). 이런 유사점이 언약의 공존 혹은 중첩이라고 말할 수 있는가? 사실상 아브라함의 언약에도 많은 후손이 모래와 별처럼 될 것이라고 언약하셨는데(창 15:5), 그렇다면 아담, 노아, 아브라함 이 세 언약 사이에 중첩이 있다고 말하는 것이 옳다. 그러므로 이 셋 모두 옛 언약이요 그리스도로 말미암은 성취를 기다리고 있을 뿐이다. 다른 예로, 노아 언약과 다윗 언약 사이에도 언약 백성과 그들이 거하는 땅의 보존이라는 공통된 요소가 있는데 우리는 이것을 중첩이라고 부를 수 있어야 하는가? 즉 '구약 언약들 사이에 중첩이라'는 말을 사용하지 않고도 전통적으로 사용된 '점진적인 구원계시사'로 족하다. 구원의 주체이신 삼위 하나님은 신실하시고 불변하시기에 언약에 기초한 구원사의 유사성이 에덴 동산에서부터 새로운 에덴의 회복 때까지 계속 일관되게 이어진다. 실제로 구원 사건은 반복되는 듯하다. 동일하신 하나님이 다른 시간과 배경 속에서 사역을 행하실 뿐이다. 그러므로 이전 구원 사건의 인물, 사건자체, 사물 속에서 이후의 구원 사건의 그림자들을 발견할 수 있다. 구약 안에서도 계시의 전진과 더불어 모형이 나타나는데, 예를 들어, 옛 언약에서 새 언약으로, 출애굽에서 새 출애굽인 출바벨론으로 유사하게 확대 발전하는 것이다. 따라서 구약과 신약의 언약과 복잡 다양한 구원과 심판 사건 사이에 유비가 있다. 그렇다면 에덴에서의 아담 언약과 새 에덴 언약(창 21-22)도 중첩된다고 말해야 하는가? 아니다. 이것은 중첩이 아니라, 그림자와 실체의 관계 즉 확대 상승의 관계일 뿐이다. 따라서 뒤따르는 언약은 부분적으로 중복됨 없이 앞의 언약을 완전히 다 성취하는 것으로 보는 게 더 낫다. 직선적 혹은 끄트머리만의 중복이 아니라, 마치 나선형으로 확대 상승되는 꼴로 그러하다. 그렇다면 언약의 중첩이라는 말은 어디에 적용되는가? 예수님이 오신 후에 남아 있는 구약적 요소와 예수님 오심으로 도래한 신약 사이에만 제한적으로 적용함이 옳은 것으로 보인다. 신약의 도래에도 불구하고 돌 성전이 파괴되기까지의 독특한 중첩적 사건을 구약에 무분별하게 확대 적용하는 것은 금물이다.

20) 마태의 묵시적 종말론(apocalyptic eschatology)은 고통당하는 의인(예수님의 제자들과 마태공동체)에게 기존의 악의 세계에 대항하는 실재에 관한 새로운 관점을 제공함으로써 힘과 위로와 소망

상 끝(마지막 시대; 즉 주님의 승천에서 AD 70년 사이의 기간)의 산고(birth pang)로서의 징조들은 AD 1세기 중순의 성도를 미혹하기 위해서 표적을 행하는 거짓 메시아의 출현(4-5, 23-26절),[21] 난리 소문(6절), 전쟁과 자연 재해(7-8절; 참고. 대하 15:6; 사 19:2),[22] 핍박과 배교(9-10절), 거짓 선지자의 출현(11절; 참고. 마 7:15), 불법이 성하고 사랑이 식어짐(12절; 참고. 딤후 3:3), AD 1세기 중순의 로마 제국 안의 편만한 복음 전파(14절),[23] 멸망의 가증한 것이 서는 것이다(15-18절; 참고. 단 9:26-27; 11:31; 12:11). 그리고 마태복음 24:16-20은 유대-로마 전쟁 직전에 예루살렘 교회가 요단강 동편의 펠라(Kherbit-al-Fakil)로 급히 도망갔다는 '펠라 전승'(Pella tradition)과 일치한다.[24] 마태복음 24:21의 '창세로부터 지금까지 없었던 큰 환난'이란 표현

을 주기에 적합한 신학적 틀이다. 단순히 반사회(anti-society)를 제시하거나 그룹의 경계선(group boundary)을 강화하는 대신에 변혁적 그룹(transforming group)으로서의 자세를 취하도록 격려한다. 참고. D.C. Sim, *Apocalyptic Eschatology in the Gospel of Matthew* (Cambridge: Cambridge University Press, 1996), 63, 106. 그런데 데이빗 심(D.C. Sim)은 감람산강화와 계시록 사이의 간본문성에 올바로 주목하지만, AD 70년의 'a parousia'와 불특정 미래의 'the Parousia'를 혼동함으로써 계시록 안의 두 파루시아도 혼동하고 있다.

21) '적그리스도'와 '거짓 선지자들'은 세상 끝에 일어날 것만으로 볼 필요가 없는데, 이미 신약에서 여러 차례 경고된 바 있다(고후 11:13; 갈 2:4; 딤전 4:1-3; 딤후 3:1-9; 히 6:1 이하; 12:15-16; 벧후 2:1 이하; 요일 2:18, 22; 4:3; 요이 7).

22) 감람산강화가 가지는 언약적 구조와 일치하여, 전쟁, 기근, 온역(λοιμοὶ, 비평사본에는 없지만 다수 사본에는 있음), 지진 등은 '언약적 저주'(covenantal curse)이다(레 26; 신 28). 이런 것들은 '재난/산고의 시작'(ἀρχὴ ὠδίνων)이다(마 24:8). 이것도 계시의 전환과 관련된 언약적 의미를 가지는데, 옛 세상이 물러가고 새 세상이 등장하는 산고이기 때문이다(참고. 사 42:14; 66:9; 렘 4:31; 6:24; 31:8; 호 13:13; 미 4:10; 5:3; 행 2:24).

23) 롬 1:8, 10:18, 골 1:5-6, 23, 딤전 3:16 등에는 이 40년의 기간 동안 실로 엄청난 복음의 전파가 이루어졌음을 증거하고 있다. 물론 온 지구상에 복음이 증거 되었다는 의미는 아니지만, 지중해 연안의 로마 제국에 복음이 편만히 전파된 것은 사실이다. 미래론적 해석을 가하여 그리스도의 최종 재림과 연결시키는 칼빈의 주장을 위해서는 『칼빈 성경주석: 공관복음 주석』(존 칼빈 성경주석 출판위원회 역, 서울: 성서교재간행사, 1993). 340을 보라.

24) 참고. 김볼, 『당신의 대 환난』, 99. "There is considerable evidence that the Pella tradition does recall actual first-century events: first, Eusebius *Historia Ecclesiastica*(3.5.3); second, Epiphanius *Panarion*(29.7.7-8 and 30.2.7); third, the pseudo-Clementine *Recognitions*(1.37 and 1.39); fourth, Renans commentary in 1899." C.R. Koester, "The origin and significance of the flight to Pella tradition", *Catholic Biblical Quarterly* 51(1989), 105. "Pella(a Decapolis city in the Jordan Valley, modern Tabaqat Fahl) was a staunchly pro-Roman Hellenistic city of the Decapolis. The antipathy of that city toward political revolt against Rome made the city a logical choice for the Jerusalem church, seeking a haven from rebellious territory. Some say that the Jewish Christians may not have fared well shortly after their arrival there, since at the outbreak of the war groups of Jews devastated

은 AD 70년의 예루살렘 파괴가 이스라엘 백성들에게 그러했다는 말이다. 이것을 요세푸스가 거의 동일한 표현으로 증거하고 있다(유대전쟁사 서론 및 6.3.3). 그리고 바벨론에 의한 예루살렘의 파괴를 예언한 에스겔도 동일한 표현을 사용한다: "네 모든 가증한 일로 인하여 내가 전무후무하게 네게 내릴찌라"(겔 5:9; 참고. 겔 7).

2.1.3. 감람산강화의 주제 전환

이상의 문맥을 염두에 두고 마태복음 24장의 주제의 전환 문제를 다루어 보자. 감람산강화의[25] 서론 부분인 마태복음 24:1-3은 제자들이 예루살렘 성전 건물의 웅장함을 보고 그것의 운명에 대해 질문하는 것으로 시작한다. AD 70년 사건에 관한 질문만 언급된 마가복음 13:4와 달리 제자들은 마태복음 24:3에서 두 가지 질문을 한다: **(1)** 이 일들이 언제 일어날 것입니까? **(2)** 주님의 오심과 세상 끝의 징조는 무엇입니까? 마태복음 24:34에서 주님은 "내가 진실로 너

---

a number of the cities of the Decapolis, including Pella. The end of the Jewish church in Jerusalem came when Hadrian crushed the Second Jewish Revolt(AD 132-135) and forbade all Jews from entering the city." B. Van Elderen, "Hellenistic Influence in First-Century Palestine and Transjordan." *Reformed Review* 47(1994), 211-17. 구약의 출애굽한 이스라엘처럼, 새 출애굽 공동체인 예루살렘 교회도 광야(동굴과 물이 많은 펠라)로 가서 보호를 받았다. 충실한 친 로마적인 도시였던 펠라의 북쪽 경사면은 동굴이 많았고 벌집모양과 같다(계 12:16). 참고. S. Sowers, "The Circumstances and Recollection of the Pella Flight", *Theologische Zeitschrift* 26(1970), 310, 315. 그리고 AD 66년경의 유대의 남쪽 지역은 폭도의 테러가 있었는데(요세푸스의 '유대전쟁사', 2권 22), 예루살렘 교회가 남쪽이 아니라 요단 동편에 피신한 것도 펠라 주민들의 호의를 받은 것을 지지한다. 적어도 AD 68년 초 까지는 예루살렘 성도가 예루살렘 성을 벗어나서 도망갈 수 있었다. 마 23:13-35의 반 바리새주의와 마 22:9-10과 24:14의 이방인 선교에 대한 관심은 펠라의 이방인들이 예루살렘 성도에게 호의를 베풀었을 것이라는 의견을 지지한다. 마 24:16과 계 12:5-6 및 13-16절의 간본문성을 위해서는 J.J. Gunther, "The Fate of the Jerusalem Church", *Theologische Zeitschrift* 29 (1973), 87을 보라. 본 연구자는 펠라 전승을 예루살렘 교회와의 사도적 연관성을 주장하는 2세기의 어떤 유대 그리스도인 공동체의 창작물이라고 주장하는 Lüdemann의 의견에 반대한다. 참고. G. Lüdemann, "The Successors of Pre-70 Jerusalem Christianity: A Critical Evaluation of the Pella-Tradition", in E.P. Sanders (ed.), *Jewish and Christian Self-Definition* (London: SCM, 1980), 173.

25) 감람산강화는 종말에 여호와께서 예루살렘 동편 감람산에 서실 것이라는 슥 14:4와 간본문이다. 이제 예수님으로 말미암아 스가랴가 예언한 구원(슥 14:7 이하; 마 24:31)과 심판(슥 14:6; 마 24:29)을 동반한 종말의 여호와의 날이 성취되고 있다. 참고. Hagner, *Matthew* 14-28, 683.

희에게 이르노니 이 세대가 지나가기 전에 이 일이 다 이루리라(ἀμὴν λέγω ὑμῖν ὅτι οὐ μὴ παρέλθῃ ἡ γενεὰ αὕτη ἕως ἂν πάντα ταῦτα γένηται)"고 말씀하신다. 여기서 '이 세대'(this generation; 참고. 신 29:22; 32:5; 삿 2:10; 욥 8:8; 시 14:5; 22:30; 48:13; 71:18; 전 1:4)는 예수님의 말씀을 듣던 사람이 살던 바로 그 세대(혹은 30-40년)를 가리키지, '국가' 혹은 '인종'(race, people)과 같은 다른 것을 뜻하지 않는다. '이 세대'라는 표현은 복음서에 약 16회 사용되는데 예수님에 의해 늘 말해졌으며, 수식어로서 '악한, 신실하지 못한' 등이 붙는데 주님 당대의 사람들을 가리킨다.[26]

그리고 '이 일들'(ταῦτα, these things)은 마태복음 24:34 이전에 예언된 모든 것들을 가리키는 것이 문맥상 자연스럽고 분명하다(참고. 마 23:36의 ταῦτα πάντα ἐπὶ τὴν γενεὰν ταύτην).[27] 따라서 35절 이전까지는 하나의 큰 통일된 단위를 이루는 것이 분명하다. 그런데 여기에 대한 반대 의견도 있다. 특히 마태복음 24:15-22의 '대 환난'(θλῖψις μεγάλη)보다는 '인자의 오심'(τὸν υἱὸν τοῦ ἀνθρώπου ἐρχόμενον)을 다루는 마태복음 24:29-31과 관련해서 그러하다.[28] 혹자는 마태복음 24:3

---

26) R.C. Sproul, 『예수님께서 말씀하신 종말』(The Last Days according to Jesus, 김정식 역, 서울: 좋은씨앗, 2003 [1998]), 54.

27) 킴볼, 『당신의 대 환난』, 232.

28) 마 24:15의 '멸망의 가증한 것'(멸망케 하는 미운 물건; the abomination of desolation 혹은 desolating sacrilege)의 정체에 대한 논란은 계속된다. J.B. Jordan이 중요한 통찰력을 제공하는데 그는 단 9:26-27과 마 24:15에 나타나는 '멸망의 가증한 것'을 성전을 더럽힌 이방 세력과 연결시키지 않고 '배교한 유대교'로 본다. Jordan의 주장을 들어보자. 마 24:15의 간본문이 단 9:26-27을 살펴보자. 62주(sixty-two sevens) 후에, 메시아(예수님)는 잘려나갈 것이고(will be cut off; 이스라엘의 종교 지도자들에 의해 죽으실 것) 아무것도 가지지 못할 것이다(will have nothing; 빌 2:7). 그리고 오실 그 왕자(the ruler who will come; 등극하신 그리스도)의 백성은 그 도시(the city; 예루살렘)와 성소/성전(the sanctuary)을 (언약적으로) 파괴할 것이다. 그리고 그것의 종말은 홍수와 더불어 올 것이다(참고. 노아의 홍수, 신 28장의 위협/저주). 심지어 최후까지 전쟁이 지속될 것이며(AD 66-70년의 유대-로마 전쟁), 파멸이 결정적일 것이다. 단 9:27의 '가증한 것들의 날개'는 민 15:37-41로 거슬러 올라간다. 거기서 모든 이스라엘 사람들은 날개로 불리는 푸른 술(blue tassel)을 입을 것을 명령받는다(구석[corner]은 문자적으로 '날개'이다). 이것은 '거룩의 날개'인데 이스라엘로 하여금 율법에 복종하게 하려는 것이다(민 15:40). 모든 이스라엘 백성들은 하늘 백성의 구성원들이며 이 푸른 하늘의 날개로써 하늘 보좌로 날아간다. 자연스럽게도 배교한 이스라엘은 이 거룩한 날개를 상실하고 멸망의 가증한 날개를 소유했다. 그들의 지도자인 대제사장은 이것에 대한 확실한 실례이다. 이런 배경을 염두에 두면 단 9:27 하반부를 세밀하게 이해할 수 있을 것이다: "그리고 멸망의 가증한 것의 날개(대제사장과 같은 배교한 유대인의 옷) 위에 황폐케 할 자(배교한 대제사장)가 임할 것이다. 예정된 완전

의 예수님의 제자들의 질문의 단일성/통일성을 언급하여, 오로지 이 세상('이 세대', this age, this aeon)의[29] 마지막에만 연관된 것으로 본다.[30] 즉 주제의 전환이 하나의 질문인 예루살렘 멸망의 빛 속에서 볼 때 있을 수 없다고 주장한다. 환언하면 마태복음 24:3의 제자들의 질문 가운데 주님의 임함($παρουσία$)과 그 세대의 끝($συντελείας\ τοῦ\ αἰῶνος$)을 동일한 것으로 보아서 예루살렘의 멸망은 곧 그 당대 세대의 끝으로 보았기에 질문에 있어서 주제의 전환이 없다는 주장이다.[31]

한 파멸의 때까지 그것을 파멸할 자 위에 부어질 것이다(예루살렘 파괴)." 따라서 단 9:27은 26절의 단순한 확장이다. 즉 단 9:26에서 메시아가 희생될 것이라고 말씀한다. 단 9:27에서는 이것이 희생 제사의 종말을 초래할 것이라고 한다. 단 9:26은 성전 침입과 황폐함은 결정되었다고 한다. 단 9:27은 진노가 성전을 황폐케 한 대제사장에게 임할 것이라고 한다. 참고. J.B. Jordan, "The Abomination of Desolation. Part 1: An Overview", *Biblical Horizons* 25(1991a) 1-4; J.B. Jordan, "The Abomination of Desolation. Part 2: The Man of Sin. Part 3: An Overview of Pattern", *Biblical Horizons* 26(1991b), 1-4. 하지만 Jordan의 입장은 가능한 해석이지만 편협하고 일방적인 해석으로 보인다. 감람산강화의 유대전쟁과 관련한 급박한 시간적 문맥을 고려해 보면, 멸망의 가증한 것을 AD 67-68년경의 예루살렘 성전을 장악한 시몬의 아들 엘르아살과 같은 열심당이 아무나 제사장으로 세우는 일을 자행한 것으로 볼 수도 있다(유대전쟁사, 4.3.10). 참고. J. Marcus, "The Jewish War and the *Sitz im Leben* of Mark", *JBL* 111(1992), 454. 그리고 S. Sowers, "The Circumstances", 318. 만약 멸망의 가증한 것을 디도 장군이 이끈 로마 군대로 본다면 예루살렘 성도가 피할 시간이 매우 촉박했을 것이다. 그럼에도 멸망의 가증케 하는 것인 로마 군대의 예루살렘 침입을 간접적으로나마 지시하고 있다(참고. 눅 21:20): "너희가 예루살렘이 군대들에게 에워싸이는 것을 보거든 그 멸망이 가까운 줄 알라." 참고. W.R. Kimball, 『당신의 대 환난 개념 전통적인가, 성경적인가?』(*What the Bible says about the Great Tribulation: Future or Fulfilled?*, 김재영 역, 서울: 나침반사, 1993[1983]), 77. 참고로 Van Bruggen은 29절부터 최종 파루시아로 보는 오류를 범한다. J. Van Bruggen, *Marcus*. CNT (Kampen: Kok, 1988), 317.

29) $αἰῶν$은 종종 '세상'($κόσμος$)보다는 하나님의 영원성(롬 16:26; LXX 창 21:33; 사 26:4; 40:28)과 세상의 시간(the time of the world) 즉 창조로부터 완성에 이르는 세상의 기간(마 13:39-40; 28:20)을 묘사한다. 하지만 세상의 시간이라는 개념은 쉽게 세상(world) 자체의 의미 안으로 함몰되어 $κόσμος$의 의미와 거의 일치해 버린다. 그러므로 예를 들어, 마 13:22의 '세상의 염려'는 '이 세대'보다는 '이 세상'이라는 의미로 보는 것이 더 자연스럽다(참고. 막 4:19). 바울도 세상의 지혜라는 말을 비슷한 용례로 사용한다(고전 1:20; 2:6; 3:19). 보라. H. Sasse, "$αἰῶν$", in G. Kittell (ed.), *TDNT*. Vol. I (Grand Rapids: Eerdmans, 1976), 200-204. 종합해보면, 마 24:3의 $αἰῶν$은 세대(generation)와 더불어 세상(world)으로도 볼 수 있다(참고. 히 1:2; 11:3).

30) N.T. Wright, 『예수와 하나님의 승리』(*Jesus and the Victory of God*, 박문재 역, 고양: 크리스챤 다이제스트, 2004[1996]), 533.

31) Hwang, *The Significance*, 83. 마 24:3에서 제자들이 질문한 것 즉 "어느 때에 이런 일이 있겠사오며 '또' 주의 임하심'과 (혹은 주의 임하심 즉) 세상 끝에는 무슨 징조가 있사오리까"에서 '또'와 '과' 모두 설명 보족적(epexegetical) 의미로 '즉'(that is)으로 번역할 수 있다. 그렇다면 제자들은 하나의 질문을 한 셈이다. 그리고 '임하심'은 반드시 육체적이고 가시적인 현존을 뜻하지 않는데, 이것은 구약의 여호와의 날과 여호와의 강림과 비슷하다(참고. 창 16:13; 신 32:35; 삿 5:4-5; 삼하 24:25; 잠 1:27; 사 63:4; 단 7:13; 요 14:18-19).

하지만 제자들의 질문에 대한 다른 해석이 불가능한 것은 아니다. 즉 제자들이 '주의 임하심'을 '끝'(συντελεία, consummation; 6절과 14절에서는 τέλος, end) 즉 인간 역사의 끝과 연관시켰을 수도 있다. 왜냐하면 제자들에게 있어 예루살렘 멸망은 인간 세상 역사의 끝과 같은 것이었기 때문이다.[32] 이것은 잘못된 연관이기는 하지만 돌 성전을 소우주로 보는 제자들의 유대주의적인 세계관을 반영한 것이다. 이 점을 게할더스 보스(G. Vos)가 감람산강화의 재앙의 전개를 '원근화법'을 사용하여 이스라엘의 민족적인 재앙과 우주적인 재앙을 함께 설명하고 있다고 바르게 설명한다.[33] 그리고 예수님도 제자들의 질문에 아무런 비난이나 교정을 가하지 않으셨다.

자연스런 주제의 전환은 마태복음 24:36의 "그러나 그날과 그때는 아무도 모르나니 하늘의 천사들도,[34] 아들도 모르고[35] 오직 아버지만 아시느니라"(Περὶ δὲ τῆς ἡμέρας ἐκείνης καὶ ὥρας[36] οὐδεὶς οἶδεν, οὐδὲ οἱ ἄγγελοι τῶν οὐρανῶν οὐδὲ ὁ υἱός, εἰ μὴ ὁ πατὴρ μόνος)에서 발생하는데, 여기서부터 예수님

32) 킴볼, 『당신의 대 환난』, 21.
33) G. Vos, 『구속사와 성경해석』(Redemptive History and Biblical Interpretation, 이길호, 원광연 역, 서울: 크리스챤 다이제스트, 1998[1991]), 49.
34) 비록 일부 랍비들은 하나님이 모든 것을 천사에게 계시하신다고 믿었지만, 일반적으로 랍비들은 이스라엘의 회복에 대해서 천사들이 알고 있다는 점에 의구심을 가졌다. C.S. Keener, *A Commentary on the Gospel of Matthew* (Grand Rapids: Eerdmans, 1999), 590.
35) '아들도 모르고'(οὐδὲ ὁ υἱός)라는 말이 다수사본에는 빠져 있다. 그러나 '오직 아버지만'이라는 말에서 '오직'은 '아들도 모르고'가 있을 때 더 잘 어울린다. 그리고 다수사본에서 이 표현을 빼버린 것은 후대에 성자가 성부보다 지식에 있어서 열등하다는 교리상의 문제를 야기시키는 것을 꺼려했기 때문으로 보인다. 이 문제는 그리스도의 비우심(kenosis)이라는 신학 교리와 관련되는데, 성육하신 성자는 신성을 포기하지 않으신 채로 스스로 신적 특질을 제한하셨다. 참고. B.M. Metzger, 『신약 그리스어 본문 주석』(*A Textual Commentary on the Greek New Testament*, 2판, 장동수 역, 서울: 대한성서공회 성경원문연구소, 2005[1994]), 50. 그리고 M.J. Wilkins, *Matthew*. NIV Application Commentary (Grand Rapids: Zondervan, 2004), 800을 보라.
36) '그 날과 그 때'는 시간을 가리키는 일반적인 표현인데, 문자적인 날과 날의 시간뿐만 아니라 해와 달도 포함한다(마 7:22; 10:19; 24:42). Wilkins, *Matthew*, 800. 그 날과 그 때를 '주님의 날'을 가리키는 것으로 볼 수 있다. 참고. Keener, *Matthew*, 590.

의 최종 재림(the Parousia)과 세상의 끝(the end of the human history)을 언급하는 것 같다.[37] 즉 유대인의 세대의 멸망인 예루살렘 멸망에서 주님의 최종 파루시아로의 주제의 전환이 일어난다. 노아 시대에 일상생활이 계속되던 시점에 홀연히 대홍수가 임했던 것처럼, 주님의 최종 재림도 그렇게 임할 것이기에 교회는 늘 깨어 있어야 한다(37-39, 42절). 주님의 최종 파루시아는 충성되고 지혜로운 남은 자에게는[38] 영원한 상급을, 악한 종에게는 영벌의 판결을 동반한다(45-51절). 이렇게 볼 수 있는 이유 중 하나는 많은 경우에 있어서 예언의 성취는 다중적으로 일어나고 예루살렘의 멸망은 온 세상 역사의 멸망이라는 모형론적인 중요성(typological significance)을 가지기 때문이다.

여기서 제자들이 성전에 관해 가지고 있었을 법한 유대주의적 세계관을 고찰해보자.[39] '소우주로서의 예루살렘 성전' 주제를 유대 상징주의와 성경상징주의의 관점에서 살펴보면, 전통적으로 제 2성전 시대의 유대교는 신화(혹은 상징주의)와 무관하다고 여겨졌다. 그러나 이런 유대문헌을 살펴보면 성전 제의(temple cult)를 중심으로 하는 유대 신화(상징주의)는 점차로 제사적(priestly)이며 제의 중심적인(cult-centered) 묵시문학과 관련되어 갔다. 그렇다면 여기서 유대인들의 '성전 우주론'(temple cosmology)을 살펴보는 것이 중요하다. 왜냐하면 성전은 유대인의 사상과 종교적 삶의 중심이었기 때문이다. 성전은 우주보다 더 크신 초월적 하나님이 가시적으로 거하시려고 스스로 제한하신 이 땅 위의 장소이기에 '우주적인 성전'이라고 불릴 만하다. 성전은 하늘과 땅이 만나는 곳이요

---

37) J.M. Kik, *An Eschatology of Victory* (Phillipsburg: P&R, 1971), 67; 양용의, "성전 파괴와 마지막 때에 대한 교훈", 372.
38) 마 24:37-41에 나오는 '데려감을 당하는 자와 버려둠을 당하는 자'는 '남은 자'와 관련 있다. 마태는 이 중에서 데려감을 당하는 자가 구원을 받은 사람이며 남은 자로 설명하는 듯하다(참조. 대상 9:2; 겔 5:10). 왜냐하면 이 단락의 노아 홍수 시, 땅에 버려둠을 당한 자는 홍수로 멸망했고, 방주 안으로 데려감을 당한 자는 구원을 얻어 남은 자가 되었기 때문이다. 그리고 마 24:31에 의하면 이들은 천사들(복음 전파자)에 의해 모아질 사람이다. 참고. Wilkins, *Matthew*, 801.
39) 참고. H.T. Fletcher-Louis, "Destruction of the Temple", in K.E. Brower and M.W. Elliott (ed.), *The Reader must Understand: Eschatology in the Bible and Theology* (Leicester: Apollos, 1997), 145-69; 기동연, 『성전과 제사에서 그리스도를 만나다』(서울: UCN, 2006), 11-27, 42-45.

하나님의 핵심 발등상이다. 그러나 성전은 그 이상이다. 성전은 '온 세상' 아니 '우주'를 상징한다(보라. 시 78:69). 성전은 하늘과 땅을 대표한다. 성소/성전은 우주의 축소 모형(microcosm, mini-cosmos)이다. 제 2성전시대의 유대교에 의하면 성소와 지성소는 하늘에, 안뜰은 땅(팔레스타인을 중심으로)에, 바깥뜰(바다가 상징하는 이방/열방의 뜰)은 바다에 각각 상응한다. 바다가 육지를 둘러싸듯이, 뜰도 성전을 둘러싸고 있다. 성전/성막의 경우 땅과 바다를 상징하는 안팎의 뜰은 대부분의 사람에 의해서 접근 가능했다. 그러나 성소만큼은 접근이 제한된 하나님/하늘의 영역이다(요세푸스, 유대고대사, 3:181). 성전 상징주의(temple symbolism)에 익숙했던 요세푸스와 필로는 성막과 성전의 휘장은 가늘게 꼰 베실들로 짜여진 것인데, 각각 땅, 물, 공기, 불을 상징한다고 보았다(유대전쟁사, 5:212-213, 고대사, 3:128-134). 그리고 성소의 7촛대는 행성들을 상징하는 것으로 보았다(유대전쟁사, 4:146, 217). 또한 그들은 대제사장의 옷을 또 다른 확장된 우주에 대한 은유로 보았다(유대고대사, 3:180, 183-187). 필로는 대제사장의 옷의 밑 부분의 석류나무 장식과 꽃 장식을 땅과 물을 상징하는 것으로 보았다. 요세푸스는 대제사장의 옷 중에서 종(bell)과 꽃 장식을 번개와 천둥으로 보았다. 성전 우주론에 대한 상징적 해석을 시도한 필로는 유대교의 주류적 해석과 보조를 같이 하는 것으로 보인다. 탈무드 전통에 의하면 성전 내부의 벽들은 마치 바다의 파도 모양처럼 보이도록 구조되었다고 본다(b. Sukk, 51b). 더 중요한 것은 이런 유대 문헌의 증거보다는 소우주인 성전에 대한 구약의 이해와 신약의 성취적 확증이다. 시편 78:69는 성전을 우주적으로 묘사한다. 출애굽기 25장에서 여호와는 성막의 청사진을 모세에게 주시는데, 그것은 6일 동안의 천지 창조에 상응한다. 성막을 만드는 것은 천지창조의 기사보다 더 긴데, 그것은 어떤 의미에서 천지를 창조하는 행위를 능가하는 구속사적 사건이다. 그리고 에스겔 40-48장의 새 성전과 스가랴 1-8장의 환상도 창세기 1장을 모델로 하고 있는 듯하다. 그러므로 구약과 신약의 '하늘과 땅'이라는 표현은 우리로 하여금 '예루살렘' 혹은 '성전'과 동의어로 볼 수 있도록 한다. 이 사상을 지지하는 다른 구약 구절은 이사야 65:17-18인데, '새 하늘과 새 땅'(신천신지)을 예루살렘의 회복으로 묘사한다. 출 바벨론 한 이스라엘 백성을 위해서 옛 하늘과 옛 땅은 사라지고, 기쁨의 신천신지가 도래한다. 그러므로 대제사장의 옷이 찢어지고, 성전 휘장이 찢어지며, 돌 성전이 무너지는 것은 옛 세상 전체가 무너지는 것을 상징한다. 이것은 예수 그리스도의 초림으로 교회를 핵심으로 하는 만유가 새로운 피조물이 될 것을 내다보는 동시에, 그리스도의 재림으로 임할 완전한 영광의 신천신지를 연상하도록 한다. 그렇다면 감람산강화의 한 부분인 마가복음 13:31과 마태복음 24:35의 '하늘과 땅'(천지)는 무엇인가? 물질적인 지구와 하늘을 가리키기보다는 돌 성전이 아닌가? 신구약의 중첩이 끝나고 새 언약 시대가 온전히 도래하기 위해서는, 상징적으로 우주적인 공간과 시간의 중심인 예루살렘의 돌 성전은 돌 위에 돌 하나도 남지 않고 무너지고 사라져 버려야 한다(참고. 렘 4:23-28; 2 바룩 10:6-19). 그러므로 마태복음 24:2와 35절은 무너질 '돌 성전'과 없어질 '천지'를 통해서 인클루시오(inclusio)를 형성한다. 마가복음 13:2과 31절도 마찬가지다. 돌 성전과는 달리 예수님의 말씀은 옛 세상이 지나가고 새 세상이 도래하더라도 적합하며 천지처럼 견고하다(마 5:18; 24:35). 예수님의 죽으심과 부활은 메시아적 토라(messianic Torah) 즉 그리스도의 법(the law of Christ)을 새 언약 백성에게 주신 결정적인 구원계시사적 사건이다. 돌 성전이 무너지면 구약 율법을 문자적으로 지킬 공간도 없고 방법도 없어지게 된다. 그러므로 새 언약 시대에는 다른 차원의 그리스도의 법이 필요하다. 특정 공간에 얽매이지 않고, 성령으로 영원히 지킬 법이 필요하다. 성도는 기록된 성경과 그리스도의 가르침을 가지고 있기에, 율법이 지켜지는 공간인 돌 성전이 '주님의 십자가와 부활 그리고 AD 70년 사건'이라는 구속사적 덩어리 사건으로 인해 무너졌다고 해서 AD 1세기의 유대 그리스도인은 아쉬워할 이유가 없었다. 구약과 2성전 시대와 AD 70년 이후의 랍비 문헌에 등장하는 '성전 우주론'(temple cosmology)은 이제 참 성전이신 '그리스도 우주론'으로 대체되었다. 그리스도 우주론(Christ cosmology)은 성전 기독론(temple Christology)에 기초한다(요 2). 그리고 그리스도 성전론은 필연적으로 그와 연합된 교회 우주론(church cosmology)으로 연결되어, 이제 교회를 통해서 만물을 그리스도의 왕권으로 충만하게 하신다. 만물을 발등상으로 삼아서 종말론적으로 왕권을 시행하고 계시는 하늘의 그리스도께서는, 자신의 몸 된 교회가 성령 충만하여 옛 세상을 자기 안팎에서 물리치고 새 세상을 즐기기를 기대하신다.

36절에는 '저 날과 저 때'(τῆς ἡμέρας ἐκείνης καὶ ὥρας; NIV에서는 or로 되어 있으나 원문에는 καὶ로 연결됨)라고 말함으로 '이 세대'(34절)의 '이'(this)와 반대되는 미래적인 의미가 드러난다. 마태에는 AD 70년 사건에 관한 징조들이 마태복음 24:35 이전에 많이 언급되어 있지만, 최종 파루시아와 연관된 징조는 소개되지 않는다. 아마 마태는 독자들로 하여금 이 둘 사이의 모형론적 연관성 위에서 최종 파루시아의 징조를 추론하도록 하는 것 같다.

만약 36절 이하조차도 예루살렘의 멸망을 예언하는 것으로 본다면, "예수님과 성령님은 과연 예루살렘 멸망의 그 날과 때를 모른다고 할 수 있을까?" 라는 심각한 질문이 제기된다. 이 표현을 수사학적 표현으로 볼 이유는 없다. 성경 어디에 예루살렘의 멸망 혹은 이것에 상응하는 구약 시대의 바벨론에 의한 예루살렘의 파멸의 시기를 성부 하나님만 아시는 것으로 묘사하고 있단 말인가? 선지자들도 알고 있었고, 심지어 그 회복의 시기도 예언했지 않았는가?(참고. 렘 25:12). 여기서 주제의 전환이 일어나는 것은 마태와 그의 유대인 그리스도인 수신자들에게 있어서 예루살렘의 멸망은 세상 역사의 종말과 같은 차원으로 이해되는 엄청난 사건이었기 때문이다.[40] 즉 계시사적으로 볼 때 예루살렘의 멸망은 인간 세상 역사의 마지막을 위한 산고(birth pangs)와도 같았다. 이런 주제의 전환은 뒤이어 나오는 마태복음 25:33, 41, 46의 최종 파루시아로 말미암아 시행될 영원한 심판의 장면과 그것과 관련된 비유들을 설명하는 데 자

---

40) 킴볼,『당신의 대 환난』, 21.

연스럽고도 유익한 관점을 제공한다. 실제로 마태복음 24:36은 25:13과 인클루시오 구조를 보인다. 구약의 바벨론이나 니느웨의 멸망이 앞으로 등장할 하나님의 모든 원수들에 대한 하나님의 승리를 보증하듯이, 예루살렘의 멸망은 '계시사적 도약판'(revelational springboard), 모형 혹은 기본적인 은유로서 예수님의 최종 파루시아를 예시하면서 보증한다.[41]

하지만 적지 않은 사람들은 마태복음 24:36이 아니라, 27절 혹은 다른 구절에서 주제의 전환을 찾는다.[42] 이런 현상은 이런 구절에서 상징적인 언어가 강하기 때문에 주석가가 일관성을 잃어버릴 수 있음을 보여주는 예이다. 예를 들어, 29절에서 하늘의 광명체가 환난 후에 '즉시' 빛을 잃어버리는 것,[43] 30절의[44] 인자

---

41) P.W.L. Walker, *Jesus and the Holy City: New Testament Perspectives on Jerusalem* (Grand Rapids: Eerdmans, 1996), 252-53.

42) 예. Van Bruggen, *Marcus*, 285.

43) 마 24:29의 광명체는 실제적인 것을 가리키는 것이 아니라 시적 언어인데, 통치자들을 상징한다(참고. 창 1:14-16, 37). 킴볼, 『당신의 대 환난』, 191. 혹은 바벨론과 에돔과 같은 이방 민족 혹은 사마리아의 심판받음과 함락을 광명체의 몰락으로 묘사한다(참고. 사 13:9-10; 34:4; 겔 32:7-8, 암 8:9). 만일 이방 제국의 몰락을 묘사하는 데도 이러한 묵시적 언어가 사용되었다면, 하물며 배교한 유대민족과 돌 성전의 파멸을 묘사하는 데도 적합하지 않겠는가? 참고. 양용의, "성전 파괴와 마지막 때에 관한 교훈", 369. 이런 우주적인 대 격변은 구약 선지서에서 세상 역사의 완성과 같은 먼 미래가 아니라 임박한 여호와의 날에 대한 예언 맥락에서 종종 등장한다. 유대 위경에서 종종 해와 달이 어두워지는 것이 회복될 새 시대의 도래를 상징하며, 역사의 완성이 아니라 시대의 전환을 뜻한다(참고. 욜 2:28-32; 행 2:14-21). 비록 표현 자체는 우주적이지만 예루살렘의 파멸을 묘사할 뿐이다(참고. Tg. Ezek 32:7-8; 유대전쟁사, 6.288-310). 보라. Hatina, "The Focus of Mark 13:24-27", 54-57. 그리고 Keener, *Matthew*, 584. 참고로 예수님이 천상의 점성술 지식과 그것에 관한 이스라엘의 전통 없이는 계시를 베풀 수 없는 점쟁이 취급을 하는 Malina의 주장은 설득력이 없다. 참고. B.J. Malina, "Jesus as Astral Prophet", *Biblical Theology Bulletin* 27(1997), 97.

44) 마 24:30 전반부의 '인자의 징조가 하늘에서 보이겠고'라는 말을 상징적으로 해석해 보면, 오순절 성령 강림과 예루살렘 멸망이 하늘에 계신 승귀하신 인자의 징조라는 말이다. 이것은 하강이 아니라 심판주로서 영적으로 임하시는 승귀의 맥락에서 이해해야 한다(참고. 단 7:13-14). Hatina, "The Focus of Mark", 60. 유사한 방식으로 욜 2:28-32에는 성령이 육체 위에 부어질 것(17-18절)과 심판(19-20절)이 섞여 있다. 마치 오순절 사건과 AD 70년의 심판이 하나인 양 혼합되었듯이 말이다(참고. 눅 3:16-17).

가 구름을 타고 능력과 큰 영광으로 오는 것을[45] 보는 것과[46] 땅의 모든 족속 (이방 족속들이 아니라 '이스라엘 모든 지파'임)이 통곡하는 것,[47] 그리고 31절의 택하신 자들을 하늘 이 끝에서 저 끝까지 사방에서 모으는 것과 같은 것을[48] 주님의 최종 파루시아를 묘사하는 것으로 잘못 보는 경향이 많다. 하지만 이런 표현들은 묵시적인 표현들로서 구약에 이미 나타난 표현인데, 옛 언약백성에 대한 심판과 메시아의 현현을 예언하는 것으로 본다면 AD 70년에 있었던 예수님의 예루살렘을 향한 하나의 파루시아로 볼 수 있다. 무화과나무의 가지가 연하여지고 잎사귀가 나오면 여름이 가까운 줄 알듯이, 제자들도 이런 일들을 보면 AD 70년 사건이 가까이 온 줄 알아야 했다(32-33절).[49]

---

[45] 인자가 타고 오실 '구름'(30절)은 하나님의 임재와 심판 및 구원 즉 역사 안에서 그리고 민족적 차원에서 소위 '운명'의 엄청난 '역전'에 대한 상징으로 인식된다(참고. 시 104:3; 사 19:1; 단 7:13-14; 나 1:3; 비교. 마 26:64). Wright, 『예수와 하나님의 승리』, 525. 하지만 행 1:9 그리고 막 16:19는 예수님께서 '실제 구름'을 타고 하늘로 올라가시는 승천하시는 모습을 그리고 있다.

[46] 마 24:30 하반절의 어떤 것을 보는 것(ὄψονται)은 실제로 시각적으로 인식하는 것(visual perception 혹은 seeing physically something)이라기보다는 때때로 어떤 강력한 것을 정신적으로 인식하는 것(mental perception)을 가리키기도 한다(마 16:27, 28; 계 1:7). 이사야는 포로 귀환을 여호와를 보는 것으로 묘사한다(사 40:9). 이방인도 이런 경험을 할 것이다(슥 9:1).

[47] 이것은 슥 12:12의 느슨한 인용인데, 그 땅의(τῆς γῆ, 하아레츠) '모든 족속'은 이스라엘 백성들을 가리킨다.

[48] 이 구절은 휴거를 의미하지 않는데, 여기서 천사들은 복음전파자로 볼 수 있다(마 11:10; 눅 7:24; 9:52; 계 1-3). 이것이 맞다면 복음 전파자를 통해서 구원 얻을 백성들을 모으는 것 즉 교회가 확장되는 것을 의미한다. AD 70년의 성전의 파괴는 교회로의 모음 즉 교회의 충만함을 초래했기에, 기독교의 초 우주적인 생명의 종교화를 위한 중요한 첫 걸음이 되었다. 신 30:2-4와 슥 2:6-11이 간본문인데, 율법에 순종할 것과 포로에서의 귀환을 다룬다. Hatina, "The Focus of Mark", 64. 따라서 AD 70년 이전에 그리스도의 법에 순종하는 그리스도의 백성이 죄와 사단의 권세에서 돌아올 것을 상징한다. 하지만 D.C. Sim은 31절의 천사들을 '종말론적 심판을 가하는 하늘의 천사들'로 보면서, 이들은 마태공동체 중에 배교하는 사람들을 심판하는 대리인이기에, 로마 제국에 의해서 위기 상황에 처한 마태공동체의 결속력을 강조하는 효과가 있다고 본다. D.C. Sim, "Angels of Eschatological Punishment in the Jewish and Christian Apocalyptic Traditions and in the Gospel of Matthew", *Hervormde Teologiese Studies* 55(1999), 705.

[49] 여기서 생각해 볼만한 것은 예루살렘 멸망에 대한 유대문헌에서의 반응이다. AD 1세기 후반 혹은 2세기 초반의 작품들인 2바룩서와 4에스라서에서는 하나님의 심판의 측면에서 설명되기에 예루살렘을 향한 하나님의 연민은 약하게 언급된 반면, 5세기 작품인 '라바 애가'에서는 힘없는 하나님에게서 파멸의 원인을 찾기에 하나님의 연민은 상대적으로 더욱 크게 나타난다. 참고. R. Kirschner, "Apocalyptic and Rabbinic Responses to the Destruction of 70", *Harvard Theology Review* 78(1985), 27-46.

2.2. 감람산강화의 계시사적 의의

예루살렘 멸망과 주님의 최종 파루시아 이 두 사건 모두가 가지는 계시사적인 중요성 때문에 감람산강화의 바른 이해는 신약 전체의 이해를 위해서 아주 중요하다. 물론 감람산강화가 복음서의 AD 70년 이전 저작을 위한 증거본문으로서 중요한 기능을 하는 것은 물론이다. 우리는 예루살렘 멸망을 그 사건 이전 혹은 그 사건 이후와 같이 AD 70년을 기점으로 한 연대기 구분의 전환점(a turning point of a chronological division)으로만 이해할 수 없다. 즉 AD 70년 이후에야 하나님은 비로소 혈통적인 유대인을 버리고 이방인 구원을 시작하셨다고 볼 수 없다. 우리는 예수님의 지상의 공 사역 때부터 계속해서 이방인들이 회심한 경우를 알고 있다(예. 수로보니게 여인). 그러므로 우리는 예루살렘 멸망을 구속사에 있어서 옛 경륜의 시대(the old dispensation)의 끝이자, 본격적인 새 경륜의 시대 즉(일부 유대인을 포함한) 교회 시대의 시작으로 보아야 한다.

AD 70년의 예루살렘 멸망은 육신적인 아브라함의 후손들이 누린 선민의식과 하나님의 특별한 경륜의 시대에 마침 도장을 찍는 사건이었다.[50] 즉 옛 언약의 종결이 재확인되는 사건이다. '재확인된다'는 말은 먼저 그 종결을 확인한 사건이 있었다는 말인데, 그것은 주님의 탄생-십자가-부활-승천-오순절 성령강림이라는 분리할 수 없는 거대한 하나의 구속사건이다. 주님의 탄생-오순절 성령의 오심은 교회의 시작을 확실히 알리는 사건이었지만 그때도 유대인들은 여전히 배교적 상태로 머물렀다. 이렇게 새 언약 시대의 도래를 재차 알리는 사건이 예루살렘 멸망인데, 바로 이 점에서 계시사적인 중요성이 있다. 구약에서 증인은 두 명 이상이어야 하듯이 하나님은 옛 언약에서 새 언약으로의 전환을

---

50) 초대 예루살렘 교회는 바리새적 유대인 성도, 중도-온건적 유대인 성도, 그리고 헬라파 유대인 성도가 혼합되어 있었던 것으로 보인다. 아마도 예루살렘 파괴가 이 세 부류의 성도에게 미치는 충격의 정도는 달랐을 것이며 바리새적 유대인 성도가 가장 큰 충격을 받았을 것이다. 참고. J.J. Scott, "The Effects of the Fall of Jerusalem on Christianity", 6-7; 접속 일시. 2002. 1.1. www.preteristarchive.com.

두 번의 기회를 통해 계시하셨던 것이다. 교회가 새 언약의 파트너로 인정받았기에, 더 이상 특정 장소나 특정 인종이나 민족이 선민이 될 수 없는 우주적인 구원의 시대가 도래했다.[51] 그리고 예루살렘 성전과 기물들이 파괴되고 약탈 당함으로 구약 성전제의가 종막을 고하여 신령과 진정으로 드리는 예배의 시대가 개시되었다. 하나님이 배교한 옛 언약백성과 이혼하는 것은 새 언약백성과 결혼하는 것을 의미한다. 언약적으로 볼 때 마태복음 24:35까지는 배교한 이스라엘을 향한 하나님의 '소송'(lawsuit)과 '이혼 증서'(렘 3:8)이다. 물론 미래적인 주님의 최종 파루시아 때에는 모든 인류를 향한 신원과 심판 그리고 보상이 발생하여 구속사가 완성된다.

2.3. 투영과 감람산강화의 반(反)로마적인 메시지

지금까지의 논의를 생각해 보면 감람산강화 안에 반유대주의적 사상이 강하게 나타남을 알 수 있다. 하지만 두꺼운 상징적 표현들(tensive symbol)을 분석해보면 반 로마적인 메시지가 드러난다. 이 해석은 정치적인 해석으로 여겨져서, 복음주의 진영에서 지금까지 그리 환영받지 못하는 것 같지만, 오히려 문법-역사적인 해석에 충실한 석의이며 균형 잡힌 해석을 위해 중요한 결론을 도출하도록 돕는다. 감람산강화에 대한 오랜 기간 동안 반유대적 해석이 지배한 것에 대한 반동으로 이런 반로마적 해석이 나왔다고도 볼 수 있다.[52]

주로 이 해석은 구성비평적 요소를 전제로 하는데 마태공동체가 처한 상황을 고려한다. 이 말은 AD 30년경을 역사적인 배경으로 하되, AD 60년대를 투영한다는 의미이다. 본문이 기록된 일차적인 목적을 무시하거나 다루지 않은

---

51) J. Marcus, "The Jewish War and the *Sitz im Leben of Mark*", *JBL* 111(1992), 456.
52) 계시록의 경우 계 17-18장의 '음녀 바벨론'은 소아시아 7교회의 대적으로서 불신 유대인과 이방 로마 제국을 동시에 가리킨다. 승천하신 예수님은 이 두 세력에 대한 심판을 인-나팔-대접의 재앙으로 속히 시행하신다. 감람산강화에서 투영의 원리로 반로마적 메시지를 발견한다면 계시록의 경우와 마찬가지로 불신 유대인과 로마 제국에 대한 하나님의 공의로운 심판을 발견할 수 있다.

채 내용 분석으로 끝나는 주석은 하나님의 기록 의도를 무시하거나 부정하는 비학문적인 주해로 끝날 위험이 있다. 비록 본문에 관하여 많은 내용을 올바르게 분석했다고 할지라도 그 기록 목적을 알기 전까지는 본문의 진정한 의미를 파악했다고 할 수 없다. 성경 주석가는 성경 저자들을 통하여 1차 독자들에게 말씀하신 하나님의 목적이나 의도를 충실히 확인하면서 자신의 성경 주석을 그 목적과 의도에 복종시켜야 한다.[53]

마태복음은 두 가지 방법으로 로마 제국의 이데올로기에 도전하는 것으로 볼 수 있다. 첫째는, 마태복음은 로마 제국과는 다른 모습과 공동체의 반응을 제공함으로 '사회적인 도전'(social challenge)을 제시한다. 마태는 계층주의적이며 약탈적이고 배타적인 사회 대신에, 포괄적이고, 평등한 사랑의 공동체를 제시

---

[53] 저자-본문-독자의 대화 속에서 성경을 해석하기 위해서는 포스트모던적 수용이론(reception theory) 보다는 청중비평(audience criticism)이 더욱 바람직해 보인다. 1970년 이후 청중비평은 성경 본문의 원래 역사적 수신자(the original historical recipients)를 이해하는 것에 관심을 가졌다. 청중비평은 본문 자체 안의 단서로부터 의도된 역사적인 수신자의 특징을 찾으려고 한다. 역사적인 방법 중의 하나로서, 청중비평은 또한 본문 외적인 자료의 도움을 받아서 역사적인 수신자의 상황을 재구축하려고 한다. 요약하자면, 청중비평은 최종본문과 사회-역사적으로 위치된 청중 사이의 상호작용에 관련된다. 참고. R.N. Soulen & R.K. Soulen, *Handbook of Biblical Criticism: Now includes Precritical and Postcritical Interpretation* (Louisville: Westminster John Knox Press, 2001).15. 참고로 청중비평(audience criticism)이란 용어는 성경연구에서 Baird에 의해서 고린도교회 연구에 관한 책 *Audience Criticism and the Historical Jesus*(1969)에서 처음으로 사용되었다. 하지만 독자반응비평의 경우처럼, 청중비평 역시 그 개념의 뿌리를 일반 문학연구에 둔다. 그리고 핵심에 있어서 독자반응비평과 유사하다. 성경 연구에 있어서, 양식비평에서 사회학적 분석(sociological analysis)에 이르는 다양한 방법들이 청중에 대한 정보를 얻기 위해 사용되어 왔다고 볼 수 있다. 청중비평의 목적은 더 나은 본문의 이해를 위한 도움으로서 실제 수신자와 그들의 상황에 관한 정보를 얻는 것이다. 그런 정보가 종종 부족하기에 현대의 해석가는 독자반응 비평을 주요 문학이론으로 수용하기도 한다. 보라. B.C. Lategan, "Reader Response Theory", in D.N. Freedman (ed.), *The Anchor Bible Dictionary*. Volume 5 (New York: Doubleday, 1992), 627-28. 참고로, 오리겐은 *Commentarius in Matthaeum*(마태복음 주석)에서 한 부분을 할애하여, 마태복음 속에서 제자들과 청중들에 의해 수행된 다른 역할들에 대해 논했다. Origen in J.R.C. Cousland, *The Crowds in the Gospel of Matthew* (Leiden: Brill, 2002). 3. 역사적 예수 탐구에서는 1931년이 되어서야 청중비평이 T.W. Manson에 의해서 그의 책 *The Teaching of Jesus*에서 시도되었다. 일반적으로 복음서를 비롯한 모든 성경은 저자가 기록할 당시에 특정한 청중을 염두에 두고 기록한 것이기에 청중 중심의 해석은 상당히 유용한 해석이라 할 수 있다. 예수님과 복음서 기록자들 모두 청중을 의도하여 말씀하고 사역하고 기록한 것을 부인할 수 없다. 청중비평은 자료-양식-편집비평과 같은 역사적 해석 방법을 대체하는 것이라기보다는 그런 방법에 앞서 수행되어 정보를 제공한다.

한다(마 20:25-26). 둘째는, '신학적인 도전' 인데, 전 세계가 로마의 쥬피터 신과 쥬피터의 아들인 황제에 속해 있다는 로마의 이데올로기에 도전하는 것이다. 마태는 감람산강화에서 예수님의 파루시아로 임할 로마의 파멸을 제시함으로써 온 세계가 하나님의 통치 아래 있음을 대안적으로 강조한다. 따라서 로마의 절대 권력은 상대화되고 만다. 그렇다면 감람산강화의 어디에서 이런 모습을 찾아볼 수 있는가?

예수님의 천지의 대 혼란에 대한 예언(21절; 막 13:7-13, 24-25) 역시 반로마적인 메시지를 담고 있는데, 그 이유는 로마 황제가 다스리는 세계는 질서만 있을 뿐이라고 사람들이 믿어왔는데 바로 그 사상을 뒤엎는 것이기 때문이다. 즉 마태는 *Pax Romana*는 한낱 꿈에 불과함을 고발한다. 이것은 그 당시까지는 사람들을 현혹했지만, 마태는 이것 역시 세계에 참된 평화와 안전을 줄 수 없음을 고발하는 것이다. 예수 그리스도만 심판주인 동시에 세계에 참 구원과 평안을 줄 수 있음을 강조한다. 따라서 마태는 그리스도의 신원과 재림의 시기를 모르더라도 신실한 제자로 살도록 그의 공동체에게 예언적인 메시지보다는 목양적인 메시지를 준다.[54]

구체적으로 감람산강화와 하나님의 로마에 대한 심판 사이의 강한 간본문성은 다음과 같다:[55] **(1)** 마태복음 24:27-31과 마가복음 13:26에 나타난 예수님의 권능과 영광 가운데 귀환하실 것에 대한 묘사는 로마 제국의 통치를 암시하는 용어들을 사용한 것 같다. **(2)** 예수님의 도착/파루시아/오심(마 24:27; 막 14:62)은 로마와 같은 하나의 제국의 권력의 대표의 방문과 유사한데, 하나님의 나라의 대표이신 승천하신 예수님의 방문과 관련된다. **(3)** 번개(마 24:27; 막

---

54) 참고. K.E. Brower, 1997. "'Let the Reader understand': Temple and Eschatology in Mark", in K.E. Brower & M.W. Elliott (eds), *Eschatology in Bible & Theology: Evangelical Essays at the Dawn of a New Millennium* (Downers Grove: IVP, 1997), 142.

55) 이와 관련하여 상세한 것은 W. Carter, *Matthew and Empire: Initial Explorations* (Harrisburg: Trinity Press International, 2001), 86-87을 보라.

13:24-25)는 황제들에 의해 휘둘러졌던 주피터나 제우스의 주권을 묘사하는 동전에 종종 등장한다. **(4)** 주검을 향하여 달려드는 독수리(vultures; 마 24:28)는 바벨론과 같이 하나님의 백성들을 심판하기 위해 하나님의 도구로 사용된 제국의 힘을 가리키며, AD 70년에는 로마에 의해 그 역할이 수행되었다(신 28:49; 렘 4:13; 호 8:1; 합 1:8).[56] 비록 마태복음 24:28은 로마의 권세와 통치에 대한 상징을 사용했지만, 그것은 로마를 '승리의 독수리'로 단언하지 않는다. **(5)** 마태복음 24:28의 장면은 '추락하는' 독수리로서 '파멸되는' 로마 군대(시체)를 묘사하는 것 같다. 따라서 주님의 파루시아는 로마 권세를 파괴한다. 그리고 **(6)** 태양과 달로부터 빛을 잃는다는 이미지(마 24:29; 막 13:24-25)는 제국이 권세를 잃는 것과 관련된다(비교. 사 13:10; 34:4). AD 70년에 하나님의 심판의 대리자였으며 사탄의 대리자였던(마 4:8) 로마가 결국은 심판의 대상이 되고 만다. 이상의 6개의 간본문적 관련성 중에서, 오직 다섯 번째만 그렇게 신빙성 있어 보이지 않는다. 왜냐하면 문맥은 로마를 예루살렘을 심판하는 하나님의 대리자로 소개하기 때문이다.[57] 마태공동체는 로마의 네로의 박해를 받고 있었던 것으로 보이며, 따라서 마태는 공동체의 결속을 강화하기 위해서 감람산강화를 통하여 반로마적 메시지를 의도했을 수 있다.

3. 나오면서 그리고 오늘에의 적용

구약의 예언서처럼 감람산강화의 내용은 추상적이거나 불특정 미래에 관한 것이라기보다는, 일차적으로 저자의 당대 사람에게 주는 권면이다. 문맥과

---

56) 참고. 킴볼, 『당신의 대 환난』, 179.
57) 여기서 우선권(priority)의 문제가 등장한다. 마태의 다수의 유대인 출신 그리스도인 독자들은 구약의 간본문 중심으로 감람산강화를 이해하여 예루살렘 멸망으로 이해했을 것이지만, 소수의 이방인 출신 독자들은 사회적인 간본문(socio-intertexts)을 통해서 로마 제국에 대한 하나님의 심판으로 보았을 것이다. 이상의 논의에서 살펴보았듯이, 예루살렘 멸망은 유대인 독자들에게는 마치 세상이 망하는 것과 같았기에 온 세상에 임할 하나님의 최종 심판을 예시하는 것으로 보여 졌을 것이다.

상징을 고려한다면 감람산강화를 전환적 부분적 과거론적 해석을 따라 읽는 것이 자연스럽다. 즉 마태복음 24:36부터 주제의 전환이 발생함을 놓치지 말아야 한다. 돌 성전의 파괴는 중요한 계시사적 분수령이다. 그것은 특정주의적인 옛 언약의 질서가 무너지고, 보편주의적인 새 언약적 질서가 재차 확립된 시점이다. 돌 성전의 파괴는 예수님의 최종 파루시아를 위한 도약판이기에, 바통을 이어받아 마태복음 24:36 이후부터 마태복음 25장에서 본격적으로 하나님 나라의 완성을 다룬다. 제자들은 AD 70년 사건을 세상 역사의 종말로 보았지만, 예수님은 두 사건이 자신의 사역을 심판을 통하여 완성하는 측면을 가지며 계시사적으로 연결되지만 구분됨을 가르치셨다.[58] 동시에 감람산강화는 마태공동체에게 반로마적 메시지라는 정치적 함의도 준다. AD 60년대 중순의 마태공동체는 불신 유대인은 물론 로마 제국의 박해를 견뎌야만 했기 때문이다. 감람산강화는 현대 성도에게도 언약에 신실할 것을 교훈한다. 그렇지 않으면 종말론적 심판 중에서 현재적인 심판이 불가피하다. 현재까지 감람산강화는 부분적으로 성취되었다. 현대 교회는 그리스도의 최종 파루시아를 기다리며 AD 70년에 임한 그러한 유의 심판을 받지 않도록 신앙에 충실해야 한다. 어떻게 충실할 수 있는가? 우리는 예수님 안에서 영적인 출애굽을 한 참 성전으로서(마 24:16), 새로운 피조물로 살도록 옛 성품을 죽여야 한다. 우리에게 언약적 심판이 임하지 않도록 형식이고 배교적인 신앙 양태를 벗어버리고, 공의의 하나님을 기억하면서 늘 깨어서 두렵고 떨림으로 살아야 한다. 공의의 하나님은 옛 세상에 빠져 배교하는 백성을 반드시 심판하신다. 그러나 의로운 자기 백성은 신원하신다.

---

58) 양용의, 『마태복음 어떻게 읽을 것인가』(서울: 성서유니온선교회, 2005), 401.

02 예수님의 제자들과 마태공동체의 관련성: 마태복음 23:34를 중심으로

들어가면서

이 글이 제기하는 문제는 "예수님의 제자들이 당할 박해를 예견하는 마태복음 23:34(διὰ τοῦτο ἰδοὺ ἐγὼ ἀποστέλλω πρὸς ὑμᾶς προφήτας καὶ σοφοὺς καὶ γραμματεῖς· ἐξ αὐτῶν ἀποκτενεῖτε καὶ σταυρώσετε καὶ ἐξ αὐτῶν μαστιγώσετε ἐν ταῖς συναγωγαῖς ὑμῶν καὶ διώξετε ἀπὸ πόλεως εἰς πόλιν·)는 마태공동체(Matthean community)와 어떤 관련성이 있는가?"이다.[59] 따라서 이 글의 목적은 AD 30년

---

59) 이 글은 『교회와 문화』 34(2015), 81-102에 게재되었다. 여전히 복음서가 초대 교회의 흩어진 모든 지역의 교회들을 독자로 삼아 기록되었다는 보컴(R. Bauckham)의 주장에 동의하면서, 복음서의 주제가 그 배후에 있는 교회(공동체)의 역사적 상황에 대한 사회학적 지식이 아니라, 예수 그리스도 자신으로 보면서, '마태공동체'를 상정할 필요성에 의문을 제기하는 경우도 있다. 예를 들어, 채영삼, 『마태복음의 이해: 긍휼의 목자 예수』 (서울: 이레서원, 2011), 23-26. 그럼에도 불구하고 특정한 하나의 공동체를 복음서의 1차 독자로 보는 경향이 보편적인 독자로 보는 경향보다 여전히 우세하다. 헬라어를 말할 수 있었던 1세기의 보편적인 독자로 보더라도, 넓은 지역 중 특정 지역을 1차 독자의 삶의 정황으로 추론할 수 있다.

경의 예수님의 제자들과 수십 년 후의 마태공동체가 어떤 연관성을 가지는가를 밝히는 것이다. 그런데 이 구절을 말씀하신 예수님과 당시의 1차 삶의 정황(1st Sitz im Leben)과 이 구절을 처음 읽고 들었던 1차 독자의 삶의 정황(3rd Sitz im Leben) 사이에 다리를 놓는 작업은 추론과 불확실성을 가질 수밖에 없다.[60] 따라서 적절한 해석 방법이 동원되어야 한다. 이 목적을 달성하기 위해서 사용되는 두 가지 주요 해석 방법은 마태복음 23:34와 그것의 내적 간본문들(intratexts, 내적 상호텍스트)과 간본문들(intertexts, 상호텍스트)을 비교하는 것, 그리고 투영(transparency)의 원리로 마태공동체의 상황을 밝히는 것이다. 결론은 "복음을 전파하던 예수님의 제자들이 당한 고난은 마태공동체에게 적용이 아니라 성취되었다"이다.[61]

1. 내적 간본문들

여기서 내적 간본문성(intratextuality, 내적 상호텍스트성) 즉 마태복음 23:34의 표현들과 전체 마태복음 사이의 관련성을 살핀다. 이 연구를 통해서 마태복음 23:34의 표현들과 관련 있는 마태복음 전체를 비교함으로써, 넓은 문맥 안에서 마태의 사고를 추적해 갈 수 있다. 이제 내적 간본문들에 비추어 주요 표현들을 하나씩 살펴보자.

1.1. 선지자들($προφήτας$): 마태복음 7:15-20; 10:41; 21:34-36; 23:29-31

마태복음 10:41-42에서 예수님은 '선지자들'을 '의로운 자'(참고. 마 5:20) 및 '사

---

[60] 참고. R.H. Stein, 『예수님의 비유, 어떻게 읽을 것인가』(*An Introduction to the Parables of Jesus*, 오광만 역, 서울: 따뜻한 세상, 2011 [1981]), 101-02.

[61] 이 글에서 '마태공동체'를 유대교와 결별한 기독교 공동체로 볼지, 여전히 유대 회당 연합 안의 공동체로 볼지, 아니면 분파(sect)로 볼지 필자의 입장을 서론에서 미리 밝히는 대신에, 마 23:34를 주석적으로 논의해 가면서 귀납적으로 결론을 내릴 것이다.

도'와 병행시켜 언급한다.[62] 따라서 마태는 예수님의 제자들을 '크리스챤 선지자'로 언급한다.[63] 그리고 예수님은 거짓 선지자를 경고하셨는데(마 7:15-23), 이제 주님의 제자들이 참 선지자 역할을 담당한다. 그렇다면 선지자들과 마태공동체는 어떤 연관성이 있는가?[64] 마태공동체 안에 크리스챤 선지자들이 있었는가? 신약 정경이 완성되기 전에 크리스챤 선지자가 활동했다(참고. 엡 4:11). 따라서 마태공동체 안에 하나님을 대변했던 크리스챤 선지자가 있었다고 볼 수 있다. 2성전 시기 유대문헌에서(시락 24:33; 1QH 9:29-31) '선지자'와 '지혜로운 자'는 서로 연결되어 같이 언급된다.[65] 비슷한 방식으로 마태도 마태복음 23:34에서 이 둘을 연결시켜 언급한다.

1.2. 지혜로운 자들(σοφοὺς): 마태복음 11:19, 25

'지혜로운 자들'은 기독교 용어로는 친숙하지 않은 것인데(참고. 고전 1:18-2:16), 지혜가 여성으로 인격화 되어 구약의 지혜문헌(예. 욥 28; 잠 8:22-31), 솔로몬의 지혜서 7-8 그리고 시락 51:13-30 등에 종종 등장한다. 루즈(U. Luz)는 '지혜로운 자들'이 마태복음에 여기에만 등장하기에 현존하지 않는 어록자료(Sayings Source 즉 Q)로부터 온 것이라고 본다(참고. 눅 7:35).[66] 하지만 마태복음 전체에서 지혜 주제를 찾을 수 있는데, 지혜 주제가 등장할 때마다 마태가 Q에서 차용한 것이라고 증명하기 어렵다. 마태에 의하면, 지혜로우신 예수님(sage)은 지혜를 설명하시는데, 지혜는 종말론적 심판과 신원의 기준이 된다(참고. 마 7:24-27;

---

62) R.T. France, *The Gospel of Matthew* (NICNT; Grand Rapids: Eerdmans, 2007), 878.
63) M.J. Wilkins, *Matthew* (NIV Application Commentary; Grand Rapids: Zondervan, 2004), 399.
64) 마태공동체에 대해서는 D.C. Sim, *The Gospel of Matthew and Christian Judaism: the History and Social Setting of the Matthean Community* (Edinburgh: T&T Clark, 1998)를 참고하라.
65) 참고. C.M. Deutsch, *Lady Wisdom, Jesus, and the Sages: Metaphor and Social Context in Matthew's Gospel* (Valley Forge: Trinity, 1996), 27.
66) U. Luz, *Matthew 21-28* (Hermeneia; Minneapolis: Fortress Press, 2005), 152.

12:42; 13:54).[67] 마태복음 11:25의 '지혜롭고 현명한 자들'은 하나님의 계시를 깨닫지 못하는 자들이다. 하지만 지혜이신 예수님이 제자들에게 신적 계시(divine revelation)를 깨닫도록 해주시기에 그들은 현명한 자들이다(Wisdom's envoys; 참고. 마 11:19; 눅 10:22).[68] 마태공동체 안에 이런 지혜로운 자들이 있었을 것이다.

1.3. 서기관들(γραμματεῖς): 마태복음 13:51-52

마태복음 13장의 마지막 여덟 번째이자 결론 비유(마 13:51-52)에서 예수님은 제자들을 '천국의 훈련된(혹은 제자된) 서기관들'(γραμματεὺς μαθητευθεὶς τῇ βασιλείᾳ τῶν οὐρανῶν)에 비유한다.[69] 천국을 위해서 훈련된 서기관들은 '새 것들과 옛 것들'(καινὰ καὶ παλαιά)을 곳간(θησαυρός, 보물, 참고. 마 13:44)에서 가지고 나오는 집주인과 같다. 이들은 마태복음 23장에서 예수님에게 '화 있도다'라는 비판을 받는 서기관들과 바리새인과는 다른 예수님과 연관된 참 서기관들이다. 천국 비유를 다루는 마태복음 13장의 문맥을 고려해 볼 때, 동일한 헬라어 명사인 '곳간'(마 13:52)과 '보물'이 가리키는 바가 동일하다면, 곳간은 예수님 자신을 가리킨다(비교. 마 12:35).[70] 제자들은 천국의 훈련된 서기관으로서 천국의 보물이신 예수 그리스도를 온 세상에 전파해야 한다. 제자들은 예수님 안에서

---

67) C.S. Keener, *A Commentary on the Gospel of Matthew* (Grand Rapids: Eerdmans, 1999), 343.

68) France, *The Gospel of Matthew*, 444; J. Nolland, *The Gospel of Matthew* (NIGTC; Grand Rapids: Eerdmans, 2005), 464; Deutsch, *Lady Wisdom, Jesus, and the Sage*, 49, 124. Contra 마 11:19의 지혜를 기독론적으로 보지 않고, 더 통상적인 의미의 '하나님의 지혜'로 보는 Wilkins, *Matthew*, 419. 그러나 문맥을 고려해 볼 때, 마 23:34 뿐 아니라 37-39절도 지혜 기독론과 연결시켜 'Wisdom's Lament'라 부를 수 있는데, 불신 유대인들이 지혜이신 예수님과 지혜로운 제자들을 거부하여 심판을 받게 되기 때문이다. 참고. Deutsch, *Lady Wisdom, Jesus, and the Sage*, 68.

69) 참고. Keener, *A Commentary on the Gospel of Matthew*, 393; D.L. Turner, *Matthew* (BECNT; Grand Rapids: Baker, 2008), 354; France, *The Gospel of Matthew*, 543. 하지만 마 13:51-52를 '비유'라고 부르지 않는 이도 있다. 예를 들어, D.A. Hagner, *Matthew 1-13* (WBC; Dallas: Word Books, 1993), 400; Nolland, *The Gospel of Matthew*, 570.

70) 윌킨스(M.J. Wilkins)는 마 13:51-52를 'The Parable of the Householder's Treasure'이라 부른다. 참고. Wilkins, *Matthew*, 489.

성취된 구약 율법인 '옛 것들'과 신약의 복음인 '새 것들'을 가르쳐야 한다.[71] 예수님이 '창조 이래로 감추어진 것들' 즉 창조 때부터 예언된 천국을 밝히 드러내셨으므로, 이제 제자들은 옛 것들이면 동시에 새 것들인 천국을 가르쳐야 한다(참고. 마 13:35).[72]

마태복음 13장의 일곱 가지 천국비유를 깨달았던 주님의 제자들은, 말씀을 깨달아 열매를 맺는 좋은 땅과 같다(마 13:23). 시락 39:2-3은 "서기관은 모든 조상들의 지혜를 탐구할 뿐 아니라, 비유의 미묘한 점을 꿰뚫어 알고, 비유의 모호한 점에도 능통한 사람이다"고 밝힌다. 유대교의 서기관들이 랍비에게 율법을 배워서 가르쳤듯이, 주님의 제자들은 더 위대하고 새로운 랍비이신 예수님에게서 천국 복음을 배워서 가르쳐야 한다. 제자들이 천국의 훈련된(제자된) 서기관이라면, 예수님은 '새로운 랍비'(New Rabbi)이시다(참고. 마 23:8).[73] 실제로 마태복음은 새로운 랍비이신 예수님의 가르침을 5개의 강화를 통해서 언급한다(마 5-7; 10; 13; 18; 24-25). 마태복음에서 제자들은 예수님을 '선생'이라 부르지 않았지만, 예수님은 자신을 '선생'으로 계시하신다(마 10:24, 25; 26:18).[74] 예수님의 제자들은 그들의 새로운 랍비를 위해서 복음을 가르쳐 제자들을 만들어야 한다(마 28:19).[75] 동일한 동사가 마태복음 13:52에는 $\mu\alpha\theta\eta\tau\epsilon\upsilon\theta\epsilon\iota\varsigma$('마쎄튜쎄이스', '제자된', '훈련된')로, 28:19에 $\mu\alpha\theta\eta\tau\epsilon\upsilon\sigma\alpha\tau\epsilon$('마쎄튜사테', '너희는 제자를 삼으라')로 등장한

---

71) 참고. Turner, *Matthew*, 355; Hagner, *Matthew 1-13*, 402. 마태복음이 보는 구약 율법에 대한 견해는 복잡하다. 율법은 예수님 안에서 성취되고(마 5:17), 궁극적으로 예수님을 가리킨다. 구약 율법은 천국과 메시아의 도래로 그 절정에 도달했다. 예수님은 구약 율법의 절대 해석자이시며(마 5:21-48; 12:1-14), 그릇된 율법을 교정하신다. 어떤 구약 율법은 예수님과 천국의 도래에도 불구하고 효력을 가지지만(마 19:17), 더 이상 효력을 발휘하지 못하는 것도 있다(마 5:38-42). 참고. T.R. Schreiner, 『신약신학』 (*New Testament Theology*, 홍성철 역, 서울: 부흥과 개혁사, 2011 [2008]), 730.
72) France, *The Gospel of Matthew*, 546.
73) Hagner, *Matthew 1-13*, 401.
74) McKnight, "Gospel of Matthew," 533-34.
75) 참고. Keener, *A Commentary on the Gospel of Matthew*, 393-94. 키너(Keener)는 마태공동체가 이전에 유대교의 서기관들도 포함했을 가능성, 그리고 마태공동체가 자신의 기독 교사로서의 소명을 유대 서기관에 비추어 이해했을 가능성도 열어 둔다.

다. 마태복음의 '제자'가 Q와 마가복음 혹은 마태공동체로부터 차용한 단어인지 확실하지 않다.[76] 분명한 것은 마태복음의 저자가 '그들의(너희의) 회당'(4회) 그리고 '그들의 서기관'(οἱ γραμματεῖς αὐτῶν, 마 7:29)라는 표현을 사용하기에, '그들'과 대조되는 '우리의 회당'과 '우리의 서기관'이 마태공동체 안에 있음을 염두에 두었다는 점이다.[77]

1.4. 보라, 내가 보낸다(ἰδοὺ ἐγὼ ἀποστέλλω): 마태복음 10:5, 16; 28:19-20

마태복음 23:34의 '보내다'(I am sending)는 현재시제 동사이지만, 뒤 따르는 박해를 묘사하는 동사들은 미래시제 동사들이다. 여기서 보내는 분은 성부가 아니라 예수님이신데, 구약에서 야웨께서 선지자들을 파송하신 사건을 회상하는 것이 아니다. 예수님이 제자들에게 "보라, 내가 보낸다"(Ἰδοὺ ἐγὼ ἀποστέλλω, 마 10:16)라고 이전에 말씀하셨으므로, 마태복음 23:34의 파송된 세 부류 안에 예수님의 제자들이 포함된다고 보는 것이 자연스럽다.[78] 예수님이 제자들을 파송하신 것처럼, 마태공동체도 '선지자들, 지혜로운 자들, 서기관들'을 박해를 무릅쓰고 파송해야 했을 것이다.

1.5. 죽이고(ἀποκτενεῖτε), 십자가에 못 박고(σταυρώσετε), 너희 회당에서 채찍질하고(μαστιγώσετε ἐν ταῖς συναγωγαῖς ὑμῶν), 이 성읍 저 성읍에서 박해하다(διώξετε ἀπὸ πόλεως εἰς πόλιν): 마태복음 10:23; 16:24; 20:18-20

예수님은 마태복음 전반부에서 이스라엘 지도자들이 제자들을 박해할 것을 예견하셨다(마 5:11-12; 10:16-23). '죽일 것이다'(will kill)는 마태복음 10:28, 16:21,

---

76) Contra U. Luz, *Matthew 1-7* (Hermeneia; Minneapolis: Fortress Press, 2007), 41.
77) Luz, *Matthew 1-7*, 44.
78) Luz, *Matthew 21-28*, 152.

17:23(참고. 행 7:59-60; 12:2), '십자가에 못 박을 것이다'는 10:38, '너희 회당들에서 채찍질할 것이다'는 마태복음 10:17(참고. 고후 11:24),[79] '이 성읍 저 성읍에서 박해할 것이다'는 것은 마태복음 10:23에 언급되었다.[80] 그런데 유대인들이 제자들을 실제로 십자가에 못 박는 로마식 사형을 시행했다고 보기 어렵다. 따라서 문자적인 성취가 아니라, 십자가에 못 박히실 예수님 자신과 제자들의 일체적 경험을 상징적으로 언급하는 것으로 볼 수 있다.[81] 예수님의 제자들이 당할 박해는 구약의 선지자들이 겪은 것이다(마 23:30-31). 34절의 미래 시제 동사들은 예수님의 부활 이전에 12제자가 경험할 박해를 묘사하는 것이 아니라, 부활 이후의 상황에 적합하다.[82] 이 미래 동사들은 일차적으로 예수님의 부활과 승천 직후인 AD 30년대에 주님의 제자들이 당할 박해를 가리키고, 이차적으로 수십 년 후에 마태공동체가 당할 박해도 예견한다.

1.6. 이 모든 것들이 이 세대 위에 올 것이다(ἥξει ταῦτα πάντα ἐπὶ τὴν γενεὰν ταύτην, 36절): 마태복음 24:34

마태복음 23:36은 바로 앞 34절의 내용이 언제 성취될 것인가를 밝힌다. 바로 이 세대가 반역의 절정에 도달한 세대라는 의미이다. 이스라엘에 대한 하나님의 심판(35절)이 더 이상 지체되지 않을 것이며, 이 세대가 끝나기 전에 그 심판이 임하게 될 것이다.[83] 이 세대 안에(혹은 '위에') 임할 하나님의 심판의 대상은 바리새인과 서기관을 포함한 모든 불신 유대인들이다. 이 세대 즉 40년 안에 이루어질 심판은 AD 70년 성전 파괴 사건을 제외한 채 논의하기 어렵다(참

---

79) '너희 회당들'은 마태공동체가 회당과 이미 분리된 것을 암시한다. 참고. K.G.C. Newport, *The Source and Sitz im Leben of Matthew 23* (JSNTS 117; Sheffield: Sheffield Academic Press, 1995), 152.
80) Nolland, *The Gospel of Matthew*, 945.
81) 양용의, 『마태복음 어떻게 읽을 것인가』(서울: 성서유니온선교회, 2006), 394.
82) France, *The Gospel of Matthew*, 878.
83) 양용의, 『마태복음 어떻게 읽을 것인가』, 395.

고. 마 22:6-7; 23:37-24:2, 34).[84]

예수님을 메시아로 믿지 않고 거부한 '이 세대'는 마태복음에 자주 언급된다(마 11:16; 12:39, 41-42, 45; 16:7; 17:17). 하나님이 마지막으로 보내신 메신저인 메시아를 거부하는 이 세대 위에 심판은 지체되지 않을 것이다(참고. 눅 11:51).[85] 마태복음이 AD 70년 이전에 기록되었다면, 마태복음 23:36과 24:34의 예언은 주님의 제자들은 물론 마태공동체에게도 가까운 미래적 사건으로 남아 있었다. 모든 유대인들의 중심지였던 예루살렘 성전의 파괴는 팔레스틴의 유대인들은 물론, 디아스포라 유대인들에게도 충격으로 다가왔을 것이다. 1세기 중순경, 디아스포라 유대인들은 그 지역의 교회를 박해했는데(참고. 계 2:9; 3:9), 성전 파괴 사건은 그 박해자들을 심판하는 임박한 사건이었다.

1.8. 요약 및 소결론

'선지자들, 지혜로운 자들, 서기관들'은 마태가 사용한 구약과 유대식 표현인데, 복음을 전파할 예수님의 제자들 그리고 마태공동체의 특성과 역할을 보여준다.[86] 이 세 용어는 복음을 전하는 자들의 세 가지 기능을 설명하는 것으로 볼 수 있다:[87] 하나님을 대신하여 말하는 선지자, 지혜이신 그리스도의 계시를 깨닫고 가르치는 지혜로운 자, 새로운 랍비이신 예수님에게서 훈련되어 제

---

84) Luz, *Matthew 21-28*, 155-56.
85) France, *The Gospel of Matthew*, 882. 채영삼은 마 23:36의 '이 세대'(τὴν γενεὰν ταύτην)가 예수님과 동시대에 있던 유대인을 가리킬 수도 있고, 시기와 상관없이 예수님 이전부터 선지자들과 의인들을 핍박해 온 '악한 자들'의 총칭일 수 있다고 본다. 참고. 채영삼, 『마태복음의 이해: 긍휼의 목자 예수』, 405. 하지만 이 표현을 후자로 볼 수 있는 예가 마태복음에 나타나는지 의문이다.
86) 이 글에서 필자는 히에라폴리스의 주교 파피아스(d. 130)와 같은 오래된 외증(참고. 유세비우스의 교회사 3.39.16; 5.8.2) 등에 근거하여 '사도 마태'를 마태복음의 저자로 본다. 참고. S. McKnight, "Gospel of Matthew," in J.B. Green et al (ed.), *Dictionary of Jesus and the Gospels* (Downers Grove: IVP, 1992), 528. 모두가 인정하듯이, 복음서의 저자와 독자의 상황에 대해 확실하게 말하는 것은 어렵다.
87) Deutsch, *Lady Wisdom, Jesus, and the Sage*, 125.

자를 삼아야하는 서기관. 물론 세 가지 기능은 일정 부분 중복되기도 하며, 서로 연결된다. 대부분의 학자들이 동의하듯이 마태공동체가 유대인 중심의 그리스도인들로 구성되었기에, 이 표현들은 1차 독자들에게 어렵지 않게 이해되었을 것이다. 주님의 제자들이 복음을 전파할 때 유대인들의 박해를 받을 것인데, 그 박해는 예수님이 당하실 고난과 죽음과 병행한다. 하나님은 유대인 박해자들을 그들의 세대 안에 심판하실 것이다. AD 30년부터 한 세대 안에 이루어질 일들이므로, '선지자(행 11:27), 지혜로운 자(행 6:10), 서기관(행 18:24)'이라는 세 부류는 물론이거니와, 이 도시에서 저 도시로 쫓기며 당하는 박해와 회당에서 채찍질당하는 것은 사도행전에서 모두 볼 수 있다(행 8:1; 17:13; 20:3; 21:27-28; 22:19).[88]

2. 신약의 간본문: 누가복음 11:49

여기서 성경 내적 간본문성(inner-biblical textuality, 성경 안의 상호텍스트성) 중에서 마태복음 23:34와 공관복음 사이의 관련성 연구로 범위를 제한한다. 이 연구는 소위 '공관복음' 문제와 연관되는데, 마태복음과 누가복음의 저자들의 공통점과 차이점을 통해서 각 저자의 신학적 강조점을 찾고 1차 독자(공동체)의 상황을 좀 더 구체적으로 추론할 수 있다. 공관복음 가운데 마가복음에는 서기관들에 대한 예수님의 비판이 매우 짧게 나타난다(막 12:38-40). 마태복음 23:34와 식사 전에 손 씻는 문제를 다루는 마가복음 7:1-9는 상호관련성이 거의 없다.[89] 공관복음에 마태복음 23:34의 유일한 간본문은 누가복음 11:49이다.

---

88) J. Van Bruggen, *Matteüs: Het Evangelie voor Israël* (CNT; Kampen Kok, 1990), 414.
89) I.H. Marshall, *The Gospel of Luke* (NIGTC; Grand Rapids: Eerdmans, 1978), 491.

2.1. 마태복음 23:34와 누가복음 11:49 중에서 어느 것이 원본에 가까운가?

마태복음 23:34와 누가복음 11:49(διὰ τοῦτο καὶ ἡ σοφία τοῦ θεοῦ εἶπεν, Ἀποστελῶ εἰς αὐτοὺς προφήτας καὶ ἀποστόλους, καὶ ἐξ αὐτῶν ἀποκτενοῦσιν καὶ διώξουσιν) 중 어느 것이 원본에 가까운가? 이와 관련하여 역사비평가의 전형적인 설명을 루즈(U. Luz)에게서 볼 수 있다.[90] 그는 마태복음의 편집자를 유대인 크리스챤 서기관인 '이른바' 마태로 보는데, 그가 Q와 마가복음을 사용했고 본다. 루즈(Luz)는 Q가 마태에게 미친 영향도 간과할 수 없지만 마가가 마태에게 미친 영향이 더 중요하며, 마태는 마가복음으로부터 여러 용어뿐 아니라 특정 사상(예. 바리새인과 사두개인들이 예수님을 대적함)도 빌려 왔다고 본다. 루즈(Luz)에 의하면, Q와 마가는 마태의 '신학적 아버지들'이다. 이 설명은 두 자료 가설에 근거한 설명으로 그 진위 여부를 확증하기는 불가능하다.

알렌(W.C. Allen)은 누가복음 11:49의 "그러므로 하나님의 지혜가 말씀하셨다"(διὰ τοῦτο καὶ ἡ σοφία τοῦ θεοῦ εἶπεν)는 예수님의 말씀에 누가복음의 편집자가 삽입한 것이며, 거기서 ἡ σοφία('헤 소피아', '그 지혜)는 예수님을 가리킨다고 본다. 그리고 알렌(Allen)은 49절의 뒤따르는 말씀은 알려지지 않은 자료(Q)로부터 인용한 것이므로 누가복음 11:49는 편집자의 추가와 Q라는 자료의 합성으로 구성된 것으로 본다.[91] 알렌(Allen)은 마태복음 23:34의 경우는 단어들이 인용되었다는 암시가 없기에, 이 절 전부를 예수님 자신의 말씀으로 간주할 수 있지만, 마태복음의 편집자는 예수님이 어떤 자료('선지자들, 지혜로운 자들, 서기관들')를 인용하여 자신에게 적용한 것을 알았을 가능성도 있다고 본다.[92] 알렌(Allen)은 마태복음 23:34의 자료에 대해 여러 가능성을 열어 두고 있다.

---

90) Luz, *Matthew 1-7*, 41, 44, 59.
91) 이와 약간 다른 견해는 마샬(Marshall)의 것인데, 그는 눅 11:49가 Q에서 왔고, 마태복음 23:34는 Q 대신 마가복음을 참고했다고 본다. 참고. Marshall, *The Gospel of Luke*, 491.
92) W.C. Allen, *Gospel according to St. Matthew* (ICC; Edinburgh: T&T Clark, 1985), 249-50.

자료 가설에 근거한 또 다른 입장은 해그너(D.A. Hagner)에게서 볼 수 있는데, 그의 주장은 다음과 같다:[93] 마태(최종 편집자는 마태의 제자들)는 Q(참고. 눅 11:49-50)를 사용하여 나름대로 변경했다. 마태는 자신이 선호한 표현인 ἰδου('이두', '보라')를 Q에다 추가했고, 예수님을 '지혜'와 동일시하여 예수님을 화자(speaker)와 송신자(sender)로 묘사했다. 그리고 마태는 더 직접적인 메시지를 전하기 위하여 누가의 3인칭 복수형(그들에게)을 2인칭 복수형(너희에게, 너희가, 너희)으로 변경했다. 마태와 달리 누가는 '선지자들과 사도들'(눅 11:49)이라고 씀으로써, Q에 더 가까운 표현을 사용한 마태를 변경했다. 마태가 Q에 "그리고 십자가에 못 박고, 너희가 그들 가운데 더러는 너희 회당들 안에서 채찍질하리라"를 첨가하여, 마태와 마태공동체에게 알려진 역사적 실재를 반영했다.

해그너(Hagner)의 주장에 몇 가지 비평을 할 수 있다. **(1)** 그의 주장과 달리 마태가 아니라 누가가 '지혜'를 파송자로 직접적으로 언급한다(눅 11:49). **(2)** 마태가 사용한 2인칭 복수형은 마태복음 23장에 자주 등장하기에, 3인칭보다 문맥 흐름상 자연스럽다. **(3)** 여전히 공관복음 문제에 대한 합의가 없는 이상, 누가가 마태를 사용하여 변경했는지 확실치 않다. **(4)** 가설적 자료 Q의 존재는 여전히 의문이기에, 원본 추적 작업에 Q를 (결정적으로) 의존하는 것은 무리다.

31단어로 구성된 마태복음 23:34가 20단어로 구성된 누가복음 11:49보다 더 길다. 따라서 본문 비평의 외증의 원칙을 적용하여, '더 짧고 상대적으로 더 어려운' 후자를 원본에 가까운 것으로 볼 수 있는가? 확실하지 않다. 왜냐하면 긴 원본을 나중에 줄여서 쓰는 경우도 있고, 표현의 길고 짧음은 개인적인 성향의 문제일 수 있기 때문이다.[94] 그렇다면 마태복음 23:34와 누가복음 11:49

---

[93] D.A. Hagner, *Matthew 14-28* (WBC; Dallas: Word Books, 1995), 674-75; Hagner, *Matthew, 1-13*, lxxvi.

[94] 참고. 오광만, "마가복음 우선설 비판," 『개혁논총』 14 (2010), 363. 복(D.L. Bock)은 엘리스(E.E. Ellis)에 동의하면서 누가가 마태의 표현을 나중에 페쉐르했다(peshered)고 본다. 참고. D.L. Bock, *Luke 9:51-24:53* (BECNT; Grand Rapids: Baker, 1996), 1121.

는 본문 비평상 별 문제가 없으므로, 두 본문을 두 복음서 각각의 복음서의 원본으로 받아들이고, 이 두 본문을 비교하는 것이 더 확실한 결과를 도출해 낼 수 있다.

2.2. 마태와 누가의 차이점과 이유

2.2.1. 마태의 '지혜로운 자들'($\sigma o \phi o \grave{\upsilon} \varsigma$)과 서기관들'($\gamma \rho \alpha \mu \mu \alpha \tau \epsilon \hat{\iota} \varsigma$) vs 누가의 '사도들'($\dot{\alpha} \pi o \sigma \tau \acute{o} \lambda o \upsilon \varsigma$)

마태와 누가는 예수님이 '선지자들'을 보내신다는 것을 공통적으로 언급한다. 그런데 두 복음서에는 차이점이 있는데, 마태는 '지혜로운 자들과 서기관들'을 추가로 언급하는 반면, 누가는 '사도들'을 추가한다. 누가는 '서기관들과 지혜로운 자들'을 부정적으로 간주하여, 예수님의 제자들을 묘사하기에 부적합한 단어로 여겨 사용하지 않았을 수 있다(참고. 눅 10:21).[95] 마태는 원본에 나타난 '하나님의 지혜'를 참고하고 그것을 반영하여 예수님의 제자를 '지혜로운 자들'이라고 썼을까?[96] 이 추론이 옳다면 '지혜로운 자들'이 말하는 내용은 '하나님의 지혜'로부터 나온 것이 된다.[97] 이 추론은 누가복음 11:49의 '하나님의 지혜가'($\dot{\eta}\ \sigma o \phi \acute{\iota} \alpha\ \tau o \hat{\upsilon}\ \theta \epsilon o \hat{\upsilon}$)가 마태복음 23:34의 '내가'($\dot{\epsilon} \gamma \acute{\omega}$)보다 원본에 더 가깝다는 것이 증명될 때에만 설득력을 얻게 된다.

마태가 예수님의 제자들을 '선지자들, 지혜로운 자들, 서기관들'이라 부르지만, 왜 보편적인 표현으로 볼 수 있는 '복음 전하는 자들' 혹은 '사도들'이라고

---

[95] Marshall, *The Gospel of Luke*, 505. 다른 가능성은 누가가 '박해받는 선지자들'과 '박해받는 사도들'을 간결하게 연결함으로써, 구약의 선지자들을 박해한 바리새인의 사악한 조상들과 사도들을 박해한 바리새인 사이의 결속을 강조할 의도를 가지고 있었을 수 있다. 참고. A. Plummer, *The Gospel according to St. Luke* (ICC; Edinburgh: T&T Clark, 1981), 314.

[96] Marshall, *The Gospel of Luke*, 502.

[97] Nolland, *The Gospel of Matthew*, 944-45.

언급하지 않았을까? 이 세 부류의 사람들(선지자들, 지혜로운 자들, 서기관들)은 마태공동체의 세 직분을 반영하는가?[98] 그렇다면 누가복음의 2차 독자로 추정되는 누가공동체는 '선지자들과 사도'라는 두 직분으로 구성되었다고 볼 수 있는가? 현대 해석가 중 누구도 복음서의 '3차 삶의 정황' 즉 1차 독자들의 상황에 대해 확실히 말할 수 없다. 그럼에도 불구하고 마태와 누가 사이의 차이에 대한 이유를 추론해 볼 수 있다. 이방인 출신 누가보다 유대인 출신 마태가 유대식 용어(Jewish vocabulary)로 예수님의 제자들을 묘사하기에 더 유리한 입장에 있었을 것이다(참고. 행 11:27; 엡 4:11).[99] 유대인 출신 성도가 주를 이룬 마태공동체는 구약과 유대문헌에서 등장하는 '선지자, 지혜로운 자, 서기관'이라는 표현을 접하면서(참고. 왕상 19:10, 14; 대하 24:19-22; 스 7:6; 욥 28; 잠 8-9; 렘 7:25-26; 시락 1; 1에녹 41-44; 4에스라 5), 스스로를 구약 사역자의 대를 잇는 '고난 받는 새 이스라엘'로 여겼을 가능성이 크다.

2.2.2. 마태의 "너희가 죽이고, 십자가에 못 박고, 채찍질하고, 박해할 것이다" (ἀποκτενεῖτε καὶ σταυρώσετε καὶ μαστιγώσετε καὶ διώξετε) vs 누가의 "그들이 죽이고 박해할 것이다"(ἀποκτενοῦσιν καὶ διώξουσιν)

누가와 비교해 볼 때, 마태는 "십자가에 못 박고 채찍질할 것이다"를 추가하여 제자들이 당할 고난을 더 구체적으로 묘사한다. 특별히 '십자가에 못 박고'라는 표현은 예수님과 제자들의 연합 사상을 강조하여 제자도를 가르친다. '죽이는 것'은 곧 '십자가에 못 박는 것'이다. 그리고 '채찍질 하는 것'은 곧 '박해하는 것'이다. 이것은 마태가 종종 사용한 '쌍(pair) 기법' 중 하나로 볼 수 있다(마

---

98) 참고. B.T. Viviano, "Social World and Community Leadership: the Case of Matthew 23:1-12, 34," *Journal for the Study of the New Testament* 39 (1990), 14. 여기서 더 세분화시켜, 마태공동체 안에 위계질서를 가춘 세 직분인지, 아니면 평등한 세 직분인가에 관해 이견이 있을 수 있다. 비비아노(Viviano)는 마태공동체의 직분을 더 확장시켜, 사도(마 10:2), 의인(순교자 혹은 고백자, 10:40-42; 13:17; 23:29), 집사(23:11)도 포함시킬 수 있다고 본다. 하지만 이 세부적인 추론을 증명할 길이 없다.

99) Hagner, *Matthew 14-28*, 674.

8:28-33; 20:29-34; 21:6-7 등).¹⁰⁰⁾ 누가는 자신의 두 번째 책인 사도행전에서 동사 διώξουσιν('디옥수신', '박해하다')을 종종 사용했다(행 7:52; 9:4; 22:4, 7).

2.2.3. 마태의 '보라 내가'(ἰδοὺ ἐγώ) vs 누가의 '하나님의 지혜'(ἡ σοφία τοῦ θεοῦ εἶπεν)

누가는 '보라'(ἰδού)를 생략하지만, 마태는 이 표현으로 독자의 주의를 집중시킨다. 더 중요한 차이는 마태가 1인칭 단수 주어를 강조하는 위치에 배치하는 반면, 누가는 3인칭 단수 주어를 사용한다는 점이다. 누가의 경우처럼(참고. 눅 2:52) 마태에게서도 '지혜 기독론'(Wisdom Christology)을 추적할 수 있다(참고. 마 11:19).¹⁰¹⁾ 마태는 34절에서 '지혜로운 자들'을 통해서 누가의 '하나님의 지혜'와 다른 사상을 염두에 두었다고 보기 어렵다. 누가는 예수님이 하나님의 지혜이심을 강조한 바울의 주치의였기에(고전 1:24, 30; 골 2:3), 이 사상을 바울에게서 배웠을 가능성이 높다. 따라서 마태와 누가는 지혜 기독론에 있어 별 차이가 없다고 볼 수 있다.¹⁰²⁾

2.3. 요약 및 소결론

마태는 자신이 속한 공동체의 유대 기독교적 상황과 문학적 기법을 사용하여, 누가와 달리 표현함으로써 구성상(compositional)의 강조점을 부각시킨다. 마찬가지로 누가 역시 자신이 선호한 단어나 구성상의 강조점을 위해서 표현을

---

100) 참고. 송영목, 『앎과 삶의 중심이신 그리스도』 (부산: 고신대학교 출판부, 2010), 233.
101) 구약에 나타난 '하나님의 지혜' 주제에 근거하여(욥 28; 잠 1; 8 등), 눅 11:49의 '하나님의 지혜'를 예수님이 아니라 '하나님' 혹은 '하나님의 뜻 혹은 경륜'으로 보는 입장에 대해서는 Bock, *Luke 9:51-24:53*, 1121-23; Plummer, *The Gospel according to St. Luke*, 313을 보라. 하지만 마 23:34와 눅 11:49에서 '지혜기독론'을 찾는 것은 시대착오적이므로 불가능하다고 보는 이들의 전제는 복음서보다는 서신서(고전 1:24, 30 등)에서 발전된 기독론을 찾을 수 있다는 것이다. 하지만 적지 않은 학자들은 서신서의 기록 연대를 복음서보다 더 이르게 보기에, 이 전제가 시대착오적이다.
102) S. Byrskog, *Jesus the Only Teacher: Didactic Authority and Transmission in Ancient Israel, Ancient Judaism and the Matthean Community* (Stockholm: Almqvist & Wiksell, 1994).

선별한 것으로 볼 수 있다. 하지만 두 본문이 전하는 메시지는 동일하다.

3. 마태공동체와 *Imitaio Christi*

요즘 대부분의 학자들은 복음서를 두 단계(two levels)를 가진 '투영 이야기'(transparent story)로 읽어야 한다고 주장한다. 마태복음 23장의 경우, 첫 번째 단계(AD 30년경)에서 마태는 이스라엘의 지도자들과 백성들에게 심판이 임할 것, 그리고 예수님께서 배척당하시고 처형당하심을 언급한다. 두 번째 단계(AD 60년대 중순경)에서 마태는 마태공동체가 예수님께 헌신하여 회당에서 분리되어 새로운 그리스도인 신자의 공동체를 형성함을 말한다.[103] 마태복음 안에 두 번째 단계는 암시적으로 나타난다. 여기서 '마태공동체'란 하나의 가정 교회나 도시 안의 교회라기보다는, 마태가 복음서를 기록할 때 타킷으로 삼은 청중(target audience)을 가리킨다.

마태공동체에 관한 최근의 논의를 두 가지로 요약하면 다음과 같다: (1) *Intra Muros*: 마태공동체는 유대주의 안에서 율법을 지키던 공동체(혹은 분파)였다는 입장은 W.D. Davies & D.C. Allison, J.A. Overman, A.J. Saldarini, D. Sim, B. Repschinski 등이 주장한다. 그들의 근거는 넓게는 제 2성전 시대의 유대교의 문헌적 증거, 좁게는 마태복음에 나타난 분파주의적인 이원론적 언어, 유대지도자들에 대한 적대감 그리고 율법의 중심성 등이다. (2) *Extra Muros*: 마태공동체가 이미 주류 유대교(즉 원[proto] 랍비유대교)와 결별하여 밖에 있었다는 입장은 G. Stanton, D. Hagner, P. Foster 등이 주장한다. 이강택은 후자를 지지하면서, 유대인 출신 그리스도인인 마태와 유대인 출신이 주류를 형성한 마태공동체는 불신 유대인, 반(反) 율법주의자들, 그리고 기독교 율법주의자

---

103) F.P. Viljoen, "Matthew, the Church and Anti-Semitism", *Verbum et Ecclesia* 28 (2007), 2), 714.

와 대결했다고 본다.[104] 하지만 펄윤(F.P. Viljoen)은 스텐달(Stendahl)을 인용하면서, 마태공동체가 *Intra Muros*로부터 *Extra Muros*로 단번에 과격한 방식으로 전환되었다기보다는, 생각보다 매우 부드러운 전환(a far smoother transition)이 있었다고 본다.[105] 그리고 마태는 유대인과 그리스도인이라는 두 가지 시민권을 가지고 있었음을 기억해야 할 필요가 있다. 하지만 언제 이런 부드러운 전환이 완료되었는가를 물어봐야 할 이유는, 부드러운 전환도 언젠가는 종료되기 때문이다. 펄윤(Viljoen)과 비슷한 주장을 뉴포트(K.G.C. Newport)에게서 볼 수 있다. AD 70년 이전의 유대교의 상황을 반영하는 이전의 자료들을 사용하여 마태가 AD 85년경에 편집했다고 보는 뉴포트(Newport)는 마태복음 23:2-31이 *Intra Muros*를, 34-36절은 *Extra Muros*를 표현한다고 본다.[106] 이 주장이 옳다면, 마태공동체와 회당이 분리된 이후에, 마태가 이전의 *Intra Muros*의 상황을 회상하며 묘사한 부분이 포함되어 있다. 따라서 본문을 읽어가면서 *Intra*인지 아니면 *Extra*인지 구분하는 것은 독자의 몫이다. 이 주장에 의하면, 마태복음의 기록 연대가 *Intra*와 *Extra*의 결정에 영향을 미치지 못한다.

시리아의 안디옥 혹은 어떤 도시에 있었던 것으로 추정되는[107] 마태공동체가 회당 연합 안에 있었다는 *Intra Muros*의 가능성을 조금 열어두면서도, 회당과 결별했다는 *Extra Muros*의 입장을[108] 견지하는 루즈(U. Luz)는 마태복음

---

104) U. Luz, 『마태공동체의 예수이야기』(*Die Jesusgeschichte des Matthäus*, 박정수 역, 서울: 기독교서회, 2009 [1993]), 26, 30, 34, 163.

105) F.P. Viljoen, "The Matthean Community According to the Beginning of His Gospel", *Acta Theologica* (2006, 2), 246.

106) Newport, *The Source and Sitz im Leben of Matthew 23*, 67, 152.

107) 초기 교회에서 마태복음을 알았던 증거로 시리아 안디옥의 이그나티우스와 디다케의 존재는 마태와 시리아의 연관성에 대한 강한 증거가 될 수 있다. 그리고 마태복음 안에 '시리아'에 대한 언급이 인상적이며(마 4:24), 만약 시리아의 그리스도인들이 '나사렛 사람들'이라 불리었다면 마 2:23과 관련되었을 것이다. 참고. 채영삼, 『마태복음의 이해: 긍휼의 목자 예수』, 27 그리고 France, *The Gospel of Matthew*, 15; Luz, *Matthew 1-7*, 58. 하지만 해그너(Hagner)는 킹즈버리(J.D. Kingsbury)에 동의하면서, 안디옥이 아니라 갈릴리 혹은 그 북쪽 지역의 도시로 본다. 참고. Hagner, *Matthew 1-13*, lxxv.

108) K.P. Lee, *Matthew's Vision of the Old and New in Jesus: Social World of the Matthean Community*

23:34에서 마태가 자신의 공동체의 경험을 (편집자로서) 자신의 이야기로 전이시켰으며, 예수님의 제자들이 당한 박해는 이스라엘의 회당 연합 밖에 존재하던 마태공동체에게 '모범'이 되었다고 본다.[109] 루즈(Luz)는 마태복음 23:34가 마태교회들의 지역(the area of the Matthean churches) 안에 있는 '유랑 과격주의'(itinerant radicalism)에 관한 정보를 제공한다고 본다. 즉 마태교회들의 구성원 모두가 박해를 받았다기보다는, 박해는 유랑하며 전도사역을 펼친 사람들(참고. '그들 가운데 더러는', 34절에 2회 등장)에게 한정되었다고 주장한다.[110] 이와 관련된 한 가지 문제는 루즈(Luz)가 마태복음의 기록 연대를 AD 80년 이후로 보면서도,[111] 마태복음 23:34가 마태교회 안에 성취된 것으로 본 점이다. 이 입장이 문제가 되는 이유는 예수님의 말씀을 듣던 그 당시 세대 안에 이루어져야 할 내용이라고 밝히는 36절과 상충되기 때문이다.

따라서 마태복음 23:34-36이 마태공동체 안에서 '성취'되기 위해서는 한 가지 조건이 필요한데, 마태복음이 AD 70년 이전(구체적으로 AD 60년대)에 기록되었어야 한다는 것이다.[112] 만약 마태복음이 AD 80년대에 기록되었다면 마 23:34의 내용은 마태공동체 안에 '성취'가 아니라 교훈을 주는 '적용'이 된다.[113] 하지만 마태공동체 전체가 아니라, 특별히 순회전도를 했던 사람들이 박해를 받았다는 루즈(Luz)의 설명은 일리가 있어 보인다.

Vis-à-vis Matthew's Understanding of Torah (Philadelphia: Westminster Theological Seminary Ph.D. Thesis, 2010), 30, 78, 281.

109) Contra Nolland, The Gospel of Matthew, 944.
110) Luz, Matthew 21-28, 153.
111) Luz, Matthew 1-7, 59.
112) 마태복음의 이른 연대(AD 60년대)를 지지하는 학자로는 Gundry, Reicke, Robinson, Nolland, France 등이다. 참고. D.A. Hagner, Matthew 1-13 (WBC; Dallas: Word Books, 1993), lxxiv.
113) 여전히 마가우선설이 대세이기는 하지만, 마태우선설을 따르는 웬함(J. Wenham)은 마태복음을 심지어 AD 40년경에 기록된 것으로 본다. 참고. J. Wenham, Redating Matthew, Mark & Luke (Downers Grove: IVP, 1992), 243. 마가우선설의 근거에 대한 비판을 위해서는 오광만, "마가복음 우선설 비판," 363을 보라.

앞의 2.5에서 살펴보았듯이, 마태공동체가 겪을 박해는 예수님의 자취(그리고 부활-승천 이후의 주님의 제자들의 자취)를 따라가는 *Imitatio Christi*였다. 이 사실은 고난 중에 있던 마태공동체에게 위로가 되었을 것이다.

나오면서

구약은 자신의 메신저들을 이스라엘에게 보내신 분이 하나님이심을 분명하게 언급한다(렘 7:25-26; 25:4). 이제 하나님이신 예수님이 자신의 메신저를 보내신다. 유대인의 위선과 그 결과인 심판을 경고하는 맥락에 위치한 마태복음 23:8-10에서 예수님은 '선생', '아버지', '지도자'라는 호칭을 제자들이 사용하지 말 것을 경고하셨다. 하지만 마태복음 23:34에서 예수님은 제자들 그리고 마태공동체에게 '선지자, 지혜로운 자, 서기관'이라는 호칭을 허용하신다. 그렇다면 예수님은 스스로 모순을 범하셨는가? 아니다. 마태공동체가 유일하고 독점적인 그 선지자, 그 지혜로운 분, 그 서기관이신 예수님을 가르치기 위해서 은사를 활용할 경우에, 그렇게 불릴 수 있었다.[114]

마태복음 23:34는 천국 복음을 전하다가 박해를 받은 예수님과 주님의 제자들의 발자취를 따라야 하는 마태공동체를 위해서('의해서'는 아님) 기록되었다. 마태복음이 AD 70년 이전에 기록되었다면,[115] 사도 마태와 그의 교회는 예수님의 말씀이 자신들에게 '적용'이 아니라 문자적으로 '성취'되었음을 알았을 것이다. 마태공동체는 복음을 전하기 위해서 각오해야 할 유대인들의 박해를 두려워하지 말고, 대신 하나님께서 그 당시에 박해자들을 심판하실 것을 믿어야

---

114) F.D. Bruner, *The Churchbook Matthew 13-28* (Grand Rapids: Eerdmans, 2007), 455-56.
115) 마태복음이 AD 70년 이전에 기록되었다는 보는 대표적인 주석가들의 설명을 위해서, 마 22:7을 중요하게 여기는 H.N. Ridderbos, *Mattheüs* (Kampen: Kok, 1965), 15 그리고 France, *The Gospel of Matthew*, 19와 Nolland, *The Gospel of Matthew*, 17을 보라.

했다. 그 심판은 AD 70년 사건과 떼어 생각할 수 없다. 마태복음 23:34는 예수님과 제자들의 자취를 따른 마태공동체와 오늘날의 성도에게 올바른 정체성(선지자, 지혜로운 자, 서기관)을 확립시키고, 더 나아가 그 정체성에 걸맞게 사는 일에 동반되는 어려움을 이길 결심을 새롭게 한다.

03 공관복음의 신명기 인용 비교

들어가면서

　신명기는 신약에서 시편과 이사야와 더불어 가장 자주 인용된[116] 구약 성경이다. 공관복음이 신명기를 어떻게 인용하는가를 살피는 것은 의미가 있는 작업이다. 왜냐하면 구약의 첫 책들인 오경의 결론격인 신명기와 신약의 첫 책들인 공관복음 사이에 정경적 연관성이 있기 때문이다. 교차대칭구조로 볼 때, 구약과 신약은 '하나님의 행동'(오경과 역사서, 복음서와 사도행전), '이스라엘/교회의 말'(지혜서, 서신서), '하나님의 말씀'(선지서, 계시록)이라는 공통된 패턴을 가지고 있다.[117] 이 글에서 공관복음 기자들이 신명기를 어떻게 인용하는지 각각 살핀 후, 인용된 신명기가 공관복음에서 어떤 기능을 하는지 비교해 볼 것이다. 이

---

116) 이 글에서 '인용'은 후대 본문이 이전의 본문을 '거의 변경 없이 분명하게 차용하는 것'을 뜻한다.
117) W. Vogels, "The Parallel-Chiastic Structure of the Christian Bible," *Theoforum* 32 (2001), 203-221.

제1부 | 공관복음 신학　61

를 위해서 GNT4th와 신약 저자들이 주로 사용한 LXX(Rahlfs)의 신명기 본문을 비교하되, 필요한 경우 MT도 살펴볼 것이다. 공관복음 가운데 어떤 것이 제일 먼저 기록되었는지, 그리고 두 자료가설이 옳은지를 판명하는 것은 본 연구 대상의 범위를 넘어서는 것이다. 공관복음 기자들은 신명기를 모세의 기록으로 인정하고, 원래 의미를 존중하면서, 자신들의 문맥-문학-신학적 이유 등으로 인해 나름대로 변경을 가하여 인용함을 밝힐 것이다.[118]

1. 마태복음의 신명기 인용

그라시(J. A. Grassi)는 마태복음을 '두 번째 신명기'라고 부른 바 있다.[119] 마태는 신명기를 13회나 인용하는데, 예수님(마 4:4, 7, 10; 5:21, 27, 31, 38; 18:16; 19:18-19; 22:37), 하나님(마 15:4), 바리새인(마 19:7) 그리고 사두개인의 말(마 22:24)에 나타난다.[120] 마태복음의 신명기 인용을 하나씩 살피되, 인용된 신명기와 마태복음의

---

[118] 4복음서에서 예수님은 율법서 26회(신명기 11회, 출애굽기 8회, 창세기, 레위기 3회, 민수기 1회), 성문서 16회(시편 16회), 선지서 15회(이사야 7회, 호세아 2회, 예레미야, 다니엘, 요나, 미가, 스가랴, 말라기 1회)를 인용하셨다. 쿰란공동체도 시편, 이사야, 신명기를 자주 인용했다. S. Moyise, *Jesus and Scripture* (London: SPCK, 2010), 4.

[119] J. A. Grassi, "Matthew as the Second Testament Deuteronomy," *Biblical Theology Bulletin* 19 (1989, 1): 23-29. Grassi는 신명기와 마태복음의 병행을 다음과 같이 주장한다: '이 천국 복음'(τοῦτο τὸ εὐαγγέλιον τῆς βασιλείας)은 신약에서 마태복음에만 2회 나타나는데(마 24:14; 26:13; 비교. '그 복음', 막 13:10; 14:9), 마태는 신명기의 '이 책에 기록된 율법'(τοῦ νόμου τούτου τὰ γεγραμμένα ἐν τῷ βιβλίῳ, 신 28:58)이라는 표현을 염두에 두었다. 신명기는 언약궤 곁에 두어 하나님의 말씀으로 계속해서 읽혀지도록 의도되었기에(신 31:11, 26), 율법은 과거 시내 산에 국한 되지 않는다. 마태는 신명기에 나타나는 '산 주제'('산 이미지')를 전략적으로 여러 군데에서 사용한다: 예수님이 시험 받으실 때(마 4:8-11), 산상설교(5:1; 8:1), 변화산 사건(17:1-2), 지상명령(28:18-20). 그리고 신명기처럼 마태복음은 메시아 예수님께서 교사로서 가르침과 행함을 강조하신 것으로 소개하는데(신 31:12-13; 마 5:19; 7:29; 13:51-52; 28:20), '행하다'(ποιέω)가 산상설교에 22회나 등장한다. 그리고 마태복음처럼(16:18; 18:17), LXX에서 신명기만 '교회'라는 명사를 사용한다(신 4:10; 9:10; 18:16; 23:1, 2, 3, 8; 32:1). 이상의 주제와 언어적 병행을 통해서 볼 때, 신명기처럼 마태복음은 아들 예수님을 통해서 주신 하나님의 말씀으로 계속해서 읽혀지고 행해져야 할 책인 것을 알 수 있다.

[120] 마 5:33은 신 5:11, 20 그리고 23:22의 '복합적인 간접 인용'이라기보다는 '자유로운 번역'(free rendering) 혹은 '암시'로 보는 게 타당하고, 신 7:2, 20:16, 23:4-7이 암시된 마 5:43의 경우도 마찬가지다. Contra M. J. J. Menken, "Deuteronomy in Matthew's Gospel," in S. Moyise and M. J. J. Menken

의미 그리고 인용 시 마태가 가한 변경과 그 이유를 연구할 차례다.

1.1. 마태복음 4:1-11의 신명기 8:3, 6:16, 13 인용

예수님이 광야에서 사탄에게 세 가지 시험을 받으셨을 때, 신명기 말씀으로 대응하셨다. 마태는 출애굽 주제와 모형론을 사용하여, 예수님이 새 이스라엘로서 옛 이스라엘 백성을 성공적으로 재현하신 분으로 묘사한다.[121]

1.1.1. 마태복음 4:4의 신명기 8:3 인용

> 마 4:4 ὁ δὲ ἀποκριθεὶς εἶπεν, Γέγραπται, Οὐκ ἐπ' ἄρτῳ μόνῳ ζήσεται ὁ ἄνθρωπος, ἀλλ' ἐπὶ παντὶ ῥήματι ἐκπορευομένῳ διὰ στόματος θεοῦ.
>
> 신 8:3 καὶ ἐκάκωσέν σε καὶ ἐλιμαγχόνησέν σε καὶ ἐψώμισέν σε τὸ μαννα ὃ οὐκ εἴδησαν οἱ πατέρες σου ἵνα ἀναγγείλῃ σοι ὅτι <u>οὐκ ἐπ' ἄρτῳ μόνῳ ζήσεται ὁ ἄνθρωπος ἀλλ' ἐπὶ παντὶ ῥήματι τῷ ἐκπορευομένῳ διὰ στόματος θεοῦ</u> ζήσεται ὁ ἄνθρωπος

마태는 '신명기'라는 책명을 구체적으로 언급하는 대신 "it has been written"(Γέγραπται)이라는 신적수동태 인용 형식 다음에, LXX를 거의 그대로 따른다. 마태는 4절에서 관사(τῷ)를 생략하고, "사람이 살 것이다"(ζήσεται ὁ ἄνθρωπος)는 앞부분의 표현과 중복된 것으로 간주하여 인용하지 않는다. 신명기 8:3은 이스라엘의 광야 생활을 회상하는데, 하나님께서 그들에게 만나를 공급하신 것은 하나님의 말씀으로 살아야 함을 교훈한 것이다. 사탄은 예수님에게 금식을 포기하고, 자신의 이익을 위해서 신적 권능을 발휘해 보라는 취지였다. 하지만

(eds.), *Deuteronomy in the New Testament* (Edinburgh: T&T Clark, 2008), 42.

121) D. C. Allison, Jr., *The New Moses: A Matthean Typology* (Minneapolis: Fortress, 1993), 165; C. L. Blomberg, "Matthew," in G. K. Beale and D. A. Carson (eds.), *Commentary on the New Testament Use of the Old Testament* (Grand Rapids: Baker, 2007), 14.

이스라엘이 야웨의 약속에 근거하여 만나를 기대해야했던 것처럼, 새 이스라엘이신 예수님도 하나님의 능력을 의지하신다.[122] 예수님은 하나님이 명령하신 메시아적 기적이 아니라 사람 눈을 놀라게 만드는 기적에 관심이 없으시다.[123] 사탄의 말 "만일 네가 하나님의 아들이라면"(마 4:3)은 십자가에 달린 예수님을 조롱한 예루살렘 사람들의 음성을 내다본다(마 27:40). 따라서 하나님의 아들이 광야에서 시험을 이긴 것은 십자가 고난을 순종으로 극복할 것을 내다본다.[124]

1.1.2. 마태복음 4:7의 신명기 6:16 인용

마 4:7 ἔφη αὐτῷ ὁ Ἰησοῦς, Πάλιν γέγραπται, Οὐκ ἐκπειράσεις κύριον τὸν θεόν σου

신 6:16 οὐκ ἐκπειράσεις κύριον τὸν θεόν σου ὃν τρόπον ἐξεπειράσασθε ἐν τῷ Πειρασμῷ

마태복음 4:4처럼, 여기서도 예수님(그리고 마태)은 신적수동태(γέγραπται)로 인용을 시작하신다. 이스라엘은 맛사(출 17:1-7)에서 야웨를 시험한 것을 교훈 삼아 더 이상 시험하지 말아야 한다. 히브리어 지명 '마사'(מַסָּה)는 '시험'이라는 의미이므로 일종의 언어유희이다. 의심, 요구, 불만족'은 광야에서 이스라엘이 하나님을 시험한 핵심 요소들이었다(출 17:2; 민 14:22; 신 6:16; 시 78:18, 41, 56). 마태가 사용한 '광야 모형론'의 관점에서 보면, 사탄은 예수님이 성전 꼭대기에서 뛰어내리도록 하여 모세 당시의 이스라엘처럼 야웨를 시험하도록 유혹한다.[125] 여기서 사탄은 바리새인과 사두개인처럼 놀라운 표적을 구하고 있는데(마 16:1), 그것은 성부께서 성자에게 행하라고 명령하신 메시아적 기적과 상관없다.

---

122) Blomberg, "Matthew," 15.
123) U. Luz, *Matthew 1-7* (Hermeneia; Minneapolis: Fortress, 2007), 151.
124) Luz, *Matthew 1-7*, 153.
125) J. Nolland, *The Gospel of Matthew* (NIGTC; Grand Rapids: Eerdmans, 2005), 166; Allison, Jr., *The New Moses*, 165.

마태는 MT의 2인칭 복수형(תְּנַסּוּ, 피엘 미완료 2인칭 남성 복수, 시험하다) 대신, LXX의 2인칭 단수(ἐκπειράσεις)를 따르는데, 예수님이 이 명령을 자신에게 적용하시기 때문이다.[126] 예수님은 이스라엘 백성과 달리 주 하나님의 능력을 의심하지 않고, 대신 신뢰하여 그분을 시험하지 않는다.

1.1.3. 마태복음 4:10의 신명기 6:13 인용

마 4:10	τότε λέγει αὐτῷ ὁ Ἰησοῦς, "Ὕπαγε, Σατανᾶ· γέγραπται γάρ, <u>Κύριον τὸν θεόν σου προσκυνήσεις καὶ αὐτῷ μόνῳ λατρεύσεις</u>
신 6:13	κύριον τὸν θεόν σου φοβηθήσῃ καὶ αὐτῷ λατρεύσεις καὶ πρὸς αὐτὸν κολληθήσῃ καὶ τῷ ὀνόματι αὐτοῦ ὀμῇ

마태복음 4:4, 7처럼 여기서도 신적수동태(γέγραπται)가 인용을 이끈다. 모세는 출애굽을 주신 야웨를 잊지 말고(신 6:12) 이방 신들을 따르지 말라는 권면(신 6:14) 사이에 야웨를 경외하고 섬기라고 권면한다. 사탄은 예수님이 자신에게 경배하면 모든 세상을 줄 것이라고 제안하지만, 예수님은 거절하신다. 누가처럼(4:8) 마태는 '경배하다'(προσκυνήσεις)를 MT(יָרֵא)와 LXX의 '경외하다'(φοβηθήσῃ)대신 사용하며, '다만'(μόνῳ, only)을 '경배하다'와 '섬기다' 사이에 첨가하여 유일신 사상을 강조한다.[127] '경외하다'를 '경배하다'로 바꾼 것은 사탄이 예수님에게 경배하기를 요구했기 때문에 적절한 변경이다(마 4:9).[128] 마태가 '다만'을 첨가한 것은 마태가 인용한 신명기 6:13 이전 구절인 신명기 6:4(κύριος ὁ θεὸς ἡμῶν κύριος εἷς ἐστιν)의 반영으로 보인다(참고. 삼상 7:3). 모세와 예수님에게 있어서 주 하나님만 유일한 경배와 섬김의 대상이시다.

---

126) Blomberg, "Matthew," 17.
127) Moyise, *Jesus and Scripture*, 34.
128) R. T. France, *The Gospel of Matthew* (NICNT; Grand Rapids: Eerdmans, 2007), 135.

1.2. 마태복음 5:21-48의 신명기 5:17-18, 24:1, 23:21, 19:21 인용

신명기의 핵심 단어는 '율법'이라 할 수 있다.[129] 그런데 예수님은 6개의 반명제(antitheses)가 나타나는 마태복음 5:21-48에서 모세의 율법을 인용하시면서, 그것의 종말론적인 하나님의 뜻 곧 '메시아적 토라'(Messianic Torah)를 선포하신다. 환언하면, 예수님은 종말론적 율법의 계시자이시자, 율법의 본질, 목적, 목표의 충만한 의미를 실재화하여 가르쳐주는 성실한 주석가이시다.[130] "너희는… 라고 말해진 것을 들었다. 그러나 나는 너희에게 말한다"(Ἠκούσατε[131] ὅτι ἐρρέθη … ἐγὼ δὲ λέγω ὑμῖν ὅτι, 마 5:21-22, 27-28, 33-34, 38-39, 43-44), 혹은 "그것이… 말해졌다. 그러나 나는 너희에게 말한다"(Ἐρρέθη … ἐγὼ δὲ λέγω ὑμῖν ὅτι, 마 5:31-

---

129) J. G. McConville, *Deuteronomy* (Apollos Old Testament Commentary; Nottingham: Apollos, 2002), 18.

130) J. Calvin, 『공관복음 I』(*Synoptic Gospels I*, 칼빈주석출판위원회 역, 서울: 성서교재간행사, 1993), 265; M. J. Wilkins, *Matthew* (NIV Application Commentary; Grand Rapids: Zondervan, 2004), 229; Allison, Jr., *The New Moses*, 185, 190. 부활하심으로써 종말론적으로 신원 받으신 '참 이스라엘', 하나님이 계신 '참 성전', 믿음을 통해서 인종의 경계를 허무신 새 언약공동체('새 가나안 땅')의 조성자, 정경과 안식일 규정 등을 재정립하신 '종말론적 토라의 수여자', '이스라엘의 소명'을 열방의 빛(마 4:16)되심으로 회복하신 분 등으로 예수님의 인격과 사역을 마태복음을 중심으로 이해하려는 이강택교수의 설명을 들어보자: 예수님은 마 5:21-48에서 율법을 무효화하거나 강화하지 않고, 예수님 자신의 권위에 근거하여 율법이 가리키는 방향을 보여주는 데 주력하신다. 이스라엘의 지배적인 언약이야기(율법, 땅, 성전, 이스라엘의 소명을 하부구조로 가짐)에서 율법은 영구적으로 구속력 있다면 예수님은 마 5:18에서 그것을 '성취한다'(즉 율법이 가리키는 충만한 의미를 밝힘)고 말씀하실 수 있는가? 마태는 율법을 중요시한 그 당시 유대인의 세계관을 부정하지 않으면서도, 예수님 안에서 그것의 예기치 못한 성취가 왔다고 밝힌다. 18d의 '모든 것'은 이스라엘에 대한 지배적인 언약이야기를 가리키는데, 예수님 안에서 이스라엘의 갱신된 이야기에 의해서 놀랍게 성취 된다. J. P. Meier는 예수님의 죽으심과 부활로 인해 도래 한 새 시대가 옛 시대와 불연속성이 강하게 가지고 있다고 주장하지만, 저자는 새 시대가 옛 시대를 단순히 대체한 것(superseded)이 아니라, 옛 시대(그리고 율법)가 충만한 의미를 가지게 되었다고 본다. 작은 것에서 큰 것으로 논증하는 *qal-wahomer*기법을 사용하는 마 5:19에서 '계명들'은 예수님의 말씀이 아니라 구약 계명들(율법들)을 가리킨다. 그리스도 안에서 성취된 율법(Christotelic law)은 마태공동체 가운데(구약 율법과 성취된 율법 사이에 불연속성만 파악한) 어떤 사람들에게 반 율법주의적 관점을 주었을 수 있다. 그러므로 19절은 그런 반 율법주의자들을 염두에 둔 구절이다. 이강택, *Matthew's Vision of the Old and New in Jesus: Social World of the Matthean Community vis-à-vis Matthew's Understanding of Torah* (Philadephia: Westminster Theological Seminary Ph.D Thesis, 2010), 180-90.

131) 랍비 본문의 병행 구절에 비추어 볼 때, 이 동사는 '구약 본문에 가해진 해석' 혹은 "너희는 이해했다"로 볼 수 있다. C. L. Rogers Jr. and C. L. Rogers III, *The New Linguistic and Exegetical Key to the Greek New Testament* (Grand Rapids: Zondervan, 1998), 10.

32)라는 인용 형식은 예수님 당시의 구전 율법 해석(할라카)과 예수님 자신의 율법 해석을 대조시킨다. 그런데 그 당시에 기록된 성경도 구두로 읽혀졌기에, 예수님이 구두로 전승된 율법과 기록된 율법의 해석을 모두 비평하셨다고 볼 수 있다.[132]

1.2.1. 마태복음 5:21의 신명기 5:18(MT 5:17) 인용

마 5:21	Ἠκούσατε ὅτι ἐρρέθη τοῖς ἀρχαίοις, Οὐ φονεύσεις· ὃς δ' ἂν φονεύσῃ, ἔνοχος ἔσται τῇ κρίσει
신 5:18	οὐ φονεύσεις

여기서 마태는 신명기 5:18 대신에 출애굽기 20:13을 인용했을 가능성도 있으나, 둘 다 표현이 동일하다(לֹא תִרְצָח). 21절을 이어서 예수님은 살인 금지라는 외적 행동과 관련된 명령을 "형제에게 화내거나, 라카라고 말하거나, 바보라고 말하지 말라"(마 5:22)고 말씀하심으로써, 이 율법을 내면화하여 엄격히 적용시키신다. 유대문헌도 화내는 것과 살인을 함께 취급한다(참고. 시락 22:24; 단의 유언 1:7-8).[133] 살인이라는 행위는 내면의 태도가 표출된 것이기 때문이다. 마태복음 5:21b의 "살인하는 자는 누구든지 심판을 받을 것이다"(ὃς δ' ἂν φονεύσῃ, ἔνοχος ἔσται τῇ κρίσει)는 신명기 17:8-13의 요약으로 보인다.[134]

1.2.2. 마태복음 5:27의 신명기 5:17(MT 5:18) 인용

마 5:27	Ἠκούσατε ὅτι ἐρρέθη, Οὐ μοιχεύσεις

---

132) Blomberg, "Matthew," 21. 예수님은 율법의 결점이 아니라 율법의 잘못된 해석을 교정하시고, 종말론적인 상황에 맞추어 율법의 목표와 본질을 충만히 계시하신다. 참고. Calvin, 『공관복음 I』, 265.
133) Blomberg, "Matthew," 22; Luz, *Matthew 1-7*, 233.
134) D. L. Turner, *Matthew* (BECNT; Grand Rapids: Baker, 2008), 169.

신 5:17 *οὐ μοιχεύσεις*

21절의 경우처럼 예수님은 여기서도 간음의 외적인 행동은 물론(출 20:14, 17) 내면적 범죄를 언급한다(마 5:28). 구약과 유대문헌도 남의 아내를 성적인 욕망의 대상으로 계획적으로 바라보지 말아야 한다고 밝힌다(참고. 욥 31:1, 9; 잠 6:25; 시락 9:5; 베냐민의 유언 8:2). 예수님의 가르침처럼, 일부 유대문헌에도 욕망은 행위와 동일한 것이라는 암시가 나타난다(르우벤의 유언 5:6; 이사갈의 유언 7:2).[135] 비록 2성전 시대 유대문헌이 잘못된 성적 욕망을 묵과하지 않지만(시락 9:8; 23:6; 1에녹 67:8; 1QS 1:6-7; CD 2:16), 예수님은 직접적으로 그 욕망을 간음과 연결시켜서 더 엄격한 성 윤리를 제정하신다.[136]

1.2.3. 마태복음 5:31의 신명기 24:1 인용

마 5:31 Ἐρρέθη δέ, <u>"Ὃς ἂν ἀπολύσῃ τὴν γυναῖκα αὐτοῦ, δότω αὐτῇ ἀποστάσιον</u>

신 24:1 ἐὰν δέ τις λάβῃ <u>γυναῖκα</u> καὶ συνοικήσῃ αὐτῇ καὶ ἔσται ἐὰν μὴ εὕρῃ χάριν ἐναντίον αὐτοῦ ὅτι εὗρεν ἐν αὐτῇ ἄσχημον πρᾶγμα καὶ <u>γράψει αὐτῇ βιβλίον ἀποστασίου</u> καὶ <u>δώσει</u> εἰς τὰς χεῖρας αὐτῆς καὶ <u>ἐξαποστελεῖ αὐτὴν</u> ἐκ τῆς οἰκίας αὐτοῦ

마태복음 5:31은 27절과 연결된 논의다. 31절에서 예수님의 신명기를 '요약하여 인용하는' 형식은 더 간단해진다('Ἐρρέθη). 예수님은 간음(참고. 신 24:1의 '수치되는 일')을 제외하고는 이혼 사유가 되지 않는다고 가르치신다(마 5:32; 참고. 마 19:9).[137] 샴마이가 예수님의 가르침에 가깝다면, 적어도 이 이슈에 관하여 다수 유대인의 지지를 받고 있었던 힐렐은 여자가 저지른 사소한 잘못(참고. 신

---

135) France, *The Gospel of Matthew*, 204.
136) Turner, *Matthew*, 170.
137) 막 10:6-9처럼 예수님은 마 19:4-6에서 결혼 제도의 기원으로 거슬러 올라가서 논의하신다.

24:3의 '미워하여')도 이혼 사유로 간주하여 예수님의 가르침에서 멀어졌다(유대고대사 4.253; 시락 25:26).[138] 예수님은 모세의 율법이 허용하는 것이 곧 하나님의 허락을 받는다는 보장은 아닐 수 있음을 경고하신다. 따라서 예수님은 사람이 이혼을 할 수 있는가보다는, 거룩한 부부관계의 유지를 마땅히 생각할 것을 교훈하신다.[139]

1.2.4. 마태복음 5:38의 신명기 19:21 인용

마 5:38 Ἠκούσατε ὅτι ἐρρέθη, Ὀφθαλμὸν ἀντὶ ὀφθαλμοῦ καὶ ὀδόντα ἀντὶ ὀδόντος

신 19:21 οὐ φείσεται ὁ ὀφθαλμός σου ἐπ' αὐτῷ ψυχὴν ἀντὶ ψυχῆς ὀφθαλμὸν ἀντὶ ὀφθαλμοῦ ὀδόντα ἀντὶ ὀδόντος χεῖρα ἀντὶ χειρός πόδα ἀντὶ ποδός

마태는 신명기 19:21을 인용하되('눈에는 눈으로, 이에는 이로', 참고. 출 21:24; 레 24:20), 첫 부분의 '생명에는 생명으로'와 끝 부분의 '손에는 손으로, 발에는 발로'를 생략한다. 마태는 '눈과 이'만으로도 충분히 설명할 수 있다고 본 것 같다. 유대인들은 손해를 입었을 경우 실제로 신체의 일부분보다 금전적 보상을 (재판관을 통해서) 요구했다. 마태복음 5:38처럼, 구약(레 19:18; 잠 20:22)과 일부 유대 문헌에도 죄 지은 자(혹은 원수)에게 악을 악으로 갚지 말라는 구절이 나타난다 (지혜서 25:21-22; 2에녹 50:3-4; CD 9:3-6).[140] 하지만 예수님은 한 걸음 더 나아가 능동적, 수동적, 폭력적, 비폭력적인 저항조차도 금지하시고, 보복을 능가하는 '경건한 친절'을 강조하신다. 외견상 예수님은 과도한 보복을 금지하는 동해보복법에 반대하시는 것처럼 보이지만, 이 율법 정신을 폐기하는 대신 완성하신다. 예수님의 새로운 율법 해석이 당시 일부 유대인의 입장과 유사하더라도, 그것

---

138) France, *The Gospel of Matthew*, 205.
139) Calvin, 『공관복음 I』, 272.
140) Blomberg, "Matthew," 27.

보다 더 심화된 것임을 알 수 있다. 동해보복법 대신 원수조차 사랑하라는 예수님의 초월적인 교훈은 구약에서 기대할 수 없었던 것이 아니기에(신 32:35; 잠 20:22; 24:29; 사 50:6; 애 3:30), 구약의 가르침과 정신을 충만히 드러내신 것이기도 하다.[141] 이 가르침대로 예수님은 십자가 사건 직전에 몸소 모범을 보이셨다(마 26:52-53, 67).

1.3. 마태복음 15:4의 신명기 5:16 인용

마 15:4	ὁ γὰρ θεὸς εἶπεν, Τίμα τὸν πατέρα καὶ τὴν μητέρα, καί, Ὁ κακολογῶν πατέρα ἢ μητέρα θανάτῳ τελευτάτω
신 5:16	τίμα τὸν πατέρα σου καὶ τὴν μητέρα σου ὃν τρόπον ἐνετείλατό σοι κύριος ὁ θεός σου ἵνα εὖ σοι γένηται καὶ ἵνα μακροχρόνιος γένῃ ἐπὶ τῆς γῆς ἧς κύριος ὁ θεός σου δίδωσίν σοι

마태는 예수님과 바리새인 사이의 장로의 전통에 관한 논쟁을 다룬다. 예수님은 신명기 6:16(혹은 출 20:12a)을 인용하심으로써, 바리새인들이 따르던 식사 전에 행한 세수라는 구약에 기록된 율법 조항에 포함되지 않은 전승된 할라카를 비판하신다(마 15:1-2). 마태는 LXX의 '너의'(σου)를 2회 생략하지만 의미상 차이는 없다. 예수님은 부모 공경을 소위 '고르반'(마 15:5)으로 의무를 대체하는 종교지도자의 위선을 비판하신다. 성경에는 고르반과 같이 행동으로는 하지 않아도 된다는 '금지하는 서원'(prohibitive vow)은 나타나지 않고, 헌신을 다짐하는 (dedicatory) 서원뿐이다.[142] 예수님에게 있어 시간을 초월하는 도덕법은 의례적인 할라카보다 더 중요했다.[143] 출애굽기 21:16 LXX를 인용한 마태복음 15:4c가 붙은 것은 부모 공경의 계명이 가볍게 취급되지 않도록 교훈하려는 의도로

---

141) Turner, *Matthew*, 174.
142) A. Y. Collins, *Mark* (Hermeneia; Minneapolis: Fortress, 2007), 351.
143) Blomberg, "Matthew," 51.

보인다.

1.4. 마태복음 18:16의 신명기 19:15 인용

> 마 18:16 ἐὰν δὲ μὴ ἀκούσῃ, παράλαβε μετὰ σοῦ ἔτι ἕνα ἢ δύο, ἵνα ἐπὶ στόματος δύο μαρτύρων ἢ τριῶν σταθῇ πᾶν ῥῆμα·
>
> 신 19:15 οὐκ ἐμμενεῖ μάρτυς εἷς μαρτυρῆσαι κατὰ ἀνθρώπου κατὰ πᾶσαν ἀδικίαν καὶ κατὰ πᾶν ἁμάρτημα καὶ κατὰ πᾶσαν ἁμαρτίαν ἣν ἂν ἁμάρτῃ ἐπὶ στόματος δύο μαρτύρων καὶ ἐπὶ στόματος τριῶν μαρτύρων σταθήσεται πᾶν ῥῆμα

마태복음 18:15-18은 교회의 치리에 관한 구절이다. 범죄에 대한 증인은 한 명이 아니라, 두 명 혹은(그리고) 세 명이다. 신명기 19:15 MT의 '말'(דָּבָר)을 LXX는 '모든 말'(πᾶν ῥῆμα)로 바꾸었는데, 마태는 후자를 따른다. 하지만 마태는 '혹은'(ἤ)을 LXX(καὶ)가 아니라 MT(אוֹ)를 따라 번역한다. 마태는 두 번째 등장하는 LXX의 '증인들의 입'(ἐπὶ στόματος … μαρτύρων)을 생략한다. 그리고 마태는 미래 수동태 직설법 3인칭 단수(σταθήσεται)를 자신의 가정법 구문에 어울리게 아오리스트 수동태 가정법 3인칭 단수(σταθῇ)로 바꾼다. 이런 차이들은 의미에 별 영향을 미치지 않는다. 모세 당시처럼 예수님 당시의 유대 및 헬라 세계에도 거짓 증인으로부터 피해자가 없도록 조치를 취해야 했다(요 8:17; 고후 13:1; 딤전 5:19; 히 10:28). 그런데 유대문헌 y. Yoma 45c는 가해자가 주도권을 쥐고 사과해야 한다고 밝히나, 예수님은 피해자가 주도적으로 대화로 풀어야 한다고 밝힌다(마 18:15).[144] 여기서 신명기 19:15는 신약 교회의 권징이라는 맥락에서 예수님의 가르침을 지지하기 위해서 인용되었다.

---

144) Turner, *Matthew*, 445.

1.5. 마태복음 19:7의 신명기 24:1, 3 인용

마 19:7 λέγουσιν αὐτῷ, Τί οὖν Μωϋσῆς ἐνετείλατο <u>δοῦναι βιβλίον ἀποστασίου καὶ ἀπολῦσαι [αὐτήν]</u>; 145)

신 24:1 ἐὰν δέ τις <u>λάβῃ γυναῖκα</u> καὶ συνοικήσῃ αὐτῇ καὶ ἔσται ἐὰν μὴ εὕρῃ χάριν ἐναντίον αὐτοῦ ὅτι εὗρεν ἐν αὐτῇ ἄσχημον πρᾶγμα καὶ <u>γράψει αὐτῇ βιβλίον ἀποστασίου καὶ δώσει εἰς τὰς χεῖρας αὐτῆς καὶ ἐξαποστελεῖ αὐτὴν</u> ἐκ τῆς οἰκίας αὐτοῦ

신 24:3 καὶ μισήσῃ αὐτὴν ὁ ἀνὴρ ὁ ἔσχατος καὶ <u>γράψει αὐτῇ βιβλίον ἀποστασίου καὶ δώσει εἰς τὰς χεῖρας αὐτῆς καὶ ἐξαποστελεῖ αὐτὴν ἐκ τῆς οἰκίας αὐτοῦ</u> ἢ ἀποθάνῃ ὁ ἀνὴρ ὁ ἔσχατος ὃς ἔλαβεν αὐτὴν ἑαυτῷ γυναῖκα

바리새인들은 이혼에 관한 계명이 담긴 신명기 24:1, 3절을 통해 예수님을 시험하려고 질문한다(마 19:3; 비교. 더 간단한 질문 형태인 막 10:2). 마태가 신명기를 요약하여 인용하는 것에 관해서는 마태복음 5:31에서 논한 바 있다. 아내를 버릴 수 있다는 율법은 사람의 완악한 마음 때문에 주어진 것이지만(마 19:8b), 결혼제도가 성립된 처음부터 그런 것은 아니었다(마 19:8c; 참고. 마 19:4-5 안의 창 1:27과 2:24; 비교. 말 2:14-16; CD 4:21). 창조 때에 주신 가정에 관한 교훈보다 이혼 법을 출발점으로 여겨 논쟁을 벌이는 바리새인에게는 이혼이 특정 상황 안에서 해야 하는 '명령'(마 19:7) 혹은 합당한 의무였으나, 예수님은 그것을 불가피한 허락으로(ἐπέτρεψεν, 8b) 간주한다. 예수님 당시 힐렐(참고. 마 19:3의 κατὰ πᾶσαν αἰτίαν)의 영향으로 유대인들 가운데 이혼이 적지 않았고 일부다처제도 있었다.[146)] 이혼 율법은 모세 당시의 이스라엘 및 예수님 당시의 바리새인들(ὑμῶν, 8b)의 완악한

---

145) 마 19:7 마지막 단어인 괄호 안의 αὐτήν은 B, C, 다수사본 등의 지지를 받지만, ℵ, D, L 등은 막 10:4의 경우처럼 대명사가 짧은 형태를 지지한다. 사본상 αὐτήν이 아오리스트 능동태 부정사 ἀπολῦσαι의 목적어로 나타나는 것이 지지를 더 받는다.

146) Turner, *Matthew*, 461; D. I. Brewer, "Jesus' Old Testament Basis for Monogamy," in S. Moyise (ed.), *The Old Testament in the New Testament* (Sheffield: Sheffield Academic Press, 2000), 75.

마음(8b)의 결과이지, 하나님이 기꺼이 승인하신 것은 아니다.[147] 따라서 여기에 창세기와 신명기의 동일 저자 모세의 논리에 불일치가 있는 것은 아니다. 가정이 시작된 단계에서 하나님이 선하게 의도하신 것과 이혼을 허락할 수밖에 없는 사람의 완악함 사이에 상황의 변화가 발생했다. 예수님은 결혼에 관한 하나님의 원래 목적이 인간의 죄 때문에 모세가 이혼을 양보(허락)한 것을 능가한다고 설명하신다. 예수님의 가르침은 그 당시 샴마이와 비슷하지만, 샴마이는 물론 힐렐의 이혼 논의에 신명기 24장이 나타나지 않는다.[148]

1.6. 마태복음 19:18-19의 신명기 5:17-20 인용

마 19:18-19 λέγει αὐτῷ, Ποίαςʹ δὲ Ἰησοῦς εἶπεν, Τὸ Οὐ φονεύσεις, Οὐ μοιχεύσεις, Οὐ κλέψεις, Οὐ ψευδομαρτυρήσεις, Τίμα τὸν πατέρα καὶ τὴν μητέρα, καί, Ἀγαπήσεις τὸν πλησίον σου ὡς σεαυτόν

신 5:16-20 τίμα τὸν πατέρα σου καὶ τὴν μητέρα σου ὃν τρόπον ἐνετείλατό σοι κύριος ὁ θεός σου ἵνα εὖ σοι γένηται καὶ ἵνα μακροχρόνιος γένῃ ἐπὶ τῆς γῆς ἧς κύριος ὁ θεός σου δίδωσίν σοι οὐ φονεύσεις οὐ μοιχεύσεις οὐ κλέψεις οὐ ψευδομαρτυρήσεις κατὰ τοῦ πλησίον σου μαρτυρίαν ψευδῆ

한 부자 청년은 생명에 들어가는 조건으로 어떤 선한 일(τί ἀγαθόν, 중성 단수 대격)을 행해야 하는지 예수님에게 묻는다(마 19:16). 예수님은 다섯 가지 계명들(τὰς ἐντολάς)로 제 6-9번째 계명(MT 순서를 따름)과 제 5계명인 '살인(마 5:21), 간음(마 5:27), 도둑질, 거짓 증언, 부모 공경(마 15:4)' 그리고 덧붙여 이웃 사랑(레 19:18;

---

147) France, *The Gospel of Matthew*, 720.
148) 참고. Turner, *Matthew*, 461. 하지만 미드라쉬 할라카인 Sifre 269, m. Gi†. 9:10, y. So†. 1:2, 16b에 이혼법의 기초로서 유대인들에게 잘 알려진 신 24:1이 나타난다. AD 1세기 유대 세계에서, 여자도 이혼할 권리를 가지고 있었는데, '불임'과 출 21:10-11의 조항을 남편이 불이행한 경우 랍비의 판결 후 가능했다. 하지만 이 조건들은 예수님이 제시하신 유일한 경우인 '간음'과 맞지 않다. Brewer, "Jesus' Old Testament Basis for Monogamy," 90, 102.

마 5:43; 22:39)에 관해 말씀한다(18-19절).[149] 예수님은 부모 공경에서 '너의'(σου)를 두 번 생략한다. 그리고 예수님은 "네 이웃에 대하여 거짓 증거하지 말라"는 부정적인 명령을 "네 이웃을 너 자신처럼 사랑하라"는 긍정적이고 적극적인 명령으로 바꾼다. 여기에 생략된 10번째 계명 "네 이웃의 집을 탐내지 말라"는 "네 이웃을 네 자신처럼 사랑하라"로 대체된 것으로 볼 수 있다.[150] "네 이웃에 대해 거짓 증거를"(κατὰ τοῦ πλησίον σου μαρτυρίαν ψευδῆ)이 생략된 축약된 형태 "거짓 증거하지 말라"는 마태가 연이어 언급한 다른 계명들과의 길이 및 형태를 고려하여 조화시킨 것으로 볼 수 있다.[151] 예수님이 십계명 중에서 이 다섯 개를 언급하신 이유는 이 계명들이 사람의 내면보다는 사람들과의 관계 속에서 관찰 가능한 것들이기 때문에 객관적인 점검 목록으로서의 기능을 하기 때문으로 보인다.[152] 이 다섯 계명은 유대인들에게 전형적인 '선한 일들'로 간주된 것 같다. 예수님은 성경 유일하게 이 부자 청년에게만 재산을 팔아 가난한 자에게 주라고 명령하신다(21절).[153]

1.7. 마태복음 22:24의 신명기 25:5 인용

마 22:24 λέγοντες, Διδάσκαλε, Μωϋσῆς εἶπεν, Ἐάν τις ἀποθάνῃ μὴ ἔχων τέκνα, ἐπιγαμβρεύσει ὁ ἀδελφὸς αὐτοῦ τὴν γυναῖκα αὐτοῦ καὶ ἀναστήσει σπέρμα τῷ ἀδελφῷ αὐτοῦ

---

149) 이 계명들의 순서에 특별한 의미가 있다고 보기는 어렵다. 다만 제 5계명이 십계명의 둘째 돌판에 기록된 것을 알 수 있다. 참고. Calvin, 『공관복음 II』, 188.
150) Nolland, *The Gospel of Matthew*, 791.
151) Nolland, *The Gospel of Matthew*, 791.
152) France, *The Gospel of Matthew*, 733.
153) Calvin은 율법이 자신의 전 재산을 팔아 남을 구제하라고 명령하지 않지만, 율법의 목적이 사람들로 하여금 자기를 부정할 수 있도록 유도하고 탐욕을 명백히 정죄하기에, 예수님은 부자 청년에게 율법이 명하는 것을 넘어선 어떤 것을 요망하지 않았다고 본다. 참고. Calvin, 『공관복음 II』, 189.

> 신 25:5 ἐὰν δὲ κατοικῶσιν ἀδελφοὶ ἐπὶ τὸ αὐτὸ καὶ ἀποθάνῃ εἷς ἐξ αὐτῶν σπέρμα δὲ μὴ ᾖ αὐτῷ οὐκ ἔσται ἡ γυνὴ τοῦ τεθνηκότος ἔξω ἀνδρὶ μὴ ἐγγίζοντι ὁ ἀδελφὸς τοῦ ἀνδρὸς αὐτῆς εἰσελεύσεται πρὸς αὐτὴν καὶ λήμψεται αὐτὴν ἑαυτῷ γυναῖκα καὶ συνοικήσει αὐτῇ

사두개인들은 부활 논쟁의 맥락에서(마 22:23) 모세가 말한 신명기 25:5의 형사취수혼법(levirate law)을 요약하는 방식으로 인용한다(참고. 창 38:8). 그들은 하나님의 부활의 능력과 부활 이후에 사라질 인간적인 결혼 상태를 오해했다(29절). 인용 형식에서 사두개인들(그리고 마태)은 신명기의 모세 저작을 인정한다: "모세가 말했다"(Μωϋσῆς εἶπεν). 마태는 LXX의 '형제'(ἀδελφοι)를 '어떤 사람'(τις)으로 바꾸고, 자신의 독자인 유대인 출신 그리스도인들을 염두에 두고 셈어 표현이자 창세기 38:8 LXX(καὶ ἀνάστησον σπέρμα τῷ ἀδελφῷ σου)와 거의 흡사한 "그의 형제를 위하여 씨를 일으키다"로 쓴다. 사두개인들은 형사취수혼이 내포하고 있는 언약의 계속성과 부활 사상을 무시하고 있다(참고. 마 22:32).[154]

1.8. 마태복음 22:37의 신명기 6:5 인용

> 마 22:37 ὁ δὲ ἔφη αὐτῷ, Ἀγαπήσεις κύριον τὸν θεόν σου ἐν ὅλῃ τῇ καρδίᾳ σου καὶ ἐν ὅλῃ τῇ ψυχῇ σου καὶ ἐν ὅλῃ τῇ διανοίᾳ σου·
>
> 신 6:5 καὶ ἀγαπήσεις κύριον τὸν θεόν σου ἐξ ὅλης τῆς καρδίας σου καὶ ἐξ ὅλης τῆς ψυχῆς σου καὶ ἐξ ὅλης τῆς δυνάμεώς σου

한 율법학자는 예수님에게 어느 계명이 제일 큰지 묻는다(마 22:36). 쉐마 구절인 신명기 6:5를 인용하시면서 예수님은 '마음, 목숨, 생각을 다하여 주 하나님을 사랑하는 것'이 첫째 계명이라고 그에게 대답하신다(37절). 마태는

---

154) Blomberg, "Matthew," 77. 미쉬나 Yebamot에 의하면 형사취수혼은 예수님 당시에 지켜졌다. 참고. R.T. France, *The Gospel of Mark* (NIGTC; Grand Rapids: Eerdmans, 2002), 473.

MT(מאד)와 LXX(δυνάμεως)의 '힘'을 '생각'(διανοία, '뜻')으로 바꾸었다. 여기서 마태가 중요시하는 '생각'은 하나님을 사랑하는 '지적인 추진력'(intellectual impulse)을 가리켜서, 하나님을 알고 사랑하는 것은 단순한 감정이나 신비적인 경험이 아님을 뜻한다(참고. 마 13:51-52).[155] 그리고 마태는 LXX의 전치사 ἐξ+속격 구문을 ἐν+여격 구문으로 바꾸지만 의미상 차이는 거의 없다.

1.9. 요약 및 소결론

마태는 신명기를 인용함으로써 예수님의 시험기사(마 4:4, 7, 10)에서 출애굽의 모형론적 해석을 한다. 그리고 예수님(그리고 마태)은 산상설교(마 5:21, 27, 31, 38)에서는 그 당시 전통적인 해석의 잘못을 시정하시면서 종말론적으로 심화된 율법 해석을 한다. 마태복음 중반부 이후에서 신명기는 주로 논쟁적 대화 가운데 인용된다: **(1)** 바리새인들과의 식사 전 세수 논쟁에서의 부모 공경(마 15:4), **(2)** 바리새인들과의 이혼 논쟁(마 19:7), **(3)** 한 부자 청년이 제시한 영생을 위한 전제 조건 논의에서의 두 번째 돌판에 기록된 계명(마 19:18-19), **(4)** 사두개인들과의 부활논쟁에서의 형사취수혼법(마 22:24), 그리고 **(5)** 한 율법학자와 제일 큰 계명에 대한 질문에 대답하실 때(마 22:37). 비 논쟁적인 부분인 교회의 권징에서 두세 증인의 입에서 나오는 말(마 18:16)에도 신명기 본문을 인용한 것이다. 마태는 신명기 MT보다는 LXX를 주로 따르되, 마태복음의 문체와 문맥 등의 이유로 변경을 가하지만, 자신이 인용한 신명기의 의미를 충분히 살리고 훼손하지 않는다. 예수님의 가르침은 그 당시 유대인의 문헌에 나타난 가르침과 유사한 면도 있지만, 중요한 차이점도 있다(예. 마 18:16의 권징; 마 19:7의 이혼). 그리고 예수님의 가르침은 그 당시 할라카의 문제점을 지적하신다(예. 마 15:4의 식사 전 세수와 부모공경이라는 도덕법). 그리고 예수님은 관련된 구약의 정신을 더 분명하고 직접적으로 드러내는 경우도 있는데(예. 마 5:38의 동해보복법), 마태복음

---

155) U. Luz, *Matthew 21-28* (Hermeneia; Minneapolis: Fortress, 2005), 82.

후반부에서 예수님은 자신이 앞에서 가르친 대로 행하셨다.

2. 마가복음의 신명기 인용

마가복음의 신명기 인용은 총 5회인데, 예수님(막 7:10; 10:19; 12:29-31), 바리새인(막 10:4; 12:32-33) 그리고 사두개인(막 12:19)의 말에 나타난다.[156] 마가복음의 신명기 인용을 하나씩 살피되, 인용된 신명기와 마가복음의 의미 그리고 인용 시 마가가 가한 변경과 이유를 연구할 차례다.

2.1. 마가복음 7:10의 신명기 5:16 인용

막 7:10	Μωϋσῆς γὰρ εἶπεν, Τίμα τὸν πατέρα σου καὶ τὴν μητέρα σου, καί, Ὁ κακολογῶν πατέρα ἢ μητέρα θανάτῳ τελευτάτω
신 5:16	τίμα τὸν πατέρα σου καὶ τὴν μητέρα σου ὃν τρόπον ἐνετείλατό σοι κύριος ὁ θεός σου ἵνα εὖ σοι γένηται καὶ ἵνα μακροχρόνιος γένῃ ἐπὶ τῆς γῆς ἧς κύριος ὁ θεός σου δίδωσίν σοι

마가복음 7:10은 신명기 5:16은 물론 출애굽기 20:12, 21:17(LXX 21:16)도 인용하는데, 이것은 마가가 사용하는 이중 인용 방식이다(참고. 막 1:2-3; 11:17; 12:29-33). 예수님은 바리새인들과 벌인 식사 전 세수 논쟁(막 7:2)을 모세가 말했던(Μωϋσῆς γὰρ εἶπεν, 막 7:10) 신명기 5:16을 인용하여 부모 공경으로 대답하신다. 마가는 마태(15:4)나 누가(18:20)와 달리 LXX의 '너의'(σου)를 한 번도 생략하지 않는다. 그 다음에 바리새인들이 실천 없이 고백차원으로 율법을 준수했다고 주장

---

156) S. Moyise, "Deuteronomy in Mark's Gospel," in S. Moyise and M. J. J. Menken (ed.), *Deuteronomy in the New Testament* (Edinburgh: T&T Clark, 2008), 27-41.

하는 고르반(Κορβᾶν) 논쟁(7:11)이 뒤따르는데, 예수님의 눈에 이것은 사형에 처할 수 있는 부모를 저주하는 죄에 해당된다(막 7:10b).[157)] 따라서 예수님은 신명기 5:16 끝의 '땅, 장수, 복'을 생략하고 출애굽기 21:17의 저주를 첨가하여 바리새인들을 경고한다. 예수님은 구약에 명시되지 않은 식사 전 세수라는 할라카 정결법보다, 사람의 기본적인 의무인 부모 공경을 이행하는 것이 중요하다고 보신다.[158)] 역설적이게도 율법을 연구하는 바리새인들과 서기관들은 예수님뿐 아니라 모세의 법과 대립각을 세우는 모습을 10절과 11절의 표현에서 볼 수 있다: "모세가 말했다"(Μωϋσῆς εἶπεν, 10절), "그러나 너희는 말한다"(ὑμεῖς δὲ λέγετε, 11절).[159)] 바리새인이 주장하는 고르반(막 7:11) 같은 금지하는 서원(prohibitive vow)은 모세 율법에 없다.

2.2. 마가복음 10:4의 신명기 24:1, 3 인용

막 10:4 οἱ δὲ εἶπαν, Ἐπέτρεψεν Μωϋσῆς βιβλίον ἀποστασίου γράψαι καὶ ἀπολῦσαι

신 24:1 ἐὰν δέ τις λάβῃ γυναῖκα καὶ συνοικήσῃ αὐτῇ καὶ ἔσται ἐὰν μὴ εὕρῃ χάριν ἐναντίον αὐτοῦ ὅτι εὗρεν ἐν αὐτῇ ἄσχημον πρᾶγμα καὶ γράψει αὐτῇ βιβλίον ἀποστασίου καὶ δώσει εἰς τὰς χεῖρας αὐτῆς καὶ ἐξαποστελεῖ αὐτὴν ἐκ τῆς οἰκίας αὐτοῦ

신 24:3 καὶ μισήσῃ αὐτὴν ὁ ἀνὴρ ὁ ἔσχατος καὶ γράψει αὐτῇ βιβλίον ἀποστασίου καὶ δώσει εἰς τὰς χεῖρας αὐτῆς καὶ ἐξαποστελεῖ αὐτὴν ἐκ τῆς οἰκίας αὐτοῦ ἢ ἀποθάνῃ ὁ ἀνὴρ ὁ ἔσχατος ὃς ἔλαβεν αὐτὴν ἑαυτῷ γυναῖκα

바리새인들은 모세의 글(Ἐπέτρεψεν Μωϋσῆς, 모세가 허용했다)인 신명기 24:1, 3을 요약적으로 인용함으로써, 이혼의 적법성에 관하여 예수님을 시험하려고 논쟁한다(막 10:2). 이 단락의 서론 격인 1절에서 "요단을 건너서"에서 출애굽

---

157) R. E. Watts, "Mark," in G. K. Beale and D. A. Carson (eds.), *Commentary on the New Testament Use of the Old Testament* (Grand Rapids: Baker, 2007), 167, 170.

158) Moyise, *Jesus and Scripture*, 14.

159) Collins, *Mark*, 351.

주제를 암시적으로 찾을 수 있다면, 예수님은 새 출애굽 시대에 율법을 새롭게 수여하신다.[160] 이어지는 예수님의 대답에서 볼 때, 창조 시의 이상적인 결혼 제도(막 10:5-9)는 모세 당시와 예수님 당시의 유대인들을 함께 염두에 둔 '너희'(ὑμῶν)의 완악함 때문에(막 10:5) 변질되어 이혼 법이 허용되었다.[161] 마가복음 7:10의 논점은 앞에서 살펴 본 의문문으로 된 마태복음 19:7과 표현상 차이(예. 막 10:4의 '허용'과 달리 마 19:7에서 바리새인은 이혼을 '명령'이라고 밝힘)가 있음에도 동일하다고 볼 수 있다.

2.3. 마가복음 10:19의 신명기 5:16-20 인용

막 10:19 τὰς ἐντολὰς οἶδας· Μὴ φονεύσῃς, Μὴ μοιχεύσῃς, Μὴ κλέψῃς, Μὴ ψευδομαρτυρήσῃς, Μὴ ἀποστερήσῃς, Τίμα τὸν πατέρα σου καὶ τὴν μητέρα

신 5:16-20 τίμα τὸν πατέρα σου καὶ τὴν μητέρα σου ὃν τρόπον ἐνετείλατό σοι κύριος ὁ θεός σου ἵνα εὖ σοι γένηται καὶ ἵνα μακροχρόνιος γένῃ ἐπὶ τῆς γῆς ἧς κύριος ὁ θεός σου δίδωσίν σοι οὐ φονεύσεις οὐ μοιχεύσεις οὐ κλέψεις οὐ ψευδομαρτυρήσεις κατὰ τοῦ πλησίον σου μαρτυρίαν ψευδῆ

병행 구절인 마태복음 19:18-19의 제 5-9계명과 이웃 사랑과 비교해 보면, 마가복음에는 살인, 간음, 도둑질, 거짓 증언, 부모 공경(제 6, 7, 8, 9, 5계명)에다 예수님께서 한 가지 계명을 부자 청년에게 더 말씀하신다: "속여 취하지 말라"(Μὴ ἀποστερήσῃς). 이 명령은 신명기 5:20-21의 제 9-10계명과 내용상 연결된다. 하지만 제 10계명 "탐내지 말라"는 행동보다는 생각과 관련되기에, 외적 기준이 되기 어려워 생략한 것으로 보인다.[162] 관찰 가능한 계명들의 준수를 통해서 부

---

160) Watts, "Mark," 196.
161) 막 10:5에 근거해 보면, 이혼 법의 직접적인 출처는 하나님이 아니라 모세처럼 보인다. 하지만 모세가 하나님과 이스라엘 사이의 중재자 및 대변인 역할을 한 것을 부정할 수 없다. Contra 막 10:2-9의 이혼 법이 하나님의 계명과 상관없이 모세가 창작한 것이라고 주장하는 Fraade에 동의하는 Collins, *Mark*, 466.
162) France, *The Gospel of Mark*, 402.

자 청년은 영생에 합당한 행동을 했는지 증명해야 했다. 그런데 예수님의 눈에는 그의 행실이 미흡했다. 마태복음 19:21의 '너의 재산'보다 더 강조된 형태를 마가는 21절에서 사용한다: "네가 가진 모든 것"(ὅσα ἔχεις). 부자 청년은 계명을 잘 준수한 전형적인 의로운 유대인이었지만, 계명을 심화시켜서 가르치시는 예수님의 기준에는 미치지 못한다.[163] 마태(19:18-19)와 달리 그러나 누가(18:20)처럼 마가는 LXX의 οὐ+미래 직설법 동사 대신에, Μή+아오리스트 가정법 동사를 사용한다.

2.4. 마가복음 12:19의 신명기 25:5 인용

막 12:19 Διδάσκαλε, Μωϋσῆς ἔγραψεν ἡμῖν ὅτι ἐάν τινος ἀδελφὸς ἀποθάνῃ καὶ καταλίπῃ γυναῖκα καὶ μὴ ἀφῇ τέκνον, ἵνα λάβῃ ὁ ἀδελφὸς αὐτοῦ τὴν γυναῖκα καὶ ἐξαναστήσῃ σπέρμα τῷ ἀδελφῷ αὐτοῦ

신 25:5 ἐὰν δὲ κατοικῶσιν ἀδελφοὶ ἐπὶ τὸ αὐτὸ καὶ ἀποθάνῃ εἷς ἐξ αὐτῶν σπέρμα δὲ μὴ ᾖ αὐτῷ οὐκ ἔσται ἡ γυνὴ τοῦ τεθνηκότος ἔξω ἀνδρὶ μὴ ἐγγίζοντι ὁ ἀδελφὸς τοῦ ἀνδρὸς αὐτῆς εἰσελεύσεται πρὸς αὐτὴν καὶ λήμψεται αὐτὴν ἑαυτῷ γυναῖκα καὶ συνοικήσει αὐτῇ

예수님의 질문에 대답할 때 신명기를 인용한 바리새인과 달리(막 10:4), 마가복음 12:19에서는 사두개인들이 신명기를 인용하면서 주도권을 쥐고 질문을 한다. 부활을 부정하는 사두개인들은 모세가 자신들을 위해서 기록한(Μωϋσῆς ἔγραψεν ἡμῖν) 형사취수혼법을 요약하는 방식으로 인용함으로써 예수님과 논쟁한다. 마가복음 12:19 끝 부분은 창세기 38:8 LXX("그리고 너의 형제를 위하여 씨를 잇게 하라")를 인용한 것이다. 마가는 병행 구절인 마태복음 22:24보다 LXX에 더 충실하게 번역한다. 예를 들어, 마가는 19절 전반부에 마태가 24절 전반부에 생략한 '형제'(ἀδελφὸς)를 사용한다. 하지만 두 복음서 기자가 말하고자 하

---

163) Watts, "Mark," 200.

는 논점 즉 사두개인은 부활, 하나님의 언약, 부활 이후의 변화될 결혼 상태에 대해 오해하고 있다는 점을 지적한 것은 동일하다(막 12:24-27). 여기서 사두개인의 근본적인 문제점은 신명기의 진리를 탐구하기보다는, 선생(Διδάσκαλε, 14, 19절) 예수님의 가르침 가운데 약점을 찾아 넘어뜨리기 위해서 일종의 '속임수 질문'(trick question)을 던진다는 점에 있다. 따라서 그들에게 예수님이 부활에 대해 교훈을 주셔서 수용할 자세가 없었다.[164)]

2.5. 마가복음 12:29-33의 신명기 6:3-5 인용

> 막 12:29-33 ἀπεκρίθη ὁ Ἰησοῦς ὅτι Πρώτη ἐστίν, Ἄκουε, Ἰσραήλ, κύριος ὁ θεὸς ἡμῶν κύριος εἷς ἐστιν, καὶ ἀγαπήσεις κύριον τὸν θεόν σου ἐξ ὅλης τῆς καρδίας σου καὶ ἐξ ὅλης τῆς ψυχῆς σου καὶ ἐξ ὅλης τῆς διανοίας σου καὶ ἐξ ὅλης τῆς ἰσχύος σου δευτέρα αὕτη, Ἀγαπήσεις τὸν πλησίον σου ὡς σεαυτόν μείζων τούτων ἄλλη ἐντολὴ οὐκ ἔστιν καὶ εἶπεν αὐτῷ ὁ γραμματεύς, Καλῶς, διδάσκαλε, ἐπ᾽ ἀληθείας εἶπες ὅτι εἷς ἐστιν καὶ οὐκ ἔστιν ἄλλος πλὴν αὐτοῦ· καὶ τὸ ἀγαπᾶν αὐτὸν ἐξ ὅλης τῆς καρδίας καὶ ἐξ ὅλης τῆς συνέσεως καὶ ἐξ ὅλης τῆς ἰσχύος καὶ τὸ ἀγαπᾶν τὸν πλησίον ὡς ἑαυτὸν περισσότερόν ἐστιν πάντων τῶν ὁλοκαυτωμάτων καὶ θυσιῶν

> 신 6:3-5 καὶ ἄκουσον Ἰσραηλ καὶ φύλαξαι ποιεῖν ὅπως εὖ σοι ᾖ καὶ ἵνα πληθυνθῆτε σφόδρα καθάπερ ἐλάλησεν κύριος ὁ θεὸς τῶν πατέρων σου δοῦναί σοι γῆν ῥέουσαν γάλα καὶ μέλι καὶ ταῦτα τὰ δικαιώματα καὶ τὰ κρίματα ὅσα ἐνετείλατο κύριος τοῖς υἱοῖς Ισραηλ ἐν τῇ ἐρήμῳ ἐξελθόντων αὐτῶν ἐκ γῆς Αἰγύπτου ἄκουε Ισραηλ κύριος ὁ θεὸς ἡμῶν κύριος εἷς ἐστιν καὶ ἀγαπήσεις κύριον τὸν θεόν σου ἐξ ὅλης τῆς καρδίας σου καὶ ἐξ ὅλης τῆς ψυχῆς σου καὶ ἐξ ὅλης τῆς δυνάμεώς σου

한 율법선생이 예수님에게 첫째 계명이 무엇인지 묻자, 주님은 신명기 6:3-5를 인용하여 대답하신다(막 12:29-31). 그러자 율법선생도 신명기 6:4-5를 인용하여 예수님께 대답한다(막 12:32-33). 병행 구절인 마태복음 22:37과 마가복음

---

164) Collins, *Mark*, 559.

12:29-33은 신명기 6:4를 인용하지 않지만, 마가는 인용함으로써 유대인들이 잘 알고 있던 이 구절의 유일신관을 지지하여 인용하시는 예수님의 신학적 정통성을 강조한다.[165] 예수님은 '마음과 목숨'과 더불어, LXX의 '힘'($δυνάμεως$)을 '생각'($διανοίας$; 하나님을 사랑하는 지적 추진력)과 힘'($ἰσχύος$, 참고. 눅 10:27)으로 대체한다. 하지만 율법선생은 '마음과 힘'과 더불어 '목숨' 대신에 '지혜'를 언급하는데, 율법을 가르치는 서기관에게 있어 '지혜'($συνέσεως$)는 중요한 자질이었을 것이다. 서기관은 율법의 '첫째 계명'에 관해 예수님께 질문했지만(막 12:28), 예수님은 첫째와 뗄 수 없는 '둘째 계명'도 대답하신다(막 12:31). 31절과 33절의 '이웃 사랑 계명'($Ἀγαπήσεις\ τὸν\ πλησίον\ σου\ ὡς\ σεαυτὸν καὶ\ τὸ\ ἀγαπᾶν\ τὸν\ πλησίον\ ὡς\ ἑαυτὸν$) 은 레위기 19:18의 인용인데, 마가가 즐겨 사용하는 이중적인 복합 인용의 예다.

2.6. 요약 및 소결론

마가복음에는 예수님의 시험 기사와 산상설교가 기록되지 않아 신명기 인용 빈도가 마태복음보다 낮다. 마태복음과 달리 마가복음에서 신명기는 두 번에 걸쳐 복합 인용(막 7:10; 12:29-33)의 한 부분으로 인용되었다. 신명기가 인용될 때 마태복음 4-5장에 자주 나타난 출애굽 주제는 마가복음 10:4에만 암시적으로 나타난다. 신명기를 인용하는 마가복음의 구절 대부분이 마태복음과 누가복음의 병행 구절에 나타난다:

신명기	마가복음	마태복음	누가복음
5:16 (부모 공경)	7:10	15:4	18:20
24:1, 3 (이혼증서와 간음)	10:4	5:31, 19:7	
5:16-20 (제 5-10계명)	10:19	19:18-19	18:20
25:5 (부활과 형사취수혼법)	12:19	22:24	20:28
6:3-5 (첫째 계명)	12:29-33	22:37	10:27

---

165 France, *The Gospel of Mark*, 479; Collins, *Mark*, 571.

위의 다섯 가지 사항 중에서 두 번째 사항에서만 누가복음의 병행구절이 없다. 종합적으로 볼 때, 신명기를 인용할 때 마가가 말하고자 하는 바는 마태와 누가의 병행 구절의 요점과 대동소이하다. 즉 공관복음 기자들은 '고르반' 같은 할라카 법보다는 부모 공경이라는 초시간적인 도덕법을, 구원 받은 증거로서 이웃 사랑과 관련된 계명 준수를, 부활과 그 이후의 상태를, 그리고 첫째 계명인 하나님 사랑을 공통적으로 강조한다.

3. 누가복음의 신명기 인용

누가복음의 신명기 인용은 총 6회인데, 예수님(눅 4:4, 8, 12; 10:27; 18:20)과 사두개인(눅 20:28)의 말에 나타난다.[166] 누가복음의 신명기 인용을 하나씩 살피되, 인용된 신명기와 인용한 누가복음의 의미 그리고 인용 시 누가가 가한 변경과 이유를 살펴보자.

3.1. 누가복음 4:1–13의 신명기 8:3, 6:13, 16 인용

마태복음처럼 누가복음도 예수님의 시험 기사에 신명기가 인용된다.

3.1.1 누가복음 4:4의 신명기 8:3 인용

눅 4:4 καὶ ἀπεκρίθη πρὸς αὐτὸν ὁ Ἰησοῦς, Γέγραπται ὅτι Οὐκ ἐπ' ἄρτῳ μόνῳ ζήσεται ὁ ἄνθρωπος

---

[166] D. Rusam, "Deuteronomy in Luke-Acts," in S. Moyise and M. J. J. Menken (eds.), *Deuteronomy in the New Testament* (Edinburgh: T&T Clark, 2008), 63-81.

> 신 8:3　καὶ ἐκάκωσέν σε καὶ ἐλιμαγχόνησέν σε καὶ ἐψώμισέν σε τὸ μάννα ὃ οὐκ εἴδησαν οἱ πατέρες σου ἵνα ἀναγγείλῃ σοι <u>ὅτι οὐκ ἐπ' ἄρτῳ μόνῳ ζήσεται ὁ ἄνθρωπος</u> ἀλλ' ἐπὶ παντὶ ῥήματι τῷ ἐκπορευομένῳ διὰ στόματος θεοῦ ζήσεται ὁ ἄνθρωπος

　예수님의 광야 시험 기사의 일부인 누가복음 4:4에서 누가는 신명기를 인용할 때 특정한 형식을 갖춘다: '기록되어져 왔다'(Γέγραπται; It has been written). 이 현재 완료 수동태 직설법 동사는 4:8에도 나타난다. 그리고 4:12의 인용 형식에도 현재 완료 수동태 동사(Εἴρηται; It has been said)가 사용된다. 이 동사들은 신적수동태이다.[167] 그런데 마태(4:4)와 달리 누가는 신명기 8:3의 후반부(ἀλλ' ἐπὶ παντὶ ῥήματι τῷ ἐκπορευομένῳ διὰ στόματος θεοῦ ζήσεται ὁ ἄνθρωπος)를 인용하지 않는다. 사본상 신명기 8:3 후반부가 생략된 것이 원본에 가깝다. 이 차이는 누가와 마태가 사용한 전승에서 기인한 것인가?[168] 아니면 누가가 생명이 유지되는 것은 '하나님의 말씀'이 아니라 '하나님 자신'에게 있음을 강조하기 위해서인가?[169] 생략의 이유를 확실하게 알기는 어렵다.

3.1.2. 누가복음 4:8의 신명기 6:13 인용

> 눅 4:8　καὶ ἀποκριθεὶς ὁ Ἰησοῦς εἶπεν αὐτῷ, Γέγραπται, <u>Κύριον τὸν θεόν σου προσκυνήσεις καὶ αὐτῷ μόνῳ λατρεύσεις</u>
>
> 신 6:13　κύριον τὸν θεόν σου φοβηθήσῃ καὶ αὐτῷ λατρεύσεις καὶ πρὸς αὐτὸν κολληθήσῃ καὶ τῷ ὀνόματι αὐτοῦ ὀμῇ

　병행 구절인 마태복음 4:10에서도 '경배하다'(προσκυνήσεις)를 MT(ארי)와 LXX

---

167)　Rusam, "Deuteronomy in Luke-Acts," 63.
168)　D. L. Bock, *Luke 1:1-9:50* (BECNT; Grand Rapids: Baker, 1994), 385.
169)　I. H. Marshall, *The Gospel of Luke* (NIGTC; Grand Rapids: Eerdmans, 1978), 171.

의 '경외하다'(φοβηθήσῃ)대신 사용했다. 사탄이 예수님에게 경배하기를 요구했기 때문에 적절한 변형이다(눅 4:7). 그리고 마태처럼 누가도 '다만'(μόνῳ)을 '경배하다'와 '섬기다' 사이에 첨가한다. 마태와 누가가 기록하는 사탄의 시험 순서는 다르지만, 신명기를 인용한 각 시험의 개별적인 논점은 동일하다.

3.1.3. 누가복음 4:12의 신명기 6:16 인용

> 눅 4:12 καὶ ἀποκριθεὶς εἶπεν αὐτῷ ὁ Ἰησοῦς ὅτι Εἴρηται, <u>Οὐκ ἐκπειράσεις κύριον τὸν θεόν σου</u>

> 신 6:16 <u>οὐκ ἐκπειράσεις κύριον τὸν θεόν σου</u> ὃν τρόπον ἐξεπειράσασθε ἐν τῷ Πειρασμῷ

마태와 달리 누가는 세 번째 시험을 자신이 중요하게 여기는 장소인 예루살렘 성전에서 발생한 절정의 시험으로 여긴다.[170] 누가는 마태처럼 MT의 2인칭 복수형(תְנַסּוּ, 피엘 미완료 2인칭 남성 복수, 시험하다) 대신, LXX의 2인칭 단수(ἐκπειράσεις)를 따르는데, 예수님이 이 명령을 자신에게 적용하시기 때문이다.

3.2. 누가복음 10:27의 신명기 6:5 인용

> 눅 10:27 ὁ δὲ ἀποκριθεὶς εἶπεν, Ἀγαπήσεις κύριον τὸν θεόν σου ἐξ ὅλης τῆς καρδίας σου καὶ ἐν ὅλῃ τῇ ψυχῇ σου καὶ ἐν ὅλῃ τῇ ἰσχύϊ σου καὶ ἐν ὅλῃ τῇ διανοίᾳ σου, καὶ τὸν πλησίον σου ὡς σεαυτόν

> 신 6:5 καὶ ἀγαπήσεις κύριον τὸν θεόν σου ἐξ ὅλης τῆς καρδίας σου καὶ ἐξ ὅλης τῆς ψυχῆς σου καὶ ἐξ ὅλης τῆς δυνάμεώς σου

예수님을 시험하기 위한 목적으로 영생을 얻는 방법에 관해 질문한 율법학

---

170) Menken, "Deuteronomy in Matthew's Gospel," 46.

자는 신명기 6:5을 인용한다. 신명기 6:5 인용 시, 누가는 전치사를 혼용한다: ἐξ ἐν 전자는 마가복음 12:30에, 후자는 마태복음 22:37에 각각 나타난다. 그리고 누가는 '마음, 목숨, 힘, 뜻'이라고 말하면서 '마음, 목숨, 힘'이라고 소개하는 신명기 6:5보다 '뜻'(διανοία)을 추가한다. 마가복음 12:30의 네 항목 '마음, 목숨, 뜻, 힘'과 일치하기에, 마가우선설이 옳다면 마가의 영향을 받은 것으로 볼 수 있다. 27절에서 누가는 레위기 19:8도 복합적으로 인용하는데, 그것은 마태보다는 마가가 더 선호하는 복합 인용 방식이다.[171]

3.3. 누가복음 18:20의 신명기 5:16-20 인용

눅 18:20 τὰς ἐντολὰς οἶδας· Μὴ μοιχεύσῃς, Μὴ φονεύσῃς, Μὴ κλέψῃς, Μὴ ψευδομαρτυρήσῃς, Τίμα τὸν πατέρα σου καὶ τὴν μητέρα

신 5:16-20 τίμα τὸν πατέρα σου καὶ τὴν μητέρα σου ὃν τρόπον ἐνετείλατό σοι κύριος ὁ θεός σου ἵνα εὖ σοι γένηται καὶ ἵνα μακροχρόνιος γένῃ ἐπὶ τῆς γῆς ἧς κύριος ὁ θεός σου δίδωσίν σοι οὐ μοιχεύσεις οὐ φονεύσεις οὐ κλέψεις οὐ ψευδομαρτυρήσεις κατὰ τοῦ πλησίον σου μαρτυρίαν ψευδῆ

'어떤 지도자'(τις ἄρχων, 눅 18:18)가 영생을 상속 받는 길에 대해서 예수님께 질문한다 (비교. 부자 청년, 마 19:22). 질문을 던진 이 지도자는 율법을 실행하지 않는 자는 저주를 받을 것이라는 신명기 27:26을 잘 기억하고 있었을 것이다.[172] 예수님은 5가지 계명(간음, 살인, 도둑질, 거짓 증거, 부모 공경)을 지켰는지 신명기 5:16-20을 인용하여 대답하신다. 마태와 달리, 누가는 부모 공경에서 '너의'(σου)를 두 번이 아니라 한 번만 생략한다. 마태(19:18)의 경우처럼, "네 이웃에 대해 거

---

171) 눅 10:27을 뒤따르는 마르다와 마리아 사건(눅 10:38-42)도 신명기와 연결된다. 마르다(눅 10:40)는 모세 당시의 이스라엘처럼 '빵'으로만 살려는' 위험을 가지고 있지만(신 8:3; 눅 4:4), 마리아(눅 10:39)는 '하나님의 입에서 나오는 말씀으로 살려고' 하는데(신 8:3), 이것은 하나님이 약속하신 종말론적 유업을 상속할 제자의 태도이다(참고. 눅 5:1; 6:47; 9:44; 11:28). R. W. Wall, "Martha and Mary(Luke 10:38-42) in the Context of a Christian Deuteronomy," *JSNT* 35 (1989), 26-27.

172) D. L. Bock, *Luke 9:51-24:53* (BECNT; Grand Rapids: Baker, 1996), 1478.

짓 증거를"(κατὰ τοῦ πλησίον σου μαρτυρίαν ψευδῆ)이 생략된 축약된 형태 "거짓 증거하지 말라"가 사용된 것은 누가가 연이어 언급한 다른 계명들과의 길이 및 형태를 고려하여 조화시킨 것으로 볼 수 있다. 마태는 제 6, 7, 8, 9, 5계명과 레위기 19:18을, 마가는 제 6, 7, 8, 9, 10, 5계명을, 누가는 제 7, 6, 8, 9, 5계명을 순서대로 소개한다.[173] 마가와 누가는 Μή+아오리스트 능동태 가정법 2인칭 단수 동사를 사용하지만, 마태는 LXX처럼 Οὐ+미래 능동태 직설법 2인칭 단수 동사를 사용한다.[174]

3.4. 누가복음 20:28의 신명기 25:5 인용

눅 20:28 λέγοντες, Διδάσκαλε, Μωϋσῆς ἔγραψεν ἡμῖν, ἐάν τινος ἀδελφὸς ἀποθάνῃ ἔχων γυναῖκα, καὶ οὗτος ἄτεκνος ᾖ, ἵνα λάβῃ ὁ ἀδελφὸς αὐτοῦ τὴν γυναῖκα καὶ ἐξαναστήσῃ σπέρμα τῷ ἀδελφῷ αὐτοῦ

신 25:5 ἐὰν δὲ κατοικῶσιν ἀδελφοὶ ἐπὶ τὸ αὐτὸ καὶ ἀποθάνῃ εἷς ἐξ αὐτῶν σπέρμα δὲ μὴ ᾖ αὐτῷ οὐκ ἔσται ἡ γυνὴ τοῦ τεθνηκότος ἔξω ἀνδρὶ μὴ ἐγγίζοντι ὁ ἀδελφὸς τοῦ ἀνδρὸς αὐτῆς εἰσελεύσεται πρὸς αὐτὴν καὶ λήμψεται αὐτὴν ἑαυτῷ γυναῖκα καὶ συνοικήσει αὐτῇ

사두개인들은 예수님을 '선생님'(Διδάσκαλε)이라 부른다. 누가복음에서 '선생'은 17회 나타나는데 그 중 11회는 예수님과 관련된다.[175] 부활을 부정하는 사두개인들이 예수님에게 질문할 때 형사취수혼을 다루는 신명기 25:5를 요약해서 선별적으로 인용한다. 누가복음 20:28의 마지막 부분은 창세기 38:8의 "그리고 너의 형제를 위하여 씨를 잇게 하라"(καὶ ἀνάστησον σπέρμα τῷ ἀδελφῷ σου)

---

173) 마가우선설을 따르는 Rusam은 마가와 달리 누가가 제 10계명 "속여 취하지 말라"를 생략한 것은 출 20:12-16 혹은 신 5:16-20을 사용하여 막 10:19를 개정한 것으로 본다. "Duteronomy in Luke-Acts," 71.
174) Bock, *Luke 9:51-24:53*, 1479.
175) '선생'이 마태복음에는 12회 중 8회, 마가복음에는 12회 중 7회가 예수님에게 적용된다.

를 의존한다(참고. 룻 4:1-12).[176)] 여기서 누가는 '신명기'라는 책 이름 대신에 '모세'(Μωϋσῆς ἔγραψεν)를 언급하기에(참고. 행 3:22; 7:37), 신명기의 모세 저작을 인정한다. 누가의 논점은 마태복음 22:24 및 마가복음 12:19의 논의와 동일하다. 스타일에 있어서 누가는 마태(22:24)보다 마가(12:19)와 더 유사하다. 인용 형식에서 마가와 누가는 ἔγραψεν을,[177)] 마태는 εἶπεν을 사용한다. 그리고 마가와 누가보다 마태는 더 단순하게 표현한다: "만약 어떤 사람이 자녀 없이 죽는다면"(Ἐάν τις ἀποθάνῃ μὴ ἔχων τέκνα). 공관복음 기자들은 자신이 선호하는 문학적 스타일을 따른다.[178)] 마태(22:29) 및 마가(12:24)와 달리, 누가는 예수님이 사두개인을 꾸짖으신 것을 다루지 않는다. 예수님과 사두개인 사이의 대화가 비교적 유쾌한 분위기에서 전개되어, 서기관 중 일부는 예수님의 대답을 긍정적으로 평가한다(눅 20:39).

3.5. 요약 및 소결론

마태처럼 누가도 예수님의 시험 기사에서 출애굽 모형론적 해석을 시도한다. 이 때문에 누가의 신명기 인용 빈도는 예수님의 시험 기사에서 신명기를 인용하지 않은 마가복음보다 조금 높다(막 1:12-13). 하지만 누가복음에는 마태복음의 산상설교에서 소개된 반명제(antitheses) 논의를 통한 율법의 재해석이 등장하지 않는다. 이 이유로 누가복음에서 신명기 인용의 빈도는 마태복음보다 낮다. 누가와 마태는 신명기 인용을 모두 공유한다(눅 4:4, 마 4:4 안의 신 8:3 인용; 눅 4:8, 마 4:10 안의 신 6:13 인용; 눅 4:12, 마 4:7의 신 6:16 인용; 눅 10:27, 마 22:37의 신 6:5 인용; 눅 18:20, 마 19:18-19의 신 5:16-20 인용; 눅 20:28, 마 22:24의 신 25:5 인용).

---

176) D. W. Pao and E.J. Schnabel, "Luke," in G. K. Beale and D. A. Carson (eds.), *Commentary on the New Testament Use of the Old Testament* (Grand Rapids: Baker, 2007), 367.
177) Rusam은 누가가 막 12:19의 인용 형식을 차용했다고 본다. "Deuteronomy in Luke-Acts," 73.
178) Bock, *Luke 9:51-24:53*, 1620.

4. 공관복음의 신명기 인용 비교

마태, 마가, 누가는 신명기를 각각 13, 5, 6회 인용한다. 물론 이 인용들의 근원에 주로 예수님의 말씀이 있다. 공관복음 기자들은 신명기를 모세의 글로 인정한다. 그리고 신명기를 인용할 때 나름대로 변경을 가하지만, 신명기의 원래 의미를 손상시키지 않는다. 공관복음 기자가 신명기를 인용하여 표현하는 문학적 스타일 혹은 LXX를 따르는 정도는 다소 차이가 있지만, 그들이 논증하는 방식과 요점은 유사하다. 공관복음 가운데 신명기를 가장 많이 인용하는 마태복음의 장절 순서를 따라, 공관복음의 신명기 인용을 도표로 정리하면 다음과 같다:

신명기	마태복음	마가복음	누가복음
8:3	4:4	x	4:4
6:16	4:7	x	4:12
6:13	4:10	x	4:8
5:18	5:21	x	18:20
5:17	5:27	x	18:20
24:1, 3	5:31, 19:7	10:4	x
19:21	5:38	x	x
5:16(부모 공경)	15:4	7:10	18:20
19:15	18:16	x	x
5:16-20(제 5-10계명)	19:18-19	10:19	18:20
25:5(형사취수혼법)	22:24	12:19	20:28
6:3-5(첫째 계명)	22:37	12:29-33	10:27

공관복음 기자들은 모세의 저작인 신명기를 인용함으로써, **(1)** 식사 전 세수라는 할라카와 관습법을 능가하는 부모 공경의 계명, **(2)** 영생에 들어가는 조건에 관한 논쟁에 등장하는 제 5-10계명, **(3)** 사두개인들과의 부활에 관한 논쟁에 등장하는 형사취수혼법, **(4)** 율법학자와의 논쟁에 등장하는 "하나님을 사랑하라"는 첫째 계명을 공통적으로 언급한다. 요약하면, 공관복음서 독자들은 하나님과 이웃을 사랑하여 부활과 영생을 종말론적으로 경험해야 한다.

나오면서

적지 않은 학자들은 마태복음과 누가복음의 구약 인용을 다룰 때, 구약을 인용하여 말씀하신 예수님, 바리새인, 사두개인 혹은 공관복음 기자들로 거슬러 올라가는 대신에, Q, 마가복음, M, L이라는 (가설적) 자료에 호소한다.[179] 하지만 Q라는 가설 자료로 해법을 찾기는 어렵고, 마가우선설도 폭넓은 지지를 받기는 하지만 여전히 가설에 불과하다. 따라서 공관복음서 기자들이 신명기를 인용한 예수님과 유대 종교지도자들의 말씀을 보존하여 기록한 것으로 보는 게 합당하다. 공관복음의 신명기 인용은 대부분 예수님이 하신 말씀에 등장하지만, 예수님과 논쟁한 사람들이 인용하기도 했다. 공관복음 기자들은 '고르반' 같은 할라카 법보다는 부모 공경이라는 초시간적인 도덕법을, 구원 받은 증거로서 이웃 사랑과 관련된 계명 준수를, 부활과 그 이후의 상태를, 그리고 첫째 계명인 하나님 사랑을 공통적으로 강조한다. 따라서 공관복음 기자들이 신명기를 인용하여 전개하는 논증 방식과 요점은 중요한 공통분모를 가지고 있다. 공관복음 가운데 신명기 인용 빈도가 가장 높은 마태복음의 전반부에 출애굽 모형론과 새로운 율법 해석에 신명기가 자주 인용된다. 신명기를 인용하는 마가복음의 구절 모두 마태복음의 병행 구절에 나타나고, 누가복음에는 한 구절이 없다. 마가는 신명기와 다른 구약 구절을 복합적으로 인용하는 기법을 종종 사용한다. 신명기를 인용하는 누가복음의 구절 모두 마태복음의 병행 구절에 나타난다.

---

179) 예를 들어, Menken, "Deuteronomy in Matthew's Gospel," 44; Rusam, "Deuteronomy in Luke-Acts," 63; Allison Jr., *The New Moses*, 165; Blomberg, "Matthew," 15; Luz, *Matthew 1-7*, 150.

04 누가복음의 세 찬송이 한국교회의 찬송에 주는 함의

들어가면서

누가복음 1장의 마리아의 찬송(the Magnificat; 눅 1:47의 Μεγαλύνει의 라틴어 번역)과 사가랴의 찬송(the Benedictus; 눅 1:68의 Εὐλογητὸς의 라틴어 번역), 그리고 누가복음 2장의 시므온의 찬송(the Nunc Dimittis; 눅 2:29의 Νῦν ἀπολύεις의 라틴어 번역)의 메시지를 살펴서 한국교회의 찬송이 나아가야 할 바람직한 방향을 찾아보고자 한다.[180] 이를 위해서 구약의 암시가 풍성한[181] 세 찬송시(canticles)의 담론 구

---

180) 이 글은 『교회와 문화』 26(2011), 167-98에 게재되었다. 남아공 개혁교회의 'Psalmboek'(2001)에는 이 세 찬송이 모두 부록인 'Skrifberyminge'에(4-1, 4-2, 4-3, 4-7) 수록되어 있다. 구약의 시편 이외에, 신약에 등장하는 새 노래에도 운율을 붙여 노래하는 데 힘을 써야 한다. 참고. 오광만, "칼빈의 제네바 시편찬송가-평가와 21세기 한국장로교회 찬송을 위한 제언", 『개혁논총』 11(2009), 111.

181) "The Nunc Dimittis, like the other two hymns, is a mosaic of allusions to a number of Old Testament passages." S.C. Farris, *The Hymns of Luke's Infancy Narratives* (Sheffield: JSOT Press, 1985), 30. 누가는 구약의 긴 구절들을 거의 인용하지 않지만(예외. 행 2:17-21; 짧은 구약 구절 인용의 예로는 눅 2:23, 24; 3:4-6; 4:4, 8, 10-11, 12, 18-19; 7:27; 10:27; 18:20; 19:46; 20:17, 28, 37, 42-43;

조와 언약 구속사적 메시지 그리고 1차 독자에게 주는 메시지를 살피고 난 후, 한국 교회가 예배 중에 불러야 할 찬송의 바람직한 내용을 찾아보고자 한다.

1. The Magnificat (눅 1:46-55)

1.1. 담론 구조[182]

1.1.1. 도입

(1) 46절 Καὶ εἶπεν Μαριάμ,

1.1.2. 마리아의 찬송 시작

(2) 47절 Μεγαλύνει ἡ ψυχή μου τὸν κύριον,
(3) καὶ ἠγαλλίασεν τὸ πνεῦμά μου ἐπὶ τῷ θεῷ τῷ σωτῆρί μου,

1.1.3. 마리아의 긍정적인 태도의 이유

(4) 48절 ὅτι ἐπέβλεψεν ἐπὶ τὴν ταπείνωσιν τῆς δούλης αὐτοῦ.

22:37), 구약 암시는 많은데 C.A. Kimball은 무려 439개의 암시를 누가복음에서 찾았다. 흥미롭게도 누가의 구약 인용 중 다수는 모세오경에서 온 것인데, 예수 그리스도는 율법에 순종하셨고, 사역 초기부터 율법을 성취하셨다. 누가가 LXX와 메시아 예언을 중심으로 하는 성경 구절 모음집인 *testimonia*를 사용했는지(예. Harris, Albl), 아니면 LXX만 사용했는지(예. Gundry, Rese), 혹은 LXX와 MT 모두 사용했는지(예. Bock) 논란이 계속되고 있다. 참고. D.W. Pao & E.J. Schnabel, "Luke", in G.K. Beale and D.A. Carson (ed.), *Commentary on the New Testament Use of the Old Testament* (Grand Rapids: Baker, 2007), 251-52.

182) 세 찬송시의 종말론적 출애굽 주제와 도식화된 '구문분석'을 위해서는 Y.M. Song, "The Eschatological Exodus Theme in the Three Canticles in Luke 1-2" (unpublished Th.M thesis, Potchesfstroom: PU for CHE, 2000), 109-14를 보라.

(5) ἰδοὺ γὰρ ἀπὸ τοῦ νῦν μακαριοῦσίν με πᾶσαι αἱ γενεαί,[183]

1.1.4. 마리아의 노래의 동기

(6) 49절 ὅτι ἐποίησέν μοι μεγάλα ὁ δυνατός.

1.1.5. 마리아의 결과적인 송영

(7) καὶ ἅγιον τὸ ὄνομα αὐτοῦ,
(8) 50절 καὶ τὸ ἔλεος αὐτοῦ εἰς γενεὰς καὶ γενεὰς τοῖς φοβουμένοις αὐτόν.

1.1.6. 결과적인 송영의 동기

(9) 51절 Ἐποίησεν κράτος ἐν βραχίονι αὐτοῦ,
(10) διεσκόρπισεν ὑπερηφάνους διανοίᾳ καρδίας αὐτῶν·
(11) 52절 καθεῖλεν δυνάστας ἀπὸ θρόνων
(12) καὶ ὕψωσεν ταπεινούς,
(13) 53절 πεινῶντας ἐνέπλησεν ἀγαθῶν
(14) καὶ πλουτοῦντας ἐξαπέστειλεν κενούς.
(15) 54절 ἀντελάβετο Ἰσραὴλ παιδὸς αὐτοῦ,

1.1.7. 하나님의 행동의 동기

(16) μνησθῆναι ἐλέους,

---

183) Brown은 눅 1:48을 마리아의 찬송이 아니라, 눅 1:38과 42절을 참고한 누가의 삽입으로 본다. R.E. Brown, "The Annunciation to Zechariah, the Birth of the Baptist, and the Benedictus(Luke 1:5-25, 57-80)", *Worship*, 62(1988, 6), 489.

(17) 55절 καθὼς ἐλάλησεν πρὸς τοὺς πατέρας ἡμῶν, τῷ Ἀβραὰμ καὶ τῷ σπέρματι αὐτοῦ εἰς τὸν αἰῶνα.

The Magnificat는 17개의 콜라(cola)로 구성되며, 누가는 찬송을 부르는 마리아의 태도와 동기 그리고 내용을 논리적으로 전개하고 있다. 요셉과 정혼한 10대 중-후반의 마리아가 이런 찬송을 부를 수 있는지 의문을 제기하는 사람들은 누가나 편집자가 마리아의 입을 빌렸을 뿐이라 주장한다. 그러나 이런 주장은 성령님이 마리아에게 임하심(눅 1:35)을 무시하는 것이며, 마리아를 가리키는 '내 영혼이'(47절)도 무시하는 것이다.[184]

1.2. 언약 구속사적 메시지

마리아가 자신의 비천함을[185] 돌아보신 하나님을 찬송하게 된 동기가 된 49절의 능력 있는(ὁ δυνατός) 하나님이 행하신 '큰 일들'(μεγάλα, great things)은 특별히 출애굽과 같은 구원을 위한 하나님의 간섭을 의미한다(참고. 신 10:21; 11:17; 시 71:19)[186]. '능력 있는'은 '용사이신 하나님'(God the Warrior)을 묘사한다(참고. 슥 3:17). 그리고 49절의 '거룩한'(ἅγιον)은 구약에서 새 출애굽 주제와 맞물려 있다 (참고. 사 47:4; 57:15; 겔 36:22-25; 말 1:11; 지혜서 10:20).[187]

The Magnificat에는 무엇보다 반병행기법(antithetical parallelism)으로 표현된 '역

---

184) P.G. Ryken, *Luke. Volume 1*. Reformed Expository Commentary (Phillipsburg: P&R, 2009), 45. 참고로 가톨릭은 the Magnificat를 만과(Vespers)에, 성공회는 저녁 기도회나 저녁 찬송으로 부른다. 참고. 김남수, 『찬송의 이해』(대전: 침례신학대학출판부, 2005), 105.

185) Calvin은 48절의 '비천함'을 복종하는 마음 자세나 겸손을 뜻하는 것이 아니라 글자 그대로 가난하고 초라한 상태로 본다. J. Calvin,『공관복음 주석 I』(*The Synoptic Gospels I*, 성서교재간행사 역, 서울: 성서교재간행사, 1993), 88.

186) J. Nolland, *Luke 1-9:20*. WBC (Dallas: Word Books, 1989), 70.

187) Pao and Schnable, "Luke", 261.

전 주제'(reversal motif)가 강하다(51-53절):[188] 하나님 없는 마음의 생각이 교만한 자들(51절), 권세 있는 자들(52절), 그리고 부자들은 패망당하고(53절), 하나님을 두려워하며 긍휼을 입은 이스라엘(50, 54절)의 비천한 자들(52절)과 굶주린 자들 은 구원 받는다(53절). 이것은 하나님의 종말론적인[189] 심판과 구원이다(참고. 출 15:1-18).[190] 이 심판과 구원은 '영원한' 진리다(48, 50, 55절). The Magnificat의 중 요한 구약 간본문은 한나의 찬송(삼상 2:1-10)인데, 사무엘상 2:4-10에도 역전 주 제가(현재 시제로) 나타난다(참고. 욥 5:8-11; 사 2:11; 5:15-16; 29:18-21; 겔 17:24; 21:25-26; 마 23:11-12; 약 1:9; 보라. Bock, 1994:148).[191] 한나와 마리아 사이의 간본문성은 다음과 같다:[192] **(1)** 둘 다 하나님의 위대하심을 찬양한다(삼상 2:1-10; 눅 1:46-49). **(2)** 둘 다 하나님의 여종이라 불린다(삼상 1:11; 눅 1:48). **(3)** 둘 다 하나님의 계획과 목적 이 낳을 아들을 통해서 성취됨을 알았다(삼상 1:11, 21-28; 눅 1:32-35, 46-50).[193] 누 가복음에 역전 주제는 계속 나타난다: "자기를 높이는 자는 낮아지고, 자기를

---

188) 교차대칭구조에 근거하여, '양극식 역전'(bi-polar reversal)이라고 부르는 York는 아래와 같이 관찰한다:

A καθεῖλεν   δυνάστας ἀπὸ θρόνων
B καὶ ὕψωσεν ταπεινούς
B' πεινῶντας   ἐνέπλησεν ἀγαθῶν
A' καὶ πλουτοῦντας ἐξαπέστειλεν κενούς

참고. J.O. York, The Last shall be First: the Rhetoric of Reversal in Luke (Sheffield: Sheffield Academic Press, 1991), 50-51. Tannehill은 52-53절을 the Magnificat의 절정으로 보는데, B와 B'의 밑줄 친 부분은 소리에 있어서도 유사함에 주목한다. 본문이 말하는 진리는 본문의 시적 언어 및 구조와 분리될 수 없다. R.C. Tannehill, "The Magnificat as Poem", *JBL* 93(1974, 2), 273.

189) 이 글에서 '종말론적'은 종말이신 예수님께서 성육하신 후부터 최종 파루시아 까지 펼치시는 사역과 통치를 설명한다.

190) Pao와 Schnabel은 눅 1-2장의 찬송에 나타난 하나님의 능력의 구원 활동과 출 15장 사이의 간본문성에 주목한다. Pao and Schnabel, "Luke", 255.

191) 마태는 복음서를 시작하면서 족보에서 여인들을 언급하지만, 누가는 복음서를 시작하면서 성령 충만한 여인들(마리아, 엘리사벳, 안나)의 역할을 강조한다. 마리아를 '새로운 한나'로 볼 수 있다. 눅 8:1-3에 예수님의 복음 사역을 도왔던 막달라 마리아, 요안나, 수산나 및 다른 많은 여인들이 등장한다.

192) C.J. Martin, "Mary's Song", in J.B. Green, S. McKnight & I.H. Marshall (ed.), *Dictionary of Jesus and the Gospels* (Downers Grove: IVP, 1992), 525.

193) 참고로 사가랴와 엘리사벳을 소개하는 문구(눅 1:5)는 엘가나와 한나와 비슷하다(삼상 1:1-2). 그리고 임신한 한나와 엘리사벳의 반응도 유사하다(삼상 1-2; 눅 1:25). 참고. Brown, "The Annunciation to Zechariah", 484, 487.

낮추는 자는 높아지리라"(18:14). "낙타가 바늘귀로 들어가는 것이 부자가 하나님의 나라에 들어가는 것보다 쉬우니라"(18:25; 참고. 눅 6:20-26; 13:30; 14:11; 16:19-31; 17:33). 역전 주제의 반복은 누가의 독자가 받을 충격과 놀람을 완화시키고, 그 새로운 질서가 하나님의 의도임을 분명히 깨닫게 만든다. 예수님의 삶 자체가 역전 주제를 보여주는데, 주님은 고난과 수치를 통과한 후에 영화롭게 되셨다. 또한 역전 주제는 독자로 하여금 무엇이 참 명예와 수치인지 재정립하게 만든다. 누가는 예수님으로 말미암아 이 땅에 천국의 새로운 질서가 시작되었음을 강조한다.[194]

51절의 "그의 팔로 능력을 행하셨다"(Ἐποίησεν κράτος ἐν βραχίονι αὐτου)는 하나님께서 강한 손으로 강력한 애굽의 바로를 멸하고, 연약한 이스라엘을 구출하신 출애굽과 새 출애굽 주제를 드러내는 용어다(참고. 출 6:1, 6; 15:16; 신 3:24; 7:19; 왕하 17:36; 사 30:30; 51:5, 9; 53:1; 겔 20:33, 34).[195] '능력을 행하시는 하나님의 팔'을 언급하는 51절처럼 출애굽기 6:6에도 출애굽을 이루시는 여호와의 '팔'이 나타난다(참고. 출 7:5). 따라서 역전 주제는 출애굽 주제와 맞물려 있다.[196]

하나님의 여종 마리아(46, 48절)는 하나님께서 이스라엘을 도우셨다고 찬송함으로써(54절), 마리아 개인의 찬송(참고. 47절의 ἡ ψυχή μου)을 넘어 이스라엘 공동체의 찬송으로 확장시킨다(54절). 따라서 이 찬송에서 예수님을 통해서 새 이스라엘이 경험할 '종말론적 의미'를 찾을 수 있다. 47절의 '기뻐했다'(ἠγαλλίασεν, 아오리스트 능동 직설 3인칭 단수)처럼[197] 누가복음 1:14와 44절의 '기쁨'(ἀγαλλίασις)

---

194) York, *The Last shall be First*, 55, 183.
195) Pao and Schnable, "Luke," 261. Nolland, *Luke 1-9:20*, 71. R.A. Horsley, *The Liberation of Christmas: the Infancy Narratives in Social Context* (New York: Crossroad, 1989), 115. Martin, "Mary's Song", 525.
196) D.L. Bock, *Luke 1:1-9:50*. Baker Exegetical Commentary (Grand Rapids: Baker, 1994), 153.
197) 히브리어의 '와우(waw) 계속법'의 영향, 혹은 금언적 아오리스트, 예언적 아오리스트, 혹은 진입적 아오리스트로 볼 수 있다.

은 예수님의 성육신으로 시작된 종말론적인 구원의 큰 기쁨이라는 뜻이다.[198]

예수님이 탄생하셔서 사역하시는 것은 아브라함에게 주신 영원한 언약이 성취된 것이다(55절; 참고. 창 17:8; 마 1:1). 언약의 성취와 관련된 명사는 '긍휼'(ἔλεος, 50절)인데, 히브리어 언약적 사랑을 뜻하는 '헤세드'에 상응한다(참고. 시 103:2-6, 8-11). '긍휼'과 '언약'은 연결된다(참고. 신 7:9; 시 89:28; 사 55:3). 누가는 이스라엘의 조상 가운데 특히 아브라함을 강조한다(55절). 예수님이 구세주로 오셔야만 가나안이라는 천국, 모래와 별과 같은 많은 복된 천국 백성이 나타날 수 있기 때문이다. 하나님께서 이 일을 아브라함의 씨이신 예수 그리스도를 통해서 '행하셨다'(49, 51절; 참고. 갈 3:16). 예수님은 '아브라함의 자손'인 삭개오를 구원하셨다(눅 19:9).[199] 주님은 능하신 분(49절)이요 구원의 하나님이시기 때문이다(47절).

아오리스트 직설법 동사가 많다: 기뻐했다(47절), 돌아보셨다(48절), 행하셨다(49, 51절), 흩으셨다(51절), 끌어내리셨다(52절), 높이셨다(52절), 배부르게 하셨다, 보내셨다(53절), 도우셨다(54절), 말씀하셨다(55절). 누가는[200] 이 동사들로 자신의 독자로 하여금 하나님이 과거에 구약의 이스라엘 백성에게 행하신 일들 혹은 AD 30년경의 예수님이 하신 일들을 돌아보도록 한다.[201] 동시에 아오리스트 동사들은 격언적(gnomic), 혹은 진입적(혹은 개시적, inceptive) 혹은 예언적 아오리스트로서,[202] 마리아가 예수님을 임신하고 출산하면 하나님의 구원 사역이 시작될 것의 확실함을 강조한다(참고. 48절의 ἀπὸ τοῦ νῦν; 보라. 눅 12:52; 22:18, 69;

---

198) Bock, *Luke 1:1-9:50*, 138.
199) 눅 1-2장의 '아브라함'은 언약의 성취는 물론, 신약의 하나님의 백성의 신분을 재정의하는 데 기여하는 고유명사이다. 참고. Pao and Schnabel, "Luke", 262.
200) 마리아는 아람어로 찬송했지만, 누가가 헬라어로 찬송시를 썼다.
201) D. Ravens, *Luke and the Restoration of Israel* (Sheffield: Sheffield Academic Press, 1995), 36.
202) M. Zerwick, *A Grammatical Analysis of the Greek New Testament* (Roma: Editrice Pontificio Istituto Biblico, 1993), 173.

행 18:6).²⁰³⁾ AD 60년대에 누가가 누가-행전을 기록했다면,²⁰⁴⁾ 이 아오리스트 동사들로써 누가는 예수님의 죽으심과 부활, 승천 및 오순절에 성령님의 오심이라는 하나님의 큰 일들(μεγάλα, 49절)을 염두에 두었을 것이다. 이 사실은 the Benedictus와 the Nunc Dimittis에도 적용된다.²⁰⁵⁾

1.3 데오빌로(및 누가공동체)에게 주는 메시지²⁰⁶⁾

---

203) 누가복음 연구에 영향을 미친 Hans Conzelmann은 누가가 예수님의 재림이 지연되자 미래 종말론에서 구속사로 방향을 전환하여, '이스라엘 시대, 예수님 시대, 교회 시대'로 나누었다고 주장했다 (참고. 눅 16:16 및 누가복음과 사도행전의 구분). Conzelmann에 의하면 누가가 '교회 시대'를 역사의 주요시대로 소개하고, 예수님을 '시간의 중심'에 놓음으로써 파루시아의 지연을 불가피한 것으로 받아들이고, 그의 교회(누가공동체)로 하여금 파루시아까지의 긴 시간을 위해 준비하도록 했다고 본다. Conzelmann은 구원을 과거와 미래의 차원으로 돌리고, 현재에는 교회가 추억과 약속으로 존재하고 있다고 봄으로써, 구원의 현재적 가능성을 희생시켰다. 누가에 의하면, 예수님의 승천은 그분의 현존과 통치의 부재의 시작이 아니라, 성령님을 통한 현존과 통치의 시작이었다. 그리고 예수님은 시간의 중심일 뿐 아니라 초림과 재림 사이의 종말 자체이시다. Conzelmann이 누가가 구속사를 세 시대로 나누었다고 본 것은, 구약 시대의 다양성과 신구약 중첩 시대를 무시한 지나친 단순화로 보인다. 그리고 세례 요한이 첫 번째 시기에 속하는지 두 번째 시기에 속하는지 다소 모호하다. 참고. M.A. Powell, 『누가복음의 신학』(*What are They saying about Luke?*, 배용덕 역, 서울: CLC, 1999 [1990]), 107-08. 그리고 Conzelmann은 역사비평에 근거하여 눅 1-2장의 신빙성에 회의적이었던 점 그리고 예수님의 재림의 지연에 대한 해결책으로 누가가 구속사로 방향을 선회했다고 본 점에 동의할 수 없다. 참고. Ravens, *Luke and the Restoration of Israel*, 24.

204) 누가복음이 AD 70년 이후에 기록되었다고 주장하는 Swanson은 로마 제국이 제 1차 유대 반란의 결과로 돌 성전을 파괴하고 세상을 마음대로 다스리는 시점에서 그리스도인은 역전 주제를 믿고 인내해야 한다고 본다. R.W. Swanson, "Magnificat and Crucifixion: the Story of Mariam and her Son", *Currents in Theology and Mission* 34(2007, 2), 107.

205) Martin, "Mary's Song", 526. The Magnificat는 앞으로 누가-행전에서 펼쳐질 내용의 길잡이 역할을 다양하게 한다: (1) the Magnificat의 내용이 나중에 인용 혹은 언급됨(눅 3:3-6; 4:16-20; 행 2:17-21), (2) 하나님의 약속이 성취됨(눅 7:20-27; 행 13:16-40), (3) 하나님의 구원에 대한 감사와 축하(눅 2:13-14, 20; 13:17; 행 2:43-47; 3:1-16; 5:40-42), (4) 예수님이 여인들에게 보이신 호의(눅 7:12-17; 8:1-3; 10:38-42; 11:27-28; 13:10-17).

206) 누가복음이 데오빌로를 1차 독자로 삼는 것은 분명하지만, 2차적으로 누가가 목회했던 공동체, 구체적으로는 데오빌로와 같이 기독교와 복음에 대해서 부족한 지식을 가진 그리스도인들을 염두에 두었을 수 있다. 참고. I.H. Marshall, *The Gospel of Luke*. NIGTC (Grand Rapids: Eerdmans, 1978), 35, 43. 아마도 누가는 바울이 순교할 때까지 로마에 머문 것 같다(참고. 딤후 4:6, 11). 몇몇 후대 사본은 '로마'를 누가복음의 기록 장소로 언급한다. 누가는 시리아 안디옥 출신의 의사로서, 사도의 제자였으며, 미혼으로 바울이 순교할 때까지 동행했고, 84세에 고린도만 동북쪽에 위치한 'Boeotia'에서 성령 충만한 채 죽었다고 전해진다. 유대에서 기록된 마태복음과 이탈리아에서 기록된 마가복음이 이미 전승되고 있었을 때, 누가가 그리스의 '아가야' 근처 지역에서 누가복음을 썼다고 전해진다. 그러나 시리아 안디옥도 누가-행전의 기록 장소로 거론 된다. 참고. E.E. Ellis, *The Gospel of Luke* (London: Oliphants, 1974), 62. The Magnificat의 *Sitz im Leben*을 헬라어를 사용한 가난한 유대인

누가-행전의 독자인 각하 데오빌로의 사회적 위치는 어떠했을까? 'Most noble', 혹은 'most excellent'로 번역되는 '총독'(κράτιστος)은 다양한 사회 신분에 있던 사람을 부를 때 사용된 호칭이다. 이 최상급 형용사는 유대의 총독(행 23:26; 24:3; 26:25) 혹은 어떤 사람의 직책과 상관없이 공손히 부를 때(예. 요세푸스가 '유대교대사'와 '아피온에 반박하여'를 헌정한 도미티안의 자유민인 에바브로디테)도 사용되었다.[207] 데오빌로는 총독과 동급의 명예스러운 고위 지위에 있었던 것 같다. 역전 주제(51-53절)를 통해서 알 수 있는 사실은 총독과 동등한 고위직에 있었던 데오빌로 각하라 할지라도 하나님의 구원을 받아들이지 않는다면 패망할 수밖에 없다는 것이다. 초신자인 데오빌로는 아브라함의 자손으로서 구원과 언약의 공동체 안에서 자라가야 했다. 그리고 그는 승귀하신 예수님이 주시는 종말론적 기쁨을 누리며 찬송해야 했다.[208]

2. The Benedictus(눅 1:67-79)

2.1. 담론 구조

2.1.1. 메시아의 구원을 송영하는 서론

그리스도인 공동체 혹은 쿰란의 anawim으로 추정하기도 하지만 그것에 한정지을 수도 증명할 수도 없다(참고. 1QMXIV, 10-11). 참고. Pao and Schnabel, "Luke", 262. Martin, "Mary's Song", 525. 참고로 Schneider, Delling, Ernst, Manson, Reicke를 따라 Farris는 눅 1-2장의 찬송시들이 AD 70년 이전의 팔레스타인에서 작성되었다고 본다. Farris, *The Hymns of Luke's Infancy Narratives*, 98. 누가-행전의 기록 장소와 2차 독자 문제는 '열린 결론'으로 두는 것이 좋다. 51-53절의 역전 주제에 나타난 하나님의 종말론적인 심판을 위한 방문은 박해 상황 가운데 있었던 누가공동체를 위한 신원이었을 것이다.

207) W. Bauer, "κράτιστος", in F.W. Danker (ed.), *A Greek-English Lexicon of the New Testament and Other Early Christian Literature*. BDAG (Chicago: Chicago University Press, 2003), 565.

208) Sell은 anawim의 정신을 반영하는 인물인 마리아를 '제자'로 보면서, 침착하고, 정직하고, 겸손하고, 수용성을 갖춘 현대 사역자의 모델로 제시한다. 하지만 누가에게 있어서 마리아를 모범으로 삼는 것은 주요 의도가 아니었다. N.A. Sell, "The Magnificat as a Model for Ministry: Proclaiming Justice, Shifting Paradigms, Transforming Lives", *Liturgical Ministry* 10(2001), 39.

(1) 67절 Καὶ Ζαχαρίας ὁ πατὴρ αὐτοῦ ἐπλήσθη πνεύματος ἁγίου[209] καὶ ἐπροφήτευσεν λέγων,

(2) 68절 Εὐλογητὸς κύριος ὁ θεὸς τοῦ Ἰσραήλ,

2.1.2. 사갸랴의 찬송의 동기

(3) ὅτι ἐπεσκέψατο καὶ ἐποίησεν λύτρωσιν τῷ λαῷ αὐτοῦ,

(4) 69절 καὶ ἤγειρεν κέρας σωτηρίας ἡμῖν ἐν οἴκῳ Δαυὶδ παιδὸς αὐτοῦ,

(5) 70절 καθὼς ἐλάλησεν διὰ στόματος τῶν ἁγίων ἀπ' αἰῶνος προφητῶν αὐτοῦ,

(6) 71절 σωτηρίαν ἐξ ἐχθρῶν ἡμῶν καὶ ἐκ χειρὸς πάντων τῶν μισούντων ἡμᾶς,

---

209) Wenk는 눅 1-2장에서 성령님은 '회복 주제'(restoration motif)의 맥락 안에 나타난다고 본다(눅 1:15, 35, 41, 67; 2:25-27). M. Wenk, Community-Forming Power: the Socio-Ethical Role of the Spirit in Luke-Acts (London: T&T Clark International, 2000), 149-50. 눅 1-2장의 성령님의 충만함을 받은 자들과 행 2장을 비교해 볼 때, 그들은 장차 성령 충만한 그리고 성령 충만해야 할 신약 교회를 미리 보여주고 있다. 성령님은 새 이스라엘을 회복시키고, 종말론적인 변혁을 일으키는 분이다. 다음의 병행에 주목해 보면 눅 1-2장의 성령론과 행 2장의 성령론을 날카롭게 분리할 수 없고, 누가는 이미 눅 1-2장에서 오순절에 종말의 은사이신 성령님의 강림과 종말론적인 이스라엘의 회복을 예기하고 있음을 알 수 있다:

눅 1-2
1:67 사가랴가 성령 충만하여 '예언'함
2:36 '여선지자' 안나
1:22 성전에 있던 사람들은 사가랴가 '환상'을 본 줄 암
1:18 '나이 많은' 사가랴
1:35, 38 주님의 '여종' 마리아에게 성령이 임할 것임
2:25, 29 당신의 '종'을 평안히 놓아달라고 간구하는 시므온에게 성령님이 임함
2:34-35 시므온은 예수님의 오심의 결과에 대해 '예언'함
참고. Ravens, Luke and the Restoration of Israel, 27

행 2
2:17 "내가 내 영을 모든 육체에 부어 줄 것이니, 너희 자녀들은 '예언'할 것이다."
2:17 "너희 젊은이들은 '환상'을 보며, 너희 '노인들'은 꿈을 꿀 것이다."
2:18 "내 '남종들'과 '여종들'에게도 내 영을 줄 것이니, 그들이 '예언'할 것이다."

2.1.3. 하나님의 구원 역사의 언약적 동기

(7) 72절 ποιῆσαι ἔλεος μετὰ τῶν πατέρων ἡμῶν

(8) καὶ μνησθῆναι διαθήκης ἁγίας αὐτοῦ,

(9) 73절 ὅρκον ὃν ὤμοσεν πρὸς Ἀβραὰμ τὸν πατέρα ἡμῶν,

(10) τοῦ δοῦναι ἡμῖν

2.1.4. 하나님의 언약의 내용과 결과

(11) 74절 ἀφόβως ἐκ χειρὸς ἐχθρῶν ῥυσθέντας λατρεύειν αὐτῷ

(12) 75절 ἐν ὁσιότητι καὶ δικαιοσύνῃ ἐνώπιον αὐτοῦ πάσαις ταῖς ἡμέραις ἡμῶν.

2.1.5. 세례 요한과 예수님에 대한 예언에 대한 서론[210]

(13) 76절 Καὶ σὺ δέ, παιδίον, προφήτης ὑψίστου κληθήσῃ·

2.1.6. 세례 요한이 예수님의 선구자로 사역할 목적

(14) προπορεύσῃ γὰρ ἐνώπιον κυρίου ἑτοιμάσαι ὁδοὺς αὐτοῦ,

(15) 77절 τοῦ δοῦναι γνῶσιν σωτηρίας τῷ λαῷ αὐτοῦ ἐν ἀφέσει ἁμαρτιῶν αὐτῶν,

---

210) Brown은 눅 1:76-77을 누가의 삽입(Lukan insertion)으로 봄으로써, 사가랴가 the Benedictus 전체를 부르지 않았다고 보면서 유대 그리스도인들이 이 찬송을 구성한 것으로 본다. Brown, "The Annunciation to Zechariah", 494. Brown과 같은 맥락에서, the Benedictus를 세례 요한의 제자들이 편집한 기독교 이전의 세례 찬송이라고 보는 Dillon은 눅 1:69-70을 누가의 편집이라고 본다. R.J. Dillion, "The Benedictus in Micro and Macrocontext", *CBQ* 68(2006), 458, 470. 하지만 자료설과 편집설의 기준이 가설적인 것이 근원적 문제이다.

2.1.7. 세례 요한의 사역의 동기

(16) 78절 διὰ σπλάγχνα ἐλέους θεοῦ ἡμῶν,

2.1.8. 예수님에 대한 예언의 내용

(17) ἐν οἷς ἐπισκέψεται ἡμᾶς ἀνατολὴ ἐξ ὕψους,
(18) 79절 ἐπιφᾶναι τοῖς ἐν σκότει καὶ σκιᾷ θανάτου καθημένοις,
(19) τοῦ κατευθῦναι τοὺς πόδας ἡμῶν εἰς ὁδὸν εἰρήνης.

The Benedictus는 19개의 콜라로 구성되는데, 누가는 세례 요한과 예수님의 사역을 찬송하는 사가랴의 노래를 논리적으로 기술하고 있다. The Magnificat과 the Benedictus는 구조에 있어 유사하다:[211]

	The Magnificat	The Benedictus
찬송 도입부:	46-47절	68절a
찬송의 동기:	49절a	68절b
진술의 강화:	49b-55절	69-75, 78-79절[212]

2.2. 언약 구속사적 메시지

The Magnificat와 the Nunc Dimittis와 달리[213] the Benedictus에는 '예언'과 관련된 말이 있다: 예언했다(67절), 예언자(70, 76절). 실제로 누가복음 7:26-35에

---

211) Farris, *The Hymns of Luke's Infancy Narratives*, 29.
212) 참고로 가톨릭은 찬과(Lauds) 시간에, 성공회는 아침 기도회 시간에 the Benedictus를 부른다. 참고. 김남수, 『찬송의 이해』, 105.
213) 물론 시므온도 예언했다(눅 2:34).

세례 요한의 예언자 역할이 나타난다. 사가랴가 찬송하는 '주 이스라엘의 하나님'(68절)은 이스라엘을 선민으로 택하셨고, 아브라함에게 언약하신 대로 이스라엘을 다스리시는 분이시기에 적절한 언약적 호칭이다.[214]

예수님을 가리키는 '떠오르는 해'(ἀνατολή, rising sun, 혹은 '동쪽', 78절)는 '어둠' 그리고 '죽음'의 반대말이다(79절). ἀνατολή에 상응하는 히브리어는 '가지'(branch) 혹은 '싹'(sprout; 사 11:1-10; 렘 33:15; 겔 16:7)을 가리키는데, 다윗의 상속자로서의 메시아 호칭이다(참고. 렘 23:5; 유다의 유언, 24:16).[215] 흥미롭게도 스가랴 3:8과 6:12에서 선지자 스가랴는 대제사장 여호수아(헬라어로 '예수'!)에게 '새싹'(LXX: ἀνατολή)에 관해 예언한다.[216] 하지만 누가가 '떠오르는 해'와 '가지' 모두를 의도적으로 염두에 둔 것으로 보기 힘든 이유는 79절에서 비추는 것은 '가지'가 아니라 '떠오르는 해'이기 때문이다(참고. 민 24:17; 사 58:8-10; 60:2-3; 말 4:2; 벧후 1:19).[217] 태양과 같은 광명체의 빛은 왕적인 영광과 연결된다(참고. 사 14:12; 단 12:3; 마 13:43). 어둠과 죽음의 그늘에 앉은 자들(79절)은 떠오르는 해이신 예수님을 아직 영접하지 않은 자들인데,[218] 구약의 출애굽 전의 이스라엘 백성의 상황과 유사하다(참고. 시 107:10; 사 9:2; 42:7; 49:9-10; 59:8-9; 미 7:8).[219] 예수님은 어둠과 죽음을 정복하신 분이다.

이 일을 위해서 하나님은 예수님을 보내셔서 자기 백성을 구원하시기 위해서 종말론적으로 방문하셨다(ἐπισκέψεται, 68, 78절; 참고. 눅 7:16; 행 6:3; 7:23; 15:14,

---

214) Calvin, 『공관복음 주석 I』, 100.
215) Bock, *Luke 1:1-9:50*, 192.
216) J. Van Bruggen, *Lucas: Het Evangelie als Voorgeschiedenis*. CNT (Kampen: Kok, 1996), 66.
217) Contra Ravens, *Luke and the Restoration of Israel*, 40. Pao and Schnabel, "Luke", 265.
218) Calvin은 '어둠과 죽음의 그늘에 앉은 자들'을 율법 시대의 하나님의 경건한 백성으로 본다. 그들은 비록 온 누리에 죽음의 그늘이 덮인 가운데 살았지만, 멀리서 다가오는 그리스도의 오심에서 빛을 보며 새로워졌다. Calvin, 『공관복음 주석 I』, 108.
219) The Benedictus에 새 출애굽 주제(79절)와 새 언약 주제(71, 77절)가 맞물려 있다.

36).²²⁰⁾ The Benedictus는 하나님이 자기 백성을 돌보시고 지켜보시면서 방문한다는 출애굽 주제와 관련된 동사인 *ἐπισκέψεται*에 의해서 인클루시오 구조를 가진다(참고. 창 50:24; 출 4:31; 시 106:4; 룻 1:6; 시락 46:14; 1QM 14).²²¹⁾ 예수님의 이 정복(71절)은 원수에게는 심판을 위한 두려운 방문인데(참고. 시 89:32; 시락 2:14), 하나님이 자기 백성 이스라엘(68-69, 72-73, 77절)을 긍휼히 여기셔서(즉 언약적 사랑으로; 72, 78절) 방문하심으로 가능해졌다(68, 77-78절; 참고. 시 110:5, 9).²²²⁾ 그 결과는 죄 용서를 통한 구원이다(71, 77절). 죄 사함을 구원으로 보는 것은 '새 언약 주제'를 반영하는 것이다(참고. 렘 31:34; 33:8; 행 5:31). 누가에게 있어서 죄 사함은 예수님의 주요 사역이다(참고. 눅 4:18; 24:47; 행 5:31). 예수님은 하나님의 백성을 미워하는 원수(71, 74절) 곧 그들을 미워하는 자들의 '손으로부터'(71, 74절) 구원하신다. 이것은 하나님이 구약에서 맹세로 체결하신 거룩한 언약의 성취이다(69, 72-73절). 이것을 위해서 사가랴의 아들이요, 지극히 높으신 분의 선지자인 세례 요한(67, 76절)은 예수님의 길들을 준비해야 했다(76, 79절).²²³⁾

1인칭 복수 대명사 '우리'(69, 71, 73, 75, 78, 79절)는 제사장 사가랴가 개인적으

---

220) 시내 산 사본의 개정판, A, C, D와 다수사본은 68절처럼 78절에서도 아오리스트 동사(*ἐπεσκέψατο*, 방문했다)로 쓴다. 혹자는 더 어려운 표현인 아오리스트를 선호하나(예. Brown, Farris, Evans 등), the Benedictus의 끝 부분에서 종말론적 의미를 고려할 때 미래 시제를 선호하는 이도 있다(Fitzmyer, Creed 등). 그러나 미래 시제가 옳은 것 같다. 참고. Raven, *Luke and the Restoration of Israel*, 38, 40.
221) Pao and Schnabel, "Luke", 263. Horsley, *The Liberation of Christmas*, 112, 115.
222) 누가가 '이스라엘의 구원'에 관심을 두고 있음은 '구원'과 '이스라엘'을 위한 동의어에서 볼 수 있다:
    1:68 구속   1:68 이스라엘
    1:68, 78 방문하다   1:69 다윗의 집에
    1:69, 77 구원   1:73 우리 조상 아브라함
    1:74 건지시다   1:77 그분의 백성
    참고. Ravens, *Luke and the Restoration of Israel*, 37.
223) 눅 1:44에서 세례 요한의 사역은 이미 시작되었다. 세례 요한은 엘리사벳의 뱃속에서 마리아의 뱃속에 있던 예수님을 만나서 기뻐했다. 세례 요한에게 메시아를 알아볼만한 의식이 있었는가가 이 구절의 초점은 아니지만, 분명한 것은 메시아의 선구자로서 기뻐했다는 사실이다. 의사 누가는 산모의 감정적인 변화가 태아의 움직임을 초래한다는 것을 잘 알고 있었을 것이다. 참고. Ellis, *The Gospel of Luke*, 76. 성령님의 역사로(눅 1:15) 세례 요한은 구약의 마지막 주자로서(눅 16:16) 메시아 시대의 도래라는 구속사의 전환을 보고 기뻐했다. 참고. Bock, *Luke 1:1-9:50*, 138.

로 the Benedictus를 불렀지만 공동체의 구원에 대한 감사의 시임을 암시한다. 성경에서 제사장은 '공동체적 인격'(corporate personality)을 가지고 있다(참고. 출 28:21; 눅 1:9-10).

The Benedictus에 아오리스트 직설법 동사가 많다: 예언했다(67절), 방문하셨다, 행하셨다(68절), 일으키셨다(69절), 말씀하셨다(70절), 맹세하셨다(73절). The Magnificat의 경우처럼 여기서도 누가는 독자에게 하나님이 구약에 하셨던 일을 회상하도록 하는 동시에, 이 동사들을 진입적 혹은 예언적 아오리스트로 기록한다.

누가(그리고 사가랴)는 69절과 73절에서 '다윗의 집'에 '구원의 뿔'(참고. 삼상 2:10; 삼하 7:26; 22:3; 대상 17:24)이신 예수님을 일으키신 것과 아브라함에게 하신 맹세를 아오리스트로 언급한다. 흥미롭게도 시편 132:17은 다윗의 집과 구원의 뿔을 통합하여 '다윗을 위해서 자라나는 한 뿔'로 언급한다(참고. 겔 29:21). '다윗의 집'은 다윗의 후손이신 예수 그리스도의 영원한 나라와 백성들로(참고. 삼하 7:16; 눅 1:32-33), '아브라함의 언약'은 아브라함의 씨이신 예수님이 성취하신 새 언약으로 발전했다(참고. 갈 3:16). 마태처럼 누가(그리고 사가랴)는 구약의 언약과 구속사에 있어서 중요한 인물들인 다윗과 아브라함을 같이 언급하는데(참고. 마 1:1), 예수님은 다윗 언약과 아브라함 언약을 같이 성취하셨다.[224] 구약은 종말에 임할 다윗 같은 왕(Davidic King)이 아브라함 언약을 성취할 것이라고 예언했다(참고. 시 72:17). 구원의 뿔이신 예수 그리스도의 나라 안에는 거룩과 의로움으로 하나님을 예배하며 사는 아브라함의 후손들이 많다(74절; 참고. 1QM 14:4-5; CD 1:5-12).[225] The Magnificat이 예수님을 기준으로 삼는 '역전 주제'를 강조한다면,

---

224) 사가랴가 천사에게 "나는 늙은 자이고 내 아내도 나이가 많은데, 내가 어떻게 이것을 알겠습니까?"(눅 1:18)라고 물은 것은 아브라함이 자신의 무자함에 대해서 하나님에게 질문한 것을 연상시킨다(창 15:1-2). 참고. Ravens, *Luke and the Restoration of Israel*, 27.

225) 여기서도 '출애굽 주제'를 본다. 왜냐하면 출애굽의 목적은 여호와 '예배'였기 때문이다(출 7:16). 출 6:3-4절에서 모세는 출애굽은 아브라함의 언약의 성취라고 설명한다. 참고로 눅 1-2장 전체를 예배

The Benedictus는 예수님을 통해 구원 받은 사람의 윤리와 삶의 변화에 초점을 둔다.[226]

세례 요한의 사역(눅 1:13-17, 76-77)과 예수님의 사역(눅 1:68-75, 78-79)을 Greimas의 등장인물의 역할에 관한 모델 이론을 통해서 드러난 심층구조는 아래와 같다[227]:

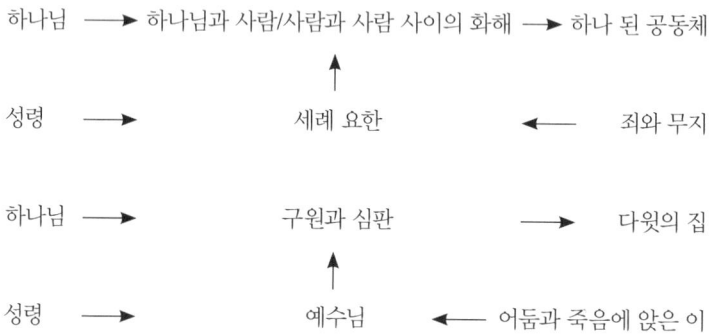

2.3. 데오빌로(및 누가공동체)에게 주는 메시지

'우리'에서 알 수 있듯이, 하나님의 구원에 대한 공동체적 감사와 찬양에 데오빌로도 동참해야 했다. 그리고 데오빌로는 두려움 없이, 거룩함과 의로움으로 평생 하나님 앞에서 살아야 했다(74-75절).

맥락(참고. 분향, 정결예식)에서 이해할 수 있다(눅 1:10; 2:23, 37).
226) Ellis, *The Gospel of Luke*, 79. The Benedictus에도 역전 주제가 있는데, 잉태하지 못한 늙은 여인 엘리사벳이 출산함으로 불명예를 떨쳐버리고 아들이 하나님의 구원 언약의 성취에 중요한 역할을 한 것이다. 사라(창 18), 리브가(창 25), 라헬(창 30), 삼손의 어머니(삿 13), 한나(삼상 1-2)도 마찬가지였다. 참고. Pao and Schnabel, "Luke," 256.
227) Wenk, *Community-Forming Power*, 161.

3. The Nunc Dimittis(눅 2:28-32)

3.1. 담론 구조

3.1.1. 시므온의 찬송의 서론

(1) 28절 καὶ[228] αὐτὸς ἐδέξατο αὐτὸ εἰς τὰς ἀγκάλας[229]

(2) καὶ εὐλόγησεν τὸν θεὸν καὶ εἶπεν,

3.1.2. 찬송의 내용

(3) 29절 Νῦν ἀπολύεις τὸν δοῦλόν σου, δέσποτα, κατὰ τὸ ῥῆμά σου ἐν εἰρήνῃ·

3.1.3. 송영의 동기

(4) 30절 ὅτι εἶδον οἱ ὀφθαλμοί μου τὸ σωτήριόν[230] σου,

3.1.4. 메시아의 구원에 관한 상술

---

228) 이 접속사를 '그리고' 보다는 '그 후'(then)로 번역한다면, 요셉과 마리아가 성전 안으로 들어간 행동이 완료된 것을 뜻한다. 참고. Bock, *Luke 1:1-9:50*, 241.

229) 시므온이 아기 예수님을 두 팔로 안았기에, *Theodochos*(God-receiver)라는 별명을 얻었다. 참고. Bock, *Luke 1:1-9:50*, 241. Calvin은 이스라엘의 위로를 기다린 시므온을 '남은 자'로 본다. Calvin, 『공관복음 주석 I』, 155.

230) 누가는 '구원'의 여성형이 아니라 중성형 σωτήριόν을 선호한다(눅 1:69, 71, 77; 19:9; 행 4:12; 7:25; 13:26, 47; 16:17; 27:34). 30절의 σωτήριόν은 27절의 '아기'(τὸ παιδίον)가 중성 명사이기에 어울린다. 그런데 σωτήριόν이 30절 이후 처음 등장하는 눅 3:6은 사 40:5를 인용한다. 따라서 눅 2:30도 이스라엘의 종말론적인 구원과 위로를 예언하는 내용인 사 40:5를 암시하는 것 같다. 참고. Pao and Schnabel, "Luke", 272.

(5) 31절 ὃ ἡτοίμασας κατὰ πρόσωπον πάντων τῶν λαῶν,

(6) 32절 φῶς εἰς ἀποκάλυψιν ἐθνῶν καὶ δόξαν λαοῦ σου Ἰσραήλ.

The Nunc Dimittis는 6개의 콜라로 구성되는데, 누가는 시므온의 찬송의 내용과 동기 그리고 예수님이 이루신 우주적 구원에 대해 논리적으로 기술한다.[231]

3.2. 언약 구속사적 메시지

결례를 행하러 온 부모가 예루살렘 성전으로 데리고 온 아기 예수님을 안고 시므온이 찬송한다.[232] The Nunc Dimittis는 the Magnificat의 아브라함(1:55)과 the Benedictus의 다윗과 아브라함의 언약(1:69, 72-73)을 직접 언급하지 않는다. 그러나 '말씀대로'(29절)에서 하나님이 구약에서 맺으신 언약이 성취되었음을 알 수 있다. 하나님의 종 시므온은 구원자 예수님을 보았으므로 평안히 죽을 수 있었고 여한이 없었다(29절; 참고. 창 46:30). 누가에게 있어서 '평안'은 개인적인 의미로 제한될 것이 아니라 종말에 메시아가 주시는 '통전적 웰빙'이다(눅 1:79; 2:14; 참고. 시 72:7; 슥 8:12).[233] 누가는 영적-신앙적인 것과 물질적-세상적인 것을 이원론적으로 구분하지 않고, 종교, 정치, 사회, 경제 등을 아우른다(참고. York, 1991:54; Nolland, 1989:72).[234] The Nunc Dimittis에 이사야가 예언한 '여

---

231) 참고로 The Nunc Dimittis는 'Apostolic Constitutions' 7:48에 의하면 저녁 기도문으로 사용되었는데, 오늘날 카톨릭은 종과(Compline)에, 성공회는 저녁 찬송으로, 루터교는 성만찬 후에 부른다. 참고. F.W. Danker, "Nunc Dimittis", in D.N. Freedman (ed.), *The Anchor Bible Dictionary. Vol. 4* (New York: Doubleday, 1992), 1156.

232) 아기가 태어나 부모와 함께 처음으로 예배에 참여한 주일에 세례를 베푸는 것이 바람직하다. 그런데 유아세례 대신에 목사가 아기를 안고 기도하는 것은 재고되어야 한다.

233) Pao and Schnabel, "Luke," 271. N. Wolterstorff, 『정의와 평화가 입 맞출 때까지』(*Until Justice and Peace Embrace*, 홍병룡 역, 서울: IVP, 2007 [1983]), 144, 157, 160.

234) Horsley는 눅 1-2장의 찬송시들이 억압적인 통치자로부터의 해방과 계층 간의 갈등이 종식된 사회 혁명을 가르친다고 본다. 그는 해방신학에 기초하여 사회-정치-경제적으로 약탈당하고 착취당한 사람들의 해방에 관한 노래들로 본다. 따라서 그는 하나님의 혁명적 행동을 누가 당시의 사회-정

호와의 종'으로서의 예수님을 하나님의 종이었던 시므온을 그림자로 삼아서 볼 수 있다. 이스라엘은 열방의 빛으로 부름을 받았으나 실패했다(참고. 사 42:6; 49:6). 그 실패를 이방들을 비추는 빛이신 예수님께서 돌이키신다(눅 2:32). 이 사야서에 등장하는 집합적 이스라엘(corporate Israel, 사 43:10; 44:1)과 개인적 이스라엘(individual Israel, 사 42:1; 49:1-6)을 온 교회적 인격(the whole Church personality)을 가지신 예수님 한 분이 참 이스라엘이 되심으로써 성취하셨다(참고. Danker, 1992:1155). 누가에게 있어서 여호와의 종 예수님은 고난을 겪으시되(눅 2:34; 참고. Ellis, 1974:83), 우주적 구원을 위해서 '승리, 신원, 소망'을 주시는 분이다(참고. Bock, 1994:245; Pao & Schnabel, 2007:271).[235]

예수님은 구원(30절; 참고. 눅 2:11, 26)과 빛이시다(32절). '주님의 구원'은 구약의 많은 선지자들과 왕들이 보기 원하였으나 보지 못하였고(참고. 사 52:15; 60:3), 듣기 원하였으나 듣지 못한 것이다(참고. 눅 10:24; 벧전 1:10-12).[236] 누가의 구원론에

치적 상황에서만 해석함으로써 종말론적 구원을 찾는 것에 반대한다. Horsley, *The Liberation of Christmas*, 112-19, 누가의 구원과 샬롬 개념이 통전적인 것은 맞지만, 사회 혁명이나 해방신학의 관점에서 우선적으로 볼 수 없다. Wolterstorff는 진정한 예배는 그 참여자가 세상에서 정의와 평화를 위해 싸울 것을 요구하며, 그 싸움을 위한 진정성이 예배로 입증되어야 한다고 본다. Wolterstorff, 『정의와 평화가 입 맞출 때까지』, 289. 개혁교회의 사회 변혁을 위한 구체적인 운동을 위해서는 CRC 교단의 'Office of Social Justice'의 홈페이지를 참고하라.

235) 마리아(예. 긍휼과 언약, 50, 54절; 팔로 능력을 행하셨다, 51절), 사가랴(예. 떠오르는 해, 79절) 그리고 시므온은 이사야가 예언한 이스라엘의 종말론적인 회복을 암시한다. 시므온이 기다렸던 '이스라엘의 위로'도 사 40:1, 49:13, 51:3, 52:9, 57:18, 66:10-11절과 간본문이다. 참고. Nolland, *Luke 1-9:20*, 118. 사 40-55장은 새 출애굽 주제로 가득하다: (1) 사 40:3-5: 광야의 고속도로, (2) 사 41:17-20: 광야의 변혁, (3) 사 42:14-16: 야웨께서 자기 백성이 알지 못하는 길로 인도하심, (4) 사 43:1-3: 물과 불을 통과함, (5) 사 43:14-21: 광야 안의 길, (6) 사 48:20-21: 바벨론으로부터 출애굽, (7) 사 49:8-12: 약속의 땅으로 새로 들어감, (8) 사 51:9-10: 바다에서의 새로운 승리, (9) 사 52:11-12: 새 출애굽, (10) 사 55:12-13: 이스라엘이 기쁨과 평안 가운데 나갈 것임. 모세 때의 출애굽은 그 후 선지자 시대의 새 출애굽과 더 영광스런 출애굽의 모델이 된다. 이사야의 새 출애굽은 이전의 출애굽을 반복하지 않고 능가한다. 새 출애굽 때는 급하게 나가지 않고(사 52:12; 비교. 출 12:11; 신 16:3), 두려움이 아니라 기쁨과 평안 가운데 나갈 것이며(사 55:12), 여호와의 영광은 이스라엘은 물론 모든 육체에게 나타날 것이다(사 40:5). 이사야 당시의 이스라엘 백성은 이전의 것을 생각하지 말아야 하는데, 야웨께서 새로운 것을 행하실 것이기 때문이다(사 43:18-19). 참고. M.L. Strauss, *The Davidic Messiah in Luke-Acts* (Sheffield: Sheffield Academic Press, 1995), 286-87. 출 바벨론이 출애굽보다 더 영광스럽고 월등하다면, 예수님이 주신 영적 출애굽은 어떠하겠는가?

236) Marshall은 눅 10:24에 '역전 주제'가 있을 가능성을 열어 둔다. 즉 가장 종교적인 선지자와 권력을

서 예수님의 인격은 중심이며 기초석이다.[237] 누가에게 있어서 구원과 하나님이 오시는 것(방문하시는 것)은 다름 아니라 예수 그리스도께서 오시기 때문이다. 예수님은 이스라엘을 넘어 열방(참고. 복수형 관사와 명사, πάντων τῶν λαῶν)의 빛이시다(31-32절; 참고. 시 98:1-3; 사 55:5; 60:5; 61:9; 비교. 눅 2:10의 단수형 παντὶ τῷ λαῷ).[238] 이 예수님을 주재자이신 하나님 아버지께서 보내셨다(29절). 하나님 아버지께서 열방 앞에 예비하신 '구원'(30절)은 이방인들을 비추는 '빛'이며(32절) 이스라엘의 '영광'이신 예수님이 성취하셔야 했다(32절). '빛'과 '영광'은 병행되는 개념이다(참고. 사 49:6; 51:4-5; 60:1-3).[239] 계속해서 시므온은 이사야가 예언한 열방에 임할 구원(즉 새 출애굽)이 하나님의 종이시자 빛이신 예수님에 의해서 성취됨을 찬송 한다(참고. 눅 2:34의 사 8:14-15 암시). 열방의 구원을 강조하기 위해서 누가는 32절에서 '이방인들을 비추는 빛'을 '주님의 백성 이스라엘의 영광'보다 먼저 언급한다.

민수기 6:24-26의 대제사장 아론의 축복에 등장하는 '비추시고'와 '평강'은 제사장 시므온의 찬송에도 나타난다(그리고 '축복하다', 민 6:23; 눅 2:34). 시므온을 '새로운 아론'으로 볼 수 있다면, 이 간본문성을 통해서 출애굽 주제가 드러난다.

누가복음 1장의 두 찬송시의 경우와 같이 The Nunc Dimittis에도 아오리스트 직설법 동사가 많다: 받았다, 찬양했다(28절), 보았다(30절), 준비하셨다(31절). 누가는 독자로 하여금 하나님이 행하신 과거 구약의 사역과 AD 30년경의 예수님의 사역을 회상하도록 하는 동시에, 금언적, 진입적 혹은 예언적 아오리스

다. Marshall, *The Gospel of Luke*, 439.
237) Bock, *Luke 1:1-9:50*, 242.
238) The Benedictus에서는 단수 명사(τῷ λαῷ αὐτου)가 사용되었다(눅 1:68, 77; 비교. 행 15:14). 눅 1-2장의 찬송시 중에서 The Nunc Dimittis가 우주적 구원 사상을 최고로 강조한다.
239) Bock, *Luke 1:1-9:50*, 244, '빛'과 '영광'의 구약 간본문은 사 60:1-3이기에 여기서도 새 출애굽 주제가 나타난다.

트 직설법 동사들을 통해서 아기 예수님을 통한 하나님의 종말론적 구원의 사역이 시작되었음을 강조한다(참고. 행 15:14).[240]

3.3 데오빌로(및 누가공동체)에게 주는 메시지

로마 시민권자인 데오빌로는 예수님을 통한 이방인의 구원의 시대가 개시되었음을 알아야 했다. 구원을 목도한 데오빌로는 시므온처럼 주님의 손에 일평생 붙들려 사용되다가 죽어야 했다. 데오빌로는 'Pax Romana'로는 참된 우주적 구원을 실현할 수 없음과 세상의 통치자는 로마의 가이사가 아니라 예수님이심을 깨달아야 했다. 갓난아기였던 예수님의 모습이 시므온으로 하여금 그렇게 즐겁고 평안하게 죽음을 맞이할 정도로 강력한 영향을 끼쳤다면, 그리스도의 구속 사역의 완성을 믿고 있는 AD 60년대의 데오빌로와 오늘날의 우리는 얼마나 더 침착하고 평안한 태도를 죽음과 같은 어려운 상황 속에서도 취해야 하겠는가![241]

4. 누가복음 1-2장의 세 찬송의 공통요소 및 종합

요한계시록의 찬송들은 바로 앞에 나온 환상을 요약적으로 설명하거나 뒤에 나오는 환상을 예기하게 하며, 동시에 박해 받던 수신자들을 위로하고, 그리스도 사건을 통해서 구원과 심판을 이루신 하나님을 찬송하도록 했다.[242] 마찬가지로 누가복음 1-2장의 세 찬송시들도 세례 요한과 예수님의 잉태됨과

---

240) 눅 2:22-24에 아기 예수님이 구약 율법에 순종하시는 모습에 '구약과 신약의 중첩 현상'이 나타나지만, The Nunc Dimittis에는 분명하게 나타나지 않는다. 하지만 구약의 핵심 건물인 돌 성전에서 사역하던 제사장 시므온은 예배와 관련하여 새로운 질서가 도래한 이유로 그의 구약적 기능이 다하여 무대에서 사라져야 했다.

241) Calvin, 『공관복음 주석 I』, 157. 실제로 Calvin은 1564년에 죽기 전에 The Nunc Dimittis를 불렀다.

242) 송영목, 『요한계시록의 신학』 (서울: 성광문화사, 2007), 253.

예수님의 아기 시절과 소년 시절에 대한 내러티브(infancy narratives)를 요약적으로 설명하고 예기하는 기능을 하며, 독자에게 구원과 심판을 시행하시는 하나님을 찬송을 하도록 만든다.[243]

누가복음 1-2장의 세 찬송 가운데 적어도 두 찬송에 나타나는 공통 단어 및 요소는 아래와 같다:

(1) 하나님(1:47, 68, 78; 2:28)

(2) 평화(1:79; 2:29; 참고. 2:14)

(3) 구원/구주(1:47, 68, 69, 71, 77; 2:30; 참고. 2:11)

(4) 이스라엘(1:54; 2:32; 참고. 1:80; 2:34), (하나님의)백성(1:68, 77; 2:32)

(5) 우리 조상 아브라함(1:55, 73), 조상들에게 하셨던 말씀(1:55, 73; 2:29)

(6) 해, 빛(1:78; 2:32)

(7) '이제' (1:48; 2:29; 참고. 2:11의'오늘')

(8) (여)종(1:48, 54, 69; 2:29)

(9) 긍휼(1:50, 54, 72, 78; 참고. 1:58)

(10) 팔(1:51; 2:28)

(11) 방문하다/돌아보다(1:68, 78)

(12) 하나님께서 원수를 물리치심(51-53, 71)[244]

(13) 하나님께서 예수님을 통해서 행하신 결정적 행동을 묘사하는 아오리스트 직설법 동사

---

243) 눅 1-2장의 세 찬송시는 구약의 노래를 모방한 것도 아니며, 기독교적인 신학적 어휘가 나오기 전에 히브리어로 쓴 것을 누가가 개작하거나 편집한 것도 아니다. Contra 김남수, 『찬송의 이해』, 105.
244) 하나님이 자기 백성의 원수를 정복하시는 거룩한 용사이심은 '언약'의 다른 표현이다. 이런 의미에서 예배 중의 찬양은 전쟁에서 분투하는 하나님의 군대에게 적합해야 한다. 칼빈의 운율 있는 제네바 시편도 일부 조용한 곡을 제외하면 힘 있는 전쟁-춤과 같은 곡도 있다. 성도는 예배 중의 찬양으로 전쟁에 능하시며 거룩한 용사이신 하나님을 초청한다. 참고. J.B. Jordan, "John Calvin and the Reformation of Psalmody: overcoming Liturgical Heresy" (고신대 개혁주의학술원 주최 제 4회 종교개혁기념 학술세미나, 2009).

(14) 성령 충만한 가운데 찬송하고 예언한 마리아와 사가랴와 시므온(1:35, 67; 2:25-27; 참고. 1:15, 41).[245]

(15) 마리아와 사가랴는 사가랴의 '집'에서(1:40), 시므온은 '성전'에서 찬양했다(2:27).[246]

종합하면 성령 충만했던 마리아와 사가랴와 시므온은 구약의 조상에게 언약하신대로 새로운 출애굽과 새 언약을 성취하실 예수 그리스도를 보내셔서 자기 백성 이스라엘을 긍휼히 여기시며 현재 종말론적으로 돌보시고 구원하심으로써 평화를 주시는 능력의 하나님을 노래한다. 하나님을 찬양하는 것은 돌 성전과 같은 특정 장소에 제한 받지 않고 성령 충만한 가운데 어디서든, 언제나 가능하다.[247]

5. 한국교회의 찬송

누가복음 1-2장의 세 찬송시를 기준으로 하여 한국 교회의 예배 찬송의 곡

---

245) 눅 1-2장에서 성령님이 자주 등장하는 것은 구약에서 예언된(사 32:14-17; 욜 2:28-32) 종말 시대가 개시되었음을 강조하기 위함이다. 참고. Pao and Schnabel, "Luke", 255. Coleridge는 눅 2장이 가이사의 지배(the sway of Caesar, 눅 2:1-5)에서, 하나님의 지배(눅 2:6-14)로, 그 다음 율법의 지배(눅 2:22-24)로, 마지막에는 성령님의 지배(눅 2:25-38)로 전환된다고 본다. M. Coleridge, *The Birth of the Lukan Narrative* (Sheffield: JSOT Press, 1993), 130-62.

246) 이외에 '거룩함과 의로움'(ἐν ὁσιότητι καὶ δικαιοσύνῃ, 눅 1:75)과 '의롭고 경건한'(δίκαιος καὶ εὐλαβής, 눅 2:25)도 유사하다. 그리고 구원계시사적 전환과 관련하여, 제사장 사가랴가 말을 못하게 된 것(눅 1:22)과 시므온이 제사장 직무에서 놓임을 받은 것(눅 2:29)은 예수님의 출생과 더불어 구약 제의의 기능이 종료되어야 함을 의미한다.

247) 누가의 예수님 중심적 구속사에 관한 Buckwalter의 말을 들어 보자: "Luke-Acts is a well-orchestrated production, featuring Jesus the Savior as the capstone of saving history. Any attempt at interpreting Luke-Acts must consider this thread carefully and deliberately woven throughout the two books. … Luke is completely engrossed with salvation themes. … the belief that in Jesus the OT longing for the appearance of God as Savior to humanity has been fulfilled is a primary focus of Luke's. … Alongside Romans and Hebrews, Luke gives us one of the best-unified pictures in the NT of Jesus as Savior and the center of God's saving plan." H.D. Buckwalter, *The Character and Purpose of Luke's Christology* (Cambridge: Cambridge University Press, 1996), 168-69.

과 내용을 평가해 보자. 먼저 예배 음악의 '곡'부터 평가해 보자. 한국교회에서 젊은 층일수록 집회 중에 찬송가를 부르지 않고 CCM위주로[248] 복음송을 부른다.[249] 복음송 때문에 찬송가가 퇴출되고 있는 듯하다. 예배 음악이 교회 안의 세대차를 심화시킨다. 전통적인 오전 예배와 간편한 탈형식적인 오후(저녁) 예배(구체적으로 음악)도 이원화되어 있다.[250] 찬양대와 (1980년대 후반의'경배와 찬양' 의 영향을 받은) 찬양단이 물과 기름처럼 이원화되고 있다.[251] 심지어 최근의 복음송의 멜로디는 헤비메탈 곡조와 유사하여 이른바 '70-80가요'의 곡조보다 덜 정숙한 것도 있다. 이런 현상이 의외가 아닌 것은 교회 밖 세상의 곡에 기독교 가사를 붙인 한글 찬송가도 적지 않기 때문이다(예. 삼천리 반도 금수강산, 내 주여 뜻대로, 하늘가는 밝은 길이, 주여 복을 비옵나니). 또한 한글 찬송가에 미국 부흥 운동 당시의 복음송이 선교사를 통해서 많이 들어와 있다(예. 어려운 일 당할 때, 주 믿는 사람 일어나, 우리는 주님을 늘 배반하나, 주 날개 밑 내가 편안히 쉬네). 찬송이나 복음송의 곡조가 그 시대의 영향으로부터 자유롭지 못함을 인정해야 한다. 하지만 경박한 찬송이 아니라 칼빈이 강조한 중후하고 위엄 있는 찬송은 얼마나 될까? CCM과 복음송은 지정의(知情意) 중에서 정(情)에 호소하는 힘이 크기에,

---

[248] Contemporary Christian Music은 흑인계열(흑인영가, 리듬앤블루스, 재즈), 백인계열(락엔롤, 헤비메탈), 라틴계열(쌈바, 보싸노바)에서 발생된 다양한 팝 장르의 음악들이 기독교 안으로 들어와서 복음의 가사를 덧입어 태어난 복합적인 음악 문화이다. 예배에서 부르는 찬송은 CCM보다 수준이 높아야 한다. 찬송가가 하나님을 대상으로, 예배를 목적으로, 찬양과 감사와 기도와 신앙고백을 내용으로, 안정적이고 정서적인 성격으로, 코랄풍의 음악으로, 오르간과 피아노를 사용한다면, CCM은 불신자(젊은이)를 대상으로, 복음전도를 목적으로, 복음의 말씀과 간증과 사귐을 내용으로, 감각적이고 자극적이며 단기적인 성격으로, 세속음악으로, 피아노와 전기기타와 드럼 및 신디사이즈를 사용한다. 참고. 한국찬송가위원회, 『예배와 찬송』, 257.

[249] 물론 복음송에도 하나님을 높이거나, 성경에 근거한 가사를 담은 곡이 많이 있다(예. 우리 보좌 앞에 모였네). 따라서 언젠가 복음송 가운데 찬송가에 들어와야 할 것도 있다. 복음성가를 부정적인 범주로 설정하여 무조건 비판하기보다는 그 가운데 예배 음악에 적합한 것을 취사선택하는 것은 한국 교회음악의 위기를 막을 수 있는 한 방편이 된다. 참고. 홍정수, 『교회음악, 예배음악, 신자들의 찬양』, (서울: 장로회신학대학교출판부, 2002), 208. 그런데 전체 세대의 성도를 아우르지 못한 채 젊은이들만 평일에 따로 모여 찬양 중심의 비예전적인 집회(non-liturgical meeting)를 하는 것은, 예를 들어, '화요 예배 모임'이라고 부르는 것은 바람직하지 않다.

[250] 홍정수는 주일 오전의 '대예배'와 주일 오후(저녁)의 '소예배'라는 용어를 사용하고, 각각 적합한 예배와 음악 양식이 있는 것으로 본다. 홍정수, 『교회음악, 예배음악, 신자들의 찬양』, 178.

[251] 한국찬송가위원회, 『예배와 찬송』, 146, 254-56.

노래를 부르는 사람이 가사와 곡을 쉽게 기억하고 받아들이는 장점이 있다.[252] 반대로 시편송이나 성경의 가사를 변개함 없이 곡을 붙인 성경송(Scripture song) 은 지(知)와 의(意)에 호소하는 면이 많다. 따라서 복음송의 곡과 시편송과 성경 송의 가사를 합친다면 지정의를 총동원한 예배 음악을 가능하게 하여 윈-윈 (win-win)할 수 있지 않을까?[253]

한국교회의 예배 음악의 '내용'을 다루어 보자. 누가복음 1-2장의 세 찬송시 는 교회력으로 볼 때 성탄절 전 네 주일을 포함하는 절기인 '대강절'(Advent)에 적합하다.[254] 따라서 이 세 찬양의 빛 안에서 한국교회 예배 음악 전체를 평가 하는 것은 한계가 있다. 하지만 세 찬송들이 복음의 핵심을 담고 있기에 적어 도 한국교회의 예배 음악의 '내용'을 평가하는 출발점으로는 유용하다. 예배를 언약의 갱신으로 정의한다면, 하나님 편에서 성도에게 내려오는 흐름과, 성도 편에서 하나님께 올려드리는 흐름이 있다. 내려오고 올라가는 것은 수직적 인 것이지 수평적인 것이 아니다.[255] 내려오는 것은 예배로의 부름, 십계명 낭 독, 사죄 은총의 확인, 성경 봉독, 설교, 성찬 및 세례, 복의 선포이며, 올라가는 것은 기원, 회개기도, 말씀의 조명을 위한 기도, 헌금, 찬송이다. 이 수직적인 두 흐름의 중심에는 하나님이 계신데, 예배 순서를 고려하여 흐름에 맞는 찬송을

---

252) 그렇다면 CCM과 복음송의 곡조 중에서 어느 것이 예배 음악에 적합하고 정숙한 것인가 라는 문제 가 제기된다. 정숙하고, 중후하며, 위엄 있는 곡조가 무엇인가에 관해서는 주관적일 수밖에 없다. 이 를 해결하기 위해서 예배 음악 전문가들이 중심이 되어, 모든 연령층의 성도를 초청하여 시연 평가 회를 열어 피드백을 받을 필요가 있다.

253) 이외에도 고려해야 할 여러 사항이 있다. 목회자와 교회음악인의 관계 문제가 실질적이다. 설교 내 용에 적절한 찬양대의 찬송이 되려면 설교 계획서가 2주나 그 전에 찬양대 지휘자와 반주자에게 제 시되어야 한다. 찬양대는 물론 회중찬송의 활성화 방안도 찾아야 하며, 목회자와 예배 음악인의 준 비 부족 혹은 즉흥적이거나 매너리즘에 빠진 면이 무엇인지 점검하고, 교회력에 맞는 풍성한 음악을 추구하고, 전통적인 예전적인 예배 음악에서 복구할 것이 무엇인지, 그리고 적절한 악기 사용에 대 해 고민해야 한다.

254) G.R. O'Day, "The Praise of New Beginnings: The Infancy Hymns in Luke", *Journal for Preachers* 14(1990, 1), 3.

255) 김은희, "요한 세바스찬 바흐의 교회음악사상에 대한 고찰: 마르틴 루터의 영향과 현대 한국교회를 위한 적용을 중심으로", 『개혁논총』15(2011), 94. Contra 하재송, "바울의 교회음악 사상: 엡 5:18-20 과 골 3:16을 중심으로", 『개혁논총』15(2011), 31.

선별하여 부르면 된다. 그런데 예배 중에 적절치 못한 수평적인 흐름 즉 성도 간의 교제와 사람을 향해 부르는 찬송의 사용은 재고되어야 한다.[256]

찬송 가사가 포함해야 할 내용은 다음과 같다:[257] **(1)** 하나님의 존귀와 위엄과 위대함과 주권 등으로 표현되는 하나님의 속성, **(2)** 죄와 사망을 이기심으로 구원의 역사를 성취하신 예수 그리스도의 은혜, 그리고 **(3)** 영원토록 함께 하시는 성령님의 역사와 도우심. 그러나 찬송가는 물론 복음송의 내용 중 적지 않은 비중을 차지하는 것은 성도 자신의 개인적인 신앙을 고백하는 것과 수평적 차원의 것이 아닌가?[258] 그 결과 누가복음 1-2장의 세 찬송시처럼 언약을 주요 내용으로 삼아 예수 그리스도를 보내신 구원의 하나님을 공동체적으로 높이는 것에서 동떨어져 있지 않는가? 하지만 최근의 바람직한 현상은 일부 교회가 언약의 새 노래인 시편송을 도입하고 있다는 사실이다. 칼빈주의자는 '시편을 노래하는 사람들'로 여겨졌다.[259] 시편에 1인칭 단수 '나'라는 표현이 있어 공동체 차원이 아닌 개인 차원의 노래가 있는 것은 사실이다. 하지만 시편은 기록된 하나님의 말씀이라는 모든 교회를 위한 객관적인 계시이므로, 주관적이

---

256) 홍정수는 엡 5:19의 '서로 화답하고'와 골 3:16의 '서로 가르치며 권면하며'를 예배 음악의 수평적 차원으로 이해하여, 찬양은 하나님은 물론 사람을 향한다고 본다. 홍정수, 『교회음악, 예배음악, 신자들의 찬양』, 343. 그리고 하재송, "바울의 교회음악 사상", 31. 하지만 특별히 구전 문화에 속한 바울 당시에는 공 예배 중에 부르는 찬송(가사는 '그리스도의 말씀'을 중심으로 한 것)이 성도를 가르치는 기능을 가지고 있다는 뜻이지, 사람을 대상으로 불러야 한다는 의미는 아니다. 참고. R.L. Pratt Jr., *Spirit of Reformation Study Bible* (Grand Rapids: Zondervan, 2003), 1934. 참고로 찬양대가 찬양을 마친 후에 박수를 치는 것은 예배의 인본주의 혹은 수평적 차원을 증명하는 것이다. 수평적인 차원의 복음송은 부록차원이며 성도의 교제를 위해 부를 수 있다. 즉 이런 노래는 가치는 있되 기능은 제한적이다.

257) 한국찬송가위원회, 『예배와 찬송』, 291.

258) 김남수는 "찬송곡을 선택할 때 찬양을 받으시는 하나님을 우선적으로 생각해야 하지만, 드리는 예배자의 입장도 고려해야 한다. … 주관적인 복음찬송이라고 무조건 배제되어서 안 된다"라고 주장한다. 김남수, 『찬송의 이해』, 369. 하지만 주관적인 복음송도 공중 예배에 사용될 수 있다는 입장은 재고되어야 한다. 만약 한국교회에 시편송이 도입되었다면, 이런 문제가 제기되지 않았을지도 모른다. 왜냐하면 시편은 시인의 희로애락, 고난, 탄식, 감사, 송영, 지혜 등이 다 포함되어 있기 때문이다. 시편은 예배 순서 즉 송영, 회개와 사죄, 성경봉독과 설교, 헌금과 파송의 내용을 다 포함한다.

259) 오광만, "칼빈의 제네바 시편찬송가", 117.

거나 개인적인 차원의 것이 아니다. 시편은 물론, 신약의 노래에도 곡조를 붙여 불러야 한다.[260] 그리고 누가의 통전적 구원과 역전주제를 고려해 볼 때, 한국 찬송가에 수평적 차원의 구원에 대한 내용을 보다 적극적으로 반영할 필요가 있다.

나오면서

한국교회의 찬송은 개인의 신앙 간증차원을 넘어 공동체가 경험한 언약과 구원의 하나님을 높이는 내용을 중심으로 회복되어야 한다. 예배 중에 성도는 하나님의 큰일을 높이 불러 '언약을 갱신'해야 한다. 예배가 언약의 체결 및 갱신임을 출애굽기 19-24장이 잘 보여준다. 누가복음 1-2장의 세 찬송시를 '새 노래'로 분류할 수 있는데, 구약에서 '새 노래'는 여호와의 구원과 자비를 기릴 때 (참고. 시 33:3; 40:3; 96:1; 98:1-3), 그리고 대적이 진멸된 후에 불렀다(참고. 사 40:9, 10). 예배는 하나님께서 예수 그리스도 안에서 행하신 과거의 일(새 언약의 성취 및 새로운 출애굽)을 성령님으로 회상하며 언약을 갱신하는 것이므로, 찬양의 내용도

---

[260] 바울은 엡 5:19와 골 3:16에서 초대 교회가 불렀던 '시와 찬미와 영적인 노래들'(ψαλμοῖς καὶ ὕμνοις καὶ ᾠδαῖς πνευματικαῖς)을 언급한다. p^{46}과 B는 '영적인'을 '노래들' 앞에 생략한다. 그런데 '시와 찬미와 신령한 노래'는 찬양의 상이한 주제(subjects)를 지칭하는가?(제롬), 아니면 세 가지 다른 근원(sources)을 가리키는가?(베자, 그로티우스). 참고. 하재송, "바울의 교회음악 사상", 35, 아니면 세 가지 다른 형식(forms)을 가리키는가?(어거스틴). 시편에 대해 언급하는 삼중 묘사로 보인다. 참고. Pratt, *Spirit of Reformation Study Bible*, 1934. 왜냐하면 에베소나 골로새교회에 시편 이외에 다른 노래가 있었다는 명백한 증거가 없다. '찬미'는 마 26:30에서도 '할렐 시편'(시 113-118)을 가리키는 용어로 사용되었다. '신령한 노래'(spiritual songs)는 성령님께서 영감 시키신 노래라는 뜻으로 에베소나 골로새교회가 알고 있었던 시편송이다. 그리고 LXX에서는 시편의 표제가 있는데, '시'라고 되어 있는 것은 총 67편, '찬미'는 6편, 그리고 '신령한 노래'는 35편이다. 나머지는 이 세 개 중 두 가지가 혼합된 형태이다. 일반적으로 '시'는 가장 넓은 의미로 사용되어 하나님의 위대하심과 그분에 대한 성도의 반응을 나타낸다. '찬미'는 하나님께 찬양을 드리는 하나님의 백성들의 영혼을 고양시키고, '신령한 노래'는 하나님께서 성도의 모든 생활 영역에서 얼마나 중요한 분이신가 라는 사실을 분명하게 표현한다. '신령한(영적인) 노래'를 (즉흥적인) CCM과 복음송의 근거로 삼는 것은 재고될 필요가 있다. 참고. J. Kortering, "개혁주의 유산으로서의 시편 찬송", 『진리와 학문의 세계』16 (2007), 146-48.

그것에 부합되어야 한다. 그리스도의 몸은 언약 공동체이며, 말씀과 그 위에 근거한 찬양으로 강화되어야 한다. 예배 중의 찬양도 중요하지만, 그리스도인은 하나님의 우주적 구원 사역에 쓰임 받기 위해서 평생 동안 거룩함과 의로움으로 주님을 섬겨야 한다.[261]

---

[261] 요즘 한국교회에서 찬양사역자가 인기를 끌고 있다. 신학생 가운데 찬양사역자를 꿈꾸는 사람이 많다. 그러나 예배와 찬송의 정신을 모른 채 리더십과 악기를 다루는 재능과 훌륭한 목소리를 갖추었다고 해서 예배 중에 찬양을 인도하도록 해서는 안 된다. 찬양 인도자가 마이크로 큰 목소리를 냄으로써 회중의 찬송을 압도해서도 안 된다. 그리고 전기 악기 혹은 관현악단 연주의 큰 소리 때문에 회중이나 찬양대의 가사 전달이 분명치 못한 것도 금물이다. CCD나 복음송에 동반된 과도한 율동으로 가사를 생각하지 못하고 부르게 하는 것도 문제다. 무엇보다 만인제사장 시대에 찬양대의 존속도 재고되어야 한다. 참고. 오광만, "칼빈의 제네바 시편찬송가", 121.

05 공관복음의 악령 들린 사람의 치유 사건 비교

들어가면서

소위 '공관복음 문제' 혹은 공관복음 유래는 여전히 풀리지 않는 신비다. 어떤 복음서가 제일 먼저 기록되어 다른 복음서의 자료가 되었는가? 공관복음의 조화를 시도하기에 앞서 각 복음서가 가지고 있는 고유하고 독특한 메시지를 찾아야 한다. 복음서 저자도 다르고 수신자인 복음서 공동체도 다르기 때문이다. 이 글에서는 공관복음의 각각의 고유한 메시지를 찾기 위해서 악령 들린 사람 치유 사건을 비교하는데, 편의상 전통적인 공관복음 순서를 따라 다룬다.[262]

---

[262] 이 글은 『진리와 학문의 세계』 22(2010), 13-30에 게재되었다. 칼빈의 '공관복음 주석'은 마태복음을 중심으로 병행 본문을 다루었다.

1. 마태복음 8:28-34

공관복음 기자 중에서 마태는 이 사건을 7절로 제일 짧게 기록한다. 예수님은 악령을 쫓아내는 분(exorcist)으로 명성이 높았다(마 4:24; 8:16). 마태복음 8장의 사건은 마태복음에 나타나는 5개의 축귀(exorcism) 사역 중 첫 번째다(참고. 마 9:32-33; 12:22; 15:21-28; 17:14-20).[263] 예수님은 자기 제자들도 악령을 축출할 것을 예상하신다(마 10:1, 8; 17:16, 19-20). 예수님과 제자들 바깥 그룹도 축귀를 했다(마 12:27; 막 9:38; 행 19:12-16). AD 1세기 유대와 이방 세계에서 축귀는 신적 인물이라고 여겨진 사람이 행하는 하나의 수용된 측면이었다(참고. France, 2007:338). 악령 들린 자의 치유 사건은 마태복음 8:18-9:13의 제자도에 관한 가르침에서 두드러진 역할을 감당하지 못하는 것처럼 보인다. 왜냐하면 이 사건에서 제자들의 역할은 거의 없고, 사건의 목격자로 등장하기 때문이다. 그러나 축귀는 제자의 사역에서 중요했다(참고. Nolland, 2005:373).

1.1. 문맥

가다라에서 악령 들린 자를 치유하신 사건 앞에, 마태는 마태복음 8:23-27에서 예수님께서 갈릴리의 풍랑을 잠잠케 하신 사건을 다룬다. 이 사건은 천지의 창조주로서 천지를 주관하시는 예수님의 정체성을 드러낸다. 더 나아가 제자들은 예수님을 '주'라고 부르면서도 "죽게 되었습니다"라고 말하는데, 입술의 고백과 실제 삶 사이의 불일치의 문제를 마태는 지적하고 싶어 하는 듯하다(마 8:25).

---

263) 양식 비평에 의하면, R. Bultmann은 이 사건의 양식(form)을 '치유 기적'으로, F. Bovon과 G. Theissen은 '축귀'로 본다. Bultmann도 축귀 내러티브의 전형적인 요소가 이 사건에 나타난다고 본다: (1) 악령을 대면함, (2) 악령 들린 자의 상태 묘사, (3) 악령이 축귀하는 사람을 인식함, (4) 축귀, (5) 악령이 떠나는 것에 대한 묘사, 그리고 (6) 목격자들이 받은 인상에 대한 묘사(참고. Bock, 1994:769). 이 글에서 '귀신 들린 자'라는 표현을 사용하지 않지만, 편의상 '축귀'는 사용한다.

마태는 '가다라' 지방에서 악령 들린 '두 사람'을 고친 사건 후에, 갈릴리 서쪽 '자신의 성읍'에서 예수님이 한 중풍병자를 고친 사건을 기록한다(마 9:1-8). 중풍병자 치유 사건은 예수님이 치유의 권세는 물론 사죄의 권한도 가지고 계심을 드러낸다.[264] 요약하면, 천지를 주관하시는 예수님과 죄 사함을 주시는 예수님 사이에 가다라의 악령 들린 자 치유 사건이 위치한다. 결과적으로 '예수님의 권세'에 대한 기독론적 강조점이 마태복음 8:23-34 전체에 나타난다(참고. Nolland, 2005:374).[265] 풍랑을 잠잠케 하심에서, 악령 들린 자를 치유하심으로, 그리고 12년 동안 병든 여인 치유와 12살 된 죽은 소녀를 살리심은 점층적 기교로 볼 수 있다.[266] 마태는 작은 일에서 큰 일로 전개시켜서, 예수님의 정체성을 분명하게 하며, 주님의 권세도 강화시킨다.

좀 더 넓은 맥락에서 본다면 마태와 마가-누가 사이에 또 다른 차이가 있다. 마태는 거라사의 악령 축출 사건을 천국 비유(마 13) 앞에 배치한다. 하지만 마가와 누가는 천국 비유 뒤에 배치한다(막 4:1-34; 눅 8:4-15). Bock(1994:768)은 마가와 누가처럼 이 사건이 예수님의 천국 비유 뒤에 오는 것이 옳다고 보지만, 이 추론은 근거가 약하고 그리 중요하지 않다. 왜냐하면 복음서 기자는 주제 별로 사건과 비유(혹은 설교)를 적절한 곳에 배치할 자유를 가지고 있기 때문이다.

---

264) 마가와 누가는 가다라(혹은 거라사)의 악령 들린 자 치유 사건 직후에 혈루병을 앓던 여인 치유 사건과 야이로의 죽은 딸 살리신 기적을 혼합하여 배치한다. 그러나 마태는 이 두 사건들을 마태를 제자로 부르신 사건(마 9:9-13)과 금식에 관한 교훈(마 9:14-17) 다음인 마 9:18-26에 배치한다.

265) 마태복음에 나타난 예수님의 치유(그리고 부활) 기적은 총 16개인데, 마 8-9장에 10개가 집중된다(나병환자 치유, 8:1-4; 백부장의 하인 치유, 8:5-13; 베드로의 장모 치유, 8:14-15; 가버나움의 환자들 치유, 8:16-17; 가다라의 악령 들린 자들 치유, 8:28-34; 중풍병자 치유, 9:1-8; 혈루병을 앓던 여자 치유, 9:20-22; 죽은 소녀를 살리심, 9:18-26; 두 소경 고치심, 9:27-31; 악령 들려 말 못하는 사람을 고치심, 9:32-34). 마태복음의 나머지 치유 사건은 다음과 같다: 손 마른 자 치유(12:9-14), 눈멀고 말 못하는 자 치유(12:22), 가나안 여인의 딸 치유(15:21-28), 갈릴리 호수에서 각종 병자들 치유(15:29-31), 악령 들린 아이 치유(17:14-18), 여리고의 두 소경 치유(20:29-34).

266) 갈릴리 바다도 길들여지지 않았고, 악령 들린 자들도 길들여지지 않았다. 둘 다 반(反) 창조의 사역을 하는 마귀의 역사이다.

1.2. 특이점 및 강조점

공관복음 기자 중 마태만 '가다라'(Γαδαρηνός)라고 부르고 악령 들린 사람이 '두 명'이라고 밝힌다(마 8:28). 마태복음에서 '쌍'(pair)은 잘 알려진 바다.[267] 마태가 쌍을 통해서 예수님의 치유와 축귀의 사역의 스케일을 확대시키려고 했는지, 아니면 다른 복음서들에는 있지만 마태가 생략한 치유와 축귀를 보충하려 했는지, 아니면 타당한 증인(참고. 민 35:30; 신 17:6; 19:15; 마 26:60)을 확보하려 했는지 분명하지 않다(참고. France, 2007:339).

대부분의 학자들은 마가와 누가는 원래부터 '거라사'(Gerasenes)로, 마태는 '가다라'(Gadarenes)로 썼다고 본다. 거라사와 가다라는 데가볼리에서 유명한 도시였지만, 갈릴리 호수에서 각각 30마일과 (남동쪽으로) 6마일 떨어진 곳이다. 그러나 요세푸스에 의하면, 가다라는 하나의 도시라기보다는 갈릴리 호수까지 이르는 지역(territory)을 관할했다(참고. France, 2007:340).[268] 28절의 명사 χώρα는 '마을'(village)이라기보다 '지역'(region)을 가리킨다(참고. Bock, 1994:768).

마태복음과 병행 본문의 차이점은 다음과 같다:

---

[267] '쌍'으로 표현되는 2중적 모티브는 다음과 같다: 마 8:28-33에 악령 들린 사람은 2명이다. 마 20:29-34에는 2명의 소경이 등장한다(참고. 막 10:46-52에는 1명). 마 21:6-7에서 예루살렘 입성 시에 나귀를 2마리를 끌고 오신다(막 11:7에는 1마리). 이혼에 대한 언급이 2회 등장한다(5:31-32; 19:9). 종교 지도자들이 예수님께 표적을 구하는 이야기도 2회 등장한다(12:38-42; 16:1-4). 바알세불을 힘입어 축귀한다고 고발당한 것도 두 번이다(9:32-34; 12:22-24).

[268] 그런데 마 8:28에서 다수사본은 Γεργεσηνῶν(게르게사, Gergesa)으로 쓴다. 하지만 1세기에 '게르게사'라고 불린 도시가 있었다는 명백한 증거가 없다. 오리겐과 유세비우스는 게르게사를 오늘날 갈릴리 동쪽 해안의 북쪽에 위치한 'El Koursi'라는 마을로 본다. 이 마을은 가다라에 의해 관할되었다. 이 마을에는 갈릴리 호수로 이어지는 낭떠러지(lakeside cliffs)가 있다. 마태는 게르게사라는 덜 알려진 장소 대신에 더 친숙한 이름 '가다라'를 언급함으로써, 지리적으로 정확한 방식이 아니라 인상적인 방식으로 말했다(참고. France, 2007:340). 갈릴리 근처의 비 헬라적인 이름을 가진 알려지지 않은 도시 이름을 헬라어로 음역하는 과정에서 발생한 필기상의 혼동으로 보는 이도 있다(예. Nolland, 2005:374).

(1) 마태는 마가복음 5:1의 '바다'와 누가복음 8:26의 '갈릴리'를 생략한다. 마태복음의 유대인 출신 독자들이 갈릴리 바다를 잘 알고 있었기 때문이다. 대신 마태는 마태복음 8:18과 28절을 '건너편으로'(ϵἰς τὸ πέραν)라는 동일한 표현으로 병행시킨다. 따라서 28절은 18절의 성취이다.

(2) 마태는 악령 들린 자가 족쇄와 쇠사슬에 묶였다가 끊어버린 것을 언급하지 않는다(막 5:4).

(3) 마태는 악령 들린 자가 옷을 입지 않고 집에서 살지 않았다고 언급하지 않는다(막 5:15; 눅 8:27).

(4) 예수님께서 악령에게 이름을 물으신 언급이 없다(막 5:9; 눅 8:30).

(5) 마태는 29절에서 '큰 소리로'(φωνῇ μεγάλῃ, 막 5:7; 눅 8:28)를 생략한다. 마태는 악령 들린 자가 사람을 위협하지 못하고, 이미 예수님으로부터 제압당했음을 강조한다.

(6) 악령이 "나를 괴롭게 하지 마옵소서"라고 예수님에게 간청한 것을 생략한다(막 5:7; 눅 8:28). 따라서 마가복음과 달리 마태복음에서는 악령 들린 자가 독자들로부터 어떤 동정도 이끌어 내지 못하고, 다만 사람의 통행을 방해하는 공공의 적으로 나타날 뿐이다(막 8:28; 참고. Nolland, 2005:375).

(7) 악령들이 들어간 돼지가 몇 마리인지 언급이 없다(막 5:13).

(8) 치유 받은 자가 예수님과 함께 있겠다고 말한 내용(막 5:18; 눅 8:38)과, 그가 주님이 행하신 큰일을 데가볼리에 전했다는 내용이 없다(막 5:20; 눅 8:39).

(9) 예수님이 배에 오르셨다거나(막 5:18; 눅 8:37), 갈릴리 서쪽으로 가셨다는 언급이 없다(눅 8:37). 마태복음에서 이 언급은 중풍병자 치유 사건의 서론 격인 마태복음 9:1에 나타난다(UBS 4판, 개역개정판).[269]

---

[269] 이 외에도 미세한 차이점은 더 있다. 예를 들어, 마태는 29절에서 간략하게 "하나님의 아들이시여"라고 쓰지만, 마가와 누가는 "지극히 높으신 하나님의 아들 예수여"라고 쓴다(막 5:7; 눅 8:28). 예수님의 신적 정체성에 관한 이 고백은 악령의 역사였다(참고. 31절). 돼지 떼가 산 곁이 아니라(막 5:11) 멀리 떨어져 있었다(30절). 마태는 "악령아! 그 사람에게서 나오라"("Ἔξελθε τὸ πνεῦμα τὸ ἀκάθαρτον ἐκ τοῦ ἀνθρώπου)는 말씀을 생략한다(막 5:8; 눅 8:29). 막 8:32의 '가라'('Ὑπάγετε, 현재 능동 명

그렇다면 마태가 마가복음 5장에 나타나는 여러 가지 진술을 생략한 이유는 무엇인가? 마태는 악령 들린 사람의 상태나 경험에 별다른 관심을 보이지 않는다. 대신 마태는 예수님 한 분과[270] 가다라 주민의 반응에 관심을 집중한다. France(2007:339)는 마태가 마가의 내러티브를 간략하게 언급하는 것은 흔한 일이며, 마태복음 8장의 경우 극적으로 축귀의 실재와 문제 해결을 보여주고, 가다라 지역민들의 적대적인 반응을 분명하게 보여주기 위해서 라고 본다.[271] 마태의 내러티브는 간략하지만 잘 구성되어 있으며 힘이 있다. 예를 들어, 병행 본문에는 없는 29절 시작 부분의 강조 표현인 καὶ ἰδοὺ(and behold)는 32절과 34절에 반복된다. 34절의 '집단적인 (부정적) 반응'(collective response)처럼 전후 문맥인 마태복음 8:27과 9:8에도 집단적인 (긍정적) 반응이 나타난다. 31절의 악령들의 간청과 34절의 마을 주민들의 간청은 유사하다. 악령들이 무저갱에 들어가는 심판을 받지 않고 계속 활동하기 위해 간청했다면, 마을 주민들은 더 이상의 경제적인 손실을 막고 먹고 살기 위한 것이었다(참고. 마 12:12). 마을 주민들이 부정한 돼지를 방목한 것을 보면 이방인들임이 틀림없다(참고. 레 11:7; 신 14:8). 그런데 마태는 이들을 인종적으로 '이방인'이라고 명시하는 대신에, 그들의 거부에 더 큰 관심을 보인다. 마태는 혈통적인 유대인들이 예수님을 거부한 것에 대해서는 더 분명한 입장을 취한다(참고. 마 23-24). 물론 유대인이건 이방인이건 예수님을 거역하면 구원이 없다.[272]

령 2인칭 복수)는 마 8:8의 백부장의 간청 "그저 말씀만 하소서"(μόνον εἰπὲ λόγῳ)를 연상시킨다.
270) 막 5:1은 '그들이'라고 시작하여 예수님과 제자들을 같이 언급하지만, 마 8:28은 '예수님께서'라고 시작하여 제자들을 감추어 버린다.
271) 가다라 주민이 예수님을 배척한 것은 앞으로 제자들의 사역에서도 발생할 배척을 암시한다(참고. 마 10:14).
272) 참고로 부정한 악령이 부정한 짐승인 돼지 안으로 들어가는 것은 자연스럽다(참고. 사 65:4). 32절에서 돼지를 바다로 몰고 간 주체는 예수님이라기보다는 악령들로 보인다. 악령은 돼지가 익사하는 순간에 죽지 않는다. 악령은 익사하지 않는다. 악령은 예수님의 정체성('하나님의 아들이시여', 29절)과 자신이 세상 마지막에 종말론적 심판을 받을 것('때가 오기도 전에', 29절)도 알고 있다(참고. 마 25:41). 아는 것과 믿는 것은 다르다. 안다고 구원 받는 것은 아니다. 예수님은 마귀의 미래적 심판을 미리 보여주심으로써 하나님 나라가 이미 임했음을 가르치신다. 마귀는 자신이 거하고 있는 사람이나 짐승(여기서는 돼지)을 죽이려고 하지만(참고. 막 9:22), 예수님은 자신이 장막을 치고 그 안에 거하는 백성을 살리신다.

2. 마가복음 5:1-20

공관복음 기자들 중에서 마가는 이 사건을 20절에 걸쳐 가장 길게 그리고 세밀하게 기록한다. 이 사건을 기록하는 데 마태는 135단어를 사용하지만 마가는 330단어나 동원한다(참고. France, 2002:226). 마가복음의 독자는 로마에 살던 이방인 중심의 교회였을 것이다. 따라서 마가는 이방지역인 거라사에서 발생한 이 사건을 독자들을 위해서 상세하게 기록했을 것이다(참고. 막 7:24 이하). 한때 악령에 사로잡혀 있던 자라도 권세를 가지신 예수님을 만나 치유된다면 복음 전파자가 될 수 있음을 교훈하기 원한다(참고. 막 5:18-20; 비교. 막 1:45).

2.1. 문맥

마가는 '거라사'(Γερασηνός) 지역의 악령 들린 자 치유 사건 앞에, 풍랑을 잔잔케 하신 예수님의 기적을 다룬다(막 4:35-41).[273] 이것은 마태의 순서와 일치한다. 악령 들린 자 치유 사건 후에, 마가는 12년 동안 혈루증 앓던 여인(막 5:25-34)과 회당장 야이로의 12살 된 딸을 치유하신 사건이 등장한다(막 5:21-24, 35-43).[274]

---

273) Collins(2007:265)는 막 4:35에서 '저물 때' 예수님과 제자들이 갈릴리 동편으로 출발하셨는데, 막 5장의 거라사의 악령 들린 자를 그날 저녁에 치유했다고 보기 어렵다고 본다. 이 이유로 Collins는 4:35의 '저물 때'를 (후대의 엉성한) '편집'이라고 본다. 그러나 막 5:1의 시간적 배경이 밤인지 아니면 아침인지, 막 4:35와 동일한 날인지 알 수 없다. 적어도 막 5:1절에서 정확한 시간적 정보를 제공하는 것은 마가에게 그리 중요하지 않았다.

274) AD 1세기 사람들은 사람의 몸에 열과 같은 요소가 과다하거나 부족할 경우, 그리고 외부로부터 부정하거나 해로운 것이 몸 안으로 침입할 때 병이 발생한다고 믿었다. 예수님께서 야이로의 딸을 부활시킨 것은 그녀가 임신 가능한 연령인 12세였기에 죽음에서 부활한 것과 더불어 출산할 수 있는 능력도 회복되었음을 함의한다. 12년 동안 혈루병을 앓던 여인이 치유된 것은 육체적 질병은 물론 제의적 부정으로 고통당하던 여인을 예수님이 치유한 사건이다. 최근에 노틀담대학교의 Moss(2010:508-16)는 신체의 삼투성(porosity) 개념에 근거하여, 혈루병을 앓던 그 여인이 치유자이신 예수님의 몸을 조절하여 치유되었다고 본다. Moss에 의하면, 1세기 사람들은 몸은 닫힌 것(closed entity)이지만 외부의 침입과 영향에 노출되어 있다고 믿었다. 그리고 신적 치유자이신 예수님의 몸은 자신의 능력이 빠져나가는 것을 조절하지 못하는 연약한 것이 됨으로써 역설적인 치유 사역이 발생했다고 본다. 그러나 치유된 여인이 '두려워 떨었던 것'(막 5:33)은 신현(theophany)을 경험한 사람들의 전형적인 반응이었으므로, 예수님의 삼투적인 몸(porous body)은 자신의 능력이 세어 나가는 것을 조절하지 못하는 약한 몸이라는 부정적 개념보다는 신적 치유자로서 사람을 치유하

이것은 마태의 순서와 다르다. 마태는 악령 들린 자 치유 후 예수님이 중풍병자를 고친 사건을 배치하지만, 마가는 혈루증을 앓던 여인 치유와 야이로의 딸을 부활시킨 것을 배치한다.

2.2. 특이점 및 강조점

마가는 누가처럼 '거라사'의 악령 들린 두 사람 중에서 아마 더 심한 증상을 가지고 있었던 '한 명'에만 초점을 둔다. 하지만 '쌍' 기법(pair technique)을 선호한 마태는 '가다라'의 악령 들린 '두 명'에 초점을 맞춘다. 악령 들린 자가 살던 무덤은 시편 68:6과 이사야 65:4를 암시한다. 예수님이 배에서 내리자마자 악령 들린 자를 즉시 만났다(2절). 그런데 6절은 그가 멀리서 예수님을 보고 달려왔다고 한다. 이것은 불일치가 아니다. 그가 멀리서 예수님이 배타고 거라사에 도착하신 것을 보고 달려와서 곧 주님을 만난 것이다. 악령 들린 자가 예수님께 절한 것(6절; 참고. 막 3:11)은 로마 군병이 예수님을 모욕하며 거짓 경배한 것과 비슷하다(참고. 막 15:19). 그러나 동사 '경배하다'($\pi\rho o\sigma\kappa\upsilon\nu\acute{\epsilon}\omega$)는 마태복음에서 긍정적인 의미로 사용되었다(참고. 마 2:11; 14:33; 28:8, 17). 악령 들린 자가 주님께 다가가는 모습은 마가복음 1:23-24와 비슷하다. 마태복음에 생략된 7절의 $\ddot{\upsilon}\psi\iota\sigma\tau o\varsigma$(highest)는 마귀보다 더 높으신 예수님을 강조한다.

누가복음 8:30처럼 마가복음 5:9에서 예수님은 악령에게 이름을 묻는다. 전통적으로 많은 경우에 이름을 묻는 것은 악령을 쫓아내는 기교라고 여겨 왔다. 하지만 복음서를 정직하게 읽는다면 그런 암시가 없다. 즉 전지하신 예수님에게는 악령의 이름을 물으심으로써, 악령의 정체를 파악하여 효과적으로 물리

신다는 긍정적인 개념을 가진다. 이상의 Moss의 설명은 1세기의 질병과 신체에 대한 이해를 부각시키는 사회과학적 해석 중 문화인류학에 근거한 것인데, 우리는 이런 해석 방법에 근거하지 않고서도 얼마든지 예수님께서 육체의 질병과 제의적 부정 그리고 영적인 치유("네 믿음이 너를 구원하였으니", 34절)를 통전적으로 주시는 분이심을 설명할 수 있다.

치실 필요가 없다. 이름을 묻는 것은 축귀의 한 부분으로서 '마술 공식'이 아니다(참고. France, 2002:229; Stein, 2008:255; Marshall, 1978:338; contra Collins, 2007:268).[275] 악령의 이름 Λεγιών을 문자적으로 로마 군단 병력 6,000명으로 볼 필요는 없다(참고. 마 26:53).[276] Λεγιών의 숫자는 6,000명으로 고정되지 않고 다양했다(참고. Bock, 1994:774). 만약 이것을 문자적으로 본다면 4,000마리의 악령은 돼지 2,000마리 안에 들어가지 못하고 어디에 갔단 말인가? 10절의 3인칭 단수 동사 παρεκάλει(간구하다)의 주어는 악령 들린 사람이다. 왜냐하면 12-13절에서는 악령들을 주어로 하여 복수 동사가 사용되기 때문이다. 물론 악령 들린 자는 악령의 역사로 말하고 있다.

10절에서 악령 들린 자는 악령들이 '지방(region) 밖으로'(ἔξω τῆς χώρας) 쫓기지 않게 해달라고 예수님께 간청한다.[277] 그런데 누가복음 8:31은 '무저갱'으로 들어가라 하지 마시기를 간청한다. 그렇다면, 마가에 의하면, 왜 악령들이 그 마을(지방)에 머물기 원했는가? 악령은 특정 지역을 근거로 하여 역사하기 때문인가? 예를 들어, 특정 지역에 특별하게 역사하는 악령이 있는가?(참고. 토빗 8:3). 그래서 이 악령들이 다른 지역으로 쫓긴다면 거기서는 활동할 수 없다고 판단했기 때문인가? 악령은 영적인 존재이기에, 전공이나 지역 연고를 중요하게 생

---

275) 윌리엄 제임스(2008:262-63)는 "여러분은 또한 말이 마술에서 얼마나 큰 역할을 하였는가를 안다. 여러분이 그의 이름을 소유하거나, 그것에 마법을 거는 공식을 갖는다면, 영혼, 악령, 마귀 또는 그 힘이 무엇이든 간에 제어할 수 있다. 솔로몬은 모든 생물의 이름을 알았고, 이름을 소유함으로써 그들을 마음대로 부렸다"라고 주장한다. 하지만 예수님의 이름을 알고 있었던 마귀는 왜 예수님을 제어하지 못했는가? 솔로몬이 모든 생물을 마음대로 부렸다는 것도 사실이 아니다.

276) 혹자(예. Theissen)가 주장하듯이 Λεγιών은 마가복음의 수신자들이 로마의 압제를 받고 있었음을 암시하는가? 불확실하다. 역사적으로 보면, 로마 군단은 AD 17-66년까지 북서 시리아의 도시 Cyrrhus에 주둔했다가 이디오피아 정복을 위해서 알렉산드리아로 이동했다. 바로 이 군단은 제 1차 유대 반란을 진압할 때 동원되었고, AD 70년 이후 예루살렘에 (일부) 주둔했다. 그리고 이 명사가 마가복음이 로마에서 기록되었음도 보장하지 않는다(참고. Collins, 2007:269).

277) 왜 악령들이 예수님에게 돼지에게 들어가게 해달라고 요구했을까? 악령이 그 사람으로부터 나왔지만, 돼지에게 들어가면 거라사 지역에 계속 머물게 된다(참고. Collins, 2007:271). 그리고 마을 주민들은 악령을 욕하지 않고, 돼지 2,000마리라는 경제적 손실을 입힌 예수님을 비방하고 배척했다. 이것을 악령이 노렸을 수 있다. 혹자(Theissen)는 부정한 짐승으로부터 부정한 이방 땅이 정결하게 되기 위해서 라고 본다. 그러나 악령은 이런 정결을 원하지 않는다(참고. Stein, 2008:256).

각하거나 제한 받지 않는다. 일반적으로 축귀하는 사람은 그 악령을 멀리 내쫓아야 한다고 믿었던 것 같다(참고. 마 12:43).

악령이 내쫓기는 물리적인 현상이 요세푸스의 유대고대사 8:48에는 물그릇이 뒤집히는 것으로, Philostratus의 *Vita Apollonii* 4:20에는 상(statue)이 뒤집히는 것으로 나타난다. 하지만 예수님이 기대하신 것은 이런 물리적인 현상이 아니라, 15절에 묘사된 대로 사람의 변화였다(참고. France, 2002:231). 온전하게 된 상태를 묘사하는 15절은 이전 상태를 언급하는 3-5절과 선명하게 대조된다.

마가는 16절 끝에 '돼지들에게 일어날 일'(καὶ περὶ τῶν χοίρων)을 추가하는데(비교. 눅 9:34), 이것은 왜 마을 사람들이 예수님을 배척했는지를 설명한다. 즉 악령 들린 자가 치유된 것은 좋은 일이지만, 돼지가 죽어 경제적인 손실을 입은 것은 다른 문제라는 것이다. 예수님은 마을 주민의 요구를 순순히 들어주시고는 배를 타고 유대 땅으로 돌아오시려고 한다(18절). 치유된 사람은 예수님과 함께 있도록 해 달라고 간청한다. 이것은 마가복음 3:14에 설명된 대로 예수님이 12제자를 부르신 목적과 일치한다. 그렇다면 예수님은 유대인은 물론이거니와 이제 이방인 가운데서 제자를 모집할 기회를 얻으셨는데도 그의 간청을 거절하신다. 제자가 되기를 자원한 이 이방인을 제자로 받아들였다면, 예수님의 유대 지역 사역에 걸림돌이 될 수 있었다. 이방인 제자는 이방인 지역에서 효과적으로 활동할 수 있다. 예수님은 이적을 행한 후 잠잠하라고 종종 명하셨는데(마 1:44; 5:43; 7:36; 8:26), 이 경우에는 예외다. 왜냐하면 이 사건의 장소는 거라사라는 이방 지역이기에, 주님을 메시아로 추앙하여 성급하게 메시아 운동을 일으키려는 유대인들과 달랐기 때문이다(참고. France, 2002:232).

19절의 '주께서'(ὁ κύριός)라는 말은 구약의 하나님의 사역이 이제 주 예수님의 사역으로 전개된다는 함의를 가진다. 마가는 주 예수님이 주 하나님의 사역의 대리인이심을 강조한다. 예수님이 주님이시다(막 1:3; 2:28; 7:28; 11:3; 12:36-37; 13:35; 참고. Stein, 2008:259). 하지만 누가복음 8:39는 '하나님께서'(ὁ θεός)라고 쓴다. 치유된 사람이 선포한 것을 묘사한 동사(κηρύσσω, 20절)는 예수님과 제자들의 복음 전파를 언급하는 마가복음 1:14, 38-39절, 45절과 동일하다. 거라사의 치유 사건은 예수님의 데가볼리 다음 사역(막 7:31-37)을 위해서 좋은 발판을 형성한 것이 되었을 것이다.[278]

3. 누가복음 8:26-39

누가는 이 사건을 14절에 걸쳐서 길게 기록한다. 그러나 마가보다는 짧다. 예를 들어, 누가는 36절에서 돼지에게 일어난 일은 생략하지만, 마가복음 5:16은 포함한다.

누가복음 8:26-39의 구조는 다음과 같다(참고. Bock, 1994:770):

3.1. 기적(8:26-33)

(1) 배경: 악령 들린 자에 대한 소개(26-29)
(2) 군대 악령의 간청(30-31)
(3) 악령이 돼지 안으로 들어감(32-33)

---

[278] 히포크라테스는 모든 질병은 자연적인 원인으로 일어난다고 봄으로써, 초자연적인 요인을 배제했다. 하지만 복음서 기자는 마치 가다라의 악령 들린 자를 우주적인 영적 전쟁 가운데 놓인 '볼모(pawn)'처럼 설명한다(참고. Bock, 1994:772). 따라서 예수님이 이 사람을 치유하심으로써 반드시 승리하셔서 악령에 대한 우월한 권세를 증명하셔야 했다.

3.2. 반응(8:34-39)

(1) 돼지를 치던 자와 마을 주민들의 반응(34-37a)
(2) 치유 받은 사람에게 주신 예수님의 교훈과 떠나심(37b-39a)
(3) 치유 받은 사람이 예수님에 관해 증거함(39b)

3.3. 문맥

누가는 '거라사'(Γερασηνός) 지역의 악령 들린 자 치유 사건 앞에, 풍랑을 잔잔케 하신 예수님의 사역을 다룬다(눅 8:22-25). 그리고 누가는 악령 들린 자 치유 사건 후에 12년 동안 혈루증 앓던 여인 치유 사건(눅 8:43-48)과 회당장 야이로의 딸을 살리신 기적을 배치한다(눅 8:40-42, 49-56). 마가와 누가의 사건 배열은 정확하게 일치한다.[279]

3.4. 특이점 및 강조점

누가는 마가처럼 지명을 '거라사'라고 밝히며 악령 들린 '한 사람'에 초점을 둔다. 마태와 마가와 달리, 누가는 26절에서 '반대편'(ἀντιπέρα)이라고 갈릴리 주변 지리에 익숙하지 않은 자신의 이방인 독자를 위해서 친절히 설명한다. 누가는 막 5:20절과 달리 '데가볼리'라는 말을 이 사건의 마지막에 언급하지 않는다.

27절에서 누가는 복수형(ἔχων δαιμόνια)으로, 마가는 단수형(ἐν πνεύματι ἀκαθάρτῳ)으로 악령 들린 사람을 묘사한다(막 5:2). 그리고 누가는 ἐκ τῆς πόλεως('그 성읍으로부터')를 추가하여 독자(들)로 하여금 뒤에서 언급되는 마을 주민들을 이

---

279) Marshall(1978:335, 338, 339)을 비롯하여 다수의 학자들은 누가가 마가를 참고하여 마가복음의 순서를 따랐다고 본다. 그러나 소위 '마가 우선설'은 검증하기 거의 불가능한 가설일 뿐이다.

해하도록 준비 시킨다(참고. Marshall, 1978:337). 그리고 누가는 $ἀνήρ$('남자')를 사용하지만, 마가는 $ἄνθρωπος$('사람')를 사용한다(막 5:1).

28절을 마가복음 5:4와 비교해 볼 때, 차이점은 내러티브의 순서이다. 8절과 달리, 마가복음 5:4에는 악령 들린 자의 상태를 설명하는 것이 그가 예수님께 질문하는 것(막 5:7)보다 앞선다.

누가는 29절에서 단수형($τῷ\ πνεύματι\ τῷ\ ἀκαθάρτῳ$, '그 더러운 영에게')을 사용한다. 이것은 누가가 악령을 집합적으로 이해했거나, 아니면 대표자 하나를 염두에 두었을 수 있다(참고. Bock, 1994:771). 마가복음 5:8도 단수형($αὐτῷ$, '그 더러운 영에게')을 사용하는데, 여기서 '그'는 악령들이 아니라 악령 들린 자이다. 그리고 악령에 사로잡혀 있는 상태를 $συναρπάζω$(seize violently)로 묘사한다(참고. 행 6:12; 19:29). 누가는 이 동사를 통해 배가 폭풍 때문에 갇혀 꼼짝달싹 못하는 것도 묘사했다(행 27:15). 누가복음의 독자는 이 동사와 바로 앞 단락의 갈릴리 바다에 좌초될 뻔했던 배의 상황(눅 8:23-24)을 연결시켰을 수 있다. 마태-마가와 달리, 누가만 악령이 이 사람을 '광야'로 내몰기도 했다고 언급하여, 악령이 만들어 낸 '비극적인 고립'(tragic isolation)을 강조한다. 예수님이 주시는 구원은 전인적이기에, 대 사회적인 관계의 회복을 포함한다. 누가는 29절에서 악령 들린 자가 밤낮 소리 지르고, 돌로 스스로 상하게 한다는 마가복음 5:5의 묘사를 생략한다. 누가는 예수님과 천국의 대적이 가지고 있는 힘에 초점을 둔다면, 마가는 악한 세력이 가지고 있는 파괴력을 추가한다(참고. Bock, 994:773).

누가는 공관복음 기자 중 유일하게 31절에서 "무저갱(abyss)으로 들어가라 하지 마시기를 간구하더라"라고 언급한다(참고. 시 107:26; 롬 10:7). 구약에서 무저갱은 원래 '땅 속의 깊은 곳'(히. תְּהוֹם, depths)을 가리켰는데, '바다의 깊은 곳'과도 연결될 수 있다(창 1:2; 7:11; 욥 41:32; 시 71:20). 따라서 여기서 무저갱이 갈릴리 바다와 연결되어 언급된 것은 적절하다(참고. Bock, 1994:775). 그리고 무저갱은 베드로후서 2:4와 유다서 6절의 관련 용어 'Tartarus'와 연결하여 이해할 수 있다. 마귀와 악령의 완전한 심판은 예수님의 최종 파루시아 때이지만, 하나님은 그들을 예비적인 심판의 장소인 무저갱(혹은 Tartarus)에 가둘 수 있다(참고. Nolland, 2005:377). Marshall(1978:339)은 '무저갱'을 '그 지방 밖으로 내보내는 것'(막 5:10)을 대체하는 표현으로 본다. 그리고 그는 무저갱을 언급함으로써 누가가 마가보다 더 분명하게 심판의 장소를 강조한다고 본다. 누가보다 마가는 덜 묵시적인 표현('그 지방')을 사용한다. 마가는 악령이 머물기 원하는 장소를 언급하지만, 마태와 누가는 악령이 피하기 원하는 장소('괴롭힘', '무저갱')를 언급한다. 악령의 숫자가 많더라도 예수님 한 분을 이기지 못한다. 이것을 마귀도 알고 있다.

32절과 관련하여, 어떻게 악령이 짐승을 사로잡을 수 있는가? 즉 '악령 들린 돼지'는 가능한가라는 질문이 제기될 수 있다. 물론 악령은 돼지와 같은 짐승을 크게 보면 하나님의 허락 속에 지배할 수 있다. 분명한 것은 이 사람이 치유된 가시적인 표지를 몰사한 돼지를 통해서 알 수 있다는 것이다. 사람 한 명이 수 천 마리의 돼지, 아니 온 천하보다 더 귀하다.[280]

누가는 35절에서 $\dot{\epsilon}\xi\dot{\epsilon}\rho\chi o\mu\alpha\iota$의 아오리스트 3인칭 복수 동사 $\dot{\epsilon}\xi\tilde{\eta}\lambda\theta o\nu$을 사용하여 마가의 단순한 표현($\ddot{\epsilon}\rho\chi o\mu\alpha\iota$, 막 5:15)을 피하기도 하며, 마가의 용어($\theta\epsilon\omega\rho\acute{\epsilon}\omega$, 막 5:15)와 달리 자신이 선호하는 용어($\epsilon\acute{\upsilon}\rho\acute{\iota}\sigma\kappa\omega$)도 사용한다(참고. Marshall, 1978:340). 그러나 의미에 있어서 차이는 거의 없다. 36절에서 누가는 동사 $\dot{\alpha}\pi\alpha\gamma\gamma\acute{\epsilon}\lambda\lambda\omega$(to announce)를 사용하지만, 마가는 마가복음 5:16에서 $\delta\iota\eta\gamma\acute{\epsilon}o\mu\alpha\iota$(to tell)를 사용한다. 39절에서는 반대현상이 일어난다. 그리고 특별한 색채가 별로 없는 동사 $\gamma\acute{\iota}\nu o\mu\alpha\iota$를 사용하는 마가와 달리(막 5:16), 누가는 36절에서 $\sigma\acute{\omega}\zeta\omega$ 동

---

280) Marshall(1978:340)은 돼지가 빠져 죽은 바다는 '마귀를 파멸시키는 힘'을 상징한다고 본다. 따라서 그는 돼지가 익사했을 때, 악령이 파멸 당했다고 본다. 하지만 성경에서 바다는 '악의 세력이 역사하는 혼돈' 혹은 '열방'을 상징한다.

사를 사용한다.[281]

37절에서 마가와 달리('그들이', 막 5:17), 누가는 자신이 선호하는 표현 '모든 군중'($ἄπαν\ τὸ\ πλῆθος$)을 주어로 사용한다(참고. 눅 19:37; 23:1; 행 25:24). 38절에서 동사 $ἀπέλυσεν$($ἀπολύω$의 아오리스트, '보냈다')을 사용하지만, 마가는 οὐκ ἀφῆκεν('허락하지 아니하셨고', 5:19)을 사용한다. 복음서 기자는 자신의 내러티브 전개에 있어 자연스러운 표현을 사용할 자유가 있다. 39절 마지막에서 누가는 마가와 달리 사람들이 놀란 반응을 생략한다. 39절에서 동사의 차이가 있다. 누가는 $ὑποστρέφω$ ('돌아가'), 마가는 $ὑπάγω$('가서')를 사용한다(막 5:19). 그리고 누가는 '하나님이 하신 일'로, 마가는 '주께서 하신 일'로 쓴다.

나오면서

역사비평가들(예. Creed, Luce, Bultmann, Plummer)은 여러 가지 이유 중에서 특별히 예수님이 악령과 대화하신 것에 근거하여 원래는 '세속적인 신화'였는데,[282] 나중에 초대 교회가 초월적 권세를 가지고 계신 예수님을 부각시키려고 개작한 것으로 본다. '예수 세미나'도 이 사건을 기적 이야기로 분류하여 복음서 기자의 창작으로 본다(참고. Bock, 1994:767). 이것은 이성적 해석의 전형적인 오류이다. 사건 발생 장소는 '거라사'인가? 아니면 '가다라'인가? 본문 비평상, 사본은 '가다라', '거라사', '게르게사'를 골고루 지지한다. 다양한 이문은 필사상의 변경 때문인가? 정확한 이유를 알기 어렵다. 예수님께 치유 받은 사람은 1명인가? 아

---

281) 눅 8:36을 개역개정판은 '구원 받았는지를'로, 바른 성경은 '낫게 되었는지를'로 번역한다. 전자가 나은 번역이다.

282) 요세푸스의 유대고대사 8.2.5에 의하면, Eleazar는 주문(incantation)과 (축귀를 가르쳤다고 알려진 솔로몬과 관련된) 반지를 이용하여 축귀할 때 악령 들린 자의 코(퇼)를 잡아당겼다. 애굽의 축귀에서 악령 들린 자 안에 있던 악령이 떠나겠다고 동의하기 전에 신과 함께 잔치를 하도록 요구했다는 기록이 있다. 이런 것들이 바로 '신화'다(참고. Bock, 1994:767-68).

니면 2명인가? 악령 들린 자는 2명이었지만, 마가와 누가는 아마도 더 심각한 상태에 있었던 1명에만 초점을 맞추었다.[283]

복음서 원래 독자의 차이, 공관복음 기자가 강조하고 싶어하는 것, 내러티브 전개상 자연스러운 표현, 그리고 공관복음 기자가 선호하는 용어 등의 이유로 내용과 표현에 있어 차이가 나타난다. 이 사건에서 대체로 이방인 독자를 둔 마가와 누가가 마태보다 서로 일치하는 부분이 더 많다.[284] 그러나 이것이 필연적으로 누가가 마가를 의존했다는 결론으로 이끌지는 않는다.

"하나님께서 나사렛 사람 예수님에게 성령님과 능력으로 기름을 부으시니, 그분께서 두루 다니시며 선한 일을 행하시고, 마귀에게 눌린 모든 이들을 고치셨으니, 이는 하나님께서 그분과 함께하셨기 때문이다"(행 10:38). 축귀는 삼위일체 하나님의 협력 사역이다. 그것은 전인 회복을 통해서 천국을 경험하도록 하시는 사역이다. 이제 교회가 이 일을 능력 있게 감당해야 한다.

---

283) R. Bultmann을 비롯하여 많은 역사비평가들은 마태가 두 명으로 기록한 것은 그가 '전승'을 확대했기 때문으로 본다. 반면에 D.A. Carson은 마태가 독립된 자료를 사용했다고 본다. Godet은 마가와 누가는 둘 중 한 명에게 초점을 맞추었다고 본다(참고. Bock, 1994:768).

284) 여기서 놓치지 말아야 할 것은, 마가와 누가와는 달리 마태는 이 사건 현장에 있었던 예수님의 제자라는 사실이다.

Theology of the New Testament

제2부

요한복음 신학

01 요한복음 3:30에 나타난 세례 요한의 겸손과 예수님의 인격

기독교는 교만을 정죄하고 겸손을 윤리적 미덕으로 여긴다: "교만은 파멸의 선봉이며, 거만한 마음은 넘어짐의 앞잡이다"(잠 16:18; 참고. 빌 2:3). 이 글은 **(1)** 요한복음 3:25-32를 내러티브를 따라 읽어가며 본문을 분석한 후, **(2)** 겸손과 관련하여 세례 요한이 핵심적으로 진술한 요한복음 3:30을 AD 1세기 당시의 문화 속에서 살피고, **(3)** 요한복음 3:30의 겸손을 구속사적 맥락에서 연구한 후, **(4)** 마지막으로 적용과 설교를 위해서 겸손의 함의를 찾는다.

1. 요한복음 3:25-32의 내러티브 따라 읽기

세례 요한의 제자 중 몇 사람과 한 유대인 사이에 정결 예식에 대해서 논쟁이 벌어졌다(요 3:25).[285] 이 결례에 관한 논쟁은 아마도 요한의 세례의 출처와 권위와 관련되었을 것이다. 요한 당시의 유대인들은 제사와 여러 종류의 씻음을 통해서 결례를 행했다. 세례 요한의 제자들이 스승 요한에게, 예수님이 세례를 주니 사람이 다 주님에게 갔다고 고한다(26절). 질문을 한 이들은 예수님의 제자들을 향해서 경쟁의식을 가지고 있었을 것이다. 세례 요한은 예수님의 제자들이 베푼 세례가 하늘에서 기인한 것이며, 사람들이 예수님에게 나아가는 것이 하나님의 계획이 이루어지는 것이라고 말한다(27절). 세례 요한의 제자들은 스승 요한이 이전에 했던 말을 증거해야 했다: "나는 그리스도가 아니요 그분 앞에 보내심을 받은 자이다"(28절). 신랑이 신부를 취하지만, 신랑의 음성을 듣는 친구($\phi\acute{\iota}\lambda o\varsigma$, 즉 신랑 들러리)는 크게 기뻐하는데, 요한은 바로 이 기쁨으로 충만했다(29절).

신랑이시며 메시아이신 예수님이 주인공이시며 모든 관심을 받으셔야 한다. 예수님은 반드시($\delta\epsilon\hat{\iota}$, 신적 필연성) 계속해서 흥하여야 하고($\alpha\mathring{\upsilon}\xi\acute{\alpha}\nu\epsilon\iota\nu$, 현재 능동태 부정사), 요한은 계속해서 쇠하여야 한다($\dot{\epsilon}\lambda\alpha\tau\tau o\hat{\upsilon}\sigma\theta\alpha\iota$, 현재 수동태 부정사, 30절). 위로부터 오시는 이(즉 예수님)는 만물 위에 계시고, 땅에서 난 이(즉 세례 요한)는 땅에 속하여 땅에 속한 것(즉 하늘이 아니라 인간의 관점에서)을 말한다(31절; 참고. 요 5:33-34). 그러나 하나님이 세례 요한을 통하여 말씀하셨으므로, 요한의 땅에 속한 증거는 신뢰할 만하다. 하늘에서 오시는 분이신 예수님은 만물 위에 계신다(즉 만물 보다 높으시다; 31절). 선재하신 예수님이 하늘에서 보고 들은 것을 증거하시지만, 그것을 알아들을 만한 사람이 이 땅에 없다(32절; 참고. 요 8:14).

---

285) 요 3:25 첫 부분을 개역개정판은 모호하게 번역한다: '요한의 제자 중에서 한 유대인과 더불어.' 하지만 바른 성경은 "요한의 제자들 몇 명과 어떤 유대인 사이에"라고 번역한다. 그러나 25절은 접속사($o\hat{\check{\upsilon}}\nu$)로 시작하기에, KJV는 '그때'(then)라고 적절히 번역한다.

2. 요한복음 3:30의 문화인류학적 분석

AD 1세기의 핵심 가치인 명예와 수치로 볼 때, '논쟁'(ζήτησις, 25절)은 '질투하는 반응'으로 이해할 수 있는데, 그 당시 지중해 연안의 그레코-로마 세계는 명예와 수치를 두고 '논쟁하는 사회'(agonistic society)였기 때문이다. 세례 요한의 제자들과 유대인들은 모든 재화(goods: 땅, 물, 음식, 건강, 명예 등)의 양은 계속해서 증가하는 것이 아니라 분배되어 있고 제한된다고 생각했다. 심지어 어떤 사람이 무언가를 더 가지게 되는 것은 남의 것을 훔치는 것으로 여겨지며, 그 결과로 발생하는 것이 질투였다.

세례 요한의 제자들은 예수님의 사역이 성공하면 할수록 주님은 명예(명성, 존경)라는 재화를 더 많이 차지하게 됨으로써, 자기들의 스승 요한의 명예는 줄어들 수밖에 없다고 여겼다(26절; 참고. 막 9:38; 10:37, 41; 요 11:47). 그러나 세례 요한은 제한된 재화에 근거하여 명예와 수치를 뺏고 빼앗기는 '제로 섬 게임'(Zero-sum game)에서 발을 땐 지 오래다(요 1:15, 26-27, 30). 세례 요한은 예수님의 명예는 하늘 아버지께서 주신 것임을 알고 있었다(27절; 참고. 행 5:39). 그리고 세례 요한은 신랑과 신랑의 친구는 경쟁 관계에 있는 라이벌이 아님도 안다(29절). 세례 요한에게 있어서 최고의 명예는 예수님을 증거 하는 것이었다(요 1:19-23). 이 이유로 세례 요한은 자신의 두 제자들이 예수님의 제자로 전향할 때도 질투하거나 적대감을 갖지 않았고 전혀 만류하지 않았다(요 1:35-39; 참고. Neyrey & Rohrbaugh, 2001:466, 482).

30절("그분은 반드시 계속해서 흥하여야 하고, 나는 계속해서 쇠하여야 한다") 역시 예수님 당시의 '제한된 재화'(limited goods)의 관점에서 이해할 수 있다. 즉 세례 요한은 자신의 명예가 예수님의 사역으로 인해 감소하고 쇠하게 되는 것을 알고도, "예수님은 흥해야 한다"고 말함으로써 (제한된) 명예를 무엇보다 중요하게 여겼던 그 당시 문화 체계에 도전하는 반(反) 문화(counter-culture)를 의도하고 있다(참고. Neyrey, 2009:141).[286]

예수님은 섬기는 종이 되어야 첫째와 큰 자가 될 수 있다고 말씀하심으로써 AD 1세기의 전통적인 명예와 수치를 재정의하셨다(막 10:43-45). 세례 요한은 예수님의 선구자로 섬김으로써 올바른 명예를 견지했다. 그러나 문화인류학적 분석 중 '명예와 수치' 그리고 '제한된 재화'라는 모델로는 요한복음 3:30의 의미를 완전히 파악하기에 역부족이다.

3. 요한복음 3:30의 구속사적 분석

요한복음 3:30을 이해하려면 간본문인 마태복음 11:11-14를 살펴야 한다. 여자가 낳은 사람(즉 '일반인'에 대한 관용어, 참고. 욥 14:1; 15:14; 25:4) 중에 세례 요한 보다 더 큰 이는 없지만, 천국에서는 극히 작은 자도 세례 요한보다 크다(마 11:11; 눅 7:28). 이 사실은 계시사적으로 이해해야 한다(참고. Ridderbos, 1997:147). 세례 요한이 구약의 그 어떤 사람보다 위대한 일을 많이 했기 때문이 아니라, 예수 그리스도의 선구자로서 구원의 새 시대를 알리는 역할을 했기에 여자가 낳은 사람들 중에서 가장 큰 자였다. 요한은 구약 예언자가 예언했던 예언자이다(말 4:5). 그러나 예수님께서 오셨을 때, 요한은 바통을 넘겨주어야 했다. 요한의 사역은 신구약의 가교역할이기에 온전히 메시아의 구원의 시대 안에 들어온 것이라고 할 수 없다. 하지만 요한의 사역이 실패한 것도, 진실을 말하지 않은 것도 아닌데, 준비의 시기에 해당할 뿐이었다(참고. 톰 라이트, 2010:192-193). 따라서

---

[286] 초기 교회(암브로스터에서 어거스틴까지)는 세례 요한의 출생을 하지가 지난 3일 후 즉 6월 24일로 정했는데, 낮의 길이가 줄어들기 시작한 시점이다. 반면에, 예수님의 탄생은 동지가 지난 3일 후 즉 12월 25일로 정했는데, 낮의 길이가 증가하는 시점이다. 30절의 두 동사 '흥하다'($α\mathring{υ}ξάνειν$)와 '쇠하다'($\mathring{ε}λαττο\mathring{υ}σθαι$)는 천체로부터 빛의 증가와 쇠함을 묘사하는 데 사용되기도 했다. 물론 이것은 요 3:30의 지나친 해석이다(참고. Bultmann, 1971:175).

메시아 시대라는 실재와 성취의 관점에서 본다면 세례 요한의 사역은 도리어 작게 평가된다. 따라서 우리는 요한의 위대성과 한계성을 계시의 전진에서 보아야 한다. 예수님의 제자들처럼 하늘나라에 이미 들어와 있는 자들은 새 언약의 실재를 맛 본 사람들이므로, 세례 요한보다 더 큰 자들이다.

세례 요한의 때로부터 천국은 "침노를 당하고 있다"(βιάζεται, 마 11:12; 참고. 마 4:12-17). 바른 성경의 "침입을 당하고 있느니"는 현재 '수동태' 직설법 3인칭 단수로 번역한 것이다. 세례 요한이 메시아 나라를 선포한 이래로 천국은 여러 세력의 반대를 겪고 있다. 한 예로 예수님의 선구자인 세례 요한이 투옥되었다(마 11:2. 참고. France, 2007:429). 하지만 마태복음 11:12의 βιάζω(강요하다, 나아가다)를 '중간태' 직설법으로 본다면, "천국은 스스로 힘 있게 전진하고 있다"라는 뜻이다(참고. 마 11:5; 눅 16:16; 리델보스, 1991:338). 성도가 지금 여기서 확장되고 있는 천국을 누리기 위해서는 적극적인 투쟁이 필요하다. 분명한 것은 예수님의 인격과 사역으로 인해 진행되는 천국 확장이라는 대세를 그 누구도 거스릴 수 없다는 사실이다. 모든 선지자와 율법 즉 구약의 예언한 것이 세례 요한까지이며, 오리라고 약속된 엘리야는 바로 세례 요한이다(마 11:13-14; 참고. 말 4:5-6). 죽은 엘리야가 부활한 것이 아니라, 마치 엘리야가 위협 속에서도 우상과 싸워서 이겼던 것처럼, 세례 요한도 죄를 지적하고 회개를 촉구했다. 부수적으로 요한과 엘리야의 복장도 유사했다(참고. 마 3:4). 구약의 예언과 메시아 대망은 세례 요한의 사역에서 성취의 여명이 밝았다.

요한복음 3:30은 세례 요한의 인간적인 겸손은 물론이거니와, 구원계시사적 발언이다. 그 취지는 예수님으로 상징되는 구원과 새 언약은 더욱 흥해야 하고, 세례 요한으로 상징되는 옛 언약과 어둠은 쇠해야 한다는 것이다. 예수님이 흥하시는 모습을 "모든 사람들이 그분께 가고 있다"(요 3:26)와 "예수님께서 요한보다 더 많은 이를 제자로 삼고 세례를 주신다"(요 4:1)에서 볼 수 있다. 그리고 아기 예수님이 자라며, 강해지고, 지혜가 충만해지고, 은혜와 총애가 충만한 것도 그리스도 나라가 성장하는 것을 암시한다(눅 2:40, 52). '말씀'이신 예수님(요 1:1, 14)이 흥하시는 모습을 사도행전에서도 볼 수 있다: "하나님의 말씀이 계속 퍼져 나가서 예루살렘에 있는 제자들의 수가 크게 늘어났으며, 많은 제사장의 무리도 이 믿음에 순종하였다"(행 6:7; 참고. 행 12:24; 보라. Michaels, 2010:221). 세례 요한은 어머니 엘리사벳의 뱃속에서 마리아의 뱃속에 있던 예수님을 만났을 때 크게 기뻐한 바 있다(눅 1:44). 예수님의 공생애가 시작될 무렵에도, 세례 요한은 예수님의 사역을 통해서 옛 시대가 지나가고 종말론적인 새 시대가 도래한 것을 보고 기뻐한다(참고. Bultmann, 1971:174). 요한은 잠시 타오르며 빛을 내는 등불이었다(요 5:35). 하지만 이제 의의 태양이신 예수님이 떠올랐으므로, 하나님의 구속사에 있어 성취의 때가 도래했다(요 3:19-21; 참고. Ridderbos, 1997:148).

예수 그리스도의 왕 되심, 신약의 하나님 나라, 그리고 천국 백성이 계속 흥해가는 것을 연도 표기가 증명한다. AD 2016년은 '주후(After Christ. 혹은 Common Era) 2016년'이 아니라, '주님이 다스리시는(Anno Domini) 2016년'이라는 뜻이다. 주님이 다스리시는 2016년은 그리스도께서 왕으로 다스리신 지 2016년 된 해다. AD의 숫자가 계속 늘어나듯이, 교회를 통해 온 세상에 왕권을 행사하시는 주 예수님의 사역도 확장될 것이다(참고. 황창기, 2005:266). 따라서 그리스도인은 세상의 죄악과 어려움을 직면할 때 비관적 입장을 취하지 말고, 그 가운데서도 그리스도의 통치를 더 열렬히 사모해야 한다. 그리고 천국 백성이라면 예수님이 왕으로 다스리도록 전력을 다해야 한다. 이를 위해서 우선 그리스도인 안에 있는 옛 사람, 어둠, 구약의 그림자적 요소, 마귀가 좋아하는 생활 습관이 패하도록 만들어야 하고(참고. 골 3:8-9), 재창조자이신 하나님의 형상을 따라 새 사람을 계속 입어야 한다(갈 6:15; 골 3:10).

4. 나오면서

그리스도인이 성경의 윤리를 적용할 때 기억할 것은 성경이 윤리 교과서 그 이상이라는 사실이다. 그리스도인의 윤리는 불신자의 윤리와 구분되는데, 예수님 중심의 윤리이기 때문이다. 주 예수님의 삶은 성도의 모델이다. 요한복음 3:30은 우리로 하여금 특별히 구원계시사라는 맥락 안에서 겸손이라는 윤리를 이해하고 적용하도록 요청한다. 오늘날 그리스도인에게 예수 그리스도의 나라와 복음이 흥하도록 하기 위해서 죄성과 옛 사람을 벗어버리는 제자도가 필요하다. 그리고 그리스도인은(세례 요한처럼) 수치, 수고, 상실 등을 감수해야 한다. 우리가 그리스도인으로서 하나님의 백성이며 예수님의 제자라고 사람들에게 말만 하고 다니는 대신, 감옥에 있던 세례 요한처럼 사람들이 '메시아의 행적'이 일어난다는 소식을 듣고 무슨 영문인지 묻게 만들어야 한다(참고. 톰 라이트, 2010:195). 그리고 설교자들은 세례 요한의 열심을 본받아 그리스도를 높이기 위해 자신을 낮추어야 하며, 하나님께서 그들에게 전하라고 명한 것을 최대의 권위를 가지고 하늘로부터 말하는 것처럼 전해야 한다. 그러나 설교자 스스로를 그리스도와 견주기 시작하면 그들은 아무것도 아니다. 설교자와 그리스도인은 잠시 동안 존재할 자신의 등불 아래로 사람을 모으는 대신, 의의 태양이시자 세상의 참 빛이신 그리스도께로 인도해야 한다(참고. 칼빈, 1993:121-122). 세상 나라를 하나님의 나라로 만들고 계시는(계 11:15) 예수님은 그 일에 수종을 드는 사람들도 흥하게 하실 것이다(눅 2:34). 그리스도의 흥함은, 복음과 천국의 흥함으로, 더 나아가 그리스도인의 흥함으로 연결된다. 이것이야말로 그리스도와 연합된 성도가 추구해야 할 참된 삶이다. 천국 확장에 우리를 부르심으로써 세례 요한보다 더 큰 자로 만드신 주 예수님께 감사하자.

참고문헌

Bultmann, R. 1971. The Gospel of John: a Commentary. Oxford: Oxford University Press.

France, R.T. 2007. The Gospel of Matthew. NICNT. Grand Rapids: Eerdmans.

Michaels, J.R. 2010. The Gospel of John. NICNT. Grand Rapids: Eerdmans.

Neyrey, J.H. 2009. The Gospel of John in Cultural and Rhetorical Perspective. Grand Rapids: Eerdmans.

Neyrey, J.H. & Rohrbaugh, R.L. 2001. "He must increase, I must decrease(John 3:30): a Cultural and Social Interpretation." CBQ 63(3), 464-83.

Ridderbos, H.N. 1997. The Gospel of John. Grand Rapids: Eerdmans.

칼빈, J. 1993. 요한복음 주석 I. 성서교재간행사.

톰 라이트. 2010. 마태복음 1부. IVP.

헤르만 리델보스. 1990. 1991. 마태복음(상, 하). 여수룬.

황창기. 2005. 예수님, 교회, 그리고 나. 성광문화사.

02 요한복음의 구원론[287]

1. 서론

요한복음 20:31이 밝히듯이 요한복음의 목적은 기독론과 구원론이 두 개의 주요 주제임이 분명하다. 흥미로운 것은 요한복음에 관한 연구가 많음에도 불구하고 독립적인 주제로서의 요한복음의 구원론은 상대적으로 적게 연구되어 왔다.[288] 이제 우리의 주의를 요한복음의 구원론에 돌려보자. 이 글에서 전개되는 요한복음의 구원론은 회당(즉 모세의 제자들; 9:26)과 요한공동체(즉 예수님의 제자들) 사이의 갈등의 상황 속에서 발전되어 결정된 것이다. 가장 중심되는 질문은 하나님은 어디에 그리고 누구와 함께하시는가? 이다. 이 질문은 불신 유

---

287) 이 글은 "Soteriology in the Gospel according to John"을 번역한 것인데, 2003년 프레토리아대학교에서 열린 '신약의 구원론 세미나' 때에 발표된 논문으로 저자는 Jan Gabriel van der Watt(D.D., D.Litt)다. 2년 후 남아공 신약학자들이 기고하여 Van der Watt가 편집한 *Salvation in the New Testament: Perspectives on Soteriology* (Leiden: Brill, 2005), 101-31에 실렸다.
288) 실제로 ATLA 검색에 의하면 요한복음의 구원론에 관한 논문과 책은 드물다.

대인의 회당과 기독교의 교회가 각각 가지고 있던 확신들 즉 하나님은 자신의 편이며 자신의 종교만 참 종교라는 확신과 그리스도가 누구인가에 대한 다른 이해로 인해 다른 방식으로 대답된다. 이 두 집단 사이의 갈등은 요한이 그의 구원론을 전개해 감에 있어서 핵심적인 구성요소임이 앞으로 증명될 것이다.

요한은 구원론을 설명하기 위해서 포괄적이고 무역사적인 구원론을 제시하지 않는다. 대신 그는 이 갈등에 기초하여 하나님은 어디에 계시며, 어디서 보여지며, 누구와 함께하시는가? 라는 질문에 의해 형성된 구원론을 제시한다. 요한복음에 나타난 구원론적인 표현들을 무시간적 혹은 닫혀진 체계로 다루는 것도 잘못이며, 또한 요한의 구원론을 십자가 신학이나 화해와 대속의 개념에 무조건 상반된다고 주장하는 것도 요한의 구원론의 특성과 목적을 오해한 결과이다.

2. 구원의 하나님은 누구인가?

사마리아 여인과의 대화에서 예수님은 다음과 같이 말씀하신다: "너희 사마리아인은 알지 못하는 것을 예배한다. 구원이 유대인들에게서 나오기에, 우리는 우리가 아는 것을 예배한다"(요 4:22). 이 대화는 실제적으로 하나님을 어떻게 예배할 것인가를 다룬다. 하지만 문제는 예수님의 제자들과 모세의 제자들 모두 이 동일한 하나님을 예배하고 있다고 주장한다는 점이다. 예배의 대상이신 하나님의 정체성에 대한 불확실성은 있을 수 없다. 이 하나님은 유대인들이 예배하는 하나님이시고 생명을 주시는 창조주 하나님이시다. 그분은 역사 안에서 그리고 역사를 통하여 능동적으로 역사하신 분이시다. 예를 들어, 광야에서 역사하셨고, 아브라함이 순종했던 분이시며, 모세를 통해 역사하신(요 9:29) 하나님이시며, 그리고 우리는 이와 관련하여 더 많은 설명을 첨가할 수 있다. 하지만 이런 종교적인 현존에도 불구하고 어느 누구도 이 하나님을 보지 못했다. 이 하나님을 예수님 자신이 나타낸다고 말씀하며, 동시에 그의 대적들(모세의 제자들)도 예배한다고 주장한다.

이것은 마치 자증적(self-evident)인 결론처럼 보이지만 다음의 이유들로 인해 우리의 논의를 위해 중요하다: 동일한 하나님을 언급하는 것은 예수님이 다른 하나의 새로운 신을 불러서 새로운 종교를 만들려는 것이 아니라, 아브라함, 모세 그리고 이사야의 하나님을 믿는 참 종교를 계속하여 주장하고 있다는 것이다. 이것은 예수님의 대적들인 자칭 모세의 제자들을 참 하나님이 없는 사람들로 남겨 버린다. 만일 하나님이 보여질 수 없는 분이라면, 하나님에 대한 묵상은 기능적이 된다. 요한복음에서 예수님이 하나님의 중보자시라는 (1:18) 사실은 중요한 논의가 된다.

하나님을 예배한다고 주장하는 이 두 개의 대립되는 그룹은 그들이 가지고 있는 하나님에 관한 이미지와 이해에 기초한다. 이 동일한 하나님에 관한 이 두 그룹의 견해는 요한복음 8:14-59와 10:31-39의 예수님과 그의 대적 사이의 논쟁에서 분명해 지듯이 상반된다. 동일한 하나님에 대해 그들이 말하고 있다는 사실을 인식하는 것은 이 두 그룹 사이에 있는 견해의 차이점들에 더 예리하게 초점을 두게 한다. 구원의 과정 중에, 예수님의 대적들 역시 그들의 하나님에 관한 견해를 바꿀 수 있다. 예수님이 마귀 혹은 신성모독자가 아니라 '나의 주 나의 하나님'이라고 불리어지는 한, 하나님은 이제 그런 고백을 한 사람들에 의해 예수님 안에서 발견되며 만난 바 될 수 있는 분이다 (20:28).

3. 모세의 제자들의 확신과 종교적 행위들

갈등의 상황이 요한복음 이야기 전개의 기초를 형성하고 있음은 일반적으로 인정된다. 이 갈등의 역동성을 이해하기 위해서, 그리고 그 결과 요한복음의 구원론의 배후에 있는 이유를 알기 위해서, 대립 중인 이 두 그룹에 관한 몇 가지 사실을 살펴보는 것이 필요하다. 우리의 주의는 먼저 모세의 제자들에게 주어질 것이다. 요한복음 안의 예수님의 대적들에 대한 자료의 분석은 그들을 부분적으로는 긍정적으로 부분적으로는 부정적인 것으로 나타낸다.

3.1. 모세의 제자들의 긍정적인 모습

'유대인'(Ἰουδαῖος)으로 종종 불린 모세의 제자들(9:28-29)의 간략한 범주화를 위해 다음의 사실이 중요하다.

종교적 관점에서 보면, 이들의 육신적인 정체성은 분명하다. 이들의 조상들은 하나님의 백성으로서의 역사를 통해서 알려지며, 아브라함 심지어 하나님께로 거슬러 올라간다(8:41). 가장 최선의 것이라고 믿는 바에 따라서 준행된 그들의 종교적인 활동들은 하나님을 섬기는 데 열심이며 헌신적인 모습을 보여준다. 예수님의 대적들은 종교적인 문제들이 조직되는 하나님의 집인 성전 주위의 예루살렘 안에서 아주 활동적으로 보인다. 성경의 연구는 그들의 종교적인 노력의 초석을 이루는데 그 이유는 그것을 통해서 구원이라는 영생을 얻는다고 생각했기 때문이다. 하나님을 영화롭게 하고 섬기려는 그들의 바람은 그들의 헌신으로 나타났다. 그들은 정결법과 종교적인 절기를 철저히 지켰다. 특히 안식일이 중요했는데, 예수님을 죽이고자 원했던 이유는 예수님이 이것을 범했기 때문이다. 심지어 그들은 그들의 행위 속에서 종교적인 열광자로 묘사된다: 그들은 성도를 죽이려고 시도했는데 이것이 하나님을 섬기는 방식이라고 믿었기 때문이다.

옳건 그르건 간에, 그들은 자신들의 종교에 관해 성실했다. 잘 조직화된 종교적 집단으로서 모세의 제자들은 제의적 활동을 통해 하나님을 섬기기를 시도하는 자들로 비쳐진다. 지금까지 그들의 모습은 긍정적이다. 그러나 이 모든 종교적인 행위들은 구원을 보장하는 데는 불충분하다. 종교와 종교적인 행위들은 구원과 동일하지 않기 때문이다. 그렇다면 유대인들에게 무엇이 부족했는가?

3.2. 모세의 제자들은 무엇이 잘못되었나?

모세의 제자들에 대한 비난의 초점은 다음과 같다: "이들은 하나님을 더 이상 섬기지 않는다는 것이다. 즉 하나님 없는 종교를 신봉한다." 그들은 하나님을 보지도 듣지도 않아서 하나님을 알지 못하는데, 그들의 사회-종교적인 열정과 상관없이 그들은 영적으로 죽었다. 이 영적인 소경과 귀머거리는 예수님을 거역하고 미워한 사건에서 분명히 나타난다. 그들의 죄의 본질은 명확하다: "예수님 안에 계시된 하나님을 그들이 믿지 않았다." 요한복음의 죄에 대한 개념을 분석해 보면 이 사실이 더 분명해진다.

요한복음 안에서 죄의 본질이 개인적인 행위의 관점에서 설명되지 않고 하나님과 그의 계시를 알지도 영접하지도 않은 관점에서 설명된다. 이것은 예수님의 대적들과 그들의 종교는 하나님 없는 것이기에, 그 결과 하나님의 진노가 그들 위에 머문다는 것을 필연적으로 의미한다(3:36; 5:24).

요약하면, 만일 다음의 질문 즉 "요한에 의하면 사람이 어떤 무슨 죄로부터 구원을 받는가?"라는 질문이 제기된다면, 그 대답은 예수님 안에 있는 아버지 하나님을 보고 알기 위해서 필요한 영적인 지식의 부족과 소경 됨이라는 죄로부터이다. 즉 하나님이 없는 이 실존적인 상황의 결과는 이 대적자들의 성자와 성부의 거부이며 그들의 악한 행위들이다.

3.3. 예수님의 대적들은 예수님과 예수님의 제자들을 어떻게 보았는가?

다른 측면에서 이 문제를 바라보자. 즉 유대인들이 예수님에게서 발견했던 문제는 무엇인가? 요한복음 안에 묘사된 이 문제에 초점을 모아 보자.

그들의 주요 비판이 요한복음 5:18에 나타난다: "이 일을 인하여 더욱 예수님을 죽이고자 하니 이는 안식일만 범할 뿐 아니라 하나님을 자기의 친아버지라 하여 자기를 하나님과 동등으로 삼음이라라." 예수님은 자신이 하나님과 특별한 관계를 맺고 있다고 함으로써 유대인들로부터 신성모독으로 고발당했다. 이 고발은 다른 곳에서도 반복하여 나타나며(요 10:33), 유대인들이 예수님을 십자가에 죽이는 구실이 되었다(19:7). 그들의 비난의 본질은 분명하다: 예수님은 하나님의 편에 서 있지 않다. 그는 죄인이며(9:24) 악령들렸다고 고발당했다(7:20; 8:48, 52; 10:20-21). "하나님은 어디에 있는가?"라는 질문에 대한 모세의 제자들의 결론은 "예수님과 함께 있지 않다"이다. 이것이 왜 그들의 눈에 예수님이 신성모독의 죄를 범한 사람으로 비쳐진 이유다. 모세의 제자들의 눈에는 예수님은 메시아가 될 수 없다.

4. 구원으로 인도하는 대답

불트만과 그 이후의 포어스텔(Forestell)과 같은 학자들은 요한의 구원론을 단지 하나님의 계시의 관점에서만 묘사한다. 비록 이 견해의 배타성이 지난 수십 년간 교정되어 왔지만 구원론적 과정의 핵심으로서의 계시의 중요성은 부인될 수 없는데, 이것이 구원론적 질문에 답을 제공해 주기 때문이다: "하나님은 어디에 계시는가?"라는 질문에 대한 답은 "어디에 그리고 어떻게 구원이 발견되는가?"에 달려 있다.

요한의 대답은 분명하다: 하나님을 단지 예수님을 믿는 믿음 안에서만 만날 수 있다. 성령님은 이것에 대한 증인이다. 이제 모든 것이 변했다: 예수님은 오셔서 하나님의 뜻을 알게 해 주셨다. 하나님의 좌소에 대한 갈등은 기독론 논의에서도 쟁점이 된다.

4.1. 요한복음의 중요한 구원론적 이슈: 하나님은 어디에서 발견되어지는가?

이것은 우리를 다음의 질문으로 인도한다: 유대인들의 종교와 같이 아주 체계화된 종교 공동체 안에 어떻게 믿을 만한 방식으로 그러한 변화와 새로운 종교의 주장이 가능했는가? 우리의 논의는 다음과 같이 전개될 것이다: **(1)** 계시자로서의 예수님에 관한 주장들, **(2)** 이 주장들이 어떻게 실제화 되었는가? **(3)** 구원론적인 결과들과 이 주장의 결과들에 대한 논의가 뒤따를 것이다.

4.1.1. 주장: 예수님께서 하나님 아버지를 계시하신다.

예수님의 주장은 분명하다: 나를 본 자는 아버지를 본 자이다(14:9), 그리고 나를 믿을 때 그 사람은 나만 믿은 것이 아니라 나를 보낸 분을 믿은 것이다. 나를 볼 때 그 사람은 나만 본 것이 아니라 나를 보낸 분(성부)을 본 것이다. 예수님의 오심과 더불어 하나님의 좌소는 변했다. 아버지 하나님은 예수님이 계신 곳에 있고 만일 그의 대적이 그를 영접하지 않으면 그들에게 하나님이 없다! 사실 이것은 좀 과격한 주장처럼 보이지만 그럼에도 불구하고 대적을 향한 예수님의 제자들의 중심 주장은 이 사실에 근거한다. 이것은 우리를 다음의 질문으로 인도한다: 왜 유독 예수님만 하나님을 계시하는 분이신가? 무엇이 그로 하여금 특별하게 만들었나? 물론 이것은 하나님과 성자의 특별한 관계로 설명된다. 우리의 목적을 위해 이 중요한 주제에 대한 간략한 설명만 여기서 필요하다. 이것과 관련하여 요한복음 안에 몇몇 잘 알려진 개념들이 있다. 요한복음 안에는 하나님의 장소성(즉 하나님은 어디에 계시는가?)에 대한 주장이 몇몇 있다. 예를 들어, 너희(즉 대적들)는 아래로부터 난 자들이다. 나는 위로부터이다. 너희는 이 세상에 속한다. 나는 이 세상에 속하지 않는다(8:23). 예수님은 성부와의 아주 밀접한 교제 안에서 위로부터 나셨다(1:18). 성자와 성부의 독특한 관계에 대한 설명은, 성자가 성부를 알고 계시하실 수 있는 특권적 지위를 가지고 있음을 말하는 것이다. 이 독특한 관계는 다른 방식으로 표현된다. 예를 들어, 성부와 독생자인 성자의 '연합'을 통해서이다. 이 독특한 관계에 기초하여, 성부는 성자를 자신의 독특한 대리자로서 하나님의 현존을 계시하도록 기능적으로 준비시킨다는 주장이 있다. 성부 하나님은 예수님으로 하여금 아버지께서 원하시는 것은 무엇이나 행하도록 가르치셨는데(5:19), 특별히 구원(생명)과 심판을 시행하는 것처럼 하나님에게만 특권적으로 속한 일들이다. 그의 준비에 기초하여, 아들 예수님은 이 세상에 생명을 가지고 오도록 명령과 사명을 받았다. 예수님은 아무 것도 자신의 의지대로 하지 않으시고, 아버지의 뜻과 일만 행하신다(12:49). 이 사실에 근거하여, 예수님은 하나님으로부터 그리고 하나님에 관한 계시와 지식을 가지고 오는 분으로 볼 수 있다. 하나님의 대리자로서, 예수님은 하늘에서 보고 들은 것을 계시하시고 선포하시고 증거하시며 구원과 심판을 수반하는 하나님의 말씀을 세상에 주신다. 이런 기독론적 주장들은 요한복음의 중심이며, 어떻게 그리고 왜 진리와 생명의 길 즉 하나님의 현존이 예수님의 대적이 아니라 예수님께서 가리키신 길을 따르는 것임을 설명한다. 그렇다면 이 단계에서의 질문은 "이 주장을 지지할 다른 구절이 있는가?" 이다.

4.1.2. 실제화 된 예수님의 주장

분명히 예수님과 요한의 대적들은 예수님의 이 주장을 수용하지 않았다. 예수님은 다른 사람들은 강도와 도적이요 자신만 구원으로 인도하는 합법적인 문임을 무슨 증거를 통해 증명하시는가?(요 10:7-10).

합법성의 문제를 언급함에 있어 몇몇 증인들이 소개된다: 예수님은 하나님에 의해 보내진 세례 요한의 증거를 언급하신다. 하지만 예수님은 세례 요한보다 더 중요한 증거를 하신다. 요한복음 5:37에서 예수님은 언급하시길 "아버지께서 친히 나를 위해 증거 하신다." 아버지의 음성은 사실 하늘로부터 들려진 것이다. 5:38에서 예수님은 그의 대적이 생명을 얻는 줄 알고 열심히 연구한 바로 그 동일한 성경이 예수님 자신에 대해 증거 한다고 말씀하신다. 다른 예언자뿐 아니라 모세도 예수님에 관해 썼다. 예수님 위에 임하신 성령님은 요한에게 있어서 예수님이 참으로 하나님의 아들이심을 증명하는 표적이셨다. 바로 이 예수님도 자신의 신적인 아들되심을 증거할 세례를 성령으로 받으신 것이다. 예수님의 사역들은 자신의 주장을 다음과 같이 합법화한다: "아버지가 내 안에 있고 내가 아버지 안에 있다고 말할 때 나를 믿으라. 혹은 적어도 기적 자체의 증거를 믿으라"(요 14:10-11). " 아버지께서 나에게 주신 일과 그 일을 내가 하고 있는 것은 아버지께서 나를 보내신 것을 증명한다"(요 5:36).

우리는 그의 영광(즉 십자가 사건)으로 절정에 달한 예수님의 행위들에 좀 더 주의를 기울여야 한다. 예수님은 종종 자신의 죽음을 암시하셨다. 예수님은 8:28에서 이렇게 말씀하신다: "너희가 인자를 든 후에 내가 그인 줄을 알고." 십자가 사건 혹은 (상징적으로) 높이 올리우신 것은 예수님의 신분에 관한 계시의 좌소로 묘사된다. 여기서 질문은 '왜?'이다. 논의의 주요 흐름은 다음과 같이 소개 될 수 있다: 아버지와 자신의 독특한 관계를 설명하는 가운데 5:19 이하에서 예수님은 말씀하신다: 자신은 아버지로부터 교육을 받았으며, 아버지로부터 실제로 배운 바는 아버지처럼 어떻게 생명을 주며 심판을 할 것인가 인데, 이것은 살아 계신 하나님의 특권이지만 그의 아들 예수님에게 주신 바 된 것이다. 암시는 분명하다: 예수님의 신성에 관한 궁극적인 증거는 생명과 죽음을 지배하는 주님의 신적 힘을 증명하는 것이 될 것이다. 자신의 부활로 예수님은 자신을 죽음으로부터 일으키시고 제자들에게 보이심으로 자신의 신적 권위를 증명하신다. 20:28의 제자 도마의 고백은 예수님의 신적 신분을 증명한다.

십자가 사건을 통해 그리스도의 신성이 계시되었고 결정적인 질문에 대답이 주어졌으며 구원론적인 수수께끼가 풀려졌다: 하나님은 어디에 계시는가? 자신의 증거 특별히 그의 행위들로부터 분명해진 것처럼, 예수님 안에 그리고 예수님을 통해서 하나님은 계시다. 이것을 염두에 두면, 왜 계시가 특별히 십자가 사건을 통해서 구원론 전개의 초석이 되는 것인지 이해된다. 십자가의 구원의 힘은 그것의 계시적 힘에 있다.

이 주장은 올바른 관점에서 이해되어야 한다. 요한복음 안에 제시된 기본적인 이슈는 개별적인 죄가 어떻게 화해되며 예수님의 피로 정결케 되는가를 다루는 것이 아니며 이와 관련된 것도 아니다. 이슈는 오히려 여러 대립적인 답을 초래하는 것인데, '어디서 하나님이 발견되시는가?'이다. 요한이 친숙하지 않았거나 거부했던 구원론적인 전승과 관련된 것인 피, 희생, 화해 혹은 죄의 대속과 같은 용어의 부재로부터 결론을 도출하는 실수를 우리는 피해야 한다. 이런 유형의 결론은 요한복음의 구원론이 추상적으로 읽혀질 때만 도출되는 잘못된 것이다.

분명히 불트만과 그의 동료들에 대항하여, 십자가 사건의 다른 기능에 관한 표지(signs)가 있다는 것을 증명하기 위해 과거에 엄청난 노력이 있어 왔다. 분명히 이것은 옳은 것이지만 이것이 요한복음의 주요 논의의 중심이 아님을 인식해야 한다. 이것은 요한이 하나의 독특한 입장에 서 있다거나 기독교 전승으로부터 분리된 입장을 견지한다는 말이 아니라, 오히려 요한의 구원론은 절대적으로 무역사적인 방법으로 형성되지 않았음을 보여주는 것이다. 그의 구원론적 메시지는 특정한 상황을 염두에 두고 형성된 것이고, 이 상황은 직접적으로 그의 구원론적 용어와 주제를 선택할 때 영향을 미쳤다.

4.2. 구원의 수납

이 논의의 단계에서, 예수님은 하나님으로부터 온 대리자이며, 아버지에 의해 파송된 아들임이 분명해진다. 이 사실은 여러 다른 방식으로 설명된다. 예수님은 그 길이며(17:6) 푸른 초장으로 인도하는 문이며(10:9), 풍성한 생명을 가지고 오시는 분이다(10:10).

우리가 물어야 할 다음 질문은: 우리는 어떻게 구원을 의미하는 이 푸른 초장을 소유할 수 있는가? 1:12-13에 하나의 대답이 있다: "영접하는 자 곧 그 이름을 믿는 자들에게는 하나님의 자녀가 되는 권세를 주셨으니." 구원을 얻는 두 개의 주요 주제들은 여기서 '신앙'과 '영적인 출생'과 연관된다. 요한복음의 다른 부분에서, 이런 주제들은 그들 자신의 문맥에서 사용되었다. 예를 들어, "내가 너희에게 진실로 말하노니 아무도 거듭나지 않으면 하나님의 나라를 볼 수 없다"(3:3). 그리고 3:16과 다른 많은 곳에 기록되기를 "그를 믿는 자마다 멸망치 않고 영생을 얻는다." 영생을 얻음이 신앙과 출생으로 묘사되어 있기에 이 두 주제는 여기서 주의 깊게 연구되어야 한다.

믿음(참고. 동사 πιστεύω는 98회 등장)은 요한복음에서 한 구절 안에서 정의되지 않고, 이것의 온전한 의미는 점차적으로 발전되어 분명해진다. 요한복음의 여러 다른 상황들은 서로 연관하여 읽혀져야 그것이 무엇을 의미하는지 온전히 알 수 있다. 여기서는 요한복음에서 πιστεύω라는 동사가 사용된 상이한 방식에 대한 세밀한 논의는 하지 않을 것이다. 일반적으로, πιστεύω는 다양한 동기나 실존적인 헌신을 통해서 사물이나 사람을 받아들이는 것을 의미한다. πιστεύω의 용례들의 분석은 하나님의 대리자로서 (하나님에게서 기인한 자신의 신분을 포함하는) 예수님의 인격뿐 아니라 예수님의 메시지를 온전히 받아들이는 구원의 신앙을 보여준다. 이렇게 말하지만 믿음의 성격은 여전히 모호하다. 이러한 수용의 참된 차원들과 결과들은 무엇인가? 이것이 중요한 질문인 것은 요한복음 안에서 하나님을 믿는다는 πιστεύω의 모든 용례들이 구원적인 신앙을 가리키는 것이 아니기 때문이다.

이것을 더욱 분명히 하려는 노력의 일환으로, 신앙의 다른 차원들이 부각되는 몇몇 구절과 문맥을 살펴보자. 첫 번째 구절들은 πιστεύω가 예수님을 영접함을 나타내지만, 잘못된 이유들로 인해 본인과 예수님을 향한 태도에 적절한 변화가 없는 경우이다. 이 경우의 신앙은 구원의 신앙이 아니고, 단지 예수님을 향한 긍정적 태도만을 표현한 것이다. 예를 들면, 요한복음 2:22-25에서 우리는 예수님이 행하신 표적을 보고 예수님의 이름을 믿는 사람을 본다. 하지만 예수님은 일방적으로 긍정적인 방식으로 반응하지 않으셨다. 예수님은 모든 사람을 잘 아셨기에 자신을 그들에게 맡기지 않으셨다(2:24). 단지 표적에 근거한 신앙은 부적합하다는 사실이 여기서 강조된다. 이것은 표적에 근거한 신앙을 완전히 거부하는 것이 아니라, 오히려 예수님을 신앙하는 것의 첫 걸음일 뿐이며 구원을 보증하는 것이 아님을 암시한다. 예수님을 믿는다고 하면서도 완전한 헌신이 부족하기에 자기 유익을 여전히 견지하는 경우가 있다.

자기 중심적인 태도의 위험성이 요한복음 12:42-43에 다른 방식으로 나타난다. 예수님을 믿되 공개적으로 주님을 고백하기 원하지 않는 사람들이 있다. 그 이유는 그들이 하나님보다 사람들로부터 더 큰 칭찬을 받기를 원했기 때문이다(12:43). 6:60-71에서 제자들이라고 불린 사람들이 무조건적으로 예수님을 따르기를 원하지 않았다. 왜냐하면 주님의 가르침이 자신들에게 너무 어려워서 집으로 돌아가 버렸기 때문이다. 이들은 신앙 안에서의 성숙이 부족했던 사람들이다. 자기 스스로 무언가를 찾으려는 태도는 실제로 구원을 얻는 믿음을 얻는 데 방해가 된다.

신앙이 부적당하게 보이는 두 번째 구절은 요한복음 8:30-47이다. 8:31의 신자를 향한 예수님의 말씀은 적절하다: "만일 너희가 나의 말을 붙들면 참으로 나의 제자이다. 그 다음 너희는 진리를 알게 될 것이고 진리가 너희를 자유하게 할 것이다"(8:31-32). 예수님의 말씀 안에 머문다는 것은 삶과 행위를 결정하는 자신의 생각이 되는 그 정도까지 말씀을 온전히 수용한다는 표현이다. 이것이 예수님께서 삶을 변화시키는 자신의 말씀을 수용하는 것과 자유를 연결시키실 수 있었던 이유이다. 죄로부터의 자유는 당신이 하나님의 자녀로서 무언가 할 수 있는 것을 의미한다(8:39-42). 그러나 요한복음 8장의 논의는 비록 그들이 믿기는 하지만, 하나님의 자녀로 살지 않는다면 결국 사탄의 가족에 속하게 된다는 것을 밝힌다.

세 번째 그리고 아마 가장 분명하고 예시적인 복합적인 구절은 요한복음 9장인데 거기서는 눈먼 사람의 육신적이고 영적인 치유를 다룬다. 이 구절은 예수님이 부재하시는 가운데 다른 사람이 주님을 변호하는 유일한 구절이다. 변호의 성격은 중요하다. 치유된 사람은 예수님은 하나님으로부터 오신 분이라는 치유의 신학적 함의만 이해한 것이 아니라(요 9:27-33), 그의 사회적 기득권을 포기하는 차원에 이르기까지 이 통찰력을 지키는 것이다. 그러나 그 이야기 안에 꼬임(twist)이 있다. 비록 그 사람이 근본적으로 모든 것을 잃어버리는 차원에 이르기까지 예수님을 변호했지만 불행하게도 그는 구원을 받지 못했다. 이유는 예수님의 참된 신분을 영접하지 않았기 때문이다(9:38). 이것은 행위 없는 영접은 부적당하며, 또한 예수님의 신분을 영접하지 않는 행위 역시 부적당함을 의미한다.

여기서 위의 논의의 핵심을 요약해 보자: 구원적 신앙 즉 구원을 얻는 믿음은 예수님의 메시지와 인격을 자기 희생적이며, 지적이며, 실존적으로 즉 종합적으로 수용하는 것이다. 그 수용의 정도는 하나님의 백성이 마땅히 해야 하는 바를 행하는 순종적 삶으로 인도하는 메시지에 일치하여 언행이 완전히 변화되는 정도이다. 하나의 중요한 언급이 남아 있다. 신앙은 구원 자체가 아님을 기억해야 한다. 오히려 신앙은 구원을 획득하는 수단이다. 환언하면, 구원으로 인도하는 것이다. 믿음은 성도로 하여금 구원의 원천이시며 영생의 수여자이신 예수님께로 향하도록 한다.

4.2.2. 구원: 하나님의 가족 안으로 태어남

4.2.2.1. 하나님께로서 남

요한복음 1:12-13에는 신앙과 출생의 관계가 나타난다: "영접하는 자 곧 그의(예수님의) 이름을 믿는 자에게는 하나님의 자녀가 되는 권세를 주셨으니." 믿는 사람은 영생-구원을 얻기 위해 하나님께로서 난 사람들이다. 이전 단락의 결론은 여기서 중요하다: 신앙이 구원은 아니지만 사실 구원으로 인도한다. 구원 자체는 하나님에게서 태어나는 것으로 표현된다(요 1:12-13; 참고. 3:3, 5). 그러므로 만약 우리가 다른 곳에서 "누구든지 그를 믿으면 멸망치 않고 영생을 얻는다"(3:16; 참고. 3:36; 5:24)는 구절을 읽는다면, 이것은 "예수님을 믿는다"라는 것이 '하나님에게서 남'이라는 말로 번역된 것임을 알아야 한다. 따라서 만일 당신이 믿으면 하나님에게서 난 자요, 하나님에게서 난 자들은 영생을 가지고 있다. 하나님의 자녀로서 태어남으로써(1:12-13), 그 사람은 하나님의 영적인 세계에 참여할 수 있게 된다(3:1-8). 이것은 성도로 하여금 이 세상의 삶의 모든 차원에서 하나님과 함께하도록 경험하게 하는 영생 때문이다(3:15-16 등).

하나님에게서 태어남, 영생, 하나님의 자녀, 그리고 하나님이 우리의 아버지가 되심과 같은 용어들은 중요한 은유적인 특성을 가지고 있음을 인식하는 것은 아주 중요한데, 이런 개념들은 직접적으로 '가족 이미지'(family image)와 연관되기 때문이다.[289] 이런 용어들은 가족 이미지와 연관된 더 큰 은유의 한 부분을 형성하기 위해 사용된다. 그러므로 요한복음의 구원은 1세기 개인주의가 아니라 가족 중심 세계의 관점에서 은유적으로 표현된다.

요한은 성도가 신앙을 얻고 중생할 때 그들에게 무엇이 일어나는지를 유비로 설명하기 위해, 이 세상의 일상적인 보통 가정의 이미지를 사용한다. 출생은 한 가정의 일부가 되는 기본적인 구성적 요소이기 때문에, 이것은 요한복음 안에서 가족 이미지를 활성화시키는 효과적인 은유이다. 모든 사람이 이 땅의 가정에 태어나듯이, 모든 성도는 하나님의 세계(가정) 안에 태어난다. 이것이 바로 왜 요한복음에서 중생이 그렇게 중요한 역할을 하는 이유이다(1:13; 3:3-8). 이 영적인 출생을 통하여, 하나님의 영적인 현존과 하나님의 실재에 대한 성도의 영적인 눈이 열리게 된다(4:24). 그리고 성령으로 태어남으로 말미암아 그 사람은 영적으로 민감해 지며(3:6) 하나님의 나라 혹은 왕의 가족 안에 존재한다.

구원의 행위 혹은 구원의 순간은 하나님의 가족 안에 혹은 단순히 하나님으로부터 태어나는 것으로 요한은 은유적으로 설명한다. 하나님의 가족 안에 태어남으로 그 사람은 그 가족의 관점에서 재사회화된다(re-socialisation). 이 새 사회(즉 하나님의 가족)는 성도가 그것을 지향하는 기본적이며 중요한 사회가 된

---

289) 참고. J.G. van der Watt의 프레토리아대학교 두 번째 박사학위 논문인 *Family of the King: Dynamics of Metaphor in the Gospel according to John* (Leiden: Brill, 2000).

다. 이 재사회화는 예수님에게서 우리가 알 수 있듯이, 하나님을 향해 사는 것과 영적인 실재를 이해하는 것과 새로운 사회적 그리고 실존적인 틀 안에서 기능하도록 하게끔 한다. 사실 구원은 반사회(anti-society)로 인도한다.[290] 요약하면, 하나님에게서 태어남 혹은 하나님의 가족 안에 출생하는 것이 구원의 순간이다.

4.2.2.2. 생명: 출생으로 인해 하나님의 가족 안에 존재함

가족의 삶에 기초한 이 은유적 그물 안에서, 출생은 생명을 결과로 가지고 오는 것이 분명한데, 요한은 실제로 이 은유를 더욱더 발전시킨다. 요한복음의 ζωή(생명)는 생물학적인 용어가 아니라 종교적인 용어다. 생명을 가지고 있는 것은 의식적으로 그리고 실존적으로 하나님의 가족의 실재에 참여하는 것을 암시한다. 이 일상 세상에서의 산다는 것은 먹고, 마시고, 타인과의 관계를 맺고, 행동하고, 순종하는 것 등을 의미한다. 동일한 것이 영생에도 적용된다. 출생을 통해서 이 생명을 받는다는 것은 그 사람이 하나님의 하늘의 실재에 참여할 수 있음을 의미한다. 그 사람이 하나님의 가족 안에서 하나님의 자녀가 되는데 이 사실은 하나님의 가족과 연관된 모든 권리들에 참여하는 것을 의미한다. 이 천상의 실재 안에, 성도는 행동하고, 관계를 맺고, 하늘의 실재를 평화와 사랑의 형태로 체험하게 된다. 영생을 가지고 있다는 것은, 따라서 하나님의 가족의 실재에 온전히 우리가 참여할 수 있음을 의미한다. 그 가족 안에 태어나는 것과 영생을 가지고 있는 것은 한 사람의 새로운 사회적 경계(boundary)를 초래한다. 비록 성도가 그들의 육체적인 공동체로부터 옮기어지지는 않지만, 다른 가족 즉 하나님의(은유적인) 가족은 그들의 삶을 이 새로운 공동체 안에서 결정 지운다.

---

290) '반사회'란 기존의 큰 사회의 틀을 거부하는 새롭고 대개 작은 사회인데, 요한복음에서 기존의 큰 사회인 유대인으로부터 떨어져 나와 기독교 신앙으로 뭉친 새롭고 참된 소수인 요한공동체를 가리킨다.

여기서 우리는 이 글의 서두에서 밝힌 구원의 개념 즉 모세의 제자와 예수님의 제자 사이의 갈등을 언급하면서 형성된 이 개념을 다시 상기해 보자. 위에서 구원이라고 불린 것은 모세의 제자가 예수님의 제자로 변하여 옮겨지는 것을 암시한다. 이렇게 옮기는 사람은 실제로 이 소경처럼 육신적 가족들 혹은 그들의 사회적인 지지 체계를 잃어버릴 수 있지만, 하나님의 가족을 얻게 된다.

그러므로 구원의 순간은 영적인 가족 안에 태어나 영생을 받는 것으로 설명할 수 있다. 이 사실은 우리를 중요한 점으로 이끈다. 영생은 요한복음 안에서 종종 구원을 표현하는 용어로서 언급된다. 출생의 결과는 영생이다. 따라서 영생에 관한 개념 정의에 의존하면서, 출생은 구원이 발생하는 순간을 묘사하고, 영생은 하나님의 출생이라는 구원론적 사건의 구원론적 결과인 것을 기억하는 것이 중요하다. 영생은 다시 태어나는 것인 구원의 결과를 묘사한다.

그렇다면 믿음은 이 장면의 어디에 적합한가? 신앙은 사람의 행동에 완전하게 부닥치게 하는 것으로서 예수님을 완전하고 무조건적으로 영접하는 태도이다. 이것은 사람으로 하여금 생명의 중보자이신 예수님을 온전히 영접하며 주님 앞에 복종하도록 만든다. 이러한 자리매김만으로는 사람을 하나님의 가족의 일원으로 만들 수 없다. 대신 이것은 위로부터 태어나는 것을 위한 하나의 중요한 필요조건이다. 위로부터 하나님에 의해 태어나는 것은 하나님 나라로 인도하는 길을 연다(요 3:3, 5). 예수님은 아버지께서 자신에게 생명을 주셨고 자신도 제자들에게 생명을 주시기 때문에 이 구원의 과정에 중보자이다(요 6:57). 당신이 하나님으로부터 태어나는 순간에만 하나님의 자녀가 되는 특권을 받는다(요 1:12-13). 신앙과 출생은 늘 함께 가는 것이지만 동일하지는 않다. 신앙은 사람의 태도와 반응을 묘사한다. 반면에 출생은 그 사람의 신앙으로부터 흘러나오는 변화 혹은 구원의 순간을 묘사한다. 하나님만 (영적이며 위로부터의) 출생을 주신다.

4.2.3. 성도와 그들의 대적들

갈등에 동반되어 나타나는 논의의 기본적인 충격은 사회적인 차원에 미친다. 위에서 언급한 소경의 이야기가 잘 보여주듯이 예수님의 대적은 성도를 자신의 사회적 지지 기구인 회당으로부터 제외시켰다. 반면에 성도는 그들의 대적(모세의 제자)이 실제 지원 체제인 하나님의 자녀로부터 제외된다고 주장한다. 신자의 눈을 통해 대적의 가족은 무엇과 같은지 대략적으로 살펴보자.

4.2.3.1. 대적의 지도자

간단하게 우리의 주의를 요한복음의 독특성인 마귀의 역할에 기울여 보자. 공관복음과는 달리 요한복음에는 광야에서의 시험도, 예수님에 의한 어떠한 악령 축출도 나타나지 않는다. 대신 예수님 자신이 악령 들렸다고 비난받는다. 그러나 마귀는 불신자의 아비이며 이 세상의 왕자로 묘사된다. 이것은 모두 사회적으로 볼 때 집단적인 의미를 가진다. 사탄이 '세상 임금'으로 불리는 세 구절의 문맥 안에서(12:31; 14:30; 16:11), 지배적인 주제는 십자가 사건을 통해서 예수님께서 이 왕자를 정복하는 것이다. 또한 이 왕자와 그에게 속한 모든 사람을 향한 심판이 강조된다. 주님이 이 세상의 아비와 왕자를 압도하심으로써, 예수님은 실제로 힘이 어디에 있는가에 관한 사회적인 재묘사와 관련 있는 전체 그룹을 압도하신다. 지배세력인 유대인이나 심지어 빌라도에 의해 부여된 힘이 아니라, 그 힘이 위로부터 온 것이 아니면 아무도 해할 권세를 가질 수 없다는 주님의 말씀을 기억하면 진짜 힘은 하나님에게 있음을 알 수 있다(요 19:11).

다른 한편으로, 예수님을 향해 반대하는 육체적인 대적의 배후에는 사탄이 서 있는 것으로 묘사된다. 사탄은 실제로 사람 안에서 그리고 사람을 통하여 예수님의 사역을 파괴하려고 시도한다. 그는 가룟 유다의 마음에 들어가서 예수님을 팔도록 만들었다(13:2, 27). 아마 가장 잘 알려진 표현은 예수님을 따르지 않는 사람들은 마귀의 자녀라는 것이다(8:44). 그들은 그들의 조상들에게서 배우고 들은 것을 행한다(8:38). 이 방식으로 마귀는 악한 행위와 말의 근원으로 묘사된다.

비록 마귀는 예수님에 대해 어떤 힘도 가지고 있지 않고 패배 당해 쫓겨났지만(12:31), 지금부터 마지막 날까지 즉 중간기에 여전히 아주 강력한 힘을 가지고 있다(12:48). 이 이유로 주님은 아버지께서 성도를 악으로부터 보호하시도록 기도하셨다.

4.2.3.2. 심판

물론 구원의 다른 면은 심판과 사망이다. 이것으로부터 예수님은 사람 혹은 세상을 구원하시길 원하신다. 믿지 않는 자는 영생을 보지 못할 것이라는 사실은 제쳐 두고라도 불신자는 현재적인 하나님의 진노의 결과로부터 고생할 것이다. 사람들은 하나님 없이 단지 자신의 죄 때문에 죽을 것이다.

5. 결론

요한복음의 구원론은 피상적이며 무역사적인 방식으로 형성된 것이 아니다. 그것은 요한공동체가 모세의 제자들과 직면한 구체적인 상황에서 표출된 것이다. 따라서 요한복음서의 구원론적인 표현들은 그 특성에 있어서 모든 것을 포함하는 일반적인 것이 아니라 오히려 특정적인 것이다. 이 이유로 구원론은 특정 문제를 언급하며 그것의 해결을 추구한다. 구원론적인 용어들은 상징적 세계를 강화하기 위해 발전되었으며 그 결과 예수님의 제자들의 사회적인 응집력을 재확인시킨다.

이것은 요한이 매 상황마다 구원의 이슈를 말했다는 것을 의미하지 않는다. 요한일서에서 분명해지는 바와 같이 요한은 예수님의 피가 모든 죄를 정결케 한다는 주장을 주저함 없이 말하거나(요일 1:7) 자신의 독생자를 우리의 죄를 속하기 위해 보내신 사랑의 하나님도 언급한다(요일 4:10). 요한일서의 구원론적인 표현은 다른 상황에서 나온 것인데, 환언하면 기독교인이 그릇된 행위와 개인과 하나님과의 단절된 관계가 발생한 교회내부의 상황에서 개인적인 죄에 대한 질문이 언급된 상황이다. 이것은 무엇을 말하는가? 요한일서의 구원론과 요한복음의 구원론은 상이할 수밖에 없는데, 그 이유는 다른 상황이 다른 접근을 요하기 때문이다.[291]

---

291) 요한복음의 영생, 기독론, 종말론을 위해서는 아래 자료를 참고하라:
노재관. 1997. 요한신학. 성광문화사.
로버트 케이사르, 요한복음 신학. 서울: CLC, 1996.
로버트 케이사르. 1996. 요한복음서 연구. 성지출판사.
바레트, C.K. 1984 (1985). 요한복음 I (II). 국제성서주석. 한국신학연구소.
배종수, "요한복음의 종말론에 대한 제이론 (I): 철저적 종말론과 실현된 종말론을 중심하여", 「신학과 선교」, 20(1995), 63-106.
스티븐 스몰리. 1996. 요한신학. 생명의 샘.
오스본. 2005. 요한복음. 성서유니온선교회.
오스카 쿨만. 1993. 그리스도와 시간. 나단.
유상섭. 1999. 설교를 돕는 분석 요한복음. 규장.
이기흔. 1997. 「요한복음의 기독론과 종말론의 관계성」. 아세아연합신학대학교 대학원. Th.M. 논문.
쾨스텐버그, A. 2005. 요한복음. (In 데스몬드 알렉산더 & 브라이언 로즈너 eds. IVP 성경 신학사전. IVP. p.408-15.)
홍창표. 1993. 하나님 나라와 종말론. 도서출판 하나.
Beasley-Murray, G.R. 1987. John. WBC. Waco : Word.
Bernard, A.J.H. 1928. The Gospel according to St. John. ICC. Edinburgh : T&T Clark.
Brown, R.E. 1966. The Gospel according to John. I-XII. London : Geoffrey Chapman.
Bultmann, R. 1971. The Gospel of John: a commentary. Oxford : University of Oxford Press.
Carson, D.A. 1991. The Gospel according to John. Grand Rapids : Eerdmans.
Coetzee, J.C. "Jesus' revelation in the ego eimi sayings in John 8 and 9" in *A South African perspective on the New Testament: essays by S African NT scholars presented to Bruce M. Metzger* (Leiden: Brill, 1986), 170-77.
Coetzee, J.C. 1995. Keys to God's revelation in the New Testament: part one: evangel, world-view,

Kingdom. Potchefstroom : EFJS Drukkers.
Du Rand, J.A. 1997. Johannine perspectives: introduction to the Johannine Writings- part 1. Johannesburg: Orion.
Köstenberger, A.J. 1999. Encountering John. EBS. Grand Rapids : Baker.
Malina, B.J. & Rohrbaugh, R.L. 1998. Social-science commentary on the Gospel of John. Minneapolis: Fortress Press.
Morris, L. 1984. John. NICNT. Grand Rapids : Eerdmans.
Van der Watt, J.G. 1999. Johannes. (In Vosloo, W. & Van Rensburg, F.J. eds. Die Bybellenium: eenvolumekommentaar. Vereeniging : CUM. p. 1314-70.)

03 요한복음 7:38의 구약 사용

들어가면서

　4복음서 가운데 마태복음이 구약의 메시아 예언을 예수님께서 성취하셨다는 사실을 매우 강조하는 것은 사실이지만, 요한복음 역시 예수님의 인격과 사역을 구약의 개념과 특정 본문에 뿌리를 둔다(참고. 요 5:39; 10:35). 따라서 요한복음에서 그리스도이시며 하나님의 아들이신 예수님(요 20:31)의 인격과 사역을 구약 배경에서 찾는 것은 자연스럽다. 요한복음의 구약 인용은 총 14개인데, 이른바 '표적의 책'이라 불리는 요한복음 1-12장에는 9개(사 40:3/요 1:23; 시 69:9/요 2:17; 시 78:24/요 6:31; 사 54:13/요 6:45; 시 82:6/요 10:34; 시 118:26/요 12:13; 슥 9:9/요 12:15; 사 53:1/요 12:38; 사 6:10/요 12:40), '영광의 책'이라 불리는 요한복음 13-21장에는 5개이다(시 41:9/요 13:18; 시 35:19; 69:4/요 15:25; 시 22:18/요 19:24; 출 12:46; 민 9:12; 시

34:20/요 19:36; 슥 12:10/요 19:37).²⁹²⁾ 흥미롭게도 표적의 책은 이사야 인용으로 시작하고(사 40:3/요 1:23) 마친다(사 6:10/요 12:13).²⁹³⁾

이 인용들 중에서 8개는 시편(요 2:17; 6:31; 10:34; 12:13; 13:18; 15:25; 19:24; 19:36),²⁹⁴⁾ 4개는 이사야서(요 1:23; 6:45; 12:38, 40), 2개는 스가랴서(요 12:15; 19:37), 1개는 모세 오경(요 19:36)에서 왔다. 따라서 요한복음의 예수님은 구약 성경 중 특별히 시편과 이사야서의 예언을 성취하신 분이라 할 수 있다.²⁹⁵⁾

요한복음의 전체 구조에서 볼 때, 표적의 책과 영광의 책을 이어주는 요한복음 12:38과 40절에 나타난 구약 인용도 눈여겨 볼만하다. 요한은 이 두 구절에서도 이사야서를 인용한다(사 6:10; 53:1). 요한복음에서 구약의 인용 혹은 암시는 예수님께서 유대인의 종교의식과 규례를 성취하셨음을 논증할 때 동원되는데(2:17-21), 7:38도 이 경우에 해당한다. 이 글에서는 요한복음 7:38에서 어떤 구약 구절이 어떤 방식과 목적으로 사용되었는가를 살피기 위해서, **(1)** 요한복음 7:38의 본문, 문맥, 의미를 간단히 연구하고, **(2)** 요한복음 7:38의 구약의 간본문을 탐구할 것이다.

---

292) 이 글은 『교회와 문화』 32(2014), 69-96에 게재되었다. 요한복음에 나타난 구약에 관한 연구 목록은 M.J.J. Menken, "Observations on the Significance of the Old Testament in the Fourth Gospel," in G. Van Belle, J.G. Van Der Watt & P. Maritz eds., *Theology and Christology in the Fourth Gospel* (Leuven: Leuven University Press, 2005), 155의 각주 1번에서 볼 수 있다. 이 글은 맨켄이 제시한 논의를 기초로 하여 전개하므로, 중요한 부분은 그의 글을 번역했다.

293) C.H. Williams, "Isaiah in John's Gospel," in S. Moyise & M.J.J. Menken eds., *Isaiah in the New Testament* (Edinburgh: T&T Clark, 2007), 102.

294) Daly-Denton은 시 78:24를 인용하는 요 6:31을 목록에 추가할 수 있다고 본다. 요 7:38(시 78:16, 20), 요 19:28(시 69:22), 요 19:36(시 34:21)의 경우 시편을 포함하여 다른 구약 본문을 복합적으로 인용(composite quotation)하는 것으로 간주한다. 공관복음에서 '성경'(ἡ γραφή)이 시편을 가리키는 비율(마태복음 38회 중 7회 18%, 마가복음 14회 중 3회 21%, 누가복음 16회 중 5회 31%)과 비교할 때, 요한복음은 16회 중 10회 62%나 된다. M. Daly-Denton, "The Psalms in John's Gospel," in S. Moyise & M.J.J. Menken eds., *The Psalms in the New Testament* (Edinburgh: T&T Clark, 2004), 119, 121.

295) 참고. A.J. Köstenberger, "John," in G.K. Beale & D.A. Carson eds., *Commentary on the New Testament Use of the Old Testament* (Grand Rapids: Baker, 2007), 415-16.

1. 요한복음 7:37b-38의 본문, 문맥 그리고 의미

1.1. 본문

요 7:37b(NTG 28th): ἐάν τις διψᾷ ἐρχέσθω πρός με καὶ πινέτω

요 7:38(NTG 28th): ὁ πιστεύων εἰς ἐμέ, καθὼς εἶπεν ἡ γραφή, ποταμοὶ ἐκ τῆς κοιλίας[296] αὐτοῦ ῥεύσουσιν ὕδατος ζῶντος[297]

본문비평이 필요한 부분은 37b의 πρός με('나에게로')인데, GNT 4th에서 본문 비평 등급은 {B}이다. 이것을 지지하는 것은 p^{66c}, $\aleph^2$, L, T, W, 다수사본, 그리고 다수의 교부의 글이다. 비슷하게 B와 p^{75}는 πρός ἐμέ라고 강세형으로 쓴다. 하지만 p^{66*}, $\aleph^*$, D 그리고 몇몇 교부는 πρός με를 생략한다. 외증 즉 사본상의 지지로 볼 때 πρός με가 있는 것이 원본에 가깝다. 내증 즉 요한의 표현과 문맥도 외증의 결론과 비슷한데, 38절에도 비슷한 표현(εἰς ἐμέ)이 등장한다.

1.2. 문학적-역사적-계시사적 문맥

예수님은 초막절(ἡ σκηνοπηγία, Feast of Sukkoth) 중간 무렵에 예루살렘 성전에 도착하셨다(요 7:2, 10, 14). 뒤따르는 요한복음 8장도 성전을 배경으로 하며, 9장 역시 성전의 초막절을 배경으로 한다(12, 20절). 유대인들은 초막절을 추분(秋分) 무렵인 티쉬리 월 15-21일에 지켰다. 그때는 포도 수확 후, 수전절(Hanukkah) 2달 전인데, 유대인들은 초막 안에 머물면서 출애굽의 구원을 기념했다(참고. 레

---

296) 유대인들은 38절의 '배'(κοιλία)를 '예루살렘'으로 해석했을 수 있다. 왜냐하면 그들에게 예루살렘은 '지구의 배꼽/중심'(navel)으로서(희년서 8:19; Sanhedrin 37a; 참고. 겔 38:12). 지구 전체에 영양분을 공급하고 생명줄과 같았기 때문이다. 참고. Köstenberger, "John," 454; A.R. Kerr, *The Temple of Jesus' Body: The Temple Theme in the Gospel of John* (Sheffield: Sheffield Academic Press, 2002), 239.

297) 37b-38의 새로운 구두점과 번역 문제는 아래 1.3을 보라.

23:33-43; 민 29:12-39; 신 16:13-17; 느 8:13-18; 호 12:9; 슥 14:16-19). 초막절은 대속죄일 직후인데, 6개월 전에 시작된 유월절과 무교절로 시작된 1년 동안의 종교 절기의 종료를 의미한다. 초막절은 매우 대중적이었기에 단순히 '그 절기'(the Feast)라고 불리기도 했다(참고. 왕상 8:2, 65; 12:32; 대하 5:3; 7:8; 느 8:14, 18; 시 81:3; 겔 45:25).

예수님은 초막절 끝 날에 자신이 구약에서 예언된 '생수의 강들'인 성령님을 주시는 분임을 선언하신다(참고. 37, 39절). 제사장은 초막절기 7일 동안 매일 찬양대가 이사야 12:3을 부르는 동안 실로암 연못(왕하 20:20)에서 물을 떠서 금으로 만든 병에 담아 성전으로 행진했는데, 군중은 오른 손에는 광야의 초막을 상징하는 종려나무, 은매화, 버드나무(lulabs) 가지 3개를 들고, 왼손에는 풍성한 추수를 상징하는 감귤나무(ethrog) 가지 3개를 들고 흔들며 제사장의 뒤를 따랐다(참고. 레 23:40; m. sukkah 3:4; 4:1-4).[298] 그 후 군중은 가지를 번제단 옆에 두고, 제사장은 물을 제단 위 용기에 붓는 의식을 행했다. 제 7일에는 특별한 의식을 행했는데, 시편 113-118을 노래하는 군중들과 찬양대에게 둘러싸인 제사장이 번제단 주위를 한 번이 아니라 일곱 번이나 돈 후, 계단을 올라가 실로암에서 가져온 물과 포도주를 번제단 위 두 개의 은 대접에 각각 부으면 관을 통해 제단 아래로 보내졌고, 여인의 뜰에는 횃불을 피웠다(8:12; m. sukkah 5:2-3).[299] 그리고 마지막 날 다음 날인 제 8일째는 특별한 안식일인데, 참가자들이 제사를 드리고, 초막을 걷고, 성전의 찬양대는 할렐 시편(시 113-118)을 반복해서 불렀다(참고. 요세푸스, 유대고대사 3.245).[300]

초막절에 번제단 위에 물을 붓는 상징적 의식은 출애굽 한 이스라엘이 광야에서 반석으로부터 나온 생수를 마신 사실을 돌이켜 보면서(참고. 출 17:1-7; 민 20:8-13), 동시에 종말론적인 메시아 시대에 반석이신 메시아로부터 성령님이 부

---

298) G.M. Burge, *John* (The NIV Application Commentary; Grand Rapids: Zondervan, 2000), 226-27.
299) 초막절의 '물과 빛'의 결합된 형태는 요 9:5, 7에서 볼 수 있다.
300) 참고. D.A. Carson, *The Gospel according to John* (Grand Rapids: Eerdmans, 1991), 321.

어질 것을 내다본다(참고. 사 55:1; 겔 47:1-9; 슥 13:1; 계 22:1-2). 또한 유대인들은 긴 건기(乾期)의 끝자락인 초막절 마지막 날에 하나님이 비를 주시도록 기도했다(참고. 느 9:15, 19-20; 슥 14:16-17). 농경문화와 출애굽 주제 그리고 메시아 시대에 관한 종말론적 예언을 배경으로 하여, 예수님은 초막절 같은 유대인의 제의가 자신에 의해서 성취되어, 신약 백성에게 부어질 성령님에 대한 그림자임을 계시사적으로 가르치신다.[301] 유대인들은 더 이상 물을 마시지 않고 번제단 위에 쏟아 부을 것이 아니라, 생명을 주시는 하나님의 아들, 그리스도이신 예수님에게 와서 생명을 주는 물(life-giving water)을 마셔야 한다(참고. 요 20:31).[302] 예수님이 영광을 받으신 후, 종말론적 은사이신 성령님은 그 이전보다 모든 성도 가운데 더 분명한 방식으로 역사하실 것이다.

1.3. 간략한 주해

37절의 '그 큰 잔치의 끝 날'(Ἐν τῇ ἐσχάτῃ ἡμέρᾳ τῇ μεγάλῃ τῆς ἑορτῆς)은 초막절 '제 8일째'로 볼 수 있다. 왜냐하면 초막절 제 8일째가 '회집을 종결짓는 큰 날'이자(참고. 느 8:18의 τῇ ἡμέρᾳ τῇ ὀγδόῃ ἐξόδιον) 특별한 안식일이었으므로(레 23:36; m. sukkah 4:8-9; 2마카비 10:6), 이전 7일 동안의 절기와 더불어 지켜진 것 같다. 초막절 첫날처럼 여덟째 날도 노동이 금지된 안식일이었다.[303] 성경에서 숫

---

301) Köstenberger, "John," 452.
302) Ridderbos, H. *The Gospel of John*, 272. 초막절 사건을 포함하는 요 7:37-52(특히 40, 52절)에서 예수님의 종말론적 선지자 정체성을 위한 논의는 Cho, *Jesus as prophet in the Fourth Gospel*, 227에서 볼 수 있다.
303) '명절 끝날'을 실로암의 물이 제단에 (제 1일부터) 부어지던 제 7일째로 보는 이로는 Brown, Bultmann, Burge, Ridderbos, Schnackenburg 등이 있으며, 제 8일째로 보는 이는 Barrett, Carson, Godet, Hoskyns, Kanagaraj, Meyer, Moloney, Morris, Schlatter, Van Houwelingen, 변종길 등이며, Michaels는 결론을 유보한다. 탈무드 시기에 '초막절, 물, 불'은 특별히 여덟째 날과 관련되었다(*b. sukkah* 48). 참고. J.R. Michaels, *The Gospel of John* (NICNT; Grand Rapids: Eerdmans, 2010), 461; Carson, *The Gospel according to John*, 321; 다렐 보크, 『복음서를 통해 본 예수』(서울: 솔로몬출판사, 2012), 764; Ridderbos, *The Gospel of John*, 272; 변종길, 『성령과 구속사』(서울: 개혁주의 신행협회, 1997), 138-39.

자 '8'은 '새로운 시작'의 뉘앙스를 가진다(참고. 벧후 2:5; 계 17:11). 그렇다면 이 사실에 근거하여 추론할 수 있는 내용은 무엇인가? 그것은 예수님의 사역으로 이미 '종말'이 시작되었지만(요 6:39, 40, 44, 54; 11:24; 12:48), 예수님께서 영광을 받으신 후에 보내실 하늘의 단비이자 종말의 은사인 성령님이 믿는 자들에게 부어짐으로써 종말이 가속화 된다는 사실이다(요 7:39).[304] 이 종말은 성령님이라는 실체와 관련된 여러 그림자(초막절, 돌성전, 실로암의 물)의 끝이므로, 새로운 시작과 새로운 시대를 의미한다. 따라서 종말은 옛 그림자가 사라진 새 시대다. 또한 이 끝은 신약의 예수님과 성령님께서 주시는 더 나은 구원의 그림자인 구약의 구원(구원의 사건인 출애굽 후 광야에서 초막 안에 지냄)과 농경적 잔치(1년 추수)의 종말이다. 이 종말론적인 실체로서의 구원은 그림자를 성취하신 예수님에게 믿음으로 나아오는 자만 받을 수 있다. 그러므로 신약 교회에 내주하시는 성령님은 신자가 영원한 장막인 신천신지에 들어갈 때까지 구원의 잔치를 지금 그리고 여기서 하도록 보증하신다(참고. 고후 1:22; 엡 1:13-14).[305]

그런데 38절의 '그'는 누구를 가리키는가? 예수님을 믿는 신자인가, 아니면 예수님 자신인가? 성령님이 성자로부터 나오지 않고 성부로부터 나온다고 믿는 동방 교부들은 '그'를 '신자'로 교회론적으로 해석한다.[306] 하지만 서방 전통에서는 주로 '그'를 기독론적으로 이해하여 예수님으로 본다.[307] 요한복음 7장

---

304) 자세한 것은 Z.C. Hodges, "Rivers of Living Water-John 7:37-39," *Bibliotheca Sacra* 136(1979), 247-48을 보라. 그리고 Kerr, *The Temple of Jesus' Body*, 229를 보라. 참고로 구약에서도 '물'은 성령님을 내다보는 상징이었다(참고. 사 44:3; 겔 36:25-27; 욜 2:28). 만나, 물 그리고 은사로서의 성령님을 집약적으로 보여주는 구절은 느 9:20이다: "주께서는 또 주님의 선한 영을 주셔서 그들을 가르치셨고, 주님의 만나를 그들의 입에서 끊이지 않게 하셨으며, 그들이 목마를 때 물을 주셨습니다."

305) 요 37b-39에서 예수님의 영광 받으심 이전에서 이후로의 전환을 볼 수 있는데, 여기서 중요한 분수령은 그리스도의 승귀 사건 곧 '예수님의 부활, 승천, 오순절 성령 강림사건'이다. 그리스도의 초림으로 종말이 이미 시작되었지만, 특별히 옛 언약과 새 언약이 중첩되었던 AD 1세기 동안, 이 종말 시기는 AD 70년에 옛 언약의 핵심이었던 돌 성전이 파괴된 사건을 아우르는 계시사적 사건들을 하나의 큰 덩어리처럼 분기점으로 삼아 새 창조의 완성을 향해서 점진적으로 발전했다.

306) Origen, Athanasius, 그리고 Barrett, Behm, Bernard, Carson, Cortés Quirant, Lightfoot, Lindars, Michaelis, Morris, Rengstorf, Schlatter, Schweizer, Westcott, Zahn, 현대 역본으로는 NIV, RSV.

307) Justin, Hippolytus, Tertullian, Cyprian, Irenaeus, Aphraates, Ephraem, 그리고 Abbott, Audet,

의 초점은 성도가 아니라, 그리스도이시며 종말론적인 선지자이신 예수님이시다(35, 40-42절; 참고. 신 18:15). 그리고 예수님은 부활하신 날 저녁에 제자들에게 성령님을 맛보기로 정도로 주셨다(요 20:22; 비교. 행 2). 또한 '생명의 떡'이신 예수님께로 와서 믿음으로 먹고 마시는 자는 주리지 않을 것처럼(요 6:35), '생수의 근원'이신 예수님께 믿음으로 와서 먹고 마시는 자는 주리지 않는다(7:38; 그리고 4:14; 참고. 2세기의 도마복음 13). 따라서 '그'는 1차적으로 예수님을 가리키며, 2차 적용 차원에서 신자를 가리키는 것으로 보는 게 자연스럽다.[308]

여기서 살펴볼 필요가 있는 문제는 구두점의 위치다. 서방 전통처럼 38절의 '그'를 예수님으로 이해하는 것을 분명히 하기 위하여, 37b-38의 쉼표와 마침표를 전통적인 NTG 28th 그리고 다수사본 헬라어성경과 다른 방식으로 아래와 같이 찍을 수 있다:[309]

ἐάν τις διψᾷ ἐρχέσθω πρός με, 누구든지 목마르면 나에게 오라;

καὶ πινέτω ὁ πιστεύων εἰς ἐμέ. 그리고 나를 믿는 자는 마시라.

καθὼς εἶπεν ἡ γραφή, 그리고 성경이 말씀하셨던 것처럼,

ποταμοὶ ἐκ τῆς κοιλίας αὐτοῦ ῥεύσουσιν ὕδατος ζῶντος. 그의 배로부터 생수의 강들이 흐를 것이다.

Bock, Boismard, Braun, Brown, Bultmann, Burge, Dodd, Hoskyns, Jeremias, Kanagaraj, Kerr, Lagrange, Lattey, Macgregor, Marcus, Ménard, Mollat, Painter, H. Rahner, Ridderbos, Schnackenburg, Stanley, C.H. Turner, Van der Waal, Zerwick, 조석민. 참고로 요 7:38의 배경 구약 구절을 사 12:3으로 파악하는 Marcus는 사 12:3의 '구원의 우물'의 '구원'(יֵשַׁע)과 '예수'(יֵשׁוּעַ)가 히브리어로 거의 동일하므로 '그의 배'는 구원자이신 '예수님의 배'라고 설명한다. J. Marcus, "Rivers of Living Water from Jesus' Belly(John 7:38)," JBL 117(1998, 2), 329.

308) 참고. R.E. Brown, The Gospel according to John I-XII (London: Geoffrey Chapman, 1971), 320, 329; Kerr, The Temple of Jesus' Body, 236; M.J.J. Menken, Old Testament Quotations in the Fourth Gospel: Studies in Textual Form (Kampen: Pharos, 1996), 202; H. Ridderbos, The Gospel of John: A Theological Commentary (Grand Rapids: Eerdmans, 1997), 273.

309) 1800년대 말부터 본격적으로 연구된 이 새로운 방식의 구두점은 고대 라틴어 역본 d, e 및 소수의 교부들 그리고 NEB, NRSV, NLT 등이 지지한다. 참고. Kerr, The Temple of Jesus' Body, 231; S. Cho, Jesus as prophet in the Fourth Gospel (Sheffield: Sheffield Phoenix Press, 2006), 227; contra 변종길, 『성령과 구속사』, 175.

복수형 명사 '강들'(ποταμοί)은 역시 복수형으로 쓰는 LXX의 영향으로 보이는데, 이 명사는 예수님이 보내신 오순절 성령님이 성도 안에서 풍성하고 다양하며 충만하게 역사하실 것을 강조한다.[310]

2. 요한복음 7:38의 구약 간본문[311]

이 글의 '들어가면서'에서 살펴본 대로, 요한복음 7:38은 "그 (구약)성경이 말했던 것 같이"(καθὼς εἶπεν ἡ γραφή)라는 표현에도 불구하고 구약을 직접적으로 방식으로 인용하지 않기에 사용된 본문을 추적하는 데 어려운 본문이다.[312] 대신 구약의 복합인용이나 암시의 관점에서 본다면, 여러 구약 간(間)본문(시편, 이사야서, 스가랴서)을 찾을 수 있다. 그렇다면 "요한은 어떤 구약 성경을 7:38에서 염두에 두고 있으며, 그의 해석 방식과 의도는 무엇인가?"라는 질문을 염두에 두고 살펴보자.

2.1. 시편 77:16 LXX

본문: καὶ ἐξήγαγεν ὕδωρ ἐκ πέτρας καὶ κατήγαγεν ὡς ποταμοὺς ὕδατα[313]
바른성경(시 78:16): "바위에서 시내를 내시고, 물이 강처럼 흘러내리게 하셨다."[314]

---

310) J. 칼빈, 『요한복음. 칼빈주석』 (서울: 크리스챤 다이제스트, 2012), 318.
311) 이 단락의 기초 본문(basis text)은 Menken, *Old Testament Quotations in the Fourth Gospel: Studies in Textual Form*, 187-203인데, 맨켄의 주장을 요약하여 번역한 경우가 많다. 그런데 맨켄은 중요한 물 이미지를 다루는 겔 47:1-2, 7-12를 요 7:37b-38의 주요 간본문으로 다루지 않는다.
312) Daly-Denton, "The Psalms in John's Gospel," 134; Williams, "Isaiah in John's Gospel," 102-115. GNT 4th는 요 7:38을 구약을 인용한다는 표시인 진한 글자로 처리하지 않는다.
313) LEX: and he brought water out of the rock, and caused waters to flow down as rivers.
314) 개역개정판과 달리 바른 성경은 첫 단어인 접속사(ו, '그리고')를 번역하지 않는다.

요한복음 7:38의 명사 ὕδωρ(물) 그리고 ποταμοί(강들)가 시편 77:16 LXX에도 등장한다(참고. 동사 ῥέω, 흐르다).³¹⁵⁾ 시편 78(MT)의 저자는 '아삽'(אָסָף)이다. 아삽의 첫 번째 역사 회고는 '애굽'에서(12절) 하나님이 물을 공급하신 '광야'로 이동한다(15-16절; 참고. 출 17:6; 민 20:8-11; 고전 10:3). 여기서 아삽은 13절과 15절에 바다와 바위를 '쪼개다'(διέρρηξεν)라는 동일한 동사를 사용한다. 아삽의 두 번째 역사 회고는 54-55절에 나타나는데, 하나님께서 '가나안 땅'에서 역사하신 사건이다.³¹⁶⁾ 그런데 출애굽기 17:1-7과 민수기 20:2-13에 나타난 이스라엘 백성의 불평은 시편 78:12-16에 언급되지 않는다. 이것은 아삽이 출애굽이라는 구원의 사건을 이스라엘에게 주신 하나님의 순수한 은혜와 그분의 주도적 일하심에 초점을 맞춘 결과라 할 수 있다.³¹⁷⁾

시편 78:16 MT의 כִּנְהָרוֹת מָיִם (Kannŭhărôt māᵒyim, water like rivers, '강 같은 물')을 모음을 달리하여 Kannahărôt māᵒyim으로 읽을 수 있다면, 그 뜻은 요한복음 7:38처럼 '강물 같이'(like rivers of water)이다.³¹⁸⁾

야웨께서 출애굽 시 주도권을 쥐시고 구원과 양식을 공급하셨다면, 신약에서는 예수님께서 성령님을 보내셔서 성도의 깊은 내면에 성령님이라는 생수로 역사하신다. 구약의 구원이 이제 예수님과 성령님에 의해서 신약의 우주적 교회 안에서 종말론적으로 확대 및 상승된다.³¹⁹⁾ 현 논의에서 두드러지는 '출애굽 주제'의 관점에서 볼 때, 예수님은 성령님을 신자에게 주셔서 죄와 사탄과

---

315) 참고로 시 77:15 LXX는 하나님이 백성에게 물을 주셔서 먹게 하셨다(ἐπότισεν αὐτοὺς)인데, 요 7:37b(πινέτω)와 간본문이다.
316) J.A. 모티어, "시편," in G.J. 웬함 & J.A. 모티어 eds., 『IVP 성경주석: 구약』(서울: IVP, 2005), 731.
317) M.E. Tate, *Psalms 51-100* (WBC; Dallas: Word Books, 1990), 290.
318) Menken, *Old Testament Quotations in the Fourth Gospel*, 196.
319) Menken은 요 7:38이 시 78:16, 20이 다른 구약 구절보다 가장 확실히 '인용'된 것으로 보면서, 요한이 모형론적 해석을 했다고 본다. Menken, "Observations on the Significance of the Old Testament in the Fourth Gospel," 160.

사망에서 해방과 만족을 주신다(참고. 눅 9:31; 골 1:13). 시편 78에 '모세'가 한 번도 언급되지 않기에, 예수님을 '새 모세'라고 부르기보다 '여호와의 출애굽 사역을 이어서 하시는 분'으로 부르는 것이 자연스럽다.

2.2. 시편 77:20 LXX

> 본문: ἐπεὶ ἐπάταξεν πέτραν καὶ ἐρρύησαν ὕδατα καὶ χείμαρροι κατεκλύσθησαν μὴ καὶ ἄρτον δύναται δοῦναι ἢ ἑτοιμάσαι τράπεζαν τῷ λαῷ αὐτοῦ[320]
> 바른 성경(시 78:20): "보아라,[321] 반석을 쳐서 물이 솟아나게 하고, 시내가 넘쳐흐르게 하였으나 자기 백성을 위해 빵도 주고 고기도 공급할 수 있겠느냐? 하였다."

요한복음 7:38의 동사 ῥέω(흐르다)와 명사 ὕδωρ(물)가 시편 77:20 LXX에 등장한다. 그리고 이 두 구절은 내용상 충분한 간본문성을 보인다. 그리고 아삽은 이 시에서 요한처럼 '만나'와 '반석에서 나온 물'을 연결한다(참고. 요 6:32, 35). 요한은 6:31에서도 시편 77:24 LXX를 인용했으므로, 7:37b-38가 시편 77:20 LXX를 염두에 두었을 가능성이 크다.[322]

시편 77:12-16 LXX는 10개의 콜론(cola)으로, 17-20절은 10개의 진술(statements)로 구성되어 균형을 이룬다.[323] 그런데 아삽은 여호와께서 바위로부터 물을 공급하신 사건을 회상하는 12-16절과 달리 17-20절에서는 광야에서 이스라엘 백성의 불평과 반역을 다룬다. 20절은 이스라엘 백성이 하나님을 향

---

320) LXE: Forasmuch as he smote the rock, and the waters flowed, and the torrents ran abundantly; will he be able also to give bread, or prepare a table for his people?
321) 바른 성경은 LXX(ἐπεί, -이므로) 대신 MT(הֵן)를 반영하여 '보아라'라고 번역하지만, 주어(개역개정판은 '그가')를 번역하지 않아 다소 모호하다.
322) Menken, *Old Testament Quotations in the Fourth Gospel*, 196.
323) Tate, *Psalms 51-100*, 290.

해서 퍼부은 조롱과 불신앙과 불평의 일부이다. 아삽처럼 요한도 7:38에서 예수님께서 영광을 받으신 후 믿는 자들에게 성령님을 부어주신 후에, 신자들의 불평과 불신앙을 염두에 두었는지는 확실하지 않다. 요한은 아삽의 이 시를 염두에 둔 채, '종말론적인 참 반석'이신 예수님으로부터 생수(aqua viva)의 성령님이 흘러나온다고 이해했을 가능성이 충분하다.[324] 요한복음의 독자들은 불신앙으로 불평했던 이스라엘 백성을 반면교사로 삼아야 했다.

2.3. 시편 104:41 LXX

본문: διέρρηξεν πέτραν καὶ ἐρρύησαν ὕδατα ἐπορεύθησαν ἐν ἀνύδροις ποταμοι[325]

바른 성경(시 105:41): "주께서 바위를 가르셔서 물이 솟아 마른 땅에 강이 흐르게 하셨으니"

'구속사에 나타난 여호와의 행동'을[326] 노래하는 시편 105(MT)의 저자 시인이 누구인지 알 수 없다. 시인은 39-42절에서 출애굽 사건을 회상하면서 '공급하시는 여호와'에 대해 노래한다.[327] 여호와께서 출애굽 한 백성에게 구름과 불기둥(39절), 메추라기(40절), 바위에서 솟아난 물(41절)을 풍성히 공급하신 이유는 아브라함의 언약(창 15)을 기억하셨기 때문이다(42절; 참고. 시 105:8-9). 그래서

---

324) Menken, *Old Testament Quotations in the Fourth Gospel*, 195. 초기 유대교와 초기 기독교 저자들은 출 17:1-7과 민 20:2-13의 '반석'을 민 21:16-18의 '우물'과 동일시하기도 했다. 더 중요한 것은 그들이 요한처럼 이 반석에 '종말론적 의미'를 부여한 사실이다(참고. CD 6:3-11; 고전 10:4). 요 6장에서 예수님은 자신을 '종말의 참 만나'로 계시하셨는데, 요 7장에서는 '종말의 참 반석'으로 계시하신다.

325) LXE: He clave the rock, and the waters flowed, rivers ran in dry places.

326) W. Van Gemeren, *Psalms* (The Expositor's Bible Commentary; Grand Rapids: Zondervan, 2008), 771.

327) 출 7-12장에 '피, 개구리, 이, 파리, 전염병, 종기, 우박, 메뚜기, 흑암, 장자의 죽음' 순서로 10재앙이 나타나지만, 시 105편에는 '흑암, 피, 개구리, 파리, 이, 우박, 메뚜기, 장자의 죽음' 순서로 8재앙이 나타난다. Van Gemeren, *Psalms*, 777.

시인은 감사와 찬송으로 언약의 여호와께 반응하라고 말한다(1-2절).

시편 105는 세 가지 목적을 가지고 있다: **(1)** 이스라엘 백성이 하나님을 찬양하도록 고무시킴, **(2)** 하나님의 지속적인 목적 안에 이스라엘 백성의 신앙을 두도록 격려함, **(3)** 이스라엘 백성이 하나님의 계시된 뜻에 따라서 살도록 권면함. 이 셋은 하나님께서 출애굽 사건과 가나안 땅을 향해서 가지고 계신 영원토록 유효한 언약에 기초한다.[328] 이 셋을 종합하면 다음과 같다: 하나님께서 '언약' 하시면, 그것을 자신의 '권능'으로 이루어 가시고, 언약 백성은 '소망' 중에 인내하면서, 그 언약이 '실현'될 것을 믿어야 한다(참고. 눅 1:72-73; 고전 11:25; 갈 3:16-29). 계시사적으로 신약에서는 물리적인 가나안 땅이 아니라 그리스도 자신이 성도의 기업인데(참고. 성도 가운데 장막을 치신 그리스도, 요 1:14), 가나안 땅에서 혈통으로 결합된 이스라엘 백성의 교제는 그리스도의 피로 연합된 성도가 그리스도와 나누는 교제로 전환된다(참고. 갈 3:18; 벧전 1:4).[329] 시편 105의 시인이 출애굽을 언약적으로 회상했다면, 요한은 구약(출애굽 사건과 시편)에 대한 '그리스도 완결적'(Christotelic) 혹은 '메시아 회고적'(retrospective messianic) 관점에서 예수님을 종말론적인 참 반석으로 제시한다.[330]

2.4. 이사야 48:21b LXX

본문: ὕδωρ ἐκ πέτρας ἐξάξει αὐτοῖς σχισθήσεται πέτρα καὶ ῥυήσεται ὕδωρ[331]
바른 성경: "그분께서 그들을 위하여 바위에서 물이 흘러나게 하셨으며, 바위를

---

328) L.C. Allen, *Psalms 101-150* (WBC; Waco: Word Books, 1983), 42, 44.
329) 이점과 관련하여, 히브리서는 그림자 구약보다 우월한 실체인 신약의 복을 잘 소개한다(참고. 히 3:7-4:1; 11:13-16, 39-40).
330) 물론 요 7:37b-38 내러티브는 부활 이전(pre-Easter)의 관점에서 진술된다. 하지만 요한복음의 기록 연대는 부활 이후(post-Easter)다.
331) LXE: he shall bring forth water to them out of the rock: the rock shall be cloven, and the water shall flow forth.

쪼개 물이 솟아나게 하셨다."³³²⁾

시편 77:16 LXX 그리고 104:41 LXX와 달리 이사야 48:21b LXX에는 ποταμοί(강들)가 생략된다. 그러나 이사야 48:21ac LXX의 동사 διψήσωσιν(목마르다)과 πίεται(마시다)는 요한복음 7:37b 동사와 유사하다. 그리고 이사야 LXX 번역가는 요한처럼 '물'(ὕδωρ)을 단수 명사로 사용한다. 하지만 시편 77과 104 LXX는 중성 복수 명사(ὕδατα, MT: מַיִם)로 쓴다.³³³⁾ 참고로 이사야 LXX 번역가는 시편 77:13, 15 LXX의 바위를 '가르다'(διέρρηξεν)에 사용된 동사와 다른 것(σχισθήσεται)을 사용한다. 그런데 MT의 완료형 동사들을 LXX는 미래 시제 동사들(ἄξει ἐξάξει σχισθήσεται ῥυήσεταί πίεται)로 바꿈으로써, 결과적으로 요한복음 7:38의 미래 동사(ῥεύσουσιν, 흐를 것이다)와 비슷하게 되었다.³³⁴⁾

이사야는 장차 있을 출 바벨론을 예기하면서(사 48:14, 20), 출애굽 사건을 회상한다. 이사야 48:17-22는 48:1-22의 요약이기도 하고, 이사야 40-48장 전체의 요약이기도 하다. 이 요약을 하면서 이사야는 17절에서 '너의 구속자', '이스라엘의 거룩하신 자', '너희 하나님'이라는 세 명칭을 함께 쓴다. 이 세 명칭은 하나님과 이스라엘의 특별한 관계를 나타낸다.³³⁵⁾ 장차 있을 출 바벨론은 14절과 20절에 명시적으로 나타나는데, 출 바벨론은 여호와께서 자신의 종 야곱을 구원하신 사건이다. 21절은 여호와께서 자기 백성과 함께 광야를 지나면서 물을 공급하시고 결국 약속의 땅으로 돌아오실 것(즉 출 바벨론)을 생생한 그림 언어로 예언한다.³³⁶⁾ 이사야가 출애굽을 회상하면서 출 바벨론을 예기했다면,

---

332) 바른 성경은 MT처럼 '완료형'으로 번역하지만, LXX는 '미래 시제'(ἐξάξει σχισθήσεται ῥυήσεταί πίεται)로 번역한다.
333) מַיִם이 헬라어로 번역 될 때 단수와 복수형 모두 가능하다.
334) Menken, *Old Testament Quotations in the Fourth Gospel*, 195.
335) 존 오스월트, 『이사야. IVP 적용주석』 (서울: 성서유니온선교회, 2007), 717.
336) J.D. Watts, *Isaiah 34-66* (WBC; Waco: Word Books, 1987), 178-79.

요한은 출애굽과 출 바벨론을 회상하며 거룩하신 구원의 하나님이신 예수님께서 성령님을 새 출애굽 한 성도에게 보내실 종말론적인 참 반석이심을 설명한다.[337]

2.5. 스가랴 14:8 LXX

본문: καὶ ἐν τῇ ἡμέρᾳ ἐκείνῃ ἐξελεύσεται ὕδωρ ζῶν ἐξ Ιερουσαλημ τὸ ἥμισυ αὐτοῦ εἰς τὴν θάλασσαν τὴν πρώτην καὶ τὸ ἥμισυ αὐτοῦ εἰς τὴν θάλασσαν τὴν ἐσχάτην καὶ ἐν θέρει καὶ ἐν ἔαρι ἔσται οὕτως[338]

바른 성경: "그 날에 예루살렘에서 생수가 솟아나서, 절반은 동쪽 바다(즉 사해)로, 절반은 서쪽 바다(즉 지중해)로 흐를 것이니 여름과 겨울에도 그렇게 흐를 것이다."

시간상 요한복음 7:37b-38과 스가랴 14:8은 '초막절'을 배경으로 하는 간본문성이 있다(참고. 슥 14:16).[339] 그리고 스가랴 14:8은 위에서 언급한 시편 77:16-20 LXX 그리고 104:41 LXX와 용어와 주제에 있어서 유사하다. 요한이 다른 구약 간본문보다도 스가랴 12-14장(특히 14:8)을 중요하게 여겼다고 추론할 수 있는데, 근거는 다음과 같다: **(1)** 요한복음에 종종 스가랴서의 인용(슥 12:15/요 12:15; 슥 12:10/요 19:37)과 암시(슥 14:21/요 2:16; 슥 13:7/요 16:32)가 나타난다. **(2)** 스가랴 14:8의 '생수'(ὕδωρ ζῶν)는 요한복음 7:38의 '생수'(ὕδατος ζῶντος)와 표현이 유사하다.[340] **(3)** 요한복음 7:37b의 '누구든지'(τις)는 열방이 초막절을 지키러 예

---

337) 물론 요한이 그의 복음서를 기록할 당시, 출애굽과 출 바벨론은 물론이거니와 생수의 강들이신 성령님께서 강림하신 오순절 사건도 회상했다.

338) LXE: And in that day living water shall come forth out of Jerusalem; half of it toward the former sea, and half of it toward the latter sea: and so shall it be in summer and spring.

339) AD 1세기 초막절에 슥 14:6-8이 낭독되었는가(haphtarah reading)에 대한 논의는 Kerr, *The Temple of Jesus' Body*, 240을 보라.

340) Michaels는 요 7:38에 사용된 가장 가능성 높은 구약 구절을 명사 '생수'와 '그 날'(슥 14:16, 19)의 의미에 근거하여 슥 14:8로 본다(그리고 Daly-Denton, Grigsby, Barrett, Brown). 그렇다고 해서 그는

루살렘으로 모여들 것을 예언한 스가랴 선지자의 우주적 차원(universal scope)을 반영한다(슥 14:16). **(4)** 예수님 당시에 유대인들이 초막절에 여인의 뜰에서 횃불을 피웠듯이, 스가랴 14:6-7에도 빛 주제가 등장한다(참고. 사 60:19-20; 계 21:25; 22:5). **(5)** 초막절과 비(雨)가 스가랴 14:8을 뒤따르는 14:16-17에 함께 등장한다. **(6)** 요한이 그의 복음서에서 예수님 자신을 '참 성전'으로 종종 파악하는데(요 1:14, 51; 2:19-21; 4:21-24), 그는 종말론적 성전에서 물이 흘러나올 것이라는 스가랴 14:8의 예언을 알고 있었을 것이다(참고. 창 2:10-14; 겔 47:1-12; 욜 3:18).[341] **(7)** 아브라함 언약과 출애굽을 함께 회상한 시편 105의 저자처럼 스가랴도 언약을 염두에 둔다(13:1의 다윗 언약, 14:16의 열방이 돌아오는 아브라함 언약, 14:17의 언약의 저주인 가뭄). 요한도 성령오심에 관한 새 언약(겔 36:26)의 성취를 염두에 둔다.

바벨론 포로 귀환 후 스가랴 선지자가 예루살렘 성을 생수의 근원으로 이해하면서(참고. 왕하 20:20의 기드론 골짜기의 기혼샘) 새 예루살렘의 종말론적 회복을 예언했다면, 예수님은 새 출바벨론을 경험한 종말론적 신약 성도의 회복과 번영을 위해서 생수인 성령님을 제공하시는 영원한 근원이시다(참고. 계 22:1).[342] 예수님은 생수를 흘러 보내시는 '참 성전'이시다.[343]

다른 간본문인 시 78:16을 배제하지 않는다. Michaels, *The Gospel of John*, 465-466. 그리고 Menken, *Old Testament Quotations in the Fourth Gospel*, 197.

341) C.R. Koester, *Symbolism in the Fourth Gospel: Meaning, Mystery, Community* (Minneapolis: Fortress, 2003), 198.

342) 이 사실로부터 성전 보좌에서 물을 흘려 만물을 소성시킬 것을 예언하는 겔 47장과 십자가에 달리신 예수님의 옆구리(비교. '배')에서 흐르는 물(요 19:34)을 떠올리는 것도 가능하다. 왜냐하면 예수님의 죽음(피)으로 성령님(물)이 나오기 때문이다. 덧붙여 요 19:34의 예수님의 옆구리에서 쏟아진 '피와 물'처럼, 출애굽기의 미드라쉬 라바와 민 20:11의 팔레스틴 탈굼에도 모세가 반석을 치자 피와 물이 나왔다고 설명한다. 참고. Kerr, *The Temple of Jesus' Body*, 241-42; Koester, *Symbolism in the Fourth Gospel*, 198; 장세훈, 『내게로 돌아오라: 스가랴서 주해와 현대적 적용』(서울: SFC, 2010), 419-20; M.J. Boda, *Haggai, Zechariah* (The NIV Application Commentary; Grand Rapids: Zondervan, 2004), 525를 참고하라.

343) 요 7:38의 간본문인 슥 14:8을 겔 47:1-2와 연결하여 이해하면서, 요한복음에서 예수님의 몸이 참 성전으로 나타나기에(요 2:20-21) 요 7:38의 예수님을 '참 성전'으로 해석하는 예는 Daly-Denton, "The Psalms in John's Gospel," 134에서 볼 수 있다.

2.6. 시편 114:8 MT

본문: הֽהֹפְכִ֤י הַצּ֣וּר אֲגַם־מָ֑יִם חַ֝לָּמִ֗ישׁ לְמַעְיְנוֹ־מָֽיִם׃[344]

바른 성경: "주께서 바위를 연못이 되게 하시고, 차돌을 물이 나는 샘이 되게 하셨다."

이상의 5개의 구약 간본문들은 요한복음 7:38의 ἐκ τῆς κοιλίας αὐτου의 출처를 선명히 설명하고 있는가? 여기서 마지막으로 구약 간본문 하나를 더 보충할 필요가 있다. 시편 114:8 MT를 시편 간본문들(이 글의 2.1-2.3)과 분리시킨 이유는, 이 구절의 경우 LXX가 아니라 MT이기 때문이다. 그리고 시편 114:8 MT가 위에서 다루지 않은 요한복음 8:38의 '그의 배에서'(ἐκ τῆς κοιλίας αὐτοῦ)를 암시적으로나마 설명하기 때문이다.

시편 114는 출애굽으로 새롭게 탄생한 언약 백성 이스라엘(1-2절), 증인 역할을 하는 자연(3-6절), 언약의 하나님(7-8절)로 구분된다.[345] '출애굽 사건'(1절)을 언급함으로써 시를 시작하는 시편 114의 익명의 시인은 8b에서 '반석'(צוּר)을 '연못'(אֲגַם־מָיִם)과 동일시한다. 그런데 히브리어 '연못'을 아람어(מעין, mein)로 바꿀 수 있다면, 그 아람어는 '내장'(intestines)을 가리킨다. 이것은 헬라어 κοιλία(belly)로 번역할 수 있다.[346] 하지만 요한이 요한복음 7:38에서 '반석'과 같은 뜻을 가진 '연못'(시 114:8 MT)의 아람어 형태와 그것의 의미를 염두에 두었는지 확실하지 않다. 시인이 8절 첫 단어를 의도적으로 '시적 분사'(hymnic participle, הֹפְכִי, LXX: 아오리스트 능동 분사 남성 단수 속격 στρέψαντος)로 사용하여 출

---

344) 시 113:8 LXX: τοῦ στρέψαντος τὴν πέτραν εἰς λίμνας ὑδάτων καὶ τὴν ἀκρότομον εἰς πηγὰς ὑδάτων

345) Van Gemeren, *Psalms*, 835-37.

346) Menken, *Old Testament Quotations in the Fourth Gospel*, 201; Kerr, *The Temple of Jesus' Body*, 238.

애굽의 하나님은 자기 당대의 언약적 하나님이심 즉 연속성을 강조한다.[347] AD 1세기 중순경 사도 요한은 이 시인보다 더 높은 구원계시사적 전망대 위에 서서, 출애굽과 시인 당시에 여호와께서 역사하신 일을 예수님과 성령님께서 바통을 이어 받아서 계속 역사하심을 이해했을 것이다.

나오면서

이 글은 구체적으로 인용된 구약 구절을 언급하지 않는 신약 구절을 어떻게 주해할 것인가에 관한 하나의 실례를 보여준다. 요한복음 7:38은 요한복음 중에서 가장 복잡한 구약 사용의 용례 중 하나로 평가 받아왔다.[348] 38절의 핵심적인 간본문에 대한 해석은 여전히 분분한데,[349] 37b-38의 구두점 및 38절의 '그'를 어떻게 이해하는가가 큰 영향을 미친다. 많은 주석가들이 동의하듯이, 요한은 이상의 여섯 구약 간본문 중에서 특정한 한 구절만 염두에 두지 않은 것 같다. 왜냐하면 요한은 종종 구약을 복합적으로 인용하며[350] 7:37b-38의 헬라어와 정확하게 일치하는 LXX와 MT 본문이 없기 때문이다. 38절에 여성 '단수' 명사 η $\gamma\rho\alpha\phi\eta$가 사용되었다고 해서, 예수님이 구약의 특정한 한 구절만 염두에 두었다고 볼 이유는 없다. η $\gamma\rho\alpha\phi\eta$가 사용된 20:9에도 유사한 복합 인용

---

347) Van Gemeren, *Psalms*, 837.

348) Menken, *Old Testament Quotations in the Fourth Gospel*, 202. 다렐 보크는 요한이 사 58:11을 '인용'했으며, 다른 구절(사 55:1-2; 겔 47:1-2; 슥 14:8 등)은 '암시'했다고 본다. 다렐 보크, 『복음서를 통해 본 예수』, 765.

349) 요 7:38의 '가능한' 기타 간본문으로는 잠 18:4, 느 8:5-18, 사 12:3; 43:19, 58:11, 겔 36:25-27, 47:1-2, 7-12, 욜 3:18 등이 있다(참고. 시락 24:30-33, 1QH 8:16). Van Houwelingen은 7:38의 배경으로 생수의 근원이신 하나님을 강조하며 겔 47:1-2, 7-12를 언급한다. Van Houwelingen, *Johannes*, 179. 비슷하게 변종길은 38절 구문상 '생수'보다는 먼저 언급된 '강들'의 이미지를 강조하여 겔 47:7-12를 명시적인 배경 구절로 간주한다(참고. 계 22:2). 그리고 겔 47:1-2는 요 7:37과 암시적으로 연결된다고 본다(참고. 계 22:1). 변종길, 『성령과 구속사』, 190-92. 하지만 요 8장과 슥 14장의 중요한 시간적 배경이 되는 '초막절'은 겔 47장에 언급된 바 없다.

350) 예를 들어, 요 1:29의 어린 양은 유월절 양 그리고 여호와의 고난당하는 종과 관련된다. 그리고 요 7:42의 삼하 7:12와 미 5:2의 복합인용 및 요 19:36의 출 12:46; 민 9:12; 시 34:20의 복합 인용을 보라.

의 예가 나타난다. 따라서 요한은 구약(특히 LXX) 간본문 전체를 염두에 두면서,[351] 출애굽 당시, 아삽과 익명의 시인들 당시(그리고 시편이 최종 편집 완성된 출바벨론 이후), 이사야 선지자와 스가랴 선지자 당시에 출애굽 주제와 맞물려서 점진적으로 성취되던 초막절의 의미가 예수님께서 보내신 성령님이 강림하심으로써 종말론적으로 성취됨을 의도했다.[352]

요한이 구약 간본문을 해석하는 방식도 중요하다. 위(2.1-2.6)에서 살펴본 대로 요한은 구약 간본문을 그리스도완결적(Christotelic)-성령완결적으로(Pneumatelic) 이해하여 예수님이 성령님으로 이미 내주하시는 신약 교회에 적용했을 것이다. 생수이신 성령님을 성도에게 보내셔서 자신의 영원한 초막으로 삼으시는 예수 그리스도는 종말론적인 참 반석이요 참 성전이다.[353]

그리스도의 부활과 승천이라는 영광 받으심 이후(요 7:39)에 살고 있는 우리는 '성령님의 부요함'(spiritus divitia)을 갈망하고 누리도록 그리스도의 부르심을 받은 자다. 이런 부요함은 구약이나 오순절 이전의 성령님의 역사와 구별된다. 승귀하신 그리스도는 성령님의 은사들과 은혜의 풍성함(affluentia)과 영속성(perpetuitas)을 신자에게 약속하신다.[354] 오순절 이후, 예수님은 생명을 주시는 영으로 신자 안에 계속 현존하신다. 성령론적 기독론을 주요 초점으로 둔 요한복음 7:37b-38은 교회론, 구체적으로 '제자도'에 관해서도 교훈한다. 생수의 '원천적 샘'(oorspronkelijke bron)이신 예수님이 하셨던 것과 동일한 방식으로 교회가 성령님을 다른 사람에게 줄 수 없지만, 성도가 예수 그리스도를 증거 할 때 성

---

351) 칼빈, 『요한복음. 칼빈주석』, 318; Carson, *The Gospel according to John*, 326; Brown, *The Gospel according to John I-XII*, 323; Burge, *John*, 228; Ridderbos, *The Gospel of John*, 274.

352) Köstenberger, "John," 454.

353) 1QS 4:20-22에서 물은 '생명'을 주는 대신 '정결'하게 한다. 2바룩 77:13-16, CD 3:16 이하, 6:4-11, 19:34에서 물은 '성령님'이 아니라 '토라'를 가리킨다. 따라서 다수의 유대 문헌에 나타나는 물 주제와 요 7:38의 그것 사이에는 기독론과 더불어 몇 가지 차이가 있다. 참고. C.K. Barrett. *The Gospel according to St John* (London: SPCK, 1978), 328.

354) 칼빈, 『요한복음. 칼빈주석』, 317-18.

령님의 사역의 '통로'(kanaal) 역할을 할 수 있다(참고. 요 15:26-27; 20:22-23).[355] 지금도 신자 안에 내주하시는 성령님은 '영광 받으신 그리스도의 영'이시며 (Henry M. Knapp의 용어로) '메시아적 물'(messianic water)이신데 성도의 영적인 갈증을 해소하고 그들을 통하여 충만히 일하시기를 원한다. 예수 그리스도는 '성령님의 수여자'요, 신자는 복음과 하나님 나라를 위한 '성령님의 담지자'임을 기억하자.

---

355) P.H.R. Van Houwelingen, *Johannes: Het Evangelie van het Woord* (CNT; Kampen: Kok, 1997), 179.

참고문헌

Allen, L.C. *Psalms* 101-150. WBC. Waco: Word Books, 1983.

Barrett, C.K. *The Gospel according to St John*. London: SPCK, 1978.

Boda, M.J. *Haggai, Zechariah*. The NIV Application Commentary. Grand Rapids: Zondervan, 2004.

Brown, R.E. *The Gospel according to John I-XII*. London: Geoffrey Chapman, 1971.

Burge, G.M. *John*. The NIV Application Commentary. Grand Rapids: Zondervan. 2000.

Carson, D.A. *The Gospel according to John*. Grand Rapids: Eerdmans. 1991.

Cho, S. *Jesus as prophet in the Fourth Gospel*. Sheffield: Sheffield Phoenix Press, 2006.

Daly-Denton, M. "The Psalms in John's Gospel." In S. Moyise & M.J.J. Menken eds. *The Psalms in the New Testament*. Edinburgh: T&T Clark, 2004. p. 119-37.

Hodges, Z.C. "Rivers of Living Water-John 7:37-39." *Bibliotheca Sacra* 136(1979), 239-48.

Kerr, A.R. *The Temple of Jesus' Body: The Temple Theme in the Gospel of John*. Sheffield: Sheffield Academic Press, 2002.

Koester, C.R. *Symbolism in the Fourth Gospel: meaning, Mystery, Community*. Minneapolis: Fortress, 2003.

Köstenberger, A.J. "John." In G.K. Beale & D.A. Carson eds. *Commentary on the New Testament Use of the Old Testament*. Grand Rapids: Baker, 2007. p. 415-512.

Marcus, J. "Rivers of Living Water from Jesus' Belly(John 7:38)." *JBL* 117(1998, 2), 328-30.

Menken, M.J.J. "Observations on the Significance of the Old Testament in the

Fourth Gospel." In G. Van Belle, J.G. Van Der Watt & P. Maritz eds. *Theology and Christology in the Fourth Gospel*. Leuven: Leuven University Press, 2005, 155-75.

Menken, M.J.J. *Old Testament Quotations in the Fourth Gospel: Studies in Textual Form*. Kampen: Pharos, 1996.

Michaels, J.R. *The Gospel of John*. NICNT. Grand Rapids: Eerdmans, 2010.

Ridderbos, H. *The Gospel of John: A Theological Commentary*. Grand Rapids: Eerdmans, 1997.

Tate, M.E. *Psalms 51-100*. WBC. Dallas: Word Books, 1990.

Van Gemeren, W. *Psalms*. The Expositor's Bible Commentary. Grand Rapids: Zondervan, 2008.

Van Houwelingen, P.H.R. *Johannes: Het Evangelie van het Woord*. CNT. Kampen: Kok, 1997.

Watts, J.D. *Isaiah 34-66*. WBC. Waco: Word Books, 1987.

Williams, C.H. "Isaiah in John's Gospel." In S. Moyise & M.J.J. Menken eds. *Isaiah in the New Testament*. Edinburgh: T&T Clark, 2007. p. 101-16.

다렐 보크. 『복음서를 통해 본 예수』. 서울: 솔로몬출판사, 2012.

모티어, J.A. "시편." In G.J. 웬함 & J.A. 모티어 eds. 『IVP 성경주석: 구약』. 서울: IVP, 2005. p. 655-801.

변종길. 『성령과 구속사』. 서울: 개혁주의 신행협회, 1997.

장세훈. 『내게로 돌아오라: 스가랴서 주해와 현대적 적용』. 서울: SFC, 2010.

존 오스왈트. 『이사야. IVP 적용주석』. 서울: 성서유니온선교회, 2007.

칼빈, J. 『요한복음. 칼빈주석』. 서울: 크리스챤 다이제스트, 2012.

04 간음하다 잡힌 여자 사건에 나타난 예수님의 선지자로서의 정체성 (요 7:53-8:11)

들어가면서

공관복음과 비교해 볼 때, 요한복음은 구약과 유대교의 절기 및 제의를 예수님이 성취하셨다고 계시 발전의 관점에서 여러 차례 분명히 언급한다(초막절, 요 7:2, 37; 유월절, 1:29; 2:13; 6:3; 12:7; 13:1; 19:14; 수전절, 10:22; 안식일, 5:9-17; 9:14; 19:31; 20:1, 19; 예배, 요 4:20-24; 어린양, 1:29; 정결법, 요 2:6; 성전, 2:21; 8:59).[356] 하지만 바리새인들은 예수님의 이러한 성취 사역을 율법을 어긴 것으로 간주하여 주님을 죽이려고 한다(참고. 요 5:16-18). 오히려 예수님의 눈에는 유대인들이 모세의 율법을 받고도 지키지 않은 것으로 비췄다(요 7:19). 따라서 세상을 구원하시기 위해서 (요 20:31) 성육하신 '은혜와 진리'가 충만하신 예수님과 범죄한 사람을 '정죄'하

---

[356] 이 글은 『신약연구』 14(2013, 3), 517-46에 게재되었다. 자세한 것은 A.R. Kerr, *The Temple of Jesus' Body: the Temple Theme in the Fourth Gospel* (Sheffield: Sheffield Academic Press, 2002), 205-67을 보라.

는 모세의 율법 사이(요 1:17; 5:45),[357] 그리고 하나님의 자녀인 '예수님의 제자들'과 마귀의 자녀인 '모세의 제자들'(τοῦ Μωϋσέως ἐσμὲν μαθηταί) 사이에 대조가 나타난다(요 1:12; 8:44, 47; 9:28).[358] 역설적이게도 모세가 모세의 제자로 자처하던 유대인들을 고소한다(요 5:45). 더 나아가 요한복음이 헬라어를 말할 수 있었던 불특정한 보편적인 독자가 아니라 특정 지역(아마 에베소)의 독자를 염두에 둔 것이라면(참고. 요 12:20-21), 특별히 기독론을 중심으로 하는 논쟁으로 인해 요한복음은 요한공동체와 회당 사이의 첨예화된 갈등과 분리를 투영한다고 볼 수 있다(참고. 요 9:22; 16:2).[359]

사본상의 이유 등으로 주석가들이 적절하게 주의를 기울이지 않은 '간음하다 잡힌 여자'(the woman caught in adultery, 요 7:53-8:11) 사건도 예수님과 바리새인 사이의 갈등을 잘 보여준다. '간음하다 잡힌 여자'라는 통상적인 표현은 무명의 한 여자와 성범죄 이슈에만 초점을 두고, 예수님이나 바리새인의 역할을 부차적으로 돌리는 것이기에 재고될 필요가 있다.[360] 이 점을 염두에 두고 이 글에

---

[357] 바일리스(C.P. Baylis)는 이 단락에서 예수님과 모세의 율법 사이의 대조는 없고, 요점은 율법에 의해서 정죄된 사람에게 예수님이 은혜와 진리를 가지고 오시는 것이라고 본다. 왜냐하면 하나님의 계시인 율법과 하나님의 말씀인 예수님은 상충하지 않고 함께 일하기 때문이다. 참고. C.P. Baylis, "The Woman Caught in Adultery: a Test of Jesus as the Greater Prophet," *Bibliotheca Sacra* 146 (1989), 173. 하지만 바일리스는 같은 글에서 예수님과 모세가 대조된다고 봄으로써 혼란을 초래한다.

[358] 요한복음의 윤리, 교회론, 종말론, 구원론을 '하나님의 가족 은유'로 설명한 것을 위해서 J.G. Van der Watt, *Family of the King: Dynamics of Metaphor in the Gospel according to John* (Leiden: Brill, 2000), 434-39를 보라.

[359] 요한복음이 말하는 요한공동체(혹은 교회, 학파)가 견지해야 할 참된 믿음은 회당 안에 계속 머물러 있으려는 사람의 신앙 및 돌아서 버린 자들의 신앙과도 구분되어야 한다(요 6:66). 참고. R.A. Culpepper, 『요한복음 해부』(*Anatomy of the Fourth Gospel*, 권종선 역, 서울: 요단, 2000[1983]), 355-56; R.E. Brown, 『요한공동체의 역사와 신학』(*The Community of the Beloved Disciple*, 최흥진 역, 서울: 성광문화사, 1994[1979]), 53, 196; R. Kysar, 『요한복음 해석』(*Preaching John*, 최흥진 역, 서울: 한국장로교출판사, 2006[2002]), 54. 이 글에서 필자는 요한공동체를 세상과 단절된 '분파'(sect)로 보지 않으며(참고. 요 14:31; 17:21; 20:21), 요한복음의 최종 편집자가 아닌 1차 독자로 본다. 물론 요 7:53-8:11과 요 21장의 편집에 요한공동체가 어떤 역할을 했는가에 대해 논의가 더 필요하다. 참고. C.R. Koester, *Symbolism in the Fourth Gospel: Meaning, Mystery, Community* (Minneapolis: Fortress, 2003), 281.

[360] F.T. Gench, "John 7:53-8:11," *Interpretation* 63 (2009, 4), 398.

서는 이 전통적인 표현을 쓴다. 지난 수십 년간 학자들은, 요한복음 7:53-8:11에 관하여 두 가지 주제를 집중적으로 연구해 왔다고 볼 수 있다: **(1)** 이 단락은 원본에 있었는가? **(2)** 예수님이 흙에 무엇을 쓰셨는가? 하지만 이 단락의 요한복음 안에서의 문맥을 적절히 고려한 해석은 많지 않다.[361]

이 글에서 **(1)** 요한복음 7:53-8:11의 본문 상태와 문맥, **(2)** 요한복음 1-7장에 나타난 예수님의 정체성을 선지자직을 중심으로, **(3)** 요한복음 7:53-8:11에 나타난 예수님의 정체성을 선지자직을 중심으로 하여 차례로 살펴볼 것이다. 이를 통해서 간음하다 잡힌 여자 사건은 전통적으로 이해된 방식인 예수님의 사죄하시는 사역보다는, 예수님의 선지자 되심을 분명히 하는 내러티브임을 증명할 것이다.

1. 요한복음 7:53-8:11의 본문 상태 및 문맥[362]

'간음하다 잡힌 여자 사건'을 다루는 단락(*Pericope de Adulterae*; 이하 PA)은 다수 사본(주로 9-12세기)과 D(5세기)를 제외하면, 고대 사본들과 역본(p[66, 75] ℵ B L N T W X Y D Q Y 0141 0211 22 33 124 157 209 788 828 1230 1241 1242 1253 2193 여러 고대 역본들) 그리고 성구집(lectionary)과 고대 주석(예. 오리겐, 터툴리안)에도 빠져 있다.

PA의 문제는 고대 사본에 빠져 있다는 것에서 그치지 않는다. The Greek New Testament(UBS 4th edition)의 비평 장치가 보여주듯이, PA를 누가복음 21:38이나 24:25 다음, 혹은 요한복음 7:36이나 21:25 다음 등에 두는 사본도

---

361) 참고. S.A. James, "The Adulteress and the Death Penalty," *Journal of the Evangelical Theological Society* 22 (1979, 1), 46.

362) 이 단락이 역사적으로 교부, 천주교, 동방 정교회, 개신교에서 어떻게 수용되었는가에 대해서 C.B. Bridges, "The Canonical Status of the *Pericope Adulterae*(John 7:53-8:11), *Stone-Cambell Journal* 11 (2008), 217-20을 보라.

있다. 따라서 PA의 누가 저작성을 주장한 이가 있는 반면(예. H.J. Cadbury), 마가가 기록하여 마가복음 12:12 다음에 두었지만 1세기 교회의 엄격한 도덕적 성향 때문에 삭제되었다고 주장하는 이도 있다.[363] PA가 요한복음 원본에 포함되지 않았다고 보는 이들은, PA에 사용된 82개 단어 중 14개가 요한복음의 다른 곳에 나타나지 않고, 요한이 선호한 단어가 적다는 점에 주목한다.[364] 따라서 적지 않은 학자들은 PA를 비(非) 요한적인 후대의 첨가로 간주하여,[365] 아예 주석의 대상에서 제외하거나 부록으로 다루거나,[366] 혹은 요한복음 7-8장의 문맥을 고려하여 해석하는 것을 꺼려해 왔다.

비록 오래된 사본에는 빠져 있지만 내증 특히 문맥을 고려하여, PA가 요한복음의 내러티브에 적합하다면 요한복음의 한 부분처럼 간주하여 다룰 만

---

363) J. Rius-Camps, "The Pericope of the Adultress Reconsidered: the Nomadic Misfortunes of a Bold Pericope," *New Testament Studies* 53 (2007, 3), 379-405.

364) 하지만 요 2:13-17에서 요한이 사용한 *hapax legomena*를 포함한 몇 가지 문체와 비교하면서 PA의 요한 저작을 주장하는 이도 있다. 또한 요한이 종종 사용한 접속사와 더불어 사용된 표현도 주목할 만하다(예. tou/to de. e;legon, 요 6:6; 7:39; 8:6; 11:51; 12:33 등). 예를 들어, A.F. Johnson, "A Stylistic Trait of the Fourth Gospel in the *Pericope Adulterae*," *Bulletin of the Evangelical Theological Society* 9 (1966, 2), 92, 94-95.

365) PA에서 11회나 등장하는 접속사 δε ('데', '그리고', '그러나')는 의외인데, 한글 성경의 번역에 제대로 반영되지 않았다. 왜냐하면 마태복음 안에서의 빈도와 비교해 볼 때, 요한복음의 경우 접속사를 종종 생략하여(asyndeton) 절반에 미치지 못하기 때문이다. 따라서 PA에서 이 접속사를 이렇게 빈번하게 사용한 것은 요한의 문체와 일치하지 않는 것 같다. 참고. V.S. Poythress, "Testing for Johannine Authorship by Examining the Use of Conjunctions," *Westminster Theological Journal* 46 (1984), 361-62.

366) 예를 들어, J.R. Michaelis, *The Gospel of John* (NICNT; Grand Rapids: Eerdmans, 2010), 474-76; J.H. Neyrey, *The Gospel of John in Cultural and Rhetorical Perspective* (Grand Rapids: Eerdmans, 2009), 227; A.J. K stenberger, *Encountering John* (Grand Rapids: Baker, 1999), 113; B. Witherington, *John's Wisdom: a Commentary on the Fourth Gospel* (Louisville: WJKP, 1995), 362; B.J. Malina·R. L. Rohrbaugh, *Social-Science Commentary on the Gospel of John* (Trans. by G.R. Beasley-Murray; Minneapolis: Fortress, 1993), 155; G.R. Beasley-Murray, *John* (WBC; Waco: Word Books, 1987), 123; C.K. Barrett, *The Gospel according to John* (London: SPCK, 1978), 589; R.E. Brown, *The Gospel according to John* (The Anchor Bible; London: Geoffrey Chapman, 1971), 335-38; R. Bultmann, *The Gospel of John: a Commentary* (Oxford: Oxford University Press, 1971), 312; J.H. Bernard, *The Gospel according to St. John. Volume II* (ICC; Edinburgh: T&T Clark, 1928), 715; B.M. Metzger, *A Textual Commentary on the Greek New Testament* (New York: UBS, 2001), 187-89.

한 가치는 있다. 하지만 PA의 문맥 역시 논란거리이다. 왜냐하면 PA가 요한복음 7-8장의 자연스런 내러티브 전개를 방해하는 것 같기 때문이다. 예를 들어, PA가 없더라도 7:1에서 시작된 '초막절 내러티브'의 흐름은 8:59까지 부드럽게 진행된다. 그리고 요한복음 7:37-39에서 예수님께서 무리에게 말씀하시는데, 8:12가 시작될 때 무리는 여전히 주님 앞에 있다. 하지만 요한복음 8:9에서 예수님은 심지어 제자들도 떠난 채 홀로 남아 계셨다. 따라서 PA는 독립적으로 구전되다 단편으로 보존되었고, 그 후 복음서의 여러 군데에 첨가되고 삭제되는 과정을 거쳤다가, 누군가에 의해 요한복음에 최종적으로 첨가된 것으로 보인다.[367]

그런데 여기서 중요한 질문은 "왜 PA는 요한복음 가운데 요한복음 7:52와 8:12 사이에 첨가되었는가?"이다.[368] 적지 않은 학자들은 PA를 뒤따르는 요한복음 8:14이하에서 다루는 '심판'(판단, $\kappa\rho\iota\sigma\iota\varsigma$)에 관한 주제의 발판으로 여긴다(참고. 요 7:51).[369] 그런데 여기서 문맥상 주목할 다른 중요한 사항이 있다. 요한은

---

367) PA의 고대성, 역사성 그리고 요한복음 안에서 차지하는 적절한 역할에 대해서 의심하지 않는 이도 적지 않다. 참고. D.A. Carson, *The Gospel according to John* (Grand Rapids: Eerdmans, 1991), 333; L. Morris, *The Gospel according to John* (Grand Rapids: Eerdmans, 1984), 883; R.B. Ward, "The Case for John 7:53-8:11," *Restoration Quarterly* 3 (1959, 3), 132; 유상섭, 『설교를 돕는 분석 요한복음』 (서울: 규장, 1999), 191. 다수사본을 지지하는 학자들은 PA가 요한복음 원본에 있었지만, 나중에 어떤 의도로 인해서 이른 시기에 사본들에서 생략되었다고 본다. 예를 들어, Z.C. Hodge, "The Woman Taken in Adultery(John 7:53-8:11): Exposition," *Bibliotheca Sacra* 137 (1980), 41. PA가 요한복음의 원본에 있었다고 보는 이들은 초기 헬라어 사본들이 간음에 대해 철저히 회개해야 마땅함에도 불구하고 예수님이 너무 쉽게 이 문제를 생각하셨다고 간주하여 빼트린 것으로 보거나(참고. 디다케 15:3; 1클레멘트 48:1, 바울과 테클라, 허마의 목양서), 교부들은 율법과 신약이 금하는 간음을 (참고. 신 22:23-24; 고전 6:9이하; 갈 5:19이하; 엡 5:3이하) 자칫 권장할까봐 PA를 잘 언급하려 하지 않았다고 추론한다. 참고. G.M. Burgh, *John* (The NIV Application Commentary; Grand Rapids: Zondervan, 2000), 238.

368) AD 9세기부터 15세기 까지 PA가 누가복음과 요한복음 안에서 11군데나 다른 위치에 삽입되었다. 하지만 암브로시에스터(d. 350), 제롬의 Vulgate(384), 암브로스(386), 어거스틴(430), 4-6세기의 (라틴)교부들(Peudo-Athanasius, Pacian, Peter Chrysologus, Cassiodorus), 그리고 D와 다수사본(주로 12세기)은 PA를 전통적인 위치인 요 7:53-8:11에 위치시켰다. 참고. C. Keith, "The Initial Location of the *Pericope Adulterae* in Fourfold Tradition," *Novum Testamentum* 51 (2009), 213-21.

369) Burge, *John*, 239; H.N. Ridderbos, *The Gospel of John: a Theological Commentary* (Trans. by J. Vriend; Grand Rapids: Eerdmans, 1997), 286; J.J. Kanagaraj, *The Gospel of John: a Commentary*

PA 바로 앞에서 예수님의 '그리스도' 직분, 특히 '선지자직'에 대한 논란을 다룬다(요 7:40, 41, 42, 46, 52). 바리새인들은 아마도 미가 5:2에 근거하여 갈릴리에서는 그 선지자와 그리스도가 나올 수 없다고 주장한 것으로 보인다(contra 요 1:45).[370] 그리고 어떤 유대인들은 그리스도가 어디에서 오시는지 알 수 없다고 보았다(요 7:27). 예수님은 하나님에게서 오신 그리스도이시므로, 예수님의 설명 없이는 사람들이 주님의 기원을 알 길이 없다.[371]

이런 문맥을 고려해 볼 때, 뒤따르는 PA를 어거스틴 이래로 전통적인 관점이 되어온 사죄하시는 예수님의 사역보다는, 선지자 직분의 관점에서 해석하는 것이 더 타당하게 보인다. 이를 위해서 요한복음 1-7장에 나타난 예수님의 선지자직을 자세히 살펴볼 필요가 있다.[372]

PA를 뒤따르는 요한복음 8:12-20에도 예수님의 선지자직을 지지하는 몇몇 단어가 나타난다: '빛'(12절; 참고. 사 49:6; 요 1:4, 7)과 '증언'(13, 14, 18절; 참고. 요 1:15; 4:44; 5:31-32, 37; 18:37), '나를 보내신 이'(16절; 참고. 요 1:6; 4:34; 5:24, 37; 6:29), '가르치다'(20절; 참고. 요 8:2).[373] 이상의 표현 중에서 '빛'은 유대문헌에서 메시아를 가리

(Secunderabad: OM Books, 2005), 262.

370) 요한복음은 미 5:2의 성취인 예수님의 베들레헴 탄생을 언급하지 않는다. 하지만 유대인들이 예수님의 베들레헴 탄생을 모르는 것처럼 반응하는 것은 일종의 '아이러니'다. 참고. Koester, *Symbolism in the Fourth Gospel*, 154. 참고로 요 7:41, 52절의 '그리스도'와 '그 선지자'를 동일한 메시아 인물의 다른 표현으로 볼 수 있는데, 모세가 예언한 '그 선지자'는 메시아처럼 종말론적인 인물이기 때문이다. 참고. Michaelis, *The Gospel of John*, 476.

371) Koester, *Symbolism in the Fourth Gospel*, 154.

372) PA에서 예수님의 선지자직을 간파하는 이는 거의 없는데, J.D.M. Derrett, "The Story of the Woman Caught in Adultery," *New Testament Studies* 10 (1963-64), 3; Baylis, "The Woman Caught in Adultery: a Test of Jesus as the Greater Prophet," 173은 예외다. Derrett의 연구는 선지자직에 대한 단편적 연구에 지나지 않고, Baylis의 연구는 선지자직에만 초점을 둔 한계가 있다.

373) 혹자(예. G. Richter)는 요한복음 안에 나타난 몇몇 기독교인 그룹 중에서, 다윗 계통의 메시아사상을 거절하고, 예수님을 '모세와 같은 선지자'로 선포하는 유대인 출신 기독교인들이 있었는데, 에비온파와 유사하다고 본다. 그리고 북 팔레스틴, 시리아, 트렌스 요르단 지역의 회당에서 축출된 이 그룹이 어떤 문서를 작성했는데, 이 문서가 요한복음에 반영되었다고 보며, 이들을 '모세-선지자 기독교인'(Mosaic-Prophet Christian)이라 부른다. 그런데 이 가설이 주장하는 그룹이 살았던 지역은

킨다(1에녹 48:4의 '열방의 빛').[374] 그리고 예수님의 판단(심판)은 바리새인의 그것과 다르다는 인접 구절과 적절히 어울리기에 이 사건이 여기에 첨가된 것으로 보인다(참고. 요 7:24; 8:15).[375] PA는 요한복음에서 예수님을 곤경에 빠뜨리려는 바리새인의 음모를 다루는 다른 사건들과 동일선상에 서있는, 역사적인 하나의 사건으로서 갖추어야 할 여러 요소들을 갖추고 있다. 예를 들어, 3-4절에 여자가 간음하다 잡혔다는 언급이 2회 등장하고, 예수님도 "더 이상 죄를 짓지 말라"(11절)고 말씀하셨고, 바리새인들의 정죄에 대해서 여인이 침묵한 것, 그리고 예수님의 공생애 마지막 시점을 배경으로 하는 다른 복음서의 관련 본문들(눅 19:47; 20:1; 21:37)로 미루어 볼 때, 이 여인의 범죄는 역사적 사실로 볼 수 있다.[376]

그렇지만 PA는 AD 1세기 에베소에 있던 것으로 추정되는 요한공동체의 삶의 정황과 무관하기에, PA의 제 3차 삶의 정황(the 3rd sitz im leben)을 찾기 위해서 투영(transparency)의 원칙을 적용할 필요가 없다.[377]

사도 요한이 말년을 보냈다고 추정되는 에베소와 다르며, AD 1세기 가정교회 형태로 조직된 소규모의 교회 안에 다양한 그룹으로 나뉘어졌다고 보기는 어렵다. 참고. Brown, 『요한공동체의 역사와 신학』, 208.

[374] 참고. Koester, *Symbolism in the Fourth Gospel*, 154, 156. 이사야의 예언, 유대문헌, 요 8:12-20을 종합해 볼 때, '메시아 예수님'(Jesus the Messiah)은 하나님의 의로운 통치를 열방으로 확장시키시고, '선지자 예수님'(Jesus the Prophet)은 세상 사람들이 하나님의 뜻을 깨닫고 하나님의 길 안에서 행하도록 하신다고 결론을 내릴 수 있다.

[375] Carson, *The Gospel according to John*, 334.

[376] 참고. F.F. Bruce, *The Gospel of John: Introduction, Exposition and Notes* (Grand Rapids: Eerdmans, 1989), 330; Bridges, "The Canonical Status of the *Pericope Adulterae*(John 7:53-8:11)," 220; Burge, *John*, 240; Ridderbos, *The Gospel of John*, 287; 유상섭, 『설교를 돕는 분석 요한복음』, 191.

[377] 참고. D.A. DeSilva, *An Introduction to the New Testament* (Leicester: IVP, 2004), 391-94; D.A. Carson, D.J. Moo·L. Morris, *An Introduction to the New Testament* (Leicester: Apollos, 1992), 158. 그런데 살보니(F. Salvoni)는 PA의 실제 저자를 복음서 기자들 중에서 가장 유사한 용어들(τὸ Ὄρος τῶν Ἐλαιῶν παρεγένετο στήσαντες αὐτὴν ἐν μέσῳ κατέκριναί ἀπὸ τοῦ νῦν)을 사용했으며 여자에 대해 자주 언급한 누가(Luke)가 가장 가능성이 높다고 보면서, 이 단락을 잘 보존한 AD 10-15세기에 쓰여진 Ferrar그룹의 출처인 남부 이탈리아가 sitz im leben으로 가능하다고 추정한다. 참고. F. Salvoni, "Textual Authority for John 7:53:8:11," *Restoration Quarterly* 4 (1960, 1), 13-14. 하지만 요한도 여자에 관심을 많이 보였다(요 2:1-11; 4; 11:1-12; 19:25-27; 10:1-18). 참고. Brown, 『요한공동체의 역사와 신학』, 225-35.

2. 요한복음 1-7장에 나타난 예수님의 정체성: 선지자직을 중심으로[378]

선지자는 하나님으로부터 말씀을 다양한 방식으로 받아서, 그것을 하나님의 대변인으로서 전하는 이다(참고. 신 5:24; 왕상 22:14; 미 3:8; 히 1:1-2).[379] 복음서에 총 86회 등장하는 명사 '선지자'(προφήτης)는 요한복음에 14회 등장한다. 요한은 1장에서부터 예수님을 '말씀', 하나님으로부터 오신 궁극적인 '빛'(계시)으로 소개한다(요 1:1, 7). 영원 전부터 성부와 선재하신 예수님은 성육하셔서 하나님 아버지를 계시하신다(요 1:14-18).[380] 세례 요한은 선지자 엘리야, 모세가 예언한 그 선지자('Ο προφήτης, 참고. 신 18:15-19), 그리스도가 아니지만(요 1:21-22), 예수님은 구약에서 약속된 이 세 가지 정체성을 모두 충족시키신다. 예수님은 엘리야(그리고 엘리사)보다 더 탁월하신[381] 모세가 예언한 바로 그 종말론적인 선지자로서(참고. 요 5:46), 하나님 아버지를 결정적으로 계시하시는 말씀이며 빛이다. 따라서 '로고스 기독론'과 '선지자 기독론'이 맞물려 있다고 볼 수 있다. 이것을 올바

---

378) 요한복음에 나타난 예수님의 '신명기적, 모세적, 메시아적 종말론적인 선지자'되심에 관한 자세한 논의를 위해서 S.M. Cho, *Jesus as Prophet in the Fourth Gospel* (Sheffield: Sheffield Phoenix, 2006), 205-29를 보라.

379) K.E. Corley, "Prophets, Prophecy," in J.B. Green et al (eds.), *Dictionary of Jesus and the Gospels* (Leicester: IVP, 1992), 636; Cho, *Jesus as Prophet in the Fourth Gospel*, 140-41.

380) 몇몇 유대 전승은 아브라함과 모세가 하늘로 올라가서 '선지자와 왕'으로 등극하여 계시를 보았고, 그것을 사람들에게 전했다고 본다(아브라함의 묵시 15-30; 필로의 모세 1.158; 참고. 창 15; 출 20:21; 24:18; 32:31). 하지만 그들과 달리 예수님은 성부와 선재하셨으므로 계시를 전하기 위해서 승천하실 필요가 없다. 따라서 혹자는 요 1장에 예수님이 구약에서 야웨의 말씀을 전한 사람들과 다른 차원의 계시자이심을 변증하려는 의도가 있다고 본다. 하지만 요한이 이런 유대 전승을 염두에 두었는지 확실치 않다. 참고. M.J.J. Menken, "Observations on the Significance of the Old Testament in the Fourth Gospel," in G. Van Belle et al (eds.), *Theology and Christology in the Fourth Gospel* (Leuven: Leuven University Press, 2005), 158; J.W. Pryor, *John: Evangelist of the Covenant People: the Narrative & Themes of the Fourth Gospel* (Leicester: IVP, 1992), 121.

381) 다음을 비교해 보라: 요 2:1-11/왕상 17:7-16/왕하 17:17-24; 요 6:1-15/왕상 4:42-44; 요 11:1-44/왕상 17:17-24/왕하 4:8-37. 모세, 엘리야 그리고 예수님 사이의 연관성을 위해서 Koester, *Symbolism in the Fourth Gospel*, 95; J.S. Croatto, "Jesus, Prophet like Elijah, and Prophet-Teacher like Moses," *Journal of Biblical Literature* 124 (2005, 3), 451-65; Cho, *Jesus as Prophet in the Fourth Gospel*, 120을 보라.

로 이해하려면 요한복음 1장을 구원계시사적으로 해석해야 한다.[382] 예수님 당시의 유대인들도 신명기 18:15의 모세와 같은 그 선지자(the Mosaic prophet)를 종말에 등장한 이로 보았는데, 그의 역할은 하나님의 말씀을 하나님의 백성에게 전달하는 것이다(1마카비 4:46; 1QS 9:9-11). 그런데 신명기 18:15의 '선지자'(נָבִיא)를 집합 단수명사로 본다면, 이 예언은 예수님에 의해서 단번에 성취되지 않고, 모세 이후에 야웨의 말씀을 받아 선포한 선지자들(예. 사무엘, 행 3:24)을 통해서 점진적으로 성취되었다. 그렇다면 예수님은 구약의 전체 선지자들보다 뛰어난 바로 그 궁극적인 종말론적 선지자이시다(참고. 행 3:22; 7:37).[383]

요한복음 2-8장에서도 예수님이 구약 선지자보다 더 탁월하신 그 선지자(the Greater Prophet)이심이 강조되는데, 8장에서 예수님의 선지자직에 관한 논의가 절정에 도달한다고 볼 수 있다. 예수님의 선지자로서의 정체성을 연구하기 위해서, 예수님과 모세 사이의 모형론적인 연관성을 살피는 것이 유용하다: **(1)** 출생 직후 살해 위협을 받았다(출 1:16; 마 2:16). **(2)** 모세는 율법의 중보자였다면(출 19-24), 예수님은 하나님의 진리와 계시의 구체화이시다(요 1:1, 14, 17). **(3)** 모세처럼(출 3:13-14; 6:2-3) 예수님은 하나님의 이름을 백성에게 계시하셨다(요 17:6, 11-12, 26). **(4)** 모세가 나일 강의 물을 심판의 피로 바꾸었다면(출 7:19), 예수님은 가나 혼인 잔치에서 물을 포도주로 바꾸셨다(요 2:1-11). **(5)** 모세가 하나님께서 보내신 자라는 정체성을 증명하려고 기적을 행한 것처럼(출 4:1-9), 예수님도 많은 표적을 통해서 자신의 정체성을 증거하셨다(요 10:38). 하지만 구체적으로 볼 때 차이가 있는데, 모세는 불뱀에 물린 사람들의 치유를 위한 대리인(agent)이었지

---

[382] 요 1장에 예수님이 '하나님'(요 1:1), '하나님의 아들', 요 1:49), '메시아'(요 1:41), '중보자'(요 1:51), '어린 양'(요 1:36), 및 '왕'(1:49; 참고. 요 6:15; 12:13; 18:39; 19:3, 19)으로 소개된다. 이 중에서 '왕'과 관련하여, 참 이스라엘인은 예수님을 '이스라엘의 왕'으로 인정하지만, 유대인들은 예수님을 '유대인의 왕'으로 인정하기를 거부한다. 따라서 예수님의 선지자직이 '유일한 신분'이라거나, '가장 중요한 정체성'이라고 간주하기는 무리다. 참고. S.E. Johnson, "Notes on the Prophet-King in John," *Anglican Theological Review* 51 (1969, 1), 37.

[383] 안영복, 『성령님과 함께 하나님 나라 여행』 (서울: CLC, 2010), 144; J.G. McConville, *Deuteronomy* (Apollos Old Testament Commentary, Nottingham: Apollos, 2002), 303.

만(민 21), 예수님은 세상의 치유와 영생을 위해서 성부께서 보내신 수단(means)
이시다(요 3:14-15). **(6)** 모세의 고별강화라 할 수 있는 신명기의 구조는 예수님의
고별강화(요 13-17)와 구조와 내용에 있어 유사하다. **(7)** 모세가 왕직(고전 10:1-4),
제사장직(신 24:8), 선지자직(신 18:15; 34:10-12)을 통합적인 방식으로 이상적으로
수행했다면 예수님도 그리스도의 3직을 수행하셨다. **(8)** 모세가 40일 동안 시
내 산에 머물렀다면(출 34:28), 예수님은 광야에 머무셨다(마 4:2).[384]

선지자 예수님에게는 보통 사람이 볼 수 없는 능력이 있었다(요 2:24-25; 참고.
막 2:5, 8; 눅 7:39이하; 9:47).[385] 성부께서 보내신 성자는 하나님의 말씀을 하시는
데, 하나님께서 성령을 한없이 주셨기 때문이다(요 3:34). 야곱의 우물에서, 사마
리아 여인은 예수님을 '선지자'로 여겼다가(요 4:19) 결국 '그리스도'로 믿게 되었
다(요 4:25-29). 그 당시 사마리아인의 상황에서 볼 때, 선지자만 우월한 지식을
가질 수 있었는데, 선지자 예수님은 이 여인의 형편을 알고 계셨다(요 4:18). 더
나아가 사마리아 여인은 예수님이 선지자로서 그 당시 두 예배 처소였던 그리
심과 예루살렘 중에서 어디가 합법적인지 하나님의 뜻에 따라 가르쳐주실 수
있다고 믿었다(요 4:20-21).[386] 그런데 사마리아 여인은 장차 오실 '그리스도'께서
이런 놀라운 지식을 소유하고 있다고 믿었다(요 4:25). 따라서 이 여인이 예수님
을 선지자와 그리스도로 고백한 것은 자연스럽다.

예수님은 스스로 고향에서 높임을 받지 못하는 선지자로 여기셨다(요 4:44).
베데스다 연못가에서 병자를 치유하신 후 벌어진 안식일 논쟁에서, 예수님은

---

384) 보라. Pryor, *John: Evangelist of the Covenant People*, 120.
385) 참고로 콜리(K.E. Corley)는 요한복음에 25회 등장하는 표현인 "진실로, 진실로 내가 말하노니"(요 1:51 등; Amen formula; 참고. 민 5:22; 느 8:6; 시 41:14; 72:19; 89:53' 1에스드라 9:47)를 구약 선지서의 "야웨께서 말씀하시기를"(사 7:7 등)과 비교하면서, 예수님이 하나님의 권세와 능력을 가지고 말씀하시는 하나님의 유일한 메신저요 선지자임을 의미한다고 주장한다. 참고. Corley, "Prophets, Prophecy," 640-42 그리고 Cho, *Jesus as Prophet in the Fourth Gospel*, 164-69.
386) J.E. Botha, *Jesus & the Samaritan Woman: a Speech Act Reading of John 4:1-42* (Leiden: Brill, 1991), 143.

자신을 모세와 구약이 예언한 분이라고 밝힌다(요 5:39, 46; 참고. 1:45). 모세의 기록이 그리스도를 증거한다는 말씀(요 5:46)은 오경 중에서 특정한 기독론적 구절을 염두에 두었다고 볼 수 있지만, 그리스도 중심적이고 모형론적인 구약 해석을 통해서 구약에 나타난 구원의 패턴이 예수님 안에서 성취되었음을 의미한다.387)

요한복음 6:1-21에서 예수님은 두 가지 사역을 통해서 모세보다 더 탁월하신 분임을 증거하신다. 첫째는 이스라엘 백성들이 만나를 먹고도 죽을 수밖에 없었던 것과 달리(출 16:21), 예수님께서 영생의 떡을 무리에게 먹이신 사건인데(요 6:1-15; 참고. 31, 35, 49절), 무리는 '세상으로 들어오시는 그 선지자'(ὁ προφήτης ὁ ἐρχόμενος εἰς τὸν κόσμον)라고 주님을 인정한다(요 6:14). 모세는 만나의 수여자가 아니지만(요 8:32), 예수님은 생명의 떡으로서 영생의 수여자이시다. 여기서 알 수 있는 중요한 것은 예수님의 '종말론적인 그 선지자' 되심은 생명을 주시는 메시아 사역과 연결된다는 사실이다(참고. 요 20.91). 따라서 요한복음 6:14 바로 다음 절에서 요한이 예수님을 '왕'으로 묘사한 것은 자연스럽다(요 6:15). 그러므로 예수님은 엘리야나 모세와 같은 단순한 선지자가 아니라, 그 이상의 인물로서, '선지자-왕'(Prophet-King)이라는 독특한 신분을 가지고 계신다. 예수님이 모세보다 더 탁월하신 선지자임을 증명하는 두 번째 사건은, 모세가 홍해를 갈라 건넜다면(출 14:21), 예수님은 갈릴리 호수 위를 걸으셔서 제자들을 구원하신 것이다(요 6:16-21).

오병이어의 표적에 나타난 예수님의 선지자직을 구약과 유대전승의 빛에서 이해할 수 있다. 예수님 당시 유대인들은 이스라엘 역사에서 모세를 가장 중요한 선지자로 여겼다(참고. 신 34:10). 더 나아가 유대와 사마리아 전승은 종종 모

---

387) Pryor, *John: Evangelist of the Covenant People*, 117.

세에게 왕적인 기능을 부여했다.[388] 이스라엘 백성에게 앞으로 다가올 출 바벨론과 더 나아가 메시아 시대에는 모세 당시의 기적들과 같은 징조(sign)가 동반될 것이라는 기대도 있었다(사 48:20-21; 미 7:15). 그리고 이스라엘 백성은 모세처럼 기적을 행할 선지자의 출현을 기대했는데, 주님의 날에 등장할 것으로 믿어진 엘리야가 후보였다(말 4:5-6; 요 1:21, 15). 또한 유대인들은 메시아께서 오실 때, 하늘에서 내려오는 만나와 같은 보화를 먹을 것이라고 소망했다(2바룩 29:8). 그러므로 오병이어의 표적을 경험한 사람들 중에서, 이런 구약과 유대전승을 알고 있었던 사람들이 예수님을 모세나 엘리야를 능가하는 선지자로 인정하고, 더 나아가 왕으로 삼으려한 것은 이해할 만하다. 하지만 예수님은 사람의 주린 배를 채워주는 차원의 왕은 아니시다(참고. 요 18:36-38).[389]

요한복음 7장은 출애굽의 구원을 기념하는 초막절을 배경으로 하는데(참고. 레 23:43; 슥 14:16), 예수님은 다시 한 번 무리에 의해서 '그 선지자'(ὁ προφήτης)라고 인정을 받으신다(요 7:40). 초막절을 이해하려면 제사장들이 하나님께서 생명과 같은 비를 내려주실 것을 기대하면서 실로암의 물을 퍼서 제단에 붓는 의식(Suk. 4:9; 사 12:2-6; 슥 14:8)도 중요하다. 하지만 구약의 배경에서 볼 때, 예수님께서 자신을 믿는 자에게 생수의 강들 즉 성령을 주신다는 말씀(요 7:38)은 광야에서 모세가 반석에서 나온 생수를 백성에게 먹인 것을 염두에 둔 것으로 볼 수 있다. 모세는 생수의 수여자가 아니라 중보자였지만, 예수님은 생수 즉 성령의 수여자이시다. 요한복음의 저자와 같은 맥락에서, 선지자 이사야는 모세가 광야에서 물을 낸 것(사 43:20)을 회상하면서, 신약 시대에 성령님이 부어

---

388) Pryor, *John: Evangelist of the Covenant People*, 117.

389) Koester, *Symbolism in the Fourth Gospel*, 95-96. 그런데 몇몇 유대 전통(1QS 9:9-11과 4QTest 5:8)은 '다윗 가문의 메시아'와 '종말론적 선지자'를 구분한다. 이런 유대 사상에게 요한복음 해석의 결정적 역할을 맡기기는 어렵다. 왜냐하면 요한에게 있어서, 구약이 예언한 모든 종말론적 인물들은 예수님 안에서 성취되기 때문이다. 예를 들어, 요 1:45는 모세가 예언한 종말론적 선지자와 구약 선지자들이 예언한 다윗 가문의 메시아를 연결한다고 보여진다. 그리고 요 6:14-15도 동일하다. 참고. Pryor, *John: Evangelist of the Covenant People*, 132.

질 것을 예언한 바 있다(사 44:3). 모세나 구약의 선지자들과 달리(참고. 마 11:9), 예수님은 구약에서 '예언된'(prophesied) 더 탁월한 그 선지자라는 독특한 정체성을 가지고 계신다. 따라서 예수님은 단지 '두 번째 모세'(mere second Moses)가 아니라, 기원과 지위와 수여하시는 은사에 있어서 모세보다 훨씬 우월하신 선지자이시다.[390]

요한복음 7:40-52에 의하면, 초막절에 예루살렘에 모인 무리와 종교지도자들의 하인들조차 예수님을 "이 사람처럼 말하는 사람은 없었다"(Οὐδέποτε ἐλάλησεν οὕτως ἄνθρωπος) 즉 탁월하신 그 선지자로 인정하자(46절; 그리고 '그리스도', 41절), 바리새인들은 예수님이 모세의 율법을 어긴 죄인으로서 그 선지자가 아님을 증명하려고 한다(참고. Sanh 43a, 107b). 바리새인들은 율법을 모르는 자를 '저주 받은 자들'이라고 폄훼하면서(49절), 갈릴리에서 그리스도와 선지자가 나올 수 없다고 주장한다(41, 52절; 참고. 요 1:46).[391] 구약에서 '갈릴리'가 자주 언급되지 않는 것은 사실이지만, 이사야는 '이방의 갈릴리'(Γαλιλαία τῶν ἐθνῶν, 사 8:23 LXX)가 빛이신 메시아의 사역으로 인해 영광스럽게 될 것을 예언했다(사 9:1-2). 이사야 9장의 문맥을 고려해 볼 때, 어둠에 앉은 열방을 변화시킬 인물은 다윗 가문의 메시아이시다(사 9:6-7; 참고. 요 8:12). 이 사실을 PA 바로 다음 구절인 요한복음 8:12가 언급한다.[392]

---

390) A, Reinhartz, "Jesus as Prophet: Predictive Prolepses in the Fourth Gospel," *JSNT* 36 (1989), 10.

391) 요 7장에서 '가르치다'와 '가르침'이라는 단어가 자주 나타나는데(14, 16, 17, 28, 35절), 예수님의 랍비 및 선지자직을 보여준다. 그리고 요한복음에 '보내다' 동사는 50회나 등장하며, 성부가 성자를 보내셨다는 언급은 39회나 등장한다(비교. 출 3:12). 이것을 투영으로 볼 때, 예수님의 종말론적인 그 선지자라는 정체성에 대한 요한공동체와 회당 사이의 논쟁이 에베소에 있었던 것 같다. 참고. Pryor, *John: Evangelist of the Covenant People*, 119.

392) 참고로 선지자 요나는 갈릴리 스불론 땅의 가드 헤벨 출신인데(왕하 14:25), y. Sukk 55a는 요나의 갈릴리 가문이 초막절과 함께 언급한다. 참고. Koester, *Symbolism in the Fourth Gospel*, 155-56. 요 8장 이후에도 여러 구절들이 성부의 말씀을 전하는(참고. 요 5:43; 8:45-47; 12:48-50; 14:10; 17:8, 14; 참고. 민 16:28) 예수님의 선지자직을 보여주는데, 요 9:17, 14:10, 17:7-8 등이 좋은 예다. 참고. Reinhartz, "Jesus as Prophet," 3.

자신의 목적을 달성하기 위해서 다급해진 바리새인들이 계획한 것이 바로 '간음하다가 잡힌 여자 사건'인데, 바리새인들은 메시아이시자 그 선지자이신 예수님을 부인하면서 신명기 18장과 근접 문맥에 나타난 모세의 율법으로 정죄하려고 시도한다. 실제로 **(1)** 간음한 여자, **(2)** 간음에 대한 증인, 그리고 **(3)** 합당한 재판과 형벌은 신명기 17:5-7, 19:15-21, 그리고 22:22-27에 나타난다. 이제 PA에 나타난 세 가지 사항을 신명기 18장 전후 구절들과 비교하면서, 어떻게 예수님의 탁월한 선지자직이 드러나는지 살펴볼 차례다.

3. 요한복음 7:53-8:11에 나타난 예수님의 정체성: 선지자직을 중심으로

PA는 두 부분으로 나눌 수 있다:

(1) 서론(7:53-8:2), **(2)** 간음한 여자 사건(8:3-11).

3.1. 서론(7:53-8:2)

초막절 후 무리는 그들의 집으로 돌아갔고(요 7:53), 예수님은 감람산으로 가신다(요 8:1).[393] '이른 아침에'("Ορθρου, 참고. 요 21:4) 예수님은 성전에 오셔서 '모든 백성'(πᾶς ὁ λαὸς)을 가르치신다(요 8:2; 참고. 눅 21:37). 모세가 예언한 그 선지자로서 예수님은 하나님께서 자신의 입에 넣어 주신 말씀을 가르치신다(신 18:18). 시간적 배경에서 볼 때, 예수님은 '모든 사람'(πάντα ἄνθρωπον)을 비추는 빛이시다(참고. 요 1:9). 왜냐하면 새벽 여명이 밝은 후 즉 이른 아침에 세상의 참 빛이신

---

[393] 요한복음에서 '감람산'은 여기서 처음으로 언급된다. 요한이 예수님을 감람산에 서실 '종말론적 선지자'로 묘사하려는지 확실하지 않다(슥 14:4). 공관복음 기자와 달리 요한은 감람산강화를 생략하기에, 요한이 감람산을 언급할 때 나름대로 의도가 있다고 볼 수 있다.

예수님이 복음의 빛을 백성에게 비추시기 때문이다. 그리고 초막절 7일 동안 '여인의 뜰'에 금 촛대를 켜둔 것을(Suk. 5:2-3) 잘 알고 있었던 독자들은 예수님을 빛으로 잘 인식했을 것이다(요 8:12). 하지만 바리새인 같은 죄인은 어둠을 더 사랑한다(참고. 요 3:19). 그리고 2절의 '앉아서'(καθίσας)는 유대교에서 율법 선생의 자세이므로(마 5:1; 23:2; 요 4:6; 참고. 행 22:3), 이 동사는 예수님의 선지자/선생으로서의 정체성을 지지한다.[394]

3.2. 피고인(被告人): 간음하다 잡힌 여자(8:3-4)

신명기 17-22장처럼, PA에도 '피고인, 증인, 판결'과 같은 법정의 모습과 법률적 요소가 나타난다.[395] 따라서 이 세 가지 순서를 따라 예수님의 정체성을 선지자직을 중심으로 살펴보자. 서기관들과 바리새인들이 간음하다 잡힌 여자를 데리고 성전의 여인의 뜰로 온다(3절).[396] 요한복음에서 '서기관들'(οἱ γραμματεῖς)이 3절에서 처음으로 언급된다. 이 사실도 예수님께서 말씀을 가르치시는 새 서기관이며(참고. 마 13:52) 선지자이심을 증거하는 근거로 볼 수 있다. 여기서 간음하다 잡힌 무명의 여자가 중심인물이 아닌 것은, 주님을 시험하는 자인 바리새인들과 예수님 사이의 갈등이 초점이기 때문이다. 따라서 이 여자는 바리새인들이 예수님을 거짓 선지자이며 거짓 '선생'으로(4절) 고발하려고(6절) 사용한 매개체 역할을 한다.[397] 바리새인들은 이 여자를 인격으로 대우하

---

394) Hodge, "The Woman Taken in Adultery(John 7:53-8:11)," 43; Kanagaraj, *The Gospel of John*, 263.

395) Baylis, "The Woman Caught in Adultery," 177-82; James, "The Adulteress and the Death Penalty," 49-52; Derrett, "The Story of the Woman Caught in Adultery," 1-26.

396) 구약 율법이 간음죄로 사형을 언도하는 경우는 정혼 혹은 결혼한 여자에게 해당한다(레 20:10; 신 22:22-23; 참고. 민 5:11-31). 따라서 사형은 미혼 여성의 간음에는 해당되지 않는다. 그리고 구약에 결혼한 남자와 창녀가 관계를 맺은 경우에 그것이 죄는 맞지만, 구체적인 처벌 조항은 나타나지 않는다. PA에서 바리새인이 죽어 마땅하다고 주장하는 이 여자를 기혼 여성으로 보는 것이 더 적합하다. 참고. 유상섭, 『설교를 돕는 분석 요한복음』, 192; Derrett, "Law in the New Testament," 4.

397) 요한복음에서 요 3:2와 8:4를 제외한다면 예수님의 제자들이 예수님을 '선생'이라 부르기에(요 1:38; 11:28; 13:13, 14; 20:16), 4절에서 서기관과 바리새인들이 예수님을 '선생'이라 부른 것에 주님을 '진정한 랍비'로 대우하려는 진정성은 없다. 참고. Michaelis, *The Gospel of John*, 496.

지 않고, 예수님을 시험하려는 자신들의 목적을 달성하기 위한 '편리한 수단'으로 그녀를 사용함으로써 비인간적으로 대한다. 그리고 PA의 장소적 배경인 성전에 비추어 볼 때, 바리새인들은 성전에서 용서와 자비를 베푸시는 하나님의 성품에 반(反)하는 행동을 하고 있다.

바리새인과 예수님은 간음이 신명기 22:22-27에서 금지한 범죄임을 알고 있었다(참고. 출 20:14; 마 5:28). 율법에 의하면 결혼한 여성이나 정혼한 여성이 간음을 저질렀을 때, 정부(lover)와 함께 그 여인은 죽어야 한다(참고. 레 20:10; 신 22:23-24). 참고로 미쉬나에 의하면, 이 경우 남자는 돌로 쳐 죽이고, 여자는 목 매달아 죽임을 당해야 했다.[398] 따라서 요한복음 8장의 간음한 여인은 기혼 혹은 정혼한 상태로 보는 것이 타당하다. 여기서 간음한 남자를 먼저 처형했다고 보기 어려우므로, 바리새인들은 그 남자를 의도적으로 석방해 줌으로써 불법을 저질렀다고 판단된다. 이것이 옳다면 바리새인들은 율법 위에 있다. 이것은 예수님 당시에 여자보다 남자에게 유리하게 작용했던(androcentric) 그 당시의 법과 관례의 한 단면으로 볼 수 있다(예. 힐렐 학파의 해석).

하지만 예수님은 이런 성차별과 부당한 관례를 거부하시는데, 이렇게 볼 수 있는 근거는 다음과 같다(참고. 마 5:28). 출애굽기 20:14에서 "너는 간음하지 말라"(לֹא תִנְאָף)는 2인칭 '남성' 단수형으로 표현한다. 따라서 구약 율법은 간음의 책임성에 있어서, 간음한 여성을 무죄로 판명하지 않지만, 남성에게 더 큰 책임이 있음을 암시한다. 또한 고전 헬라어에서 μοιχεύω('모이큐오', '간음하다')의 능동형은 남성에게, 수동형은 여성에게 적용되었다(그리고 출 20:4; 신 5:18; 레 20:10). 이 법칙이 LXX에서는 정확히 적용되지 않았지만, 요한복음 8:4에서는 적용된다 (μοιχευομένη, 현재 수동태 분사 여성 단수 주격). 이상의 히브리어와 헬라어의 문법적

---

398) Burge, *John*, 242. 로마 제국에서는 AD 3세기부터 간음이 극형으로 처벌되었다. 참고. Derrett, "Law in the New Testament," 11.

관습에 비추어 볼 때, 간음은 여자의 간음에 남자가 연루되었다기보다는, 남자의 간음에 여자가 연루된 것으로 보는 것이 자연스럽다.[399] 그럼에도 불구하고, PA에서 모든 부정적인 면은 여자에게 집중되는 반면에, 간음한 남자는 한 번도 거론조차 되지 않는다. 따라서 예수님은 이 부당한 재판에 즉답을 주시지 않는다. 그리고 예수님의 눈에는 간음도 죄지만, 율법을 자의적이거나 이중 잣대로 오용하는 것도 큰 죄다.[400]

3.3. 증인(8:5-6a)

5절의 '우리'($ἡμῖν$; 바른 성경과 달리 개역개정판에 번역 안 됨)는 바리새인들이 이 여자의 간음에 대해서 증인 역할을 하고 있음을 의미한다. 그리고 4절에서 본문비평이 필요하지만, 다수사본은 '우리(즉 바리새인과 서기관들)가 (이 여자를) 발견했다'($εἴρομεν$)라고 표기한다. 따라서 바리새인과 서기관들이 증인 역할을 하는 것으로 볼 수 있다. 그러므로 바리새인들이 먼저 이 여자를 돌로 쳐야 한다(참고. 신 17:6-7). 물론 본문에 언급은 안 되었지만, 바리새인들이 간음을 목격했던 두 증인을 동원했을 수 있다. 그럼에도 불구하고 이 단락에서 증인들의 명시적인 진술은 생략되어 있기에 재판 과정이 부당하게 보인다.

시험하는 자인 바리새인의 의중에는 만약 예수님이 율법이 명하는 형벌을 내리는 대신에, 여자에게 은혜를 베푸신다면(참고. 요 3:17; 12:47) 모세의 율법을 어기는 것이라는 확신이 있었다. 그리고 바리새인들은 예수님이 만약 신명기 18:15가 예언한 그 선지자라면 모세의 율법을 따라야 한다고 보았다. 바리새인은 예수님이 여인을 용서함으로써 모세의 율법을 어기고 폐기처분하는 거짓

---

[399] D.W. Rooke, "Wayward Women and Broken Promises: Marriage, Adultery and Mercy in Old and New Testament," in L.J. Kreitzer·D.W. Rooke (eds.), *Ciphers in the Sand: Interpretation of the Woman Taken in Adultery(John 7.53-8.11)* (Sheffield: Sheffield Academic Press, 2000), 45.

[400] R.J. Rushdoony, *The Gospel of John* (Vallecito: Ross House Books, 2000), 93.

선생이자 거짓 선지자임을 증명하려고 의도한다. 5절은 구문상 '당신은'(σὺ; 개역개정판: '선생은')이 강조되어, 바리새인들은 무엇보다 예수님 자신의 판결을 듣기 원했음을 알 수 있다. 바리새인들의 의중에는 돌에 맞아 죽을 사람은 이 여인이라기보다 예수님이었다(참고. 요 8:59; 10:31; 11:8).

만약 예수님이 여자를 돌로 치라고 말씀하신다면, 용서와 은혜를 베푸시는 예수님의 모습에 치명상을 입을 수 있었다. 그리고 그것은 사형집행권을 가진 로마 총독에 대한 도전 행위가 될 수 있었다. 왜냐하면 산헤드린이 사형을 선고할 수 있었지만, 총독의 허락을 받기 전에는 사형을 집행할 수 없었기 때문이다(참고. 요 18:31-32). 하지만 스데반의 처형에서 볼 수 있듯이(행 7:58; 참고. 행 14:19), 유대인 자체의 문제로 돌로 쳐 죽이는 행위가 반드시 로마의 권한에 도전하는 문제로 불거졌을 것으로 보기 어렵다(참고. 행 18:15). 만약 총독이 예루살렘에서 멀리 떨어져 있었다면, 유대인들이 먼저 사형을 집행한 후 나중에 총독의 재가를 받아야 했다.[401] 이 추론이 옳다면 이 여인은 즉시 처형 될 형편에 있었다.

예수님이 바리새인의 시험을 물리치려고, 그 당시 시행되고 있었던 '의심의 법'(민 5:11-31, Drinking the bitter waters)을 따르라고 말씀하시면 좋았지 않을까?(참고. m. Sota 1:1이하; 출 32:20).[402] 하지만 이 법은 아내의 불륜을 의심하는 남편의 고발이 있어야 유효했다(민 5:14). 이 단락에서 만약 남편이 의심의 법에 호소할 필요가 없을 정도로 확실하고도 신뢰할만한 증인들을 확보한 채 아내를 고발했다면, 남편은 아내가 처형되어 위자료(ketubbah) 지불 없이 모든 재산을 차지할

---

401) Michaelis, *The Gospel of John*, 496; Witherington, *John's Wisdom*, 364; Carson, *The Gospel according to John*, 335; James, "The Adulteress and the Death Penalty," 47; Kanagaraj, *The Gospel of John*, 264.

402) J.D.M. Derrett, "Law in the New Testament: the Story of the Woman Taken in Adultery," *New Testament Studies* 10 (1964), 5-6; Witherington, *John's Wisdom*, 364.

수 있었고, 아내가 다른 남자와 재혼하는 것도 방지할 수 있었다.[403]

3.4. 판결(8:6b-11)

바리새인들의 고발에 예수님은 말씀대신 글쓰기라는 행동으로 답하신다. 6절과 8절에서 예수님이 두 번이나 땅에 쓰신 내용은 무엇인가? '의심의 법'(민 5:11-31)과 연결지어, 예수님이 흙에 쓰실 때 일어난 먼지를 이 여인이 마시도록 했다는 설명은 근거가 없다. 왜냐하면 이 여인은 이미 유죄 판결을 받았기 때문이며, 성소 바닥의 먼지(민 5:17)도 아니기 때문이다.[404] 다양한 추측이 있어 왔지만, 예수님이 쓰신 내용을 정확히 알 수 없다.[405] 따라서 예수님께서 쓰신 내용을 소개하지 않으므로, 그 내용보다는 예수님이 쓰시는 행위에 주목할 필요가 있다. 흥미롭게도 6절에만 예수님의 손가락(τῷ δακτύλῳ)이 언급된다.[406] 하나님께서 모세에게 율법을 두 번 써 주셨지만, 첫 번째 경우에만 하나님의 손가락(בְּאֶצְבַּע אֱלֹהִים; LXX: ἐν τῷ δακτύλῳ τοῦ θεοῦ)이 등장한다(출 31:18; 신 9:10). 시

---

403) Derrett, "The Story of the Woman Caught in Adultery," 6.
404) J.B. Jordan, "Jesus at Belshazzar's Feast: Being an Explanatory Disquisition on an Aspect of the Story of the Woman Taken in Adultery," *Biblical Horizons* 82 (1996), 1.
405) 예수님이 땅에 두 번 쓰신 내용에 대해 여러 가지 추론할 수 있다: (1) 몇몇 사본(U II 73 331 364 등)은 8절에서 '그들(즉 고발자들) 각자가 지은 죄들'이라고 밝힌다(그리고 제롬). (2) 신 18장 전후의 특정한 두 구절인가?(신 19:16-19; 22:22-24). (3) 소송과 증인에 관한 다른 구절인가?(출 20:14; 23:1b, 7; 렘 17:13; 22:29-30; 암브로스, J.D.M. Derrett, S.M. James). (4) "왜 너희는 간음을 행한 남자를 데려오지 않았는가?"라는 내용인가? (5) 특정한 성경 구절을 염두에 두지 않은 채, 사람들의 주의를 그 여인에게서 주님 자신에게 옮기면서, 동시에 바리새인의 고발을 지연시키고 거부하시는 상징적 행동인가?(J. Calvin, C.K. Barrett). (6) 로마 제국의 법정에서 판사가 판결을 낭독하기 전에 판결문을 썼던 관습을 반영했다는 견해(T.W. Manson, J. Jeremias)는 요 8장의 지리적 배경이 예루살렘이므로 가능성이 희박해 보인다. (7) 아이킬(G. Aichele)은 예수님이 땅에 두 번 쓰신 것이 요 20:30-31과 21:24-25에 나타난다고 보지만 근거가 없다. 참고. G. Aichele, "Reading Jesus Writing," *Biblical Interpretation* 12 (2004, 4), 346. (8) 벨사살처럼 바리새인들도 하나님의 평가에서 함량미달이어서 심판을 받게 될 것이라는 의도로 단 5:25의 '메네 메네 데겔 우바르신'을 쓰셨는가? 참고. Jordan, "Jesus at Belshazzar's Feast," 3. 이상의 여덟 가설 가운데서 거짓 증언과 불공정한 재판을 경고하는 출 23:1-8이 요 8:6-8의 문맥에 가장 적합하게 보인다. 참고. James, "The Adulteress and the Death Penalty," 51; C.L. Rogers Jr.·C.L. Rogers III, *The New Linguistic and Exegetical Key to the Greek New Testament* (Grand Rapids: Zondervan, 1998), 201.
406) 바른 성경과 달리, 개역개정판은 8절에서 원문에 없는 '손가락으로'를 추가한다.

내 산의 율법 수여와 예수님의 글을 쓰심 사이의 모형론적 관련성을 고려한다면, 조던(J.B. Jordan) 등이 간파하듯이 예수님을 '율법을 주신 성육하신 야웨이시자(Yahweh Incarnate) 율법의 참된 저자'로 볼 여지가 있다.[407]

예수님은 '돌을 던지라'(βαλέτω λίθον, 7절)고 말씀하심으로써, 범죄에 대해 형벌을 명하는 율법의 명령을 공의롭게 집행하신다. 죄 없는 자가[408] "먼저 돌을 던지라"는 말씀(참고. 신 13:9; 17:17)에는 악의를 품은 거짓 증인은 정죄 당한 죄인이 받을 그 형벌을 받아 마땅하다는 뜻도 담겨 있다(신 19:16-19, 21). AD 1세기의 '명예와 수치'라는 문화인류학적 가치에서 볼 때, 예수님은 바리새인들의 공격에 제대로 된 반격(counter-challenge)으로 응전하시는 명예로운 랍비요 선지자이시다. 율법과 예수님의 관점으로 볼 때, 참 증인은 올바른 동기에서 율법의 절차를 따라야 했다. 그러므로 예수님의 말씀을 듣고 간음한 여자를 떠나버린 바리새인들은 주님을 시험하려는 악의로 가득 찬 거짓 증인으로서 여자가 받을 형벌을 받아야 마땅했다(9절; 참고. 잠 19:5, 9). 바리새인들은 간음하다 잡힌 여자를 데려와 예수님을 모세의 율법의 덫에 걸리도록 의도했지만, 결국 그들 자신이 모세의 율법의 덫에 걸리고 말았다. 결국 바리새인들은 간음한 여자에게 공개적으로 수치(shame)를 가했다가, 그대로 되돌려 받고 말았다(참고. 요 8:21, 24).[409] 바리새인들이 간음을 매우 큰 죄처럼 등급을 매겼다면, 예수님의

---

407) 참고. Jordan, "Jesus at Belshazzar's Feast," 1. 그런데 율법이 공의롭게 시행되어야 할 성전의 여인의 뜰에서 바리새인들에 의해서 불의가 행해지고 있다. 성전을 중심으로 활동했던 대제사장들과 사두개인들도 요 8장의 무리 가운데 포함되었을 가능성이 높다(참고. 요 7:45). 따라서 결국 부패한 성전은 AD 70년에 하나님의 심판을 받아 파괴될 것이다. 참고. Rushdoony, *The Gospel of John*, 93.

408) 7절은 어떤 죄를 가리키는가? 여자와 간음한 남자를 데려오지 않은 죄인가? 아니면 간음을 가리키는가? 아니면 거짓증언인가? 모리스(L. Morris)는 7절의 '죄 없는'(ἀναμάρτητος, without sin)이 NT hapax이기에 LXX의 용례에 비추어 볼 때, 모든 종류의 죄로부터 결백한 상태를 가리킨다고 본다. 참고. Morris, *The Gospel according to John*, 889. 모리스의 주장이 옳다면 사형 제도는 폐지되어야 할 것이다. 하지만 7절의 전후 문맥을 고려하여 'without sin' 대신에 'competent to testify'라고 번역하고 '거짓 증언'이라는 구체적인 죄로 보면서, 이 구절을 사형 제도의 철폐를 위한 근거로 사용할 수 없다고 보는 이도 있다. 예를 들어, James, "The Adulteress and the Death Penalty," 48-49.

409) Kanagaraj, *The Gospel of John*, 264.

눈에는 간음이 잘못된 증언이나 정죄보다 더 큰 죄가 아니었다. 예수님의 눈에는 바리새인들이 악하고 음란한 이들이었다(참고. 마 12:39; 16:4).[410] PA의 배경이 되는 신명기 18:15-19의 맥락에서 볼 때, 바리새인들은 '자기 마음대로 추정하여 말한 거짓 선지자'(הַנָּבִיא דִּבֶּר בְּזָדוֹן, ἐν ἀσεβείᾳ ἐλάλησεν ὁ προφήτης, 신 18:22)로서 죽어 마땅하다(참고. 렘 28:12-17). 왜냐하면 그들은 제멋대로 율법을 주신 하나님의 이름으로 말했으며, 자신들이 말한 대로 이루어지지 않았기 때문이다(신 18:20-22). 요한복음 8:7b와 11b의 교차대칭구조는 여인은 물론 바리새인들의 죄를 보여준다:

a Ὁ ἀναμάρτητος ὑμῶν
b πρῶτος ἐπ' αὐτὴν βαλέτω λίθον(7b)
b' Οὐδὲ ἐγώ σε κατακρίνω· πορεύου
a' ἀπὸ τοῦ νῦν μηκέτι ἁμάρτανε(11b)

따라서 바리새인들은 자신의 죄를 깨닫고(참고. 단 5:5-9, 24-28), 예수님을 떠나는 대신에 회개해야 했다. 바리새인처럼 악을 행하는 자는 빛을 미워하여 빛이신 예수님께로 나아오지 않는데, 자기 행위들이 드러나지 않게 하려는 이유 때문이다(참고. 요 3:20). 이 사실을 뒤따르는 요한복음 8:12가 유사하게 언급한다.

구약의 선지자들(예. 에스겔)이 말과 상징적인 행동으로 이스라엘의 죄와 심판을 지적했듯이(참고. 겔 4:1-3; 12:1-7), 예수님도 바리새인의 죄를 지적하시는 선지자시다. 사람들이 모두 떠나기 전에 여전히 앉아계신 예수님은 땅에 무언가를 쓰시는 것을 멈추지 않았다. 양심의 가책을 느낀(καὶ ὑπὸ τῆς συνειδήσεως ἐλεγχόμενοι; 비평사본에는 없고 다수사본에 있음)[411] 어른들로부터 시작하여 모든 사

---

410) G.R. O'Day, "John 7:53-8:11: a Study in Misreading," *Journal of Biblical Literature* 111 (1992, 4), 633, 636-37.
411) 9절의 명사 '양심'(συνείδησις)은 복음서에 거의 등장하지 않고, 바울 서신에서 볼 수 있다(딤전

람들이 떠난다(9절). 예수님은 무리들에게 표면적 율법에 따른 판단이 아니라, '양심의 판단'(judgment of conscience)을 내리도록 하셨다.⁴¹²⁾ 예수님과 여인만 남게 된다(9절).⁴¹³⁾ 7절의 주님이 제시하신 논리에 따르면, 죄 없으신 예수님만 그 여자에게 돌을 던질 수 있다. 하지만 예수님은 일어서셔서 그 여인을 정죄하지 않으시는데, 여기서 예수님의 정체성은 바리새인과 달리 악의가 없는 참된 증인이다(10절). 예수님이 바리새인들의 공격이 계속되는 동안 앉아 계신 것은 그들과 거리를 두시고 공격을 거부하시려는 가시적인 사인(visible sign)으로 볼 수 있다.⁴¹⁴⁾ 율법과 예수님에 의하면 한 명의 증인으로는 형을 집행할 수 없다(참고. 신 17:6; 요 8:17). 이제 예수님은 유일한 증인이시자 재판관이시다.⁴¹⁵⁾ 예수님이 여자를 향해서 "이제부터는 더 이상 죄를 짓지 말라"(11절; 참고. 요 5:14)고 말씀하시므로, 주님은 선지자로서 율법에 순종하며 살 것을 권면하신다. 이 여인은 사형이라는 육체의 심판이 아니라, 영적인 심판을 받았다(참고. 요 8:15).⁴¹⁶⁾ 왜냐하면 예수님께서 이 여인을 정죄하지 않으셨지만, 그녀의 죄는 정죄하셨기 때문이다.⁴¹⁷⁾ 결국 이 여인은 예상치 못했던 판결을 받고 생명의 위협과 수치로부터 자유를 얻게 된다. 예수님이 정죄하지 않는 사람을 아무도 정죄할 수 없다(참고.

1:19 등). 참고. Barrett, *The Gospel according to John*, 592.

412) F. Hauck, "$μοιχεία$" in G. Kittel (ed.), *TDNT*, *Voulme IV* (Grand Rapids: Eerdmans, 1967), 734.

413) '어른들로부터'(avrxa,menoi avpo. tw/n presbute,rwn)라는 표현은 에스겔이 이스라엘에 임할 심판을 묘사할 때 사용한 '내 성소에서부터 시작하리라'를 떠올리게 한다(겔 9:6; 참고. 벧전 4:17). 요 8:9는 겔 9:6MT보다 LXX($ἤρξαντο ἀπὸ τῶν ἀνδρῶν τῶν πρεσβυτέρων$)와 더 유사하다. '내 성소'는 예루살렘 성전(그리고 종교 지도자들)을 가리키는데, 요 7:53-8:11의 배경도 동일하다. 참고. Michaelis, *The Gospel of John*, 499. 그런데 칼빈(J. Calvin)은 예수님을 시험하던 모든 사람들은 떠났지만, 설교를 듣던 이들은 남아있었다고 본다. 참고. J. Calvin, 『요한복음 I』 (*The Gospel of John I*, 성서교재간행사 역, 서울: 성서교재간행사, 1993nd), 291.

414) Gench, "John 7:53-8:11," 398.

415) PA에서 여자의 유일한 말인 "주여, 없나이다"(11절)에서 '주여'($κύριε$)는 'Lord'보다는 'Sir'로 번역할 수 있는데, 수가 성의 사마리아 여인이 한 말과 동일한 의미이다(요 4:11). 이 호격은 '선생'으로 번역할 수도 있다. 참고. Bruce, *The Gospel of John*, 329; contra Rushdoony, *The Gospel of John*, 92. 그리고 10절의 따뜻하게 존중하는 표현인 '여자여'($Γύναι$)도 예수님이 수가 성 여인을 부르신 표현과 동일하다(요 4:21; 참고. 요 2:4; 19:26; 20:13).

416) Aichele, "Reading Jesus Writing," 358.

417) J. Moffatt, *The Gospel of John* (London: Harper and Brothers Publishers, 1937), 214.

롬 8:33-34).[418]

이 사건의 판결 부분(10-11절)이 밝히는 그 선지자이신 예수님에게 다른 정체성이 있는데 그것을 간과하지 말아야 한다. 그것은 '하나님의 아들과 인자'인데, 성부께서 모든 심판을 아들에게 맡기셨기 때문이다(요 5:22, 27). 예수님은 하나님의 아들과 인자로서 간음 사건을 비롯하여 모든 것을 판단하신다.

PA는 이 여인이 예수님의 권면과 죄 용서를 믿음으로 받아들이고, 영생을 얻었는지 정보를 제공하지 않는다. 그럼에도 "죄를 묵과하지 않으시는 예수님의 공의와 죄인을 용서하시는 예수님의 긍휼 사이에 있는 절묘한 조화는 복음의 위대한 교훈 중 하나다."[419] 그러므로 PA의 논의를 '율법의 나라'와 '긍휼의 나라' 사이의 대결, 혹은 '율법'과 '복음' 사이의 대결로 단순화시키는 것은 무리다.

3.5. 예수님의 정체성에 대한 추가 논의

여기서 대답되어야 할 한 가지 질문은 "예수님의 선지자직에 하나님으로서 죄를 사하는 권세가 포함되는가?"이다. '선지자'라는 단어가 나타나는 요한복음의 여러 구절들을 살펴볼 때(1:21, 23, 25; 4:19, 44; 6:14; 7:40, 52; 9:17), 예수님의 선지자직에 사죄하시는 사역이 분명히 나타나는 것으로 보기 어렵다. 하지만 요한복음에서 예수님의 선지자직에 사죄하시는 기능이 포함되어 있음을 암시적인 방식으로 추론할 수 있다. 왜냐하면 예수님은 특별한 지식과 통찰력으로 사람

---

418) 6b-7절과 8-11절 사이에 병행이 있다:
 (a) 예수님이 몸을 굽혀(앉아서) 흙에 글을 쓰심: 6b/ 8
 (b) 예수님이 몸을 일으켜(일어나셔서) 대화 상대자에게 말씀하심: 7b/ 10a
 (c) 예수님이 말씀하심: 7c/ 11b
 위의 병행은 바리새인들을 간과하고 예수님과 간음한 여인에게만 초점을 모으는 해석, 그리고 (그런 경우는 매우 드물겠지만) 예수님의 중심적인 역할을 염두에 두지 않은 해석은 지양되어야 함을 보여준다.

419) R.E. Brown, *The Gospel according to John*, 337.

의 형편을 아셨고, 죄에 대해서 경고하셨기 때문이다(참고. 요 5:6, 14). 그렇다면 이 단락이 제시하는 예수님의 정체성 다음과 같다: **(1)** '종말론적인 그 선지자', **(2)** '판단(심판)하시는 하나님의 아들과 인자'(요 3:17), **(3)** '율법의 참 저자로서 사죄를 선언하시는 하나님', **(4)** 죄 없으신 증인과 재판관. 따라서 예수님은 단순한 그 종말론적인 선지자 이상(more than the eschatological Prophet)의 신적 인물이시다.

그런데 몇몇 주석가들은 PA에 간음한 여인, 거짓 증인들, 그리고 고발자들이 받아야 마땅한 사형 형벌을 십자가에서 대신 받으실, 세상 죄를 지고 가는 하나님의 어린양 즉 '대속자 예수님'이라는 정체성이 나타난다고 본다(참고. 요 1:29; 18:38).[420] 이 해석은 양심의 가책을 받아 모두 그 현장에서 떠났지만 예수님은 남아서 여인을 용서하셨기에 불가능한 해석은 아니지만, 다소 본문을 과도하게 읽은 것(over-reading)으로 보인다. 따라서 예수님의 그리스도직 중에서 대속의 직분 혹은 대제사장직에 관한 내용은 PA 이외에서 찾는 것이 자연스럽다(예. 요 19:17-37).[421]

PA는 요한복음의 기록 목적(요 20:31)에 일치한다. 왜냐하면 예수님은 무엇보다도 메시아직의 한 부분인 '선지자직'을 수행하시고, 동시에 성부 하나님과 동일한 판단을 내리는 하나님의 아들(참고. 요 5:22, 30; 7:24; 8:15-16)로서 죄를 용서하시는 하나님 자신이시기 때문이다. 그렇다면 요한복음 전체 그리고 PA는 왜 '선지자 기독론'(Prophet Christology)을 강조할까? 조석민은 두 가지 이유를 제시한다: **(1)** 유대인들이 예수님을 하나님의 아들 그리스도로 이해하기 쉽지 않았기

---

420) R.V.G. Tasker, *The Gospel according to John* (Leicester: IVP, 1960), 112; J.G. Van der Watt, "Johannes," in W. Vosloo·F.J. Van Rensburg (eds.), *Die Bybellennium: Eenvolumekommentaar* (Vereeniging: Cum, 1999), 1341; J. Van Bruggen, *Johannes: Het Evangelie van Het Woord* (CNT; Kampen: Kok, 1997), 188.

421) 예수님의 선지자직에 관한 배경이 되는 신 18장은 '선지자' 뿐 아니라 '제사장'의 임명(5절)을 별도로 다룬다. 그리고 '왕'의 임명은 바로 앞 신 17:15에서 다룬다.

에, 중간 단계로서 유대인들에게 친숙한 선지자 개념을 사용했다. **(2)** 저기독론(Low-Christology)으로 분류되는 선지자 기독론은 요한복음 서두부터 등장하는 고기독론(High-Christology)인 '로고스 기독론'과 균형을 이루기 위해서였다. 하지만 선지자 기독론에 예수님이 '왕'과 '하나님의 아들'이시라는 고기독론적 요소가 일정 부분 내포되어 있다고 볼 수 있다.[422]

지금까지 예수님의 선지자직을 'forthteller'의 관점에서 살펴보지만, 요한복음에 예수님에게 미래를 예언하는 'foreteller'의 기능도 나타난다. 예수님은 자신의 배반당하심, 죽으심, 부활, 승천(요 2:19-22; 3:14; 6:70; 13:21, 38; 14:12; 18:3-5, 17, 25, 27; 20:17), 그리고 미래의 예배 처소(요 4:21), 신앙과 불신앙의 결과(요 3:36), 제자들을 성령의 처소로 만드심(요 7:37-38; 14:2-3) 등에 대해 예견하셨다. 예수님의 이러한 미래 예언들은 모두 성취되었으므로, 주님이 참 선지자이심을 증명할 뿐 아니라(참고. 신 18:21-22; 렘 28:9), 요한의 선지자 기독론에도 중요한 역할을 한다. 그런데 이 'foretelling'(prediction, prolepsis)이 요한공동체와 어떤 연관성을 가지는가는 별도의 연구를 필요로 한다.[423]

4. 나오면서

PA가 요한복음 원본에 없었다고 판단되어 무시되어 왔지만, 적어도 예수님과 유대인들 사이의 점증해 가는 갈등(conflict)과 고발(lawsuit)을 다루는 요한복

---

422) Cho, *Jesus as Prophet in the Fourth Gospel*, 281-82. 그런데 예수님은 왜 스스로 '(종말론적인) 선지자'라고 즐겨 부르시지 않았을까? 이방 종교와 유대교 그리고 기독교에 사람 선지자들이 있었기 때문에 혼동을 피하기 위해서, 아니면 예수님의 구원 사역과 위엄은 '선지자'보다는 '인자, 주, 하나님의 아들, 그리스도, 야웨의 종'을 통해서 표현했기 더 적합했기 때문으로 보인다. 참고. H. Friedrich, "προφήτης," *TDNT, Volume VI* (Grand Rapids: Eerdmans, 1968), 848.

423) Reinhartz, "Jesus as Prophet," 3-4, 9.

음 1-8장의 내러티브 전개 및 전후 문맥에 잘 어울린다.[424] '값 비싼 진주'(a pearl of great price)와[425] 같은 PA가 밝히는 예수님의 정체성은 다양하지만, 가장 두드러진 것은 모세가 예언한 바로 그 종말론적인 선지자이다. 따라서 어거스틴 (AD 354-430)이 자신의 '설교 XXXII'에서 '비천한 자에게 긍휼을 베푸시는 예수님'을 설파한 이래로, 그것이 PA가 밝히는 예수님의 정체성의 전부인 양 여겨져 온 것은 교정될 필요가 있다.[426] 요한복음 1-7장에서 소개된 예수님의 선지자직에 대한 논의는 PA에서 절정에 도달한다. 탁월하신 그 선지자이신 예수님은 앉아서 말씀을 가르치시고, 사람의 내면의 동기를 꿰뚫어 보시고, 사람의 죄악을 율법을 통해서 드러내시고, 죄를 심판하시고, 더 이상 죄를 짓지 말라고 경고하신다. 두말할 필요 없이, 예수님의 선지자직은 그분의 그리스도직 중에서 중요한 부분을 차지한다. 그리고 이 선지자직과 직접적으로 연결된 예수님의 정체성은 아버지로부터 전권을 위임 받아 의롭게 심판하시는 '하나님의 아들과 인자'이다. 이상의 논의를 종합해볼 때, PA는 하나님의 아들 그리스도이신 예수님이 믿는 자에게 영생을 주신다는 요한복음의 기록 목적에 부합한다. 그러므로 PA의 사본 상 문제 때문에 '비정경적 복음을 정경으로 설교'(canonical preaching of the non-canonical Gospel)하지 않으려고 하는 자세는 재고될 필요가 있다. "이 이야기는 사도적 정신(가르침)에 합당치 않은 내용은 하나도 내포하고 있지 않다. 그러므로 우리가 이 내러티브를 사용하기를 거부할 아무런 이유가 없다."[427]

---

424) 더 나아가 PA는 예수님을 신성모독적인 율법 파괴자로 몰아 부치는 유대인들과의 논쟁(요 8:59; 10:31; 11:8)을 배경으로 하는 요한복음 1-12장의 내러티브에 일치한다. 참고. A.A. Trites, "The Woman Taken in Adultery," *Bibliotheca Sacra* 131 (1974), 146.

425) Ridderbos, *The Gospel of John*, 291.

426) O'Day, "John 7:53-8:11: a Study in Misreading," 634.

427) 이 글은 『신학논단』 79(2015), 225-55에 게재되었다. Calvin, 『요한복음 I』, 288. 추후에 예수님의 말씀의 친저성을 밝히는 진정성의 기준에 비추어 PA를 연구해 볼 필요가 있다.

05 요한복음 14장의 거주지의 성격

들어가면서

언젠가 예수님께서 재림하시면 성도는 휴거(携擧)되어, 존 번연의 '천로역정'이 그리듯이 영원한 하늘의 화려한 집에서 살게 되는가?[428] 그리고 요한복음 14:2를 Vulgate(mansiones multae)와 KJV(many mansions)의 번역 그리고 유대교의 사후 상급 개념이 가르치듯이, 성도는 이 세상에서 행한 대로 큰 맨션과 작은 맨션이라는 차등 상급을 받아 하늘나라에서 영원히 살 것인가?[429] 이 구절을 찬송

---

[428] 요 14:2-3의 '내 아버지의 집'과 '있을 곳'을 '하늘 성전'(heavenly temple)으로 보는 J. McCaffrey, *The House with Many Rooms: The Temple Theme of Jh. 14,2-3* (Roma: Editrice Pontificio Istituto Biblico, 1988), 31 그리고 S.M. Bryan, "The Eschatological Temple in John 14," *Bulletin for Biblical Research* 15(2005, 2), 187. '내 아버지의 집'을 가정(household)으로 이해된 하늘 자체로 보면서 은유적 의미와 공간적 의미를 혼용하는 J.R. Michaels, *The Gospel of John* (NICNT; Grand Rapids: Eerdmans, 2010), 767. 그러나 요 14:2의 οἰκία와 μονή가 유대 문헌에서 '하늘 성전'을 가리킨 용례는 없다. 참고. McCaffrey, *The House with Many Rooms*, 63, 75.

[429] 예를 들어, A. Edersheim, 『메시아』(*Messiah*, 황영철 김태곤 역, 서울: 생명의 말씀사, 2012), 293;

가 235장이 그러하듯이, 기독교 장례식에서 미래의 몸의 부활과 (Philo 등이 말했듯이) '하늘 아버지의 집인 천국'에 거할 소망에 대한 구절로 사용할 수 있는가? 이런 미래 종말론적인 질문에 일정 부분 답을 주는 성경은 요한복음 14장이다. 하지만 요한이 의도한 거주지들이 어떤 곳이며 어떤 성격을 가지는지 아직까지 합의점에 도달하지 못하고 있다. 예수님의 재림으로 도래할 천상의 실제 장소(신천신지)인가? 재림 이후의 천상의 성전인가? 예수님 승천 이후의 천상의 낙원인가? 현재적으로 하나님의 가족에 관한 은유인가? 아니면 오순절 성령께서 성도 안에 거하심으로 하나님과 누리는 교제인가?

이 글에서 요한복음 14장의 거주지와 관련된 네 구절(14:2, 3, 4, 23)을 연구함으로써, 이 거주지의 장소와 성격을 검토할 것이다. 이를 위해서, 관련 단어들의 어휘 의미 연구를 문맥을 따라 시도할 것이다. 또한 요한이 의도한 거주지와 요한복음의 기록 목적이 어떤 관계가 있는지, 그리고 거주지에 대한 독자들의 반응도 살필 것이다. 이 글에서 요한이 언급한 거주지는 미래 종말론적인 거주지가 아니라, 오순절 성령의 강림으로 가능한 종말론적인 성전으로서의 성도 자신 그리고 죽은 성도의 영이 가는 임시적인 하늘나라인 낙원임을 논증할 것이다.

1. 내 아버지의 집에 거주할 곳이 많다
(ἐν τῇ οἰκίᾳ τοῦ πατρός μου μοναὶ πολλαί εἰσιν ; 14:2 상반절)

오리겐(c. 185-254)은 기독교 교리를 다룬 'de Principiis' 2.9.6에서 요한복음 14:2를 암시하면서, 이 세상을 떠나는 성도는 하나님께로 가기 위하여 잠시 머

---

contra 요 14:2에서 맨션의 크기 차이와 차등 상급을 반대하는 J. Calvin, 『요한복음』 (*Ioannis Calvini Commenatrii*, 박문재 역, 고양: 크리스챤 다이제스트, 2012), 559 그리고 R. Schnackenburg, *The Gospel according to St John*, Volume 3 (New York: Crossroad, 1982), 61.

무는 곳들(mansions)을 통과한다고 보았다. 이레니우스(d. 202)의 '이단에 대항하여' 5.34.12 그리고 알렉산드리아의 클레멘트(c. 150-215)의 'The Stromata' 4.14는 요한복음 14:2를 인용하는데, 그 당시 유대인의 사고방식처럼 성도가 죽은 후 천국에서 받을 차등 상급 사상이 나타난다고 보았다.[430] 따라서 교부들은 2절의 거처를 일시적이건 영구적이건 사후의 천국으로 보았다. 비슷한 맥락에서 Köstenberger는 2절의 '거할 곳이 많은 내 아버지 집'은 로마 제국의 부유층의 대저택과 결혼한 아들이 아버지의 집 건물에 자신의 거처를 추가로 확장한 관습을 염두에 둔 표현으로 보면서, 하늘의 맨션을 가리킨다고 이해한다.[431] 과연 요한은 2절에서 사후 천국이라는 장소와 성도가 받을 차등 상급을 지지하는가? 이 질문에 대한 답은 무엇보다 2절의 문맥과 거주지와 관련된 어휘들의 연구에 달려 있다.

요한복음 14장은 가룟 유다가 유월절 식사 장소에서 떠난 후 13:31에서 시작된 고별설교의 연속이다. 14장은 '첫 번째 고별설교'(13:31-14:31)의 한 부분인데, 두 번째 고별설교(15:1-16:33)가 뒤따른다. 이전 문맥을 살펴보면, 예수님은 제자들의 발을 씻어주셨고(요 13:1-20), 제자들에 의해서 배반당하실 것을 예언하셨고(13:21-30), 사랑하라는 새 계명을 주셨고(13:31-35), 베드로가 부인할 것을 예언하셨다(13:36-38). 이후 문맥에 예수님은 포도나무이시며, 제자들은 가지라는 비유가 나타난다(요 15:1-17). 따라서 전후 문맥상 예수님의 재림이라는 미래 종말론은 거의 나타나지 않고, 재림 이전의 현재 종말론 즉 제자들은 예수님의 승천 이후에 주님의 육체적인 부재 동안 어떻게 살아야 할 것인가가 초점이다.[432]

---

430) 참고. J.H. Bernard, *Gospel according to St. John* (ICC; Edinburgh: T&T Clark, 1928), 531.
431) A.J. K stenberger, *Encountering John* (Grand Rapids: Baker, 1999), 152.
432) H. Ridderbos, *The Gospel of John* (Grand Rapids: Eerdmans, 1999), 490. 고별설교 전체를 '성전 주제'로 볼 수 있다: (1) 세족(요 13:3 이하)은 성전에 들어갈 때 행한 결례 의식을 연상시킨다. (2) 제자들이 성전에 들어가면 그들은 하늘 성전(14:2)에 관해서 교육 받고, 자신이 성령의 거처임을 알게 된다. (3) 제자들은 하나님을 '예배'(16:2))한다고 하면서 박해하던 '세상'(15:18 이하; 16:8-11, 33; 17:18)과 구별된 거룩한 존재이다. (4) 예수님의 대제사장의 기도에 성전 주제가 많다: 영광(17:1, 4, 5, 10, 22, 24), 거룩과 성별(17:11, 19, 25), 하나님의 이름이 계시됨(17:6, 11, 26), 하나님의 거처(17:21-23). 참고. P.W.L.

예수님이 제자들을 위해서 예비하러 가시는 '내 아버지 집'은 어디인가? 여러 가지 해결책이 제시되어 왔는데, 하나님과의 관계에 관한 은유로 보거나,[433] 아니면 유대인들의 천국 관념을(시 2:4; 1에녹 39:4) 참고하여 성부 하나님이 거하시는 하늘나라,[434] 혹은 요한복음 2:16, 21과의 관련성에 근거하여 예수님의 몸 성전(body temple),[435] 혹은 만다야교의 '생명과 완전의 집'에서 빌려온 신화적 개념으로 보려는 이도 있다.[436] 이 질문에 대한 답은 οἰκία(집)와 μοναί(거주할 곳들)의 해석에 달려 있다고 해도 과언이 아니다. 요한복음 14:2에 '집'으로 번역된 명사 οἰκία는 4:53과 8:35에도 등장하는데, 거기서 건물로서 '집'(house)이 아니라 '가족'(family, household)을 가리킨다. 하지만 요한복음에서 οἰκία가 '집'을 가리키는 경우도 있다(11:31; 12:3).[437] 반면, 유사한 명사 οἶκος는 요한복음에 3회 등장하는데(2:16[x 2]; 7:53), 하나님의 집인 예루살렘 성전 혹은 건물로서 집을 가리킨다(참고. 마 9:7; 11:8; 12:4; 21:13; 막 2:1, 26; 5:38; 8:3; 눅 6:4; 11:17; 15:6; 행 2:2; 7:47, 49; 롬 16:5; 몬 2). οἶκος가 '가족'을 가리키는 경우가 있으나(눅 10:5; 19:9; 행 10:2; 16:31; 고전 1:16; 딤전 3:4; 딤후 1:16; 4:19; 딛 1:11; 히 3:2-6), 요한복음에는 해당되지 않는다. 따라서 14:2의 '내 하나님의 집'은 공간적 건물로 볼 것이 아니라, 하나님 아버지와 자녀인 성도 사이의 인격적 관계를 강조하는 은유로서, '내 하나님의 가족'으로

Walker, *Jesus and the Holy City* (Grand Rapids: Eerdmans, 1996), 172-73.

[433] 참고. W.H. Hwang, *The Presence of the Risen Jesus in and among His Followers with Special Reference to the First Farewell Discourse in John 13:31-14:31* (Ph.D. Thesis at the University of Pretoria, 2006), 218-19.

[434] D.A. Carson, *The Gospel according to John* (Grand Rapids: Eerdmans, 1991), 489; B. Lindars, *The Gospel of John* (Grand Rapids: Eerdmans, 1982), 470. 그리고 재림 이후의 하늘나라의 궁전으로 보는 P.H.R. Van Houwelingen, *Johannes: Het Evangelie van het Woord* (CNT; Kampen: Kok, 1997), 291-92. 그리고 요한공동체는 하나님의 아들 안에 거하면서 이미 하늘과 영생을 경험하고 있다고 보는 B. Witherington III, *John's Wisdom: A Commentary on the Fourth Gospel* (Louisville: WJK, 1995), 248-49.

[435] 예를 들어, A.R. Kerr, *The Temple of Jesus' Body* (Sheffield: Sheffield Academic Press, 2002), 293.

[436] R. Bultmann, *The Gospel of John* (Oxford: Oxford University Press, 1971), 600.

[437] Bernard는 요 8:35와 고후 5:1을 증거 구절로 들면서, οἰκία가 οἶκος보다 더 넓은 장소를 포함하는 저택으로 본다. 따라서 2절의 '내 아버지 집'을 천국에 있는 영원한 처소로 본다. Bernard, *Gospel according to St. John*, 531-32.

보는 게 자연스럽다.[438] 이런 하나님 아버지와 그분의 자녀 사이의 인격적이고 친밀한 관계(참고. 13:33의 '자녀')는 예수님이 고별설교를 하신 당시에 현재적이었지만, 얼마 후 오순절에 성령의 강림으로 더 분명해 졌다(14:16, 23). 따라서 2절은 제자들이 하늘에서 하나님을 경험하는 것이 아니라, 하나님 안에서 곧 하나님의 가족과 성령 안에서 하늘을 경험할 것을 말씀한다.[439]

14:2에서 거주지와 관련된 다른 명사는 '거주할 곳'(바른 성경)으로 번역된 여성 복수 주격 μοναί인데, 단수 대격 μονήν은 요한복음 14:23에 등장한다. μονή는 신약 성경에서 요한복음 14:2, 23에만 등장하여, 요한이 선호하는 명사임을 알 수 있다. 세속 헬라어에서 μονή는 여행가가 밤에 '잠시 쉬기 위해서 머무는 곳'(resting place)이라는 뜻으로 사용되었다. AD 1세기의 북 아라비아에서 발견된 나바테아인의 한 비문에서 μονή의 아람어 형태('wn')는 인생의 싸움 후에 안식하는 장소인 '무덤'을 가리켰다. Vulgate는 요한복음 14:2에서 '멈추어 머무는 곳'(mansio, halting place)이라고 번역했으며, 오리겐도 하나님께로 나아가는 도중에 잠시 머무는 곳(way-station)이라는 의미로 사용했다. 스클라보닉어(Sclavonic) 에녹 41:2(c. 50?)는 "내세에 선인을 위해서는 좋은 거주지들이, 악인을 위해서는 나쁜 거주지들이 많이 준비되어 있다"라고 말한다.[440]

---

438) Kerr, *The Temple of Jesus' Body*, 294; M.L. Coloe, "Temple Imagery in John," *Interpretation* 63(2009, 4), 375; R.H. Gundry, "In My Fathers House are Many Monai(John 14:2)," *ZNW* 58(1967, 1-2), 70-71. 2절의 οἰκία를 하나님의 가족이라는 은유적 의미로 이해하면서도 μοναί 를 성도가 죽음 이후에 갈 장소로서의 하늘나라로 일관성 없이 해석하는 경우는 J.J. Kanagaraj, *The Gospel of John* (Secunderabad: OM Books, 2005), 461-62. 참고로 아프리칸스 성경(1933, 1953, 1983, 2012)은 οἰκία를 최근까지 모두 'huis'('집')라고 모호하게 번역했다. J. Van der Watt et al (eds), *Interliniere Bybel: Grieks-Afrikaans* (Vereeniging: CUM, 2012), 588.

439) M. Dods, *The Gospel of St. John* (The Expositor's Greek Testament; Grand Rapids: Eerdmans, 1962), 822.

440) 참고. R.E. Brown, *The Gospel according to John* (London: Geoffery Chapman, 1972), 618-19; McCaffrey, *The House with Many Rooms*, 71. 요 14:1을 표면적으로 이해한다고 해도, 아버지의 '집' 안에 거할 '방들'이 많다고 보는 게 자연스럽지, 아버지의 '집과 별도로 맨션들'이 많다고 보기 어렵다.

14:2에서 μονα'는 '거주할 곳들'(dwelling places)로 번역할 수 있지만, '무덤' 혹은 '잠깐 쉬기 위해서 거하는 곳'이라는 의미로 보기 어렵다. 왜냐하면 2절은 '죽음' 혹은 '잠시'를 명시하지 않으며, 요한복음에서 40회나 등장하는 동사 '거하다'(μένω)는 '지속적으로 머물다'는 의미로 사용되기 때문이다(예. 15:4, 5, 6, 7; 참고. 1마카비 7:38; 1에녹 39:4).[441] 그리고 고별설교와 요한일서에서 전치사구 μένω ἐν(안에 머물다)은 '깊은 영적인 관계'를 의미한다(요 15:4, 5, 6, 7, 9, 10; 요일 2:6, 10, 14, 24, 27, 28; 3:6, 9, 17, 24; 4:12, 13, 15, 16).[442] 따라서 οἰκία와 μοναί를 연결하여 고려하면, 하나님 아버지의 가족에 제자들이 지속적으로 거주할 곳들이 많다는 은유적 의미이다. 하나님의 가족은 예수 그리스도를 믿는 모든 사람을 수용할 정도로 충분하다. 성도는 예수님을 통하여, 아버지 하나님과 현재적이면서도 영원한 연합을 이룰 수 있다.[443]

14:2에 현재 능동태 직설법 3인칭 복수 동사(εἰσιν)가 사용되어, 성부의 가족에 있을 곳이 미래적으로가 아니라 현재적으로 많음을 의미한다.[444] 요한은 예수님을 하나님의 아들이요 그리스도로 믿는 자는 현재적으로 하나님의 가족이 되어 생명을 얻는다고 강조한다(요 1:12-13; 20:31의 πιστεύοντες ζωὴν ἔχητε). 따라서 이 거주할 곳들은 장차 예수님이 승천하신 후 만드실 어떤 거주지를 가리키지 않는다. 그렇다면 14:2는 예수님의 제자들이 하나님의 가족을 현재적으로

---

441) C.K. Barrett, *The Gospel according to St John* (London: SPCK, 1978), 456. Van der Watt를 따라 Hwang은 μοναί를 '장소'보다는 '관계'와 더 연결된다고 본다. Hwang, *The Presence of the Risen Jesus in and among His Followers*, 222.
442) McCaffrey, *The House with Many Rooms*, 33.
443) Brown, *The Gospel according to John*, 627. 2절의 πολλαί,(많은)는 '양'이지 '질'을 가리키지 않는다 (참고. 요 2:23; 4:39; 6:60, 66; 7:31). 따라서 이것으로부터 차등 상급을 추론할 수 없다. McCaffrey, *The House with Many Rooms*, 34.
444) Contra 예수님이 장차 성도가 거주하도록 하늘에 건축하실 성전이라는 미래의 소망으로 보는 Bryan, "The Eschatological Temple in John 14," 196.

형성하고 있다는 관계와 관련된 은유적 의미로 보는 것이 자연스럽다.[445] 따라서 제자들 즉 교회가 성부 하나님의 처소이며, 하나님의 자녀이며, 종말론적 성전이라는 의미이다(참고. 고전 3:16-17; 6:19-20).

여기서 간과하지 말아야 하는 사실은 예수님 자신이 하나님의 영광과 하나님의 영과 은혜와 진리가 머무는 참 성전이시라는 점이다(창 28:12; 삼하 7:12-13; 겔 47:1-12; 슥 6:12-13; 요 1:14, 33, 51; 3:34; 4:10-14; 7:37-39; 20:22).[446] 요한복음에 의하면, 하나님의 새 성전은 어떤 특정 장소가 아니라(요 4:23; 참고. 계 21:22), 실체의 영이신 '예수님의 현존'에서 찾아야 한다(4:24).[447] 종말론적 성전이신 하나님의 아들 예수님이 하나님의 자녀인 제자들도 자신처럼 참 성전으로 만드신다. 요한복음의 경우와 마찬가지로, 메시아가 '종말론적 성전의 건축자'라는 사상은 유대 문헌에 종종 나타난다(시빌린신탁 5.414-33; 4에스라 13; 1에녹 39:4-5; 2에녹 61:2; 슥 6:12 탈굼).[448] 예수님 자신이 성도의 거처다(14:20; 15:4).[449]

(불신) 유대인들은 자신의 장소(τόπος; 11:48) 곧 많은 방들을 갖춘 돌 성전이(왕상 6:5, 6, 10; 겔 41:6) 로마 군인들에 의해서 파멸될 것을 두려워했다. 하지만 제자

---

445) 요 14장에서 동사 '거하다'와 명사 '거함'라는 단어는 성부, 성자, 성령, 성도 사이의 '관계'를 표현한다 (10, 17, 23, 25절). Coloe, "Temple Imagery in John," 376.

446) G.K. Beale, *The Temple and the Church's Mission* (Downers Grove: IVP, 2004), 194-98. 구약 간본문의 빛에서 볼 때, 하나님의 새 창조의 참 성전(true temple of God's new creation)이신 예수님은 '마지막 아담'(요 1:51의 아담의 아들[인자]), '새 이스라엘'(창 28장의 야곱의 후손), '다윗의 자손'(삼하 7장의 성전 건축할 다윗의 아들), 성령 곧 생수의 강을 주시는 분이다.(겔 47장의 성전에서 나오는 생수; 요 20:22; 계 21:22; 22:1)이다.

447) Kerr, *The Temple of Jesus' Body*, 294. 요 14장에서는 (오순절 성령을 통한) 하나님의 가족 안의 현존(2절 상반부, 23절), 승천 후 낙원에서의 현존(2절 하반부, 3절), 성부에게로 인도하는 예수님의 인격적 현존(4절), 성부와 성자의 상호 현존(mutual presence, 10-11절) 그리고 제자들의 사역을 통한 예수님의 현존이 중요하다(12-14절).

448) Bryan, "The Eschatological Temple in John 14," 192-93; McCaffrey, *The House with Many Rooms*, 95-96.

449) B. Witherington III, *John's Wisdom: A Commentary on the Fourth Gospel* (Louisville: WJK, 1995), 249.

들은 그들이 머물 곳(τόπος)이 안전함을 기억해야 했다. 이런 의미에서 하나님의 가족은 그림자 돌 성전의 영적이고 영원한 실체다.[450] 하나님의 가족이 거하는 하나님 아버지의 집은 하나님의 권능의 통치와 사랑의 영역인데, 하나님의 초월적인 현존에 대한 은유이자, 그림과 같은 표현(pictorial representation)이다(참고. 히 12:22의 하늘의 예루살렘).[451] 그 영역은 하늘과 땅을 포괄하기에, 특정 장소에 제한되지 않는다. 실제로 요한복음 13-17장에서 특정 장소가 명시되지 않는데, 성전 주제가 예루살렘이라는 장소에서 살아 있는 인격이신 예수님과 성령 그리고 제자들에게로 재설정된다. 이제 성령의 담지자인 제자들이 움직이는 곳에 참 성전도 이동한다.[452]

요한복음의 기독론(성도를 종말론적 성전으로 만드시는 참 성전이신 예수님), 구원론(사람이 하나님의 가족 안에 들어옴), 종말론(그림자인 돌 성전의 시대는 종말에 끝남) 그리고 교회론(하나님의 가족과 참 성전으로서의 성도)은 '하나님의 가족 은유'와 엮여 있다.[453]

2. 내가 너희를 위하여 (있을) 곳을 준비할 것이다
(ἑτοιμάσω τόπον ὑμῖν; 14:3 상반절),
내가 있는 곳(ὅπου εἰμὶ ἐγώ; 14:3 하반절)

요한복음 14:3의 예수님이 제자들을 위해 준비하실 '곳'은 앞 구절인 14:2 하반절에도 나타난다: "(만일 그렇지 않다면) 내가 너희를 위하여 (있을) 곳을 준비하

---

450) B.F. Westcott, *The Gospel according to St. John* (Hertfordshire: Taylor Garnett Evans, 1958), 200.
451) G.R. Beasley-Murray, *John* (WBC; Waco: Word Books, 1987), 249.
452) Walker, *Jesus and the Holy City*, 172-73.
453) J.G. van der Watt, *The Family of the King: Dynamics of Metaphor in the Gospel according to John* (Leiden: Brill, 2000), 435-39.

러 간다(고 말하였겠느냐?)"(πορεύομαι ἑτοιμάσαι τόπον ὑμῖν).[454] 여기서 현재 동사(πορεύομαι)로 묘사된 예수님이 가시는 것은 문맥상, 죽으심, 부활, 승천 그리고 승귀까지 모두 포함하는 일련의 사건이다.[455] 여기서 '곳'은 2절 상반부에 등장한 μονή가 아니라 τόπος인데, 신약에서 '장소'(마 14:35; 요 11:48; 계 12:8), '방'(눅 2:7), '지위'(행 1:25), '책 안의 한 부분'(눅 4:17), '기회'(행 25:16) 등 다양한 의미로 쓰인다.[456] 그런데 3절에서 '책 안의 한 부분', '지위', '기회'는 제자들이 있는 곳으로는 어색하고, '장소'나 '방'은 고려할 만하다.

그렇다면 예수님이 준비하여 제자들이 장차 가게 될 곳(τόπος)은 어디인가? 3절에 '내가 준비할 것이다'(ἑτοιμάσω)라는 미래 능동태 직설법 동사가 사용되기에, 예수님이 고별 설교를 하신 그 당시의 어떤 장소는 아니다.[457] 따라서 그곳은 예수님이 승천하여 계실 하늘의 처소를 가리킨다고 볼 수 있다.[458] 따라서 3절은 예수님이 아버지 하나님께로 가신다는 사실은 물론, 하늘의 어떤 장소에도 초점을 둔다. 예수님의 재림(die Parousia) 이전에 제자 들이 죽으면, 그들의 영혼은 예수님이 승천해 계신 곳에 갈 것이다. 이것은 고별 설교를 들었던 때로부터 1-2세대 안에 일어날 가까운 종말 사건이다. 참고로 영지주의에서도 구원자는 선민의 영혼을 이 세상에서 하늘로 인도하는데, 선민의 신격화 차원에서 이해

---

454) 요 14:2b의 본문 비평과 구문 및 번역에 관한 자세한 논의는 Hwang, *The Presence of the Risen Jesus in and among His Followers*, 222-23을 참고하라.
455) πορεύομαι의 LXX와 요 14:2-3의 용례를 비교하여, 예수님을 새 가나안으로 인도하시는 '새 모세-여호수아'(민 14:38; 사 52:12)와 종말론적 하늘 성전으로 인도하시는 '대제사장'(사 2:3; 미 4:1-4)으로 보는 입장은 McCaffrey, *The House with Many Rooms*, 76-78을 참고하라.
456) τόπος는 LXX에서 특별히 가나안 땅 및 (지상과 천상의) 성전과 관련 있다(신 1:31; 삼하 7:10; 미 1:2-3). McCaffrey, *The House with Many Rooms*, 99-100.
457) ἑτοιμάσω가 LXX에서 종말론적 성전(미 4:1)과 가나안 땅(신 1:33 탈굼)을 준비한다는 의미로 사용된 경우에 근거하여, 요 14:2-3을 성전과 출애굽 주제로 이해하려는 시도는 McCaffrey, *The House with Many Rooms*, 97-98을 보라.
458) Contra 14:2와 마찬가지로 3절도 오순절 성령께서 성도 안에 거하실 것으로 보는 유상섭, 『설교를 돕는 분석 요한복음』 (서울: 규장, 1999), 308.

했다.[459] 하지만 요한은 이런 신격화 혹은 신성 안으로 피조물이 함몰되는 것을 암시하지 않는다.[460]

3절 중반부에 의하면, 예수님이 제자들을 위하여 있을 곳을 준비하면 제자들에게 '다시 오신다'(πάλιν ἔρχομαι). 여기에 현재 동사 ἔρχομαι가 사용되었지만 미래적 현재 동사로 보는 것이 자연스럽다. 왜냐하면 이 동사가 '데리러 올 것이다'(παραλήμψομαι)라는 미래 동사와 함께 사용되기 때문이다.[461] 또한 요한복음에서 '오다'라는 현재 동사가 미래 사건의 확실성을 강조하는 의미로 종종 사용되기 때문이다(1:15, 30; 4:21, 23, 25, 28; 14:18, 28; 16:2, 13, 25; 참고. 계 1:4, 7; 22:20).[462] 그런데 예수님은 어떤 종류의 미래 시점에 다시 오시는가? 먼 미래 곧 재림의 날인가?(Bernard, Carson, Becker, Beutler, Kaefer, Schnelle, Beasley-Murray, Calvin, Van Houwelingen, Köstenberger). 아니면 가까운 미래 곧 예수님께서 부활하신 날인가?(Marsh, Lindars). 가까운 미래인 오순절에 성령님이 오실 때인가?(Godet, Maier, Fischer, McCaffrey, De Boer, Keener, Schnackenburg). 아니면 개별 제자들이 죽은 후인가?(Lightfoot, Dods, Bultmann, Kundsinn). 혹은 요한이 예수님의 다중적인 오심을 모호하게 의도했는가?[463]

3절에서 예수님의 다시 오심을 재림으로 보는 이들은 예수님이 준비하신 제자들이 있을 곳을 하늘의 영원한 천국으로 본다. 하지만 여기서 '다시 오신다'는 'a second coming' 혹은 'coming back'이지, 'the Second Coming' 혹은 'the

---

459) Brown, *The Gospel according to John*, 620.
460) R. Kugleman, "The Gospel for Pentecost(Jn. 14:23-31)," *CBQ* 63(1944, 3), 263.
461) Barrett, *The Gospel according to St John*, 457.
462) Beasley-Murray, *John*, 250; Bernard, *Gospel according to St. John*, 533.
463) 참고. Hwang, *The Presence of the Risen Jesus in and among His Followers*, 225, 227. 3절의 예수님이 다시 오는 때를 예수님의 부활 때, 오순절 성령 강림 때, 성도가 죽을 때, 재림 때 모두 가능하다고 보는, R.J. Rushdoony, *The Gospel of John* (Vallecito: Ross House Books, 2000), 190. 하지만 요한이 이중 의미 기법을 가끔 사용하는 것은 사실이지만(1:5; 3:14), 여기서 다중적 의미를 의도한 것인지는 의문이다.

Parousia'는 아니다. 왜냐하면 문맥이 재림과 같은 미래 종말론을 지지하지 않기 때문이다.[464] 따라서 이 표현은 통상적인 의미의 예수님의 재림을 가리키지 않는다. 더구나 예수님의 제자들이 살아 있을 때, 예수님이 그들을 데리러 오시는 일(the Parousia)이 발생하지 않았다.

그런데 3절 하반부의 동사(εἰμί)는 미래 시제가 아니라 현재 시제다. 이 현재 동사가 3절 전반부의 미래 동사('준비할 것이다') 그리고 미래적 현재 동사 ἔρχομαι('내가 올 것이다')와 조화되려면, '미래적 현재 동사'('있을 것이다')로 보는 게 자연스럽다.[465] 따라서 현재형인 '내가 있는 곳'(참고. 12:26의 ὅπου εἰμὶ ἐγώ) 대신에, 미래형인 '내가 있을 곳'으로 번역하는 게 자연스럽다.

다시 질문으로 돌아가서, 예수님이 통상적인 의미의 재림(the Parousia) 이전에, 자신이 계시는 곳으로 성도를 데리러 가시려고 다시 오시는 미래의 때는 언제인가? 예수님의 부활 때로 볼 수 없는데(참고. 14:19; 16:16), 주님은 이 땅에 40일만 거하시다 하늘로 떠나셨기 때문이다. 오순절에 성령으로 제자들에게 찾아오시는 때를 완전히 배제할 수 없다. 하지만 3절은 예수님께서 성도가 죽은 후 그들의 영혼을 자신이 승천해 계신 곳(낙원)으로 인도하시러 오는 것으로 보는 게 자연스럽다.[466] 3절의 '내가 너희를 데리러 오리라'(παραλήμψομαι ὑμᾶς)에서 2

---

464) Brown, *The Gospel according to John*, 620; contra 3절의 있을 곳을 많은 방들이 있는 하늘 아버지의 집으로 보며, 예수님의 재림 때로 보는 K stenberger, *Encountering John*, 152; Carson, *The Gospel according to John*, 488-89; 살전 4:13-18의 재림과 동일한 의미로 보는 C.H. Dodd, *The Interpretation of the Fourth Gospel* (Cambridge: Cambridge University Press, 1970), 404 그리고 J.A. Du Rand, "A Story and a Community: Reading the First Farewell Discourse(John 13:31-14:31) from Narratological and Sociological Perspectives," *Neotestamentica* 26(1992, 1), 32. 참고로 모든 오심들(comings, parousias)의 종결 시점인 재림 이전의 모든 오심들(comings; 오순절, 성도의 회심, 죽음)로 넓게 보는 Westcott, *The Gospel according to St. John*, 201. 예수님의 다시 오심을 초시간적으로 이해하여, 부활 이후와 재림을 동시에 가리킨다고 보는 Lindars, *The Gospel of John*, 471.

465) Contra εἰμί를 현재 의미로 보는 McCaffrey, *The House with Many Rooms*, 44.

466) R.H. Lightfoot, *St. John's Gospel* (Oxford: Clarendon Press, 1956), 275-76; Bultmann, *The Gospel of John*, 602; Dods, *The Gospel of St. John*, 822. 하지만 Carson은 요 14장은 예수님의 죽음을 암시하지 제자의 죽음은 아니라고 본다. Carson, *The Gospel according to John*, 488. 그러나 예수님의 죽음

인칭 복수 '너희'가 사용되기에, 신자 개인의 죽음을 가리키기보다는 죽은 모든 성도의 영혼을 가리킨다고 볼 수 있다.[467] 따라서 3절은 예수님이 고별설교를 말씀하신 그 순간에 일어날 일이 아니라, 승천과 재림(the Parousia) 사이에 죽은 성도의 영혼에 일어나는 비가시적이고 영적인 사건이다.[468]

요한복음에서 승천하신 예수님이 계신 곳(낙원)과 그 곳에 참여할 성도의 영혼에 대한 본격적인 연구는 지금까지 거의 없는 상황이다(참고. 17:24). 이 주제는 요한복음에서 부활의 현재적 의미와 미래적 의미 그리고 낙원과의 관련성 연구와 연결된다(5:24; 11:25). 왜냐하면 제자들에게 현재(11:26)와 미래의 부활 소망(5:28-29; 6:39-40) 및 낙원에 대한 확신이 있다면,[469] 유대인들에 의해서 예수님이 죽으신 것과 마찬가지로 유대인들에 의해서 그들이 죽임을 당한다 해도 그들은 마음에 근심할 필요가 없기 때문이다(14:1; 20:19).[470] 이런 부활 소망은 제자들이 유대인들로부터 살해 위협을 받고 있는 그 당시 상황에서 이해할 수 있다. 도마는 죽음을 각오했고(11:16), 부활한 나사로는 유대인의 살해 위협을 받았고(12:10), 제자들은 법정에 설 것이다(14:26). 따라서 주님의 제자들 (그리고 요한공동체)은 박해와 순교 상황에 있었다.[471] 제자들은 마음에 근심하지만 (14:1), 예수님은 두려움과 염려가 없는 상태인 평안과 확신과 격려를 주시기 원

은 이후에 있을 제자들의 죽음을 떠올리기에 부적합하지 않다.
467) 참고. 요 14:3의 '데리러 오리라'를 예수님의 부활 때에 성취되기 시작하여, 제자들의 죽음과 재림으로 점차적으로 완성된다고 보는 Schnackenburg, *The Gospel according to St John*, 63.
468) 참고. 요 14:3과 더불어 17:24-26도 성도가 죽은 후에 낙원에 갈 것으로 보는 Bultmann, *The Gospel of John*, 602; contra 요 5:25 이하와 맥락을 같이하여 요 14:2-3을 예수님의 재림과 천상의 하나님 나라에서 일어날 미래 종말론으로 보는 G.M. Burge, *John* (NIV Application Commentary; Grand Rapids: Zondervan, 2000), 391.
469) 미래적 몸의 부활 없는 현재적 영적 부활은 없다: "예수님이 미래에 문자적으로 죽은 자를 살리신다면, 그분이 지금도 영적으로 부활케 하신다고 해서 놀랄 것은 없지 않는가?" Michaels, *The Gospel of John*, 321.
470) Bultmann, *The Gospel of John*, 603.
471) 참고. 요 14:2-3을 순교 상황에서 이해하는 유은걸, "요한복음의 종말론," 『신약논단』 19(2012, 1), 194, 196.

한다(14:27). 이 평안은 그리스도께서 가지고 계신 것이며, 그분과 함께 있음으로써 받을 수 있는 선물이므로, 내면적이고 심적인 고요함을 넘어서는 전인적인 것이다(16:33).[472] 예수님은 자신의 죽음과 제자들의 죽음을 밀접히 연관 짓되, '영광'의 측면은 물론 '장소'의 측면에서도 이해한다(12:23-26). 예수님은 자신의 죽음을 밀알이 땅에 떨어져 죽음으로써 많은 열매를 맺는 것에 비유하시는데(12:24), 제자들이 복음을 위하여 이 세상에서(ἐν τῷ κόσμῳ τούτῳ) 목숨(ψυχή)을 미워하여 죽으면 영생이 이른다(12:25). 그리고 죽기까지 예수님을 따르는 자는 주님이 계신 곳에 함께 있게 될 것이다(ὅπου εἰμὶ ἐγὼ ἐκεῖ καὶ ὁ διάκονος ὁ ἐμὸς ἔσται, 12:26). 예수님의 죽음이 영광이듯이, 제자들의 죽음도 예수님의 영광과 영생에 참여하는 것이다. 그리고 12:26 중반부의 미래 동사(ἔσται)가 암시하듯이, 예수님이 죽으시고 영광 받으셔서 승천하신 그곳에, 이 세상을 떠난 제자들도 죽고 난 후 (영혼이) 가게 될 것이다. 따라서 그곳을 하늘의 낙원으로 볼 수 있다.[473] 이 모든 일은 예수님의 들리심(ὑψόω) 곧 우선적으로 십자가에 들려 죽으심과 이차적으로 승천하셔서 제자들을 위하여 처소를 예비하심으로 가능하다(참고. 3:14; 8:28; 12:32, 34; 참고. 사 52:13[רום]; 행 2:33).[474]

제자들이 처한 다급하고 염려스러운 상황을 13:36-37에서도 볼 수 있다. 베드로는 얼마 후 예수님이 가시는 곳(ὅπου ὑπάγω)에 따라갈 것이다(13:36). 베드로는 예수님이 가신 곳에 자신도 가기 위해서라면 '목숨'(ψυχή)도 내어놓겠다고 말한다(13:37). 그리고 15:18-21과 16:2도 제자들의 죽음과 연관 있는데, 그들은 유대인들의 잘못된 종교적 열심 때문에 회당에서 출교와 죽음을 각오해야 했다. 이런 위험한 상황과 죽음을 포함하는 환난이 현재적으로 제자들에게 닥치고 있지만(θλῖψιν ἔχετε, 16:33), 예수님은 성부께로 가셔야 한다(16:28). 그래서 주

---

472) I.J. Hesselink, "John 14:23-29," Interpretation 43(1989, 2), 177.
473) 참고. Bultmann, The Gospel of John, 426.
474) J.W. Romanowsky, "When the Son of Man is lifted up: The Redemptive Power of the Crucifixion in the Gospel of John," Horizons 32(2005, 1), 107-108, 116.

님은 세상 창조 전부터 성부께서 자신에게 주신 영광을 볼 수 있는 자신이 있는 곳(ὅπου εἰμὶ ἐγώ)에 제자들이 같이 있게 해주시고, 그들도 자신의 영광을 볼 수 있도록 기도한다(17:24).[475] 그 곳은 예수님이 성육신 이전에 성부와 함께 계셨던 곳이므로, 이 세상이 아니라 승천한 후 거하실 하늘의 낙원이다.[476] 성도가 죽으면 영혼이 그곳으로 가서, 승천으로써 성육신 이전의 영광을 회복하신 영광스런 그리스도를 볼 것이다(참고. 17:1, 5). 예수님은 자신의 영광을 제자들과 나누시길 원한다(17:22).[477] 십자가에서 죽으시되 예수님은 살아나실 것이고, 제자들도 살해의 위협을 받아 죽더라도 (영혼은) 죽지 않고 살 것이다(14:19). 요한복음 마지막 부분에도 제자들의 죽음이 암시되어 있다(21:22-23). 소위 '표적의 책'의 절정 부분은 부활이요 생명이신 예수님을 믿는 자는 죽어도 다시 살아나며(ζήσεται) 영원히 죽지 않는다고 밝힌 바 있다(11:25-26). 다시 살아나고 영원히 사는 것은 몸의 부활은 물론, 그 전 단계인 영혼이 낙원으로 가는 것을 배제하지 않는다. 따라서 요한복음 13-17장은 염려와 박해와 죽음에 처한 제자들에게 '평안의 복음'으로 주어졌다(참고. 엡 2:14; 6:15). 이처럼 요한복음의 고별설교는 제자들의 박해와 죽음 그리고 그 이후 영들이 갈 낙원에 관해서 직간접적으로 언급함을 부인할 수 없다.

흥미롭게도 일부 유대문헌에서 위의 논증과 유사한 사상을 찾을 수 있다. 일부 유대인들은 하늘 성전 안에 죽은 의인의 영들이 가서 쉬는 '의인들의 낙원'(the Garden[paradise] of the Just)이 있다고 보았다(1에녹 70). 그 영들은 천사들이

---

475) 요 14:3과 17:24가 같은 사상을 다루기에, 둘 다 천상의 낙원으로 볼 수 있다. 참고. Michaels, *The Gospel of John*, 880.

476) Witherington, *John's Wisdom*, 271; contra 요 17:24를 주님의 재림 때의 영원한 천국으로 보는 Beasley-Murray, *John*, 304-05. Edersheim은 예수님이 준비하시러 가는 처소를 성도 개인이 죽은 후 갈 곳 그리고 재림 이후에 교회가 갈 곳, 이렇게 이중적으로 이해한다. Edersheim, 『메시아』, 293.

477) 요한복음에서 '영광'은 그리스도의 전체 인격과 사역과 연관있는데, 창세 전(17:5), 성육신 때(1:14), 표적을 행하실 때(2:11), 죽음과 부활 때(12:16; 17:23), 그리고 승천 후(17:24)와 연결된다. 물론 삼위 하나님은 영광을 서로 주고받으신다(12:28; 16:14). 요한계시록에서는 이 영광을 강한 기독론적 어조를 띤 '새 노래'로 소개한다(5:12-13; 7:12; 19:1). W.R. Cook, "The 'Glory' Motif in the Johannine Corpus," *JETS* 27(1984, 3), 295-96.

수종드는 낙원 안에서 세상이 낙원으로 완전히 갱신되는(7에스라 7:75; 1에녹 70) 최후 심판 때와 몸의 부활을 기다린다(7에스라 7:32).[478]

하나님의 가족이라는 참 성전을 다루는 2절 상반부로부터 예수님이 승천하셔서 준비하시는 하늘의 장소(낙원)를 다루는 3절(그리고 2절 하반부)로 사상의 전환이 나타난다.[479] 하지만 이 사상의 전환은 완전히 별개의 두 사건들 간에 발생하는 것이 아니라, 죽으심, 부활, 승천, 승귀라는 일련의 '예수님의 가심'과 관련하여 일어난다(참고. 요 3:14). 하나님의 자녀가 교제를 세상에서 누리다 죽으면 승천하신 예수님이 계시고 준비하신 낙원으로 간다는 것은 자연스러운 논리적 흐름이다. 이런 논리는 유대인들로부터 출교와 죽음의 위협을 당하던 제자들에게 위로와 평안을 주었다.

통시적 계시사로 볼 때, '낙원 주제'는 에덴 동산(창 2:8-9), 가나안 땅(출 3:8; 20:12, 20:22 2C, 신 8.4 10), 그리고 종말에 회복될 낙원(사 11:6 이; 65:25; 겔 36:35; 17:7 12; 호 2:14-23; 욜 3:18)으로 이어진다. 새 에덴의 동산지기이시며(요 20:15) 새 창조의 완성자(계 21:5)이신 예수님께서 새 에덴이자 새 가나안 땅인 하나님 나라를 이 땅에 이루심으로써 낙원 주제는 결정적으로 성취되었다. 그리고 이 결정적 성취는 죽은 성도의 영이 낙원에 가서 그리스도와 다시 연합함으로써 계속 성취되고, 신천신지에서 완성될 것이다.[480] 따라서 요한복음에 '낙원'이라는 용어가 사용되지 않았지만, 그 사상은 나타난다.

3. 그리고 내가 가는 곳의 그 길을 너희는 안다(καὶ ὅπου [ἐγὼ] ὑπάγω οἴδατε τὴν ὁδόν; 14:4)

---

478) McCaffrey, *The House with Many Rooms*, 70-72.
479) Schnackenburg, *The Gospel according to St John*, 62.
480) McCaffrey, *The House with Many Rooms*, 55.

4절에서 예수님은 어떤 물리적 공간이나 장소로 가시는 것이 아니라, 제자들을 성부 하나님께로 인도하는 인격적 장소로서의 자신의 정체성에 관해서 말씀하신다. 왜냐하면 '그 길, 그 진리, 그 생명'(ἡ ὁδὸς καὶ ἡ ἀλήθεια καὶ ἡ ζωή)이신(14:6) 예수님의 인격(person)이야 말로 제자들이 하나님 아버지께로 가는 유일한 통로이기 때문이다. 그리스도의 십자가, 부활, 승천이 없이는 성도와 성부의 연합은 불가능하다. 고별설교라는 시간적 배경에서 볼 때, 특별히 예수님은 몇 시간 후에 있을 십자가에서 죽으심으로써 이 유일한 길의 역할을 성취하신다. 이 사실을 도마와 빌립은 다소 혼동하고 있지만(14:5, 8; 그리고 베드로, 13:36 및 유대인들, 7:35; 8:22), 제자들은 예수님께서 십자가에서 죽으심으로써 자신들을 성부께로 인도하시는 유일한 길임을 이미 알고 있다.[481] 그 길(예수님)은 제자들이 도달할 목적지(성부 하나님)를 보장한다.

따라서 4절은 미래 종말론과 어떤 천상의 장소와 관련 없다. 요한은 14:1-4에서 예수님이 가시는 목적지인 하나님 아버지는 '하늘'에 계신다고 명시하지 않는다. 이처럼 요한복음에는 '장소 성전'에서 '인격 성전'으로의 현재적 전환이 두드러진다(요 2:20-22). 물론 참 성전이신 예수님의 '인격'은 제자들을 성부께로 인도하여 연합시키는 '사역'도 동반한다.

4. 우리가 그에게로 갈 것이고 우리가 그와 거처를 함께할 것이다(πρὸς αὐτὸν ἐλευσόμεθα καὶ μονὴν παρ' αὐτῷ ποιησόμεθα; 14:23 하반절)

제 2성전 시대 유대인들은 제 1성전의 영광을 동경했다(출 25:8; 슥 2:10). 포로

---

481) 유상섭, 『설교를 돕는 분석 요한복음』, 309.

후기의 유대인들과 마찬가지로 예수님의 제자들도 하나님의 영광이 곧 회복될 것을 소망한 것으로 보인다. 요한복음 14:23은 이런 소망에 부응한다.[482] '우리' 즉 성부와 성자께서 제자에게로 가서 '거처'(μονή)를 함께하신다(23절). 1인칭 복수형 '우리' 곧 성부와 성자로부터[483] 요한이 한 분 예수님의 부활 이후의 현현이나, 한 분 예수님의 재림을 염두에 두지 않음을 알 수 있다.[484] 여기서 '거처'는 이미 2절 상반부에 하나님의 가족 곧 종말론적인 성전이라는 은유적 의미로 등장한 바 있다. 따라서 2절 상반부와 23절은 아버지 하나님과 그분의 자녀 사이의 친밀하고 독특한 관계에 관한 '은유'로 읽어야 한다.[485] 이 가족 간의 교제는 지금 여기서 성령 안에서 가능하다(참고. 계 22:17).

그런데 성부와 성자께서 제자에게로 가서 거처를 삼는 일은 언제 일어나는가? Lindars에 의하면, 예수님은 23절에서 20절의 미래 종말론적인 '그 날'의 뉘앙스를 제외시켜 초시간적으로 재진술하신다. Lindars에 의하면, 23절의 아버지와 아들이 찾아오셔서 거하심은 모든 세상 사람들이 볼 수 있는 것이 아니므로 재림 때는 아니며, 제자 11명과 같이 일부 사람에게만 한정되는 것도 아니므로 부활 이후 현현 때도 아닌데, 바울이 '그리스도 안에서'라고 말한 바와 같이 부활과 재림 이전에 모든 성도가 그리스도와 연합을 하는 것을 의미한다.[486] Lindars가 23절의 때를 부활 이후의 현현과 재림이 아니라고 본 것은 설득력이 있으나, 문맥이 강조하는 오순절 성령 강림을 무시하여 지나치게 초시

---

482) Kugleman, "The Gospel for Pentecost(Jn. 14:23-31)," 261.
483) Contra 요 14:23의 '우리'를 예수님과 제자로 잘못 이해하는 유은걸, "요한복음의 종말론," 193-94. 따라서 그는 순교한 그리스도인들이 예수님과 더불어 하나님께로 가서 처소 건립에 참여한다고 해석한다.
484) Barrett, *The Gospel according to St John*, 466; contra 14:23을 부활 현현으로 보는 Burge, *John*, 398. 요 14:2-3처럼 23절도 재림으로 보는 Beasley-Murray, *John*, 260; Van Houwelingen, *Johannes: Het Evangelie van het Woord*, 303.
485) 참고. S. Aalen에 동의하면서 요 18:36의 하나님 나라를 14:2, 23의 배경으로 보는 W.H. Oliver A.G. Van Aarde, "The Community of Faith as Dwelling-Place of the Father: βασιλεια το θεο as 'Household of God' in the Johannine Farewell Discourse(s)," *Neotestamentica* 25(1991, 2), 381.
486) Lindars, *The Gospel of John*, 482-83.

간적으로 본 것은 문제가 있다.[487] 왜냐하면 앞의 14:15 이하는 승천하신 예수님께서 다른 보혜사 성령님을 제자들에게 보내실 것을 주 내용으로 삼는다는 사실에 주목해야 하기 때문이다. 따라서 성부와 성자께서 제자 안에 거처를 삼으시는 것은 오순절에 임하실 성령님께서 제자 안에 거하심으로 가능하게 된다(14:17).[488] 승천하신 예수님이 제자들을 고아처럼 버려두지 않고 다시 찾아오시는 것도 오순절 성령님의 내주로 가능하다(14:18). 예수님은 아버지께 갔다가 즉 승천하셨다가 오순절에 제자들에게 다시 오실 것이다(14:12, 28). 오순절 성령의 강림은 예수님께서 그리스도의 영으로 오시는 것이기에, 성령 강림은 영광 받으신 그리스도의 강림이다.[489] 승천하신 예수님이 제자들 안에 거하시는 것은 성령님이 종말론적인 성전인 제자들 안에 거하시는 것과 마찬가지다(참고. 14:20).

그런데 성도가 성부와 성자와 더불어 긴밀하게 연합하여 영적인 교제를 나누기 위해서 도덕적 순종과 사랑의 실천이 전제 조건으로 요구된다(14:21, 23). 따라서 예수님의 승천이라는 부재(不在)가 성령님의 강림으로 인한 현존(現存)으로 반전된 것은 근심하던 제자들에게 위로와 평안을 주었을 것이다(14:27). 23절은 '오순절의 복음'이라 부를 수 있다.[490] 종말론적 성전인 성도는 그리스도와 성령으로 충만한 역동적 에토스를 필요로 한다.[491]

---

487) 초시간적인 이해의 다른 예는, 요 14:23의 거주지를 요 12:25 이하의 제자들의 순교 상황에 근거하여 이해하면서도, 하늘 세상(heavenly world)에서 완성될 것으로 보는 Schnackenburg, *The Gospel according to St John*, 82.

488) Bernard, *Gospel according to St. John*, 551. 비교. 예수님의 부활 이후로 사랑과 생명의 공동체 혹은 영역을 상징적으로 의미하는 '하나님 아버지의 집'(14:2)에서 교제가 가능하다고 보는 Schnackenburg, *The Gospel according to St John*, 61, 80.

489) 참고. 보혜사 성령님을 예수님의 '다른 자아'라고 부르는 V.G. Shillington, "The Spirit-Paraclete as Jesus' Alter Ego in the Fourth Gospel(John 14-16)," *Vision* 13(2013, 1), 31.

490) 참고. 요 14:23-31을 '오순절의 복음'이라고 명명한 Kugleman, "The Gospel for Pentecost(Jn. 14:23-31)," 259.

491) J.A. Du Rand, *Die Einde* (Vereeniging: CUM, 2013), 419.

요한복음에서 고별강화 후, '오순절의 복음'은 한 번 더 등장한다. 그것은 예수님이 부활하신 날 밤에 제자들을 향하여 숨을 내쉬셔서 성령을 주심으로써, 오순절에 성령께서 제자들에게 부어질 것을 예비적 방식으로 미리 맛보고 경험하도록 하신 것이다(20:22). 23절은 많은 이방 민족들이 하나님의 백성이 되어, 하나님께서 그들 안에 거하실 것이라는 스가랴 2:10-11의 성취로 볼 수 있다.[492] 참고로 요한복음 14:1-23의 사고의 흐름을 6개의 행역자를 중심으로 요약하는 '심층구조'는 두란드(Du Rand)의 글에서 볼 수 있다:[493]

5. 요한복음 14장의 거주지의 성격과 요한복음의 기록 목적의 상관성

요한복음 14장의 문맥과 어휘 의미 연구는 현재적인 하나님의 가족 사이의 교제는 물론이거니와(2절), 예수님의 승천(3절)과 오순절 성령 강림(23절)을 지지하므로 예수님이 승천하여 머무실 천상의 장소('곳')를 배제할 수 없다(3절). 그런데 이 천상의 장소는 영원한 장소인가? 아니면 일시적인 장소인가? 이 질문에 대한 답은 신약 전체에서 찾아야 한다. 왜냐하면 이 질문에 답을 제공하는 것이 요한복음 14장의 주요 의도가 아니기 때문이다.

신약 전체로 확장시켜 질문을 바꾸어 보면, 예수님이 승천하셔서 제자들을 불러들이실 곳은 십자가에 달린 한 강도에게 약속하신 임시적인 천국인 '낙원'(παράδεισος)인가?(눅 23:43; 고후 12:4; 계 2:7).[494] 아니면 계시록 21:1의 영원한 하

---

492) Van Houwelingen, *Johannes: Het Evangelie van het Woord*, 303.
493) 참고. Du Rand, "A Story and a Community," 36.
494) 웨스트민스터 신앙고백 32는 죽은 성도의 영혼은 '가장 높은 하늘'(the highest heavens)로 간다고 다소 모호하게 고백한다. 중간 상태에서 영혼이 사라진다는 물질주의적 입장, 영혼이 무의식 가운데 있다는 입장(J.B. Green), 그리고 영혼소멸설과 수면설을 반대하는 전통적인 입장(W. Grudem, C. Hodge, I.H. Marshall, L.J. Waters)에 관해서 L.J. Waters, "The Believer's Intermediate State after

나님 나라의 장소를 가리키는 신천신지인가?(참고. 사 65:17; 66:22). 예수님은 재림 때에 이 세상이 소멸되지 않고 갱신되어 신천신지로 변할 것을 밝힌 바 있다(마 19:28의 παλιγγενεσία, renewal).[495] 그리고 성경 다른 구절도 이 세상에 신천신지가 임한다고 가르친다. 그렇다면 근거는 무엇인가? 데살로니가전서 4:17의 '만남'(ἀπάντησις)이라는 명사가 답을 준다. 이 명사는 그레코-로마 세계에서 도시를 방문하는 고위관리를 주민들이 환영하여 모셔 들이는 의미로 쓰였다. 마태복음 25:6에 의하면, 신부 들러리 5명이 신랑을 만나러 신부 집에서 밖으로 나갔다가(ἐξέρχεσθε εἰς ἀπάντησιν) 다시 신랑을 모시고 신부 집 안으로 들어온다. 그리고 사도행전 28:15에 의하면, 로마 성도 두 무리가 바울을 만나러 로마에서 남동쪽 62km 지점인 압비오 시장과 48km 지점인 세 여관까지 나갔다가(ἦλθαν εἰς ἀπάντησιν) 로마로 다시 들어왔다. 데살로니가전서 4:16-17에 의하면, 성도는 재림의 예수님을 만나러 공중으로 들려올라갔다가(εἰς ἀπάντησιν τοῦ κυρίου εἰς ἀέρα) 이 세상으로 다시 내려온다. 바로 이 성도의 휴거 순간에 이 지구는 신천신지로 변한다.[496] 베드로 역시 이 지구 자체가 없어진다고 말하지 않고, 지구의 더러운 것들이 불에 정화되어 녹아버려 그 결과 신천신지가 임한다고 설명한다(참고. 벧후 3:12의 καυσούμενα τήκεται). 결과적으로 탄식 중인 피조물들은 구속될 것이다(롬 8:22).[497]

오순절 성령 강림으로 하나님의 가족인 제자들은 성부와 성자께서 머무시

Death," *Bibliotheca Sacra* 169(2012), 285-86, 296, 303을 보라.

495) J. Van Bruggen, *Mattes: Het Evangelie voor Isral* (CNT; Kampen: Kok, 1990), 369. 참고로 요세푸스는 유대고대사 11.66에서 παλιγγενεσία를 포로에서 약속의 땅으로 귀환하는 '회복'의 의미로 사용했다. '지금 여기에' 이 세상이 신천신지로 변화되고 있다는 점(계 21:5)도 간과하지 말아야 하는데, 이에 관해서 황창기, 『그리스도 중심의 성경 이해』 (서울: 이레서원, 2000), 175를 참고하라. 그러나 이 세상에 신천신지가 이미 다 이루어졌다는 완전과거론은 수용할 수 없다.

496) P.H.R. Van Houwelingen, *Tessalonicenzen: Voortgezet Basisonderwijs* (CNT; Kampen: Kok, 2002), 139; P.H.R. Van Houwelingen, "The Great Union: The Meaning and Significance of the 'Word of the Lord' in 1 Thessalonians 4:13-28," *Calvin Theological Journal* 42(2007, 2), 321; 송영목, 『신약주석』 (서울: 쿰란출판사, 2011), 1197, 1334.

497) R.C. Sproul, *1-2 Peter* (Wheaton: Crossway, 2011), 285.

는 '거처'가 될 것이다. 성도는 하나님의 가족 겸 거처로 살면서, 예수님의 재림 때에 있을 물리적인 거처의 완성인 신천신지를 사모해야 한다. 신천신지가 임하기 전에 성도가 죽는다면, 그들의 영은 낙원에 일시적으로 승천하신 예수님과 함께 머물 것이다.

그런데 요한복음 14장의 거주지와 요한복음의 기록 목적 곧 예수님을 하나님의 아들이요 그리스도로 믿어 생명을 얻는 것(20:31)은 어떤 관련성을 가지는가? 오순절에 성령을 주시는 분은 아버지 하나님이시고, 그 대리인은 아들 하나님이시다. 예수님은 성령을 주시는 하나님이시다. 아버지께서 보내신 아들을 믿는 것과 아버지를 믿는 것은 불가분의 관계이다(14:1). 사람이 아들 하나님을 믿으면 아버지 하나님의 자녀 곧 종말론적 성전이 된다. 성도가 종말론적 성전이 되는 것은 현재적 구원이고, 죽어 영혼이 낙원에 가는 것은 가까운 미래 종말론적 구원이다.

여기서 요한복음 14장에 대한 '독자들'의 반응을 살펴볼 필요가 있다. 현재와 가까운 미래적으로 하나님이 주시는 구원과 인격적 관계는 예수님의 고별설교를 들었던 AD 30년경의 11제자뿐 아니라, '마귀의 자녀'(요 8:44)와 '모세의 제자들'(9:28)이라고 불린 바 있는 불신 유대인들로부터 박해를 받던 AD 66년경(혹은 90년)의 요한복음의 1차 독자들에게도 위로가 되었다. 또한 여러 어려움에 직면하고 있는 현대 독자들도 성부에게 이르는 유일한 길이요 참 성전이신 예수 그리스도를 모시고 하나님의 가족과 성령의 전으로서 살되, 장차 영혼이 낙원에 이를 것을 소망해야 한다. 2,000년 전의 예수님은 우리의 기억에 단순히 남아 계신 분이 아니라, 우리가 고난 가운데서라도 순종과 사랑을 실천하는 데 있어 실재로 현존하시는(real presence) 하나님이시다.[498]

---

498) Shillington, "The Spirit-Paraclete as Jesus' Alter Ego in the Fourth Gospel(John 14-16)," 34.

나오면서

요한복음 14장에 언급된 거주지들은 세상 역사 끝에 있을 예수님의 재림과 신천신지가 아니라, 고별설교 당시의 하나님의 가족(2절), 낙원으로의 승천(3절) 그리고 오순절 성령 강림의 문맥(23절)에서 이해해야 한다. 하지만 14:2, 3, 4, 23 전부를 오순절 성령의 강림으로 보면서 은유적으로 해석하는 입장(예. Van der Watt, Oliver, Van Aarde, 유상섭), 전부를 예수님의 재림으로 보면서 문자적으로 해석하는 입장(예. 다수의 교부들, Calvin, Beasley-Murray, Köstenberger, Van Houwelingen, Du Rand) 그리고 예수님의 부활과 재림까지의 초시간적으로 이해하는 입장(Lindars, Schnackenburg)은 정확한 구문, 어휘, 문맥, 배경 연구에 의해서 재고될 필요가 있다.

참 성전이신 예수님처럼 제자들도 하나님의 가족이며(2절), 성부와 성자와 성령의 거처 곧 종말론적인 성전이 된다(23절). 성부와 성자는 오순절에 성령님을 통하여 제자들에게 오셔서 그들 안에 거하실 것이다. 주님의 제자들은 무엇보다 사랑의 실천과 말씀에 순종함으로써 삼위 하나님의 거처로 살아야 했다. 그리고 유대인들의 박해를 당하던 제자들이 죽으면 그들의 영혼은 성부에게로 인도하시는 그 길이신(4절) 예수님이 승천하여 계신 곳에 갈 것이다(3절). 그곳은 신천신지와 구분되는 낙원인데, 재림 이전까지 존재할 임시적인 천국이다. 이 낙원은 재림 이전까지 존재할 임시적인 천국이지만, 영원 전부터 선재하신 그리스도께서 성부와 함께 영광을 누린 곳이다. 이 결론은 1에녹과 7에스라에 나타난 낙원과 세상 갱신 사상과 유사하다. 비록 요한복음에 '낙원'이라는 단어가 나타나지 않지만, 그 사상은 나타남을 간과하지 말아야 한다.

현재적 종말론과 (철저)미래적 종말론에 묻혀 있기 때문에 제자들의 죽음과 낙원 주제는 요한복음 연구에서 간과된 부분이라 할 수 있다. 요한복음 14장의 거주지는 오순절 성령 강림으로 성도가 종말론적인 성전이 될 것(2, 23절)과 임시 천국인 낙원(3절)을 중심으로 논의된다. 그러므로 미래 종말론 즉 모든 오심들(comings)의 완성인 예수님의 재림과 신천신지 그리고 차등 상급은 요한복음 14장 이외의 구절에서 찾아야 한다.[499]

---

499) Ridderbos, *The Gospel of John*, 490.

Theology of the New Testament

제3부

사도행전 신학

01 사도행전 12장의 베드로의 출애굽의 계시사적 해석

이 글의 목적은 사도행전 12장을 누가복음 9장과 22장, 계시록 12장, 그리고 출애굽기와의 간본문의 빛 속에서 살피는 것이다. 여기서 간본문적 해석이 계시역사를 밝히는 데 중요한 기여를 함을 볼 수 있다. Feuillet(1965:281-82)이 상술했듯이, 비록 이것이 순전히 가설적으로 보일지 모르지만, 사도행전 12장과 계시록 12장 사이에는 특정한 병행이 있다. 사도행전 12장은 헤롯 아그립바 1세의 박해에 관해 말하는데 이것은 야고보의 순교와 베드로의 투옥을 초래했다. 계시록 12장에 의하면 하나님에 의해 보호받았으며 독수리의 두 날개와 관련이 있는 여인(교회)이 용(사탄)을 피했다. 이것은 마치 오래 전에 선민이 애굽의 억압자로부터 도망간 것과 같다. 마찬가지로 무교절 동안(행 12:3) 베드로가 감옥에서 기적적으로 구출되었다. '다른 곳'(행 12:17)은 용을 피해 도망간 여인을 위해 하나님께서 피난처로 준비해 두신 '그 장소'(the place)와 잘 어울린다(계 12:14). 마치 용이 그 여인을 헛되게 쫓았듯이(계 12:15), 헤롯은 헛되게 베드로의 뒤를 추격하도록 사람들을 보내었다(행 12:19). 용이 입에서 물을 토해서 여인을 익사시키려고 시도한 것(계 12:16)은 예루살렘의 불신 유대인들 중 일부가 초대 교회를 축출해 버리려는 시도에서 그 역사적인 기초를 찾을 수 있을 것이다(행 8:1-3).

더욱이 Susan Garrett(1990:672-77)은 사도행전 12:1-24의 베드로의 구출과 누가복음 22장(참고. 9:31)의 예수님의 부활 사이의 설득력 있는 병행을 제시한다. 베드로의 구출은 예수님의 부활을 몇 가지 방법으로 회상한다. Garrett에 의하면, 다음의 두드러진 병행들이 존재한다: **(1)** 베드로의 투옥과 구출은 무교절기 동안의 유월절에 일어났다(행 12:3-4; 비교. 눅 22:1-2, 7). **(2)** 천사는 베드로에게 급히 일어날 것을 명령한다(행 12:7). '일어나라'고 번역된 말은 예수님을 죽음에서 일으키신 하나님의 행동에 규칙적으로 사용된 말이기도 한다. **(3)** 베드로의 석방에 관한 첫 번째 증인은 여자였다(행 12:13-14). 그녀의 보고는 예수님의 부활을 처음 목격했던 여자들의 경우처럼 처음에는 불신되었다(행 12:15; 비교. 눅 24:11). **(4)** 예수님께서 그러하셨듯이 그 다음 베드로는 제자들이 모인 곳에 나타났다(행 12:16; 비교. 눅 24:36). **(5)** 예수님의 죽음과 부활, 그리고 사라지심(승천)은 예루살렘 교회에게 사명을 주셨다(비교. 베드로 묵시, 17:2-7). 이것과 병행된 것은, 베드로의 투옥과 구원은 온 세계적인 사명을 낳았다(참고. Jordan, 1992:2). 그리고 **(6)** 베드로가 하나님의 도움으로 헤롯 (바로의 모형으로서)과 유대인들(행 12:11)에게서 놓임을 받았다는 사실을 깨달았듯이, 예수님의 부활은 예수님의 대적 즉 유대인과 로마인에 대한 하나님의 신원이다. 베드로와 예수님 모두 유대인과 이방인의 연합 작전으로부터 고생했다는 사실에 주목할 만하다. 요약하면, 출애굽은 베드로의 구출의 배경이 된 예수님의 부활 안으로 짜여졌다 (woven into the resurrection of Jesus; Jordan, 1992:2).

위의 공유된 개념적인 틀로부터 그리고 계시사적인 간본문성의 관점에서 볼 때, 계시록 11:8은 구약의 출애굽뿐 아니라 사도행전 12장을 연상한다. 사도행전 12장의 이야기는 사실 아가보가 온 세상에 임할 기근을 예언했던 안디옥(행 11:27)에서 시작한다. 이것은 요셉 시대의 기근을 되돌아보게 하는 것이다. 바나바와 바울은 예루살렘으로 양식을 가지고 간다(행 11:30). 이것은 히브리인(야곱)의 후손들이 애굽으로 양식을 구하러 가는 것과 같다. 바나바와 바울은 예루살렘-애굽에 있지만, 헤롯-바로는 야고보를 죽이고 베드로를 투옥시킨다. 베드로는 감옥-애굽으로부터 구출된다. 예루살렘-애굽 군인은 죽임 당하고, 헤롯왕-바로왕도 죽임 당한다(행 12:19-23). 이야기의 끝에 바울과 바나바는 예루살렘을 떠나며 안디옥으로 돌아온다(행 12:25; Jordan, 1992:2). 계시록 12장의 여인과 교회의 구원은 출애굽 주제 안에서 볼 때, 사도행전 12장의 사건뿐 아니라 예수님의 출애굽으로부터도(비교. 눅 9:31) 해석되는 것으로 결론 내릴 수 있다. 이것과 긴밀히 연관된 것은 예배 주제이다. 사탄의 궁극적인 목적이 신성모독적인 예배임을 계시록 13:4-8에서 볼 수 있다. 하지만 사도행전 12:22-23은 그런 죄의 엄청난 결과를 묘사한다(참고. Shellard, 2002:180-83; 황창기, 1998:157-75).[500]

---

500) 행 12장과 또 다른 간본문인 창 42장을 비교해 보자. 행 12장의 이야기는 사실 아가보라는 선지자가 온 세상에 임할 기근을 예언했던 안디옥에서 시작한다(행 11:27). 이것은 창 42장에 나오는 요셉 당시의 기근을 되돌아보게 하는 것이다. 시리아 안디옥에서 목회하던 바나바와 바울은 예루살렘 교회로 부조 즉 양식을 가지고 간다(행 11:30). 이것은 야곱(이스라엘)의 아들들이 애굽으로 양식을 구하러 가서 가나안으로 가지고 오는 것과 비슷하다. 그리고 바나바와 바울은 부조를 가지고 예루살렘(애굽)에 안전하게 왔지만, 헤롯 (바로)은 야고보를 죽이고 베드로를 투옥시킨다. 하지만 베드로는 감옥(애굽)으로부터 구출된다. 베드로를 감시했던 예루살렘 감옥(애굽)의 군인은 죽임 당하고, 헤롯왕(바로왕)도 결국 교만으로 인해 충이 먹어 죽임당한다(행 12:23). 행 12장 마지막 의하면 바울과 바나바는 예루살렘을 떠나며 안디옥으로 돌아온다(행 12:25). 비슷하게 모세를 통해서 하나님은 결국 가나안 땅으로 돌아오게 만드신다. 이것이 현대 우리에게 주는 의의는 무엇인가? 우리의 결정적인 출애굽은 예수님을 믿었을 때 성령으로 한 것이다. 죄와 사탄과 사망으로부터 해방된 것이다. 하지만 우리는 매일 새로운 출애굽을 해야 한다. 베드로와 초대 교회 그리고 우리는 출애굽을 계속 경험한다. 특히 복음 증거와 관련되어 하나님을 섬길 때 그렇다. 즉 복음 증거와 하나님을 구체적으로 섬김으로 하나님의 도움과 기적적인 역사를 체험하게 된다는 말이다. 부활 생명과 하나님의 구체적인 구원과 인도를 경험하는 새로운 출애굽을 하나님을 섬김으로 날마다 경험하자.

참고문헌

제임스 던. 신약성서의 통일성과 다양성. 서울: 솔로몬, 1995.

윤철원. 신약 성서의 그레꼬-로마적 읽기. 서울: 한들출판사, 2000.

황창기. 예수님, 교회 그리고 나. 서울: 성광문화사, 1998.

Feuillet, A. *The Apocalypse*. Trans. by Thomas E. Crane. New York: Alba House, 1965.

Garrett, S.R. "Exodus from Bondage: Luke 9:31 and Acts 12:1-24." *CBQ*, 52(1990), 656-80.

Jordan, J.B. "The Resurrection of Peter and the Coming of the Kingdom." *Biblical Horizons*, 34(1992), 1-3.

Shellard, B. *New Light on Luke: Its Purpose, Sources and Literary Context*. Sheffield: Sheffield Academic Press, 2002.

Williamson, H.G.M. *Ezra, Nehemiah*. WBC. Waco: Word, 1985.

Witherington 3, B. *Socio-Retorical Commentary on the Book of Acts*. Grand Rapids: Eerdmans, 1998.

02 누가와 시인의 계시사적 대화: 사도행전에 나타난 시편

들어가면서

'신약의 구약 사용'(the Old Testament in the New) 연구는 계시사적 해석을 정점으로 하는 성경신학의 핵심 주제라고 할 수 있기에 시대에 뒤떨어진 골동품 취급 당할 수 없고 오늘날에도 여전히 매우 중요한 작업이다.[501] 다양한 성경해석 방

---

[501] 이 글은 『교회와 문화』 20(2008), 11-41에 게재되었다. 엄밀한 의미에서 '성경신학'(biblical theology) 은 '계시사'보다 더 광의적 의미로 사용된다. 그리고 여기서 계시사는 구체적으로 '삼위 일체적 계시 사'(the revelation history of the Triune God)를 언급하기에, 기독론 중심의 구속사(Christocentric redemptive history) 보다 더 광의적으로 사용된다. 계시사는 구속사보다 더 광의적 의미를 가진 다. 구속사적 해석이란 성경의 역사 본문을 다룰 때 삼위일체 유일신 하나님께서 구속의 경륜을 인간의 역사 안에서 어떻게 이루어 가시는가에 초점을 둔 해석이다. 따라서 인간 중심의 모범적이 며 윤리적인 해석과 상반된다. 삼위일체적 계시사와 관련하여, 하나님의 나라와 그의 백성을 구원 하기 위한 삼위 하나님의 구원 행위가 성경의 핵심이다. 참고로 Trinity 복음주의 신학교의 Kevin J. Vanhoozer(2002:227)는 '삼위 일체적 해석학' Trinitarian hermeneutics)을 주장한다: Scripture as a species of divine communicative action consists of three aspects: (1) The Father's 'locution': the words are the authorized words of the Father/Author. (2) The 'illocutionary' dimension: what God 'does' in Scripture is to testify, in various ways, to Christ. (3) The Holy Spirit's work is viewed as

법을 사용해야겠지만, 구원계시사를 분명히 드러내기 위해서는 무엇보다 성경을 성경으로 해석해야 한다. 이것은 1세기 신약 저자들의 성경 해석 방법이기도 하다. 누가는 신약 성경의 27.5%에 해당하는 글을 쓰면서 종종 구약을 인용하거나 암시한다. 누가복음에는 약 26개의 구약 인용이 있는데(참고. UBS 4판의 색인), 이 횟수는 마태복음의 절반 그리고 마가복음과는 거의 비슷하다(Moyise, 2001:45). 사도행전에서 누가는 각하 데오빌로를 1차 수신자로 하여,[502] 성부께서 성령과 초대 교회를 통하여 부활하신 예수님을 온 세상의 주와 그리스도로 만드셨음을 신학적 내러티브 형태로 증거하고 있다(행 2:36).[503] 흥미로운 점은 누가의 이 논증은 주로 시편을 인용하면서 전개되는데, 이 점이 우리의 특별한 주의를 요청한다.[504] 그것은 누가에게 있어서 '율법과 선지자'는 물론 '시편'도 그리스도에 대한 증언이기 때문이다(눅 24:44).[505]

그렇다면 사도행전에 나타난 시편을 비롯한 구약의 인용방식은 어떠한가를 살펴보는 것이 유익하다.[506] 본 연구와 관련하여 흥미로운 점은 누가복음

God's 'perlocution', that is, as what happens as a 'result' of speaking (즉 성령의 역사로 역사 속의 인간 편에서의 반응을 초래함).

502) 누가복음과 사도행전의 수신자는 동일하다. 일차 수신자는 데오빌로(Θεόφιλος; 하나님을 사랑하는 자)인데, B.H. Streeter와 같은 이는 데오빌로를 1세기 크리스챤 전체를 가리키는 신중한 익명으로 보았지만 그는 가상적 인물이 아니다, 그에게 주어진 '각하'(κράτιστε Θεόφιλε, most excellent Theophilus)라는 호칭을 볼 때, 역시 '각하'라는 호칭을 받은 총독 벨릭스(κράτιστε Φῆλιξ, most excellent Felix)와 베스도(κράτιστε Φῆστε, most excellent Festus)와 거의 동일한 고위 관리로 보인다(행 24:3; 26:25). 데오빌로는 누가복음과 사도행전을 기록하고 보급하도록 후원한 사람일 것이다. 그는 눅 1:4를 근거해 볼 때, 세례를 받고 교회에서 교육을 받았던 사람인 것 같다. 누가-행전은 새 신자인 데오빌로의 신앙을 확고히 하려는 의도를 위해 기록되었다 (참고. 데릴 복, 1994:18).

503) 사도행전은 구속사의 전진이라는 신학을 역사성에 기초해서 내러티브로 전개한다. 서사비평은 문학비평의 한 부류인데, 문학은 현실에 대한 어떤 측면을 이미지나 상징으로 그려낸다. 따라서 예를 들어, 사도행전의 등장인물의 경험을 현대 독자로 하여금 경험하도록 자극한다. 성경을 문학으로 접근하는 것은 성경 본문 세계가 제공하는 경험적인 측면에 민감해지는 것을 뜻한다(참고. 윤철원, 2000:35-36).

504) 누가복음의 시편 인용은 총 6회이다: 눅 4:10-11/시 90:11-12; 눅 13:35/시 117:26; 눅 19:38/시 117:26; 눅 20:17/시 117:22; 눅 20:42-43/시 109:1; 눅 23:6/시 30:6.

505) UBS 4판의 색인을 보면 신약에 구약 성경 중에서 두 번째로 많이 인용된 이사야서(약 66회)보다 시편(총 약 81회)이 15회 정도 더 인용된 것을 알 수 있다.

506) 누가는 주로 맛소라 본문이 아니라 LXX를 사용한 것으로 보인다. 이것은 LXX에 익숙한 그의 이

20:17에서 사도행전 17:27 사이에 시편 인용과 암시가 집중되어 있다는 사실이다. 구체적으로 누가복음 23-24장의 예수님의 고난과 부활 부분에 시편 21, 30, 37, 68, 87편 등이 동시다발적이고도 집중적으로 나타난다. 그리고 사도행전 2장의 베드로의 설교에 시편 15, 17, 109, 117, 131, 138편이, 그리고 바울의 본격적인 선교 시작을 알리는 사도행전 13장에 시편 2, 15, 86, 106, 117편이 인용/암시되어 있다.[507]

이 글에서 시편의 인용과 암시를 다룰 때 문맥과 주제 그리고 언어적 유사성을 고려할 것이다. 이 글의 목적은 누가가 시편을 인용할 때 주로 LXX를 사용했기에 해당 사도행전 본문과 LXX를 비교하면서, 인용/암시 시의 문맥과 인용/암시 시의 변용, 변용의 신학적 의미, 그리고 누가의 구약 사용이 의도하는 계시사적 메시지를 찾아보고자 한다.[508] 연구 범위는 시편이 집중적으로 등장하는 베드로와 바울의 설교 3개(행 2:14-36; 4:1-31; 13:16-41)로 제한한다.[509]

방인 출신 독자를 배려한 결과로 볼 수 있다. 사도행전에서 시편을 인용한 방식은 3가지이다(보라. Witherington, 1998:123-125): (1) 시편 LXX가 그대로 인용된 경우는 행 2:25-28에 시 16:8-11이, 행 2:34-35에 시 110:1이, 행 4:25-26에 시 2:1-2가; (2) 시편을 인용할 때 LXX와 유사하게 인용한 경우는 행 1:20a에 시 69:26이, 행 1:20b에 시 109:8이, 행 3:22(그리고 7:27)에 시 18:15가, (3) 누가가 LXX로부터 인용한 것 같지 않고, 구약의 다른 역본(versions) 혹은 그의 기억으로부터 인용한 것인지도 분명하지 않은 경우는 행 4:11에 시 118:22이다.

507) 이 시편 장들은 한글 개역 성경의 장을 따른 것이다. 참고로 이 글의 제목은 '누가와 시인의 대화'이지만, 실제로는 '사도 베드로/바울과 시인의 대화'가 우선적이다. 사도들이 시편을 인용하여 설교하기 때문이다. 하지만 사도들의 설교를 사도행전의 전체적인 구성과 메시지에 맞추어 누가가 기록했기에 '누가와 시인의 대화'라고 제목을 붙인다. 누가가 사도들의 설교를 '자세히 미루어 살펴서' 기록했는데(눅 1:3), '누가와 베드로/바울의 대화'를 추적하는 것은 누가가 기계처럼 들은 대로 읊조렸다고 보지 않는 한 다소 가상적이고 추상적인 작업이다. 누가와 사도들 사이에 구약을 인용하고 해석하는 관점은 거의 유사했을 것이다.

508) 이 부분부터 언급될 시편 구절은 대조하기 편리하도록 맛소라 본문이 아니라, LXX의 장과 절을 따르되, 'Bible Works 7'의 헬라어(GNT) 본문을 사용한다. 참고로 신약의 구약 사용에 관한 해석원칙에 대해서는 필자가 2007년 2월, 한국 성경신학회에서 발표한 '요한계시록에 나타난 시편'을 참고하라.

509) 이 글의 'basis text'는 Doble, P. 2004. The Psalms in Luke-Acts. (In Moyise, S. & Menken, M.J.J. eds. The Psalms in the New Testament. Edinburgh: T&T Clark. p. 83-117)이므로 요약하여 번역한 경우가 많다.

1. 사도행전 2:14-36의 베드로의 설교에 나타난 시편

사도 베드로의 이 설교는 누가복음 24:48-49와 사도행전 1:4-6의 예수님의 명령/부탁에 따른 첫 번째 사도적 증거이다. 베드로는 오순절의 현상을 성경적으로 설명함으로써 시작한다(참고. 16절의 욜 2:28-32 인용). 그의 설교의 결론인 36절은 시편 109:1을[510] 인용한 것인데, 베드로는 어떻게 그리스도께서 다윗의 아들과 주가 되셨는가를 논증하는데, 누가복음 24:44-45와 사도행전 1:3이 밝히듯이 (누가와) 베드로는 주님으로부터 구약을 '하나님 나라'라는 주제를 요점으로 하여, '그리스도 중심적'(Christocentric)이며 '그리스도 완결적'(Christotelic) 입장에서 보는 훈련을 받았던 것으로 보인다.

1.1. 문맥(행 2:1-47)

자신의 재위를 예언하는 누가복음 22:69의 예수님의 말씀은 시편 109:1과 다니엘 7:13 그리고 욜 2:28-32의 복합 인용의 성취로 나타난다. 사도행전 2장에서 성부의 보좌 우편에 좌정하여 승귀되신 예수 그리스도께서 약속하신 종말의 은사요 또 다른 종말의 개시자인 성령을 오순절에 그의 제자들에게 보내주신다(참고. 행 7:56).[511] 신약의 오순절은 구약 맥추절과 출애굽한 이스라엘 백성이 시내 산에서 율법을 받은 것을 계시사적으로 성취하는 날이기에, 성령께서 말씀을 새 언약 백성에게 주셔서 본격적인 천국 추수 운동에 동참하도록 하심을 교훈한다. 하지만 예루살렘의 유대인들은 120문도에게 성령이 임한 것

---

510) εἶπεν ὁ κύριος τῷ κυρίῳ μου κάθου ἐκ δεξιῶν μου ἕως ἂν θῶ τοὺς ἐχθρούς σου ὑποπόδιον τῶν ποδῶν σοῦ

511) 사도행전의 '종말론'은 주님의 최종 파루시아(the Parousia; 혹은 미래적인 구원)의 중요성을 삭감하지 않으면서, 현 시대에 임한 구원을 위한 신실한 증거를 강조한다(contra Conzelmann, 1987:xlv). 이미 이스라엘의 회복은 과거의 그리스도 사건으로 개시되어 진행되고 있으며 장차 완성될 것이다. 그러므로 '이미와 아직 아니'의 구도 중에서 '이미'의 종말론이 결과적으로 초대 교회의 선교를 더욱 촉진시킨 동기가 되었다고 볼 수 있다(행 1:6-8; 참고. Green, 1997:21).

을 술 취한 것으로 폄하했다. 여기에 대한 변론이 베드로의 설교다.

1.2. 베드로의 설교에 나타난 4개의 시편 암시/인용

사도행전 2:24는[512] 시편 17:5의[513] '죽음의 고통'을, 사도행전 2:25-28은[514] 시편 15:8-11의 '다윗의 부활 소망'을,[515] 사도행전 2:30은[516] 시편 131:11의[517]

---

512) ὃν ὁ θεὸς ἀνέστησεν λύσας τὰς ὠδῖνας τοῦ θανάτου, καθότι οὐκ ἦν δυνατὸν κρατεῖσθαι αὐτὸν ὑπ' αὐτοῦ

513) περιέσχον με ὠδῖνες θανάτου καὶ χείμαρροι ἀνομίας ἐξετάραξάν με

514) Δαυὶδ γὰρ λέγει εἰς αὐτόν, Προορώμην τὸν κύριον ἐνώπιόν μου διὰ παντός, ὅτι ἐκ δεξιῶν μού ἐστιν ἵνα μὴ σαλευθῶ διὰ τοῦτο ηὐφράνθη ἡ καρδία μου καὶ ἠγαλλιάσατο ἡ γλῶσσά μου, ἔτι δὲ καὶ ἡ σάρξ μου κατασκηνώσει ἐπ' ἐλπίδι, ὅτι οὐκ ἐγκαταλείψεις τὴν ψυχήν μου εἰς ᾅδην οὐδὲ δώσεις τὸν ὅσιόν σου ἰδεῖν διαφθοράν ἐγνώρισάς μοι ὁδοὺς ζωῆς, πληρώσεις με εὐφροσύνης μετὰ τοῦ προσώπου σου

515) προωρώμην τὸν κύριον ἐνώπιόν μου διὰ παντός ὅτι ἐκ δεξιῶν μού ἐστιν ἵνα μὴ σαλευθῶ διὰ τοῦτο ηὐφράνθη ἡ καρδία μου καὶ ἠγαλλιάσατο ἡ γλῶσσά μου ἔτι δὲ καὶ ἡ σάρξ μου κατασκηνώσει ἐπ' ἐλπίδι ὅτι οὐκ ἐγκαταλείψεις τὴν ψυχήν μου εἰς ᾅδην οὐδὲ δώσεις τὸν ὅσιόν σου ἰδεῖν διαφθοράν ἐγνώρισάς μοι ὁδοὺς ζωῆς πληρώσεις με εὐφροσύνης μετὰ τοῦ προσώπου σου τερπνότητες ἐν τῇ δεξιᾷ σου εἰς τέλος. 본문을 비교해 보면, LXX과 GNT(행 2:25)에서는 "내가 항상 내 앞에 계신 주를 뵈었음이여"(Προορώμην τὸν κύριον ἐνώπιόν μου διὰ παντός)라고 되어 있지만, MT는 "내가 항상 내 앞에 여호와를 모셨음이여"(שִׁוִּ֬יתִי יְהוָ֣ה לְנֶגְדִּ֣י תָמִ֑יד)라고 되어 있다. MT에는 '내 영광도 즐거워 하며'(וַיָּ֣גֶל כְּבוֹדִ֑י)라고 나타나지만, LXX과 GNT(행 2:26)에서는 "내 입술도 즐거워하였으며"(ἠγαλλιάσατο ἡ γλῶσσά μου)로 나타난다. LXX와 GNT(행 2:26)는 '내 육체는 희망에 거하리니"(ἡ σάρξ μου κατασκηνώσει ἐπ' ἐλπίδι)로 나타나지만, MT에서는 "내 육체도 안전히 거하리라"(בְּ֝שָׂרִ֗י יִשְׁכֹּ֥ן לָבֶֽטַח)로 되어 있다. GNT의 28절의 '보이셨으니'(ἐγνώρισάς)는 아오리스트인데, MT에서는 미완료형(תּוֹדִיעֵנִי)이다. 누가가 LXX를 인용했기에, LXX와 GNT는 거의 일치하지만 MT와는 몇 군데에서 차이가 나타난다. 행 2:25의 '뵈었음이여'와 '모셨음이여'는 단어는 다르나 문맥상 같은 의미이다. 행 2:26과 관련하여 '입술'과 '영광'은 용어상으로는 상이하지만, 누가가 사용한 헬라어 동사(ἠγαλλιάσατο)는 메시아께서 주시는 종말론적인 구원의 즐거움을 전인격적으로 묘사하는 중요한 동사이다(참고. Bultmann, 1976:20-21). 육체의 안녕을 넘어 부활을 염두에 둔 '희망에 거하리니'와 '안전에 거하리니'는 행전과 시편의 각각의 문맥에 적합하다. 그리고 행 2:28의 아오리스트 시상과 MT(시 16:11)의 미완료 시상 사이의 차이는 모호하다(참고. 박길현, 1994:65-66).

516) προφήτης οὖν ὑπάρχων(이유의 분사) καὶ εἰδὼς(현재적 의미의 완료 분사) ὅτι ὅρκῳ ὤμοσεν αὐτῷ ὁ θεὸς ἐκ καρποῦ τῆς ὀσφύος(허리, 생산의 기관)αὐτοῦ καθίσαι ἐπὶ τὸν θρόνον αὐτου.

517) ὤμοσεν κύριος τῷ Δαυὶδ ἀλήθειαν καὶ οὐ μὴ ἀθετήσει αὐτήν ἐκ καρποῦ τῆς κοιλίας σου θήσομαι ἐπὶ τὸν θρόνον σοῦ

'맹세-보좌'를, 사도행전 2:33은[518] 시편 117:16의[519] '우편에 승귀하심'을,[520] 사도행전 2:35는[521] 시편 109:1의 '그리스도의 우편에 앉으심과 원수 정복'을 각각 인용 혹은 암시한다.[522] 누가는 시편 17:5의 다윗이 겪은 고난과 죽음은 예수님의 그것과 연결시키기에 적합하다고 판단했기에 사용하고 있다.[523] 따라서 베드로는 다윗과 예수님 사이를 연결함으로써, 이 두 분 사이의 관계를 종말론적-메시아적-모형론적으로 확대-상승시키고 있다.[524] 시편 15:8-11을 인용한 사도행전 2:25에서 "다윗이 그(예수 그리스도)를 가리켜 가로되"라고 말한다. '다윗의 믹담'인 시편 15편에서 다윗은 긴급한 위기 가운데서 긴급히 구원하시는 하나님을 신뢰한다. 따라서 일차적으로 시편 15편은 특징에 있어서 메시아적이거나 개인 종말론적인 것이 아닌 것처럼 보인다(contra 카이저, 1997:73). 그 고난은 다윗이 지상의 천국의 현현인 이스라엘의 왕직을 수행할 때 수반된 것이다. 그런데 베드로는 사도행전 2:25 이하에서 시편 15편을 메시아적으로 해석하면서

---

518) τῇ δεξιᾷ οὖν τοῦ θεοῦ ὑψωθείς, τήν τε ἐπαγγελίαν τοῦ πνεύματος τοῦ ἁγίου λαβὼν παρὰ τοῦ πατρός, ἐξέχεεν τοῦτο ὃ ὑμεῖς αἰβλέπετε καὶ ἀκούετε

519) δεξιὰ κυρίου ὕψωσέν με δεξιὰ κυρίου ἐποίησεν δύναμιν

520) 시 117:16의 LXX는 "주님의 오른손이 나를(με) 높이셨다"이며, 시 118:16의 맛소라 본문은 한글 개역성경처럼 "주님의 오른손이 높여진다"이다 (יְמִין יְהוָה רוֹמֵמָה מִין יְהוָה עֹשָׂה חָיִל). LXX(나를)이 맛소라 본문(오른손을)보다 행 2:33(예수를)의 의미에 더 가깝다.

521) ἕως ἂν θῶ τοὺς ἐχθρούς σου ὑποπόδιον τῶν ποδῶν σου. 행 2:25-28에서 다윗이 자신과 하나님 사이에 대화한 것을 베드로는 그리스도와 성부 사이의 대화로 바꾸었다. 그러나 행 2:34-35에서는 다윗이 제 3자의 입장에 서 있는 것을 베드로가 그대로 견지한다. 그러면서 베드로는 행 2:34에서 시 109:1을 예수님의 승천으로 해석한다. 그런데 시 109:2에 의하면 '여호와'와 여호와의 우편에 계시는 '주'(메시아로 오실 다윗의 후손; 시 109:5)는 시온에 앉아서 원수를 심판하시면서 통치하신다(시 109:2). 이 원수들은 하나님의 통치의 수단으로 사용되기에 헌신하는 주의 백성들의 원수들이다(시 109:3). 다윗 왕조를 영원히 견고하게 만드실 메시아를 기대했던 다윗의 모습을 삼하 23:1-7에서 볼 수 있다. 그러나 베드로는 행 2:34-35에서 시온이라는 이 땅에 제한되어 있으면서 메시아를 대망했던 다윗의 찬송을 승천하신 그리스도께서 우주적으로 성취하시고 계심을 밝힌다. 구약의 시온은 우주적인 메시아의 통치의 좌소의 그림자이다. 계시의 진전을 따라 베드로는 부활-승천하신 그리스도의 빛 속에서 시 109편을 재해석하고 있다(보라. 박길현, 1994:72).

522) τῷ Δαυὶδ ψαλμὸς εἶπεν ὁ κύριος τῷ κυρίῳ μου κάθου ἐκ δεξιῶν μου ἕως ἂν θῶ τοὺς ἐχθρούς σου ὑποπόδιον τῶν ποδῶν σου

523) 이 글에서는 시편 표제에서 밝히는 저자를 그대로 인정한다.

524) 이런 모습은 행 13:23의 바울의 설교에서도 볼 수 있다. 비시디아 안디옥의 회당에서 설교하면서 바울은 구약의 구속사를 훑어 내려가는데, 다윗에게서 곧 바로 예수님으로 넘어간다.

인용하기에 성부와 성자 사이의 대화로 전환시킨다(참고. Cragie, 1983:158).[525] 다윗처럼 예수님은 우편에 성부께서 계시는 것을 확신하고 요동치 않으신다. 따라서 베드로는 시편 15편을 단순히 인용하는 것이 아니라, 그리스도에 관한 예언적 노래로 해석하고 있다. 다윗은 자신은 '주의 거룩한 자'로[526] 하나님의 '왼편'에 앉아서 구약의 하나님 나라인 이스라엘을 다스리고 있음을 인식했다. 하지만 베드로에게 있어서 이제 그리스도는 다윗의 왕직을 성취하시는 '주의 거룩한 자'이다(행 2:27). 하나님의 보좌 왼편에 앉았던 다윗의 경우와는 달리, 죽으시고 부활하신 그리스도를 성부께서 '오른손'으로 높여서(행 2:33) 오른 편에 앉게 하신다(행 2:35). 사도행전 2:33이 암시하는 군사적 승리에 대한 감사의 찬송인 시편 117:17-22에 '역전' 주제가 등장하는데(예. 죽음/삶, 버린 돌/머릿돌), 시인의 고난/죽음과 구원이라는 역전은 예수님의 고난/죽으심과 큰 역전인 부활과 승천/재위를 내다본다. '할렐 시편'의 결론이자 '행진 시'(processional psalm)인 시편 117편이 여호와께서 과거에 다윗 왕조에게 행하신 선하신 일을 회상하면서 제의 중 행진할 때에 사용되었다면, 이것을 인용한 사도행전 2:33은 그리스도로 말미암은 하나님 나라의 확장을 밝히는 데 적절하다(참고. Allen, 1983:124). 다윗 왕조의 승리적 진군이 죽음을 이기신 부활의 그리스도께서 성부의 보좌 우편으로 재위하심으로 성취된다.

---

525) 이 인용과 관련하여 월트 카이저(1997:75)는 예언자적 위상을 갖춘 다윗이 자신의 권좌에 관한 하나님의 언약을 썩지 않으실 영원한 메시아께서 갱신하셔서 성취하실 것이라고 예언한 것으로 본다. 그러므로 베드로가 시 15편을 재해석한 것이 아니라고 본다. 다윗과 베드로는 동일한 '하나의 의미'를 개진하고 있다고 본다. 하지만 기록된 말씀의 원저자일 뿐 아니라 그 해석의 주체이기도 하신 성령님은 베드로 하여금 그리스도의 죽음-부활로 성취된 구속사역의 관점을 출발점으로 하여 시 15편을 메시아적으로 해석하도록 하여 계시사적으로 발전된 의미를 드러내도록 하셨다. 이것은 카이저가 염려하듯이 구약과 신약의 단절성을 부각시키는 것이 아니라 계시의 점진성을 보여주는 것이다.

526) חֲסִידְךָ(τὸν ὅσιόν σου)는 하나님께 충성을 하는 자라는 능동적 의미 대신에, 스스로 '하시드'이신 하나님의(한글 개역: 시 145:17) 신적인 은총이 특별히 선포되었던 사람이라는 수동적 의미가 더 적절해 보인다. 다윗은 하나님의 하시드 즉 사랑하는 자인데, 더 나아가 계속해서 갱신되는 언약의 수령자이며 전달자이기도 하다(카이저, 1997:63, 65).

그런데 다윗이 하늘로 올라가지 못한 것을 밝히는 사도행전 2:34와[527] 시편 138:8의[528] 다윗이 하늘로 올라가는 것 사이의 관련성은 무엇인가? 비록 다윗이 승천한 적은 없지만, 그는 승천하신 그리스도를 내다보는 인물로서, 그의 삶은 오실 메시아의 삶을 투사하고 있다는 점에 의의가 있다. 사도행전 2:29에서[529] 다윗은 죽은 채로 남아 있었지만, 그리스도는 죽음에서 살아나셔서 다윗의 후손 중 하나가 왕권을 취할 것이라는 사도행전 2:30을 영원히 성취하셨다. 그리고 다윗의 소망은 그의 육체가 죽음으로부터 보호될 것이라는 데 있었다(시 15:10).[530] 그러나 그는 미리 무언가를 내다보면서(προϊδών) 죽고 만다(행 2:28, 31). 이것을 베드로가 예수님의 죽음 이후의 부활 사상으로 변경시키는데(Moyise, 2001:53), 다윗의 이 소망은 그리스도의 부활이라는 구원사적 사건을 미리 내다보는 것이기 때문이다.[531] 이 베드로의 설교의 대상인 '유대인들과 예

---

[527] οὐ γὰρ Δαυὶδ ἀνέβη εἰς τοὺς οὐρανούς, λέγει δὲ αὐτός· εἶπεν ͂κύριος τῷ κυρίῳ μου· κάθου ἐκ δεξιῶν μου

[528] ἐὰν ἀναβῶ εἰς τὸν οὐρανόν σὺ εἶ ἐκεῖ ἐὰν καταβῶ εἰς τὸν ᾅδην πάρει

[529] Ἄνδρες ἀδελφοί, ἐξὸν εἰπεῖν μετὰ παρρησίας πρὸς ὑμᾶς περὶ τοῦ πατριάρχου Δαυὶδ ὅτι καὶ ἐτελεύτησεν καὶ ἐτάφη, καὶ τὸ μνῆμα αὐτοῦ ἔστιν ἐν ἡμῖν ἄχρι τῆς ἡμέρας ταύτης

[530] ὅτι οὐκ ἐγκαταλείψεις τὴν ψυχήν μου εἰς ᾅδην οὐδὲ δώσεις τὸν ὅσιόν σου ἰδεῖν διαφθοράν

[531] 누가-행전에서 구원과 관련된 단어들인 '구원하다'(σῴζω), '구원'(σωτηρία), '구원자'(σωτήρ)는 헬라 세계와 구약이라는 두 배경으로부터 유래한 것으로 보인다. 구약에서 구원은 우선적으로 '구출'을 의미하는 반면, 헬라적 배경에서는 '여러 가지 복과 선물의 수여'를 의미한다. 누가는 때로 명확한 의미로 구원을 설명하지 않는데, 아마도 그의 독자들이 구원의 풍성한 의미/함의를 알고 있다고 생각했기 때문일 것이다(행 2:21, 40, 47; 4:12; 5:31; 11:14; 13:23, 26, 47; 15:1, 11; 16:17, 30). 누가에게 있어서 중요한 것은 구원이 예수님 안에서 일어난다는 사실을 확증하는 것이다(행 2:21; 4:12; 5:31; 13:23; 16:31; 참고. 눅 1:47, 69, 77; 2:11; 19:9). 구원은 예수님의 전체 사역과 관련되며 특히 부활과 관련된다(행 2:25-28; 13:37). 구원인 죄의 용서는 예수님의 전체 생애와 관련되며(전체 생애, 눅 5:21; 7:47; 죽음, 눅 24:46-47; 부활, 행 2:38; 5:31), 특히 부활을 통해서 주어지는데(행 2:38, 40; 3:19; 5:30; 10:43; 13:38; 22:16; 26:17-18; 눅 24:47), 이것은 성령의 사역과 관련된다(행 2:38). 누가에게 있어서 죄는 도덕적 관점에서 나타나기보다는 하나님의 관계에서 이해된다. 이스라엘 백성의 죄의 절정은 예수님을 십자가의 죽음으로 내몰았던 것이다. 그러므로 '죄의 용서'(이 용어가 신약에 총 11회 사용됨, 누가가 8번 사용함)는 도덕적인 정화가 아니라 하나님과의 관계의 회복이다. "죄를 용서하다"라는 용어의 형태는 누가복음에서 반복적으로 나타난다(눅 5:20, 21, 23, 24; 7:47, 48, 49; 11:4). 구원은 예수님이 행하신 착한 일 즉 마귀로부터의 치유와 구출(행 10:38; 눅 4:18), 치유(행 4:9; 14:9; 눅 6:7; 7:50; 8:48, 50), 메시아 왕국의 표지로서의 평화(행 10:36; 눅 2:14), 그리고 생명(행 5:20; 눅 10:25) 등과 같이 다양하고 풍성한 것을 의미한다. 이스라엘의 역사는 하나님의 구원 행동의 역사라는 사상과 일치하여, 종말에 메시아 예수님을 통한 구원은 새 이스라엘인 교회에서만 발견 된다 (참고. 야곱 예르벨, 2000:150-59). '구원하다'(σῴζω)라는 동사는 사도행전에서 총 13회 사용되는데, 단지 4번만

루살렘에 사는 모든 사람들'은 그리스도께서 다윗의 후손이며, 보좌 우편에 앉으신 능력의 왕이심을 믿어야 했다.[532]

1.3. 베드로의 설교의 계시사적 메시지

죽음의 고난에 직면한 다윗은(시 17:5-6) 구원과 부활에 대한 소망을 가지고 있는데(시 15:9-10), 그 근거는 여호와께서 그의 우편에 계실 뿐 아니라 하데스(히. שְׁאוֹל)에도 계신다는 데 있었다(시 139:8).[533] 다윗의 경험을 밝힌 시편들에 사도행전 2장에서 베드로는 하나님 나라와 그리스도 중심적으로 재해석을 가한다. 예수 그리스도는 유한했던 다윗의 후손으로 오신 하나님 나라의 왕이시오 영생의 구원자이시다.[534] 사도행전 2:31과 36절의 '그리스도'는 시편 131:10(-12)절

영적인 의미를 지닌다(행 4:9; 14:9; 27:20, 31). 하지만 다음과 같은 다양한 구속사적 용어에도 관심을 기울일 필요가 있다: 죄의 용서(ἄφεσις; 행 2:38; 5:31; 8:22; 10:43; 13:38; 26:18), 제함(ἐξαλειφω; 행 3:19), 정결(ἀπόλουμαι; 행 22:16), 곤경의 상황으로부터의 구원(ἐξαιρεω; 행 7:10, 34; 12:11), 마음의 정결(καθαρίζω; 행 15:9), 은혜(χάρις; 행 15:11; 18:27)로 구원받음, 마음(믿음의 문)을 엶(διανοιγω; 행 14:27; 16:14). 이러한 용어들 이외에, 다음의 이슈들이 구속의 핵심 조건이나 요구사항을 구성한다: 예수님의 부활과 승천, 예수님의 이름, 성령, 복음의 선포, 말씀의 강력한 역사, 복음 선포에 수반되는 표적. 구원에 대한 인간의 반응을 나타내는 표현으로는 회심, 세례를 받음, 믿음, 하나님의 말씀을 받음(행 8:14; 11:1; 22:18), 하나님의 은혜를 굳게 잡음(행 13:43), 신앙 안에 머무름(행 14:22; 보라. Van Zyl, 2003:1-2). 요약하면, 사도행전의 지배적인 신학 사상인 '구원'은 다음과 같은 포괄적인 의미를 가진다: (1) 하나님의 백성의 그리스도 중심적인 공동체로의 참여(행 1:14-15, 24; 14:1), (2) 대적으로부터의 구원(행 3:17-26; 7:25), (3) 죄의 용서(행 2:38; 3:19; 5:31; 10:43; 13:38; 15:9; 22:16; 26:18), (4) 성령을 영접하는 것(행 2:38; 9:17; 10:43-44; 11:15-17; 15:8), (5) 구원에 대한 반응을 요청함(행 2:37, 44; 3:16; 11:17; 13:39; 14:9; 15:7; 16:30-31; 18:8; 보라. Green, 1997:20-21).

532) 이 단락은 성육하신 그리스도의 죽으심과 승귀를 시편과 이사야서 그리고 아브라함의 언약을 복합적으로 인용/암시하여 밝히는 히 2:5-18과 간본문성을 보인다. 그리스도의 대제사장적 사역은 아브라함의 언약을 성취한 것으로서 성도를 자신의 '형제'로 승귀시켜 영광(즉 inheriting salvation)에 들어가게 하셨다. 그리스도의 승귀는 곧 성도의 승귀이다(히 2:10-11).

533) ἐὰν ἀναβῶ εἰς τὸν οὐρανόν σὺ εἶ ἐκεῖ ἐὰν καταβῶ εἰς τὸν ᾅδην πάρει. 히브리어 שְׁאוֹל은 시편에 약 12회 등장하는데 주로 개인의 종말과 관련된다. 그런데 שְׁאוֹל을 전통적으로 불의한 자와 의로운 자가 죽어서 갈 처소로 이해했는데, 최근에는 불결건한 자들이 들어갈 곳으로 보면서, 의인은 극심한 고난을 겪을 때(시 17:5-6)와 죄에 사로 잡혔을 때에만 שְׁאוֹל에 들어갈까 두려워하는 것으로 본다(사 38:17-18). 그렇지 않은 경우에 의인들은 하나님의 얼굴을 보기 원한다(시 16:15; Grogan, 2004:308).

534) 사도행전에서 '구원자 예수님'은 다양한 칭호를 가진다: '거룩한 자'(행 2:27; 3:14), '의인'(행 3:14; 7:52), '이스라엘에 대한 하나님의 참된 대리인'(행 22:14), '종'(참고. 눅 1:54), '하나님의 종'(행 3:13. 26; 4:25,

의[535] '당신의 기름 부으신 자'와 관련된다(참고. 시 17:50-51). 베드로는 다윗 언약을 반영하는 시편들을 통해서 예수님의 '주'(시 109:1)와[536] '그리스도' 되심을 논증한다.[537] 영원한 다윗 언약 때문에 다윗 왕조는 다윗이라는 개인이 죽더라도 그의 후손을 통하여 발전되어야 한다. 그러나 그 다윗의 왕조는 그리스도의 왕국으로 확대 및 발전할 것이며, 그 그리스도의 나라의 특징은 예수님의 역동적인 통치와 영생 누림과 원수를 정복하는 것이다(시 109:1; 행 2:35). 이 복된 메시지를 오순절에 예루살렘에 순례왔던 유대인들이 믿어야 했다.

2. 사도행전 4:1-31의 '돌 말'(stone-saying)과 공동체 기도에 나타난 시편

2.1. 문맥

사도행전 4장은 베드로와 요한이 성전 미문의 장애인을 고친 사건과 관련된다. 확장되는 복음에 위기감을 느낀 유대 지도자들이 예수님의 이름으로 말하지도 말고 부활의 도를 전하지 말라고 위협하면서 예루살렘 교회를 박해한

27, 30), '예언자'(행 3:22; 7:37), '생명의 주, 임금과 구주' (행 3:15; 5:31). 무엇보다 '그리스도'가 중요한 호칭이다. 메시아는 구약에서 약속된 분으로서 고난을 필연적으로 당하셔야 했다(행 2:31; 3:18; 4:27; 17:3; 26:23). 그리고 '그리스도'와 관련된 칭호는 '다윗의 자손'이다. 예수님은 구약 다윗의 왕권을 회복하는 분으로서 이스라엘의 통치자시다(행 2:29-36; 5:31; 13:32, 34-37; 15:15-18; 17:7; 보라. 야곱 예르벨, 2000:62-65).

535) ἕνεκεν Δαυιδ τοῦ δούλου σου μὴ ἀποστρέψῃς τὸ πρόσωπον τοῦ χριστοῦ σου

536) τῷ Δαυιδ ψαλμός εἶπεν ὁ κύριος τῷ κυρίῳ μου κάθου ἐκ δεξιῶν μου ἕως ἂν θῶ τοὺς ἐχθρούς σου ὑποπόδιον τῶν ποδῶν σου

537) 복음서에 비하면 사도행전과 서신서에 다윗 언약을 언급하는 빈도는 드물다. 그 이유는 지상에 하나님의 현재적인 통치가 다윗의 왕조가 아니라 그리스도의 교회를 통해서 이루어지고 있기 때문이다. 사도행전에서 3가지 분야가 다윗 언약과 관련된다: (1) 다윗 언약과 (하나님) 나라(참고. 이스라엘의 종말론적 회복, 행 1:6; 3:19), (2) 다윗 언약과 예수님의 부활(행 2:24-25; 13:34), (3) 다윗 언약과 이방인의 구원(행 15:16). 종합해 보면, 다윗 왕조는 교회를 통하여 종말론적으로 다스리시는 하나님의 통치로 성취되었고, 그 통치의 근거는 다윗 언약의 성취로서의 그리스도의 부활이며, 그 은덕을 이방인도 입게 된다(Rogers, 1994:71).

다. 그러나 예루살렘 교회는 보고 들은 바를 말해야 했고, 그리스도의 이름을 전파해야 했다(행 4:20). 사도행전 4:8 이하에서 베드로가 산헤드린 공회 앞에서 시편을 인용하면서 설교를 한다.[538]

2.2. 시편 암시/인용

'건축자들의 버린 돌이 모퉁이의 머릿돌이 됨'을 밝히는 사도행전 4:11에[539] 시편 117:22가[540] 인용된다.[541] '천지 창조의 대주재이신 하나님'을 소개하는 사도행전 4:24에는[542] 시편 145:6이[543] 암시되어 있고, '하나님과 그리스도를 대적하는 세력의 헛됨'을 언급하는 사도행전 4:25-26에는[544] 시편 2:1-2가[545] 인

---

538) 사도행전을 읽을 때 문맥을 살피되, 전후 사건의 인과관계에 주목해야 한다. 각 사건을 독립적으로 분리해서 각 개별 사건이 갖는 단편적인 의미를 파악하는 데 그치지 말고, 그 사건이 앞뒤 사건 혹은 복음의 진군의 역사 전반과의 관계에 있어서 갖는 의미나 역할 등을 잘 살펴야 한다.

539) οὗτός ἐστιν ὁ λίθος, ὁ ἐξουθενηθεὶς ὑφ' ὑμῶν τῶν οἰκοδόμων, ὁ γενόμενος εἰς κεφαλὴν γωνίας·

540) λίθον ὃν ἀπεδοκίμασαν οἱ οἰκοδομοῦντες οὗτος ἐγενήθη εἰς κεφαλὴν γωνίας, 시 117편의 '건축자들'은 다윗의 대적들이다(시 117:7). 그 원수들은 배반한 방백들이다(시 117:8-9). 이런 어려움 속에서도 다윗은 하나님에 의해서 결국 이스라엘의 왕 즉 머릿돌이 되었다. 따라서 시 117편은 원수의 배반과 거역 속에서라도 왕권을 확고히 하도록 하신 하나님의 역사를 찬양하는 다윗의 감사 찬송이다. 그런데 행 4:11에서 시 117편에 없는 '너희'(ὑμῶν)라는 말을 의도적으로 넣어서 베드로는 '너희 건축자들'이라고 부름으로써, 버림받은 돌이신 예수님을 죽인 대제사장들과 유대 종교 지도자들이라고 공격한다. 이스라엘의 왕권을 확립하기 위해 애썼던 다윗 개인의 원수가 이제 예수님의 원수라는 것을 계시사의 전진을 따라서 모형과 실체의 관계 속에서 베드로는 파악했다. 더 나아가 베드로가 볼 때 대제사장과 장로와 같은 유대 지도자들은 예수님 한 분의 원수에서 이제 예수님을 모퉁이 돌로 삼는 새 이스라엘 교회 전체의 대적으로 활동하고 있다. 이것도 예수님의 온 교회적 인격을 증거한다.

541) 행 4:11과 병행구절인 눅 20:17에서 누가는 '거절하다'(to reject)를 의미하는 동사를 LXX과 동일하게 사용했다.

542) οἱ δὲ ἀκούσαντες ὁμοθυμαδὸν ἦραν φωνὴν πρὸς τὸν θεὸν καὶ εἶπαν· δέσποτα, σὺ ὁ ποιήσας τὸν οὐρανὸν καὶ τὴν γῆν καὶ τὴν θάλασσαν καὶ πάντα τὰ ἐν αὐτοῖς·

543) τὸν ποιήσαντα τὸν οὐρανὸν καὶ τὴν γῆν τὴν θάλασσαν καὶ πάντα τὰ ἐν αὐτοῖς τὸν φυλάσσοντα ἀλήθειαν εἰς τὸν αἰῶνα.

544) τοῦ πατρὸς ἡμῶν διὰ πνεύματος ἁγίου στόματος Δαυὶδ παιδός σου εἰπών· ἱνατί ἐφρύαξαν ἔθνη καὶ λαοὶ ἐμελέτησαν κενά παρέστησαν οἱ βασιλεῖς τῆς γῆς καὶ οἱ ἄρχοντες συνήχθησαν ἐπὶ τὸ αὐτὸ κατὰ τοῦ κυρίου καὶ κατὰ τοῦ χριστοῦ αὐτοῦ.

545) ἵνα τί ἐφρύαξαν ἔθνη καὶ λαοὶ ἐμελέτησαν κενά παρέστησαν οἱ βασιλεῖς τῆς γῆς καὶ οἱ ἄρχοντες συνήχθησαν ἐπὶ τὸ αὐτὸ κατὰ τοῦ κυρίου καὶ κατὰ τοῦ χριστοῦ αὐτοῦ διάψαλμα. 시 2편의 여호

용된다. 따라서 누가는 사도행전 4:1-31에서 적어도 3개의 시편 구절과 대화를 시도하고 있다.

2.2.1. 사도행전 4:1-31 안에서의 시편 2편, 시편 117편[546] 그리고 시편 145편의 대화

시편 117:8-9는[547] 여호와를 신뢰하는 것 없이는 어떠한 운명/상황의 역전이 발생하지 않을 것이라고 노래한다. 이것은 주제적 연관성으로 볼 때 사도행전 4:19와[548] 5:29에서[549] 사도들이 유대 관원들에게 순종하기를 거부하는 것을 내다본다. 이 둘 사이에는 '구원', '신뢰하다', '관원'이라는 용어적 연관성도 있다. 그리고 (사도행전의 저자 누가와 이 단락의 화자인) 베드로는 이미 시편 117편 이외에

와의 기름부음 받은 자(2절)와 양자(7, 12절)는 시온에 왕으로 세움을 받은 자이다(6절), 여호와를 경외함으로 떨며 섬기고 즐거워하는 것은 곧 여호와께서 세우신 왕에게 입 맞추는 것이다(11-12절). 행 4:26에서 베드로는 시 2편의 그 왕은 예수 그리스도라고 말한다. 베드로는 시 2편을 메시아 시편으로 올바로 이해했다. 시 2편의 시온에서 다스리는 왕은 양자이나, 행 4장의 예수님은 본래부터 하나님의 거룩한 아들(τὸν ἅγιον παῖδά σου)이시다(행 4:27). 그러므로 베드로는 행 4:11의 경우처럼 25절 이하에서도 계시의 전진을 따라서 다윗의 성취자요 실체이신 예수님의 우주적인 왕국 건설을 언급한다.

546) 예수님 당시에 유월절에 읽혀진 '할렐 시편'의 절정이라고 불리는 시 117편은 눅 13:35, 19:38, 20:17에도 나타난다(Grogan, 2004:308). 그리고 여호와의 오른손의 권능의 역사를 밝히는 시 117:16은 행 2:33과 5:31에 암시되어 있다. 누가는 눅-행의 다양한 구절에서 시 117편을 인용하기에, 그는 이 시편을 기독론적으로 중요한 시편으로 간주하고 있음을 알 수 있다. 시 117편에는 5가지 운동(movements)이 있다: (1) 1-4절에서는 시인이 이스라엘과 아론과 하나님을 경외하는 자들을 초대하여 하나님의 신실한 사랑을 확증한다. (2) 5-9절에서 시인은 고난 가운데서 여호와를 신뢰하는 것이 낫다는 결론에 도달한다. (3) 10-14절에서 군사적인 용법으로 시인이 당한 고난과 여호와의 구원을 노래한다. (4) 15-18절에서 전쟁에서 승리하여 구원을 주신 여호와께 노래 부른다. (5) 19-29절에서 승리자가 성전으로 다가간다. 여기서 시인은 돌과 관련된 건축의 이미지를 사용한다. 시인은 재앙에서 승리로, 거절당함에서 승귀로의 움직임을 구원으로 이해한다(시 117:14, 15, 21, 28). 따라서 시 117편은 구원의 감사시이다. 행 4:24 이하에도 대주재이신 하나님이 주신 구원에 대한 감사의 찬송이 등장한다. 누가와 베드로 당시의 관점에서 보면, 이 단락에서 주로 인용된 시 117편은 할렐 시편이기에 유월절 모티브와 관련되며 그리스도 중심적 이해를 요청한다.

547) ἀγαθὸν πεποιθέναι ἐπὶ κύριον ἢ πεποιθέναι ἐπ' ἄνθρωπον ἀγαθὸν ἐλπίζειν ἐπὶ κύριον ἢ ἐλπίζειν ἐπ' ἄρχουσιν.

548) ὁ δὲ Πέτρος καὶ Ἰωάννης ἀποκριθέντες εἶπον πρὸς αὐτούς· εἰ δίκαιόν ἐστιν ἐνώπιον τοῦ θεοῦ ὑμῶν ἀκούειν μᾶλλον ἢ τοῦ θεοῦ, κρίνατε.

549) ἀποκριθεὶς δὲ Πέτρος καὶ οἱ ἀπόστολοι εἶπαν· πειθαρχεῖν δεῖ θεῷ μᾶλλον ἢ ἀνθρώποις.

도, 시편 145:3-5a를[550] 알고 있었다. 그래서 사도행전 4:24의 사도들의 공동체의 기도 안에 천지의 창조자요 섭리자이신 하나님을 찬양하는 시편 145:5b-6이[551] 나타난다. 베드로는 시편 117편과 145편의 대화에서 예루살렘 교회가 죽을 수밖에 없는 유대 관원이 아니라, 여호와를 의지할 때 하나님의 선물인 구원을 받을 수 있다고 확증한다. 그리고 사도행전 4:12는[552] 시편 117:8-9와 145:3-4의 요약적 진술이다. 누가-행전에 약 10회 등장하는 (예루살렘의) '관원'은 예수님을 처형했고, 교회를 박해했다. 이것은 넓게 볼 때 하나님의 계획이었는데(행 4:28), 따라서 시편 2편과 간본문성을 가진다(참고. 눅 3:22; 9:35). 시편 2편은 사도행전 13:33-34에서 다윗 언약의 성취자이신 예수님과 연결된다. 시편 2:12는[553] 시편 117편과 145편의 여호와를 신뢰하라는 주제와 일치한다.[554] 사도행전 4:24에서 예루살렘 교회가 만물을 만드신 '대주재'(δέσποτα, 이 헬라어 단어는 히브리어 אֲדֹנָי의 LXX 번역임; Rogers & Rogers, 1998:237)라는 말을 하나님에게 사용함으로써 인간 관원들과 질적 차이를 분명히 한다(참고. 시 145:6). 그리고 누가는 시편 145:7의 갇힌 자를 석방하시는 여호와의 사역을 이어가신 예수님을 알고 있었다.[555]

---

550) μὴ πεποίθατε ἐπ' ἄρχοντας καὶ ἐφ' υἱοὺς ἀνθρώπων οἷς οὐκ ἔστιν σωτηρία ἐξελεύσεται τὸ πνεῦμα αὐτοῦ καὶ ἐπιστρέψει εἰς τὴν γῆν αὐτοῦ ἐν ἐκείνῃ τῇ ἡμέρᾳ ἀπολοῦνται πάντες οἱ διαλογισμοὶ αὐτῶν μακάριος οὗ ὁ θεὸς Ιακωβ βοηθός

551) ἡ ἐλπὶς αὐτοῦ ἐπὶ κύριον τὸν θεὸν αὐτοῦ τὸν ποιήσαντα τὸν οὐρανὸν καὶ τὴν γῆν τὴν θάλασσαν καὶ πάντα τὰ ἐν αὐτοῖς τὸν φυλάσσοντα ἀλήθειαν εἰς τὸν αἰῶνα.

552) καὶ οὐκ ἔστιν ἐν ἄλλῳ οὐδενὶ ἡ σωτηρία, οὐδὲ γὰρ ὄνομά ἐστιν ἕτερον ὑπὸ τὸν οὐρανὸν τὸ δεδομένον ἐν ἀνθρώποις ἐν ᾧ δεῖ σωθῆναι ἡμᾶς.

553) δράξασθε παιδείας μήποτε ὀργισθῇ κύριος καὶ ἀπολεῖσθε ἐξ ὁδοῦ δικαίας ὅταν ἐκκαυθῇ ἐν τάχει ὁ θυμὸς αὐτοῦ μακάριοι πάντες οἱ πεποιθότες ἐπ' αὐτῷ.

554) '다윗 자신'의 여호와 신뢰의 경험이 시 2:12에서는 '모든 자'에게 적용되고, 행 4장에서는 예수 그리스도의 이름으로 복음을 선포했던 신약 교회에게로 확대 적용된다. 이런 의미에서 다윗은 온 교회적 인격을 가지신 예수님의 그림자이다.

555) ποιοῦντα κρίμα τοῖς ἀδικουμένοις διδόντα τροφὴν τοῖς πεινῶσιν κύριος λύει πεπεδημένους. 이것은 메시아적 시편 구절이다. 왜냐하면 이것은 예수님께서 나사렛 회당에서의 행하신 메시아 취임 설교와 주제적으로 일치하기 때문이다(눅 4:16-27).

사도행전 4:27의 '하나님의 기름 부으신 거룩한 종 예수'(τὸν ἅγιον παῖδά σου Ἰησοῦν ὃν ἔχρισας)는 궁극적으로 '기름부음 받은 종'이었던 다윗의 후손으로 오신 예수님에게 적용된다(시 2:2).[556] 중요한 것은 시편 2편에서 다윗이 이스라엘을 향한 이방 민족의 공격을 '주와 그의 그리스도'를 대적하는 것으로 봄으로써 하나님을 공격하는 것으로 보았다는 점이다. 그러므로 하나님은 이스라엘을 공격해 온 대적을 자신의 대적으로 간주하여 물리치셔야 했다. 마찬가지로 누가는 초대 교회를 박해하는 불신 유대인과 로마 제국의 공격을 교회의 머리로서 '온 교회적 인격'(whole church personality)을 가지고 계신 예수님을 향한 공격으로 보고 있다(27절, '예수님을 거스려'; 참고. 행 9:4). 그러므로 구약에서 여호와께서 행하셨던 것처럼 이제는 예루살렘 교회를 보호하시려고 승천하신 예수님이 친히 나서야 했다(30절, '예수의 이름으로'). 누가는 구약과 신약의 구원받은 백성을 자신 속에 모두 포함하는 구속사의 정점이신 예수 그리스도를 중심으로 하여, 하나님께서 시대마다 역사를 자신의 뜻대로 통일되게 이끄신다는 '정경화된 역사'(scripturized history)라는 관점을 가진 신학자로 볼 수 있다(참고. Doble, 2004:105). 즉 누가는 단순히 초대 교회의 발생과 발전을 그대로 서술하는 역사 기록자가 아니라, 시편에 나타난 실체이신 메시아의 그림자인 다윗의 역사를 출발점으로 하여, 예수 그리스도와 그분의 교회를 위한 사역을 구속사적으로 전개하는 신학자이다. 이를 위해서 시인과의 구원계시사적 대화를 필요로 했다.

2.3. 이 단락의 계시사적 메시지

이 단락의 메시지는 특별히 거룩한 용사이신 하나님의 도움으로 박해 중에서라도 '전투하는 공동체'에게 적합하다. 교회는 교회의 대적인 통치자를 두려워하거나 의지하지 말아야 한다. 왜냐하면 교회를 향한 공격을 자신의 것으로

---

[556] παρέστησαν οἱ βασιλεῖς τῆς γῆς καὶ οἱ ἄρχοντες συνήχθησαν ἐπὶ τὸ αὐτὸ κατὰ τοῦ κυρίου καὶ κατὰ τοῦ χριστοῦ αὐτοῦ διάψαλμα.

여기시는 예수 그리스도와 성도는 연합되어 있기 때문이다. 사도행전의 1차 수신자 데오빌로는 교회를 핍박한 세상의 관원들처럼 복음의 대적이 되지 말아야 할 것을 교훈 받았고, 잠정적인 2차 수신자들인 AD 60년대 중반으로 추정되는 누가공동체는 불신 유대 디아스포라와 네로의 박해 가운데서 두려워하지 말고 교회의 머리이신 예수 그리스도를 신뢰해야 했다. 예수님의 공생애 기간인 AD 30년대 초반과 초대 교회가 박해 받았던 AD 30년대 중반 그리고 데오빌로와 누가공동체가 살았던 AD 60년 중반에는 '박해'라는 공통 요소가 있었다. 따라서 예수님의 삶은 초대 교회와 복음서와 사도행전의 공동체를 위한 밑그림을 제공한다. 이것도 짧은 역사이기는 하지만 신약 안에서의 계시의 전진이다. 이 단락에서 이 모든 것의 그림자는 다윗의 생애라고 시편을 인용하는 누가와 베드로가 증거한다. 누가는 세상 관원과의 생사를 건 대결구도 속에서 '복 되도다'라는 말을 사용한 시편을(시 2:12; 145:5-9) 간본문으로 채택하여 그의 독자들에게 소망과 격려를 준다.

3. 사도행전 13:16-41의 바울의 설교에 나타난 시편

3.1. 문맥

이 단락은 바울이 AD 47년경 제 1차 전도 여행 중 비시디아 안디옥의 회당에서 안식일에 설교한 것이다. 사도행전 13장 이후에도 비록 예루살렘이 여전히 중요하지만, 누가는 이방 지역에 복음이 전파됨을 본격적으로 다룬다. 선교자 바울의 회심은 그의 성경관에도 변화를 가져와서 그리스도를 출발점으로 하여 구약을 새롭게 보고 재해석하도록 했을 것이다. 스데반처럼 바울도 이스라엘이 애굽에 머물던 400년, 광야에서의 40년, 그리고 여호수아의 땅 분배 10년 이렇게 총 450년 동안의 역사를 회고한다(참고. Witherington, 1998:410; Bruce,

1984:272).[557] 따라서 이 단락에는 창세기와 출애굽기의 인용이 많다. 그 후 하나님은 사울을 왕으로 40년간 다스리게 하셨고(21절; 삼상 9:1-2), 그를 폐하시고 자신의 마음에 합한 이새의 아들 다윗을 세워 자신의 뜻을 이루셨다(22절). 약속하신 대로 다윗의 씨에서 이스라엘을 위하여 구주를 세우셨으니 곧 예수님이시다(23절). 바울은 다윗에게서 곧바로 예수님을 언급한다. 이유는 이 두 분 사이의 관련성을 강조하기 위해서다(Moyise, 2001:56). 예수님이 다윗처럼 새 이스라엘의 왕이요 구주이기 때문이다.

3.2. 시편 암시/인용

베드로의 설교처럼 바울의 설교도 시편을 인용하되, 다윗의 인격과 사역을 예수님의 인격과 사역과 비교하며 해석한다. 이 설교는 3부분으로 나눌 수 있다(참고. DeSilva, 1994:35): **(1)** 사도행전 13:16-25에서 바울은 이스라엘의 역사를 다윗의 왕국을 중심으로 한 구속사적으로 요약한다.[558] **(2)** 13:26-37에서 바울은 부활하신 예수님을 통해서 구약의 조상에게 주신 약속을 성취하신 하나님을 소개한다. **(3)** 13:38-41은 바울의 설교의 결론이다.[559]

사도행전 13:33에서[560] "너는 내 아들이라, 오늘날 너를 낳았다"라는 시편

---

557) 한글 개역 성경에 괄호로 처리된 '약 사백 오십 년간'(GNT에는 19절이 아니라 행 13:20임)과 관련하여, 약 450년 동안 사사 시대가 지속되었다는 다수사본과 서방본문들은 외증에서 빈약하다.

558) 이 단락에서 바울이 이스라엘의 역사를 매우 긍정적으로 언급하기에 청중의 파토스를 확보하여 그들의 마음을 열기 위한 *captatio benevolentiae*로 볼 수 있다. 그리고 대부분의 동사의 주어가 하나님이기에 구약 이스라엘의 역사의 주관자인 하나님이 다윗 언약의 성취에서도 주도권을 쥐고 계심이 강조된다. 이것은 15절의 '권면의 말씀'의 성격에 부합되어, 메시아의 종말론적인 통치를 밝힘으로써 청중에게 큰 용기를 준다(참고. 솔로몬의 시편, 17:21-24, 44; 18:6-7; 보라. DeSilva, 1994:37-38).

559) 행 13:36은 다윗이 죽음으로부터의 보호를 소망한 것을 언급하는데, 이미 행 2:31에서 베드로가 시 15:10을 인용함으로써 그리스도에게 적용하여 밝힌 바이다. 따라서 시 15:10은 베드로와 바울에게 있어서 그리스도의 부활을 확증하기 위해 메시아적 본문으로 공통적으로 중요한 구절이다.

560) ὅτι ταύτην ὁ θεὸς ἐκπεπλήρωκεν τοῖς τέκνοις αὐτῶν ἡμῖν ἀναστήσας Ἰησοῦν ὡς καὶ ἐν τῷ ψαλμῷ γέγραπται τῷ δευτέρῳ· υἱός μου εἶ σύ, ἐγὼ σήμερον γεγέννηκά σε. 행 13:33을 본문비평 해 보자. [αὐτῶν]을 어떻게 처리할 것인가? 이 구절은 조상들을 향한 예언을 인용한 것이므로 다수사본

2:7을,[561] 그리고 사도행전 13:35에서[562] "주의 거룩한 자로 썩음을 당치 않게 한다"는 시편 15:10을[563] 인용한다. "하나님이 다윗을 만나신다"는 구절인 시편 88:21(한글 개역은 시 89:20)은[564] 사도행전 13:22에[565] 암시되어 있다. 사도행전 13:33의 ἀναστήσας(일으키사)는 '보내다'(행 3:22; 7:37)라는 의미보다는 그리스도의 죽음과 부활을 집중적으로 설명하는 사도행전 13:26 이하의 문맥을 고려해 볼 때 '부활'을 뜻한다. 따라서 시편 2:7은 그리스도의 부활을 내다본다(참고. 히 5:5; DeSilva, 1994:42). 사도행전 13:26은[566] '구원의 말씀'을 언급하는 시편

이 지지하듯이 '(우리를 위하여) 그들의'가 있는 것이 자연스럽다. 그러나 사본의 외증은 압도적으로 '우리의'(p⁷⁴ ℵ A B C D 등)를 지지한다. 그리고 '시편 둘째 편에 기록한'과 관련된 문제도 있다. D와 교부들처럼 시 2편을 독립된 것이 아니라 시 1편의 한 부분으로 볼 것인가? 아니면 다수사본과 이른 사본들처럼 글자 그대로 시 2편으로 볼 것인가? 압도적인 외증은 '시편 둘째 편'을 지지한다(매츠거, 2005:351-54). ἐκπεπλήρωκεν(이루게 하셨다)는 hapax legomenon인데, 강의적으로 사용되어 '완전한 성취'를 가리키는 듯하다(참고. Barrett, 1998:645).

561) διαγγέλλων τὸ πρόσταγμα κυρίου κύριος εἶπεν πρός με υἱός μου εἶ σύ ἐγὼ σήμερον γεγέννηκά σε. 예수님의 세례와 변화산에서도 이와 유사한 구절이 등장한다. 예수님이 하나님의 아들 되심은 세례, 변화산, 부활이라는 공생애 전체에 걸쳐서 확증된 바이다. 바로 이 자의식을 가지고 예수님은 사역을 하셨다.

562) διότι καὶ ἐν ἑτέρῳ λέγει· οὐ δώσεις τὸν ὅσιόν σου ἰδεῖν διαφθοράν.

563) ὅτι οὐκ ἐγκαταλείψεις τὴν ψυχήν μου εἰς ᾅδην οὐδὲ δώσεις τὸν ὅσιόν σου ἰδεῖν διαφθοράν. 행 13:34와 35절에서 미래 시상 동사(주리라, 주지 않을 것이다)를 사용하여, 누가는 원래 다윗에게 주어진 약속을 예수님에게 적용하고 있다. 시 16:9b의 MT는 "내 육체도 안전히 거하리니"인데, LXX은 '안전'을 '소망'의 개념으로 대체시킨다. 그리고 시 16:10의 '음부'(תחשׁ, grave)로 밝히는 MT를 LXX에서는 '썩음'(διαφθορά)으로 다소 추상적으로 바꾼다. 누가는 MT를 문자적으로 되뇌이지 않고 대신 종종 역동적 동의어를 사용하여 번역한 LXX를 인용하여, 썩지 않는 하나님의 아들이신 예수 그리스도를 통한 부활의 소망을 언급한다(DeSilva, 1994:44-45).

564) εὗρον Δαυιδ τὸν δοῦλόν μου ἐν ἐλαίῳ ἁγίῳ μου ἔχρισα αὐτόν. 여기서 '찾다'는 '선택하다'라는 뜻이다(신 32:10; 호 9:10). 그런데 시 88:6-19의 여호와의 특질과 20-28절의 여호와의 선택된 종 다윗의 특질 사이의 병행이 흥미롭다: 여호와처럼 다윗이 세계 열왕의 으뜸이다. 전능하신 여호와의 팔로 붙잡힌 다윗을 이길 자는 없다. 여호와께서 구원의 뿔을 다윗을 위해 드신다. 의와 공의를 보좌의 기초로 삼으시는 여호와는 동시에 인자와 성실함으로 다윗과 함께하신다. 이러한 여호와와 다윗의 특질은 성부에 의해서 세우심을 입은 예수 그리스도의 특질로 이어진다(보라. Tate, 1990:422-23).

565) καὶ μεταστήσας αὐτὸν ἤγειρεν τὸν Δαυὶδ αὐτοῖς εἰς βασιλέα ᾧ καὶ εἶπεν μαρτυρήσας· εὗρον Δαυὶδ τὸν τοῦ Ἰεσσαί, ἄνδρα κατὰ τὴν καρδίαν μου, ὃς ποιήσει πάντα τὰ θελήματά μου.

566) Ἄνδρες ἀδελφοί, υἱοὶ γένους Ἀβραὰμ καὶ οἱ ἐν ὑμῖν φοβούμενοι τὸν θεόν, ἡμῖν ὁ λόγος τῆς σωτηρίας ταύτης ἐξαπεστάλη. '아브라함의 후예'라는 호칭은 태생적인 유대인에게 매우 명예로운 것이다. 그러나 이런 명예가 구원의 말씀으로 오신 예수님을 거부한 유대인에게서 박탈되고 말았다(참고. Rogers & Rogers, 1998:261).

106:20의[567] 암시이다. 그리고 사도행전 13:41에는[568] 하박국 1:5를[569] 인용하면서 '간본문적인 반향'(intertextual echo)으로 삼고 있다. 그 내용은 "불신앙 때문에 하나님이 하신 일을 거부하여 멸망 받을 '거만한 반역자들'(οἱ καταφρονηταί, 단순히 '멸시하는 자'라기보다는)이 되지 말라"인데, 바울이 비시디아 안디옥의 회당에 모인 청중을 향해 준 경고이다(참고. Rogers & Rogers, 1998:262). 사도행전 13:38-39는 바울의 설교의 절정인데, 율법으로는 불가능하지만 부활의 그리스도를 믿어 죄 사함을 얻고 의롭게 된다는 것이다.[570] 사도행전 13:39-40을 절정으로 삼는 바울의 설교의 전체 문맥상 (그리고 이신칭의를 중요하게 다루는 바울의 신학을 고려해 볼 때), 13:34에서 바울이 인용한 '하나님께서 다윗에게 주실 거룩하고 미쁜 은사(복들)'는 죽으시고 부활하신 예수님을 통한 죄 사함과 의롭게 됨으로 성취된다(참고. 사 55:3).

사도행전 13:41의 사람이 믿지 못할 정도로 여호와께서 행하실 위대한 '한 가지 일'은 바울을 이방인의 빛으로 삼아서 땅끝까지 구원하시는 것이다(행

---

567) ἀπέστειλεν τὸν λόγον αὐτοῦ καὶ ἰάσατο αὐτοὺς καὶ ἐρρύσατο αὐτοὺς ἐκ τῶν διαφθορῶν αὐτῶν. 시 106편의 저자는 이전의 출애굽과 출바벨론을 회상하면서 자신의 당대인들도 해방과 죄인의 갱신을 주시는 하나님께 감사하라고 권면한다. 신약에서는 이러한 야훼의 신적 구원의 대리자로서 놀라운 치유와 해방을 주신 예수님이 전면에 부각된다. 아마도 바울은 시 106편의 사상을 염두에 두고 그리스도 중심으로 재해석했을 것이다. 바울은 하나님이 죽음을 치유하도록 보내신 생명의 말씀이신 예수님을 유대인들이 영접치 않았음을 고발한다. 이제 생명의 말씀을 믿는 이방인에게 이 명예로운 호칭이 부여된다(행 13:49; 참고. Allen, 1983:62-65).

568) ἴδετε, οἱ καταφρονηταί, καὶ θαυμάσατε καὶ ἀφανίσθητε, ὅτι ἔργον ἐργάζομαι ἐγὼ ἐν ταῖς ἡμέραις ὑμῶν, ἔργον ὃ οὐ μὴ πιστεύσητε ἐάν τις ἐκδιηγῆται ὑμῖν.

569) ἴδετε οἱ καταφρονηταί καὶ ἐπιβλέψατε καὶ θαυμάσατε θαυμάσια καὶ ἀφανίσθητε διότι ἔργον ἐγὼ ἐργάζομαι ἐν ταῖς ἡμέραις ὑμῶν ὃ οὐ μὴ πιστεύσητε ἐάν τις ἐκδιηγῆται. 합 1:5의 MT는 '열방들'인데, LXX는 '그 멸시하는 사람들'(οἱ καταφρονηταί)로 바꾼다. 누가는 여기서도 그리스도를 통한 사죄의 은총을 거부하는 사람들(그들이 유대인이건 이방인이건 간에)을 강조하게 위해서 LXX를 따른다.

570) Kilgallen(1988:482-83)은 행 13:38-39를 바울의 설교의 부수적인 구절이 아니라, 앞과 뒷부분의 '목표와 정점'으로 본다. 근거로 이 두 구절이 회당 지도자가 요청한 15절의 '권할 말'의 핵심 사상을 형성하며, 이 권할 말이 '백성'을 향할 것이기에 청중의 개인적인 필요를 채워야 할 것이 분명하며 그 필요를 채우기에 이 두 구절이 가장 적절하다는 것이다. 그리고 43절의 '하나님의 은혜' 가운데 거하는 방법은 이 두 구절에서 밝힌 죄 사함과 의로움을 얻어 누리는 것이다. 48절의 청중의 기쁨의 반응은 이 두 구절에 대한 깨달음과 확신에 기초한다.

13:47; 사 49:6). 하나님은 다윗 왕조에게 구원의 복된 말씀을 주셨고, 다윗을 아들로 삼아 주셨다. 이것은 '영원한 언약'이기에($\delta\iota\alpha\theta\dot{\eta}\kappa\eta\nu$ $\alpha\dot{\iota}\dot{\omega}\nu\iota\sigma\nu$ 삼하 7:13; 사 55:3) 결국은 하나님의 영원하신 아들이신 예수님에게서 이루어져야 할 일들이다. 복음의 구원의 약속이 왕으로 지명되시고 불멸하신 그리스도를 통해서 이방인 가운데 이루어지는 것이다. 영원한 나라에는 부활로 영생을 취하신 영원한 왕이 필요하다.

3.3. 바울의 설교의 계시사적 메시지

바울의 비시디아 안디옥 설교는 사도행전의 중앙에 위치한다. 바울이 비시디아 안디옥에서 행한 설교의 서론 부분인 사도행전 13:14-16은 누가복음 4:16-30의 예수님의 나사렛 회당에서의 메시아 취임 설교와 간본문성을 가진다. 두 분 모두 율법과 선지자의 글을 읽고 메시아가 주시는 새 이스라엘의 회복에 대해서 설교했다. 예수님의 설교가 우주적인 새 이스라엘의 회복에 초점을 맞추었듯이 바울도 마찬가지이다. '아들, 왕, 복음, 썩지 않음'은 모두 예수님의 죽으심과 부활에서 그 실체를 발견한다. 그리스도의 부활은 다윗 언약이 성취된 것이다. 예수님을 통한 우주적 구원을 다루는 누가 신학의 틀과 일치하여, 바울의 설교는 다윗 왕조에게 한정되었던 하나님 나라가 이제 자신의 선교 사역을 통하여 이방을 구원함으로써 확장되어 영원한 나라로 변모함에 초점을 둔다(참고. 눅 1:69; 2:31; 행 13:47).

4. 사도행전의 시편 암시/인용의 특징과 그것이 데오빌로와 누가공동체 그리고 현대 교회에게 주는 신학적 함의와 교훈

사도행전에 나타나는 누가/사도의 시편 인용/암시의 특징은 다음과 같다:

(1) 시편이 인용/암시될 때 LXX의 구약의 다른 책들도 동시에 인용/암시되는 경향이 많다. 구약과 대화하는 누가는 동시에 시편과 구약의 다른 구절을 서로 대화시킨다. 여기서 하나님이 시대마다 동일한 원칙으로 역사를 이끄신다는 누가의 정경화된 역사관이 나타난다.

(2) 누가는 사도행전의 목적에 맞추어, 일차적으로 볼 때 비 메시아적인 시편을 인용/암시할 때에도 하나님 나라와 부활하여 승귀하신 그리스도에게 초점을 맞춘다. 즉 사도들은 십자가-부활-승천이라는 계시사의 높은 전망대 위에 서서 전체적으로 조망하면서 시편을 나름대로 변용하고 있다. 하지만 그 변용은 시인이 처한 상황 그리고 예수 그리스도의 공사역 그리고 초대 교회 사이의 유사한 구속사적 상황을 고려한 것이다.

(3) 구약과 신약의 연속성에 근거하여,[571] 삼위 하나님의 교회를 향한 완결된 구원계시를 강화한다. 따라서 여호와의 특질과 사역이 성령으로 행하시는 예수님에게로 이어짐을 밝힌다.

(4) 그리스도 중심적으로 기독교화 된 시편은 데오빌로와 누가공동체에게 익숙했을 것이다. 초대 교회에게 예수 그리스도는 구약에 추가된 의미를 부여하실 수 있는 분이시며, 구약이 올바르게 이해되는 수단이시기 때문이다.

(5) 다윗 언약의 성취자로서의 예수님의 인격과 사역이 구약보다 확대 및 상승하여 강조된다. 이 그리스도 중심적인 '새 언약적 주석'은 다윗의 개인적인 경험에 머물지 않고, 예수님을 통해서 영원한 하나님 나라의 종말론적인 확장과 맞물려 있다.[572] 특별히 구약의 구속사가 그리스도 안에서 어떻

---

571) 누가는 예수 그리스도와 이스라엘 사이 그리고 구약 시인의 종말론적 소망이 담긴 예언적 찬양과 예수님의 생애 사이의 '연속성'을 강조하는데, 그렇게 함으로써 일종의 변증으로서 전도할 때 도움이 되는 '선교적 도구'를 그리스도인들에게 제공했다. 시편과 사도행전의 연속성은 다름 아니라 하나님의 섭리인데, 이것은 역사가 신탁을 성취한다는 헬레니즘 문학의 중심 주제와 연관된다. 따라서 이방인이나 불신 유대인들이 제기 할 수 있는 기독교에 대한 비판에 적절히 대응하도록 만들었다 (Peterson, 2004:417).

572) 여기서 시편의 '중심 신학 사상들'을 정리해 보자. 시편의 중심 주제 중 하나인 '왕권'은 다윗에게 고난을 가져다주었다. 그러므로 다윗의 고난이 하나님과 그 분의 뜻에 대한 충성으로 인한 것이라면,

게 풍성하게 변모되었는가를 현대 설교자가 염두에 두어야 한다.

(6) 사도들 사이에 비슷한 구약 해석과 인용이 나타난다. 예를 들어, 베드로와 바울은 그리스도의 부활을 통한 다윗 왕조의 영원한 성취와 그것이 이방인을 포섭함을 동일한 시편을 인용하여 설명한다(시 15:10; 행 2:27; 4:10; 13:35).

그렇다면 사도행전의 시편 인용이 초신자로 보이는 데오빌로에게 주는 화효 효과는 무엇인가? 그는 각하인 자신 위에 온 세상의 진정한 주와 왕이신 예수 그리스도가 계심을 믿고 순복해야 했을 것이다.

그리고 시리아 안디옥에 있었던 것으로 추정되는 누가공동체에게 주는 화효 효과는 무엇인가?[573] 데오빌로가 1차 수신자이지만, 2차적으로 '누가공동체/교회'를 배제할 수 없다.[574] 이들은 누가복음에서 저자 누가가 의중에 두었던 누가 당대의 크리스챤 청중이다. 그렇다면 누가공동체는 어디에 있었는가?

그의 고난을 서술하는 시편들은 예수 그리스도에게도 적용될 수 있다. 예수님도 아버지의 뜻과 목적을 성취하기 위해서 극한의 고난을 당하셨기 때문이다. 시편의 다른 주제인 '고난 가운데서의 믿음'은 시 2편 이후로 줄곧 중요한 주제인데 '하나님의 언약이 종말론적으로 실현될 것이라는 강한 소망의 형태를 띤다. 다른 주제는 '순종'인데 고난 가운데서라도 자발적이고 적극적으로 순종한다면 결국 감사하게 될 것으로 결말을 맺는다. 이 이유로 많은 시가 순종으로 시작하여 찬양으로 나아간다. 족장의 하나님은 왕과 제사장들의 하나님이며, 예수 그리스도의 아버지이시다. 모든 신비와 경이 그리고 모든 기도와 찬양과 묵상의 목표이신 이스라엘의 하나님은 새 이스라엘인 교회의 언약의 하나님이시다. 구약 역사가 그리스도를 중심으로 하여 확대 및 상승되는 것은 창조-타락-구속을 아우르는 언약과 하나님 나라의 종말론적인 발전과 관련된다(Grogan, 2004:304).

573) 학자들 사이에 누가공동체의 위치를 시리아 안디옥으로 보는 경향이 많다. 이유는 유세비우스의 책에서 발견되는 '반말시온 서문'과 제롬, 그리고 여러 주석가들 (예. Geldenhuys) 또한 누가를 시리아 안디옥 출신 혹은 안디옥 주민으로 간주하고 있기 때문이다. 사실 누가는 누가-행전에서 시리아 안디옥을 13회나 언급하고 있다(참고. 룩 존슨, 2000:278).

574) 누가는 확실한 역사성을 가진 예수 그리스도의 복음이라는 소위 '신적 세계'를 알고 있다, 로마 제국이라는 큰 틀 속에 위치한 누가 자신이 속한 기독교 공동체는 바로 이 신적 세계를 이상적인 상징 세계로 삼아서, 신적 세계가 자기 공동체 안에 반영되도록 한다. 이러한 투영/반영의 원리는 누가 공동체가 초월적 실재와 상응함을 전제로 한다. 여기서 주의할 것은 '상징 세계'(symbolic world)라는 말이다. 복음서의 상징 세계는 영생을 누리는 평등하고 포괄적인 하나님 나라인데, 이것을 단순히 상징으로만 볼 수 없고 실재라고 보아야 한다. 그러므로 상징 세계는 이상적인 믿음의 세계이지만 실재이다. 여기서 논하는 '투영의 원칙'은 단순히 인간 누가의 '투사'(projection)가 아니라 신적 '반영'(reflection)임을 전제로 한다(참고. 서중석, 2007:7).

우리에게 정확한 정보가 없다. 하지만 여기서도 '투영의 원리'를 사용하여 누가복음에 나타난 예수님의 이야기로부터 유추해 낼 수 있다. 누가공동체는 데오빌로처럼 대부분 이방인(God-fearers)에서 개종한 초신자들로 구성된 교회가 아닐까?(참고. Nolland, 1989:xxxii). 누가공동체는 아마 유대인과 이방인 성도가 혼합된 공동체로 보인다. 왜냐하면 누가는 구약성경과[575] 유대 역사에 대한 지식을 전제로 하고 있고, 게다가 예수님께서 '인자' 칭호나 '하나님 나라'라는 용어를 통해 의미하는 바가 누가복음에 아무런 설명 없이 쓰이고 있기에 유대인 성도를 포함하고 있다고 볼 수 있다. 물론 이방인 성도 역시 교육을 통해 구약과 유대인의 관습에 대해 잘 알고 있었던 것으로 보인다. 그리고 누가공동체는 시종일관 누가가 강조하는 가난한 자들을 위한 복음 및 구제라는 주제(눅 4:16-20; 6:20; 7:22; 12:13-21; 16:19-31; 행 3:6; 8:18-24; 10:2; 24:17)에 비추어 볼 때 아마도 많은 재물을 마음대로 처분할 수 있는 다수의 부자(예. 데오빌로, 시몬 마구스, 이데오피아 내시, 고넬료, 루디아 등)를 포함하고 있었으며, 이들은 가난한 자들을 위해 공동체의 일원으로서 관심을 보여야만 했다.[576] 남자 부자들 이외에 여자 성도

---

575) 사도행전 전체의 30%(약 365절)을 차지하는 (복음적, 변증적, 고별적, 권면적) 설교나 담화들(행 2, 3, 13, 15, 17, 20, 22, 24, 26)은 예수님에 대해 말하기 전에 '구약'을 언급하고 있다. 그러나 이 연설은 사도의 입에서 나온 그대로 옮겨 놓은 것(the *ipsissima verba* of the speakers)은 아닌 것 같다. 물론 누가는 자신의 구속사(더 자세히 말하면 구원 그 자체)라는 신학적인 견해를 밝히기 위해서 연설의 역사적 정확성을 깨뜨리지도 않았다. 누가가 연설을 다시 만들어 낸 것은 아니다 *de novo*, Du Plessis & De Villiers, 1994:198). 어떤 의미에서 스데반은 구원계시사적인 설교를 유언으로 한편하고 죽었지 않는가? 주로 하나님께서 구약 이스라엘을 선택하시고 족장들을 인도하시고 출애굽을 주셨지만 이스라엘은 배역한 상태로 있었음을 밝힌다. 이 사실은 오늘날 설교자에게 중요한 교훈을 준다. 신약의 복음을 전하기 위해서는 관련 구약 본문을 통해서 먼저 계시사적으로 설명이 되어야 더 풍성한 약속과 성취의 구속사적인 이해가 될 것이다. 구약 설교가 신약에 비해 빈도가 낮은 것도 불균형이라는 문제를 초래하지만, 신약 설교 시 관련된 구약의 예언-약속의 형태를 정당하게 다루지 않음도 큰 문제라 할 수 있다(레이몬드 브라운, 2003:472-73; 차일즈, 2001:353). 참고로 신약 전체에 나타난 복음의 선포(케뤼그마)는 어떤 공통된 흐름과 주제 그리고 틀을 공유한다: (1) 구원의 복음이 구약에 이미 예언되어 있음을 밝힘. (2) 예수님은 구약의 그림자와 관련됨. (3) '다윗의 후손' 혹은 '모세와 같은 선지자'와 같은 형식으로 예수님이 소개됨. (4) 세례 요한이 선구자로 가끔 언급됨. (5) 예수님의 대속적 사역, 특히 죽으심, 묻힘, 3일 만에 부활하심, 제자들에게 나타나심. 이 모든 것은 성경대로 이루어졌음을 강조함. (6) 하나님에 의해 승귀하신 그리스도. (7) 천상의 그리스도가 성령으로 성도를 도우시고 계심. (8) 다시 오실 그리스도. 상황에 따라 설교 내용이 다를 수 있지만 이 레퍼토리는 거의 일관성 있게 나타난다(DeSilva, 2004:352-53).

576) 이런 구제는 그레코-로마 세계의 관습과는 상이한 것이다. 로마인에게는 비시민권자를 구제할 의무

도 남편으로부터 경제적으로 독립되어 선교사의 후견인으로서 중요한 역할을 한 것으로 추정된다(행 2:45; 4:32; 16:14-15; 눅 18:22; 19:8; 노만 페린 & 데니스 덜링, 1996:477).[577] 유대인과 이방인들이 연합하여 우주적인 하나님 나라를 건설해야 하되, 특히 공동체 의식을 가지고 섬기는 일에 힘써야 했다. 그리고 누가-행전의 기록 연대를 AD 60년대 중순으로 잡는다면 네로의 박해 무렵이므로(참고. Bruce, 1984:22; 서중석, 2007:153), 고난 속에서라도 승천하신 예수님을 주와 그리스도로 고백하면서, 천국 확장이라는 언약을 이루어 가야 했다. 현대교회도 예수님이 주와 그리스도이심을 믿고 순복하고 전하는 일에 더 힘을 써야 한다.

나오면서

사도행전에 나타난 시편을 연구하는 것은 구원계시사를 밝히는 성경신학적 작업이다. 종종 누가와 사도들이 시인과 대화하면서, 특성상 메시아적이지도 개인 종말론적이지도 않은 시편들을 메시아적이며 언약적이고 종말론적으로 해석하여 언약의 성취자요 구속의 실체이신 예수 그리스도의 우주적 하나님 나라를 이루시는 구속 사역으로 확대 및 상승하여 이해한다.[578] 시인들이 불렀던 노래에 고난과 구원을 주시는 언약의 하나님을 향한 갈망이 담겨 있었는데, 누가와 사도들은 그 시들을 나름대로 해석하면서 예수님 안에서 더 확장

가 없었다. 초대 예루살렘 교회이건 누가가 사도행전을 기록할 당시의 누가공동체이건 이방인 중 부유한 자들이 개종한 경우에는, 특별히 헬라-로마 세계의 제한적이고 차별적인 구제를 그들이 극복하도록 가르쳐야만 했을 것이다.

577) 사도행전 본문은 '내러티브 세계'(narrative world)를 제공한다. 비록 이것이 '역사적인 세계'와는 다르다 할지라도 이 내러티브 세계를 통하여 누가공동체의 모습을 추적할 수 있다. 하지만 이것이 누가의 역사적 공동체의 실제 배경을 재구축할 수 있는 '확실한 창문'이라고 부르기에는 불완전하다. 눅 12:11-12은 팔레스타인 이외의 위치에 누가공동체가 있을 것을 암시하는 것 같으며, 빈부와 남녀의 차별이 없이 서로 섬기는 평등하고 포괄적인 공동체를 누가가 이상적인 기독교 공동체로 제시하고 있는 듯하다.

578) 신약의 구약 인용을 연구할 때, AD 1세기의 상황을 사회과학적 해석 중에서 문화인류학적 입장에서 그레코-로마 세계를 분석한 것의 빛을 보완하여야 더 풍성한 의미가 나타날 것이다.

된 성취를 설명한다. 예수님 안에서 실체화된 확대 및 상승된 구원의 역사는 현대 교회에게도 힘을 불어넣어줄 것이다. 현대 주석가와 설교자는 신약의 구약 인용 방식에 주목함으로써, 전체적인 구원계시의 틀 속에서 우리 시대의 상황에 주는 의의를 찾아서 적용해야 한다.

참고문헌

Allen, L.C. 1983. Psalms 101-150. WBC. Waco : Word.

Barrett, C.K. 1998. Acts. ICC. Edinburgh : T&T Clark.

Bruce, F.F. 1984. Acts. NICNT. Grand Rapids : Eerdmans.

Bultmann, R. 1976. ἀγαλλιάω. (*In* Kittel, G., *ed*. Theological dictionary of the New Testament. Vol. I. Grand Rapids : Eerdmans. p. 19-21.)

Conzelmann, H. 1987. Acts of the Apostles. Hermeneia. Philadelphia : Fortress Press.

Cragie, P.C. 1983. Psalms 1-50. WBC. Waco : Word.

DeSilva, S.A. 2004. Paul's sermon in Antioch of Pisidia. *Bibliotheca Sacra*, 151:32-49.

DeSilva, D.A. 2004. An introduction to the New Testament. Leicester : IVP.

Doble, P. 2004. The Psalms in Luke-Acts. (*In* Moyise, S. & Menken, M.J.J. *eds*. The Psalms in the New Testament. London : T&T Clark International. p. 83-117.)

Du Plessis, I.J. & De Villiers, J.L. 1994. Acts: introduction and theology. (*In* Du Toit, A.B., *ed*. Guide to the New Testament IV. Johannesburg : NGKB. p. 194-281.)

Green, J.B. 1997. Acts of the Apostles. (*In* Martin, R.P. & Davids P.H., *eds*. Dictionary of the Later New Testament & its developments. Leicester : IVP. p. 7-24.)

Grogan, G.W. 2004. 시편. (*In* 데스몬드 알렉산더 & 브라이언 로즈너 *eds*. IVP 성경 신학사전. IVP. p. 302-09.)

Kilgallen, J.J. 1988. Acts 13,38-39: culmination of Paul's speech in Pisidia. Biblica, 69:480-506.

Moyise, S. 2001. The Old Testament in the New: an introduction. London : Continuum.

Nolland, J. 1989. Luke 1-9:20. WBC. Dallas : Word.

Peterson, D.G. 2004. 사도행전. (*In* 데스몬드 알렉산더 & 브라이언 로즈너 *eds*. IVP 성경신학사전. IVP. p. 415-23.)

Rogers, C.L. 1994. The Davidic covenant in Acts-Revelation, *Bibliotheca Sacra*, 151:71-84.

Rogers, C.R. Jr. & Rogers C.R. III. 1998. The linguistic and exegetical key to the Greek Testament. Grand Rapids : Zondervan.

Tate, M.E. 1990. Psalms 51-100. WBC. Dallas : Word.

Vanhoozer, K.J. 2002. First theology: God, Scripture & hermeneutics. Downers Grove : IVP.

Van Zyl, H.C. 2003. The soteriology of Acts: restoration to life. Paper read at the New Testament soteriology seminar at Pretoria University.

Witherington 3, B. 1998. The acts of the apostles: a socio-rhetorical commentary. Grand Rapids : Eerdmans.

노만 페린 & 데니스 C. 덜링. 1996. 새로운 신약성서개론. 하. 한국신학연구소.

데릴 복. 2004. 하나님의 약속에 대한 예언과 성취. (*In* 하워드 마샬 *ed*. 복음의 증거: 사도행전 신학. 크리스챤출판사. p. 49-77.)

레이몬드 E. 브라운. 2003. 신약개론. CLC.

룩 T. 존슨. 2000. 최신 신약 개론. 크리스챤 다이제스트.

박길현. 1994. 신약에 인용된 시편양상연구: 시편의 신약 인용 양상연구를 통하여 본 성경해석학적 원리모색. 고신대 Th. M. 논문.

브레버드 S. 차일즈. 2001. 신구약 성경신학. 은성.

브루스 매츠거. 2005. 신약 그리스어 본문 주석. 대한성서공회 성경원문연구소.

서중석. 2007. 복음서의 예수와 공동체의 형태. 이레서원.

야콥 예르벨. 2000. 사도행전 신학. 한들출판사.

월터 카이저. 1997. 신약의 구약 사용. 크리스챤 다이제스트.

윤철원. 2000. 신약성서의 그레꼬-로마적 읽기. 한들출판사.

03 사도행전 19장의
종말론적 변혁자 성령님

들어가면서

성령님은 질서로우시지만 동시에 자유로우시다. 따라서 성령의 사역에 관해 이견이 있을 수 있다. 우리는 어떻게 좀 더 종말론적인 은사이신 성령의 실재와 사역에 민감히 반응하며 성령 충만하게 살 수 있을까?[579] 이 글에서 바울의 제

---

579) 이 글의 완전한 버전은 "에베소 교회의 종말론적 변혁자, 성령님!: 사도행전 19:1-7의 계시사적 성령 이해", 『신약연구』 7(2008, 2), 247-72에서 볼 수 있다. 하이델베르크 교리문답 53문을 들어보자: "첫째로 성령님은 참되시며, 성부와 성자와 동일하신 영원한 하나님이십니다. 둘째로, 믿음으로 그리스도와 그의 유익에 동참하게 하시고, 우리를 위로하며, 나와 영원히 함께하시기 위하여 성령께서 오셨습니다." 헤세링크는 개혁교회가 성령의 실재와 사역을 무시한다는 오해를 바로 잡는다. 그도 인정했듯이, 능력 행함, 예언(필자는 이것이 종료되었다고 봄), 방언, 신유와 같은 특이한 은사들은 사도 시대에만 있었고 지금은 중단된 것이라고 보는 입장이 장로교회와 개혁교회 안에 있다(예. 벤자민 워필드, 후크마, 개핀). 보라. 존 헤세링크, 『개혁주의 전통』, 최덕성 옮김 (서울: 본문과 현장 사이, 2003), 113-28. 이 주장은 고전 13:10($ὅταν\ δὲ\ ἔλθῃ\ τὸ\ τέλειον,\ τὸ\ ἐκ\ μέρους\ καταργηθήσεται$)을 오해한 것이 아닌가? 여전히 성령의 열매는 물론 성령의 특별한 은사도 필요하다. 참고. A. Fernando, *Acts*. NIV Application Commentary (Grand Rapids: Zondervan, 1998), 508.

3차 전도 여행 중인 AD 52년경에 터키의 에베소에 살던 세례 요한의 영향을 받은 제자들에게 임한 성령님을 살펴본다. 사도행전 19:1-7의 내러티브의 전개 흐름에 따라서 주석을 해 간다. 그리고 현대 교회에게 주시는 메시지를 살펴보고 적용을 찾아본다.

1. 문맥과 배경

사도행전 19:1은 간략하게 이 단락의 배경을 소개한다. 아볼로가 그리스의 고린도에 있을 때였다.[580] 누가는 아볼로의 에베소와 아가야 사역(행 18:24-28)과 바울의 에베소 사역(행 19:1-7)을 붙여 놓음으로써 독자들로 하여금 서로 비교해 보도록 한다.[581] 이 두 단락에 '아볼로'와 '요한의 세례' 그리고 '지식적으로 부족한 그리스도인'이 공통적으로 나타난다. 사도행전 19:1의 바로 앞 구절에 의하면 아볼로가 예수 그리스도의 복음으로 아가야 지방의 불신 유대인을 유력하게 이겼다. 그러므로 사도행전 19:1-7도 바울이 에베소에서 유대적 요소 혹은 옛 것을 이기고 그리스도의 교회 즉 새 것을 세우는 일과 관련이 있다. 이것은 계시사의 전진에서 불가피한 일이다.

제 3차 전도 여행 중에 바울은 남 갈라디아 지방의 교회들을 방문한 후에(행 18:23), 골로새와 라오디게아를 지나지 않고(참고. 골 2:1), 대신 '윗 브루기

---

580) 비평사본과 다수사본은 행 19:1의 한글 개역 성경의 번역을 지지한다. 외적 증거가 빈약하지만, 소수의 서방 본문(D)이 기록하는 1절을 소개하면 다음과 같다: "바울이 자신의 계획에 따라 예루살렘에 가기를 원하였지만, 성령께서 아시아에 돌아가라고 명하셨다. 그가 윗 지방으로 다녀 에베소에 와서 어떤 제자들을 만났다." 보라. B.M. 메츠거,『신약 그리스어 본문 주석』, 장동수 옮김 (서울: 대한성서공회 성경원문연구소, 2005), 403.

581) 아볼로의 불완전한 지식과 바울의 완전한 지식 사이의 대조를 통해서, 누가가 사도적 교회와 나란히 독자적으로 심지어 대립하면서 활동하는 (불완전한) 선교사를 비판하려는 의도를 가지고 있었는지는 의문이다. 참고. E. 헨헨,『사도행전』, 국제성서주석, 박경미 옮김 (서울: 한국신학연구소, 1989), 232.

아'(Upper Phrygia)라고 알려진 지역 즉 카이스터(Cayster) 골짜기를 지나 지름길(τὰ ἀνωτερικὰ μέρη)을 따라 에베소에 도착한다.[582] 거기서 바울은 세례 요한의 영향을 받은 어떤 남자 제자들(τινας μαθητὰς)을 만난다(행 19:1).[583] 이 구절에서 예수님의 선구자인 세례 요한이 언급된 것은 사도행전 전체로 볼 때 다섯 번째다 (행 1:5; 11:16; 13:25; 18:25). 세례 요한의 명성과 영향력은 팔레스타인을 넘어 멀리 소아시아까지 퍼졌다.[584]

2. 바울의 첫 번째 질문과 대답

2절은 일부 오순절파와 은사주의자들의 입장 즉 기독교 입문의 두 단계인 믿음과 회심으로 시작해서 나중에 성령을 받는 일이 뒤따른다는 주장을 위

---

[582] 참고. R.J. Knowling, *The Expositor's Greek Testament* (Grand Rapids: Eerdmans, 1961), 401.

[583] 이 구절의 '제자'라는 명사는 사도행전에서 관사 없이 등장하는 유일한 경우이다. Joubert와 Bruce는 '어떤 제자들'(19:1)을 '참 그리스도인으로서 예수님의 제자'로 보는데, 사도행전에서 '제자'는 흔히 그리스도인을 가리키며(예. 행 18:23), 만약 누가가 이들이 예수님의 제자들이 아니라면, '세례 요한의 제자들'이라고 분명히 말했을 것으로 추론한다. 참고. S. Joubert, "Handelinge," In *Die Bybellennium: Eenvolumekommentaar*, Ed. Vosloo, W. & Van Rensburg, F.J. (Vereeniging: CUM, 1999), 1424; F.F. Bruce, *Acts*. NICNT (Grand Rapids: Eerdmans, 1984), 385. 칼빈도 누가가 이들을 '그리스도의 제자'로 부를 수 있는 영예를 암시하고 있다고 본다. 참고. 존 칼빈, 『사도행전 II, 데살로니가전후서』, 존 칼빈 원저 성경 주석, 존 칼빈 성경주석출판위원회 옮김 (서울: 성서교재간행사, 1993), 207. 하지만 누가는 가끔 '제자'라는 명사를 '세례 요한의 제자'를 가리켜 사용한다(눅 5:33; 7:18-19). 크리소스톰 시대 이후로 12명을 종종 세례 요한의 제자로 보았다. 참고. Knowling, *The Acts of the Apostles*, 402. 이것은 'either … or …'의 문제가 아니다. 이들은 '세례 요한의 제자로서 예수님을 믿는 그리스도인'이다.

[584] 세례 요한을 추종하는 운동이 누가가 사도행전을 기록할 무렵은 물론 AD 4세기 까지 이어진 것으로 보인다. 그렇다면 세례 요한 운동을 어떻게 이해할 것인가는 초대 교회에서 이슈가 되었을 것이다. 초대 교회와 분파적 유대적 세례 운동(sectarian Jewish baptizing movement) 사이의 관련성이 중요한 것은 예수님과 세례 요한의 관계 혹은 기독교의 유대적 기원 때문만이 아니라, 이 두 그룹 사이의 의식적인 유사성(ritual similarity) 때문이다. 의식(ritual)이 종교의 본질 혹은 결정적인 측면으로 간주되던 그레코-로마 세계에 살던 사도행전의 일차 수신자인 데오빌로 각하와 2차 수신자로 추정되는 시리아 안디옥의 누가공동체에게 이 문제가 중요한 이슈였을 수 있다. 누가는 회개의 표현인 세례 요한의 세례로는 세례의 선물인 성령을 줄 수 없기에, 바로 그 수준에 머물고 있는 '불완전한 그리스도인들'을 완전한 성령의 세례를 받아 그 현존을 맛보도록 초대한다. 참고. B. Witherington, *The Acts of the Apostles: a Socio-Rhetorical Commentary* (Grand Rapids: Eerdmans, 1998), 569.

한 증거 본문으로 사용되었다.[585] 과연 그런가? 바울이 에베소의 제자들에게 다소 갑작스럽게 "너희가 믿을 때에 성령을 받았느냐?"(εἰ πνεῦμα ἅγιον ἐλάβετε πιστεύσαντες)라고 묻는다(19:2). '믿을 때'(πιστεύσαντες)는 성령을 받는 것과 동 시간을 가리키는 '동시 아오리스트 분사'다(참고. πιστεύσαντες, 엡 1:13).[586] 바울의 이 질문은 "예수님을 믿은 후에 별도로 특별히 받아야 할 성령을 받았느냐?"라는 뜻이 아니라, 성령을 받는 것은 곧 예수님을 믿는 것이고 그것은 곧 구원이라는 뜻이다. 따라서 바울의 질문을 풀어 써 보면, "너희가 예수님을 믿어 구원받았을 때 성령님으로 세례를 받았느냐?" 즉 "너희는 성령을 소유한 참 그리스도인인가?"이다.[587] 바울의 이 질문에는 그들이 예수님을 믿을 때에 성령님에게서 비롯된 은사와 현상이 다른 교회에서와 마찬가지로 그들에게도 주어졌는가도 이차적으로 함축되어 있는 것으로 보인다.[588]

하지만 이 열둘의 대답은 매우 의아하다: "우리는 성령이 있음도 듣지 못했

---

585) 보라. 존 스토트, 『사도행전 강해』, 정옥배 옮김 (서울: IVP, 1992), 361.

586) C.L. Rogers Jr. & C.L. Rogers III, *The New Linguistic and Exegetical Key to the Greek New Testament* (Grand Rapids: Zondervan, 1998), 279-435. 구원의 필수조건(sine qua non)으로 거듭나게 하시는 성령이 역사하여야 그 결과로 사람이 예수님을 믿을 수 있다. 예수님을 믿는 것과 성령을 받는 것은 논리적으로나 시간적으로 나눌 수 없고, 항상 같이 간다. 그렇다면 에베소의 12명은 '제자'이고 '믿은 사람'이었기에 성령(세례)를 이미 받았다. 참고. 헨헨, 『사도행전』, 232. 이들을 불신자로 보는 주석가로는 R.N. Longenecker, *Acts*. Expositor's Bible Commentary (Grand Rapids: Zondervan, 1981), 493. 변종길, "신약 교회의 확장과 성령," 『개혁교회와 신학』 12(2001), 44, 46. 그리고 Fernando, *Acts*, 506. 불신자로 보는 이들은 '제자'를 '예수님의 제자로 보지 않고, '믿을 때에'를 '예수님을 믿을 때에'로 보지 않는다.

587) 참고. J.L. De Villiers, *Die Handelinge van die Apostels, Deel 2* (Kaapstad: NG Kerk-Uitgewers. 1983), 90. 존 스토트는 이 12제자들을 '불신자'로 본다. 참고. 존 스토트, 『사도행전 강해』, 362. Contra 헨헨, 『사도행전』, 227. 바울이 이들을 처음 만났을 때에 이 12명을 '신자'로 착각했다는 것이다. 존 스토트는 사도행전에서 성령을 받는 것을 구원으로 자주 묘사하는 것에 근거하여, 성령의 이름과 내주하시는 사역을 알지 못했던 불신자들이었던 이들이 물세례를 받을 때 성령 세례도 동시에 받았다고 본다. 존 스토트는 "그들은 뒤 늦게 오순절 속으로 휩쓸려 들어갔다"고 설명한다. 참고. 존 스토트, 『사도행전 강해』, 363.

588) A. 슐라터, 『사도행전 강해』, 김희보 옮김 (서울: 종로서적, 1994), 232. 칼빈은 바울의 이 질문을 중생의 성령에 관한 것이 아니라, 하나님께서 복음의 시초에 건덕을 위하여 자신이 원하시는 자들 위에 주신 성령의 특별한 은사를 가리킨다고 본다. 참고. 칼빈, 『사도행전 II, 데살로니가전후서』, 203. 하지만 바울의 이 질문에서 '중생의 성령'과 '성령의 은사'를 포괄적으로 보지 않을 이유가 있을까?

다"('Aλλ' οὐδ' εἰ πνεῦμα ἅγιόν ἐστιν ἠκούσαμεν: 19:2).[589] 이 세례 요한의 제자들과 이전에 에베소에서 사역했던 (알렉산드리아 출신 유대인 신자) 아볼로(행 18:24) 사이에는 유사점과 차이점이 동시에 나타난다. 이 12제자들은 아볼로의 미성숙한 목회의 흔적으로 볼 수 있다.[590] 공통점으로는 이 둘 모두 구약의 마지막 주자인 세례 요한의 가르침에 충실했다(행 18:25). 차이점으로는 아볼로는 ('주 예수님의 이름으로' 세례를 다시 받지 않았고) 예수님을 알고 믿는 데 열심 있었던 그리스도인이었지만, 이 12제자들은 성령을 모르고 심지어 예수 그리스도조차 '분명하게' 믿고 있었다고 보기 힘든 면이 없지 않다.[591] 더구나 그들은 스승 세례 요한이 "내 뒤에 오시는 분은 불과 성령으로 세례를 주시리라"(눅 3:16)고 말한 것을 듣고 알았다면, 분명히 성령에 대해서 알고 있었을 법한데 그것조차도 모르고 있다(참고. 막 1:8).[592] 이 세례 요한의 제자들은 세례 요한의 사역조차 제대로 알지 못한 자들이며, 구약에 예언된 성령조차도 모르고 있기에 이방인 출신 성도로 추정된다(참고. 렘 31:31-33; 겔 37; 욜 2; 28-32).[593]

---

589) Witherington은 요 7:39에 근거하여 "우리는 성령을 알지만 성령이 지금 명백하게 되어 현존하고 있으며 부어졌음을 들어보지 못했다"라는 의미로 이해한다. 참고. Witherington, *The Acts of the Apostles*, 571; 그리고 D.L. Bock. *Acts*. BECNT (Grand Rapids: Baker, 2007), 599; E.J. Schnabel, *Acts*. ZECNT (Grand Rapids: Zondervan, 2012), 788; 슐라터, 『사도행전 강해』, 232. E.M. 브레이크록, 『사도행전』. 틴델주석, 나용화 옮김 (서울: 기독교문서선교회, 1980), 200; 변종길, "신약 교회의 확장과 성령," 45, 47; 칼빈, 『사도행전 II, 데살로니가전후서』, 204. 왜냐하면 이들이 그리스도인이면서도 바울을 만나기 전에 (오순절 사건을 알고 있던) 다른 그리스도인과 거의 접촉할 기회가 없었기 때문이다. 하지만 동사 e;stin 이렇게 풀어서 이해할 수 있는지 의문이다.
590) 브레이크록, 『사도행전』, 199.
591) 따라서 Joubert는 이 12명을 교회의 일원으로 간주하지만, '이름뿐인 성도'(in naam as gelowiges)로 본다. 바울이 엡 1:13-14에서 말한 것처럼, 종말론적 은사이시며 변혁자이신 성령님은 이들을 '온전한 가치를 가진 성도'(volwaardige gelowiges)로 인치시고 변혁시킨다. 성령님은 그리스도의 구속의 은덕을 신약 성도에게 적용하시며 그리스도의 몸된 교회를 변혁시키신다. 참고. Joubert, "Handelinge," 1424.
592) 참고. 헹헨, 『사도행전』, 227. 이들은 세례 요한으로부터 직접 가르침을 받지 않았고, 요한의 메시지를 간접적으로 들었을 수 있다. 아니면 메시아의 선구자로서 요한의 역할보다는, 예수님의 부활-승천이 완료된 시점이기에 요한의 윤리적인 가르침(눅 3:7-14)에 집중했을 수도 있다. 참고. 콘라드 갬프, 『사도행전』. IVP 성경주석: 신약, 김재영 외 옮김 (서울: IVP, 2004), 356.
593) 다른 주장도 있다. 칼빈은 이들이 세례 요한의 세례를 받았기에 유대인들이라고 주장한다. 참고. 칼빈, 『사도행전 II, 데살로니가전후서』, 203. 혹자는 이들이 성령의 현존에 대해서 들어 알고 있었지만, 완전한 복음을 듣지 못한 관계로 성령의 역사를 제대로 알지 못했다는 것이다. 참고. W.J. Larkin Jr.,

이전에 고린도에서 바울과 교제하면서(행 18:1-4) 복음을 배웠던 아굴라와 브리스길라 부부로부터 에베소의 아볼로가 하나님의 도를 더 자세히 배웠지만, 왜 아볼로와 교제가 있었던 것으로 보이는 에베소의 12제자들이 '성령'에 대해서 들어 보지도 못했는지 그 이유를 정확히 알 수 없다.

3. 바울의 두 번째 질문과 대답

성령에 대해서 들어 보지도 못한 이들에게, 바울은 "너희는 진정한 신자인가?"라는 의아한 뉘앙스를 가지고 "너희가 무슨/어떤 세례를 받았는가?"(εἰς τί οὖν ἐβαπτίσθητε)라고 묻는다(19:3). 여기서 바울은 "너희는 누구의(εἰς τίνα) 세례를 받았느냐?"라고 물을 만하다. 왜냐하면 성령을 들어 보지도 못했다면, 그것은 예수님의 이름으로 시행되는 세례와는 다른 세례였을 수 있기 때문이다. 예수님의 이름으로 시행되는 세례는 성령의 약속과 결부되어 있었기 때문이다. 즉 예수님의 이름으로 세례를 받는 사람은 성령의 이름도 불러야 했기 때문이다(마 28:19). 아마 바울은 자신의 동역자인 아볼로로부터 세례를 받은 이 12명이 복음에 관해 완전한 설명을 듣지 못했다고는 생각하지 못했을 것이다.[594] 하지만 바울은 '누구의 세례'가 아니라 '어떤 세례'라고 묻는다. 왜냐하면, 다른 한편으로, 이 때 바울은 예수님의 이름 외에 다른 이름으로 세례가 베풀어졌다고는 생각하지 못했을 수도 있었기 때문이다.[595] 그들은 예비적이며 회개의 징표인 "요한의 세례로다"(Εἰς τὸ Ἰωάννου βάπτισμα)라고 답한다(19:3).[596] 바울은 2

Acts. IVP New Testament Commentary (Downers Grove: IVP, 1995), 273.

594) 슐라터, 『사도행전 강해』, 233.

595) 참고. 헨헨, 『사도행전』, 228.

596) Eivj는 이들이 메시아로 믿은 세례 요한 안으로 세례를 받았다는 뜻이 아니라, 그 당시의 물속으로 잠그는 침례의 관습을 반영하는 전치사이다. 참고. Knowling, *The Acts of the Apostles*, 403. 이들은 세례 요한에게서 직접 요단 강에서 세례를 받아서 에베소로 이주한 사람들로 볼 수 없는데, 이유는

절의 '성령'과 3절의 '세례'를 연결한다. 바울에게는 물론, 사도행전의 수신자 데오빌로(와 누가공동체)에게 있어서 세례를 받는 것과 성령의 역사는 불가분이었을 것이다.[597]

4. 바울의 설명과 세례 베풂

세례 요한이 베푼 '회개의 세례'(βάπτισμα μετανοίας, 19:4; 참고. 막 1:4; 눅 3:3; 행 13:24)만 알고 있었던 이 12제자들은 성령을 통한 그리스도의 계시를 온전히 깨닫지 못하고, 이미 임한 천국의 충만한 실체를 경험하지 못한 구약의 백성과 유사한 형편 즉 마치 '반(半) 그리스도인'의 형편에 처해 있었다.[598] 이들은 예수님을 받아들일 사전 준비인 회개를 목표로 하는 세례 요한의 세례만 알 뿐이다. 바울은 이들에게 세례 요한이 "내 뒤에 오시는 이를 믿으라"(εἰς τὸν

만일 그렇다면 스승 세례 요한이 언급했던 성령에 대해 들어보지 못했다고 말할 수 없었을 것이다. 이들은 아볼로로부터 세례를 받았을 것이다. 그들이 받은 '요한의 세례'가 기독교의 세례와 본질적으로 죄 사함과 새 사람이 됨이라는 동질성을 가지고 있다 하더라도 그것은 기독교의 세례가 아니라 여전히 구약에 속한 세례이다. 참고. F.W. Grosheide, *Handelingen*. Korte Verklaring (Kampen: Kok, 1963), 88. 구약의 가장 큰 인물인 세례 요한(마 11:11)의 세례는 완전한 신약의 세례는 아니지만, 그것을 예기하고 선취하는 성격을 가지고 있다. 참고. R.L. Pratt, Ed. *The Spirit of Reformation Study Bible* (Grand Rapids: Zondervan 2003), 1790. 신약 교회는 승천하신 예수님이 주시는 성령 세례를 내다보는 요한의 세례보다 더 나은 세례를 받은 천국에서 큰 자다.

597) H. Conzelmann, *Acts of the Apostles*. Hermeneia (Philadelphia: Fortress Press, 1987), 159.
598) Contra Bruce, *Acts*, 385. Witherington은 이들을 불신자로 볼 수 없다고 말하면서, '이상한 그리스도인'(strange Christians) 혹은 '기독교 운동의 가장자리에 있던 그리스도인'"(Christians on the fringes of the Christian movement)이라고 부른다. 참고. Witherington, *The Acts of the Apostles*, 570. Conzelmann은 '성령이 없는 기독교'(the Spirit-less Christianity)라고 부른다. 참고. Conzelmann, *Acts of the Apostles*, 159. 행 1:8의 선교 명령과 맥을 같이하여, 행 2장에 성령이 유대인에게 임했다. 그 후 행 8장의 사마리아에 임한 성령은 유대인과 이방인의 중간에 있는 자들을 대상으로 하며, 행 10-11장의 고넬료의 집에 임한 성령은 (하나님을 경외하는) 이방인들을 대상으로 한다. 그리고 행 19장의 에베소의 세례 요한의 제자들에게 임한 성령은 semi-Christian(디벨리우스의 용어)에게 임한 것이다. 그러므로 성령 강림은 유대인이건, 유대인과 이방인의 중간에 있는 자이건, (하나님을 경외하는) 이방인이건, 신자와 유사한 상태의 사람이건 모두 예수님을 영접할 때 구원의 은사인 성령을 받게 된다는 사실을 가르쳐 준다. 보라. 유상섭, 『분석 사도행전 1, 2』 (서울: 생명의 말씀사, 2002), 177.

ἐρχόμενον μετ' αὐτὸν ἵνα πιστεύσωσιν)라고 말할 때, 그분은 바로 예수님이시다 (τοῦτ' ἔστιν εἰς τὸν Ἰησοῦν)라고 설명한다(다수사본은 "이분은 그리스도 예수님이시다"; 19:4).[599] 바울의 이 설명이 암시하는 바는 이 12제자에게 부족한 것은 세례 요한이 예언한 분은 약속된 메시아라는 사실을 '분명하게' 믿지 못한 것이다. 바울은 세례 요한의 세례를 받은 그들에게 "성령의 세례를 받으라"고 말하는 대신에, 세례 요한이 예언한 메시아 예수님을 '분명하게' 믿으라는 의도를 가지고 말하는 듯하다. 따라서 예수님을 믿는 것과 성령의 세례를 받는 것은 밀접한 관련이 있다(참고. 행 11:17).[600] 바울의 설명을 들은 후, 에베소의 12제자들은 "주 예수님의 이름으로 세례를 받았다"(βαπτίσθησαν εἰς τὸ ὄνομα τοῦ κυρίου Ἰησοῦ; 19:5).[601] 이것은 신약에 나타나는 유일한 '재세례'(re-baptism)다.[602] 바울은 이들이 '재세례'를 받는다고 생각하기보다는, 그리스도 안으로 '영 단번의 세례'를 받는다고 생각했을 수 있지 않을까?[603] 물론 바울의 설명을 들은 이 12명의 제자들이 예수님을 구주로 '분명하게' 믿었기에 바울이 주 예수님의 이름으로 세례를 주었을 것이다. 더 나아가 이들은 이전에 받았던 요한의 세례가 예수님이 주시는 성령 세례의 예비적 성격임을 깨닫게 되었을 것이다. 이제 12명은 오순

---

[599] εἰς τὸν ἐρχόμενον가 ἵνα πιστεύσωσιν 뒤에 오는 것이 자연스럽지만 문두에 나와서, '오시는 분'이신 예수님을 강조한다. 그리고 i[na는 취지(purport)를 뜻한다. 참고. Knowling, *The Acts of the Apostles*, 403.

[600] 유상섭, 『분석 사도행전 1, 2』, 175.

[601] 서방 본문은 5절에 '죄를 사하기 위하여'(εἰς ἄφεσιν ἁμαρτιῶν)가 첨가되어 있다. 하지만 이들은 죄 용서를 위한 회개의 세례를 이미 받았다. 참고. 메츠거, 『신약 그리스어 본문 주석』, 404. 그리고 행 19:5를 바울이 아니라 세례 요한의 말을 들은 사람들이 '주 예수님의 이름으로" 세례를 받았다고 볼 수 없다. Contra Knowling, *The Acts of the Apostles*, 403. 요한이 자신의 세례는 불완전하다고 인정하지만, 그가 예수님의 이름으로 세례를 주었다는 언급은 없기 때문이다.

[602] 다른 주장도 있다. 예수님은 세례 요한의 제자들이 자신의 제자가 되었을 때, 자신의 이름으로 다시 세례를 받을 것을 요구하지 않았기에 세례 요한의 세례와 예수님 자신의 이름으로 시행되는 세례 사이에 연속성과 동질성이 있다. 칼빈은 행 19:5의 "주 예수님의 이름으로 세례를 받았다"를 실제 물세례로 보지 않고, 예수님이 시행하신 '성령으로의 세례'를 의미한다고 본다. 참고. 칼빈, 『사도행전 II, 데살로니가전후서』, 207. 하지만 초대 교회에서 물세례(행 19:5)와 안수(행 19:6)가 같이 시행된 경우가 종종 있었다.

[603] 참고. R.N. Longenecker, *Acts, Expositor's Bible Commentary* (Grand Rapids: Zondervan, 1981), 494.

절 이전의 구약적 세례가 아니라, 주 예수님의 이름으로, 말하자면 그림자가 아닌 실체의 방식 즉 오순절 방식으로 세례를 받게 되었다(참고. 요 3:30).[604]

바울이 이들에게 베푼 세례는 세례 요한의 세례와는 달리 '주 예수님의 이름'으로 베푼 것이었다. 이들은 세례를 두 번 받았는데, 특별하고 예외적인 경우이다. 왜냐하면 정상적인 그리스도인은 일평생 세례를 한 번만 받기 때문이다.[605] 그렇다면 세례 요한의 세례를 이미 받은 이들에게 왜 바울은 다시 예수님의 이름으로 세례를 주었는가? 1-2절에 의하면 이 12명은 '제자'라고 불리며 믿고 있다. 누구든지 예수님을 믿을 수 있는 것은 성령님의 역사가 아니고는 불가능하다. 그렇다면 이 12명이 바울로부터 예수님의 이름으로 다시 세례를 받기 전에 이미 성령을 받아서 믿고 있는 성도임이 분명하다.[606] 이들에게 분명히 성령이 거하고 계셨다. 하지만 이들은 자신 속에 거하시는 성령을 느끼거나 알지도 못했고, 심지어 '성령'이라는 말을 들어 보지도 못했다. 어떻게 이런 희한한 일이 일어날 수 있는가? 계시사적으로 말하자면, 이때는 초대 교회가 시작된 지 얼마 지나지 않은 시점이고, 구약과 신약이 중첩되는 시점이기 때문이다.

또한 이미 예수님을 믿어 성령을 소유한 에베소 교회에게 성령이 이렇게 특별히 다시 임한 것은 이들 이방인 성도도 예루살렘에 있는 유대인 성도와 마찬가지로 하나님의 새 언약 백성임을 확증하는 차원에서 볼 수 있다. 그러므로 예수님의 이름으로 시행되는 가시적인 물세례가 다시 필요했을 것이다. 따라서

---

[604] Bruce, *Acts*, 386. 그렇다고 변종길처럼 '오순절 이전에서 오순절 이후로 이동하는 과도기 사건'으로 좁게 보는 것은 오해를 초래할 수 있다. 참고. 변종길, "신약 교회의 확장과 성령," 52. 오히려 신구약의 중첩은 오순절을 기점으로 하기보다는, 예수님의 초림에서 AD 70년까지를 아우른다. 구속사의 전진에서 신구약의 중첩의 특징들(예. 옛 것과 새 것의 공존, 심판과 구원의 동시성, 새 언약이 옛 언약으로부터 선물을 취함, 옛 언약 속의 남은 자를 구원하여 새 시대로 영입하기 위해 동원된 다양한 기적과 표적)을 위해서는 조경락, 「에베소 성령 강림의 그리스도 중심적 이해: 행 19:1-7을 중심으로」, 고신대 Th.M. 논문(2006), 42-54를 보라.
[605] 니케아신경: "I confess 'one baptism' for the remission of sins."
[606] 참고. 헨헨, 『사도행전』, 232.

이 사건은 불신자를 신자로 거듭나게 하는 사건으로 볼 수 없다. 이것은 '표적'이다. 왜냐하면 이것은 초대 교회가 시작하고 발전하는 단계에서 이방인 성도와 유대인 성도가 동일한 성령의 사람이요, 형제자매임을 가르쳐 주려는 목적으로 일어난 특별한 구속사적 사건이기 때문이다.

5. 성령의 임함과 그 결과

바울이 그들에게 두 손으로(*[τὰς] χεῖρας*) 안수하니, 성령님이 그들 위에 오셨으므로(*ἦλθε*[607] *τὸ πνεῦμα τὸ ἅγιον ἐπ᾽ αὐτούς*), 모두 방언은 물론 예언도 하게 되었다(*ἐλάλουν τε γλώσσαις καὶ ἐπροφήτευον*;[608] 19:6-7; 참고. 행 2:4, 11; 8:14-17; 10:44-46). 이들이 세례 요한의 예비적인 물세례를 받았을 때는 성령과 성령의 은사를 받지 못했음이 분명하다. 누가는 '방언과 예언'을 구체적으로 언급함으로써 기독교의 세례와 세례 요한의 세례 사이의 차이점을 구분하기를 원한다. 흥미로운 점은 바울은 이 사건이 일어난 에베소에서 고린도전서를 기록한 것으로 보이는데, 고린도전서 12:10에서 방언과 예언을 성령의 은사로 언급한다는 점이다. 하지만 사도행전 19:1-7에서 만약 방언과 예언을 규범적이거나 본질적인 것으로 주장한다면 본문이 우리에게 가르치는 것을 넘어선다. 방언과 예언은 에베

---

607) 베자 사본과 제롬은 "즉시 내려오셨다"(*εὐθέως ἐπέπεσεν*)라고 풀어서 기록한다.

608) 여기서 '예언하다'는 행 2:11의 하나님의 이적(큰 일)을 선언하는 것 혹은 행 10:46의 하나님을 높이는 것을 가리킬 수 있다. Pratt, *The Spirit of Reformation Study Bible*, 1790. 하지만 '방언'을 인간의 생각이나 언어를 초월한 기도로, '예언'을 하나님의 뜻에 관하여 확신에 찬 내용을 말하는 것으로 볼 수 있다. 참고. 슐라터, 『사도행전 강해』, 234. 그리고 이 두 미완료 동사는 '개시적 미완료'(inceptive imperfect)이기에 "그들이 방언과 예언을 하기 시작했다"라고 번역하는 것이 옳다. 참고. Rogers & Rogers, *The New Linguistic and Exegetical Key to the Greek New Testament*, 280. 개시적 의미로 시작하여 과거 지속적 의미 즉 "그들이 방언과 예언을 계속하고 있었다"는 의미도 가지고 있기에 그들의 예언과 방언이 일정 시간 지속된 것으로도 볼 수 있다. 참고. Knowling, *The Acts of the Apostles*. 403. 소수의 서방 본문과 역본(syr it vg Ephraem)은 '방언' 다음에 "다른 방언들도 하고, 그들이 그것들을 알아 스스로 통역도 하며, 어떤 이들은 예언도 하니"를 첨가한다. 아마도 이 추가된 표현은 서방 본문 필사자가 행 2장과 연결시키기 위해서 공교하게 짜깁기 하는 과정에서 발생한 것으로 보인다. 참고. 메츠거, 『신약 그리스어 본문 주석』, 470.

소의 12제자들에게 성령이 임하심을 가시적으로 증거하는 데 동반된 구원의 증거이기 때문이다.[609] 성령이 임한 사건에서 그리스도인으로서 승천하신 예수님을 증거하며 살도록 하시는 성령의 즉각성과 충만함도 볼 수 있다.[610]

혹자는 사도행전 19장의 에베소 교회에 성령님이 임하신 사건을 사도행전 2장의 예루살렘 교회의 오순절 사건과 비교하여, '에베소의 오순절' 혹은 '작은 오순절'이라고 부르는데,[611] 언약의 중첩은 시간을 두고 점진적으로 해소되기에 가능한 이름이다. 에베소의 12제자들은 마치 포도원에 오후 5시에 일하러 온 나중 되었다가 먼저 된 사람과 같다(참고. 마 20:1-16). 이들도 포도원 고용인의 은혜로 일찍 포도밭에 일하러 온 예루살렘 성도와 동일한 품삯(성령과 가시적인 증거인 방언과 예언)을 받았다.[612]

이제 이 12제자들은 그리스도의 선구자인 세례 요한에 속한 시대를 벗어버려야 하며, 옛 언약을 벗어버리고 성령의 역사가 확연히 드러나는 새 언약 백성의 반열에 본격적으로 오르게 된다.[613] 오순절 성령의 강림으로 유대인 성도가 성령의 사람이 되었듯이(행 2), 이제 이들은 마치 후발 주자와 같이 성령의 분명한 역사를 경험하며 사는 사람의 대열에 동참하게 된 것이다. 이제 에베소에서도 '구약과 신약의 중첩기적 현상'이 물러가고 '12명 쯤'(ὡσεὶ δεκαδύο)이라는 이상적인 제자의 수를 통해서 천국 복음이 확장되기 시작한다.[614]

---

609) 성령이 임할 때 동반된 가시적 현상인 '예언'은 정경 완성 전의 상황을 고려해 보면 이해가 간다. 이 방언은 행 2장의 외국어로 보기 어렵다. 그렇다고 구약에서 방언이 다른 민족이 이스라엘을 쳐들어 올 것이라는 예언에 담긴 심판적 의미로 보기도 힘들다. 본문의 방언은 고전 12-14장의 '천사의 말로서의 방언'으로 보는 게 자연스럽다.
610) Fernando, *Acts*. 508.
611) 참고. Fernando, *Acts*. 508. 참고. 존 스토트, 『사도행전 강해』, 362.
612) 보라. 조경락, 『에베소 성령 강림의 그리스도 중심적 이해: 행 19:1-7을 중심으로』, 73.
613) 참고. 존 스토트, 『사도행전 강해』, 362.
614) 이들은 에베소의 오는 시대 즉 새 시대의 통치자로서 열두 제자들이다(참고. 엡 1:21). 황제숭배 사상이 만연했던 에베소에서 이 12제자들이 진정한 세상의 왕이신 그리스도의 통치를 대행하기에 반로마적 메시지를 찾을 수 있다. 참고. 조경락, 『에베소 성령 강림의 그리스도 중심적 이해: 행 19:1-7을

참고로 여기서 오순절 성령 강림 후 그 '결과'로 발생한 사마리아(행 8:14-17)와
[615] 가이사랴의 고넬료 가정(행 10:44-45) 그리고 에베소의 성령 강림(행 19:6) 사이에 어떤 관련이 있는가를 살펴보는 것이 유익하다. 예루살렘의 마가의 다락방에 성령이 이미 임했는데도 불구하고, 이런 성령의 임함이 나중에 다시 몇 차례 일어난 것에는 특별한 목적이 있다. 그것은 예루살렘 교회가 소위 이 '작은 오순절 사건들'의 의미를 바르게 깨닫도록 하기 위해서일 것이다. 이미 예수님을 믿어 성령을 소유한 이방인 교회에게 성령이 이렇게 특별히 다시 임한 것은 구약의 남은 자와 비슷한 형편에 있었던 이들 이방인 성도 역시 유대인 성도와 마찬가지로 하나님의 새 언약 백성임을 확증하는 차원에서 보아야 할 것이다. 따라서 이 사건들은 불신자를 신자로 회심시키는 차원으로 이해할 수 없으며, 신약 교회의 생일인 단회적인 오순절 성령 세례와 같은 차원으로도 볼 수 없다. 오순절 사건은 교회라는 매개체를 거치지 않은 성령의 주권적 사역인 반면, 그 이후의 성령강림 사건은 오순절 성령을 받은 사람을 통해서 일어난 후속적 사건들이다. 소위 '작은 오순절 사건들'은 '표적적인 차원'을 가진 계시사에 있어서 특수하고 예외적인 경우로 이해해야 한다. 왜냐하면 이것은 교회의 초기 단계에서 주님 안에서 이방인 성도나 유대인 성도나 동일한 형제자매임을 가르쳐 줄 목적으로 일어난 것이기 때문이다.

중심으로』, 78-79. '쯤'(ὡσεί)이라는 부사로 인해 여러 주석가들이 '12'(δεκαδύο 혹은 δώδεκα, ℵ A B D 등)의 상징적인 의미를 찾는 데 반대한다. 참고. Witherington, *The Acts of the Apostles*, 572; 헨헬, 『사도행전』, 229; Conzelmann, *Acts of the Apostles*, 160; Knowling, *The Acts of the Apostles*, 404; De Villiers, *Die Handelinge van die Apostels*, 93.

615) 베드로와 요한이 사마리아 교인을 위해서 성령 받기를 위해 기도하기 전에 이미 그들은 (요한의 세례가 아니라) 주 예수님의 이름으로 세례를 받았다(행 8:16). 사마리아 교회는 성령의 역사로 거듭난 하나님의 참된 백성이기에 성령을 소유한 사람들이다. 그런데 요한과 베드로가 안수했을 때 사마리아 교회는 성령을 받았다고 말씀한다(행 8:17). 이것은 사마리아 교회 가운데 이미 거하고 계셨던 성령이 이제 가시적으로 확실하게 나타난 사건으로 볼 수 있다. 즉 눈에 보이는 '표적적 사건'이다. 요약하면 하나님의 선물인 성령을 사마리아 교회가 가시적으로 소유하여 유대인 성도와 동일한 지위를 누리며 새 언약 공동체 속에 포함된 것을 천명한 것이다(행 8:20).

나오면서: 오늘에의 적용

사도행전 19장에서 일어난 사건과 똑같은 사건이 우리 시대에 일어날 필요는 없다.[616] 이 말은 성령의 특별한 회심의 사건이나 변화를 주시는 사건이 우리 시대에 일어날 필요가 없다는 뜻은 아니다. 하지만 만일 사도행전 19장의 사건과 동일한 것을 우리가 여전히 기다린다면 우리는 우리 안에 내주하시는 성령의 역사를 너무 초라한 것으로 제한하고 말게 된다. 만일 사도행전 19장의 역사를 우리가 기다린다면, 성령의 회심케 하시는 역사와 내주하시는 역사가 부족하기에 다시 능력을 부으시는 역사가 특이하게 계속 있어야 함을 의미한다. 우리 개인 안에는 성령의 소욕과 육체의 소욕이 싸우는 중첩이 있지만, 하나님의 구속사의 큰 경륜에서 볼 때 우리는 더 이상 언약의 중첩기에 살지 않기 때문이다.

세례 요한이 요단 강에서 이스라엘 사람들에게 세례를 베풀 때, 세례 받은 사람의 죄가 사해진 것은 아니다. 그러나 신약 백성이 예수님의 이름으로 세례를 받는 것은 하나님과 온 교회 앞에 우리가 성령으로 거듭나서 죄를 용서받았음을 확인하는 것이다. 예수님의 이름으로 세례를 받은 우리는 회개만 하는 단계에 머물러 있지 않고 죄 용서와 성령을 모시고 사는 사람이 되었다. 그러므로 우리는 여자가 낳은 자 중에서 가장 큰 구약의 마지막 주자인 요한보다 더 큰 사람이 되었다. 우리는 죄 사함과 성령의 세례를 받아 세례 요한보다 더 큰 자로 산다.

공동체 안에 하나님을 믿기는 하지만 성령의 실재와 역사에 무지하여 옛 시대에 속한 성도가 있지 않은가? 먼저 된 자들이 그들을 판단하거나 정죄하지

---

[616] 참고. 존 스토트, 『사도행전 강해』, 363. 우리는 신구약의 중첩 시기의 특수한 하나님의 경륜을 현대의 보편적인 법칙으로 만들 수 없다.

말고, 성령의 실재와 능력을 맛보도록 돕자. 마치 언약의 중첩의 기간 동안 오래 참으신 하나님처럼! 본문을 교회의 세례 교육에 적용할 수 있다. 어떤 사람이 성령의 세례로 거듭난 것을 하나님과 교인 앞에서 서약하고 물세례로 확증할 때, 그 사람 안에 성령의 내주하심과 은사를 깨달아 살도록 교육해야 한다.

덧붙여 아볼로가 '주 예수님의 이름으로' 다시 세례를 받지 않았다는 사실로부터 현대 교회가 적용할 사항을 발견할 수 있다. 에베소의 사역자 아볼로에게는 브리스길라와 아굴라 부부로부터 하나님의 도를 더 자세히 듣는 것으로 충분했다(행 18:26, 28). 에베소의 12제자에게 있었던 언약의 중첩을 종식시킨 '주 예수님의 이름으로 시행되는 세례'와 더불어, 아볼로 개인에게 있었던 언약의 중첩을[617] 종식시킨 '더 자세한 예수님의 복음'(행 18:26)이 현대 교회의 '반쪽半) 성도'와 그림자(구약)를 붙잡고 신앙 생활하는 사람들을 완전하게 하며, 그들의 언약 중첩을 종식시키는 방편임을 교훈받는다. 이런 의미에서 '더 자세한' 그리스도의 복음과 성례(여기서는 세례와 관련된 성찬)는 우리가 하나님과 맺은 언약을 갱신함으로써, 새롭게 되는 방편이다. 우리를 살려주시는 영이신 그리스도 안에서 흥하게 만드는 이런 갱신은 가능하면 정기적으로 자주 행하는 것이 좋다(눅 2:34; 요 3:30; 고전 15:45). 우리의 종말론적 변혁자이신 성령님의 충만을 사모하자!

---

617) 행 18:26은 아볼로가 에베소의 '회당'에서 가르쳤지만, 바울이 에베소 회당에서 경험한 반대(행 19:8-9)를 겪었다는 언급은 없다. 아볼로의 메시지와 비교해 볼 때 바울의 메시지는 디아스포라 유대인의 세계관, 종교적인 기본 신념들, 그리고 목표와 상충되는 예수님의 것을 훨씬 정확하고도 폭발력 있게 담고 있었기 때문이다. 바울의 회당 설교는 불신 유대인들이 부담 없이 고개를 끄덕이며 들을 수 있는 성격의 것이 아니었다. 참고. N.T. Wright, *Jesus and the Victory of God* (Minneapolis: Fortress Press, 1996), 137-44.

참고문헌

갬프, 콘라드. 『사도행전』. IVP 성경주석: 신약. 김재영 외 옮김. 서울: IVP. 2004.

메츠거, 브루스 M. 『신약 그리스어 본문 주석』. 제 2판. 장동수 옮김. 서울: 대한성서 공회 성경원문연구소. 2005.

변종길. "신약 교회의 확장과 성령"『개혁교회와 신학』. 12(2001), 35-53.

브레이크록, E.M. 『사도행전』. 틴델주석. 나용화 옮김. 서울: 기독교문서선교회. 1980.

슐라터, A. 『사도행전 강해』. 김희보 옮김. 서울: 종로서적. 1994.

스토트, 존. 『사도행전 강해』. 정옥배 옮김. 서울: IVP. 1992.

유상섭. 『분석 사도행전 1, 2』. 서울: 생명의 말씀사. 2002.

유상섭. 『설교를 돕는 분석 누가복음』. 서울: 규장. 2002.

조경락. 『에베소 성령 강림의 그리스도 중심적 이해: 행 19:1-7을 중심으로』. 고신대 Th.M. 논문. 2006.

칼빈, 존. 『사도행전 II, 데살로니가전후서』. 존 칼빈 원저 성경 주석. 존 칼빈 성경주석 출판위원회 옮김. 서울: 성서교재간행사. 1993.

헤세링크, 존. 『개혁주의 전통』. 최덕성 옮김. 서울: 본문과 현장 사이. 2003.

헨헨, E. 『사도행전』. 국제성서주석. 박경미 옮김. 서울: 한국신학연구소. 1989.

Bock, D.L. *Acts*. BECNT. Grand Rapids: Baker, 2007.

Bruce, F.F. *Acts*. NICNT. Grand Rapids: Eerdmans. 1984.

Conzelmann, H. *Acts of the Apostles*. Hermeneia. Philadelphia: Fortress Press. 1987.

De Villiers, J.L. *Die Handelinge van die Apostels. Deel 2*. Kaapstad: NG Kerk-Uitgewers. 1983.

Fernando, A. *Acts*. NIV Application Commentary. Grand Rapids: Zondervan. 1998.

Grosheide, F.W. *Handelingen*. Korte Verklaring. Kampen: Kok. 1963.

Joubert, S. "Handelinge." In *Die Bybellennium: Eenvolumekommentaar*. Ed. Vosloo, W. & Van Rensburg, F.J. Vereeniging: CUM. 1999.

Knowling, R.J. *The Acts of the Apostles*. The Expositor's Greek Testament. Grand Rapids: Eerdmans. 1961.

Larkin Jr., W.J. *Acts*. IVP New Testament Commentary. Downers Grove: IVP. 1995.

Longenecker, R.N. *Acts*. Expositor's Bible Commentary. Grand Rapids: Zondervan. 1981.

Pratt, R.L. Ed. *The Spirit of Reformation Study Bible*. Grand Rapids: Zondervan. 2003.

Rogers Jr., C.L. & Rogers III, C.L. *The New Linguistic and Exegetical Key to the Greek New Testament*. Grand Rapids: Zondervan. 1998.

Schnabel, E.J. *Acts*. ZECNT. Grand Rapids: Zondervan, 2012.

Witherington, B. *The Acts of the Apostles: a Socio-Rhetorical Commentary*. Grand Rapids: Eerdmans. 1998.

Wright, N.T. *Jesus and the Victory of God*. Minneapolis: Fortress Press. 1996.

04   사도행전 23-24장의 법정적 수사학

사도행전 23장은 바울이 이스라엘 국회 즉 산헤드린에서 재판받는 장면이다. 이 재판에서 바울은 재판정에 모인 사람들의 성향을 분석한 후 법정에 맞는 수사학적이고도 논리적인 말(법정적 수사학, judicial rhetoric)로 답변하고 있다.[618] 이때 재판장은 아나니아라는 대제사장이다. 요세푸스의 증거에 의하면 그는 뇌물을 즐겼고, 부하를 시켜 제사장에게 드리는 십일조를 도둑질한 사람이며,

---

618) 바울의 재판 과정을 1세기의 '명예와 수치'의 관점에서도 이해할 수 있다. 아래는 윤철원(2000:95-99)의 설명이다: 고대 세계에서 한 개인의 구금은 큰 불명예요 수치이다. 그러나 이런 통념을 따르지 않고 바울은 오히려 복음 전파의 기회로 삼고 담대하다. 재판정에 모인 청중 앞에서 공개적으로 자신을 향한 고발과 공격(행 24:5-9)을 바울이 잘 견디는 것은 명예이지만 그 자체로는 수치를 가하는 행위이다. 행 24:14-16에서 바울이 자신을 변호할 때 하나님을 반복해서 언급하는 것은 자신의 타고난 명예를 통해서 명예를 방어할 목적으로 풀이할 수 있다. 결국 바울의 사역의 후견인은 하나님 자신이고 유대인들은 하나님의 대적이 되어 수치스런 자가 된다. 행 24:26의 재판 중에 벨릭스 총독이 피고인 바울로부터 뇌물을 받으려는 의도는 불명예스런 행위이다. 이런 명예와 수치의 양상은 행 25장 이하에서도 계속된다. 사도행전의 전도 여행과 재판에서 바울은 자신의 로마 시민권을 즉각적으로 사용하는 대신에 그리스도를 위하여 기꺼이 불명예를 감내하는 것을 본다. 하지만 이런 수치를 통해서 하나님의 승리의 역사는 확증된다. 이것이 사도행전의 가장 큰 아이러니 중 하나가 아닌가?

친(親) 로마 정책을 폈기에 결국은 AD 66년에 열심당원에게 피살되었다. 사도행전 23:3에서 바울이 한 말 즉 "하나님이 너를 치리라"는 예언이 그의 피살로 성취되었다. 사도행전 23-24장의 바울이 피고의 신분에서 어떻게 자신을 변호했는가를 법정적 수사학의 관점에서 살펴보는 것은 흥미로우면서도 자연스러운 작업이다.

사도행전 23-24장의 내용은 바울이 23:1에서 공회를 '주목하면서' 시작한다. 공회(법정)에 모인 사람들을 응시하는 것은 수사적인 행위(rhetorical gesture)로서 관심을 집중시킨다. 그 후 다소 친근함을 유도하기 위해서 '여러분 형제들아'라고 청중을 향해 부른다(pathos). 그 후 "오늘날까지 내가 범사에 양심을 따라 하나님을 섬겼노라"고 변호를 시작한다(ethos). 여기서 '섬겼다'는 말은 "시민으로 살았다"라는 뜻이다. 즉 바울은 로마의 시민권을 자랑하기 전에 먼저 하나님 나라의 시민으로 이 땅에 살았음을 분명히 한다. 빌립보서 3:20에서 그리스도인의 시민권은 하늘에 있다고 말한 바울 자신이 그렇게 살아왔음을 증거한다.

사도 바울이 이 말을 하자 대제사장 아나니아는 바울의 입을 치라고 명한다. 이렇게 바울의 입을 때리려는 것은 바울의 말을 강하게 거부하고 공개적인 모욕을 바울에게 가하는 (수사학적인) 행동이다(참고. 요 18:22-23). 5절에 아이러니가 등장한다. 아이러니하게도 바울은 아나니아가 대제사장이었음을 알지 못했다고 말한다. 바리새인이었던 바울이 대제사장을 모를 리 없었다. 하지만 바울이 그를 얼굴로는 모를 수 있었다(Witherington, 1998:689). 이때 지혜로운 바울은 6절에 의하면, 법정에 모인 사람들이 두 부류인 것을 재빠르게 알아차리고는, 말조차도 제대로 할 수 없는 이 불공정한 심판을 파회시키려고 어떤 의도적인 말을 한다(성공적인 청중분석). 이것은 수사학자들이 흔하게 사용한 주의를 다른 데로 돌리는 교묘한 전술(diversionary[adroit] tactic)이다. 그 말은 다름이 아니라 예수님의 부활을 근거로 한 죽은 사람의 부활소망이다. 이것은 일종의 중언

법(hendiadys)적 표현이다. 이때 자연스럽게 법정의 사람들은 두 부류로 나누인 다(말의 perlocutionary effect/power). 한 부류는 바리새인들인데 바울 역시 바리새인 출신이었고 부활과 천사를 믿었기에 바울의 편을 들었다. 9절에 의하면 바리새인들은 바울이 무죄라고 변호한다. 그리고 바리새인들이 수사학적인 질문을 한다: "혹 영이나 혹 천사가 저더러 말하였으면 어찌하겠느뇨?" 다른 한 부류는 사두개인인데 부활, 천사, 영을 다 믿지 않아서 바울을 반대하게 된다. 사두개인들은 모세 오경을 성경으로 받아들였는데 거기서 부활을 찾지 못했기에 부활을 믿지 않았다. 여기서 우리는 바울이 부활을 언급한 것이 행동을 유발시킨 화효효과(perlocutionary effect)가 있었음을 기억해야 한다. 바울을 처형하기 위해 모인 바리새인들과 사두개인들이 서로 다투고 난장판이 되자 10절에 의하면, 군인들까지 동원되어 해산하게 되었다. 군인이 동원되지 않았다면 바울의 몸이 두 갈래로 찢겨질 뻔했다(διασπάω, tear apart)라고 말한다. 이것은 일종의 과장법적 표현이다.

이 재판이 끝난 후 11절에 의하면, 다메섹에서 바울을 만나주신 승천하신 주님은 다시 바울을 찾아와서 위로하시고 힘을 주신다: "담대하라 네가 예루살렘에서 나의 일을 증거한 것 같이 로마에서도 증거하여야 하리라"(행 23:11).[619] 스데반의 순교에서처럼, 하늘에서 변호사요 재판장이신 예수님께서 이 재판을 보시고 바울이 무죄하고 옳음을 서서 인정해 주셨음을 알 수 있다.

---

619) 1세기에서 '담대함'은 말하는 데 있어서 담대함, 개방성, 솔직함, 그리고 자기 확신과 관련된 자질을 구체화하는 것이다. 주로 이 담대함은 전체 생활에서 실천되었다. 개인적인 관계 영역에서, 담대함은 상호간의 거래에 있어서 특별히 개방성을 높이 평가한 친구들을 향해 표명된 도덕적 자유였다. 그것은 사람을 동급자들 앞에서 경솔하지 않도록 하며, 상급자들 앞에서 아첨을 부리지 않도록 보존한 중용(golden mean)이었다. 그러므로 담대함은 명예를 보존하도록 도와주는 수단 가치이다. 그리스도인들은 자신들이 유대교와 로마종교의 의식과는 구별되어 있다는 감을 가지고, 이 가치를 복음 선포와 전도와 (하나님 앞에 담대히 나아가서 아뢰는) 기도로 하늘 시민권을 행사하는 데 적용하였다. 사도행전에서는 사도의 복음 전파에 담대함이 주로 등장한다. 순교는 과거와 현재에 있어서 기독교적 담대함에 의한 최종적 증거이다(James M. Reese, 1998:63-65).

사도행전에서 부활의 주님이 환상 가운데 바울을 만나주실 때는 바울의 인생과 사역의 큰 전환점에서이다. 사도행전 9:4에서는 다메섹으로 가는 길에서, 16:9에서는 바울의 그리스 선교를 위해 중요한 계기가 된 트로이에서 마케도니아 사람이 와서 도와 달라고 손짓을 하는 것을 환상으로 보았고, 18:9에서는 고린도에서의 전도 사역에 힘을 실어 주시기 위해 임마누엘의 주님으로 환상 중에 나타나신다(참고. 행 22:17; 27:23-24). 예루살렘이 복음을 듣기를 거부하므로, 바울은 로마에 호소하여야 했다. 바울이 받는 재판은 재판 자체로 끝나지 않고 그 당시 세계의 중심인 로마에 복음을 전파하기 위한 목적을 이루기 위해서이다. 여기서 우리는 재판이라는 고도의 논리력을 요하는 어려움과 시련을 통해서 복음이 전파되도록 하시는 하나님의 섭리를 본다.

사도행전 23:12에 바울을 죽이기 전에는 먹지 않겠다고 서원한 유대인들이 40명이나 되었다. 이들은 대제사장과 장로들의 조직적인 비호 하에 바울을 암살하기로 혈안이 된 사람인데, 즉 1개 중대 규모의 저격수다. 생명의 위협을 날마다 당하던 바울이었다. 하지만 사도행전 23:22에 천부장의 도움으로 바울은 470명의 군인에게 호위되어 안전하게 예루살렘에서 북쪽 지방에 있던 해안도시요 로마 제국이 파송한 총독 벨릭스가 있던 가이사랴로 호송된다. 29절에서 바울의 무죄가 다시 한 번 입증된다.

사도행전 24장은 두 수사가인 법률사 더둘로와 피고 바울 사이의 법정적 수사학(forensic rhetoric)으로 볼 수 있다. 이 변론은 3부분으로 나누인다: **(1)** 고발(1-9절), **(2)** 방어-변론(10-22절), **(3)** 여파-후기(22-27절).

참고로 누가가 알고 있었던 로마 제국의 재판 절차는 아래와 같다:

(1) 검사가 재판관 앞에 나와서 사건을 보고함

(2) 피고인이 소환됨

(3) 검사가 고발함

(4) 변호자가 답변함

(5) 재판관의 판결

사도행전 24:1은 바울이 가이사랴 감옥에 도착한 지 5일 후라는 말인 듯하다. 예루살렘의 대제사장 아나니아와 (아마 헬라어를 말하는 유대인이었던) 변사(orator, rhetor) 더둘로 그리고 장로들이 바울을 벨릭스 앞에 고소한다. 여기서 신학적인 아이러니를 본다. 즉 유대인들은 이방 제국인 로마의 통치하에 있었기에 비록 로마의 식민통치를 싫어했음에도 불구하고 눈앞의 이익을 위해서는 로마 제국을 의존하는 아이러니이다. 사도행전 24:3에서 교회를 파멸시키기 위해서라면, 말 잘하는 법률가까지 동원하여 재판에서 이기려고 안간힘을 쓰고 있는 부패한 종교지도자들을 본다. 법률가 더둘로의 현란한 수사학적 고발 증언이 있은 후 바울도 변호할 기회를 얻었다. 더둘로의 고발은 2-4절의 서론(exordium), 5-6절의 진술(narratio),[620] 그리고 결론(peroratio), 8절의 맺음말의 형식을 띤다. 흥미로운 것은 여기서 진술(narratio)의 증거-증명 즉 Pax Romana를 위협한 염병이요 성전을 모독한 이단인 바울의 죄를 '증명'하는 것이 생략되어 있는 점이다(행 24:20). 더둘로는 천부장 루시아처럼 칭찬(각하, Your Excellency)으로 말을 시작하여 파토스를 확보한다(참고. 행 23:26 24:3).[621]

---

[620] 더둘로는 바울의 행동이 로마 제국 전체(천하에 퍼진 유대인을 다 소요케 하는)의 평화에 악영향을 미칠 수 있는 정치적인 색채가 농후하다고 고발한다. 따라서 더둘로는 간접적으로 Pax Romana에 호소하면서 동의한다. 다른 한편으로 바울은 성전을 더럽혔기에 로마 군병이 아니라 성전 경찰(temple police)에게 잡혔지만 불법적으로 천부장이 데리고 가버린 것이라고 말한다(6절). 알렉산드리아-애굽 사본과는 달리, 다수사본과 서방본문이 이 부분에 대해서 세밀하게 첨가하여 설명하고 있다: "And we would have judged him(Paul) according to our('우리의'는 더둘로가 유대인임을 암시함) law. But the chief captain Lysias came and with great violence took him(Paul) out of our hands, commanding his accusers to come before you"(참고. Conzelmann, 1987:199).

[621] 더둘로는 벨릭스 치하에서 태평을 누리고 있다고 말한다. 이것은 그 당시의 팔레스틴의 실제 불안정한 형편을 고려해 본다면 아첨이며, 수사자들이 칭찬-칭송했던 판에 박힌 말(captatio benevolentiae, currying of favor, laudatory statement)에 지나지 않음을 알 수 있다. 이 칭송의 말을 통해서 고대 세

바울은 24:14에 이단으로 정죄 당했으며, 이단 사상의 핵심 내용은 21절에 보면 주님의 부활을 증거한 것이었다.[622] 지금 누가 누구를 이단으로 정죄하고 고발하는가? 주객이 바뀌어도 한참 되었다. 불행하게도 유대인 특히 그들의 종교지도자들은 예수님이 하나님의 아들이시며 구약에서 약속된 메시아요, 모든 율법을 성취하신 분임을 알지도 믿지도 못한 영적인 소경이었다. 사도행전 24:27에 의하면 이 재판을 2년이나 끌었다. 유대인들은 바울을 감옥에 오래 잡아두면 둘수록 복음전파를 막을 수 있다고 생각했기에 재판을 오래 끌었다. 벨릭스 총독의 입장에서도 유대인의 마음을 사기 위해서는 바울을 오랫동안 가두어 두어야 했다. 다른 한편으로 바울을 죽이려는 사람들로부터 감옥은 오히려 바울에게 안전장치가 되었다. 고난이 항상 나쁘고 불행한 것만은 아니다.

구약에 하나님께서 보내신 선지자들을 죽이고 핍박했던 이스라엘 백성처럼, 바울 당시의 유대인들도 동일하게 하나님이 이방인을 위해 사용하시려고 세우시고 파송한 바울을 죽이려고 혈안이 되어 있다. 바울은 고난 중에도 신실하게 하나님의 말씀을 외친 구약의 선지자의 대를 잇는 일군이다. 예수님처럼 바울은 이 곳 저 곳에 불려 다니며 재판을 받았다. 예수님처럼 바울은 세 번이나 무죄 판결을 받았다(참고. 행 23:29; 25:18-20, 25 26:31-32). 바울에게 환상을 통해 임마누엘을 약속하신 예수님은 바울로 하여금 자신의 길을 걷도록 인도하신다. 실제로 24:16에서 바울은 항상 하나님과 사람 앞에서 양심에 거리낌이 없이 행했다고 한다. 하나님 앞에 바로선 교회는 무고한 고소와 어려움을 겪더라도 하나님과 사람에게 언젠가는 옳다고 인정받게 되어 있다. 바울이 교육을 받은 사람이기에 법정적인 수사학을 잘 구사할 수 있었던 것 같다. 이 법정적 수

계의 수사학의 표준 양식에 일치하는 것이며, 총독 벨릭스가 볼 때 더둘로와 함께 동행한 대제사장 아나니아와 장로의 입지를 손상시키지 않는 효과도 가지고 왔다. 이러한 유대인들의 호의와 칭송을 들은 벨릭스는 유대인과의 관계를 악화시키는 판결을 내릴 이유가 없었다(Tajra, 1989:120).

622) 행 24:14 이하에서 바울은 마치 기독교가 유대교에 뿌리를 내리고 있는 것처럼 묘사한다(참고. 17절의 내 민족, 18절의 결례). 총독이 볼 때 기독교를 유대인처럼 볼 수 있도록 만든 것이다. 결과적으로 바울은 기독교인이야말로 구약 이스라엘을 계승한 새 이스라엘임을 강조한다.

사학은 사도행전 25-28장에도 계속된다.

여기서 계시사적으로 중요한 한 가지 사실은 감옥과 법정의 바울을 하나님은 더 이상 기적을 통해 구원해 주시지 않고 말씀으로 임마누엘을 약속하신 점이다(행 23:11). 계시의 전진을 고려해 볼 때, 우리 역시 기적을 추구하고 표적을 바라는 자가 아니라 말씀이 곧 표적임을 깨닫고 성경을 통해 임마누엘과 구원을 주시는 하나님을 만나야 한다. 그리고 복음을 변론하고 증거할 때 인간의 지혜의 권하는 말로하지 말고 성령의 나타남과 능력과 확신으로 해야 하지만 비논리적인 이유는 없다. 철저히 복음을 확신하되 상황에 적합하면서도 논리적이어야 함을 바울을 통해서 알 수 있다.

-
참고문헌

Conzelmann, H. 1987. Acts of the Apostles. Hermeneia. Philadelphia: Fortress Press.

Reese, J.M. 1998. 담대함. (*In* 필치 & 말리나. eds. 성서 언어의 사회적 의미. 한국장로교출판사. p. 63-65.)

Tajra, H.W. 1989. The Trial of St. Paul. Tübingen: Mohr Siebeck.

Witherington 3, B. 1998. The Acts of the Apostles: a Socio-Rhetorical Commentary. Grand Rapids: Eerdmans.

윤철원. 2000. 신약성서의 그레꼬-로마적 읽기. 한들.

Theology of the New Testament

제4부

바울신학

01 칼빈의 신약의 구약 사용 이해: 고린도전서 2:9를 중심으로

들어가면서

16세기 위대한 성경 주석가 존 칼빈은 알렉산드리아의 클레멘트(AD 150-215)와 그의 제자 오리겐(AD 185-254)으로 대변되는 풍유적 해석을 거부하고, 본문의 문맥이나 문학적 기교를 고려하면서 문자적 의미 혹은 자연스러운 의미를 찾고자 했다. 사람은 하나님을 아는 신령한 지식을 얻기 위해서 어떤 신비로운 해석을 하지 말아야 하는데, 사람이 그 지식을 이해할 수 있도록 하나님 스스로 인간의 언어 수준에 맞게 낮추셨기 때문이다. 칼빈은 (원저자이신 성령님과 인간 저자의 의도를 찾는) 합리적인 문법-역사적 성경 해석의 기초를 놓았다. 구약의 기독론적 해석과 관련하여, 칼빈은 과도한 혹은 근거 없는 기독론적 해석을 반대하고, 대신에 구약의 역사적 맥락을 강조하면서 기독론적 의의(적용)를 균형 있게 살리려고 했다. 구약의 역사적 의미와 기독론적 적용의 균형은 칼빈의 메시아 시편 해석에도 나타난다. 또한 칼빈이 '오직 성경'(Sola Scriptura) 혹은 '성경의 유추'(Analogia Scripturae)라는 원리는 본문의 중요성을 인식했음을 암시한다. 칼빈은 문맥은 물론이거니와 간본문성도 고려했다. 그는 예를 들어, 한 본문을 해석할 때 동일한 의미를 가진 다른 본문으로 해석했다(예. 시 50:13; 사 34:7). 또한 의미가 모호한 본문은 더 분명한 다른 본문으로 해석했다(예. 수 23:10; 사 17:9). 그리고 어느 하나의 표현을 일반적인 용례에 비추어 해석했다. 즉 어떤 표현에 대해 같은 저자가 성경 다른 곳에서 쓴 표현이나(예. 사 37:32; 사 9:7), 아니면 다른 저자에 의해 쓰인 유사한 표현(예. 호 9:14; 눅 23:29)에 주목했다. 칼빈은 성경 해석에서 독자를 고려하는데, '성령님의 내적 조명'은 독자의 마음 안에서 말씀을 깨닫도록 하시는 사역이다. 하지만 칼빈은 사람의 한계로 인해서 성경 해석에는 어느 정도 상대성이 있음을 인정했다.[623]

이 글에서는 신약과 구약 사이의 통일성에 주목했던 칼빈이 "어떻게 구약을 예수 그리스도를 중심으로 하여 계시사적으로 해석했을까?"라는 질문에 답을 찾아보려고 한다.[624] 이 글은 칼빈의 신약의 구약 사용 문제를 처리하는 방식을 잘 보여주는 고린도전서 2:9의 이사야 64:4 사용 연구로 제한한다. 그런데 고린도전서 2:9는 여러 가지 이유로 쉽지 않다: **(1)** 주동사가 없다. **(2)** 전후 문맥(즉 8절과 10절)과 어떻게 조화되어야 할지 분명하지 않다. **(3)** 두 번 나타난 관계대명사 $ἅ$를 어떻게 이해할 것인가?[625] **(4)** 첫 단어인 접속사 $ἀλλά$를 어떻게 이

---

623) 이 글은 『고신신학』 15(2013), 35-56에 게재되었다. 참고. 임용섭, "칼빈의 성경해석학적 공헌," 『개혁논총』 12(2009), 118-39.

624) 칼빈은 『기독교강요』 2.10.1에서 '신약과 구약의 통일성'을 언약의 입장에서 강조한다. 언약의 '집행 형식'(혹은 '시여 형식', mode of dispensation)에 있어서는 다르지만, 성경의 모든 언약은 실제적으로 동일한 은혜 언약이다. 물론 칼빈은 구약과 신약의 차이에 주목하는데, 시여 방법과 하나님 나라와 예수 그리스도에 관한 선명도에 있어서의 차이이다. 즉 구약의 성도는 예수 그리스도를 마치 '숨겨진 분', 혹은 '부재한 자'로 소유했는데, 그리스도의 능력과 은혜의 부재가 아니라 아직 육체로 나타나지 않았다는 의미로서의 부재다 (참고. 칼빈의 벧전 1:12 주석).

625) Erasmus, Estius, Meyer, Heinrici, Edwards 등은 고전 2:9의 관계대명사 $ἅ$를 7절의 동사 $λαλοῦμεν$의 목적어로 보면서 '하나님의 지혜'를 가리키는 것으로 본다. 반면에 Hofmann은 9절을 7절과 연결시키는 대신에 새로운 사상이 시작되는 것으로 본다. 따라서 $ἅ$가 의존하는 동사는 10절의 $ἀπεκάλυψεν$

해할 것인가?[626] **(5)** 이 구절에서 바울은 구약의 어떤 구절을 인용하는가?

문맥을 간단히 살펴보면, 고린도전서 2:9가 포함된 2:6-10은 지혜와 신자들이 지혜를 수용함 혹은 불신자들이 지혜를 거부함이라는 주제를 다루는데, 고린도전서 1:18-25에 나타난 대조와 병행을 이룬다. 그 다음 2:11-16은 성령님을 가진 자와 그렇지 못한 사람들을 삼단논법으로 대조시켜서 상반된 반응을 상술한다: **(1)** 사람이 자신의 생각을 다른 사람에게 알리려고 하지 않는다면, 오직 그 사람 자신의 영만 자신의 생각을 안다는 대 전제(major premise)는 하나님에게도 적용 된다(11절). **(2)** 성도는 타락한 인간의 본성과 이데올로기를 의미하는 세상의 영이 아니라 하나님의 성령을 자기 안에 모시고 있다는 소전제 (minor premise, 12a). **(3)** 그러므로 논리적으로 성도는 적어도 성령님이 계시해주

이라고 보면서, 10절의 시작을 헬라어 문장 성분의 순서 그대로 번역하면 "우리에게 그러나" 대신에 "계시하셨나 그러나 우리에게 하나님께서"였더라면 더 논리적이라고 설명한다. F.L. Godet, *Commentary on First Corinthians* (Grand Rapids: Kregel Publications, 1985), 142.

626) 이 문제들에 대한 Frid의 해결책을 들어 보자: 9절의 ἀλλα를 7절의 ἀλλα의 반복으로 보는 것이 가장 보편적이다. 이것이 옳다면 7절의 동사 λαλοῦμεν이 (9절의) 선행사로 역할을 하고, (9절의) 관계절은 λαλοῦμεν의 목적어로서 역할을 한다. 하지만 이런 설명보다 더 간단하고 적절한 해결책이 있다. 9절의 표현을 '타원형 방식'(elliptical mode)으로 보는 것이다. 즉 8절과 9절을 연결하는 ἀλλα로 시작하는 9절은 8절과 반대되는 것을 언급한다. 그리고 8절에서 (하나님의 감추어진 지혜에 대한) '무지'가 다루어지기에 그 반대인 '지식'은 9절에서 다루어진다. '지식'이라는 단어가 9절에 등장하지 않기에 이 견해가 설득력이 없다고 반대할 수 있다. 왜냐하면 9절의 첫 단어 ἀλλα가 '무지'(ignorance)에 대한 반대를 암시하고, '지식'(knowledge)에 대해서 언급하는 뒤 따르는 10절이 (본문 비평 상 문제가 있기는 하지만 파피루스 46과 B 등이 지지하는) γὰρ로 시작하기 때문이다. 따라서 바울은 고전 2:9를 다음과 같이 파악하는 것으로 볼 수 있다: 강력한 반의 접속사 ἀλλα로 시작함으로써 8절과 대조시킨다. 그 다음 바울은 곧바로 "이 시대의 통치자들(예. 가야바, 빌라도, 그리고 그들 배후의 마귀의 권세)은 몰랐지만, 우리는 안다"라는 요지로 넘어가지 않는다. 대신에 추가적으로 σοφία를 설명하는 일련의 관계절들(a series of relative clauses)의 형식으로 된 구약 인용을 삽입한다. 7절의 ἦν이 '통치자들이 몰랐던 것'의 목적어를 가리킨다면, ἅ절은 반의접속사 ἀλλα 때문에 그 반대 내용 즉 '우리가 알고 있는 것'의 목적어를 가리킨다. 그러나 바울은 9절을 관계절들을 목적어로 삼는 ἐγνώκαμεν 으로 마무리하지 않는다. 따라서 Frid는 고후 2:8-10을 다음과 같이 번역한다: "This wisdom none of the rulers of this age knows - for if they had known it they would not have crucified the Lord of glory - *but*, as the words of Scripture say, things which eye never saw, and ear never heard, and never entered into the mind of man, (all the) things that God prepared for those who love him, (we do know) *because* to us God revealed them through the Spirit." 참고. B. Frid, "The Enigmatic ΑΛΛΑ in 1 Corinthians 2.9," *NTS* 31(1985), 603. 606. 608.

시는 만큼은 하나님의 생각을 알 수 있다는 결론에 도달한다.[627]

1. 고린도전서 2:9에 인용된 구절의 정체

바울이 "기록되어진 바와 같이"라고 밝히고 있음에도 불구하고 고린도전서 2:9에서 정확하게 어떤 본문을 사용했는가에 대해서 오랫동안 논란이 되어 왔다. 칼빈처럼 로마의 클레멘트(AD 96)는 자신의 '고린도인에게 보내는 편지' 제34장에서 바울이 이사야 64:3 LXX를 따랐다고 보았다. 반면에 오리겐(AD 185-254)은 자신의 마태복음 5:29 주석에서 바울이 '엘리야의 묵시'를 참고하여 인용했다고 보았다. 제롬(AD 347-420)은 바울이 이사야 64:4와 65:17을 혼합해서 인용했다고 본다.[628]

최근 학자의 경우 혹자(예. Kistemaker)는 이사야 65:17, 64:3 LXX 그리고 예레미야 3:16의 혼합으로 보며, 혹자(예. Klaus Berger)는 바울이 묵시 자료를 사용했다고 추측한다. 하지만 바울이 "그러나 기록된 바와 같이"로 시작하기에 외경이나 유대 묵시 문헌이 아니라 구약을 염두에 둔 것이다. Thiselton은 고전 2:9에서 바울의 구약 사용을 'a pastiche of biblical allusion'으로 본다.[629] Garland는 고린도전서 2:9를 이사야 64:3 LXX에 기초한 해설(paraphrase)로 본다.[630] Witherington은 바울이 이사야 64:4와 65:16 LXX로부터 인용할 때, '인용'과 '주석'을 구분하지 않고 '역동적인 동의어'(dynamic equivalents)를 제공하고 있

---

627) C.L. Blomberg, *1 Corinthians* (NIV Application Commentary; Grand Rapids: Zondervan, 1994), 63-64.

628) Godet, *Commentary on First Corinthians*, 143-44. 바울은 종종 구약 본문을 복합적으로 인용했다 (예. 롬 9:33의 사 28:16과 8:14; 롬 11:26-27의 사 59:20과 27:9).

629) A.C. Thiselton, *The First Epistle to the Corinthians* (NIGTC; Grand Rapids: Eerdmans, 2000), 250-51.

630) D.E. Garland, *1 Corinthians* (BECNT; Grand Rapids: Baker, 2003), 97.

다고 본다.[631] Grosheide는 고린도전서 2:9의 전반부에는 이사야 64:4가, 후반부에는 이사야 65:17이 인용된 것으로 보는 것이 가장 합당하다고 본다.[632] Blomberg는 고린도전서 2:9가 이사야 52:15("이제 그가 많은 민족을 놀래게 할 것이니, 왕들이 그로 말미암아 놀라 입을 다물고, 그들에게 일러주지 않은 것을 그들이 볼 것이며, 들어보지 못한 것을 깨달을 것이다")와 64:4의 인용 및 해설이라고 본다(또한 Chrysostom[AD 349-407], Theophylact[c. 700]).[633] 바레트는 바울이 이사야 64:3 LXX과 65:16을 인용한 것으로 추측하면서도, 바울이 자신의 '기억'에 의존한 관계로 아주 부정확하게 인용하려 했거나, 아니면 현재의 본문과는 또 다른 이사야 64장과 65장의 본문을 알고 있었던 것으로 본다.[634] 하지만 여기서 현재의 본문과 다른 본문을 바울이 사용했을 것이라는 추측이 필요한지 의문이다.

2. 칼빈의 이사야 64:4 주석[635]

MT (사 64:3)	LXX (Rahlfs; 사 64:3)	NIV (사 64:4)	바른 성경 (사 64:4)
וּמֵעוֹלָם לֹא־שָׁמְעוּ לֹא הֶאֱזִינוּ עַיִן לֹא־רָאָתָה אֱלֹהִים זוּלָתְךָ יַעֲשֶׂה לִמְחַכֵּה־לוֹ׃	ἀπὸ τοῦ αἰῶνος οὐκ ἠκούσαμεν οὐδὲ οἱ ὀφθαλμοὶ ἡμῶν εἶδον θεὸν πλὴν σοῦ καὶ τὰ ἔργα σου ἃ ποιήσεις τοῖς ὑπομένουσιν ἔλεον[635]	Since ancient times no one has heard, no ear has perceived, no eye has seen any God besides you, who acts on behalf of those who wait for him.	주님 외에는 자기를 기다리는 자들에게 이같이 하신 하나님을 옛적부터 아무도 듣지 못하였고 귀로 들어 본 적이 없으며 눈으로 본 자가 없습니다.

---

631) B. Witherington 3, *Conflict and community in Corinth: a Socio-Rhetorical Commentary on 1 and 2 Corinthians* (Grand Rapids: Eerdmans, 1995), 127.
632) F.W. Grosheide, *Commentary on the First Epistle to the Corinthians* (NICNT; Grand Rapids: Eerdmans, 1984), 66.
633) Blomberg, *1 Corinthians*, 64.
634) C.K. 바레트, 『고린토전서』(국제성서주석; 서울: 한국신학연구소, 1985), 97.
635) 다음은 LXX의 영어 번역이다: "From of old we have not heard, neither have our eyes seen a God beside you, and your works which you will perform to them that wait for mercy."

이 글의 취지를 고려한다면, "칼빈이 이사야 64:4에서 문법-역사적 해석에 기초하여 기독론적인 의미를 찾았는가?"라는 질문을 던져 보아야 한다. 칼빈은 이사야 64:4에서 이사야가 과거를 기억하고서 더욱더 담대하게 변함없으신 하나님의 도움에 호소하는 것으로 묘사한다.[636] 이사야는 과거에 자신의 백성을 돌아보신 하나님의 일은 들어본 적이 없는 비상한 일임을 상기시킨다.[637] 칼빈은 '하나님'을 대격("아무도 그런 하나님을 들어본 일이 없나이다 …"; 참고. 바른 성경) 혹은 호격("오! 하나님, 눈이 보지도 못하고, 귀가 듣지도 못합니다. 그러나 오직 당신만이 홀로 당신을 찾는 자들을 위하여 항상 역사하심을 알고 있습니다")으로 해석할 수 있다고 본다. 그러나 '호격'(vocative)으로 해석하는 것을 선호한다.[638] 비교접속사(as)를 넣어서 이해하면 더 쉬운데, 이사야는 죽은 우상과 비교되는 하나님의 유일하신 사역을 강조한다고 본다. 따라서 '행하다'는 절대적 의미를 가진다. 결론적으로 칼빈은 신학적으로 이사야 64:4를 창세기 17:7의 아브라함의 언약의 복의 관점에서 해석한다.[639] 분명히 칼빈은 나름대로 역사-문법적 해석에 근거한 언약 신학적 해석을 시도하고 있다. 그러나 칼빈은 이사야 64:4를 주석할 때 고린도전서 2:9는 언급하되, 예수 그리스도와 직접 연결시키지 않는다.

---

636) J. 칼빈, 『이사야 IV 주석』 (서울: 성서교재간행사, 1993), 360.
637) 실제로 사 64:3-4에는 홍해가 갈라지고 (출 14:21-22), 엘리야를 통해서 불로 응답하셔서 비를 내리신 사건(왕상 18)이 암시되어 있다. 이것은 이방 신들이 흉내 낼 수 없는 여호와의 고유한 사역이다.
638) 칼빈, 『이사야 IV 주석』, 93.
639) 칼빈, 『이사야 IV 주석』, 362.

3. 칼빈의 고린도전서 2:9 주석

GNT	NIV	바른 성경
ἀλλὰ καθὼς γέγραπται· ἃ ὀφθαλμὸς οὐκ εἶδεν καὶ οὖς οὐκ ἤκουσεν καὶ ἐπὶ καρδίαν ἀνθρώπου οὐκ ἀνέβη, ἃ ἡτοίμασεν ὁ θεὸς τοῖς ἀγαπῶσιν[640] αὐτόν	However, as it is written: "No eye has seen, no ear has heard, no mind has conceived what God has prepared for those who love him"-	기록되어 있기를 "눈으로 보지 못하였고, 귀로 듣지 못하였고, 사람의 마음에 떠오른 적이 없는 것들을 하나님께서는 자신을 사랑하는 자들을 위하여 예비해 주셨다."라고 하였다.

중세의 성경해석의 특징을 4중 의미를 찾는 것으로 요약할 수 있다. 하지만 4중 의미 중에서 풍유적-영적 해석의 힘이 막강했던 점을 부인하기 어렵다. 이런 상황에서 칼빈이 성경 해석에 기여한 바를 '문법-역사적 해석' 정립으로 볼 수 있다. 그렇다면 "칼빈은 고린도전서 2:9에서 문법-역사적 해석을 정당하게 하고 있는가?"라는 질문을 던질 수 있다. 또한 바울이 사용한 이사야 64:4를 칼빈이 어떻게 이해하고 있는지도 중요하다. 칼빈은 바울의 말이 이사야서에 일치하지 않게 잘못 적용하고 있다고 본다.[641] 그리고 '하나님의 격(대격 혹은 호격) 문제를 다시 다룬다. 대격은 다음에 나오는 히브리어 3인칭 동사와 어울린다고 볼 수 있지만, 더 설득력 있는 호격으로 볼 때, 인칭 변화는 선지자들에게 흔히 발생하기에 문제가 되지 않는다고 설명한다. 그리고 칼빈은 바울이 이사야 64:4에 없는 '사람의 마음에 떠오른'(ἐπὶ καρδίαν ἀνθρώπου οὐκ ἀνέβη)이라는 말을 첨가한 이유를, 비록 이사야가 시청각만 언급하고 있을지라도, 그는 함축

---

640) 바레트의 설명을 들어 보자: "바울은 이러한 비화가 하나님을 아는 즉 지식을 지닌 사람들을 위해서 예비 된 것(다른 곳에서와 마찬가지로 고린도에서는 이렇게 말한 사람이 많았을 것임)이라고 말하지 않고, 오히려 하나님을 사랑하는 사람들을 위해서 예비 된 것이라고 말한다(참고. 고전 8:3). '영지'가 아니라 '사랑'이 바로 그리스도인의 성숙과 영성의 표준이다." 즉 바울은 영지주의적 신념을 가지고 있지 않았다. 바레트, 『고린도전서』, 98.

641) J. 칼빈, 『고린도전서, 갈라디아서 주석』 (서울: 성서교재간행사, 1993), 92-93.

적으로 마음의 모든 능력을 다 포함하고 있었다고 설명한다.[642] 그러므로 칼빈은 바울이 이사야에게 암시된 것을 명시적으로 드러낸 것이지, 새로운 것을 창안하여 첨가한 것이 아니라고 본다.

특이한 점은 바울은 고린도전서 2:9 주석에서 예수 그리스도를 거의 언급하지 않고, 이사야 64:4의 기능에 초점을 둔다는 사실이다. 칼빈이 자신의 이사야 64:4 주석에서는 그렇게 할 수 없었다고 해도, 고린도전서 2:9 주석에서는 바울이 가지고 있는 유리한 계시사적인 새로운 문맥을 더 부각시킬 수 있었을 것인데 그렇게 하지 않은 점은 의아하다.

4. 칼빈의 고린도전서 2:9의 이사야 64:4 사용 이해

칼빈은 바울이 고린도전서 2:9에서 이사야 64:4를 '다르게 설명'할 뿐 아니라, 다른 목적에 따라 '곡해'하고, 심지어 이것을 '다른 말로 인용'한다고 본다.[643] 그 이유를 바울이 MT가 아니라 LXX를 따랐기 때문이다. 그렇다면 MT와 LXX 사이에 중요한 차이가 있는가를 살펴보아야 한다. 이사야 64:4의 '귀, 눈'의 순서가 고린도전서 2:9에서 '눈, 귀' 순서로 바뀌었다고 해서 이 두 본문 사이의 간본문적 연결 고리를 끊지 못한다.[644] 왜냐하면 이런 현상은 고대에서 수용된 인용 및 해석 방식이었기 때문이다. 고린도전서 2:9의 "마음에 떠오르다"(go up onto the heart)는 히브리어 관용어인데, 이사야 64:4에는 나타나지 않지만 이사야 65:17에는 있다. 이 이유로 혹자는 바울이 이사야 64:4와 65:17을 혼합해서 인용한다고 본다. 하지만 고린도전서 2:9와 이사야 65:17 사이의 두

---

642) 칼빈,『고린도전서, 갈라디아서 주석』, 94.
643) 칼빈,『고린도전서, 갈라디아서 주석』, 92-93, 360-61.
644) 사람의 인지 기관들인 눈, 귀, 마음으로는 하나님의 은혜와 구원 계획을 알 수 없다. 이것은 곧 일반은총의 한계이다. Witherington, *Conflict and community in Corinth*, 127.

가지 차이점을 간과하지 말아야 한다: **(1)** 이사야의 시제는 미래이지만, 바울의 시제는 아오리스트이다. **(2)** 이사야는 '사람의 마음'(고전 2:9)이 아니라 '그들의 마음'이라고 쓴다.[645] 시청각 동사와 관련하여 큰 차이점은 MT가 3인칭 복수 동사로 쓴 반면에, LXX는 1인칭 복수 동사로 썼다(참고. 바울은 3인칭 단수 동사를 씀). 그리고 LXX는 복수형 '눈들'(eyes)이라고 쓰지만(바울, NIV 그리고) MT는 단수형으로 쓴다.[646] 문장의 시작에 MT는 접속사로 시작하지만, LXX는 그것을 생략한다. 하지만 MT와 LXX 사이에 의미상 결정적 차이는 없는 듯하다. 이상을 종합해 볼 때, 바울이 이사야의 예언을 '곡해'했다기보다는 '변형'했다고 보는 게 옳다.

바울의 이사야 예언을 '곡해' 혹은 '변형'한 이유에 대한 칼빈 자신의 설명을 들어보자:[647]

> 이런('곡해' 혹은 '변형') 문제에 있어서 사도들이 까다롭게 나오지 않았다고 본다. 즉 사도들은 '단어'보다는 '내용'에 더 관심을 가지면서 자신들이 가르치고자 하는 내용을 성경에서 한 구절 인용하는 것으로 만족했을 뿐이다.

칼빈은 신약 기자의 구약 인용에 있어서 단어와 표현의 차이는 유사한 내용의 전달에 비추어 볼 때 그리 중요하지 않았다고 본다.

칼빈의 설명을 계속 들어 보자:

---

645) R.E. Ciampa & B.S. Rosner, "1 Corinthians," *In* Beale, G.K. & Carson, D.A., eds. *Commentary on the New Testament Use of the Old Testament* (Grand Rapids: Baker. 2007), 701.
646) 칼빈의 주장과 달리, 바울은 LXX만을 따르지 않고 MT도 따른다.
647) 칼빈,『고린도전서, 갈라디아서 주석』, 361.

바울은 "하나님께서 자기를 사랑하는 자들을 위하여 예비하신 모든 것은 … 사람의 마음으로도 생각지 못하였더라"고 자신의 말을 덧붙이는데, 이것은 그 뜻을 보다 명백하게 설명하려는 뜻에서였다. 그는 선지자의 가르침과 완전하게 일치하지 않는 것은 아무것도 덧붙이지 않았다.

칼빈이 볼 때, 바울은 이사야의 가르침과 일치하는 한에서 자신의 말을 고전 2:9에서 덧붙일 수 있었다.

칼빈의 자세한 설명을 계속 들어 보자:[648]

바울이 이사야와 얼마나 철저하게 일치하는가 하는 점을 이해하려면 먼저 그의 의도를 파악할 필요가 있다. 그 구절에서 그는 복음의 가르침을 다루면서 그것이 인간의 이해를 능가하는 것으로 말한다. … 이사야 선지자가 하나님의 경이로운 은총을 곰곰이 생각하고서 넋을 잃은 사람처럼 "그거야말로 금시초문이구나!"하고 소리치는 것처럼 … 바울 역시 본 절을 멋있게 자신의 이론에 적용하면서 하나님께서 자기 교회에 베푸신 특수한 은혜가 이 세상의 수준을 벗어나는 것으로 말한다.

따라서 이사야와 바울의 말이 동일하지 않을지라도, 의미의 진정한 차이는 없다는 것이다.[649] 칼빈은 바울의 이사야 예언 변형과 관련하여 마지막 문제를 제기하고 답을 준다:[650]

---

648) 칼빈,『고린도전서, 갈라디아서 주석』, 361.
649) 칼빈,『고린도전서, 갈라디아서 주석』, 94. Grosheide는 바울의 진술이 그가 인용한 구절의 원래 의미에 합당한가라는 질문은 부적절하다고 본다. 왜냐하면 고전 2:9는 '왜냐하면'으로 시작하지 않고 '그러나 -와 같이'라고 시작하기 때문이다. Grosheide도 고전 2:9에서 바울이 의미한 바는 하나님이 그리스도 안에서 주신 구원이 인간의 생각을 초월한다고 봄으로써 기독론적 의미를 찾는다. Grosheide, *Commentary on the First Epistle to the Corinthians*, 66-67.
650) 칼빈,『고린도전서, 갈라디아서 주석』, 361.

여기서 남은 문제는 선지자가 일시적인 성격의 복에 대해서 말하는 것을 바울이 영적 복에 적용한다는 점이다. 그러나 선지자는 여기에서 눈으로는 비록 당시의 상황을 보고 있었지만, 마음으로는 그 은혜의 '원인'(즉 하나님의 은혜)을 바라보는 것으로 말할 수도 있다. ... 선지자가 외적인 구원과 이 세상의 혜택에 대해서만 언급하는 것처럼 보이지만, 그는 눈을 더 높이 들어 주로 특별히 하나님의 백성에게 속한 일(예. 은혜로 양자됨과 영생)을 파악한다.

칼빈은 이사야가 예언한 일시적 복을 바울이 영적인 복으로 변경한 것에 관한 문제를 다루었다. 칼빈은 이사야가 일시적인 복과 영적인 복을 둘 다 예언했고, 바울은 이사야에게 다소 암시적으로 나타난 영적인 복을 더 부각시켰다는 논리로 설명한다. 즉 칼빈은 하나님이 주시는 복의 외형은 물론이거니와, 그 원인인 하나님의 은혜에 주목해야 한다고 주장한다. 이사야와 바울은 '작은 것으로부터 큰 것으로 전개하는 논증' 방식을 따른다고 본다.[651]

그런데 여기서 특이한 점에 주목해 보자. 칼빈이 이사야와 바울 사이를 오가면서 예수 그리스도를 거의 언급하지 않은 점은 의아하다. 칼빈은 바울의 '변형'의 이유를 예수님을 거치지 않고도 설명할 수 있다고 보았을까? 아니면 칼빈이 이사야 64:4와 고린도전서 2:9는 예수님과 무관하다고 보았을까? 칼빈이 소홀히 했던 그리스도 중심적 혹은 그리스도 완결적 해석을 바울은 시도했다. 이사야 64:4의 문맥은 하나님의 구원의 계획의 은밀함과 관련되는데,[652]

---

651) 칼빈, 『고린도전서, 갈라디아서 주석』, 361. 94. Garland는 바울이 사 64:4를 '종말 시대의 구원'으로 파악한 것으로 본다. Garland, *1 Corinthians*, 97.

652) 사 63:15-19는 이사야가 하나님의 백성의 대표로 애가처럼 말한 단락인데, 거룩하고 영광스러운 곳에 홀로 고립되어 계신 하나님이 이스라엘에게 전능과 긍휼을 거두어 버리셨다는 불평이다. 불평하던 이사야는 이제 사 64:1-5에서 하나님이 '하늘'을 가르시고 자기 백성을 도와주시러 와 달라고 요청하고 있다. 자기 백성을 도와주셔서 하나님이 온 우주의 통치자이심을 열방이 알게 해 달라는 내용은 이사야에 반복적으로 등장한다. 하나님의 이런 개입의 조건이 사 64:4-5에 나타나는데, 이스라엘이 하나님을 기다리고 신뢰하는 것이며 기쁘게 의를 행하는 것이다. 그러나 죄악이 이스라엘 가운데 그대로 있는 한 하나님의 이런 복된 개입은 불가능하다. J. 오스왈트, 『이사야』 (NIV 적용주석; 서울: 성서유니온선교회, 2007), 896-97.

이사야 64:1-2의 신적 개입에 대한 탄원에 대한 응답으로서 하나님의 대적에 대한 심판도 나타난다. 바울에게 있어서 이사야가 예언한 하나님의 구원 계획의 은밀함과 신적 개입에 대한 간구가 예수님의 '십자가 사건'으로 명백히 성취되었다(고전 2:8). 바울은 예수님의 십자가 사건이라는 새로운 맥락에서 이사야의 예언을 재조명했다. 바울에게 있어서 예수님이 하나님의 참 지혜이시고, 구원 계획을 성취하신 분이다(고전 2:7). 예수님의 십자가 사건은 하나님의 사랑 때문이다(고전 2:9e). 자신의 아들 예수님을 내어주신 하나님의 사랑은 사람의 이해를 초월하는 것이다. 이제 성숙한 성도는 주님의 마음을 알고, 그리스도의 마음을 가지고 있다(고전 2:16). 고린도교회의 자만심으로 가득 찬 사람들은 바로 이 마음을 가져야 했다.[653]

나오면서

칼빈의 신학은 철저히 성경에 기초하고 있다. 이를 그가 『기독교강요』에서 성경을 6,804회나 인용한 데서 알 수 있다. 그는 성경을 단순히 인용하는 차원을 넘어, 성경을 진지하게 연구하여 얻은 깊은 신학적 통찰력을 제시했다.[654] 칼빈은 MT를 LXX보다 더 권위 있게 본다. 그는 신약과 그 안에 인용된 구약 본문 사이의 표면적인 차이에 주목한다.[655] 그 다음 그 차이를 구약과 신약의 '본질적 내용'에 있어서는 동일하다고 설명한다. 이런 예가 칼빈의 주석에 자주 나타

---

653) Ciampa & B.S. Rosner, "1 Corinthians," 701.
654) 임용섭, "칼빈의 성경해석학적 공헌." 『개혁논총』 12(2009), 110.
655) D.L. Puckett, *John Calvin's Exegesis of the Old Testament* (Louisville: Westminster John Knox Press, 1995), 92.

난다(예. 마 4:14-16의 사 9:1-2 사용;[656] 히 10:5의 시 40:8 사용[657]). 칼빈은 구약 본문을 가지고 기독론적 해석을 무분별하게 하지 않고, 대신 구약 본문의 역사적-언어적 분석을 통해서 의미를 밝힌 후 기독론적 해석을 할지 하지 말아야 할지를 결정했다.[658] 사실 구약의 한 절 마다 기독론적 의미를 찾는 것은 불가능하다.

---

656) 칼빈은 마 4:14-16의 사 9:1-2 인용과 관련하여 다음과 같이 설명한다: "얼핏 보아서 마태가 이사야의 예언의 의미를 뒤바꿔서 '잘못 사용한 것 같은데' 이것을 제외하고는 이 본문의 내용은 문제되는 것이 없다." 표면적으로 볼 때, 칼빈은 마태가 사 9:1-2의 문맥을 이탈하여 즉 탈문맥적으로 인용하고 있다고 본다. 칼빈의 설명을 계속 들어 보자: "그러나 (이사야)선지자의 의도를 분명히 파악하게 되면 본문과 아주 잘 어울리는 것으로 나타날 것이다. … (하나님이 이사야에게 주신) 이 약속은 틀림없이 멸망과 절망의 구덩이에 있는 것이나 다름없는 온 백성에게 확대해서 적용되어야 하는 것으로 본다. … 선지자가 약속하는 것은 온 교회의 전반적인 회복인 만큼 스불론 지역과 납달리 지역 그리고 이방의 갈릴리 지역은 이 죽음의 그림자가 생명의 빛으로 바뀌기로 된 곳의 일부에 지나지 않는다는 결론이 나온다." J. 칼빈, 『공관복음 I 주석』(서울: 성서교재간행사, 1993), 228-29. 칼빈은 표면적인 상충과 달리, 이면을 들여다보면, 이사야의 예언과 마태의 인용 사이에는 불일치가 없다고 설명한다. 왜냐하면 칼빈이 볼 때 이사야의 예언은 모든 시대의 교회에게 확대 적용되어야 하는 회복의 예언이기 때문이다. 칼빈의 설명을 계속 들어보자: "이 빛은 백성들의 바벨론 귀환 이후로부터 시작되었으며 그 완전한 광체는 의의 태양인 그리스도와 함께 마침내 솟아올랐으니 그리스도의 오심으로 죽음의 모든 그림자는 온데간데없이 그 자취를 감추었다." 여기서 칼빈은 사 9:1-2가 출 바벨론과 예수님의 사역으로 점진적으로 성취된다고 구원 계시의 발전을 정확히 파악한다. 더 나아가 칼빈은 사 9:1-2가 예수님에게 성취되었을 뿐 아니라 신약 교회의 유익을 위한 것임도 놓치지 않는다: "또 우리가 그리스도에게서 받는 모든 도움은 바로 여기에 나타나 있는 성질과 일치함이 분명하다. … 분명히 예언자 이사야의 말은 유대 나라의 멸망과 관계된 것이었으나, 여기서는(즉 마 4:14-16) 그리스도의 은총이 구원해 주기 이전의 인류의 상태로 묘사해 주고 있다." 종합하면, 칼빈은 신약 본문과 그 안에 인용된 구약 사이의 표면적인 상충과 탈문맥성을 지적한 후에, 이면적인 내용에 있어서 예수 그리스도 중심으로 볼 때 '약속과 성취'라는 관계로 그 두 본문이 상호 연관됨을 밝혀서 해결하려고 했다.

657) 다윗이 지은 시 40:6-8을 인용한 히 10:5-7을 설명할 때, 칼빈은 히브리서 기자가 몇 가지 점에서 시편의 본래 의미와 다르게 해석하거나 왜곡했다고 보았다: 첫째, 히브리서 기자는 다윗이 '모든 선택된 자들'에 대해서 말한 것을 단지 '그리스도'에게만 국한시킨다. 둘째, 히브리서는 율법이 제정한 '희생제물의 폐지'를 다룬 반면, 다윗은 단지 '희생제물이 참된 예배와 비교하여 적절하지 못하다는 것'을 지적했을 뿐이다. 셋째, 상이한 해석이 생긴 이유는 MT를 부적절하게 그리스어로 옮긴 LXX에 있다고 본다(예. MT에는 없는 '몸'이 LXX[Brenton역에는 있지만, Rahlfs역에는 없음]에 있고, 히브리서 기자는 10:5에서 '몸'을 예수님에게 적용시킴). 그런데 칼빈은 히브리서 기자가 LXX를 따라서 MT에 없는 표현과 사상을 추가한다고 해서 서로 모순된다고 보지 않는다. "왜냐하면 히브리서 기자가 시인이 의미하는 모든 요점을 밝히고 설명하려고 뚜렷하게 계획하고 있지 않기 때문이다. 그는 단지 그리스도에 의해서 단번에 드린 제사가 모든 다른 제사들을 폐지하게 했음을 말했다. 그리고 그는 덧붙여 그리스도를 위하여 한 몸이 준비 되었는데, 이는 이 몸을 드려 하나님의 뜻을 이루려고 하셨음을 말했다." 여기서도 칼빈은 신약과 그 안에 인용된 구약 사이의 표면적인 곡해나 오용이라는 문제를 '그리스도 중심'으로 해결하여 연속성을 강조하려고 애쓰고 있다. J. 칼빈, 『시편 II 주석』(서울: 성서교재간행사, 1993), 273-74.

658) 양신혜, "칼빈의 성경에 대한 이해," 『칼빈 연구』 7(2010), 195-96.

그렇게 한다면 기독론적 해석에 대한 강박관념에 사로잡힌 'eisgesis'가 될 것이다. 칼빈이 구약과 신약의 연속성을 변호하면서(구약 선지자에게 암시적이었던 내용을 신약 기자가 명시화했다는 논리에 근거함) 기독론적 해석을 신중하게 한 것은 비판 받을 일이 아니다. 그러나 칼빈이 기독론적으로 해석할 수 있는 구약 본문을 적극적으로 해석하지 않았을 뿐 아니라, 신약 저자의 구약 사용 시에 발생한 변형의 이유를 '기독론적'(Christological) 혹은 '기독완결'(Christotelic)으로 설명하지 않은 점은 아쉽다.[659] 이 아쉬움을 충족시키는 것이 칼빈의 후손의 몫인 이유는 신학은 발전하기 때문이다. 다가오는 시대를 친히 자신의 인격과 사역으로 계시하셨던 참된 지혜이신 예수 그리스도와 그 사역을 계승하시는 하나님의 성령님께서, 구약에는 희미하게 계시되고(이 세상의 지식을 따르는 불신자에게는) 감추어져 있던 더 영광스러운 구원의 계획을 하나님을 사랑하는 그리스도인들을 위하여 성취하고 계심을 송영하자.

---

659) 칼빈은 마 4장과 히 10장에서 이런 시도를 했다.

02 에베소서 1-2장의 삼위완결적 해석과 교회완결적 적용

들어가면서[660]

에베소서에는 바울이 그의 다른 서신에서처럼 구체적인 상황을 염두에 두고 기록하던 관례가 분명히 나타나지 않는다. 즉 '상황서신'이라기보다는 '논문 서신적' 성격이('성격만'은 아님) 있다. 1세기의 특정한 상황을 염두에 두지 않고, 기독교의 구원의 진리와 윤리적 삶과 같은 넓고 일반적인 목적을 위해 기록된 서신으로 볼 수 있다. 에베소서는 기독론, 구원론, 교회론, 종말론 등 바울의 주요 사상들이 잘 제시되고 있어 '바울신학의 요약'이라고 불릴 만하다(최갑종, 2003:13).

---

[660] 이 글은 『교회와 문화』 16(2006), 31-58에 게재되었고, 『신약해석학』(부산: 신언출판사, 2006)에도 수록되었다.

이 글에서는 에베소서 1-2장의 삼위일체적 해석의 당위성을 살펴보고자 한다. 이 해석을 통하여 예수 그리스도 중심적 성경신학을 삼위 중심의 계시사로 전환한다면 더 풍성한 계시사와 종말론적-교회론적 적용을 도출할 수 있음을 증명할 것이다. 이를 위하여 문법-역사적해석에 근거하여, 삼위 중심의 계시사적 주석을 간본문적 해석과 결합하여 시도할 것이다. 이 글의 중심 논지는 특별히 교회론을 강조하는 에베소서의 삼위완결적 해석(trinititelic interpretation)은 교회완결적 해석과 적용(ecclesiotelic interpretation and application)으로 귀결된다는 점이다. 글의 순서는 **(1)** 삼위완결적 해석의 성경신학적 근거를 살피고, **(2)** 에베소서 1장과 2장을 이 해석 원칙에 맞게 주석하면서, **(3)** 에베소서 1-2장의 간본문들을 살피고, **(4)** 에베소서 1-2장의 교회완결적 적용을 한 후, **(5)** 결론적으로 에베소서 3-6장의 삼위완결적 해석을 간략히 시도할 것이다.

1. 삼위완결적 해석의 성경신학적 근거

개혁주의 성경 주석의 절정은 구원계시사(redemptive-revelation history)라고 볼 수 있다. 그런데 계시사적 해석에 있어서 일방적인 예수 그리스도 중심적인 해석은 재고되어야 한다. 이유는 예수 그리스도께서 성부와 성령과 불가분의 관계에 있는 것은 사실이지만, 위격적 존재만큼은 아니라 할지라도 삼위의 구별되는 사역이 엄연히 존재하기 때문이다. 그렇다면 교의학적인 작업이 아니라, "주석적이고 해석학적인 차원에서 어떻게 삼위 하나님 중심의 구원계시사를 시도할 수 있을까?"라는 질문이 발생한다. 삼위 완결적 해석의 이론적인 근거를 살펴보자.

1.1. 삼위 완결적 해석의 원칙

1.1.1. 삼위의 협동 사역으로서의 구원계시사와 삼위 완결적 해석

구원계시를 밝힘에 있어서 삼위의 공동 사역을 밝히는 것은 더욱 풍요로운 주석에 도달하게 할 뿐 아니라 역동적인 적용을 돕는다. 한 가지 예를 들자면, 구약에서 성령의 사역이 본문에 명시되어 있는 경우가 상당히 드물지만 왕과 제사장의 사역을 일으키시고, 선지자를 통하여 말씀하시며, 회개와 찬송 및 고백을 가능하게 하는 주체는 성령이시다. 이것은 신약 본문 주석에도 적용된다. 책임성 있는 개혁주의 해석의 목적은 본문에 의미를 부여하신 분 즉 의미의 주체이신 삼위 하나님을 송영하는 것이다. 그러므로 이 부분에서 마치 성부와 성령이 성자와 동등으로 취할 것으로 여기지 않으시고 낮추시는 일이 있는 것처럼 해석가가 인위적으로 만들지 말아야 할 것이다. 이를 위해 특별히 구약 해석에 있어서 기독론적 해석보다는 상대적으로 간과되어서 주목받지 못한 성령론적인 해석에 더욱 주의를 기울여야 할 것이다.

참고로 미국 웨스트민스터신학교에서 한 때 논란의 중심에 섰던 Enns (2003:277-78)가 주창한 '그리스도 완결적'(Christotelic, Christ + telos)해석에 주목해 보자. 그리스도 중심적(Christological, Christocentric)해석과 차별되는 그리스도 완결적 해석은 구약 본문을 해석할 때, 그 본문 안에서 그리스도의 인격과 사역을 찾는 것이 아니라 오히려 역으로 예수 그리스도께서 완결하신 구속사역의 관점에서 구약을 해석하는 것이다. 이 그리스도 완결적 해석의 장점은 구약을 단순히 윤리적으로 해석하는 것을 지양하며 그리스도의 구속 사역의 완결적 관점에서 교회완결적 적용(ecclesiotelic application)을 분명히 하여 고난 가운데서도 구원의 사역을 이루어 승리하는 교회를 강조하는 점이다.[661] 따라서 그리스

---

661) 리덜보스(1988:440)의 천국과 교회의 관계성에 대한 설명을 들어보자: 바실레이아(하나님 나라)는

도 완결적 해석은 승리적 교회론 및 종말론과 불가분의 관계를 가진다.[662] 그리스도 완결적 해석은 구약에만 적용되는 것이 아니라 신약 본문 중에서 '이미'의 종말론을 증거하는 본문에도 적용된다.[663] 이러한 그리스도 완결적 해석의

그리스도 안에서 성취되고 완성되는 하나님의 대 구속 사역이며, 에클레시아(교회)는 하나님에 의해 선택되어 부르심을 받고 바실레이아의 복을 누리는 백성들이다. 이론상으로 바실레이아가 에클레시아 앞에 온다. 그리고 바실레이아는 내용상 에클레시아보다 훨씬 포괄적이다. 그것은 만물을 포괄적으로 조망하며, 모든 역사의 완성점을 가리키며, 온 우주를 범위로 하여 은혜와 심판을 동시에 가져오며, 시간과 영원을 채운다. 에클레시아는 이 거대한 구원의 드라마(salvific drama) 속에서 하나님의 선택과 언약을 힘입어 그리스도 안에서 하나님 편에 세움 받은 백성이다. 에클레시아는 현재적으로 그리고 미래 종말론적으로 바실레이아를 상속하도록 보호받는다. 따라서 바실레이아는 그리스도 안에서 그리고 그리스도와 연합한 에클레시아 안에서 나타난다. 바실레이아는 에클레시아 없이 이해 될 수 없다. 이 둘은 구분은 되나 서로 분리될 수 없을 정도로 상호작용한다.

662) 삼위 완결적 해석을 쉽게 할 수 있는 구절은 창 1장의 창조기사(특히 26절), 창 11:7, 사 42:1, 요 14:13-14, 23; 행 3:1-13, 고후 3:1-18, 13:13, 유 1:17-23, 계 1:4-7; 5:6 그리고 계 21-22장의 새 예루살렘 등이다. 부차적으로 이 해석은 여호와의 증인과 하나님의 교회(안상홍)와 같이 삼위일체를 부정하는 이단에 대응할 때도 유익하다.

663) 바울의 종말론은 그의 다른 신학과 마찬가지로 예수님의 십자가와 부활에 기초한다(리덜보스, 1985:59). 예수님께서 메시아라는 사실로 인해 바울은 자신이 가졌던 이전의 유대교적인 구속사적 이해를 전면 교정하게 되었고, 새로운 틀 속에서 신학 작업을 하게 되었다. 그 틀 중에 하나가 '종말론적-구속사적 틀'이다. 바울은 부활의 주님이 메시아이시고 그의 백성에게 메시아적 구원을 가져다 주었다면, 무언가 바뀌었다고 본다. 죄악의 영향이 여전하지만, 그럼에도 불구하고 지금 무엇이 달라졌는가? 유대인의 (묵시) 사상에 의하면 오직 먼 미래에 즉 내세에 이루어질 메시아 왕국이, 바울에게는 현실적으로 이미 종말론적으로 임했다(골 1:13). 예수님의 부활과 승천을 통하여 이미 주님은 메시아 통치에 돌입하셨다(행 13:30-41; 고전 15:23-25; 골 1:13). 지금은 부활의 주님이 그의 원수를 발등상으로 삼고 다스리시는 시기이다. 그리고 종말에 일어날 죽은 자들의 부활이 예수님의 부활로 말미암아 이미 시작되었다. 예수님의 부활은 모든 성도의 부활의 첫 열매(ἀπαρχή)가 되었다(고전 15:21-23). 그리스도의 부활은 단지 과거적이며 고립된 것이 아니다. 그리고 선지자 요엘이 이미 예언한 것처럼, 마지막 때의 영의 부으심이 이미 시작되었다(욜 2:28-32; 행 2:17-21). 환언하면, 구속의 날까지 약속이 완성될 것을 보증하기 위한 인침과 보증(ἀρραβών)으로 종말론적 은사인 성령님이 성도에게 부어진 것이다(고후 1:22; 5:5; 엡 1:14; 4:30). 따라서 종말에 있을 성령 안에서의 삶이 이미 시작되었다. 히브리서의 저자는 이와 관련하여 참된 그리스도인은 이미 참으로 내세의 능력을 맛보았다고 말한다(히 6:5; 참고. 요 5:24-25). 또한 마지막 때에 의로우신 재판장이신 하나님이 선언하실 법정적 의로움이 그리스도의 죽음과 부활을 믿음으로 말미암아 그리스도인에게 이미 일어났다(롬 5:1, 9; 갈 2:16). 예수님의 전가된 의로 말미암아 성도는 이미 마지막 심판을 통과했고, 이미 사면을 받았다. 바울에게 있어서 지금은 종말의 때 즉 약속이 아니라 성취의 때이다(갈 4:4; 참고. 마 11:10; 눅 1:17). 여기서 주목할 것은 바울의 이러한 종말론적인 이해는 새로운 것이 아니라, 그 뿌리를 예수님의 가르침에 두고 있다는 것이다. 예수님은 구약의 선지자들이 예언한 대로 하나님 나라가 권능과 영광 가운데서 임하는 일은 아직 온전한 방식으로는 일어나지 않았으나, 그 나라는 먼저 은혜 가운데서 나타나며, 사실 주님의 인격과 사역 안에서 이미 임하였다고 가르침으로써, 바울의 종말론의 기초를 놓으셨다(막 1:15; 눅 11:20; 17:20-21). 바울은 그리스도의 나타나심으로 밝아온 그 구속의 사건들을 가리켜 '신비의 계시'로 바로 지금까지 감추어진 혹은 숨겨진 것을 알게 하는 것으로 묘사한다(롬 16:25-2; 고전 2:7-8; 엡 1:9-10; 2:3-5; 골 1:25-27; 딤후 1:9-10; 딛 1:2-3). 먼 미래가 아니라, 지

장점과 가능성을 삼위 완결적 해석도 가진다.

1.1.2. 삼위 하나님의 완결적 사역으로 인한 교회의 신분의 변화 및 '이미'의 종말론

삼위의 사역은 무엇보다 구원을 위한 것이다. 그러므로 삼위의 사역은 교회를 위한 사역이다. 따라서 삼위의 사역으로 교회의 정체성의 변화가 초래되었다. 이 이유로 석의에서 기록 당시의 의미(meaning, what it meant)를 찾은 다음, 현대 해석자의 시대에 의의를 찾아 적용하는 것(significance, what it means)이 자연스러운 순서이듯이, 삼위의 인격과[664] 사역으로 교회가 신분적으로 변화된 것을 먼저 살피고 난 후 각 시대의 교회가 감당할 사명으로 넘어가는 것이 순리이다. 그리고 주목할 사실은 삼위 하나님의 구원 사역은 완결적이라는 점이다. 예수님의 십자가와 부활은 물론이며 오순절 성령강림도 영단번의 사건(once-and-for-all event)이 아닌가! 더욱이 우리가 전통적으로 미래의 일로 믿어온 사실이나 개념도, 신약의 경우 그리스도의 성육신 후 삼위의 협동 사역이 일어난 바로 그

금이 은혜받을 만한 때요 구원의 날이다(고후 6:2). 이것은 새로운 종말론적인 비전이다. 그리스도 안에서 이미 새롭게 된 성도는 '종말의 백성'이다(고후 5:17; 갈 5:24). 왜냐하면 그리스도의 죽음과 부활과 연합된 성도는 이미 급진적인 변화를 겪은 존재로서, 죄로부터의 단절과 새로운 부활 생명과 그리스도의 통치 아래서 살게 되었기 때문이다. 마치 먼 종말에 이루어질 것 같은 천국, 영생, 성령, 그리고 심판이 예수님 안에서, 성령을 통하여, 교회를 위해서 현재적으로 선취되고 있다. 이렇게 된 이유를 바울은 과거에만 그리고 예수님 자신에게만 머무를 수 없는 그리스도의 죽음과 부활의 종말론적인 성격에서 찾는다(고후 4:6; 갈 1:4; 골 1:13; 딤후 1:10). 그리고 '그리스도 안에서'라는 말 자체도 종말론적이다. 왜냐하면 우리가 그리스도 안에 있다는 것은 새 시대의 생명과 권능을 체험한다는 뜻이기 때문이다(롬 6:3-4; 고후 2:16; 5:17; 갈 6:8; 엡 2:6). 요약하면, 구약이 마지막 때가 메시아의 때가 될 것이라고 선언했고 예수님은 바로 이 시대를 구약이 예언한 구원을 베푸는 때로 말씀하셨듯이, 바울도 동일한 이해를 가지고 있었다. 이처럼 바울의 종말론은 주님의 최종 파루시아만 언급하는 것이 아니라 그의 신학 전체를 제시하는 것과도 같다. 바울의 종말론은 하나님 나라, 구원론, 기독론, 성령론, 교회론을 연결하면서 근저에서 작용한다.

664) 예를 들어, 스스로 천국(αὐτοβασιλεία)이자 새 이스라엘(New Israel)이며 그 남은 분이신 예수 그리스도의 인격은 간과하며 그분의 사역을 일방적으로 강조하는 경향이 여전히 있다. 성령의 경우는 인격과 사역 모두에 있어서 새로운 조명이 필요한 것 같다. 왜냐하면 성령님을 바람이나 기운 혹은 힘과 같이 비인격체로 보는 것도 문제지만, 예수님의 영(행 16:7)으로서의 성령의 인격(과 사역)을 제대로 강조하지 못한 경향이 있기 때문이다. 이와 관련된 다른 사항은, 적용에 있어서 교회가 그리스도의 몸이요 그리스도 안에 있음을 강조하여 그리스도의 사람으로 성숙해 갈 것을 강조하지만, 과연 어느 정도까지 교회가 성령의 내주하시는 은혜를 받는 사람이라는 관점으로 강조되는지 의문이다.

시점에 완성된 (과거적) 사건임을 밝히는 구절도 더러 있다.[665] 그러므로 구약이건 신약이건 삼위 하나님께서 교회를 위하여 협동으로 이루어 완성하신 구원 사역의 관점에서 출발하여 보는 노력이 필요하다. 이 말은 온 세상과 교회를 위한 미래적 종말 사건이 하나도 남지 않았다는 의미가 아니다. 삼위의 완성된 구속사역은 필연적으로 현재 진행적-점진적이거나 미래적인 면을 배제하지 않는다. 그러므로 삼위 완결적 해석은 성자와 성령의 인격과 '이미와 아직 아니'라는 신구약의 지배적인 종말론적인 틀을 따라서 전개되는 것이 바람직하다. 하지만 '완결적'(telic)이라는 말이 함의하듯이 '이미'의 측면이 자연스럽게 더욱 강조된다.

2. 에베소서 1장의 삼위완결적 해석

2.1. 본문과 구조

2.1.1. 에베소서 1-2장의 구조

유대인이나 헬라인이 차별 없는 '보편적인 교회'를 에베소서의 중심 주제로 본다면 에베소서 1-2장의 사고의 흐름은 삼위의 협력 사역을 중심으로 다음과 같이 전개된다:

(1) 서론(1:1-2)

---

665) 바울은 미래적인 성격이 아니라 현재적으로 실현된 영화를 언급한다. 살후 1:12에서 바울은 "우리 하나님과 주 예수 그리스도의 은혜대로(를 따라서) 우리 주 예수님의 이름이 너희 가운데서 영광을 얻으시고 너희도 그 안에서 영광을 얻게 하려 함이니라"고 기도한다. 하나님의 은혜의 역사로만 주님의 이름이 교회 가운데서 영광을 받으실 수 있고($ἐνδοξασθῇ$, '찬미하다, 영광을 얻다'의 아오리스트 수동태 디포넌트 가정법 3인칭 단수), 동시에 주님과 연합되어 있는 교회는 주님 안에서 영광을 얻게 된다. 이 구절은 분명히 미래적인 종말 이전에 있을 주님과 교회의 불가분적인 상호 영화(mutual glorification)를 언급하는 것이다(참고. 존 스토트, 1993:183).

(2) 삼위의 협동 사역으로서의 교회의 설립(1:3-14)

  과거-아버지에 의해(1:3-6)

  현재-아들에 의해(1:6-12)

  현재적 선취 및 미래-성령에 의해(1:13-14)

(3) 교회의 의식: 기도(1:15-23)

(4) 교회를 지으심(2:1-10)

  재료: 분노의 자녀들로

  수단: 은혜로 말미암아

  목적: 선한 일들을 위해

(5) 교회의 화합(2:11-22)

2.1.2. 에베소서 1:3-14의 본문과 구조

에베소서 1:3-14는 송영(eulogy)부분인데 에베소서 전체의 서론이라고 할 수 있다. 구조는 아래와 같다(참고. Thomson, 1995:233):

3 하늘의 복을 주시는 성자의 아버지는 복되심

 A 성자 안에서 예정하시고 거룩하고 흠이 없도록 하심(4절)

  B 성부의 예정과 성자를 통한 자녀 삼으심(5절)

   C 은혜의 영광을 찬미하게 하시기 위함(6절)

    D 성자의 피를 통하여 구속 곧 죄 사함을 받음(7절ab)

   C' 풍성한 은혜, 지혜와 총명(7c-8절)

  B' 성자 안에서 의도된 성부의 뜻의 비밀을 알리심(9절)

 A' 천상, 천하의 것들이 성자 안에서 통일되게 하심(10절)

  성부의 예정과 교회가 기업이 됨. 영광의 찬송이 됨(11-12절)

  복음을 믿어 구원의 보증인 성령으로 인침을 받음. 영광을 찬송함(13-14절)

에베소서 1:3-14의 삼위일체적 구조

   A. 성부의 사역(3-6절)- 영광의 찬송이 되도록(6절)
   B. 성자의 사역(7-12절)- 영광의 찬송이 되도록(12절)[666]
   C. 성령의 사역(13-14절)- 영광의 찬송이 되도록(14절) 성령은 천국의 완전한 구원을 상속 받을 때까지 하나님에 의해 신자에게 주어진 현재적 보증(deposit)이다.

2.1.3. 에베소서 1:15-23의 본문과 구조

이 부분은 바울의 감사 기도문이다.

   A. 에베소 교회의 믿음과 사랑(15절)
   B. 바울의 감사와 기도: 성령의 깨닫게 하심, 부르심, 상속, 능력을 알도록(16-19절)
   C. 예수 그리스도를 향한 하나님의 능력(20-23절)

2.2. 에베소서 1장의 삼위의 인격과 사역

에베소서의 기독론은 '우주적 기독론'(cosmic Christology)이라고 불린다. 하늘의 정세와 권세 잡은 자를 포함한 모든 대적을 물리치신 그리스도의 승귀와 역사의 모든 것들을 모아서 완성시키는 사역에서 나온 말이다(엡 1:10, 21-22). 그러나 화목을 위한 그리스도의 고난도 언급한다(엡 1:7; 2:16). 에베소서는 강한 '실현된 종말론적' 성격을 띠고 있다. 물론 미래적 종말론이 배제되지 않지만(엡 1:10, 14; 4:30; 5:6, 27), 현재적 구원이 상당히 강조된다. 이 사실은 특별히 에베소서 2:5, 8절의 완료시제로 구원받았음을 표현하는 구절에서 분명해 진다(참고. 롬 6:1-

---

666) 위의 교차대칭구조가 보여주듯이 성자의 사역(D)이 핵심이다.

13; 골 3:1). 아마도 유대주의자들과의 논쟁이 없었던 관계로 '칭의'에 관한 용어가 에베소서에 등장하지 않지만 행함이 아니라 믿음으로 말미암은 구원이 강조된다(엡 2:8-9). 그리스도의 화해의 사역은 성도가 현재적으로 하나님 아버지에게로 나아갈 수 있음과 더불어 강조된다(엡 2:16, 18; 3:12; Arnold, 1993:246-247). '그리스도 안에서'라는 용어가 에베소서에 34회 등장한다. 따라서 바울은 성도와 부활-승귀하신 예수 그리스도의 긴밀한 집합적 연대(the corporate solidarity of believers with their resurrected and exalted Christ)를 강조한다.

2.2.1. 에베소서 1:1-14의 삼위완결적 해석

2.2.1.1. 성부의 교회 설립을 위한 사역(엡 1:3-6)

바울은 에베소 교회에게 문안 한 후에 3절부터 곧바로 하나님을 송영하며 감사 찬송한다. 교회를 위해 하신 성부 하나님의 사역은 1:3-6에서 볼 수 있다. 바울은 먼저 우리 주 예수 그리스도의 아버지 하나님을 찬양하면서 시작한다. 성부 하나님께서 하늘에 속한 모든 신령한 복(벧후 1:3)을 예수님과 연합된 우리에게 주셨다. 하늘에 속한 모든 신령한 복은 무엇인가? 그것은 승귀하신 그리스도와 성령 하나님께서 새로운 시대를 사는 우리에게 주시는 모든 복이다. 왜냐하면 에베소서에서 말씀하는 하늘은 예수님이 보좌에서 다스리시는 영역이기 때문이다. 신명기 28:1-14는 계명을 지키는 자에게 주시는 물질적인 복들을 언급한다: 많은 자녀, 소출의 풍성함, 열국의 종주권 등. 하지만 에베소서 1장에서는 주로 영적인 신령한 복을 언급한다. 하늘은 그리스도께서 우리를 자신의 보좌에 앉히셔서 이미 왕으로 다스리시는 영역이다. 그러므로 우리가 이 땅에서도 주님의 왕권을 드러낸다면 하늘의 신령한 복을 맛볼 수 있다. 그리고 하늘의 신령한 복이라고 말씀할 때 '신령한'은 성령으로 볼 수 있다. 성령의 열매를 맺으며 성령과 동행하는 것이 곧 신령한 복을 누리는 것이다. 그러므로 성경의 복은 복의 근원이신 하나님 아버지와 예수 그리스도와 성령을 배제하고는 이해할 수 없다. 신령한 하늘의 복은 영원토록 변함없는 존재론적인 것인 동시에 또한 매일 느낄 수 있는 실제적인 것이다. 이를 위해서 바울은 하늘의 신령한 복들을 구체적으로 4절 이하에서 언급한다: 우리가 영원 전에 택정을 입은 것, 죄의 용서, 양자가 됨, 구원의 복음을 깨달음, 예수님과 연합함, 성령의 인치심. 우리는 이런 하늘의 신령한 복들을 늘 기억하면서 여기서 누려야 한다.

성부 하나님은 창세 전에 예수님 안에서 우리를 택정하셨다. 그리고 하나님께서 보실 때에 우리가 거룩하고 흠이 없도록 하시려고 계획하셨다. 이런 하나님의 예정은 사랑의 동기에서 나온 것이다. 그 성부의 사랑이 예수님과 연합된 우리를 양자로 만들었다. 우리는 하나님의 가족이다. 교회는 하늘 가족이다. 이 모든 것은 성부께서 사랑하시는 분인 성자 안에서 우리가 성부의 영광스런 은혜를 찬송하기 위해서다. 성자도 성부의 사랑의 대상이고, 교회도 성부의 사랑의 대상이다. 여기서 우리는 성자와 교회의 결합을 본다.

여기서 기억할 것은 에베소서 1장은 예배를 배경으로 하고 있다는 점이다(요하힘 그닐카, 1989:140). 그러므로 예배의 초점은 하나님이 예수님 안에서 이루신 일들을 기념하고 찬송하는 것이어야 한다. 예배는 하나님을 기리면서 우리의 진정한 신분을 재확인하는 것이다. 예배는 언약과 영생과 우리의 복을 갱신하는 것이다. 예배를 통해서 하나님의 참된 실재와 우리의 참된 실재를 확인한다. 불행하게도 예배를 통해서 많은 사람들은 자신을 비추기만 하지 하나님을 만나지는 못한다. 그러나 예배는 멀리 계시는 하나님이 아니라 가까이서 우리와 관계를 맺고 계시는 하나님을 만나는 것이다. 하나님은 우리의 아버지이시고 우리는 그분의 양자이며, 우리는 그분 앞에서 생명을 가지고 산다. 송영(찬송)은 신학이고 신학은 송영(찬송)이다.

2.2.1.2. 성자의 교회 설립을 위한 사역(엡 1:7-12)

성자의 교회 설립을 위한 사역은 에베소서 1:7-12에 나온다. 1:1-14에서 예수님을 가리키는 명칭이 15회나 등장하고 '예수님 안에서(그리스도 안에서, 그 안에서)라는 말은 11회나 등장한다. 교회는 첫 사람 아담 안에서는 타락한 존재였으나 둘째 아담이신 예수님 안에서는 새로운 피조물이다. 우리의 구원은 예수님 안에서 이루어진 일이다. 우리는 성부 하나님의 풍성한 은혜를 따라 예수님의 피로 구속 즉 죄 사함을 가지고 있다(현재형). 성부는 자신의 모든 지혜와 총명으로 우리에게 넘치게 주셔서 자신의 뜻의 비밀을 우리에게 알리셨다. 지금이야말로 하나님의 감추어진 계획이 드러나고 성취될 하나님의 충만한 때이다. 지금이야말로 하늘에 있는 것이나 땅에 있는 모든 것이 그리스도를 머리로 하여 모일 때이다. 지금이야말로 하늘에 계시는 하나님과 땅에 있는 죄인이 더 이상 적의 속에 있지 않고 예수 그리스도의 구원 사역으로 화목케 될 시간이다. 이것이 주님 오시기 전까지는 감추어진 하나님의 비밀이었다. 이 비밀이 이제 예수님이 오심으로 시작된 종말에 계시되었다. 바로 지금 교회가 하나님과 형제자매와 연합하고 화목함으로써 예수 그리스도의 우주적인 왕권이 시행되고 있다는 것을 증명해야 한다. 에베소서 3:6에서 바울은 이방인도 유대인 성도처럼 주님께로 돌아오고 하나되기를 소망한다. 우리가 사는 종말은 만유의 상속자이신 예수님께서(히 1:2), 유대인이건 이방인이건, 부요한 자건 가난한 자건, 모든 택한 사람들을 불러 모아 다스리시는 시대이다. 예수님 안에서 만물이 새롭게 되었고 될 것이다. 우리가 하나님의 기업이 되고 예수님의 통치를 받는 것은 하나님께 영광을 돌리며 살기 위해서이다. 교회는 종말론적인 찬양 공동체이다. 우리가 예수님 안에서 그분을 왕으로 모시고 살고 있다는 것이 우리 삶의 열쇠이다.

2.2.1.3. 성령의 교회 설립을 위한 사역(엡 1:13-14[667])

교회 설립을 위한 성령의 사역은 에베소서 1:13-14에 나온다. 바울은 12절까지 '우리'라는 말을 사용한다. 13절부터 '너희'라는 말을 사용하고, 다시 14절에서 '우리'라는 말을 사용한다. 그러므로 '너희'-에베소 교회는 '우리'의 한 부분이다. 이것은 주님의 교회는 선교하는 공동체가 되어야 함을 암시한다. 주님을 영접한 모든 사람은 십자가와 부활로 이루신 구원의 복음을 믿고 약속된 성령님으로 인치심을 받았다($\dot{\epsilon}\sigma\phi\rho\alpha\gamma\acute{\iota}\sigma\theta\eta\tau\epsilon$, 아오리스트 수동태, 과거의 단회적 사건). 성령의 인침을 받았다는 말은 우리가 믿음으로 그리스도의 사람이 되었음을 성령께서 보증하신다는 말이다. 이 성령은 구약에서 약속되었고 실제로 오순절에 마가 요한의 다락방에 오셨고 모든 믿는 자에게 임하고 계신다. 옛날 왕의 반지로 찍은 도장을 지울 수 없듯이, 성령은 우리가 구원받은 하나님의 소유가 되었음을 보증한다. 성령은 성부께서 우리를 값 주고 사셔서 자기 소유로 삼으신 것을 보증하신다. 성령은 우리 속에 거하셔서 우리를 성전으로 삼아주신다. 더 나아가 성령은 우리를 영원한 천국으로 인도하는 보증이 되신다. 그러므로 성령을 통하여 우리는 영생과 오는 세상을 여기서 맛볼 수 있다. 성령은 하나님의 소유인 교회를 구속하시고 그의 영광을 찬송하게 하신다.

2.2.1.4. 삼위의 사역에 대한 송영적 결론

에베소서 1:1-14는 성부, 성자, 성령 하나님의 사역을 1-6, 7-12, 13-14절에서 각각 설명한다. 그리고 각 단락의 끝 절인 6, 12, 14절은 하나님의 영광을 찬송하는 것이 우리의 본분이라고 말씀한다. 그러므로 구원받은 우리는 송영의 삶

---

667) 에베소서에서 '성령'은 총 13회 등장한다(엡 1:13, 17; 2:18, 22; 3:5, 16; 4:3, 4, 23, 30; 5:18; 6:17, 18). 약속의 성령(1:13), 계시의 성령(1:17), 하나님의 성령(3:16; 4:30)으로 불린다. 성령은 종말론적인 하나님의 선물이다(사 61:1; 겔 36:26; 욜 2:28-32). 에베소서는 이 종말론적인 선물이 성취되었음을 밝힌다. 성령은 더 이상 약속의 대상이 아니다. 인치시고, 성전으로 만드시고, 수직-수평적으로 교회가 하나 되게 하시고, 하늘의 복을 누리게 하시고, 영적 전쟁 가운데 승리하게 하신다(최갑종, 2003:20).

을 살아야 한다. 하나님의 백성인 교회는 신령한 복을 받은 자로서 하나님의 영광을 위해 사는 사람이다. 오늘도 우리는 성부의 하신 일, 성자의 하신 일, 성령의 하신 일을 기억하고 송영하자. 우리가 할 수 있는 것은 오직 감사와 기도뿐이다. 구원의 잔을 높이 들고 주께 감사하자. 우리의 택정받음, 양자됨, 죄 사함 즉 구원얻음 그리고 성령의 인치심을 기억하자. 그리고 우리가 받은 신령한 하늘의 복을 기억하자.

2.2.2. 에베소서 1:15-23의 삼위완결적 해석

2.2.2.1. 성부 하나님께서 교회를 부르신 소망(엡 1:18)

바울은 에베소서 1:1-14에서 삼위 하나님의 교회를 향한 복된 사역과 교회가 찬양의 삶을 살아야 할 것을 언급한 후에, 15절부터 에베소 교회가 자기처럼 영적인 눈을 떠서 그 복들을 깨닫도록 해주시기를 기도한다. 우리의 신앙과 생명은 근본적으로 삼위일체적이다. 성부 하나님은 예수님 안에서 성령을 통하여 우리에게 복을 주셔서 교제하시고, 우리는 예수님 안에서 성령을 통하여 아버지 하나님께 찬양과 섬김의 삶을 살 수 있다. 바울은 영광의 아버지께서 지혜와 계시의 성령님을 에베소 교회에게 주시도록 기도한다(17절). '영광의 아버지'라는 말은 우리가 성령님을 통하여 깨달아야 할 것이 영광스럽고 굉장할 것을 의미한다. 성도는 이미 성령의 인치심 즉 하나님의 양자됨을 받았기에, 이제 성령의 깨닫게 하심과 조명을 위해 기도해야 한다.

바울은 첫 번째로, 하나님의 부르심의 소망을 알게 해주시기를 간구한다. 하나님의 부르심은 우리의 존재와 삶의 첫 걸음이다. 우리가 요청했기 때문이 아니라, 하나님께서 친히 은혜로 우리를 불러주셨다. 하나님이 우리를 부르실 때는 무슨 목적을 가지고 부르셨다. 무슨 이유와 목적으로 하나님은 우리를 자녀로 부르셨는가? 이 하나님의 부르심은 우리에게 소망을 주고 풍성하다(18절; 엡 4:4). 하나님은 우리를 성도로 부르셔서 거룩과 은혜와 평강 가운데 우리 주 예수님과 교제하도록 허락하신다(롬 1:6-7). 우리는 자유를 위해 부르심을 받았기에 다시는 죄와 사탄의 멍에에 속박되면 안 되고, 대신 사랑으로 서로 종노릇해야 한다(갈 5:1, 13). 또한 하나님은 우리를 천국의 영원한 영광에 들어가도록 부르셨다(살전 2:12). 이 얼마나 새롭고 영광스러운 하늘에서의 부르심인가! 이 부르심은 오직 성령으로 깨닫게 되며, 성령 충만할 때에 성도의 것으로 누릴 수 있다.

2.2.2.2. 예수 그리스도 안에서 성도가 누릴 기업의 풍성함(엡 1:18)

성도는 하나님의 자녀이기에 동시에 하나님의 상속자이다. 그러므로 하나님의 독생자 예수님이 아버지 하나님께 받으신 것은 곧 그리스도와 함께한 후사가 된 우리에게도 주어졌다(롬 8:17). 하나님은 우리를 위해 썩지 않고 쇠하지 않고 더럽지 않은 기업을 하늘에 간직하고 계신다(벧전 1:4). 그리고 그 기업을 이 땅에서도 누릴 수 있도록 하신다. 그런데 우리가 하나님의 상속자로 이 땅에서 받을 것은 복과 은혜만 아니라, 고난도 포함한다. 주님을 위해서, 의를 행하다가 당하는 고난 가운데서도 아버지의 소유됨을 누릴 수 있다. 주님의 말씀대로 살다가 당하는 불이익과 아픔은 우리가 주님의 기업으로 바르게 살고 있다는 증거다. 우리가 상속받을 천국이라는 유산은 우리가 주님을 영접하는 순간에 주어졌다. 이 유산은 상속세를 낼 필요도 없고 사용한다고 줄어드는 것도 아니며 여기서도 누리고 죽어서도 누리는 아주 특이한 것이다.

2.2.2.3. 교회를 통해 성자를 만물의 머리로 만드시는 성령의 능력(엡 1:21-22)

바울은 성령 하나님의 능력이 예수님을 부활하게 하셨고, 하늘 보좌에 앉히셨고, 천상천하의 모든 영광을 얻게 하셨다고 고백한다. 예수님의 부활과 승천과 재위는 하나님의 측량할 수 없는 능력의 결정적인 현시이다. 우리의 최대의 원수인 죽음과 죄를 통제하시는 능력은 오직 하나님에게서만 나온다. 그리고 하나님의 능력은 예수님을 교회와 만물의 머리가 되게 하셨다. 하나님의 능력은 예수님 안에서 만물을 충만케 하신다. 예수님이 만물을 충만케 하신다는 말은 무슨 뜻인가? 예수님의 머리되심은 교회에만 머무르지 않고 미치지 않는 영역이 없다. 예수님은 우주 안에서 가장 높으신 위치를 차지하시며 교회를 위하여 만물을 다스리고 계신다는 의미이다. 자신의 신부인 교회가 없는 예수 그리스도의 충만한 왕권은 생각할 수 없다. 예수님은 먼저 몸인 교회 안에서 자신의 왕권을 드러내시며, 결국 모든 영역에 이 다스림이 미치도록 하신다. 주님은 교회인 우리를 자신의 능력과 영광으로 충만케 만드셔서 세상을 충만하게 다스리신다. 예수님은 성령의 전인 우리에게 하나님의 임재와 영광으로 충만케 하시며 세상에도 그 영광으로 충만케 하신다. 왜냐하면 이 세상 만물은 주님이 힘있게 밟고 계시는 발등상이기 때문이다. 우리도 주님과 함께 세상을 밟고 있다. 우리도 세상을 이기신 주님과 함께 왕 노릇한다. 하지만 우리는 어두움의 세상 주관자와 싸우면서 왕 노릇 해야 한다. 예수님은 교회의 머리로서의 역할을 감당하시기를 즐기신다. 바로 이렇게 예수님을 영화롭게 하신 하나님의 지극히 크신 능력이 우리 성도 안에서도 역사하신다. 지혜와 계시의 주인이신 성령님으로 말미암은 지식은 우리의 믿음을 더욱 강하게 한다. 하나님은 자신을 인식하도록 지혜와 계시의 성령을 주신다. 성령은 교회에게 이미 부어졌지만 계속해서 하나님에 대한 새로운 인식의 충만함을 위해 임하신다.

3. 에베소서 2장의 삼위완결적 해석

3.1. 본문과 구조

3.1.1. 에베소서 2:1-10의 본문과 구조

A. 옛 사람: 허물, 죄, 사탄, 육체, 진노(1-3절)
B. 새 사람: 하나님의 은혜로 그리스도와 함께(4-6절)[668]
 1. 은혜를 증거하기 위해서(7절)
 2. 구원은 하나님의 선물(8-9절)
 3. 선한 일을 위해 지음 받음(10절)

3.1.2. 에베소서 2:11-22의 본문과 구조(Thomson, 1995:234)

A 육체로 이방인이었던 에베소 교회(11a)
 B 무할례당이라 불린 에베소 교회(11bc)
  C 그리스도 밖에 있었던 에베소 교회(12a)
   D 이스라엘 밖에 있었던 에베소 교회(12b)
    E 언약 밖에 있었던 에베소 교회(12b)
     F 소망도 하나님도 없었던 에베소 교회(12c)
      G 멀리 있었지만 성자의 피로 가까워짐(13)
       H 막힌 담을 허신 화평이신 그리스도(14)
        I 계명의 율법을 폐하신 그리스도(15a)

---

[668] 엡 2:5-6에서 '살리셨고($\sigma\upsilon\nu\epsilon\zeta\omega\sigma\pi\sigma\iota\eta\sigma\epsilon\nu$), 일으키셨고($\sigma\upsilon\nu\eta\gamma\epsilon\iota\rho\epsilon\nu$), 앉히셨고($\sigma\upsilon\nu\epsilon\kappa\alpha\theta\iota\sigma\epsilon\nu$)'라고 아오리스트 시제로 설명함으로써 성도의 구원은 과거사건임을 언급한다. 그러나 동시에 구원은 현재적 경험이며(10절), 미래적 소망이다. 그리고 이 단락에서 사용된 현재완료시상($\sigma\epsilon\sigma\omega\sigma\mu\epsilon\nu\sigma\iota$)은 과거에 결정된 구원의 지속적인 현재적 결과와 상태를 강조한다(5, 8절; Rogers & Rogers, 1998:437).

I' 그리스도 안에서 한 새사람이 됨(15b)
    H' 화평을 이루어 원수된 것을 십자가로 소멸하심(15c-16)
   G' 모든 사람에게 평안을 전하심(17)
   F' 모든 사람이 성령 안에서 성부에게 나아감(18)
   E' 이제 외인도 손도 아님(19a)
  D' 동일한 시민과 하나님의 권속이 됨(19b)
  C' 사도와 선지자의 터, 모퉁이 돌이신 그리스도(20)
 B' 성도의 연합과 성전이 되어감(21)
A' 하나님의 거처로 지어져 감(22)

3.2. 에베소서 2장의 삼위의 인격과 사역

3.2.1. 에베소서 2:1-10의 삼위완결적 해석

3.2.1.1. 성부와 관련이 없는 상태- 옛 사람(엡 2:1-3, 10)

허물과 죄로 죽었던 상태는 곧 세상 풍속을 좇고 공중 권세를 잡은 사탄을 따른 것이다. 그 때는 육체의 욕심을 따라 행한 본질상 진노의 자녀였다. 이것은 하나님의 자녀와 반대되는 것으로 아버지 하나님과 무관한 삶이었다. 그러나 아버지 하나님은 성자 안에서 에베소 교회를 재창조하셨다(Rogers Jr. & Rogers III, 1998:437).

3.2.1.2. 그리스도와 함께 살아나고 일으킴을 받고 앉힘(엡 2:5-6)

긍휼에 풍성하신 하나님이 에베소 교회를 그리스도와 함께 살리시고, 그리스도와 함께 일으키시고, 그리스도와 함께 하늘에 앉히셨다. 그것은 성부께서 에베소서 1:20 이하에서 성자를 승귀케 하신 것을 묘사한 동사에 '함께'라는 전치사를 첨가한 것이다. 그리스도에게 일어난 일은 교회에게 일어날 것을 예시한다.

3.2.1.3. 성령으로 선한 일을 행함(엡 2:7-10)

은혜로 구원을 받은 성도는 성령의 능력으로 그리고 그리스도 예수 안에서 선한 일을 행해야 한다. 하나님이 미리 정하신 것으로서 교회가 반드시 성령으로 행해야 할 선한 일들(ἔργοις ἀγαθοῖς)은 무엇인가? 아마도 하나님 자신의 특성과 행동 그리고 하나님의 뜻을 따라 행하는 것으로 보인다(엡 6:6; Bruce, 1984:291).

3.2.2. 에베소서 2:11-22의 삼위완결적 해석

3.2.2.1. 성부의 성화의 사역- 하나님의 거하실 처소(엡 2:22)

성령 안에서 '하나님의 거하실 처소'가 되기 위하여, 예수님 안에서 함께 지어져 간다. 교회가 아버지 하나님의 거처가 되어감은 곧 성령의 전이 되어 감과 동일하다. 그리고 이것은 개인적인 차원을 넘어 예수님 안에서 공동체적으로 함께 지어져 가는 것이다.

3.2.2.2. 성자의 성화의 사역- 모퉁이 돌을 중심으로 연결됨(엡 2:13-17, 20-22)

여기서 바울은 교회의 성화를 위한 그리스도의 온 교회적 인격을 언급한다(Snodgrass, 1996:134). 한 새 사람이신 주님과 연합된 새 피조물인 교회를 언급한다. 먼 데 있는 자를 그리스도 안에서 가까이 부르신 것은 이사야 28장을 인용한 것이다. 이것은 출바벨론의 이미지이다. 그러므로 하나님이 포로중인 유대인들을 부르신 것은 동시에 바울에게 있어서 에베소서 2:11 이하의 문맥에서 이방인에게도 적용된다. 바울은 출바벨론의 주제를 통한 구원론을 전개한다. 교회의 새로운 출바벨론의 근거는 주님의 죽으심과 부활이다. 이것은 아브라함의 언약(창 12:2-3)과 구약의 이방인이 돌아와서 경배할 것이라는 언급들과 언약이 주님 안에서 성취되는 것이기도 하다.

3.2.2.3. 성령의 성화의 사역– 하나님께 나아가는 통로 성령의 전이 되어 감(엡 2:12, 18, 22)

약속의 언약(엡 2:12)은 구약의 언약(들)과 특별히 그리스도와 성령을 가리킨다. 구체적으로 성령을 부으시겠다는 약속의 언약을 가리키기에 이전의 상태는 성령과 무관하다. 바울은 2:18에서 성도가 하나님께 나아감은 그리스도를 통해 성령 안에서 이루어진다고 설명한다. 예수님은 교회가 성부 하나님께로 나아가도록 통로를 열어주시는 중재자로서 구원 사역을 하신다. 성령은 이 그리스도의 통로를 열어주신 사역을 교회에게 가능하도록 만든다. 성령은 하나님께 나아가는 통로다(김희성, 2003:69). 그 결과 교회는 성령 안에서 하나님의 처소가 되어 간다(엡 2:22). 성령은 하나님의 모든 충만이 교회에게 이르게 하는 길이며(참고. 엡 3:16), 하나님의 성전을 존재케 하는 원동력이다. 아버지 하나님의 현존을 예수 그리스도 안에서, 성령을 통하여 교회가 즐긴다(Snodgrass, 1996:139).

4. 에베소서 1-2장의 간본문성

4.1. 에베소서 1-2장과 구약의 간본문성

이사야 28:16의 '성전' 주제와 에베소서 2:20의 '돌'의 이미지가 관련 있다. 교회의 모퉁이 돌-기초 돌은 예수님이신데, 구약의 성전 돌의 이미지는 바울의 기독론, 구원론, 교회론에 중요하다. 예수님은 공동체로서의 재창조된 새 성전을 자신의 인격 안에 포함하신다(엡 2:22; Snodgrass, 1996:138).

4.2. 에베소서 1-2장과 골로새서의 간본문(참고. DeSilva, 2004:719; 브라운, 2003:886)

서두(엡 1:1-2; 골 1:1-2)
구속, 죄 사함(엡 1:7; 골 1:14, 20)
모두를 포함하는 그리스도(엡 1:10; 골 1:20)
바울의 독자들을 위한 중보(엡 1:15-17; 골 1:3-4, 9)
영광스런 기업의 풍성함(엡 1:18; 골 1:27)
교회의 머리이신 그리스도의 통치(엡 1:21-23; 골 1:16-19)
하나님이 너희를 살리셨다(엡 2:5; 골 2:13)
십자가를 통한 교회와 하나님의 화목(엡 2:13-18; 골 1:20-22)
계명의 율법을 폐하심(엡 2:15; 골 2:14)

성부는 온 교회적 인격을 가지신 성자 그리스도 안에서 구속을 이루셔서 화목케 하셨다. 이제 교회는 새 언약 속에서 그리스도의 통치를 받고 있으며 성령으로 그 풍성한 천국 기업을 현재적으로 누리고 있다.

4.3. 에베소서 1(-2)장과 사도행전 20장의 간본문(참고. 랄프 마틴, 2000:346)

하나님의 예정과 교회를 기업으로 삼으신 뜻(엡 1:11; 행 20:27)
기업이 됨(엡 1:11, 14, 18; 행 20:32)
교회의 믿음(엡 1:15; 행 20:21)

바울은 밀레도에 도착하여 작별인사를 나누기 위해서 에베소의 장로들을 그곳에 불렀다. 하나님의 예정하심으로 교회가 믿음을 통하여 하나님의 기업이 된다. 그리고 교회가 누릴 천국의 기업을 공통적으로 언급한다.

4.4. 에베소서 1-2장과 그 외의 신약 간본문

(1) 편지 서두(엡 1:1-7= 고전 1:1-3; 고후 1:1-2; 갈 1:1-5; 빌 1:1-2; 골 1:1-2; 살전 1:1; 살후 1:1-2; 몬 1-3)

(2) 송영(엡 1:3-23= 고후 1:3-11; 롬 8:28-30; 9:19-29; 갈 4:1-7; 골 1:3-14; 살후 2:13-15; 몬 4-7)

(3) 하나님이 살리셨다(엡 2:1-10= 롬 3:21-26, 27-31; 6:1-10; 9:14-18; 11:1-6, 17-24; 고전 3:1-4; 4:6-7; 고후 5:14-21; 갈 2:15-21; 빌 3:17-21; 골 2:8-15; 3:1-11; 살후 2:1-12, 16-17)

(4) 하나님의 처소, 화해(엡 2:11-22= 롬 5:6-11; 9:1-5; 11:17-24; 15:7-13; 고전 3:5-9, 16-17; 12:1-3, 12-13; 고후 5:14-21; 갈 2:11-14; 갈 4:8-11; 골 1:21-23; Francis & Sampley, 1992:249-55).

이런 많은 병행 구절은 바울신학의 통일성 즉 편지의 양식은 물론 하나님이 살리시고 화해시키사 자신의 처소로 삼으심으로 송영의 삶을 살도록 하신 것을 분명히 한다. 이런 통일성 있는 신학적 주제는 에베소서 1-2장의 삼위완결적 사역에 기인한 교회 완결적 적용을 지지한다.

5. 에베소서 1-2장의 교회완결적 적용

5.1. 에베소 교회의 상황

에베소 교회는 바울에 의해 설립되었으며, 에베소서가 기록될 당시인 AD 60-62년경에는 영적으로 비교적 어린 교회이다. 이때는 네로의 박해가 있었기에 교회의 정체성조차도 흔들릴 수 있는 상황이다. 그러므로 실현된 승리의 종말론은 이들을 위로할 뿐 아니라 정체성의 문제를 극복할 수 있도록 한다. 로마의 황제나 관리가 아니라 그리스도의 승리와 통치하심에 대한 확고부동한 신뢰가 절실히 요청된 시기였다. 그러므로 이런 역사적 정황은 에베소서의 신학적 강조점과 더불어 이해되어야 한다.

5.2. 교회완결적 적용: 송영하는 삶

에베소서에서 '교회'(에클레시아)는 총 9회 나타나며(엡 1:22; 3:10, 21; 5:23, 24, 25, 27, 29, 32), 그리스도의 몸으로서 거룩하고(5:26-27), 보편적이며(1:22-23), 사도적이고(2:20) 우주적이다(4:4-6).[669] 교회는 우주의 중심으로 우주적인 그리스도의 활동 영역이다. 승귀하신 그리스도를 강조하듯이 바울은 승귀된 교회론(high ecclesiology)을 강조한다. 에베소서의 종말론은 하나의 신학이라기보다는 에베소서에서 강조되고 있는 모든 주요 신학들-신론, 기독론, 교회론, 성령론, 윤리론-이 제시되는 구조요 틀이다. 즉 에베소서의 모든 신학은 종말론적이다. 미래적 종말론이 배제되지 않은 채 (주로 미래적 완성을 바라보면서 계속 이루어가야 할 윤리적 권면들) 실현된 종말론이 강조되고 있다. 에베소서 1:3-14의 송영은 에베소

---

[669] 논쟁적 성격인 골로새서가 '교회의 머리되시는 그리스도의 신성'을 강조한다면, 비논쟁적 성격의 에베소서는 '그리스도의 몸이 되는 교회의 고귀성'을 강조한다고 볼 수 있다. 에베소서에서 에클레시아는 '지역교회'를 지칭하지 않는다. 모두 단수형으로 되어 있으며, 보편적 교회를 지칭하여 우주적인 성격을 가진다(엡 1:21-23; 브라운, 2003:881).

서의 서론인데 실현된 종말론을 아오리스트 시상으로 강조한다. 그리고 에베소서 2:4-10은 에베소서의 실현된 종말론의 결정체라고 할 수 있다. 이 부분에서도 아오리스트와 완료시제가 자주 등장한다. 그리고 '함께'라는 말로 그리스도와 연합됨의 실현된 종말론을 강조한다(최갑종, 2003:21-23).

에베소서는 그리스도의 죽음(엡 1:7; 2:13, 16; 5:2)보다는 부활 승천으로 인해 자신과 교회가 연합됨을 더 강조한다(최갑종, 2003:18). 에베소서에는 갈라디아서나 로마서의 경우와는 달리, 죄와 율법의 저주로부터의 구원 보다는 어둠과 악한 사탄의 권세로부터의 구원이 부각된다(엡 2:2; 6:11-12). 예수님은 구속자인 동시에 정복자이시며, 그 정복과 승리를 교회와 공유하신다. 그러므로 교회는 이미 임한 구원을 승리로 누리는 종말론적 공동체다(엡 1:7, 18; 2:6, 8, 18-19; 3:12).

6. 에베소서 3-6장의 삼위완결적 해석과 적용

6.1. 에베소서 3장

교회는 속사람이 성령으로 강건하게 된다(엡 3:16). 속사람은 겉사람과 대조되는 것으로서 하나님과의 교제가 일어나는 인간의 더 고등한 부분이다. 즉 성령의 인침을 통하여 생겨난 영적인 인격이며 새롭게 된 자아다. 신자의 마음이다. 그러므로 성령이 강건케 하는 속사람은 그리스도께서 내재하실 수 있는 공간이기도 하다. 하나님은 역동적인 성령을 통하여 속사람을 강화시킴으로써 성도로 하여금 그리스도의 사람으로서의 인격을 강화하고 하나님을 향한 열정과 능력이 활성화되도록 하신다. 그리고 교회는 기도한 것 보다 더욱 넘치도록 응답하실 이(성부)에게, 그리스도 예수 안에서, 영광이 영원 무궁하기를 진실로 송영해야 한다(엡 3:20).

6.2. 에베소서 4장

교회가 하나 되어야 할 이유는 삼위 하나님 즉 성령이 하나이요(엡 4:4),[670] 주(예수 그리스도)도 하나이요(엡 4:5), 하나님도 하나이시기 때문이다(엡 4:6). 이처럼 바울의 윤리관도 삼위 중심적이다. 진리가 예수님 안에 있다(엡 4:21). 그리고 교회는 오직 심령으로 즉 '성령으로' 새롭게 되어(엡 4:23), '하나님'을 따라 의와 진리의 거룩함으로 지으심을 받은 새 사람을 입어야 한다(엡 4:24).

6.3. 에베소서 5장

교회가 성령을 근심케 말아야(엡 4:30; 참고. 엡 5:18) 할 이유는 성도가 구속의 날까지 인치심 즉 구원의 현재적 선취를 받았기 때문이다. 교회는 하나님을 본 받으며(엡 5:1), 그리스도께서 자신을 사랑하신 것 같이(엡 5:2) 서로 사랑해야 한다. 교회는 예수님의 이름으로 항상 아버지께 감사해야 한다. 성령에 의해 인도받는 사람은 피차 복종해야 한다(엡 5:20). 여기서도 삼위 완결적 해석이 나타난다(참고. Snodgrass, 1996:292).

에베소서 5:22-6:9에서 바울이 에베소 교회의 가족 구성원들에게 삶에 관한 구체적인 지침을 줄 때 예수님과 교회의 관계에 기초하여 말하고 있다. 바울에게 있어서 성도의 윤리는 예수님 중심이다. 왜 아내가 남편에게 복종해야 하는가? 예수님이 교회의 머리라는 사실 때문이다. 그리고 남편이 아내를 사랑해야 하는 것도 예수님이 교회를 사랑하신 사실에서 나온 권면이다. 자녀는 예수님 안에서 부모에게 순종해야 하고, 부모는 자녀를 예수님의 교양과 훈계로 양육해야 한다. 그리고 바울은 가족에게 행동지침을 말하기 전에 에베소서 5:18에서 "술 취하지 말고 오직 성령으로 계속 충만하여져라"고 명령한다. 그러

---

670) 엡 4:3은 교회의 통일성을 확립시키는 분이 성령님이라고 밝힌다.

므로 모든 가족 구성원이 어머니, 아버지, 자녀로서 역할을 제대로 감당하려면 성령 충만해야 함을 전제한다. 가정에서 천국을 이루려면 예수님 중심으로 살아야 하며 성령충만하게 살아야 한다는 의미다.[671]

6.4. 에베소서 6장

교회는 주 예수 그리스도 안에서 그 분의 힘의 능력으로 강건해 져야한다(엡 6:10). 이것은 영적 전쟁과 연결된다. 교회는 영적 전쟁을 수행하기 위해서 '하나님'의 전신 갑주를 입되, '성령'의 검 즉 '하나님'의 말씀(엡 6:17)을 취해야 한다. 그리고 무시로 성령 안에서 기도해야 한다(엡 6:18).

나오면서

에베소서 1-2장은 삼위완결적 해석을 요청한다. 삼위 하나님은 교회의 창시자인 동시에 구원의 완성자시다. 삼위의 사역은 만물에게도 충만히 미친다. 에

---

[671] 바울은 편지 인사말에서 주로 성부와 성자로부터 오는 은혜와 평강을 빈다(골, 살전 제외. 그리고 고후 13:13). 반면 요한은 편지 서두에서 성부, 일곱 영(성령님), 성자로부터 오는 은혜와 평강을 빈다(계 1:4-5). 그렇다면 요한은 적어도 계시록 서두에서 바울보다 높아지신 성령님 즉 '고(高)성령론'을 견지하는가? '고성령론'(high pneumatology)은 달라스 신학교의 저명한 헬라어 교수 Daniel Wallace가 중성 명사 πνεῦμα가 남성 (관계)대명사(예. '위로자')와 함께 등장하는 경우에 성령님의 인격성을 가리킨다는 전통적 해석에 도전장을 내민 2003년 BBR에 실린 논문에서 사용한 표현이다. '고성령론'이라는 단어가 적절하다면, 성부와 성자의 영으로서 두드러지지 않고 아래에 전제되고 암시된 성령님에 관한 논의를 저(低)성령론이라 부를 수 있다. 저성령론의 예는 성부와 성자가 공유하시는 보좌를(계 1:4; 20:11) 성령님은 공유하지 않고 대신 제 1-2위 하나님의 보좌 앞에 계시며, 그리고 세상 나라가 성령님이 아니라 성부와 성자의 나라로 변혁되는 것에서 볼 수 있다(계 11:15). 저기 독존(죽임 당하신 어린양)이 고기독론(보좌에 앉으신 유다지파의 사자)의 전제이듯이(계 5:12), 원리상 저성령론 없는 고성령론은 없다. 능력과 은사와 승리의 주체이시자 찬양의 대상이신 제 3위를 강조하는 고성령론이 교회에 더 필요한 거 같으며, 행 19장의 종말론적 변혁자이신 성령님과 엡 1:13-14의 찬송 받기에 합당하신 성령님과 같은 고성령론의 증거 구절은 적지 않다. 십자가와 부활의 안경을 쓰고 구약을 회상하는 그리스도 완결적 해석을 넘어 서는 삼위완결(trinititelic) 해석을 정립하려면 '고성령론'에 대한 연구가 더 필요하다.

베소서 3장과 윤리를 다루는 에베소서 4-6장도 마찬가지로 삼위 완결적으로 다루어야 한다. 교회의 신분적 변화를 삼위의 협력으로 이루셨기에 교회의 윤리는 삼위 하나님 중심으로 이해되어야 한다. 이것은 계시와 적용의 풍요로움이다.

참고문헌

Arnold, C.E. 1993. Letter to the Ephesians. (*In* Hawthorne, G.F., Martin, R.P. & Reid, D.G., *eds*. Dictionary of Paul and his Letters. Downers Grove : IVP. p. 238-49.)

Bruce, F.F. 1984. The Epistles to the Colossians, to Philemon, and to the Ephesians. NICNT. Grand Rapids : Eerdmans.

Desilva, D.A. 2004. An introduction to the New Testament: contexts, methods & ministry formation. Downers Grove : IVP.

Enns, P. 2003. Apostolic hermeneutics and an evangelical doctrine of Scripture: moving beyond a modernist impasse. *Westminster Theological Journal*, 65:263-87.

Floor, L. 1995. Efeziërs: en in Christus. CNT. Kampen : Kok.

Francis, F.O. & Sampley, J.P. 1992. Pauline parallels. Minneapolis : Fortress Press.

Pratt Jr., R.L. 2003. Spirit of the Reformation study Bible. Grand Rapids : Zondervan.

Roberts, J.H. 1991. The letter to the Ephesians. Cape Town : Lux Verbi.

Snodgrass, K. 1996. Ephesians: the NIV application commentary. Grand Rapids : Zondervan.

Tolmie, D.F. 2003. Salvation as redemption: the use of 'redemption' metaphors in Pauline literature. Paper read at New Testament Soteriology. Pretoria University.

Thomson, I.H. 1995. Chiasmus in the Pauline Letters. Sheffield : Sheffield Academic Press.

Rogers Jr., C.L. & Rogers III, C.L. 1998. The new linguistic and exegetical key to the Greek New Testament. Grand Rapids : Zondervan.

요아힘 그닐카. 1989. 에페소서. 국제성서주석. 국제신학연구소.

길성남. 2003. 설교자를 위한 에베소서 기독론 연구. 에베소서, 빌립보서, 골로새서: 어떻게 설교할 것인가. 두란노.

김형국. 2003. 엡 2장: 만물을 충만케 하시는 자의 충만인 교회. 에베소서, 빌립보서, 골로새서: 어떻게 설교할 것인가. 두란노.

김희성. 2003. 에베소서의 성령론. 에베소서, 빌립보서, 골로새서: 어떻게 설교할 것인가. 두란노.

랄프 P. 마틴. 2000. 신약의 초석 II. 크리스챤 다이제스트.

레이몬드 E. 브라운. 2003. 신약개론. CLC.

리덜보스, H.N. 1985. 바울신학. 개혁주의신행협회.

리덜보스, H.N. 1988. 하나님 나라. 엠마오.

유해무. 1999. 개혁교의학. 크리스챤 다이제스트.

조병수. 2003. 엡 1:1-14: 삼위 하나님의 구원사역. 에베소서, 빌립보서, 골로새서: 어떻게 설교할 것인가. 두란노.

존 스토트. 1993. 데살로니가 전후서 강해. IVP.

최갑종. 2003. 에베소서의 문학적 구조와 주요 신학 사상. 에베소서, 빌립보서, 골로새서: 어떻게 설교할 것인가. 두란노.

한천설. 2003. 엡 1:15-23: 하나님과 그분의 부르심 알기를 바라는 기도. 에베소서, 빌립보서, 골로새서: 어떻게 설교할 것인가. 두란노.

03 디모데전서 5장의 과부

들어가면서

사도 바울이 네로 황제에게 상소하러 로마에 도착한 때는 AD 59년경인데(행 28), 2년 후 감옥에서 풀려났다. 바울이 꿈꾸어 왔던 스페인 선교를 마치고 다시 로마로 돌아온 시점은 63-64년경인데, 그 때 디모데전서를 기록한 것으로 보인다. 기록 목적은 노(老)사도 바울이 에베소에서 목회하던 믿음의 아들 디모데에게 목회적 조언을 주기 위해서이다.[672] 구체적으로는 거짓 선생들의 가르침을 봉쇄하기 위해서이다(딤전 3:15). 이들은 헬라의 이원론적 철학과 결탁하여

---

672) Witherington은 디모데전서를 고위 관리가 하급자에게 명령조로 쓴 편지를 가리키는 *mandata principiis*(mandate letters)와 비슷하다고 본다. 다른 바울 서신과 비교해 볼 때, 디모데전서에 '명령하다' 혹은 '가르치다'라는 동사(παραγγέλλω)가 자주 등장하기 때문이다(딤전 1:3; 4:11; 5:7; 6:13, 17). 하지만 디모데전서는 따뜻한 목회적 조언이다. B. Witherington, *Letters and Homilies for Hellenized Christians. Volume I: A Socio-Rhetorical Commentary on Titus, 1-2 Timothy and 1-3 John* (Downers Grove : IVP, 2006), 172.

율법주의를 가르친 유대주의자들로 추정된다(딤전 1:4, 7, 10; 4:3, 7; 6:20). 디모데전서의 거짓 선생은 신화와 족보라는 사변적 추론에 빠져 있었다(딤전 1:4). 구약의 율법 위에 자신의 사변적인 교리를 세웠으며, 자신을 율법의 전문가로 치켜세웠던 율법주의적인 거짓 선생들은 하나님의 구원 사역에 나타난 믿음(딤전 1:5; 2:1-7), 은혜의 가치를 떨어뜨렸고(딤전 1:12-17), 구원자 그리스도의 역할도 무시했다(딤전 1:15-17; 딤후 1:8-10). 더 나아가 거짓 선생은 구약의 음식법을 문자적으로 준수했고, 금욕주의적 성향을 가지고 있었다(딤전 4:1-5).[673] 교만하고 어리석은 거짓 선생은 논쟁을 좋아했는데, 결과적으로 에베소 교회 안에 분쟁만 유발시켰다(딤전 6:4-5). 구약에서 이탈했고, 율법주의에 빠졌으며, 그리스도께서 이루신 새 시대를 무시한 거짓 선생에 대항하여 바울은 구약에 대한 그리스도 완결적 의미와 은혜로 받는 구원을 강조하여 에베소 교회를 하나 되게 해야 했다.[674]

신약 학자들이 교회에서 여성의 역할을 논의할 때 애용하는 본문 중 하나는 고린도전서 14:33b-34와 인상적인 병행을 보이는 디모데전서 2:8-15인데,[675] 이 논의에 5:3-16가 추가될 수 있다. 이 두 본문의 표면적 사고의 흐름(thought flow)을 고려하면, 바울은 여성의 역할을 소극적으로 평가하는 이(misogynist)로 비치는 것 같다. 하지만 성(性)이라는 이유만으로 여성을 비하하거나 혐오한 신약 저자는 없다. 그렇다면 '과부와 교회'라는 주제를 다루는 이 두 본문의 의미를 정확히 이해하기 위해서, 무엇보다 그 당시 에베소 교회가 처한 역사적-문화적 배경 연구가 필수적으로 요청된다.

---

673) 디모데전서의 대적은 결혼을 금했지만(4:3), 동시에 젊은 과부를 유혹했기에(5:6) 금욕적 성격만 가지고 있었다고 보기 어렵다. 따라서 그들은 이중적 혹은 위선적이었다. 유은걸, "목회서신의 대적자는 영지주의자였는가?" 『신약논단』 15(2008, 4), 1071.
674) 송영목, "목회서신의 율법관: 바울의 새 관점과 비교하며," 『교회와 문화』 28(2012), 95-126.
675) 교회에서 여성의 역할을 논할 때, 오용(문제를 일으킨 여성)이 유용(성경적인 여성의 역할)을 제거할 수 없는 것(abusus non tollit usum)은 진리다. 하지만 철저한 주석을 거치지 않은 채, 교세 확장이라는 실용주의와 여성 인권 개선이라는 휴머니즘적 시대조류에 편승하여 여성 안수를 지지할 수 없다. 또 다른 상극 즉 치열한 석의 결과를 현실에 적용하려는 고민 없이 교회의 전통에 집착하여 쉬운 길을 따르는 것이 개혁주의와 무관함은 두말할 필요 없다.

이 글의 목적은 디모데전서 5:3-16에 나타난 과부의 기준과 직무를 살펴서 현대 교회에 적용하는 것이다. 이를 위해서, **(1)** 성경에 나타난 과부와 그리스 제국, 이스라엘, 로마 제국에서 과부의 상황을 살펴본다. 그 다음 **(2)** 디모데전서 5:3-16을 주해하고, **(3)** 에베소 교회와 현대교회에 적용한다.

1. 성경에 나타난 과부 그리고 고대 세계에서 과부

성경은 고아, 과부, 나그네 즉 부모, 남편, 가정을 잃은 사람들을 향해서 특별한 관심과 돌봄을 제공해야 할 것을 가르친다. 하나님은 고아의 아버지이시며 과부(הָאַלְמָנָה)의[676] 재판장이시다(시 68:5). 하나님은 고아와 과부를 신원하신다(출 22:22; 신 10:18). 이 외에도 구약에서 과부에 관한 언급은 많다(신 14:29; 26:12-13; 27:19; 룻 1:22-2:23; 4:13-17; 왕상 17:7-24; 왕하 4:1-7; 욥 24:3; 29:13; 31:16; 시 68:4-6; 94:6; 146:9; 잠 15:25; 사 1:17; 렘 7:6; 22:3; 슥 7:10; 말 3:5). 신약의 경우, 예수님은 나인 성 과부의 아들을 살리셨고(눅 7:11-12), 불의한 재판관에게 강청한 과부의 기도를 칭찬하셨고(눅 18:1), 여인의 뜰에 있던 연보궤에 동전 두 렙돈을 넣은 가난한 과부를 칭찬하셨다(막 12:41-42).[677] 예수님은 과부 신세가 된 어머니 마리아를 제자에게 부탁하셨다(요 19:25-27). 예루살렘 교회는 과부 성도를 돌보기 위해 일군 7명을 선출했다(행 6:1-6). 하나님 앞에서 정결하고 더러움이 없는 경건은 곧 고아와 과부를 그들의 환난 중에 돌보는 것이다(약 1:27). 과부는 여왕과 대조되기

---

676) אַלְמָנָה의 어근 alem의 뜻은 '말할 수 없는'이다. '과부 신세'(widowhood)는 히브리어 almenuth로 '침묵'을 뜻하는데, 자신을 위해서 진술할 수 없는 취약한 법적 상태를 암시한다. 인도-유럽어 어근 ghé에 온 헬라어 χήρα는 '텅 빈 상태로 버려진'(left empty)이라는 뜻이다. 그리고 관련 헬라어 전치사 χωρίς는 '-없이'(without)이라는 뜻이다. B.B. Thurston, *The Widows: A Women's Ministry in the Early Church* (Minneapolis: Fortress, 1989), 9.

677) 누가복음의 과부들은 약자였지만, (정착 제자로서) 참 제자도를 보여주는 신앙의 인물이다. 하지만 누가복음의 (용감한) 과부들은 불의한 가부장적 결혼 제도에 저항할 뿐 아니라, 고전 7장과 달리 과부의 금욕적인 독립(ascetic independence)을 저해하는 위(pseudo) 바울의 주장(딤전 5:11-15)에도 저항한다고 보는 S. Curkpatrick, "Real and Fictive Widows: Nuances of Independence and Resistance in Luke," *Lexington Theological Quarterly* 37(2002, 4), 217-18의 입장은 재고되어야 한다.

제4부 | 바울신학 359

도 한다(계 18:7).

유대인들은 젊은 남편이 죽는 경우 죄에 대한 응보로 간주했다. 그런데 그 응보는 아내가 초래할 수 있었다고 여겨졌기에, 젊은 과부는 불명예로웠다(참고. 룻 1:20-21; 사 54:4). 남편이 죽은 후, 과부는 남편의 상속자들에게 결혼지참금을 돌려준 후 친정으로 돌아갈 수 있었다. 그렇지 않으면, 과부는 전 남편의 가족으로 남아야 했으며 낮은 신분으로 살아야 했다. 과부는 빚을 갚기 위해서 노예로 팔리기도 했다. 과부의 재혼은 허용되었지만, 타인의 눈살을 찌푸리게 만들었다. 과부는 형사취수혼 제도에 따라 죽은 남편의 가족에 머물기도 했다(신 25:5-10). 제사장은 제사장의 과부와 결혼할 수 있었다(겔 44:22). 신명기는 과부를 돕고 보호하는 다양한 규정을 밝힌다(신 14:17-18, 28-29; 16:11, 14; 24:19-24). 회당 혹은 더 넓은 공동체 차원에서 과부를 위한 매주 금요일에 시행한 구제와 장기적인 구제를 시행할 영구적 시스템을 갖추었다.[678]

그리스 제국의 경우, 나이 많은 과부가 재혼하지 않았다면, 그녀는 친정으로 돌아와서 자신의 돈을 관리할 수 있었다. 그녀가 대출을 받으려면 아들의 허락이 필요했다. 늙은 과부는 외부의 공격으로부터 자신을 보호할 수 있는 연령으로 간주되었으며, 젊은 과부보다 활동의 자유는 더 많았다. 국가가 늙은 과부를 후원했지만, 자녀들은 홀어머니를 돌보도록 교육 받았다. 60세 이상 된 과부는 전문 호상꾼으로 장례식에서 돈을 벌 수 있었다.[679] 그리스 제국 가운데 이집트가 여성 인권을 가장 많이 허용했고 가부장적 질서가 약했다. 이집트의 결혼 계약서에 따르면, 남편은 이혼 후에 자기 아내가 노예로 전락하지 않고 신분을 유지하도록 적절히 배려해야 했다.[680]

---

678) P.H. Towner, *The Letters to Timothy and Titus* (NICNT; Grand Rapids: Eerdmans, 2006), 334; Thurston, *The Widows*. 13-14.

679) Thurston, *The Widows*, 11.

680) Thurston, *The Widows*, 15.

로마 제국은 그리스 제국 후반기의 여성 인권을 어느 정도 존중하는 분위기를 계승했기에, 로마 여성은 (이집트를 제외한) 그리스 제국과 유대인 여성보다 더 자유와 권한을 누렸다. 로마 공화정(BC 509-BC 27) 후반기에 여성은 결혼, 이혼, 법정에서의 증거를 주체적으로 할 수 있었다. 그 당시 결혼에서 남녀가 가지는 법률적 평등은 이전 시대보다 개선되었지만, 가부장 제도가 지속되었기에 완전한 성평등은 불가능했다.[681] 법률적 관점에서 볼 때, 이혼은 남편만큼이나 아내에게 쉬웠다. 아내가 이혼 절차의 주도권을 쥔 상태에서도 결혼지참금을 챙길 수 있었다. 남편이 죽을 때, 자신의 상속자들(예. 아들)에게 남기는 유산보다 적은 금액의 유산을 아내에게 남길 수 있었다. 과부보다 재혼한 여인이 존경을 덜 받은 것은 사실이지만, 국가 차원에서 재혼을 장려했다. 20-50세 사이의 과부는 남편 사후 12개월 안에 새 남편을 찾아야 했고, 그렇지 않으면 대개 경제적인 어려움에 직면했다.[682]

디모데전서 5:3-25는 '과부'(χήρα)와 '장로'에 대해 다룬다. 이 글에서 살펴볼 3-16절은 교회의 도움을 필요로 하는 과부(그리고 그들의 사역)의 자격을 다룬다. 첫 구절인 3절과 마지막 구절인 16절은 '참 과부들'을 각각 언급함으로써(참고. 5절), 3-16절은 포괄식(inclusio) 구조를 가진다. 따라서 5:3-16을 하나의 통일성 있는 단위로 간주할 수 있다. 바울은 디모데전서의 총 112절 중 14절이나 과부에 할당하여, 이 논의를 매우 중요하게 여긴다. 과부의 구제라는 예루살렘 교회에서 발생한 문제(행 6:1-5)와 유사한 것이 약 30년 후 에베소 교회에서도 발생했다. 뒤따르는 17-25절에서 바울은 장로들의 급료와 선출 그리고 징계를 다룬다.

---

681) B. Witherington, *Women in the Earliest Churches* (Cambridge: Cambridge University Press, 1988), 16, 23.

682) Thurston, *The Widows*, 15-16; 6-10세의 가난한 소녀가 로마 제국을 위해서 30년 동안 처녀(vestal virgin)로 바쳐진 경우, 부자 기혼 여성보다 두 배의 결혼 지참금을 국가로부터 받았다. Witherington, *Women in the Earliest Churches*, 19.

2. 디모데전서 5:3-16 주해

2.1. 과부를 돌보아야 하는 자손의 의무(딤전 5:3-8)

에베소에서 목회하던 디모데는 참 과부들(τὰς ὄντως χήρας, real widows)을 존대해야 한다(3절). 현재 능동태 명령형 2인칭 단수 '존대하라'(τίμα)는 제 5계명의 LXX(출 20:12)에 등장한다(τίμα τὸν πατέρα σου καὶ τὴν μητέρα). '존대'는 단순히 심정적으로 존경하는 것을 넘어, 물질을 제공하는 것도 포함한다(참고. 17절).[683] 문맥상, 디모데는 참 과부를 어머니처럼(5:2) 존대해야 했다. 여기에 '하나님의 가족' 은유가 나타난다.[684]

바울 당시에 여자가 남편을 잃으면 새로운 가장이 된 맏아들 가족과 함께 살든지, 아니면 결혼지참금(dowry)을 받아서 친정집으로 돌아올 수 있었다. 후자의 경우 죽은 남편과 법적으로 단절된 것을 의미하며, 결혼 지참금을 관리하는 친정 아버지가 과부 딸의 생계를 책임졌기에, 교회가 재정적 지원을 할 필요가 없었다. 이런 관습은 로마 제국이 그리스 제국으로부터 계승한 것이다. 하지만 대부분의 늙은 과부는 경제적으로 철저히 안정된 조치를 제공 받지 못했다.[685] 에베소 교회의 경우 두 가지 가능성이 있는데, 결혼 지참금을 관리하는 이가 과부를 제대로 돌보지 않았거나, 결혼 지참금이 과부의 생계에 충분하지 않았던 것 같다.[686]

---

683) G.W. Knight III, *The Pastoral Epistles* (NIGTC; Grand Rapids: Eerdmans, 1992), 216.
684) P.G. Ryken, *1 Timothy* (Reformed Expository Commentary; Phillipsburg: P&R, 2007), 194.
685) B.W. Winter, "*Providentia* for the Widows of 1 Timothy 5.3-16," *Tyndale Bulletin* 39(1988), 83, 88. 네로 황제 때 아동 수당(*alimenta*)이 지급되었고, 로마시에는 모든 계층에게 옥수수가 무상으로 지급되기도 했으며, 식량 부족 시기에 부자들은 폭동을 두려워하여 과부와 같은 가난한 이들에게 양식을 제공하기도 했다. 개인 후견인에게 후원하기 어려운 상황이 발생하면, 다른 후견인이 대신 도울 수 있었다. 이처럼 1세기 로마 제국에 나름대로 복지 시스템이 구축되었다.
686) W.D. Mounce, *Pastoral Epistles* (NICNT; Nashville: Thomas Nelson, 2000), 278.

디모데전서 5:3, 5, 16의 '참 과부'는 실제 도움을 필요로 하는 과부(widows who are really in need)라는 말이다. 이들은 결혼 지참금도 없고 돌봐줄 사람도 없는 사람이다. 참 과부는 단지 남편과 사별한 사람만 의미하지 않고, 구약에 나오는 전형적인 과부의 곤경 즉 궁핍을 경험하고 있는 여성을 가리킨다.[687] 그레코-로마 세계에서 남편의 종교가 가족 전체의 종교가 되었던 관습에 비추어 보면, 불신 남편으로부터 여성도가 이혼을 통보 받았을 가능성은 적지 않다. 이 이유로 에베소 교회에 과부가 다소 많았던 것 같다.

하지만 어떤 과부에게 자녀나 손자가 있으면, 그들은 집에서 효(εὐσεβεῖν, 경건; 참고. 딤전 3:16; 딤후 3:5)를 행하여, 과부 어머니나 과부 할머니에게 보답하기를 배워야 한다(4절). 개역개정판이 '효'라고 번역한 경건은 내적인 신앙의 헌신과 외적인 신앙의 반응이 결합한 것을 가리킨다.[688] 경건은 기독교 가정 윤리의 동인(動因)이다. 효는 보편적인데 '제 2의 경건'이다.[689] '보답하다'(ἀμοιβὰς ἀποδιδόναι)는 부모가 자녀를 위해서 모든 것을 주면서 양육했다면, 자녀가 자신의 노부모를 돌보는 것이 마땅함을 뜻한다. 이것은 과부의 보호자이신 하나님을 기쁘시게 하는 것이다. 바울은 단지 교회의 재정적 부담을 덜기 원하는 것이 아니라, 성도가 자기 가족을 사랑함으로써 하나님께 영광을 돌리도록 가르친다. 이처럼 성도의 경건 실천은 가정에서 시작된다.

참 과부는 외로운 자이며 소망을 하나님께 두고 밤낮 간구와 기도를 한다(5절; 참고. 4:10; 살전 3:10). '밤낮'은 참되고 지속적인 경건의 실천이 공적-사적 기도로 가능함을 강조한다.[690] 좋은 예를 안나(Ἅννα)에게서 볼 수 있다(눅 2:36). 그

---

687) 존 월튼 외 (eds), 『IVP 성경배경주석』 (서울: IVP, 2010), 1918.
688) Towner, *The Letters to Timothy and Titus*, 339.
689) J. 칼빈, 『목회서신 주석』 (서울: 성서교재사간행사, 1993), 491.
690) 서방 본문은 '낮과 밤'으로 쓴다. 하지만 사본상 지지를 더 받는 '밤낮'은 셈어적(semitic) 표현인데(창 1:1; 막 5:5; 눅 2:37), 바울 서신에 자주 나타난다(살전 2:9; 3:10; 살후 3:8; 딤후 1:3).

러나 향락(σπαταλῶσα, self-indulgent)을 좋아하는 과부 곧 쾌락을 위해 사는 과부(merry widow)는 살았지만 영적으로 죽은 사람과 같다(6절). 여기서 '향락'은 2:9의 땋은 머리, 금, 진주, 값진 옷으로 치장했던 여인들을 연상시킨다. 더 나아가 '향락'은 자신의 이익을 위해서 과부가 성적으로 음행한 것을 암시한다.[691] 이런 과부는 교회의 후원을 기대할 수 없을 뿐만 아니라, 자기를 부인한(self-denial) 참 과부와 전적으로 다르다.

디모데는 이것들을(4-6절) 명하여, 참 과부를 둔 자녀나 손자들로 하여금 책망 받을 것이 없도록 해야 한다(7절). 사망한 남편과 과부 사이에 태어난 아들이 결혼지참금을 관리하는 가장인 경우, 그는 마땅히 과부가 된 어머니를 돌보아야 했다.

누구든지 자기 친족 특히 가족을 돌보지 않으면 믿음을 저버린 것이요 불신자보다 더 악한 자다(8절). 비슷한 맥락에서 예수님도 '고르반' 법칙을 비판하셨다(막 7:9-13). 고대 메소포타미아, 애굽 그리고 우가릿의 경우, 과부를 돌보는 것은 신들의 뜻이자 평민의 의무였다.[692] 그레코-로마의 철학과 자연법은 친족이 져야 할 도덕적이고 법적인 책임을 강조했다. 바울은 이런 일반적인 윤리-문화적 규범을 공격하지 않는다. 거듭난 성도라는 당연히 늙고 가난한 가족과 친족을 돌보아야 한다. 8절의 '믿음을 저버린 것'은 그리스도를 배반하여 저주를 받은 배교(apostasy)를 가리키는가?(마 10:33; 벧후 2:1; 유 4). 친척을 제대로 부양하지 못한다고 해서 배교한 것이라고 결론을 내리는 것은 논리적 비약이다.[693]

---

691) Ryken, *1 Timothy*, 204.
692) Thurston, *The Widows*, 14.
693) Mounce, *Pastoral Epistles*, 285. 하지만 15절의 "사탄에게 갔다"와 연결해 보면, 8절은 배교의 가능성을 완전히 배제하지 않는 것 같다.

2.2. 교회가 돌보아야 참 과부(딤전 5:9-16)

9-16절은 교회가 돌볼 대상자의 이름에 올려야 할 참 과부를 언급한다. 참 과부의 조건은 무엇인가? 60세 이상이어야 한다(9a).[694] 즉 고대에서 노인으로 간주되기 시작한 40세[695] 혹은 60세는 경제적인 능력이 없고 재혼을 포기한 경우다.[696] 참고로 AD 9년에 선포된 법령(lex Papia Poppaea)에서 아우구스투스는 '50세' 이전의 출산을 할 수 있는 과부에게 2년 이내에 재혼을 명했다. 헬라 세계도 자녀가 있는 젊은 과부가 재혼하여 안정적인 삶을 추구하도록 했다.[697]

참 과부는 한 남편의 아내였던 자라야 한다(9b). 바울이 14절에서 재혼을 권면하므로, 한 남편의 아내를 한 번만 결혼한 경우로 제한할 필요는 없다. 오히려 한 번 이상 결혼했더라도, 남편(들)에게 정절을 지킨 과부의 경우로 보는 게 합당하다.[698] 한 번 결혼하는 것이 이상적이라면, 합법적인 재혼은 현실적이다. 그런데 5:9b의 '한 남편의 아내'(ἑνὸς ἀνδρὸς γυνή)는 장로의 자격(μιᾶς γυναικὸς ἄνδρα, 3:2)과 집사의 자격(μιᾶς γυναικὸς ἄνδρες, 3:12)을 연상시키므로, 장로와 집사처럼 과부가 교회에서 어떤 사역을 할 수 있음을 암시하는가? 적지 않는 주석가들은 이런 사역의 암시를 10절(아이 돌봄, 나그네 대접, 환난 당한 자를 구제)에서

---

694) 플라톤에 의하면 60세는 (남녀)제사장으로 섬기기에 최소의 나이였다. W.L. Liefeld, *1 & 2 Timothy, Titus* (NIV Application Commentary; Grand Rapids: Zondervan, 1999), 181.

695) Liefeld, *1 & 2 Timothy/Titus*, 175.

696) 바울 당시 과부 및 미혼 여성에게 있어서 가부장적 시스템의 불평등한 억압에서 자유와 평등을 얻는 하나의 방편은 (재혼하지 않고) 독신을 고수하는 것이었다. BC 3세기부터 법률, 경제, 교육에 있어 여성의 인권이 다소 신장되었는데, 신피타고라스 학파, 스토아 학파, 에피쿠로스 학파, 견유 학파 등이 지지했다. 페미니스트(예. R.R. Reuther)는 이런 현상이 AD 4세기까지 지속되었다는 증거를 나름대로 제시한다. 하지만 바울은 고전 7장에서 여성의 이런 평등과 자율성이라는 차원을 감안하여 독신을 권면한 것 같지 않다. 그리고 딤전 5:3-16에서 여성의 평등과 자율은 중심 주제가 아니다. 참고. J.M. Bassler, "The Widow's Tale: A Fresh Look at 1 Tim 5:3-16," *JBL* 103(1984, 1), 24-26.

697) Winter, "*Providentia* for the Widows of 1 Timothy 5.3-16," 85.

698) Knight III, *The Pastoral Epistles*, 223; 마르틴 디벨리우스, 『목회서신』(국제성서주석; 서울: 한국신학연구소, 1983), 117.

찾는다.[699)] 하지만 9절은 참 과부의 사역이 아니라 조건을 다루는 점을 기억할 필요가 있다. 그리고 그 당시의 약 45세라는 짧은 평균 수명을 고려해 본다면, 9절에서 인생을 마감할 때가 가까운 과부의 사역을 부각시키기는 쉽지 않다.[700)] 그러나 이 사실이 초대 교회에서 과부가 담당한 사역의 가능성을 배제하지 않는다. 욥바의 다비다(Ταβιθά)가 좋은 증거다(행 9:36). 따라서 과부가 교회에서 일정 사역을 감당했다고 보는 것이 신약의 증거에 일치한다.[701)]

그리고 참 과부는 선한 행실들의 증거가 있어야 한다(10a). 여기서 '선한 행실들'이란 구체적으로 자녀(혹은 고아)를 양육하고, 나그네(순회 전도자)를 대접하고, 겸손히 성도의 발을 씻기고(삼상 25:41; 눅 7:44; 요 13:5, 12, 14), 환난 당한 자를 구제하고, 모든 선한 일을 행하는 것이다. 가정에서 행하는 자녀 양육, 나그네 대접, 발을 씻김은 그레코-로마 세계에서도 여성의 활동으로 인정을 받는 것이었다. 이처럼 가정에서 충실한 이가 교회를 섬길 수 있다. '환난'은 믿음 때문에 당하는 박해를 배제할 수 없다. 10절 마지막의 "모든 선한 일을 행한 자라야 할 것이요"는 참 과부의 후보에 오를 여인이 행한 믿음의 가시적인 행동들을 요약한다. 이 조건들을 충족하는 이들은 이타적인 봉사정신으로 충분히 교회를 섬길 수 있는 사람이다. 디모데전서 2:10의 빛에서 볼 때, 이 조건들을 충족하는 늙고, 신실하고, 정절이 있는 이 여인들은 '하나님을 경외하는 이들'이다. 바울 당시의 주고받는 문화 및 명예와 수치라는 가치에서 볼 때, 참 과부는 호혜(benefaction)를 남에게 베푼 명예로운 이들인데, 교회로부터 호혜를 받는 것에

---

699) 예를 들어, Thurston, *The Widows*, 50-52; Knight III, *The Pastoral Epistles*, 222; 마르틴 디벨리우스, 『목회서신』, 115; Ryken, *1 Timothy*, 210-12; Liefeld, *1 & 2 Timothy, Titus*, 187; 칼빈, 『목회서신 주석』, 496-97 그리고 Ellicott, Bernard, Lock, Conzelmann, Kelly, Brox, Hanson, Roloff, Oberlinner, Kmmel. Contra 교회의 과부라는 직분이 아닌 교회가 후원해야할 과부의 자격을 다룬다는 St hlin, Sand, Fee, Towner, ESV Study Bible, Mounce, Young. 참고. Mounce, *Pastoral Epistles*, 273.

700) Towner, *The Letters to Timothy and Titus*, 346; Mounce, *Pastoral Epistles*, 274.

701) Witherington, *Women in the Earliest Churches*, 149-50. 참 과부가 사역을 감당했다는 것과 참 과부가 공식적으로 임직하여 교회의 과부라는 직분을 가졌다는 것은 별개다.

서 그치지 않고 호혜를 다시 베푸는 사역을 할 수 있는 명예로운 이들이다.[702] 그레코-로마 세계에서 종교적인 이유로 독신으로 지내는 것은 명예였으므로, 참 과부는 불신자들이 볼 때에도 명예로웠다.[703] 이처럼 기독교 윤리는 세상의 윤리를 충족시키고 넘어선다.

하지만 재혼할 수 있는 나이에 있는 젊은 과부는 명부에 올리지 말아야 한다(11절). 젊은 과부는 독신생활을 힘들어하고 재혼하려고 하는 사람들인데, 성적 욕구(καταστρηνιάσωσιν, NT hapax, strong impulse of sexual desire, 참고. 계 18:7, 9)가 독신으로 남아서 교회를 섬기겠다는 헌신보다 더 강렬해지면 처음 믿음(πρώτην πίστιν) 혹은 '처음 서약'을 저버리기 때문이다(12절). 처음 믿음/서약을 어긴다는 것은 무슨 의미인가?[704] **(1)** 첫 남편에 대한 첫 서약을 깨뜨린 것인가? **(2)** 아내가 남편의 종교를 따르던 그 당시 관습을 염두에 둔다면, 불신 남편과 재혼하여 그리스도에 대한 믿음을 포기한 것인가? **(3)** 교회가 돌보아야 할 과부의 명부에 이름이 오른 자답게 그리스도를 위해서 자신을 헌신하며 살겠다는 서약을 어긴 것인가? 14절에서 바울은 재혼을 권면하기에 **(1)**은 가능성이 없다. **(2)**도 가능성이 있지만, 참 과부의 조건(과 사역)을 다루는 문맥상 **(3)**이 적절하게 보인다. **(3)**은 서약한 참 과부들이 교회에서 일정 사역을 맡았다는 암시가 된다.[705] 결국 젊은 과부의 문제점은 재혼이나 성욕에 있지 않고, 서약을 어긴데 있다. 참고로 12절은 가톨릭이 시행하는 '성직자의 독신(celibacy) 서약'의 근거가 될 수 없다. 가톨릭은 수녀의 자격을 60세에서 계속 낮추어 최근에 10대로 규정한다.

---

702) B.W. Winter, *Seek the Welfare of the City: Christians as Benefactors and Citizens* (Grand Rapids: Eerdmans, 1994), 77.

703) C.S. Keener, "Marriage," in C.A. Evans & S.E. Porter (eds) *Dictionary of New Testament Background* (Downers Grove: IVP, 2000), 680.

704) Knight III, *The Pastoral Epistles*, 226.

705) Ryken, *1 Timothy*, 215.

그리고 (독신 서약을 하고 교회의 후원을 받는) 젊은 과부들은 봉사를 게을리 하고, 집집으로 돌아다니면서 온갖 종류의 쓸데없는 말(거짓 교리, 개인 사정, 소문 등)을 퍼뜨리고, 일을 만들어 문제를 야기할 가능성이 있기 때문이다(13절; 참고. 살후 3:11).[706] 여기서 집집을 돌아다는 것은 교회가 시행한 심방을 젊은 과부들이 오용한 것 같다. 이 젊은 과부들은 이단의 도구로 전락한 어리석은 여자들로 보인다(딤후 3:6-7; 참고. 잠 26:22). 그런데 윈터(B.W. Winter)는 13절의 '수다스럽고(gossipy) 참견하고(meddlesome) 마땅하지 아니한 말'(φλύαροι, καὶ περίεργοι, λαλοῦσαι τὰ μὴ δέοντα)을 성적인 뉘앙스로 이해하여, 이 젊은 과부들을 단순히 부주의하고 게으른 부류가 아니라, 성적으로 방종했던 그 당시 로마의 여인들과 같이 분류한다.[707] 이런 주장은 바로 앞 11절의 성적 방탕(καταστρηνιάσωσιν)에 관한 언급에 비추어 볼 때 가능하다. 일부 여인들이 불신 여인들처럼 방종에 빠지고, 이단의 헛된 말과 거짓된 지식(딤전 6:20; 딤후 3:6)의 도구가 된 것을 경험한 에베소 교회의 남성들은 가부장적인 체제를 더 강화하려고 시도했을 수 있다.[708] 13절의 형용사 '참견하는'(περίεργοι)은 사도행전 19:19(περίεργα)에서 마술에 동원된 주술을 가리킨다. 그렇다면 에베소 교회의 젊은 과부들은 심방할 때 엑스타시 상태에 들어가 주술을 말했는가? 아니다. 13절은 마술이나 주술과 무관하며, 남의 일에 참견하기 좋아하는(busybody) 부적절한 언어 습관을 지적한다.[709]

---

706) 아리스토텔레스의 제자 Theophrastus(BC 371-287)는 교육이 여성을 게으르고, 말을 많게 하고, 남의 일에 참견하게 만든다고 일갈한 적 있다. 이 입장은 여성의 역할을 가정에 제한했던 Fortuna cult 와 일치한다. 하지만 딤전 5:13의 젊은 과부들이 교육 받았다는 암시는 없다. 오히려 바울은 남편이 아내에게 철학을 가르쳐 미신과 속임으로부터 보호하려 했던 Plutarch(AD 46-120)와 유사하며, 아내가 남편에게 순종해야 하는 것과 교육의 필요성을 균형 있게 강조했던 Musonius Rufus(AD c. 25-101)와 더 가깝다(참고. 딛 2:5). 그리스도 안에서 남녀가 하나라는 바울의 가르침은(갈 3:28)은 여성 전도에 촉매제 역할을 했을 것이다. 하지만 바울의 가르침은 여성의 자유와 해방을 과도하게 주장하는 Dionysia cult와 다르다. 참고. Bassler, "The Widow's Tale: A Fresh Look at 1 Tim 5:3-16," 27-28, 38.

707) Winter, "*Providentia* for the Widows of 1 Timothy 5.3-16," 97.

708) Bassler, "The Widow's Tale: A Fresh Look at 1 Tim 5:3-16," 32.

709) Mounce, *Pastoral Epistles*, 294.

젊은 과부는 오히려 재혼하여, 자녀를 낳고, 가정을 돌보는 게 낫다. 바로 그 때 대적의 유혹에 넘어가지 않을 것이다(14절).[710] 재혼하여 자녀를 그리스도의 교양과 훈계로 양육한다면 젊은 과부의 죄악이었던 게으름이 치유된다(참고. 엡 6:4). 현재 디포넌트 분사 남성 단수 여격 '대적'(τῷ ἀντικειμένῳ)은 집합적 의미를 가지는데, 사탄(참고. 15절)과 성도의 나쁜 행실을 비난한 불신자를 포괄한다. 에베소 성도의 삶은 이방 사회의 평가 대상이었다. 따라서 바울이 14절에서 준 권면은 그 당시 세계가 기혼 여성에게 기대했던바(자녀 양육, 가족 결속, 가정의 조화)를 충족시켜서, 기독교가 사회질서와 문화 규범을 해치는 종교가 아님을 변증할 수 있도록 만들었다. 그런데 젊은 과부에게 재혼을 권장하는 14절은 독신을 권장하는 고전도전서 7:39와 상반되지 않는가?[711] 바울은 고린도 교회에게 모든 성도가 아니라 독신의 은사를 가진 자가 독신으로 살 수 있다고 자신의 의견 차원에서(고전 7:40) 권면했다(고전 7:7). 젊은 과부는 독신의 은사를 가지지 못한 이로 분류되기에, 독신으로 지낼 의무가 없다(참고. 고전 7:11). 임박한 종말론을 배경으로 하는 고린도전서와 달리(7:26), 디모데전서에서 바울은 독신을 칭송하는 그 당시 문화를 반대한다.[712] 무엇보다 에베소 교회는 결혼을 금하던 거짓 선생의 도전에 직면해 있었기에(4:3), 바울은 독신만 강조할 수 없었다.

젊은 과부 가운데 일부는 방종한 삶에 빠져 사탄에게 갔다(15절).[713] 이 방

---

710) 에베소 교회에 젊고 부유한 과부가 더러 있었던 것으로 보인다. 아마도 그녀들은 (여성보다 짧은 수명, 전쟁 등으로) 숫자적으로 작았던 것으로 여겨지는 홀아비에게 인기가 있었을 것이다. 참고로 칼빈과 쯔빙글리같은 적지 않은 교회개혁가들은 과부와 결혼했는데, 약자를 구제하는 차원에 있었다.

711) 고린도 교회 중 일부는 이미 천사처럼(고전 13:1) 영화의 상태에 도달했다는 과도히 실현된 열광적 종말론에 빠져 독신을 추구한 것 같다(참고. 눅 20:34-35). 참고. W. Deming, *Paul on Marriage and Celibacy: The Hellenistic Background of 1 Corinthians 7* (Cambridge: Cambridge University Press, 1995), 21-23.

712) Witherington, *Women in the Earliest Churches*, 35.

713) Liefeld, *1 & 2 Timothy, Titus*, 175. 여기서 칼빈은 가톨릭의 독신 제도를 비판한다: "오늘날 교황주의자들이 조금이라도 덕스러운 것에 관심이 있다면, 독신이라는 불결한 관습을 얼마든지 폐기할 수 있다. 그러나 그들은 단 하나의 매듭을 풀 생각은 고사하고 수백만의 영혼을 불경건하고 악마적인 원칙의 잔인한 쇠고랑 속에 얽어매고 있다." 칼빈, 『목회서신 주석』, 503. 칼빈 훨씬 이전인 니케아 회의 이전 시대에 영지주의자와 터툴리안(160-225)을 포함하여 몬타누스파는 인간의 성에 관하여

탕하고 '즐거운 과부'(merry widow)가 사탄의 손에 빠져든 것은 처음 믿음/서약을 저버리고 정죄를 받았다는 12절에 상응한다. 이들은 그리스도에게 속하지 않은 자들로서 그리스도의 통치에서 벗어나 사탄의 아귀에 놓였다. 배교 행위는 아니지만 친족을 돌보지 않은 죄를 범한 성도를 꾸짖은 8절과 달리, 15절에서는 사탄을 따르는 배교를 언급한다. 왜냐하면 디모데전서에서 사탄은 구원을 받지 못한 이단의 배후에 있기 때문이다(딤전 4:1-2). 방탕한 젊은 과부는 이미 사탄적인 이단의 가르침에 굴복하고 말았다.[714] 젊은 과부 중 일부는 불신자와 결혼해서 불신 남편의 종교를 따랐거나, 창녀가 되었을 가능성도 있다.

바울은 16절에서 전체 논의의 결론을 맺는다: 만약 어떤 믿는 여자(τις πιστὴ)가 과부(χήρας) 친척을 가지고 있다면 자기가 도와주어야 한다(16a). 다수사본은 '만약 어떤 믿는 남자 혹은 여자가'(τις πιστὸς ἢ πιστὴ)로 확장해서 쓰는데, 4절과 8절을 참고한 결과로 보인다. 여성도가 친척 과부(복수 명사, 예를 들어, 과부 어머니, 과부 할머니, 과부 장모)를 도와준다면, 교회의 짐을 덜어주는 것이다(16b; 예. 행 9:36-42의 다비다).[715] 그 결과 교회는 도와줄 친척이 없는 참 과부를 도와주는 데 집중할 수 있다(16c). 개인차원에서 구제를 감당할 수 있는 부자 여성도가 에베소 교회에 있었다(2:9; 6:17-19). 만약 믿는 홀아비가 참 과부를 돌보는 사역을 자청했다면 부적절해 보인다. 믿는 기혼 남성은 이 사역을 자기 아내가 하도록 해야 했다. 따라서 남자 성도는 이 개인 차원의 사역에서 제외되었다.[716]

부족한 견해를 보였는데, 그 결과 여성을 비하하고, 미혼과 독신을 장려하며, 부부 관계 안에서 지나친 절제를 가르쳤다. 유사한 견해를 알렉산드리아의 클레멘트, 오리겐, 이집트의 성 안토니(251?-356), 어거스틴, 요세푸스(아피온에 반박하여 2.25) 등에게서도 볼 수 있다. Witherington, *Women in the Earliest Churches*, 184-86.

714) Mounce, *Pastoral Epistles*, 297.
715) Contra 16절의 어떤 여성도를 참 과부를 돌보는 사역을 담당하는 과부로 보는 마르틴 디벨리우스, 『목회서신』, 119.
716) Lyken, *1 Timothy*, 219.

3. 적용: 에베소 교회와 현대교회

참 과부가 에베소 교회에서 사역을 담당했는가에 대한 논의는 계속 된다. 하지만 위의 석의에서 살펴본 대로, 몇 가지 자격을 갖춘 참 과부는 에베소 교회의 기도 사역(딤전 5:5)과 양육, 대접, 구제 사역에 일역을 감당했다(딤전 3:2, 11; 5:10).[717] 그런데 참 과부는 디모데전서 3:11에 나타나는 여집사의 일부였는가? 이 질문에 디모데전서 5:3-16은 분명한 방식으로 답하지 않는다. 그러면 우리는 답을 어떻게 추론할 수 있는가? 표면적으로 볼 때, 이 단락은 참 과부의 사역을 자격보다 분명하게 밝히지 않는다. 디모데전서의 다른 본문과의 연관성(intratextuality)과 관련 어휘의 의미를 살펴보면 사정이 달라질 수 있다. 참 과부의 자격은 장로와 집사의 자격과 일부가 중복된다. 그리고 오늘날 달리, 바울 당시에 여집사의 연령 제한이 없었기에 참 과부가 여집사로 섬겼을 가능성이 크다.[718] 참 과부는 남편에게 복종하는 대신 교회의 머리이신 그리스도께 순종하고, 자신의 자녀를 양육하는 대신에 교회의 자녀를 돌보는 데 헌신하며, 경제 활동하는 대신에 환난 중에 있는 성도를 돌보는 일에 전념할 수 있었다. 여기에 디모데전서 2:1의 기도 사역을 추가할 수 있다. "모든 기도하는 과부들은

---

717) 존 월튼 외 (eds), 『IVP 성경배경주석』, 1918.

718) 참고. 딤전 5:3-16을 여집사와 다른 별도의 '교회의 과부'라는 '직책'(order)으로 발전해 가는 단계라고 이해하는 마르틴 디벨리우스, 『목회서신』, 115; Thurston, *The Widows*, 44; contra Mounce, *Pastoral Epistles*, 275. Thurston은 3절의 동사의 명사형 τίμαν을 직분자가 받는 '사례'(payment)로, 9절의 καταλεγέσθω(let be enrolled)를 '직분에 임명하다'로 해석한다. 그리고 Thurston은 감독(3:1-7), 집사(3:8-13), 장로(5:17-19)의 자격이 언급되는 가운데 부분에(5:3-16) 교회의 과부 직책을 감당할 자격이 위치한다고 본다. 교회사적으로 볼 때, 성경 외에 여집사에 관한 최초의 언급은 총독 플리니가 황제 트라얀(98-117)에게 보낸 편지에 나타난다. 터툴리안의 'On Exhortation to Chastity' 13과 알렉산드리아의 클레멘트의 'Stromata' 3.6.53도 여집사를 언급한다. 이그나티우스와 터툴리안은 교회의 과부에 대해 언급했다. 그리고 3세기 초의 *Didascalia* 3.8.3은 과부의 임무로 금식, 환자 심방 및 안수 기도를 언급한다. 히폴리투스(170-236)는 과부가 말씀에 의해서 임명을 받지만, 안수로 임직하지 않는다고 밝힌다. 기도에 헌신하는 과부를 영적 희생을 드리는 '제단'(altar)에 비유하기도 한다. 3세기에 교회의 과부는 교회에서 공적인 직책(official order)이었는데, 기도, 병자 간호, 고아 돌봄, 옥중 성도 심방, 이방 여인을 전도, 여성 초신자를 위한 세례 교육, 여성 환자에게 안수 등을 맡았다. 하지만 중세 초에 이런 전통이 교회에서 거의 사라졌다. Ryken, *1 Timothy*, 209; Witherington, *Women in the Earliest Churches*, 199-202.

안나(Anna)의 자매들이다."[719] 과부가 일상에 매이지 않은 채로 교회공동체 구성원들을 위해서 밤낮 기도할 수 있는 것은 큰 특권이었다.[720]

제 5계명을 준수하는 차원에서 현대교회는 진정으로 도움이 필요한 노인(과부)과 그렇지 않은 사람을 구분하여 경제적으로 후원해야 한다. 그리고 참 과부에 상응하는 여성이 교회를 섬길 수 있는 장을 마련해 주어야 한다. 그런데 교회의 후원이 인간의 무책임을 조장하지 않도록 주의해야 한다. 교회 차원으로 가난한 성도를 구제하기 전에, 가족이나 성도 개인 차원에서 그들을 구제할 수 있는 기회가 있는지 먼저 살필 필요가 있다. 교회는 경제적으로 궁핍하지만 경건한 과부를 돌보아야 하며, 그들을 위한 특별한 직책을 다시 만들 필요 없이 여집사나 권사 혹은 구역 권찰로 임명하여 기도, 구제, 심방과 같은 섬김의 기회를 제공해 주어야 한다.

나오면서

디모데전서 5:3-16은 교회가 후원해야하는 참 과부의 조건을 제시한다. 60세 이하의 젊은 과부는 외부인들의 비난과 부작용을 초래할 가능성이 높은 독신 생활보다는 재혼하는 것이 낫다. 교회적 차원의 구제는 과부의 친족이나 부유한 성도의 개인적 구제와 병행될 필요가 있다. 교회의 구제 대상인 참 과부는 교회의 일부 사역을 맡아 감당할 자격을 갖추었다. 하지만 참 과부가 '교회의 과부'라는 공식적인 직책을 가지고 있었는지는 의문이다.

현대는 바울 당시보다 훨씬 안정적인 복지 시스템이 구축되어 있다. 하지만

---

719) Ryken, *1 Timothy*, 203.
720) 칼빈, 『목회서신 주석』, 493.

대부분의 국가는 재정 악화로 인해 이런 막대한 예산이 투입되는 복지 제도를 더 확충하기 어려운 형편이다. 따라서 성도 개인과 교회 차원의 구제는 여전히 필요하다. 참 과부는 국가의 복지 시스템이나 교회의 돌봄에만 의존하지 말고 하나님께 소망을 두어야 한다. 오늘날 교회는 배우자 남편으로부터 다양한 이유로 버림을 받아 재정적인 어려움을 당하는 여성들을 돌보아야 한다. 그리고 교회의 구제와 돌봄 사역에 친척이나 도우미가 없는 젊은 싱글맘, 미혼모, 장애인, 노약자, 환자도 포함되어야 한다.[721] 구체적으로 가난하고 늙은 과부로 대변되는 약자를 위해서 교회가 할 수 있는 작은 실천으로 장 봐주기, 주일 차량 봉사, 공납금 대신 납부하기, 말동무 되기, 신앙 상담, 영적 돌봄, 호스피스 봉사, 배우자 사별 직후의 위로 등이다. 이런 작은 실천들은 과부의 보호자이신 하나님을 기쁘시게 하는 일들이며, 그분의 대리인으로 하나님의 가족이 사는 길이다. 덧붙여, 젊은 과부는 (그리고 젊은 이혼남) 성적인 유혹과 배교의 위험이 있으므로, 교회는 그들이 신앙 안에서 재혼하도록 지도해야 한다. 이혼이나 사별로 과부가 된 젊은 여성들이 떳떳하게 교회 안에서 모임을 가질 수 있도록 배려해야 한다. 더 나아가 재혼한 부부들이 교회 안에 소그룹을 형성하여 서로 격려하고, 고충을 나누고, 사역을 할 수 있는 장을 마련해 줄 때, 교회 안에서 위축되거나 눈치 보지 않을 것이다.[722]

---

[721] Ryken, *I Timothy*, 200. 덧붙여, 전쟁 지역의 경우 과부의 연령은 훨씬 낮으므로, 교회가 도와야 할 과부의 기준을 최소 60세로 고정할 필요는 없다.

[722] 바울의 구원론, 기독론, 성령론, 교회론, 종말론, 윤리론을 위한 유용한 참고문헌은 아래와 같다:
Allison, D.A. 1992. Eschatology. (In Green, J.B., McKnight, S. & Marshall, I.H. eds. Dictionary of Jesus and the Gospels. Leicester: IVP. p. 206-09).
Breytenbach, C. 2003. The 'for us' phrases in Pauline soteriology: considering their background and use. Paper read at the New Testament soteriology seminar. Pretoria: University of Pretoria.
Coetzee, J.C. 1988a. The Pauline Eschatology. (In Du Toit, A.B., ed. The Pauline Letters: introduction and Theology. Guide to the New Testament V. Pretoria: NGKB. p. 311-42.)
Coetzee, J.C. 1988b. The Pauline Pneumatology. (In Du Toit, A.B., ed. The Pauline Letters: introduction and Theology. Guide to the New Testament V. Pretoria: NGKB. p. 221-41.)
De Villiers, P.G.R. 2003. Safe in the family of God: soteriological perspectives in 1 Thessalonians. Paper read at the New Testament soteriology seminar. Pretoria : University of Pretoria.
Dunn, J.D.G. 1990. Jesus, Paul, and the Law: studies in Mark and Galatians. Louisville:Westminster

/John Knox.
Du Plessis, I.J. 1988. The Pauline Christology. (In Du Toit, A.B., ed. The Pauline Letters: introduction and Theology. Guide to the New Testament V. Pretoria: NGKB. p. 201-20.)
Lategan, B.C. 1988. The Pauline Ethic. (In Du Toit, A.B., ed. The Pauline Letters: introduction and Theology. Guide to the New Testament V. Pretoria: NGKB. p. 300-10.)
Lattke, M. 1990. Apanteisis. (In Balz, H. & Schneider, G., eds. Exegetical dictionary of the New Testament, vol. 1. Grand Rapids: Eerdmans. p. 14-15.)
Pelser, G.M. 1998. Could the 'formulas' dying and rising with Christ be expressions of Pauline mysticism? Neotestamentica, 32(1):115-34.
Pelser, G.M. 1988. The Pauline Soteriology. (In Du Toit, A.B., ed. The Pauline Letters: introduction and Theology. Guide to the New Testament V. Pretoria: NGKB. p. 242-64.)
Roberts, J.H. 1988. The Pauline Ecclesiology. (In Du Toit, A.B., ed. The Pauline letters: introduction and Theology. Guide to the New Testament V. Pretoria: NGKB. p. 265-99.)
Spicq, C. 1996. Theological lexicon of the New Testament. Volume 3. Peabody: Hendrickson.
Sprinkle, P.M. 2005. The old perspective on the new perspective: a review of some 'pre-Sanders' thinkers. Themelios, 30(2):21-31.
Thielman, F. 1993. Law. (In Hawthorne, G.F., Martin, R.P. & Reid, D.G., eds. Dictionary of Paul and his Letters. Downers Grove: IVP. p. 529-42.)
Tolmie, D.F. 2003. Salvation as redemption: the use of 'redemption' metaphors in Pauline literature. Paper read at the New Testament soteriology seminar. Pretoria: University of Pretoria.
Witherington, B. 2004. Paul's letter to the Romans: a socio-rhetorical commentary. Grand Rapids: Eerdmans.
Witherington, B. 1998. The Paul quest: the renewed search for the Jew of Tarsus. Downers Grove: IVP.
Witherington, B. 1995. Conflict and community in Corinth: a socio-rhetorical commentary on 1 and 2 Corinthians. Grand Rapids: Eerdmans.
고든 피. 2001. 바울, 성령, 그리고 하나님의 백성. 좋은 씨앗.
그레샴 메이천. 1988. 바울 종교의 기원. 한국로고스연구원.
김세윤. 1994. 바울 복음의 기원. 엠마오.   김세윤. 2002. 바울신학과 새 관점. 두란노.
데이비드 웬햄. 2002. 바울: 예수의 추종자인가 기독교의 창시자인가? 크리스챤 다이제스트.
로버트 레이먼드. 2003. 바울의 생애와 신학. 크리스챤 다이제스트.
H.N. 리델보스. 1985. 바울신학. 개혁주의 신행협회.
F.F. 브루스. 1992. 바울. 크리스챤 다이제스트.
F.F. 브루스. 1988. 바울과 예수. 아가페출판사.
E.P. 샌더스. 1999. 바울. 시공사.
E.P. 샌더스. 1998. 바울, 율법, 유대인. 크리스챤 다이제스트.
T.R. 슈라이너. 1997. 바울과 율법. 기독교문서선교회.
P. 슈툴마허. 1986. 바울의 기독론과 화해신학. 복음주의 신학총서.
윌리암 데니슨. 1995. 바울의 두 세대 구조와 변증학. 웨스트민스터출판부.
제임스 던. 2003. 바울신학. 크리스챤 다이제스트.
조셉 플레브닉. 2000. 최근 바울신학 동향. 기독교문서 선교회.
존 스토트. 1993. 데살로니가 전후서 강해. IVP.
최갑종. 1992. 바울 연구 1: 생애와 사상. 기독교문서선교회.
크리스챤 베커. 1998. 사도 바울: 바울의 생애와 사상에서의 하나님의 승리. 한국신학연구소.
톰 홀랜드. 2006. 바울신학개요. 크리스챤 다이제스트.

04 OPP vs NPP

들어가면서

바울 서신을 진지하게 연구하고자 하는 이라면 바울의 새 관점(the New Perspective on Paul; 이하 NPP)은 동의 유무와 상관없이 반드시 넘어야 할 산이다. 예수님, 바울, 어거스틴(354-430)을 계승한 교회개혁의 옛 관점(이하 OPP)을 견지한 후손에게 1세기 유대교가 율법주의적(legalistic) 행위-구원 종교가 아니었다고 주장하는 NPP는 위협 요소이자 극복 대상이다. 하지만 복음주의권 학자와 교회에서 NPP에 호감을 가지는 이들이 점증하고 있다. 교회개혁의 주요 모토인 '오직 믿음', '오직 은혜'를[723] 급진적으로 흔들어 버린 NPP를 무비판적으로

---

[723] 이 글은『고신신학』17(2015), 79-131에 게재되었다. 참고. G.L. Bray (ed.), *Galatians, Ephesian* (Reformation Commentary on Scripture; Leicester: IVP, 2011), 71-72. 그리스도의 구속을 위한 공로, 성도가 믿음으로 그리스도의 의를 받아들임, 그리스도 한 분으로 충분함, 우리의 행위가 최후 심판 때 아무런 공로가 되지 못함에 대해서는 개혁교회의 신조들인 하이델베르그 교리문답 60-

따르면, 진리의 기둥과 터가 자칫 바리새주의, 율법주의, 펠라기우스주의, 가톨릭으로 회귀할 수 있다. 따라서 복음/개혁주의 진영의 신약학자들은 물론 교의학자들, 그리고 교단(예. OPC)은 NPP를 공개적으로 비판한다. 이 글은 약 40년 전부터 본격화한 NPP의 출현 배경, NPP 주요 주창자들의 견해, 그리고 NPP에 대한 OPP의 비평 순서로 전개된다.

1. NPP 출현에 미친 사상적 분위기와 선구자들[724]

그 어떤 사상도 진공 상태에서 출현하는 법이 없다. NPP도 나름 체계적인 형태를 갖추기 까지 통시적인 발전 단계를 거쳤다.

1.1. 사상적 분위기

20세기 이래로 에큐메니칼 분위기에 의하면, 반유대주의(anti-Judaism, anti-Semitism) 색채를 지닌 기독교와 유대교의 화해를 위해서 유대교를 비판한 바울을 재해석해야 한다.[725] 그리고 개신교와 가톨릭의 화해를 위해서 바울에 근거하여 가톨릭을 비판한 루터의 교회개혁을 재해석해야 한다. 유대인 대학살에 대한 반성이 싹튼 1940년대 중반 이후로 독일에서 '교회와 이스라엘'에 대

63, 벨직신앙고백 22, 돌트신경의 '하나님의 초자연적 단독 사역으로서의 중생' 그리고 J.R. Beeke (ed.), *The Reformation Heritage KJV Study Bible* (Grand Rapids: RHB, 2014), 1619를 참고하라. 그리고 1세기 유대교와 16세기 가톨릭의 행위 율법주의를 비판한 칼빈의 롬 10:3-4 주석, 『기독교강요』 3.14.1-17; 3.15.1-7도 참고하라.

724) NPP의 출현 배경을 위해서는 가이 프랜티스 워터스, 『바울에 관한 새 관점: 기원, 역사, 비판』 (서울: CLC, 2012), 21-71; F.D. Farnell, "The New Perspective on Paul: Its Basic Tenets, History, and Presuppositions", *TMSJ* 16(2005, 2), 232-43을 참고하라. 이 글의 1.2는 R.S. Smith, "Justification in the New Perspective on Paul", *Reformed Theological Review* 58(1999, 1), 16-30을 의존한 2014년 11월 24절 합신대에서 열린 조병수교수의 "바울에 대한 새 관점이란 무엇인가?"를 참고했다.

725) 반유대주의의 뿌리와 형성 역사는 로즈메리 류터, 『신앙과 형제 살인: 반유대주의의 신학적 뿌리』 (서울: 대한기독교서회, 2001)를 참고하라.

한 많은 책이 출판되었다.[726] 개신교의 기존의 바울 해석은 '홀로코스트 해석'이었다는 반성이 일어났고, 포스트-홀로코스트 신학이라는 친유대주의 분위기가 조성되었다. 참고로 유대인이 선민으로 거국적으로 회심할 것이라고 주장하는 미국과 한국의 '세대주의 전천년설' 및 '한·이성경연구소'도 고려할 필요가 있다.[727] 덧붙여 NPP 주장자들 중에 유대인 출신의 비율을 조사하는 것은 흥미로운 주제가 될 것이다.

1.2. 학자들

유대인 학자 G.F. Moore(1851-1931)는 1920년대 하버드대에서 교수할 당시 1세기 유대교는 율법(legalism) 종교가 아니라 은혜 종교였다고 주장했다(비슷한 주장자로 유대인 학자 C.G. Montefiore[1858-1938]). 그 당시 신약 연구는 종교사학파 분위기 속에서 유대교가 아니라 헬레니즘 관점에서 연구가 진행되었기에, 무어의 주장은 큰 반향을 일으키지 못했다. 1800년대 말-1900년대 초중반의 종교사학파는 성경의 계시적 측면을 제거하고 고대의 종교 문서로 성경을 해석했는데, 신약을 유대교가 아니라 헬레니즘 배경에서 규명했다. 헬레니즘에서 의는 죄인에게 무죄를 선언하는 법정적 개념이지만(참고. 롬 2장의 법정적 분위기와 옛 관점[이하 OPP]의 개념), 유대교에서 의는 (NPP가 주로 주장하듯이) 관계의 회복이다.[728]

W.D. Davies(1911-2001)는 실현된 종말론을 가르친 웨일즈 출신 C.H.

---

726) 참고. 제임스 D.G. 던, 『바울신학』(서울: 크리스챤 다이제스트, 2003), 468. 참고로 반유대교적 해석을 지양하려는 분위기는 유대인들에 대한 심판 사건인 예루살렘 성전 파괴를 하나의 주요 주제로 이해하는 AD 66년의 이른 연대 대신에 AD 96년으로 보는 것에도 영향을 미친 것으로 보인다.

727) 구약 이스라엘을 예수님과 신약 교회가 대체했음에 동의하지 않는 이 연구소는 롬 11:25과 사 43:5-7과 겔 36:24를 혈통적 이스라엘의 회복으로 해석한다. 그들은 성지 팔레스틴을 방문하고, 디아스포라가 팔레스틴으로 귀국하는 것을 돕고, 유월절 예배와 초막절 행사를 시행한다. 참고. www.kibi.or.kr.

728) 라이트는 바울에게 있어 의/공의는 '(언약적) 신실함'이라고 주장한다. 『톰 라이트의 바울』(서울: 죠이선교회, 2012), 61, 216.

Dodd(1884-1973)의 제자다. 그는 영국인으로부터 억압을 받은 웨일즈 출신이었으므로 20세기에 약자였던 유대인을 동정했다. 데이비스는 1950년부터 듀크대 교수로, 1955년부터 프린스턴대 교수로 재직했다. 그는 1960년대 뉴욕 유니온신학교에서 샌더스의 박사 학위 논문('복음서 전승의 경향')을 지도한 스승이자 장인으로서 원래 복음서 전공자였던 샌더스와 복음서에 대한 연구를 함께했다. 데이비스도 1세기 유대교는 은혜 종교라고 간주했다.

Krister Stendahl(1921-2008)은 스웨덴 출신으로서 1954년에 웁살라대에서 '마태공동체와 구약 사용'이라는 주제로 박사학위를 취득했다. 1954-84년까지 하버드대에서 가르친 스탠달은 *Paul among Jews and Gentiles* (Minneapolis: Fortress, 1976)이라는 책에서 다메섹 사건은 바울의 실제적인 회심이 아니라 이방인의 사도로 소명을 받은 사건이라고 주장했다.[729] 스텐달에 의하면, 바울과 유대교는 연속성이 있었고, 바울은 자신의 약함은 인식했으나 죄의식은 없었다. 그리고 바울은 용서와 구원으로서의 칭의를 강조하지 않고, 바울에게 칭의는 이방인을 교회 안으로 끌어들이기 위한 고안이지, 하나님의 계시는 아니었다. 그리고 죄 문제로 고민을 하지 않았던 바울은 '행복한 유대인'이었으며, 로마서 1-8장의 서론을 지나, 9-11장의 중심 부분에서 유대인과 이방인의 관계에 초점을 두는데, 이 두 그룹의 교회론적 일치를 위해서 고안한 것이 칭의다.[730] 스텐달은 루터가 어거스틴의 신학(양심의 문제)을 계승하고, 가톨릭과 투쟁(신앙)하는 역사적 배경 속에서 바울 서신의 칭의를 오해한 것을 비판했다. 스텐달은 루터가 가톨릭과 싸우면서 가톨릭의 오류를 1세기 유대교의 오류라고 간주했다고 보는데, 중세의 관점을 1세기에 주입하지 말 것을 경고한다. 그는 바울 서

---

729) 캐나다 임마누엘대학의 T.L. Donaldson은 1세기 유대교를 언약적 율법주의로 보면서 율법의 행위들을 유대인의 신분 표지로 해석하지만, 다메섹 사건을 바울의 '소명'으로만 보는 데 동의하지 않는다. *Paul and the Gentiles* (Minneapolis: Fortress Press, 1997), 250. 다메섹 사건을 바울의 회심, 소명, 그리고 신학의 재구성 사건으로 보는 최근 연구는 조갑진, "바울의 다메섹 사건에 관한 연구",『신약논단』22(2015, 1), 161을 보라.
730) 유사한 해석은 N.T. 라이트,『바울과 하나님의 신실하심. 상』(서울: 크리스챤 다이제스트, 2015), 88.

신을 새롭게 해석하면 바울이 죄 의식이 아니라 건강한(robust) 양심을 소유한 사람임을 알 수 있다고 주장한다(고전 4:4; 빌 3).[731] 이러한 스텐달의 주장으로부터 그 후 등장할 NPP가 인간의 죄성과 타락을 심각하게 고려하지 않았고, 개인적인 회심을 중요하게 여기지 않았음을 짐작케 한다.[732] 그리고 스텐달이 시대착오적 해석에 경고를 주었음에도 불구하고, NPP는 1세기 바울 서신에다 탈무드와 같은 수 세기 이후 유대 문헌을 시대착오적인 방식으로 비교 대상으로 삼고 말았다.

1952년 노벨상 수상자인 A. Schweitzer(1875-1965)는 1899년 스트라스부르크 대에서 '소르본에서의 칸트의 종교 철학'을 연구하여 박사학위를 취득했다. 슈바이처는 신약을 유대 묵시종말론적 관점에서 해석했는데, 세상 종말이 속히 올 것이라는 묵시 종말론이 예수님과 바울을 지배했다고 보았다. 그에 의하면, 유대묵시사상에서 출현한 1세기 그리스도인들은 예수님 당시에 세상의 종말이 속히 임할 것으로 믿었다(참고. 마 24:34). 이런 유대적 해석(특히 관계회복으로서 칭의 개념)이 NPP에 영향을 주었다. 슈바이처는 그리스도 안에 있음이라는 신비로운 구원교리 (그리고 이방인을 그리스도와 교회 안으로 인도하는 것)가 큰 분화구라면, 이신칭의는 큰 분화구에 기생하는 작은 분화구로서 바울이 고안한 것이라고 보았다(참고. 브라우슬라우대학의 W. Wrede[1859-1906]도 바울의 칭의는 이방 선교 맥락에서 고안된 2차적인 주제로 이해해야 한다고 주장함). 슈바이처는 '그리스도 안에'를 유대교의 신비적 의미로 이해했는데, NPP는 '신비적 참여'(연합; 참고. 라이트가 선호하는 incorporation)로 표현한다.[733]

---

731) K. Stendahl, "The Apostle Paul and the Introspective Conscience of the West", *HTR* 56(1963), 199-215. 하지만 롬 7-9장의 '나' 바울은 회심 이후에도 죄 의식으로 번뇌했다. J.R. Beeke (ed.), *The Reformation Heritage KJV Study Bible*, 1626.

732) 스텐달과 같은 맥락에서 E.P. Sanders는 빌 3:1-9에서 바울이 비판한 것은 자신에게 있었던 자기 의라는 죄악된 태도에 대한 죄책감이 아니라, 그리스도 이외에 다른 것을 신뢰한 것이라고 주장한다. *Paul and Palestinian Judaism: A Comparison of Patterns of Religion* (Minneapolis: Fortress, 1977), 44.

733) 참고. 라이트, 『바울과 하나님의 신실하심. 상』, 596, 609.

Ernst Käsemann(1906-1998)의 스승인 마르부르크대 불트만(1884-1977)은 실존주의자답게 개인 구원을 강조했기에 루터교 전통에 머물렀다. 불트만은 바울이 행위구원 종교인 유대교를 비판했다고 보았다. 그러나 케제만은 칭의를 집단적 차원으로 인정했다(참고. NPP의 개인적 차원이 아닌 사회론적/교회론적 칭의 이해). 루터교회 소속 신학자인 케제만은 '하나님의 의'를 구원의 행위로서 하나님의 신실함이라고 이해하는데(참고. 튀빙엔대의 피터 쉬툴마허의 하나님의 의 개념과 유사함), 마인츠대, 괴팅엔대, 튀빙엔대에서 교수했다. 이처럼 독일 루터파 안에서 루터를 재해석하는 현상이 다양하고 심화된다.[734]

2. 20-21세기 영국의 NPP 삼두 마차

NPP는 세부 사항에까지 하나의 공통된 목소리를 내지 않는다. 그리고 NPP의 공식적인 입장을 공포하는 기구도 가지고 있지 않다. 하지만 교회개혁 전통은 1세기 유대교를 행위-율법종교라고 오해했다고 보는 점에 있어서 한 목소리를 낸다. 즉 NPP는 루터가 바울이 원래 의도한 바를 오해했거나, 바울이 그 당시 유대교를 잘못 이해했다고 본다.

2.1. Edward Parish Sanders(b. 1937)

캐나다 맥매스터대학교의 S. Westerholm에 의해 20세기 후반 바울신학자 중에서 가장 영향력 있는 인물로 평가받은 샌더스는 영국이 아니라 텍사스에

---

734) F.C. Baur(1792-1860)를 필두로 한 튀빙엔학파도 1세기 유대인 성도와 이방인 성도 사이의 갈등 이론을 발전시켰기에 NPP의 선구자 역할을 했다고 평가된다. 참고. 가이 워터스, 『바울에 관한 새 관점: 기원, 역사, 비판』, 27. 그 외에도 H.-J. Schoeps(1959), G. Howard(1970), J.B. Tyson(1973), N.A. Dahl(1977), H.S. Sandmel(1979), H. Räisänen(1983), H. Maccoby(1991)도 NPP의 선구자들이다.

서 출생했고, 뉴욕 유니온신학교에서 W.D. Davies의 지도로 *The Tendencies of the Synoptic Tradition*이라는 주제로 1966년에 Th.D를 취득했다. 샌더스는 캐나다 맥매스터대(1966-84), 옥스퍼드대(1984-90; 1990년에 옥스퍼드대에서 D.Litt 취득), 듀크대(1990-2005) 교수를 역임했으며 헬싱키대학교에서 Th.D학위도 수여했다.

헬싱키대학교의 H. Räisänen은 바울이 유대교의 구원론을 행위 구원이라고 곡해했다고 보는데, 그가 '하늘이 내려준 선물'이라고 극찬을 한 *Paul and Palestinian Judaism: A Comparison of Patterns of Religion*에서 샌더스는 크게 세 부류의 유대 문헌 곧 랍비 문헌, 탄나임 문헌, 사해사본을 살폈다. 샌더스는 AD 70년 이전 유대교의 공통된 패턴의 핵심은 "유대인이 하나님의 은혜로 언약/구원 안으로 들어가고(getting in), 언약/구원 안에 머물기(staying in) 위해서는 율법을 행해야 한다"라고 주장했다.[735] 샌더스는 '언약적 율법주의'(covenantal nomism)라는 말을 고안했는데,[736] 다양한 특성을 가진 1세기 유대교가 다음의 공통 사항에 기초했다고 주장한다: **(1)** 하나님이 이스라엘을 은혜로 선택했고, **(2)** 이스라엘이 구원의 언약에 들어가기 위해서가 아니라 머물기 위해서 율법을 주셨고, **(3)** 이 율법은 하나님의 선택을 지탱하겠다는 약속을 담고, **(4)** 이스라엘은 이 율법에 순종해야 했고, **(5)** 하나님은 순종에는 상(reward)을 불순종에는 벌을 주시고, **(6)** 율법을 지키지 못할 때 임하는 벌을 면하기 위해서 율법

---

735) N.T. Wright가 의존하고 James Dunn으로부터 20세기의 역작으로 평가받은 책 *Paul and Palestinian Judaism*, 422, 515. 하지만 남플로리다대학교의 J. Neusner는 샌더스의 자료 활용 방식과 1세기 유대교에 내린 획일적인 정의를 비판한다. "Judaism: Practice and Belief 63 B.C.E.-66 C.E.: A Review of Recent Works by E.P. Sanders", *BBR* 5(1996), 169. AD 70년 8월 29일에 성전이 파괴된 후, 야브네로 이주한 유대인들이 요하난 벤 자카이의 지도로 미쉬나를 편찬하기 시작했다. AD 200년경 6권으로 미쉬나가 완성되었다. '반복하다'는 의미의 아람어 '샤나'에서 온 '미쉬나'는 율법을 반복하여 랍비의 전승을 밝힌 책이다. 미쉬나를 편집한 사람을 '탄나임'이라 부른다. 나중에 미쉬나에 빠진 내용을 토세프타에서 보충했다. 토세프타는 '더한 것'이라는 의미의 '야사프'에서 온 말이다. '말하다'를 뜻하는 '아마르'에서 온 표현인 '아모림'이 편집한 탈무드는 미쉬나를 해석한 문서다.

736) 던은 샌더스의 '언약적 율법주의'라는 표현이 세련되지 못한(inelegant) 것으로 평가하면서, 2성전 시대의 여러 유대 분파들이 각각 율법과 율법이 부과하는 의무를 이해하고 있었음을 인정한다. J.D.G. Dunn, *The Epistle to the Galatians* (Black's New Testament Commentary; Grand Rapids: Baker Academic, 1993); 136.

은 속죄(atonement)의 제사와 희생이라는 수단을 제공하고, **(7)** 속죄는 언약 관계를 지속-회복하는 결과를 가져오고, **(8)** 순종과 자비에 의해서 언약관계 속에 있는 사람은 종국에 구원을 얻게 되며, 오직 유대교와 이스라엘을 선택하신 하나님을 부인할 경우에만 언약 공동체에서 제외된다. 따라서 샌더스에 의하면, 하나님의 계획 안에서 사람의 위치는 언약 관계로 확립 및 규명되고, 언약은 그 안에 머물도록 사람에게 순종을 요구하므로 불순종하면 언약/구원에서 탈락할 수 있음을 암시한다(참고. 시초 칭의와 최종 칭의를 구분하는 N.T. Wright의 주장은 열매가 부족한 한국 기독교를 반성하는 사람에게 호감을 줌). 샌더스에게 칭의는 하나님과 원수가 된 이전 상태와 미래에 영화롭게 될 상태 사이의 중간 단계다. 샌더스는 '율법의 행위'(갈 2:16 등)를 할례, 안식법, 음식법이라는 유대인의 '경계 표지들'(boundary markers)이라고 매우 제한적으로 이해하는데(참고. 4Q398 frag.),[737] 이것은 던과 라이트의 해석과 일치한다. 슈바이처는 바울신학의 중심에 법정적 개념인 이신칭의가 아니라 참여적 개념인 그리스도와 연합이 자리 잡고 있다고 보았는데, 샌더스도 이신칭의는 독립적 교리가 아니라 그리스도 안에 있음이라는 교리에서 도출되어 전개한 것이라고 본다.[738]

샌더스는 바울이 율법종교가 아니었던 유대교를 왜 비판했는가에 대한 이유를 설득력 있게 제시하지 못했는데, 그는 그 이유를 유대교가 율법을 올바른 방향으로 순종하지 않은 것이 아니라 예수님을 구주로 믿지 않는 기독교가 아니었기 때문이라고 설명한다.[739] 샌더스는 유대교에서 의는 하나님이 택하신 이들의 '지위를 유지하는 용어'이지만, 바울에게 있어 의는 예수님을 구주로 믿

---

737) E.P. Sander, *Paul, the Law, and the Jewish People* (Minneapolis: Fortress, 1983), 207. Contra 율법의 행위를 율법주의나 유대인의 정체성 대신에 모세 율법 전체로 이해하는 T.R. Schreiner, *Galatians* (ZECNT; Grand Rapids: Zondervan, 2010), 161; M.C. de Boer, *Galatians* (The New Testament Library; Louisville: WJK, 2011), 148. 그리고 분파주의적 성격의 쿰란 공동체와 그렇지 않은 갈라디아 교회는 다르므로, 쿰란 문헌과 갈라디아서를 병행적으로 이해할 수 없다.

738) Sanders, *Paul and Palestinian Judaism*, 438.

739) Sanders, *Paul and Palestinian Judaism*, 543, 549-50.

어 '입회하는 용어'(transfer term)라고 본다. 따라서 샌더스는 바울이 배타적인 기독론적 구원론을 제시함으로써 유대문헌에서 발견되는 종교 패턴과 전혀 다른 것을 제시했다고 본다. 즉 샌더스에 의하면, 율법을 행하는 것으로는 구원을 얻지 못할 뿐 아니라, 그것이 예수님을 믿음으로 구원을 얻는 것을 위협하기 때문에 바울이 율법 준수를 비판했다고 본다.

마지막으로 언급할 만한 사항은 역사비평가처럼 샌더스는 복음서의 사도권적 저작성을 부정하고, 역사적 예수님과 선포된 그리스도가 다르다고 보며, 사도행전의 바울에 대한 언급의 역사성을 존중하지 않는다는 사실이다. 그리고 샌더스는 로마서 1:3-4의 양자기독론과 빌립보서 2:5-11의 선재기독론 사이의 불일치를 언급하면서, 예수님의 인격에 관한 하나의 통일된 교리를 찾을 수 없다고 주장한다.[740] 결국 역사비평에 충실한 샌더스는 복음서와 사도행전을 잘못 이해하여, 바울 해석에도 오류를 보인 것이다.

2.2. James D.G. Dunn(b. 1939)[741]

던은 스코틀란드 글라스고우대에서 공부한 후(BD, MA), 캠브리지대에서 Ph.D와 D.D를 취득하였으며, 더럼대 교수로 은퇴한 후 명예교수로 재직 중이다. 샌더스의 이론이 NPP의 촉매제가 되었다면 던은 그것을 체계적으로 대중화시켰다. 그는 2002년에 영국인으로서 4번째 SNTS의 회장이 되었다. 스코

---

740) 샌더스는 롬 8:14-17의 소위 '양자기독론' 해석에서 예수님의 동정녀 탄생을 부정하는 듯한 발언도 한 바 있다. E.P. Sanders, *The Historical Figure of Jesus* (London: Penguin, 1993), 3-8, 63, 244; *Paul, A Very Short Introduction* (Oxford: Oxford University Press, 1991), 95-96. 샌더스는 롬 1-2장에는 내적 불일치가 존재하며, 롬 2장의 율법과 다른 부분의 율법에도 부조화가 나타난다고 본다. *Paul and Palestinian Judaism*, 23.

741) 던의 NPP관련 저서로는 라이트에게 헌정한 *The New Perspective on Paul* (Grand Rapids: Eerdmans, 2008), 9; *Romans 1-8. 9-16* (WBC; Dallas: Word Books, 1988[한역: 솔로몬출판사, 2013]), lxix;『바울에 관한 새 관점』(파주: 에클레시아북스, 2012), 21; *The Epistle to the Galatians*, 135;『바울신학』.

틀란드 장로교 신자이면서 NPP의 가장 치밀한 이론가인 던은 1982년에 'the New Perspective on Paul'이라는 말을 고안하고, 바울 서신의 '율법의 행위들'(ἔργα νόμου; 롬 3:20, 28; 갈 2:16[x3]; 3:2, 5, 10)을 유대인의 정체성 표지들(badges of identity)인 (십자가 사건으로 폐지된) 할례와 음식법 (그리고 안식법)을 지키는 것으로 간주하여, 유대인 성도가 이방인 성도와 하나가 되는 데 장애요소가 되었기에 바울이 비판했다고 주장한다.[742] 환언하면, 던은 '율법의 행위들'은 언약적 행위들로서, 사람이 언약 안에 있다고 하나님이 인정하는 반복적 행위들이라고 본다. 따라서 던은 바울이 유대교의 율법주의가 아니라 국수주의를 비판함으로써 보편주의로 확장했다고 본다. 그러므로 던은 1세기 유대교의 율법관과 구원관에 별 문제가 없었다고 이해한다.

던은 샌더스와 레이제넨이 율법의 사회적 맥락을 철저히 고려하지 못했다고 평가한다. 던은 이신칭의를 바울이 갈라디아서 2:11-14에 묘사된 '안디옥 사건' 이후에 즉 다메섹 사건 10여년 후에 이방인 선교 차원에서 확립한 논쟁적 교리라고 본다. 샌더스에 동의하면서 던은 바울이 칭의를 행위보다 더 강조하기에 언약적 율법주의를 무시한다고 보았다(참고. 어거스틴 수도회 소속이었던 루터는 죄, 회심, 칭의에 민감했음). 던은 로마서 1:16-17의 '하나님의 의'를 신실하신 하나님이 아브라함의 언약을 이스라엘을 위해서 성취하신 것으로 이해하며, 어거스틴 수

---

742) 던, 『바울신학』, 475, 493, 506. 이 주장에 대한 비판은 이한수, "새 관점의 칭의 해석, 어떻게 볼 것인가?: 그 비판적 평가와 새로운 대안", 9(2010, 2), 『신약연구』 259; 하이델베르그대학교의 R. Jewett, *Romans* (Hermeneia; Minneapolis: Fortress, 2007), 266; 가이 워터스, 『바울에 관한 새 관점; 기원, 역사, 비판』, 261; 맨하턴 소재 나약신학교의 김동수, 『로마서 주석』 (대전: 엘도론, 2013), 203. 던의 제자인 최흥식도 율법의 행위를 좁게 이해한 것에 반대한다. 최흥식, "바울 서신에 나타난 ἔργα νόμου와 πίστις Χριστοῦ 반제에 대한 새 관점: 갈라디아서 2:16을 중심으로", 『신약논단』 12(2005, 4), 814, 850. 하지만 최흥식은 갈 2:16을 유대교의 행위 율법주의와 기독교의 이신칭의 사이의 대조로 보지 않고, 율법 준수를 통해서 언약 백성이 될 수 있다고 믿었던 유대 기독인이 견지한 유대민족 중심의 언약주의와 그리스도 중심의 보편주의 복음 사이의 대조로 본다. 칼빈도 롬 3:20 주석에서 자기 시대에도 율법을 제의적 규정으로 제한했던 사람이 있었음을 언급한다. 그런데 지금도 롬 3:22 등에 나타나는 '그리스도를 믿음'(목적격적 속격)인지, 아니면 NPP가 선호하는 주격적 속격 '그리스도의 신실함'인지 논란이 된다. 참고. 전자를 선호하는 최갑종, "Again πίστις Χριστοῦ: 김형근의 'Faith of Christ'와 'Faith in Christ'에 대한 답변", 『신약연구』 12(2013, 2), 331,

도회 출신으로 자신의 죄성에 대해서 고민하던 루터가 로마서를 해석할 때 바울도 동일한 고민을 한 것처럼 오해했다고 주장한다.[743] 환언하면, 루터는 바울이 죄의식 때문에 고통에 빠졌다고 잘못 가정하여, 바울도 루터 자신처럼 믿음으로 말미암아 죄와 근심으로부터 구원을 받았다고 이해했고, 바울 당시의 유대교를 사람에게 고통과 근심을 가중시킨 율법종교로 오해했다는 것이다. 결국 던은 죄의 심각성을 약화시키고, 회개의 필요성도 약화시킨다.[744] 던은 샌더스와 라이트보다 언약, 은혜, 선택을 더 강조하다보니 인간의 책임을 약화시킨 면이 있다.[745] 던에게 칭의란 사람이 하나님의 언약 안에 있다고 인정하는 관계적 용어다. 던은 칭의를 하나님이 단번에 이루신 행동이 아니라, 인정하시고 보존하시고 옹호하시는 하나님의 은혜라고 본다.[746] 던의 이 입장은 칭의를 사람이 언약 안으로 가입하는 '이동'(transfer) 용어로 본 샌더스와 차이가 있다. 던에게 칭의는 최후 심판까지 확대되는데, 칭의에서 믿음은 사람이 언약 안에 있음을 확증하는 순종의 행위를 배제하지 않는다.[747]

던은 샌더스보다 바울 사상의 근본적인 통일성을 더 강조했다고 평가된다. 하지만 역사비평에 충실한 샌더스처럼 던도 성경의 영감성을 전제하지 않는다. 복음서는 예수님에 대한 신학을 구축하는 안전한 출발점이 되지 못한다고 주장한다. 왜냐하면 두 자료가설(Q와 마가복음)에 근거하여 볼 때, 익명의 복음서 기자들(공동체)의 신학이 복음서에 반영되었기 때문이다. 그리고 던은 그리스도의 신성에 대한 정통 교리를 부정하면서, 바울신학에는 그리스도의 선재성을 담고 있지 않다고 주장한다. 그리고 던은 에베소서, 골로새서, 목회서신의 바울

---

743) 던, 『바울신학』, 66, 468. 던에게 있어 바울은 유대교와 결별하지 않았다.
744) 참고. 김홍만, "바울의 새 관점의 루터에 대한 비판", 『성경과 신학』 55(2010), 206-07.
745) 참고. 김철홍, "바울신학의 새 관점: 바울 복음의 기원", 『신약연구』 12(2013, 4), 843.
746) Dunn, *Romans 1-8*, 97.
747) 이 점을 조병수, "바울에 대한 새 관점이란 무엇인가?", 18-19가 잘 요약함.

저작을 부정한다.[748]

2.3. Nicholas Thomas Wright(b. 1948)[749]

라이트는 1981년에 옥스퍼드대 위클리프홀에서 '로마서의 메시아와 하나님의 백성'을 연구하여 D.D를 취득했다. 1978년 30세에 공식적인 첫 번째 학회 발표인 'Manson 기념강좌'에서 자신이 NPP라는 말을 고안했다고 주장하는데, 던도 그 강좌에 참석했다. 라이트는 캐나다 맥길대(1981-86)와 옥스퍼드대(1986-93)에서 가르쳤고, Lichfield 성당의 책임장(1994-99), 2000년에 웨스트민스터 사원 신학자로 임명 받았으며, 2003-2010년에 더럼의 주교를 역임했고 세인트앤드류스대학교의 St. Mary대 교수로 재직 중이다. 그는 성경의 구속사를 내러티브로 해석하며, 예수님의 육체적 부활과 재림을 믿고 동성애를 반대하는 복음주의자인데, 세대주의의 문자적 휴거는 반대한다. 그는 세상의 종말이 예수님 당시에 임박했다고 본 슈바이처에 반대하며, 구원과 하나님 나라의 현재성과 미래성을 인정한다.[750] 라이트는 Richard Hooker(1554-1600)를 '가장 위대한 성공회 신학자'로 존경하는데, 후커는 이신칭의를 몰라도 구원을 받을 수 있기

---

748) 던, 『바울신학』, 13, 292; contra W.C. Vergeer, "1 Timoteus" in W. Vosloo & F.J. van Rensburg (eds), *Die Bybellennium: Eenvolumekommentaar* (Vereeniging: CUM, 1999), 1628.

749) 라이트는 NPP관련 결정판인 『바울과 하나님의 신실하심』(1650페이지)을 2009년에 집필을 시작하여 탈고하기 위해서 더럼의 주교직을 사임했다. 그리고 *The Climax of the Covenant: Christ and the Law in Pauline Theology* (Edinburgh: T&T Clark, 1998), 237, 242; 『톰 라이트, 칭의를 말하다』 (파주: 에클레시아북스, 2011); 『모든 사람을 위한 로마서 I부, II부』 (서울: IVP, 2010); 『톰 라이트, 바울의 복음을 말하다』; 샌더스와 던이 하지 못한 바울의 내러티브 해석을 라이트 자신이 발전시켰다고 자부하는 책 『톰 라이트의 바울』, 40.

750) 라이트, 『바울과 하나님의 신실하심. 상』, 800, 846; 『마침내 드러난 하나님 나라』 (서울: IVP, 2009), 304-09. 숭실대 권연경은 갈라디아서의 칭의론이 구원론이라는 면에서 OPP에 동의하지만, '율법의 행위들'은 교회론의 맥락에서 다루어야 할 유대인의 신분의 표지로 이해하기에 NPP를 지지한다. 하지만 그는 갈라디아서에 미래 종말론만 있고(5:5의 '의의 소망') 실현된 종말론은 없다고 본다. 권연경, 『갈라디아서, 어떻게 읽을 것인가』 (서울: 성서유니온선교회, 2013), 114-15; contra 갈라디아서의 현재적 칭의(칭의를 개인이 주관적으로 경험함)가 미래적 칭의(재림 시의 객관적인 최종 심판)를 소망 가운데 기다리게 만든다고 보는 M. Silva, *Explorations in Exegetical Method: Galatians as a Test Case* (Grand Rapids: Zondervan, 1996), 182.

에 가톨릭 교도에게도 구원이 있다고 보았다.[751] 후커의 사상은 라이트의 에큐메니칼 입장에 스며들었다고 평가된다.[752] 그는 '저자의 죽음'을 외치는 포스터모던 해석을 반대한다.[753] 라이트는 여러 개의 명예 박사학위와 학술상을 수여하여 학문적 명성이 자자하며 달변가인데, NPP 주창자들 가운데 복음주의권으로부터 가장 큰 호감을 얻고 있다. 라이트의 구속사, 언약, 십자가, 부활, 종말론적으로 도래한 새 세상에 대해 구체적으로 해석한 것은 기여로 평가받는다.

라이트는 샴마이 학파 출신 바울이 이 이스라엘의 메시아요 왕이신 예수님을 다메섹에서 만났는데, 그것은 진정한 회심이라기보다 왕이신 예수 그리스도께서 새 세상을 이루심을 온 세상에 전해야 하는 소명을 받은 사건이라고 본다.[754] 라이트는 바울이 하나님의 언약에 나타난 은혜를 유대교가 국수적으로 제한한 것을 비판했다고 본다. 1세기 유대교가 펠라기우스적인 자력구원 종교가 아니었다고 간주하는[755] 라이트는 '복음'이란 죄인이 구원을 받는다는 기쁜 소식이 아니라(롬 1:16; 고전 15:1-3), 왕 예수님이 죽으시고 부활하셔서 사망과 죄를 이기셨고, 새 시대를 도래하셨으며, 이스라엘의 왕과 메시아로서 경배 받으셔야 함을 선언하는 것이다.[756] 라이트에게 '칭의'는 언약적 용어이자, 법정적 용어이자, 교회론적 용어인데, 칭의가 다양한 차원을 가지는 것은 (재판관이

---

751) 라이트, 『톰 라이트, 바울의 복음을 말하다』 (파주: 에클레시아북스, 2011), 266. 영어 책명은 *What St Paul Really said?*[1997]).

752) 참고. 김홍만, "바울의 새 관점의 루터에 대한 비판", 214-15. 에큐메니칼 입장을 견지한 톰 라이트는 개혁교회와도 대화를 시도 중인데, 2014년 10월에 캄펀신학대학(해방파)에서 세미나를 가졌다. http://oud.tukampen.nl/Newsarticles/Dutch_theology_is_rigorous__says_N_T__Wright.aspx?objectname=NewsShow&objectId=157(2015년 5월 8일 접속).

753) 라이트, 『바울과 하나님의 신실하심. 상』, 107, 681, 763.

754) 라이트, 『톰 라이트, 바울의 복음을 말하다』, 55. 하지만 구약의 이신칭의가 신구약 중간기의 다수의 유대인들에게 이행칭의로 왜곡된 것에 주목해야 한다.

755) 라이트, 『톰 라이트, 칭의를 말하다』, 51. 이런 전제는 라이트가 샌더스를 의지하기 때문에 발생하는 오류라고 지적하는 휴스턴 소재 사우스웨스턴침례신학교의 J.M. Hamilton Jr., "N.T. Wright and Saul's Moral Bootstraps: Newer Light on 'the New Perspective'", *Trinity Journal* 25(2004), 155를 참고하라.

756) 라이트, 『톰 라이트, 바울의 복음을 말하다』, 67, 80.

신) 하나님께서 누가 하나님의 의로운 언약 백성인가를 밝히는 선언이기 때문이다.[757] 라이트에게 '믿음'은 하나님을 구주로 신뢰하는 것이 아니라, 신실하신 하나님께서 이 세상에 보내신 예수님의 주되심을 선언하는 복음에 대한 고백 혹은 하나님에 대한 신실함의 표현(선행)이다. 하지만 라이트가 정의하는 복음, 칭의, 믿음은 편협하거나 적용 차원이다.[758]

라이트는 로마서의 주제를 죄인이 구원을 받는 방법이 아니라, 언약에 신실하신 하나님이 아브라함을 통해서 이스라엘과 맺은 언약을 어떻게 (교회론적으로) 성취하시는가라고 본다.[759] 하지만 구약에서 히브리어 '차디크'(의)와 '베리트'(언약)가 함께 등장하는 경우는 드물다. 라이트는 칭의(그리고 하나님의 의)를 '하나님이 인류를 향하여 펼치시는 화해 사역의 전체 그림'이 아니라, '사람이 법정에서 하나님의 호의를 입은 상태' 혹은 언약 백성 이스라엘을 향한 하나님의 신실하심이라고 이해한다.[760] 유사한 맥락에서 라이트는 갈라디아서의 의를 "죄인이 어떻게 (자신의 공로가 아니라 믿음으로) 구원을 받고 하나님과 올바른 관계를 정립할 수 있는가?"라는 개인 구원론적 차원으로 이해하지 않는다. 대신 "(이방인이 유대인의 신분 표지인 율법의 행위 없이) 어떻게 언약 가족 안으로 개종할 수 있는가?" 즉 하나님의 백성을 어떻게 정의하는가라는 언약 멤버십이라는 공동

---

757) 라이트, 『모든 사람을 위한 로마서 I부』, 88, 92; 『톰 라이트, 칭의를 말하다』, 124-25. 따라서 라이트의 법정적 칭의 개념(즉 누가 언약 안에 들어가느냐가 아니라, 언약 안에 이미 있다고 선언하는 것)은 샌더스의 이동 용어와 다르다.

758) 참고로 라이트는 (전통적 개념인) 칭의가 믿음을 통하여(수단, 방법) 일어나지 않고, 믿음 위에 일어난다고 본다. 참고. Smith, "Justification in the New Perspective on Paul", 111; 이은선, "바울에 대한 새 관점의 이신칭의 이해에 대한 비판- 톰 라이트와 존 칼빈의 비교를 중심으로", 『한국개혁신학』 28(2010), 205-06; 최갑종, "바울에 대한 새 관점 무엇이 문제인가?" 『한국개혁신학』 28(2010), 77.

759) OPP의 비판을 의식하여, 개인 구원을 도외시하는 게 아니라고 강조하는 라이트, 『바울과 하나님의 신실하심. 상』, 269.

760) 라이트, 『톰 라이트, 칭의를 말하다』, 112; 『바울과 하나님의 신실하심. 하』, 301. 라이트는 'imputation'(전가)보다 'incorporation'(연합)이라는 용어를 선호한다. 한편 2010년 ETS에서 라이트는 성령께서 성도의 삶에 역사하시기에, 성도는 하나님이 의롭다고 선언하실 만한 행위를 할 수 있다고 설명했다. 따라서 라이트는 상(reward)과 법정적 판결(legal verdict)을 혼동하는 것으로 보인다. 참고. 달라스신학교 성경주해 교수인 J.E. Allman, "Gaining Perspective on the New Perspective on Paul", *Bibliotheca Sacra* 170(2013), 61.

체 방식으로 이해한다.[761] 따라서 그는 칭의를 설명할 때 '구원'보다는 '교회'를 강조한다. 따라서 던처럼 라이트도 '율법'을 유대인의 정체성의 표지라고 이해한다.[762]

무엇보다 라이트는 의의 전가를 반대하고, Johannes Vlak과 Thomas Manton처럼 시초 칭의와 최종 칭의(final justification)를 구분하는데,[763] 후자는 신자의 행위에 달려 있다고 주장한다(롬 2:13; 3:20, 30). 그는 고린도후서 5:21이 의의 전가를 말하지 않기에, '하나님의 의'는 이스라엘의 언약에 신실하신 하나님이 소유하신 의(혹은 그리스도인의 언약 멤버십)를 가리키며 사람에게 전가해 주신 의는 아니라고 본다. 라이트에게 '의'는 구약(예. 창 15:6; 시 24:4-5; 참고. 빌 3:9)이 아니라, 포로 후기에 발생한 전문 용어이다.[764]

라이트는 취리히대학교의 O.H. Steck을 따라 '포로에서 귀환'이라는 틀로 복음서와 바울의 내러티브를 해석한다(예. 갈 3:13). 라이트는 신실하신 하나님이

---

761) 라이트, 『톰 라이트, 바울의 복음을 말하다』, 120; 『바울과 하나님의 신실하심. 하』, 354, 364; The Climax of the Covenant, 252.

762) 라이트, 『모든 사람을 위한 로마서 I부』, 257.

763) "맨턴(1620-1677)은 이중 칭의를 인정하는데, 하나는 선언적 칭의이고, 다른 하나는 예증적 칭의다. 선언적 칭의는 하나님의 율법을 온전히 성취하는 문제와 대응을 이루고, 예증적 칭의는 열매 없는 믿음의 문제와 대응을 이룬다. 행위에 따른 칭의에 대해 말한다고 해서 반드시 교황주의의 형태로 퇴보하는 것은 아니고, 오히려 교회 안에서 진정으로 은혜 언약의 유익들을 받아들인 자들과 가시적인 교회 안에 있으나 그 유익들을 받아들이지 못한 자들을 구분하는 한 방법이다. 행위는 심판자가 정당한 평가를 행하는 데 필수적인 증거를 제공할 것이다. 왜냐하면 심판자는 자신의 판단을 증거, 사건의 진상이나 피고소인의 행위에 기초를 둬야 하기 때문이다." 조엘 비키 & 마크 존스, 『청교도 신학의 모든 것』, (서울: 부흥과 개혁사, 2015), 906. "칭의에 관해 피스카토르(Piscator)와 쏘뮈르 학파의 견해를 분명하게 이어받은 첫 번째 인물은 주트픈(Zutphen)의 목사 요하네스 플락(1674-1690)이었다. 그의 견해에 따르면, 칭의는 두 가지 종류로 구분될 수 있다. 첫 번째 칭의는 배타적인 죄 용서이며, 그리스도의 죽음에 그 근거를 갖기에 '죄인의 의'(justificatio impii)라고 부를 수 있다. 하지만 두 번째 칭의는 '경건한 사람의 의'(justificatio pii hominis)이며, 개인적인 복음의 의에 그 근거를 두는데, 이 의는 신자 자신이 그리스도의 계명들을 따라 살기 시작할 때 성령의 능력 가운데 성취하고, 선행과 관련하여 영생을 받고 보상을 받는다." 헤르만 바빙크, 『개혁교의학』, (서울: 부흥과 개혁사, 2011), 663-664. 두 칭의 사이의 연속성을 강조한 맨턴은 정통파 청교도로 인정받았지만, 플락은 정통파로부터 비판을 받았다.

764) 라이트, 『신약성서와 하나님의 백성』, (서울: 크리스챤다이제스트, 2005), 444. 이 주장에 대한 비판은 J.V. Fesko, "N.T. Wright on Imputation", Reformed Theological Review 66(2007, 1), 6-9를 보라.

언약 백성 이스라엘에게 주신 약속은 이스라엘의 역사를 (유대인들이 예기치 못한 메시아의 십자가 죽음과 부활이라는 방식으로) 성취하셔서 절정으로 끌어올리신 예수님을 통해서 포로 귀환에 대한 소망을 불러일으켰다고 본다.[765] 그는 OPP 지지자들(예. John Piper)이 너무 교회개혁 전통을 의지한다고 비판한다.

라이트는 역사비평을 분명하게 지지하거나 선호하지 않고 모호한 입장을 취한다(참고. 객관적인 순진한 실재론이 아닌 비평적 실재론). 라이트는 복음서의 예수님 이야기는 공동체의 필요를 위해서 창안 혹은 개조되었다고 보기에, 복음서 사건들의 역사성에 의문을 보이고, (샌더스처럼) 복음서 기자들의 사도권 저작성에 대해서도 모호한 입장을 취한다.[766] 라이트는 앞으로 역사적 예수 탐구의 진지한 연구는 1980년대에 시작된 제 3차 탐구에 달려 있다고 본다.[767] 그런데 (NPP처럼) 주로 1세기 유대적 맥락에서 예수님을 발견하려는 제 3차 탐구가 라이마루스(d. 1768)가 시작한 1차 탐구와 케제만(1953)이 시작한 2차 탐구의 회의주의보다 더 건전한 것은 맞지만, 3차 탐구도 역사비평적인 회의주의 전제에서 자유롭지 못하다. 3차 탐구는 *Commentary on the New Testament from Talmud and Mishnah*(1926)를 공저한 Hermann L. Strack[768]-(유대인 출신 루터교 학자인) Paul Billerbeck 그리고 괴팅엔대 교수 Joachim Jeremias(d. 1979)의 영향

---

765) 라이트, 『바울과 하나님의 신실하심. 상』, 231; 『톰 라이트, 바울의 복음을 말하다』, 133. 라이트처럼 James M. Scott도 포로 귀환 즉 종말론적 회복으로 이해했는데, 여기에 대한 비판은 김세윤, 『바울신학과 새 관점』 (서울: 두란노, 2002), 230-32; 가이 워터스, 『바울에 관한 새 관점; 기원, 역사, 비판』, 250을 보라. 갈 3:10에 의하면 1세기 모든 유대인들이 포로 중에 있었던 것이 아니라, 율법 행위에 속한 자들이 저주 아래에 있었다. 라이트는 롬 1-4장을 성경 구속사(*historia salutis*; 참고. 이것이 *ordo salutis*는 아님)의 패턴이 재현된다고 보는데, 그의 전반적인 구속사적 내러티브 해석에 예수님을 중심으로 하는 새 창조와 새 출애굽 주제가 빈번히 등장한다. 이런 성경 신학적 주제들은 건전하지만, 작은 규모(small scale)의 개인 차원의 구원을 라이트처럼 등한시 하지 말아야 한다. 참고. 인디애나주 소재 미드아메리카 개혁신학교 총장 C.P. Venema, "N.T. Wright on Romans 5:12-21 and Justification: A Case Study in Exegesis, Theological Method, and the New Perspective on Paul", *Mid-American Journal of Theology* 16(2005), 37.

766) 라이트, 『신약성서와 하나님의 백성』, 271.

767) 라이트, 『예수와 하나님의 승리』 (서울: 크리스챤다이제스트, 2004), 156.

768) Strack(1848-1922)은 베를린대학교 구약과 셈어교수를 역임했는데, 독일의 탈무드와 랍비문헌 연구의 대표 학자다. 그는 독일에서 반(反)셈족 운동이 일어났을 때 유대인을 변호했다.

을 많이 받았다. 샌더스와 던처럼 라이트도 성경 이외의 유대 문헌을 중요하게 여기는데, 2성전 시기의 이런 문헌들은 구약의 가르침을 변개하거나 왜곡한 경우가 있기에 주의해야 한다. 더욱이 유대 문헌의 정확한 연대가 모호할 뿐 아니라, AD 2세기 이후의 랍비 문헌을 1세기에 기록된 신약 성경을 연구하는 데 사용한다면 시대착오적 해석에 도달할 가능성이 크다. 유대 문헌과 신약 사이의 유사점이 발견되면, 신약이 유대교의 영향을 받았다거나 표현과 사상을 빌려왔다라고 과도한 병행주의적(parallelomania) 입장을 견지하는 것도 바람직하지 않다. 유대인의 사상에 있어서 AD 70년 사건과 AD 135년의 바 코크바 반란은 사상의 변화에 영향을 미쳤기에, 그 전후 유대 문헌을 동일하게 이해하는 것도 무리다. 라이트의 과도한 병행주의적 해석은 그의 반로마 제국 이데올로기적 해석에도 나타난다. 2000년 맨체스터대학교의 'Manson기념 강좌'에서 라이트는 바울에 대한 '신선한 관점'(fresh Perspective)이라 명명하며 바울 서신을 로마 제국의 황제 숭배 이데올로기와 비교하며 해석했다. 하지만 바울 서신과 제국 이데올로기 사이의 병행되는 단어(구원, 복음, 방문, 주, 평화 등)를 과도하게 연결시켰다는 비판을 받았다.[769]

또한 라이트는 로마서, 갈라디아서, 고린도전후서, 빌립보서는 바울 저작으로, 골로새서는 거의 확실한 바울 저작으로, 에베소서는 다소 확실한 바울 저작으로 여기지만, (부활에 대해 언급하지 않는) 목회서신 가운데 디모데전서와 디도서의 바울 저작에 대해서는 모호하거나 회의적이다.[770] 사도행전의 바울 묘사

---

769) 참고. 라이트, 『바울과 하나님의 신실하심. 상』, 508-09; 『바울과 하나님의 신실하심. 하』, 1039. 바울 서신의 배경이 되는 로마 제국의 상황을 염두에 두면서 라이트가 반로마 제국적 해석을 시도할 때, 그는 유대적 배경도 염두에 두었다는 긍정적 평가를 받았다. 그런데 이런 정치 이데올로기적 해석을 시도하는 이들(R. Horsley, W. Carter, E.S. Fiorenza 등)은 로마서와 갈라디아서에 집중하면서, 소위 '제 2 바울 서신'을 바울 저작으로 인정하지 않는다. 참고. 달라스 소재 크리스웰신학교의 D. Burk, "Is Paul's Gospel Counterimperial?: Evaluating the Prospects of the 'Fresh Perspective' for Evangelical Theology", *JETS* 51(2008, 2), 318-19, 327.
770) 라이트, 『바울과 하나님의 신실하심. 상』, 117-19; 『하나님의 아들의 부활』 (서울: 크리스챤다이제스트, 2005), 352; contra J.R. Beeke (ed.), *The Reformation Heritage KJV Study Bible*, 1751, 1761, 1769.

를 신뢰할 수 있는가라는 문제에 대해서 라이트는 에베소서와 데살로니가후서를 다소 확실한 바울 저작으로 보는 그런 수준으로 이해한다.[771] 따라서 그는 바울신학 구축을 위해서 사도행전의 바울 묘사를 중요하게 의지하지 않는다. 라이트는 바울 서신의 인사말에 "사도 바울이 기록했다"라고 밝혀도 문체나 사상을 따져서 결정하려는 비평적 실재론 혹은 역사비평적 입장을 취한다. 이것은 결국 성경의 영감을 믿지 않는 처사와 다를 바 없다.

3. NPP의 기여 및 문제점

3.1. 기여

풀러신학교의 D.G. Reid의 말처럼 NPP는 '신약 신학의 혁명'이며, 바울을 신선하게(fresh) 이해하도록 하는가? C.L. Porter와 R. Jewett의 표현대로 NPP는 로마서 연구에 있어서 '패러다임 전환'인가? 교회개혁의 전통이 성경을 대체하는 것이 아니라 성경 아래에 종속되어야 함을 (라이트가) 상기시킨 점, 1세기의 다양한 특성을 가진 유대교에 대한 이해의 지평을 넓힌 점(특히 이신칭의를 수용한 소수의 유대인이 존재한 사실), 로마서와 갈라디아서를 무시간적 교리와 주해와 적용이 아니라 바울 당시의 교회의 문제를 고려하여 이해하도록 자극을 준 점, 그리고 2성전 시기 유대문헌(사해사본, 벤 시락, 1에녹, 희년서, 12족장의 유언, 솔로몬의 송가, 4에스라, 외경, 위경 등)의 중요성을 진지하게 고취시킨 점, 칭의를 (아브라함) 언약의 틀 속에서 이해하려 노력한 점, 포로 귀환이라는 구속사적 주제로 바울의 내러티브를 이해하려한 시도, 그리고 칭의와 윤리를 분리시키지 않으려고 노력한 점은 다수의 학자들로부터 NPP의 기여로 인정을 받는다.[772] 그리고 2성전 시

---

771) 라이트, 『바울과 하나님의 신실하심. 상』, 122. NPP에 대한 방대한 자료의 목록은 아래를 참고하라: http://www.thepaulpage.com/the-new-perspective-on-paul-a-bibliographical-essay/
772) 참고. R.S. Smith, "A Critique of the New Perspective on Justification", *Reformed Theological*

대의 방대한 유대문헌을 읽어내는 것은 NPP 주창자들처럼 탁월한 언어적, 학적 능력이 뒷받침되어야 한다. 그럼에도 불구하고 유대 문헌들은 NPP처럼 '언약적 율법주의'라는 하나의 스펙트럼이 아니라, 1세기 팔레스틴 유대교의 다양한 스펙트럼을 보아야 한다고 교훈한다.

3.2. OPP가 본 NPP의 문제점

NPP 주창자들이 정도의 차이는 있지만 한결같이 견지하고 있는 역사비평적 전제와 해석 방법이 근본 문제이다. 그리고 마치 "성경이 성경을 해석한다"는 명제가 오류라도 되듯이, 2성전 시대 유대 문헌의 가치를 정경 수준으로 과대평가한 점은 성경의 충족성에 위배된다. 그리고 라이트가 샌더스에게 "한 절 한 절 철저히 주석을 하지 않았다"라고 가한 비평은 NPP지지자들에게 적용될 여지가 있다. 왜냐하면 교회개혁의 유산인 문법-역사적-성경신학적 주석에 NPP 지지자들이 충실하지 않다면, 기독교와 유대교를 비교하는 단순 '비교종교학'으로 전락할 것이기 때문이다. 만약 NPP처럼 바울이 1세기 유대교를 행위-의를 추구하는 율법 종교로 오해했다면 성경의 영감성은 허물어질 것이다. 역으로 바울이 성령의 영감으로 유대교를 율법 종교로 올바로 이해했다면, 루터와 교회 개혁가들도 바울을 올바로 이해한 것이다.

NPP 그룹 안에는 다양한 주장이 있는데, 그렇다고 '새로운' 관점은 아니다. 왜냐하면 제롬과 에라스무스는 바울 서신의 '율법의 행위'(혹은 '행위', 롬 4:2, 6; 9:12, 32; 11:6)를 '할례와 안식일법 및 기타 제의적 법'이라고 좁게 보았다.[773] 루터와 필립 멜랑히톤은 에라스무스의 주장을 논박했기에, 교회개혁가들이

Review 58(1999, 2), 98-100; 조경철, "칭의론, 바울신학의 핵심인가? 주변 요소에 불과한가?", 『신학과 세계』 70(2011, 3), 114-19.

773) 참고. 미국 가톨릭대학교의 F.J. Matera, *Galatians* (Sacra Pagina; Collegeville: Liturgical Press, 2007), 93.

NPP의 주장을 알고 있었다고 보아야 한다.[774] NPP는 루터를 교회개혁가들 중 이신칭의의 대표적인 수호자로 여겨서 이신칭의를 마치 '루터교 해석'처럼 간주한다. 그런데 루터의 로마서 강해는 20세기가 되어서야 출판되었지만, 멜랑히톤은 에라스무스의 견해를 반박하기 위해서 로마서 주석을 5권으로 출판했다. 멜랑히톤은 그 당시 르네상스의 해석 방식을 동원했기에, NPP가 주장하듯이 교회개혁가들이 'eisgesis'했다고 보기 어렵다. 개혁신학 안에서도 오래 전부터 어떤 이들은 하나님이 무조건적으로 죄를 용서하신다는 사상에 반기를 들고, 언약과 성화의 중심성을 강조했다. 칭의 논의에서 용서의 선언이 아니라 의의 발전을 강조한 이들이 NPP의 출현에 영향을 미쳤다는 사실도 기억하면 유용하다. 바울이 그토록 강조한 사람의 무능과 죄성 그리고 그것에 대한 유일한 해결책인 그리스도께서 주시는 사죄와 구원의 은혜를 NPP가 약화시켜서 낙관적 인간관을 견지하고 말았다. 유대 준수를 통해서 구원을 얻으려고 시도한 유대인을 비판했던 바울에게 있어서, 그리스도 사건은 유대인의 정체성 표지를 제거하거나, 교회 일치를 촉진하는 차원으로 제한될 수 없다.

NPP는 2성전 시기 유대문헌의 가치를 지나치게 강조함으로써 신약 성경의 충족성에 의문을 제기하는 것 같다.[775] 더욱이 그들이 유대문헌을 인용할 때, 선별적으로 사용함으로써 환원주의에 빠졌다. NPP는 '바울 탐구'보다는 '1세기 유대교 탐구'라 불리기에 더 어울리는 것 같다. 설령 NPP가 '바울 탐구'라 불릴 수 있다고 해도, 바울 서신들 중 일부의 바울 저작을 부정하기에 부분적 연구에 그치고 만다. 그리고 바울이, 예를 들어, 인간의 보편적 죄성을 깨달았을 때,

---

774) 참고. 아버딘대학교에서 7년 가르친 후 2007년 10월부터 캠브리지대학교에서 가르치고 있으며 캠브리지의 에덴침례교회의 장로인 Simon J. Gathercole, "What did Paul Really mean?", *Christianity Today* 81(2007, 8), 22-28. 게더콜은 더럼대학교에서 던의 지도로 석사와 박사학위를 받았고, 2007-13년에는 *JSNT*의 편집인이었다. 그리고 필라델피아 루터교신학교의 T.J. Wengert, "The 'New' Perspectives on Paul at the 2012 Luther Congress in Helsinki", *Lutheran Quarterly* 27(2013), 89-91.

775) T. Stoychev, "Is There a New Perspective on St. Paul's Theology?", *Journal of European Baptist Studies* 11(2011, 3), 49.

2성전 시기 유대 문헌이 아니라 그 당시에 구전되던 예수님의 가르침과 구약을 통해서 알았을 것이다.[776]

NPP는 이신칭의를 이방인 선교 맥락에서 바울이 고안해 낸 것이라고 주장하기에, 선교사 바울이 나중에 깨달은 산물이지 하나님의 계시가 아니다. 하지만 바울은 다메섹 도상에서 하나님의 계시로 말미암아 수직적인 죄 사함이라는 이신칭의를 이미 깨닫고 선교에 임했다(롬 5:1, 9; 갈 1:11-12).[777] NPP주창자와 달리, 바울은 예수님을 구주로 믿지 않고 율법에 헌신하던 유대인들은 하나님의 은혜와 언약과 구원 밖에 있었다고 단언한다.[778] NPP는 하나님이 유대 민족을 선택하셨음을 지나치게 강조함으로서, 유대인 개인의 구원 문제는 상대적으로 등한시 했다. NPP의 주장과 달리, 예루살렘 성전에서 드린 속죄 제사가 유대인의 구원과 언약 안에 머무는 것을 보장하지 않는다(히 10:1).[779]

NPP는 다메섹에서 소명을 받는 데서 그치지 않고 회심했던 사도 바울의 논의 즉 그의 사고 구조를 문법-역사적 해석을 통해서 정직하게 인정하지 않는다.[780] 바울은 사람이 율법을 성취할 능력이 없지만 하나님은 예수님 안에서 의를 이루셨다고 로마서 3:19-20에서 밝힌다. 그런데 NPP는 구원을 획득하기

---

776) 참고. 김병훈, "율법주의, 언약적 율법주의, 은혜언약: '바울의 새 관점'의 신학적 소재(所在)?" 『한국개혁신학』 28(2010), 162.
777) Smith, "A Critique of the New Perspective on Justification", 103; 김철홍, "바울신학의 새 관점: 바울복음의 기원", 852.
778) 이한수, "새 관점의 칭의 해석, 어떻게 볼 것인가?", 275, 280. 하지만 NPP주창자들과 유사하게 이한수는 율법의 행위를 언약 안으로 들어가는 수단으로 여긴 1세기 유대교를 '강성 율법주의'(hard legalism)가 아니라고 본다. 하지만 '강성'의 정도가 모호하다.
779) 변종길, "새 관점 학파의 주장에 대한 비판적 검토", 23, 25.
780) NPP가 성경의 영감을 파괴했던 '옛 (역사비평) 이데올로기의 부흥'이라고 부정적으로 평가되기도 하는데, 예를 들어, 샌더스와 레이제넨은 역사비평가들처럼 바울 서신 안의 사상의 불일치와 비일관성을 주장한다. 참고. NPP의 출현 배경에 역사비평과 20세기 후반의 신해석학(new hermeneutics; 본문과 해석가의 대화를 통한 주관적이고 실존적인 의미를 발견하려는 E. Fuchs와 G. Ebeling)의 실존주의가 있다고 보는 (세대주의) 전천년설을 따르는 마스터신학교 신약 교수인 Farnell, "The New Perspective on Paul: Its Basic Tenets, History, and Presuppositions", 197-99, 201.

위한 율법 성취의 능력을 교회론으로 격하시킨다. 과연 최종 칭의를 순종으로 얻을 만한 사람이 있을까? 이방인이 유대인의 신분 표지(NPP의 '율법의 행위들')를 따르지 않은 채 구원의 공동체 안으로 들어오는 것이 로마서와 갈라디아서의 바울의 칭의론의 핵심인가? 아니다. 그것은 칭의의 적용이다. 칭의의 핵심은 죄인이 하나님 앞에 그리스도의 대속의 공로로 의롭게 인정받는 것이다. 이방인이 교회 안으로 들어오는 것을 칭의의 핵심이라 본다면, 그 주장은 죄의 파괴력을 간과하는 것이다. 왜냐하면 유대인처럼 이방인도 하나님을 영화롭게 하지 못하는 죄인이라고 바울은 강조하기 때문이다. 그리고 바울은 '율법의 행위들'을 유대인의 신분의 표지로 제한하지 않고, 그리스도의 속죄의 은혜와 성령님의 새 창조의 은혜를 배제한 인간의 모든 율법 준수 노력이라고 설명한다.[781] 또한 바울은 신약 저자 중 자신만 사용한 표현인 '율법의 행위'를 유대인의 신분 표지(참고. 4QMMT)로 제한하지 않는다.[782] 구약에서 언약 백성이 구원의 은덕을 기억하며 지켜야 했던 율법의 기능과, 1세기 유대교의 구원의 조건으로 변질된 율법의 기능은 다르다.[783]

샌더스가 중요하게 여기는 1QS(쿰란공동체 규율)에 의하면,[784] 하나님의 은혜로 구원 안으로 'getting in'한다고 하더라도, 인간의 자유 의지와 노력으로 들어가고 구원을 얻는 것으로 언급한다(참고. 중세 후기의 유명론).[785] 이런 공로 구원 혹은 신인협력적 율법주의(synergistic nomism)는 다른 많은 유대 문헌들에서도

---

781) 참고. 김세윤, 『바울신학과 새 관점』, 107; 김철홍, "바울신학의 새 관점: 바울 복음의 기원", 843.
782) 한천설, "로마서 3:21-4:25에 나타난 바울의 칭의론과 그 적용: 새 관점 학파의 사회론적 해석에 대한 비판을 중심으로", 『성경과 신학』 64(2012), 293.
783) 율법 준수가 구원의 조건으로 변질된 것 즉 이행칭의는 바벨론 포로 귀환 이후에 발생한 것이 아니라 모세가 율법을 받았을 때 그리고 사사 시대에 이미 그런 조짐이 있었으며, 하나님이 모세 당시에 이행칭의는 불가능함을 미리 경고하셨다(레 18:5; 신 27:26; 삿 2:7)는 주장은 변종길, "새 관점 학파의 주장에 대한 비판적 검토", 22를 참고하라.
784) Sanders, *Paul and Palestinian Judaism*, 323-27.
785) 리폼드신학교 구약학 교수인 D.C. Timmer, "Variegated Nomism Indeed: Multiphase Eschatology and Soteriology in the Qumranite Community Rule(1QS) and the New Perspective on Paul", *JETS* 52(2009, 2), 353.

분명히 볼 수 있다(예. AD 100년경의 2바룩, AD 50년경의 솔로몬의 시편, 요세푸스, 토빗, 유딧, 마카비서). 따라서 자신의 결론을 연역적으로 세워 놓고 역사적 실증주의에 입각하여, 샌더스와 NPP주창자들은 유대 자료들을 환원주의 방식으로 활용했다.[786] 1QS와 관련하여 더 언급해 보면, '빛의 자녀'인 쿰란 공동체를 떠나는 자에게는 구원이 없기에, 쿰란 공동체는 외부 그룹과의 구분을 위한 경계선 강화 차원에서 구원론을 이해한다. 이것은 유대인의 진영 논리가 구원론에 영향을 미친 결과다. 그리고 샌더스는 '팔레스타인 유대교'라는 명칭을 사용하는데, 팔레스타인과 디아스포라의 유대교 패턴이 상당히 차이가 나는지 의문인데, 헬레니즘이 로마 제국 전체에 퍼졌기 때문이다.[787]

존 파이퍼의 『칭의 논쟁』(서울: 부흥과 개혁사, 2009)에 대한 응전인 『톰 라이트, 칭의를 말하다』에서 라이트가 성경의 많은 언약들 가운데 아브라함 언약을 특별히 강조하는 점, 쿰란문헌 중에서 4QMMT(제사장 서신)를 의존하는 점, 언약 백성의 일원이 되는 상태를 '의'라고 협소하게 정의하는 점, 바울 서신의 '율법'을 유대인의 신분 표지로 협소하게 정의하는 점, 그리고 의의 전가(참고. 『기독교 강요』 3.11.2) 없이 속죄가 가능하다고 단언하는 점은 문제점이다.[788] 바울에게 '믿음'은 자신의 공로가 아니라 구원과 긍휼의 하나님을 신뢰하는 것이다. 그리고 의의 전가는 구원을 이루시기 위해서 그리스도께서 적극적으로 순종하셔서 그 순종을 우리의 것으로 여겨주신 것과 성도가 은혜로 받은 믿음으로 그 구원과 의를 고백한 결과인데, NPP의 미래의 최종 칭의는 이 중요한 개념을 희석시키고 반대한다.[789]

---

[786] Smith, "A Critique of the New Perspective on Justification", 101.

[787] 참고. 마르틴 헹엘, 『유대교와 헬레니즘 2』 (서울: 나남출판사, 2012), 429-30. 1세기에 유대교가 지역에 따라 상당한 차이가 있기에, 디아스포라 유대교와 팔레스타인 유대교는 달랐다는 견해는 라이트, 『바울과 하나님의 신실하심. 상』, 102, 160-61, 231. 하지만 라이트는 팔레스타인이건 이방 지역이건, 유대인들 모두가 포로 가운데 있었다고 인정한다.

[788] 참고. 라이트, 『바울과 하나님의 신실하심. 상』, 209; 우병훈, "『톰 라이트, 칭의를 말하다』 서평", 『갱신과 부흥』 9(2011), 118-32.

[789] Minneapolis 소재 베들레헴 침례교회에서 30여 년 동안 목회하고 있는 John Piper, OPC목사이자

그런데 NPP가 사람이 순종하지 않을 때 '최종 칭의'를 상실할 수 있다는 주장은 문제이지만, 이 용어 자체는 고려할 만하다. 구원의 서정에 따르면, 하나님은 영원 전에 택자를 예정하셨고 때가 되어 그들을 자신의 자녀로 부르셨다. 그 다음 서정인 칭의와 영화는 '이미와 아직 아니'의 구도를 따라 진행형으로 이해할 수 있다(참고. 롬 8:30의 진행적인 의미의 진입적 아오리스트 동사들 ἐδικαίωσεν, ἐδόξασεν). 진행형 칭의, 성화 그리고 영화를 논할 때 중요한 점은, '이미'(과거-현재적인 칭의, 성화 그리고 영화)가 '아직 아니'(미래적인 칭의, 성화 그리고 영화)를 보증해야 한다는 사실이다(참고. 딤후 4:18; 벧전 1:2). 이 보증은 알파와 오메가이신 하나님으로부터 가능하므로, 그리스도의 의를 전가 받아 하나님의 영광을 위하여 살면서 성화 중인 성도는 미래 칭의, 미래 성화, 미래 영화를 행복한 긴장 가운데 선취(先取)할 수 있다.[790] 성령은 성도의 현재적 의로움(참고. 롬 3:28의 현재 동사)과 거룩함과 영광돌림을 가속화하시고 불안한 긴장을 제거하신다.[791] 칭의와 성화와 영화는 구분할 수 있는 개념이지만, 상호 분리되지 않고 일정 부분 중복된다. 이러한 '이미와 아직 아니'라는 신약의 전형적인 종말론적 틀에 근거한 칭의 이해는 성도가 구원 안으로 들어가는 순간적인 법정적 차원을 인정하는 동시에, 그 너머의 칭의를 입은 성도 안에 역사하는 하나님의 재창조의 능력도

캘리포니아 웨스트민스터신학교 교수들인 D. Van Drunen(b. 1971)과 R.S. Clark(b. 1961)를 참고하면서 (NPP의 개념인) '의의 선언'이 아니라 '의의 전가'(롬 4:5; 5:17, 19; 10:4 등)를 변호하는 견해를 위해서 Venema, "N.T. Wright on Romans 5:12-21 and Justification", 64, 72; Byunghoon Woo, *The Pactum Salutis in the Theologies of Witsius, Owen, Dickson, Goodwin, and Cocceius* (Ph.D. diss., Calvin Theological Seminary, 2015), 59를 보라.

790) 필자의 입장과 신인협력적인 과정으로서의 가톨릭의 칭의 개념은 다르다. 가톨릭은 하나님이 은혜로 의를 사람에게 주입(infusion)할 때, (가톨릭은 낙관적인 인간관에 기초하여) 사람의 역할과 반응을 중시하며, 심판의 날에 생명을 얻도록 하나님의 계명을 지켜 의를 보존해야 한다고 이해한다. 따라서 가톨릭에게 칭의는 순간적인 것이 아니라 불의한 상태에서 정의로운 상태로 계속해서 이동하는 신인협력적 과정이다. 따라서 이런 이해에는 '불안한 긴장'이 상존하는데, NPP의 주장과 유사하다. 참고. 손기웅, "바울의 새 관점과 이신칭의 교리: 칭의의 기독론, 인간론, 종말론적 측면에 관하여", 『성경과 신학』 55(2010), 50, 79. 참고로 D.J. Moo도 롬 5:19, 8:33, 갈 3:11, 24에서 칭의의 미래적 측면을 인정한다. 참고. A.J. Köstenberger & R.W. Yarbrough (eds), *Understanding the Times New Testament Studies: Essays in Honor of D. A. Carson on the Occasion of His 65th Birthday* (Wheaton: Crossway, 2011), 190.

791) Silva, *Explorations in Exegetical Method: Galatians as a Test Case*, 174.

인정하는 것이다(참고. 살전 1:3). 결국 이런 역동적인 이해는 성도로 하여금 감사의 열매를 맺도록 격려하며, 구원의 서정의 궁극적인 주권자이신 삼위 하나님의 영광 안에 그분의 영광을 위해서 성화되도록 자극한다. 예수님의 재림은 성도가 비록 완전하지 못하지만 은혜로 주어진 성령과 믿음으로 계속 이루어가고 있는 칭의, 성화, 영화를 완성시킬 것이다.[792] 예수님을 구주로 믿을 때 의롭다고 이미 선언을 받은 성도는 장차 최후 심판 때 다시 의롭다고 선언을 받을 것이다. 환언하면, 미래의 심판으로부터의 구원(참고. 롬 2)은 그리스도 사건과 의의 전가에 기초한다(롬 3:24; 5:9).[793] 따라서 의의 전가는 '법정적 허구'일 뿐이라는 NPP의 주장은 오류다.

NPP는 사람의 행위에 구원 안에 머무는 것(최종 구원)의 여부가 달려 있다고 주장한다. 하지만 최후 심판을 언급하는 유대 문헌들에 사람의 행위는 물론 하나님의 자비도 강조된다(시락 16:12, 14; 35:24-26). 즉 사람이 심판하실 하나님의 자비의 대상이라는 것이다.[794] 물론 NPP가 하나님의 자비 때문에 최종 칭의가 가능하다고 주장하지만, NPP는 최종 칭의의 근거를 사람의 순종에 더 둔다.

NPP는 바울 서신 중에서 로마서와 갈라디아서에 집중하는데, 그들이 거의 언급하지 않는 (에베소서, 골로새서, 데살로니가후서 그리고) 목회서신에도 1세기 유대교의 율법주의를 볼 수 있다.[795] NPP 주창자들이 목회서신을 언급하지 않는

---

792) 참고. 손기웅, "바울의 새 관점과 이신칭의 교리: 칭의의 기독론, 인간론, 종말론적 측면에 관하여", 82. 개혁파의 단회적 칭의와 연속적 성화에 대한 정통 입장을 위해서는 김철홍, "바울신학의 새 관점: 바울 복음의 기원", 860을 보라. 계 20:12는 예수님의 재림 후 있을 백보좌 심판 시, 생명책에 녹명된 이들이 상급 심판을 받는 장면이다(참고. 계 3:5; 20:6). 따라서 생명책에 녹명된 이들이 최종 칭의를 상실하는 내용이 아니다. 그리고 라이트가 최종 칭의의 근거 구절로 제시한 롬 2:13; 3:20, 30을 바울이 미래적으로만 이해한 것은 아니다.

793) 바울 연구로 숭실대에서 박사학위를 받은 서충원, "바울의 법정적인 칭의 개념: 종교개혁적 관점과 '바울에 대한 새 관점'의 비교를 중심으로", 『한국개혁신학』 27(2010), 391, 402.

794) 김경식, "최후 심판행위 사상으로 본 바울신학의 새 관점", 『신약연구』 49(2010, 3), 19-20.

795) 참고. 송영목, "목회서신의 율법관: 바울의 새 관점과 비교하며", 『교회와 문화』 28(2012), 95-126.

이유는 역사비평가들처럼 바울의 진정성이 결여된 서신으로 간주하기 때문으로 판단된다. '바울의 새 관점'이라고 불리기에 적합하려면 로마서와 갈라디아서에 국한시킨 논의는 지양되어야 한다.

미래종말론과 관련하여, 개인의 구원이 매우 중요한 문제라고 밝히는 라이트는 개인의 영혼이 육신을 벗고 천국가는 것 자체는 바울 서신의 주된 주제가 아니라 하나님이 온 세계에 정의를 회복하시는 데 기여하는 한 부분이라고 평가한다.[796] 하지만 바울 서신에서 최종 파루시아 때 세상의 갱신과 개인의 부활은 하나의 주요 관심사였다(고전 15:42-58; 살전 4:16-17; 딤후 4:17-18). 따라서 바울의 종말론과 구원론을 논할 때, 개인과 온 세상의 갱신 그리고 갱신의 현재와 미래적 측면을 종합적으로 고려해야 한다.

NPP의 주장을 비판하는 목소리가 국내외적으로 많다. 합신대 조병수교수는 NPP를 '독일 신학(루터의 개인 구원과 불트만의 실존주의)에 대한 영국 신학의 도전'으로 평가하면서, NPP도 독일 신학(특히 역사비평)을 사용하기에 독일 신학의 범주를 벗어나지 못한다고 지적한다. 미국의 경우 대표적으로 남침례신학교의 T.R. Schreiner(b. 1954)와[797] 리폼드신학교의 신약 교수로서 듀크대에서 샌더스의 지도로 박사학위(2002)를 취득한 Guy P. Waters(일명 Dry Waters)는 NPP를 비판하며 OPP 입장을 견지한다.[798] 그리고 캘리포니아 웨스트민스터신학

---

796) 라이트, 『바울과 하나님의 신실하심. 상』, 269.

797) C.E.B. Cranfield, P. Stuhlmacher, F. Thielmann의 전통적인 해석을 참고하여 NPP의 '율법의 행위' 해석을 비판하는 T.R. Schreiner, *Romans* (BECNT; Grand Rapids: Baker, 1998), 172(한글판은 2012). 풀러신학교에서 박사학위를 취득한 칼빈주의에 충실한 침례교 학자인 슈라이너는 NPP를 비평하는 논문을 *Dictionary of Paul and His Letters* (IVP, 1993), *JSNT, BBR, NT, TJ, WTJ, JETS* 등에 기고했다.

798) (언약/구원의 공동체적 성격에 대한 지나친 강조, 오직 은혜로 구원 받음을 약화시킴, 지상에서 그리스도의 사역의 공로가 사람에게 전가됨을 부정함이라는 측면에서) NPP와 유사한 입장을 표명한 Norman Shepherd, R. Rushdoony, Douglas Wilson, James Jordan(그는 나중에 Federal Vision에서 탈퇴함) 등을 중심으로 했던 Federal(라틴어 foedus = Covenant) Vision(View)도 비판하는 가이 워터스, 『바울에 관한 새 관점: 기원, 역사, 비판』, 『칭의란 무엇인가』 (서울: 부흥과 개혁사, 2011). OPC,

교의 J.V. Fesko, D. Van Drunen, 남침례신학교의 M.A. Seifrid, 사우스웨스턴 침례신학교의 J.M. Hamilton Jr., 풀러신학교의 D.A. Hagner, 하이델베르그대의 P. Stuhlmacher, WEST의 T. Holland, 캠브리지대의 S.J. Gathercole, 휘튼대의 D.J. Moo, 시카고 트리니티복음주의신학교의 D.A. Carson, 무어신학교의 P.T. O'Brien, 샘포드대학교의 F.S. Thielman, 엘름헐스트대학교의 A.A, Das, 리폼드신학교의 J.L. Duncan, 마부르그대학교의 F. Avemarie, 낙스신학교의 R.L. Raymond(d. 2013), 고든-콘웰신학교의 M. Silva, 시드니의 R.S. Smith, 유대인 학자로서 남플로리다대학교의 J. Neusner 등 많은 이들도 NPP의 기여를 일부 인정하지만 깊게 비판한다.[799] NPP의 기여를 부분적으로 인정하지만 OPP를 지지하는 한국 학자들도 많다(고신대 변종길, 백석대 최갑종, 풀러신학교 김세윤, 합신대 이승구, 김병훈, 안양대 이은선, 장신대 김철홍, 국제신대 김홍만, 웨신대 김경진, 대신대 손기웅, 총신대 이한수, 한천설, 심창섭, 이상원, 서울신대 조갑진, 서충원, 감신대 조경철, 한국성서대 김현광, 고려신학교 현영훈 등).[800]

나오면서

구원의 핵심 개념인 이신칭의를 바울신학의 주변(peripheral) 주제인 바울이 고안한 교회론으로 강등시킨 NPP의 선구자들 중 하버드대의 유대인 배경을

RCUS, URCNA, PCA 등 몇 교단들이 Federal Vision(FV)을 (이단으로) 공개적으로 비판했다. 참고. http://cafe.daum.net/316church/7tFB/18?q=federal%20vision&re=1(2015년 5월 4일 접속).

799) D.J. Moo, *Galatians* (BECNT; Grand Rapids: Baker, 2013), 159.

800) 이신칭의를 개인 구원이 아니라 유대인과 이방인의 관계와 관련된 구속사적 문제로 보는 총신대 이한수와 1세기 유대교를 언약적 율법주의라고 보는 백석대 홍인규에 대한 비평은 변종길, "새 관점학파의 주장에 대한 비판적 검토", 15-20을 참고하라. 덧붙여 한국복음주의신학회의 NPP비평은 『성경과 신학』 2010(55)을 참고하라. NPP를 반대하면서 로마서를 자기 백성을 찾으시는 하나님의 구원 드라마로 보는 T. Holland, *Romans: The Divine Marriage* (A Biblical Theological Commentary; Eugene: Pickwick, 2012), 102; 최갑종, 『로마서 듣기』 (서울: 도서출판 대서, 2009), 80, 218. 라이트의 반(半) 펠라기우스적 경향과 성경관의 문제점에 대해서는 이승구, 『톰 라이트에 대한 개혁신학적 반응』 (수원: 합신대학원출판부, 2014), 52, 316을 보라. 신구약 학자들이 주석을 한 후 그 결과가 개혁주의 교리와 상충될 때, 혹 자신의 주석에 오류가 무엇인지 점검해야 한다. 이런 점검이 선행되어야 성경학자들에 의한 교리의 건전한 발전이 가능하다.

가진 학자들이 적지 않고, 최근 NPP 주창자들은 옥스브리지 출신이 다수다. NPP 비평가들은 특히 샌더스가 교수했던 듀크대 출신과 개혁주의 신학교들 (칼빈 전통의 남침례신학교 포함)에 많다.

지난 40년 동안 바울신학 논의에 일정 부분 기여를 해온 NPP주창자들 가운데 라이트보다 샌더스와 던의 경우 역사비평에 매우 충실하다. 결국 그들은 성경의 영감성과 권위와 통일성을 부정하게 되었다. 이것이 NPP의 오류의 근본적인 이유라고 보아도 과언이 아니다. NPP는 로마서와 갈라디아서의 중심 주제는 유대인 성도와 이방인 성도의 일치라고 본다. 하지만 교회가 유대인의 민족우월주의를 극복하여 일치를 이루는 것은 이신칭의의 적용이다.[801] 그리고 NPP가 시초 칭의와 최종 칭의를 구분하는 것은 성도의 견인 교리를 부정한다. 그리고 NPP는 1세기 유대교가 은혜 종교라고 보기에, 결국 유대인들이 구주로 믿지 않았던 예수님의 성육신을 불필요하게 만든다. 복음서에 따르면 예수님을 구주로 믿지 않고 장로의 유전을 준수하다가 걸려 넘어진 유대인들이 있었는데도 불구하고(눅 18:9, 12, 18), NPP는 1세기 유대교가 행위 율법종교가 아니라고 강변한다. 복음서의 예수님에 대한 오해가 서신서의 바울 오해로 이어졌다. 구약은 은혜로 구원을 받은 백성이 율법을 준수하며 살아야 한다는 언약적 율법주의를 가르치지만, 1세기 유대교는 행위로 구원 안으로 들어가려고(getting in) 시도했던 신인협력적 율법종교(co-operative synergism 혹은 proto-semi-Pelagianism; R. Smith의 용어)였다. 그리고 NPP는 칭의를 '언약적 멤버십'으로 정의하지만, 그것은 칭의의 결과이다. 의미와 적용을 혼동하지 말아야 한다.

NPP가 환원주의에 입각하여 2성전 시기 유대문헌을 활용하면서 1세기 유대교를 '언약적 율법주의'라고 획일화한 것은 정직하지 못한 처사다. 바울 서신

---

[801] J.R. Beeke (ed.), *The Reformation Heritage KJV Study Bible*, 1609, 1687, 1692; 한천설, "로마서 3:21-4:25에 나타난 바울의 칭의론과 그 적용", 307; 비평적 실재론으로 신학, 역사, 석의, 적용을 혼합하는 라이트, 『바울과 하나님의 신실하심. 상』, 101.

을 출발점으로 하여 2성전 시기 유대 문헌을 평가해야 하지, 역은 성리될 수 없다. 지금도 NPP의 주창자들은 OPP의 비판에 직면할 때, 수사학적으로는 자신의 진술을 다소 변경하나, 핵심 주장은 그대로 견지한다.[802]

우리는 이신칭의와 그것의 확장인 칼빈의 5대 교리를 OPP 입장 그대로 따라야 한다(엡 2:8). 바울은 사람이 구원을 받는 것을 논할 때, 안으로 들어가는 것(getting in)과 머무는 것(staying in) 둘 다 포함한다. 그리고 구원은 예수님을 믿는 것(faith)과 신실하게 사는 것(faithfulness) 모두 포함한다.[803] 그리고 로마서 1-5장에 바울의 논점은 죄로 인한 남은 자의 감축 현상을 마감하신 예수님 때문에 유대인과 이방인 중 남은 자가 확장되지, 최종 칭의에 이르는 자가 드물어 남은 자가 축소되지 않는다는 것이다.[804] 오늘날에도 올바른 기독론과 칭의론을 확립하는 것은 하나님 나라 확장을 위해 필수적이다. 한국에서 열매를 통해서 중생을 확인하려는 사람들에게, 그리고 성도의 삶에 성화가 약화되어 지탄을 받는 교회의 현실에 대한 반성 때문에 NPP에 암묵적으로 동조하는 이들이 있다. 이럴수록 성경에서 이탈한 교훈을 찾아내기보다는, 개혁 신조들이 분명하고 은혜롭게 천명하는 올바른 칭의와 칭의의 필수적인 열매인 성화를 가르쳐야 한다(롬 3:24, 26; 갈 5:16, 25; 엡 2:8-9).[805] 성도에게 은혜의 복음인(갈 1:6-8)

---

802) 특히 제임스 던은 『바울에 관한 새 관점』에서 OPP의 비판을 의식하여 두루뭉술한 표현으로 수사학적 립 서비스를 자주한다. 던이 '율법의 행위'의 범위를 약간 확장하려는 점 그리고 유대인들이 율법에 불순종한 것을 인정한 것에 대한 평가는 Smith, "Justification in the New Perspective on Paul", 24를 참고하라.

803) 참고. 고든 피, 『바울, 성령, 그리고 하나님의 백성』(서울: 좋은 씨앗, 2000), 114.

804) 라이트는 바울 서신에 점진적으로 세워져가는 하나님 나라를 보여주는 증표가 없다고 보다. 오히려 바울은 강력한 메시아의 통치는 있되 완성되지 않았다는 사실에 초점을 둔다고 주장한다. 그러나 강력한 메시아의 통치를 인정하면서도 점진적으로 세워져가는 하나님 나라가 왜 불가능한지 의문이다. 라이트, 『바울과 하나님의 신실하심. 상』, 827.

805) 다수의 한국 목회자들의 경우처럼, 남아공의 신약 학자들에게 최근까지 NPP는 큰 인기 있는 주제가 아니다. 오히려 남아공의 경우 아파르트헤이트에 대해 백인 엘리트 신학자들이 스스로 반성하기 시작한 1980년대 이후로, 바울 서신의 주제를 현실적으로 적용하여 이슈화하는 데 관심이 집중하고 있다. P. Naud , "Can We still hear Paul on the Agora?: An Outsider Perspective on South African New Testament Scholarship", *Neotestamentica* 39(2005, 2), 339-59. 아파르트헤이트를 지지했던 프레토리아대학교의 E.P. Groenewald같은 남아공의 개혁교회 신약학자들은 유대인(백인)과 이방인

하나님이 주신 의는 율법주의적인 자기 열심을 고쳐시키지 않는다. 오히려 성도로 하여금 감사의 열매를 필연적으로 맺게 한다. 영감된 성경의 통일성을 수용할 때에야 올바른 역사적 그리스도(historical Christ)와 신앙의 예수님을 구축하고, 올바른 역사적 바울도 구축할 수 있다. 이처럼 신학에서 전제가 중요하다. 개혁 교리가 성경 신학의 전제, 출발점 혹은 규범은 아니라할지라도 안전장치는 된다. NPP에 발목 잡힌 바울신학 연구가 이제는 문법적, 역사적, 성경신학적 석의로 더 촉진될 때이다.

(흑인)의 하나됨이라는 NPP의 주장을 달갑게 받아들이지 않았을 것이다.

05 목회서신에 나타난 율법관: 바울의 새 관점과 비교하며

들어가면서

지난 19세기 이후의 신약 비평학계는 목회서신의 바울 저작성을 인정하지 않고, 기독교의 가르침에 있어서 신학적 가치가 별로 없는 바울 이후의 익명의 인물이 편집한 것으로 보아왔다. 따라서 Towner(2006:15)는 오늘날의 목회서신 연구에 19세기의 F.C. Baur와 20세기의 M. Dibelius(1983)의 영향이 여전히 감지된다고 파악한다.[806] 하지만 20세기의 많은 학자들은 바울이 사역 말년에 목회서신을 기록했으며, 이전의 자신의 서신들에 나타난 사상을 재차 강조했다

---

806) 이 글은 『교회와 문화』 28(2012), 95-126에 게재되었다. 목회서신의 바울 저작을 반대하는 이들의 근거는 다음과 같다: (1) 바울 서신을 담고 있는 p^{46}이 목회서신을 포함하고 있지 않음, (2) 목회서신의 무거운 논쟁적 논의는 바울 서신들과 분위기가 다름, (3) 목회서신이 반영하는 선교 운동(mission movement)은 바울 서신과 사도행전의 상황과 조화될 수 없음, (4) 디모데전서가 보여주는 교회의 직분 구조는 고린도전서와 로마서와 다름, (5) 목회서신의 용어와 문체가 바울 서신과 다름(참고. Towner, 2006:15-16).

고 본다(예. Zahn, Schlatter, Ramsay, Michaelis, Spicq, Jeremias, Guthrie 등). 목회서신의 신학이 비평학자들에 의해서 바울 저작으로 인정받는 일곱 서신(롬, 고전후, 갈, 빌, 살전, 몬)의 신학과 일치한다는 것이 증명된다면, 목회서신의 바울 저작성은 긍정적으로 재고되어야 할 것이다.[807)]

이 글에서 목회서신의 율법관을 구원관과 연결하여 연구함으로써, 목회서신의 바울 저작성을 확인하고, 새 관점주의자의 견해를 비평해 볼 것이다. 목회

---

807) 목회서신의 바울의 저작성 및 진정성을 증거 하는 외증은 풍부하다(contra 디벨리우스, 1983:11, 22). 유세비우스는 목회서신을 정경성이 논란된 적이 없는 책(*homologoumena*)으로 간주했고, 무라토리 정경에 포함되었으며, 이레니우스, 터툴리안, 알렉산드리아의 클레멘트, 로마의 클레멘트, 이그나티우스, 폴리갑, 저스틴 등에 의해서 인용되었다. 내증과 관련하여 목회서신의 진정성이 공격받는 이유 및 그것에 대한 반론을 세 가지로 요약하면 다음과 같다(참고. Edwards, 1993:131-39): (1) 사도행전이 바울의 로마 감옥 생활로 마치므로, 바울의 사역 중 언제 목회서신이 기록되었는지 알 수 없다. 하지만 1클레멘트 5와 무라토리 정경 등이 증거 하듯이, 목회서신의 기록 시점은 바울이 두 번째로 로마에 투옥된 때로 보인다(참고. Groenewald, 1977:5). 하지만 판 브러헌(1997:20-21, 93; 2005:304-05)은 목회서신이 행 28장의 로마 수감에서 석방된 후에 바울에 의해서 기록되었다면 바울이 3차에 걸쳐 전도한 지역에서 다시 정력적인 활동을 전개했다는 것은 이상하다고 보면서, '딤전'과 '딛'는 바울의 3차 전도여행 중에(AD 55-56년경), '딤후'는 행 28장의 로마 수감 중(AD 61년경)에 기록된 것으로 본다. 하지만 '딤전'은 AD 62-64, '딤후'는 64-66년, '딛'은 63-66년에 기록된 것으로 보는 것이 무난하다(참고. Vergeer, 1999:1629, 1645, 1660). (2) 목회서신에 언급된 이단은 갈라디아서의 이단과 달리 2세기의 '말시온과 관련된 영지주의자'이며(예. H. von Campenhausen), 위계질서를 갖춘 발전된 교회 조직도 바울 당시와 다르며(예. F.C. Baur, De Wette), 딤전 5:9절의 '과부'는 '여 집사'를 가리키므로 후대의 작품으로 보아야 한다(예. Schleirmacher). 하지만 목회서신에서 직분에 대한 언급은 적은 분량이며(딤전 3:1-13; 5:3-22; 딛 1:5-9), 더욱이 장로 혹은 감독(행 14:23; 20)은 예루살렘 교회에도 있었고, '과부'(딤전 5:3-16)는 교회 안의 직분으로 보기 어렵다(참고. Groenewald, 1977:6). (3) 목회서신의 독특한 표현(예. *hapax legomena*)과 사고방식은 바울의 것과 다르며 유사한 것은 신약 서신으로부터 빌려온 것이다(예. 딤전 1:12-14의 "그리스도 예수님 우리 주께 감사드리는 것은"과 고전 15:9절 바울의 감사). 그러나 바울 서신과 비교해서 목회서신에 흔하지 않는 특성이 나타난다는 사실 자체가, 목회서신이 바울의 편지가 아니라는 결론으로 이끌 수 없다(참고. Ellis, 1993:661). 그리고 어떤 사람이 바울의 이름을 도용하여 내용과 형식에 있어서 일관성 있는 세 편지를 썼다는 것보다, 바울이 세 편지를 썼다는 것이 더 설득력 있다. 덧붙여 목회서신의 '묵시사상'도 바울 저작성과 관련 있는데, Downs(2005:652-57)는 목회서신에 묵시사상(apocalypticism)이 강하게 나타난다고 본다: (1) 신현적 기독론(epiphanic Christology; 딤전 6:14; 딤후 1:10; 4:1, 8; 딛 2:13), (2) 묵시문헌에 자주 등장하는 초자연적 존재('사탄', 딤전 1:20; 3:6-7; 5:15; 딤후 2:26; '천사', 딤전 3:16; 5:21; '악령', 딤전 4:1), (3) 역사를 특정 기간으로 나누어(periodization of history) 하나님이 그 기간 안으로 들어오셔서 세상의 악을 끝내심 ('영원 전에', 딤후 1:9; 딛 1:2; '정해 진 때', 딤전 2:6; 6:15; 딛 1:3; '현재 시대', 딤전 6:17; 딤후 4:10; 딛 2:12; '지금', 딤전 4:8; 딤후 1:10; '오는 시대', 딤전 4:8; '말세에', 딤후 3:1; 참고. 고전 15:1-47과 빌 3:20-21의 '이미와 아직 아니'의 긴장), (4) 최후 구원과 심판(딤후 2:8-10; 4:1; 딛 3:7). 따라서 Downs(2005:660)는 세상의 파국과 심판을 기대하는 묵시사상이 목회서신에서 사라졌기에, 목회서신이 '초기 가톨릭주의'(Early Catholicism)를 반영한다는 E. Käsemann을 비판한다.

서신의 율법관과 비평학자들에 의해서 바울 저작성이 인정된 일곱 서신의 율법관이 일치한다면, 목회서신의 바울 저작성은 일정 부분 증명될 것이다. 여기서 바울의 새 관점주의자들이 이해한 1세기 유대교의 특징을 간략히 언급할 필요가 있다. 바울의 새 관점에 의하면, 1세기 유대교는 '언약적 율법주의'(covenantal nomism)로 요약 가능한데, 그것은 유대인들이 은혜로 구원 안으로 들어온 후, 구원 안에 머물기 위해서 율법을 준수했다는 입장이다(참고. Sanders, 1977:543; 던, 2003:470-71). 그리고 새 관점주의자는 바울이 비판한 '율법의 행위들'(ἔργων νόμου, 롬 3:28; 9:32 등)을 구원을 위한 자기 의와 공로가 아니라, 유대인의 신분적 표지들(예. 할례와 안식일 준수)로 보았다. 환언하면, '율법의 행위들'은 유대인들이 이방인 가운데서 독특한 정체성을 지닌 이스라엘로서의 존재 근거로 여겼던 율법의 요구들에 대한 순종을 의미했다(참고. 던, 2003:493, 506). 새 관점에 의하면, 바울이 유대인의 신분적 표지를 비판한 이유는 예수님으로 말미암은 우주적 구원이라는 하나님의 구원 계획에 걸림돌이 되었기 때문이다. 따라서 새 관점주의자는 바울 서신의 '율법 준수' 문제를 구원론이 아니라,[808] 사회적 이슈 혹은 교회론의 문제로 격하시켰다고 평가할 수 있다.[809]

지금까지 목회서신의 율법관은 바울의 새 관점주의자는 물론 바울 연구자

---

[808] 하지만 목회서신에는 '구원', '구원자', '구원하다'라는 단어가 책 분량에 비해서 매우 빈번히 등장하기에, 구원론이 매우 중요한 신학적 주제라 할 수 있다(딤전 1:1; 2:3; 4:10; 딤후 1:10; 딛 1:3, 4; 2:10, 13; 3:4, 6; 참고. Wieland, 2006:3, 241). 목회서신 세 권 모두 미래의 구원을 현재적 구원의 경험과 연결시킨다. 디모데전서는 오는 생명 안으로 사람을 인도하는 하나님을 믿는 것이 성도의 현재 삶 속에서 즐거움을 강화시킨다고 말한다. 디모데후서의 구원론의 기초는 어려운 환경 속에서 목회를 감당해야 한다는 맥락에서 볼 때, 미래적 구원과 현재적 구원에 대한 소망이다. 디도서는 깨끗하게 됨이라는 존재론적 차원으로서의 윤리적 변혁 안에서 누리는 현재적인 유익을 가르친다. 참고로 Malherbe(2005:331-58)는 딤전 1:15를 중요한 기초 본문으로 삼아 목회서신의 구원론을 논한다.

[809] Van Bruggen(2005:218, 252)의 평가를 들어 보자: "E.P. Sanders는 바울을 반 율법주의자(anti-legalist)가 아니라 친기독교주의자 (pro-Christian)로 보았고, J.D.G. Dunn은 바울을 반율법주의자(anti-legalist)가 아니라 반민족주의자(anti-nationalist)로 보았다." Van Bruggen은 비록 바울의 새 관점의 주요 주장에는 동의하지만, 바울 서신의 율법을 '신분적 표지'(identity markers)로 축소시킬 수 없다고 본다.

들로부터 특별한 관심을 받지 못했다.[810] 이 글은 목회서신의 구원관과 연결된 율법관을 살피기 위해서 '율법', '율법의 교사', '구원', '은혜', '행위', '믿음', '의', '다른 교훈', '가르침', '이단', '거짓말쟁이'를 담고 있는 구절들에 주목할 것이다. 그리고 목회서신의 이 구절들을 비평학자들에 의해서 바울의 진정성이 인정되는 편지들과 비교해 볼 것이다. 이 글의 마지막에서는 '목회서신의 율법관'이 '사도 바울의 율법관 및 구원론'과 맥을 같이 함을 살펴봄으로써, 바울의 새 관점을 비판해 볼 것이다.

1. 디모데전서에 나타난 율법

AD 50년대 초부터 바울은 에베소 교회와 길고도 알찬 관계를 맺었다(행 18:19-21; 19:1-20:1; 20:16-38). 에베소 교회 안에서 거짓 선생과 관련된 문제는 여러 차례 발생했다(참고. 행 20:28-31; 엡 4:14; 5:6-7). 약 10년이 지난 후 디모데전서의 저자는[811] 거짓 선생의 문제를 다시 언급해야만 했다. 몇 년 후, 사도 요한은 에베소 교회의 문제를 다루었다(참고. 계 2:4-5). 디모데가 목회했던 에베소의 거짓 선생들은 모세의 율법에 관심을 가지고 있었다. 디모데전서의 저자 역시 성도의 삶 안에 내주하시는 성령님의 사역보다 율법에 관해 더 많이 언급한다.

1.1. 디모데전서 1:3-11

저자는 '신화와 족보'(μύθοις καὶ γενεαλογίαις, 참고. 딤전 4:7; 딤후 4:4; 딛 1:14; 3:9)에

---

810) Sanders(1977:588)의 *Paul and Palestinian Judaism*의 성경 구절 색인에 목회서신은 하나도 없다. 그리고 Schreiner(1993:205-40)도 주로 로마서와 갈라디아서에 근거하여 새 관점의 주장의 오류를 입증하면서, 부차적으로 복음서, 사도행전, 히브리서, 야고보서, 베드로후서, 계시록은 언급하되 목회서신은 언급하지 않는다.

811) 목회 서신의 바울 저작성을 인정하지만, 이 글의 마지막 부분에서 바울의 저작성에 관한 논의가 마칠 때까지는 '바울' 대신에 '저자'라 부를 것이다.

몰두한 거짓 선생을 비판한다(4절). 신화와 족보를 구약의 거룩한 역사와 가문을 가르칠 목적으로 의도된 자서전적인 전설(autobiographical legend)의 일부로 본다면, 랍비 하가다(Rabbinical Haggada)와 유대 묵시 전통과 어느 정도 보조를 같이 했던 거짓 선생들은 신적인 진리를 더 깊이 발견했다는 엘리트 의식을 가지게 되었을 것이다(참고. Cranford, 1980:29).[812] 하지만 이것은 구약에서 이탈한 사변적인 추론에 불과한 것이다.

그 다음 저자는 5-7절에서 율법에 관한 헛된 논쟁에 빠진 특정인을 겨냥한다: "이 명령의 목표는 깨끗한 마음과 선한 양심과 거짓 없는 믿음에서 나오는 사랑(ἀγάπη)이니, 어떤 이들은 이것들에서 벗어나 헛된 논쟁에 빠져, 율법의 교사들(νομοδιδάσκαλοι)이 되려 하나, 자기가 말하는 것이나 확신 있게 주장하는 것도 이해하지 못하고 있다."[813] 여기서 저자는 디모데전서가 가르치는 중심 목표(τὸ τέλος)가 '사랑'이라고 밝힌다(참고. 마 22:37-40; 막 12:31; 요일 3:23; 4:21). 이 사랑은 '깨끗한 마음', '선한 양심', 그리고 '거짓 없는 믿음'에서 나온다(5절). 목회서신에서 '믿음'과 '사랑'은 자주 함께 등장한다(딤전 1:14; 2:15; 4:12; 6:11; 딤후 1:13; 2:22; 3:10; 딛 2:2). 바울은 사랑을 율법의 완성자이신 그리스도께서 자신을 교회에게 주신 것으로 본다(참고. 롬 5:8; 13:8-10; 갈 5:6; 엡 5:25; 골 3:14).

거짓 선생들의 가르침은 복음의 목표인 사랑을 상실한 채(ἀστοχήσαντες, to miss the mark), 타락한 인간의 본성으로 기울었다(ἐξετράπησαν, turn away, 6절). 에

---

[812] 4절의 '신화'는 유대교의 신화 즉 비정경적인 유대 문헌들에 등장하는 구약 인물에 관한 전설을 가리키는 것 같다. 그리고 '끝없는 족보'는 종종 유대인의 신화와 관련되어 나타난 세부적인 추측(speculations)의 초기 형태로서, 나중에 세상의 기원 그리고 창조와 연관된 수많은 영적인 존재에 대하여 (발아기적) 영지주의 안에 발전된 것을 가리키는 듯하다(참고. Pratt, 2003:1952; 디벨리우스, 1983:106). Mounce(2000:lxx)는 '신화와 족보'를 통틀어서 하가딕 미드라쉬(haggadic midrash)로 추정하는데, 구체적으로 구약의 족장들의 족보와 가계에 대한 풍유적인 재해석으로 본다(참고. 희년서와 Pseudo-Philo의 Biblical Antiquities에 나타난 족보). Kittel은 포로기 이후 유대교에 성경의 인물에 대한 족보적 사변이 생겨났는데, 어떤 상황에서는 성경의 설명에 대한 비판과 더불어 이단적이라고 생각될 수 있는 논의도 발생했다고 본다(G. Kittel in 디벨리우스, 1983:33-34에서 재인용).

[813] 이 글의 한글 번역은 '바른 성경'을 주로 참고했다.

베소 성도는 사랑으로 동기 부여를 받았으므로, 거짓 선생들이 가르친 것처럼 하나님의 호의를 얻기 위해서 '율법주의적 관행' 안으로 퇴보하지 말아야 했던 것 같다(참고. 7, 8, 9절의 νόμος). 거짓 선생들의 논쟁(ἐκζητήσεις, 4절)과 헛된 논쟁(ματαιολογία, NT hapax, 6절)은 에베소 교회 안에 속임수(참고. 딤전 4:1-2)와 말다툼과 악한 의심(참고. 딤전 6:4-5)만 야기했다.[814] 4절의 '논쟁'은 '무익한 사변'(useless speculation) 혹은 '신비적인 해석'(mystical interpretation)을, 6절의 '헛된 논쟁'은 겉으로는 실체가 있는 것 같지만 실제로는 존재하지 않는 무의미한 말(senseless babble)을 가리킨다(참고. 딤전 6:4, 20; 딤후 2:23; 딛 1:10[ματαιολόγοι, NT hapax]; 3:9; 보라. Mounce, 2000:21, 26; Rogers & Rogers, 1998:486).

거짓 선생들은 선한 양심과 믿음에서 탈선하여(참고. 딤전 1:19), 헛된 논쟁에 빠졌을 뿐 아니라(6절), 스스로 '율법의 선생들'(νομοδιδάσκαλοι)이 되기 원했다(7절). 누가는 νομοδιδάσκαλοι를 랍비(눅 5:17)와 가말리엘(행 5:43) 즉 '유대인'을 가리키는 용어로 사용한다.[815] 교만하고 떠벌리기를 좋아하는 율법의 선생들은 마태복음 23장에서 예수님에게 책망 받았던 위선적인 서기관들과 별로 다를 바 없다(참고. Bouma, 1953:42). 9절에서 바울은 율법 자체가 아니라, 자기 스스로 임명한 율법 선생들을 반대한다(참고. Ryken, 2007:12). 거짓 선생들은 구약 율법이 가리키는바 복음 메시지를 간과한 채, 구약의 율법 자체에만 초점을 두었던 것 같다(참고. 딤전 4:3; 보라. Towner, 2006:121; Groenewald, 1977:23). 구약의 의미와 목적을 무시하는 현상은 1세기 유대 공동체(그리고 유대주의적 기독교인들)에서 드문 것이 아니었다(참고. 요 3:10). 거짓 선생들은 자신들이 말하는 것이나(혹은 '말하는 것 곧') 확신 있게 주장하는 것(διαβεβαιοῦνται, to assert dogmatically; Mounce, 2000:28)

---

814) 이것은 다름 아니라 다른 교훈(ἑτεροδιδασκαλεῖν)이었다(딤전 1:3).

815) 참고로 딛 3:13에서 세나(Ζηνᾶς)는 '율법학자'(νομικός, 바른 성경)로 소개되는데, 이 명사가 복음서에서는 팔레스틴의 '모세의 율법 학자'(서기관)를 가리킨다(마 22:35; 눅 7:30; 10:25; 11:45, 52, 53). 하지만 세나를 로마 법 전문가로 보는 이가 적지 않다(예. Rogers & Rogers, 1998:512; ESV는 lawyer; 참고. Bauer, 2003:676).

도 이해하지 못했다(딤전 1:7; 참고. 딤전 6:4, 20; 딤후 2:23; 딛 1:15; 3:9).[816] 저자의 논의는 "거짓 선생들이 자신들의 교리를 완전하고 확신에 차서 가르쳤지만, 실제로는 완전하고 확실한 무지가운데 가르쳤다"는 것이다. "거짓 선생들은 쓸데없이 호기심에 찬 문제로 골머리를 앓았다"(칼빈, 1993:416).

이어서 디모데전서의 저자는 율법을 올바로 사용할 경우에, 율법이 선하고 유익하다고 말한다(8-11절). 바울은 로마서 7:12에서 동일한 사상을 밝힌다: "이렇게 보면 율법도 거룩하고 계명도 거룩하고 의로우며 선하다"(참고. 시 119; 롬 5:17 이하). 8절의 뉘앙스에서 볼 때, 율법주의적 성향에 빠진 것으로 보이는 거짓 선생들은 저자를 '반율법주의자'라고 비판했던 것 같다(참고. Mounce, 2000:lxix). 하지만 저자는 독자들로 하여금 모세의 율법을 배우도록 격려할 뿐 아니라(딤후 3:14-16), 자신의 논의를 위해서 십계명(9-10절)과 쉐마(딤전 2:5)를 사용한다. 따라서 저자는 율법을 받은 유대인의 특권과 율법 자체를 부정하지 않는다. 거짓 선생과 달리 저자는 율법의 교훈은 '복되신 하나님의 영광스런 복음'을 따라서 자신에게 맡겨진 것이라고 밝힌다(11절). 거짓 선생들이 오해하고 잘못 사용하여 간과했던 율법의 '복음적 의미와 용례'를 저자는 알고 있었다. (모세의 율법을 포함하여) 옛 언약이 새 언약을 위한 역사적 근거가 되었기에, 율법은 복음 메시지에 일치하지 않는 불건전한 가르침을 반대한다. 율법을 올바르게 사용하는 방식 중 하나는 불경건한 자들 (그리고 법을 어기는 자, 불순종한 자, 죄인, 속된 자, 건전한 교훈을 거스르는 자 등)을 억제하는 것이다(9절).[817] 이와 유사하게, 바울은 율법의 두 가지 기능을 언급한 바 있다: **(1) 죄를 억제하는 것. (2) 죄인은 하나님의 자비를 필요로 하는 것을 드러내는 것**(롬 7:7-25; 갈 3:23-4:7).[818]

---

816) 율법의 교사들이 되려고 원했던 자들이 가르친 율법은 어떤 성격이었는가? 도덕법, 제의법, 아니면 둘 다인가? 딤전 1:8-11은 도덕법을 언급한다. 그런데 4절의 '족보'는 구약 율법의 내러티브의 한 부분이다. 따라서 7절의 '율법'은 모세의 율법(Mosaic law)을 광범위하게 가리키는 것 같다(참고. Mounce, 2000:27).

817) 이것은 개혁주의가 가르친 율법의 세 가지 용례 즉 죄를 깨닫게 하는 첫째 용례, 신약 성도의 삶의 규범으로서의 율법의 세 번째 용례라기보다는, 악인을 억제함으로써 사회의 안정을 유지하기 위한 율법의 두 번째 용례에 가깝다(Ryken, 2007:12).

818) Vergeer(1999:1628)는 디모데전서의 바울 진정성을 위해서 '그리스도 안에'(딤전 1:14; 3:13), 그리스

9절의 '의로운 자를 위하여'(δικαίῳ)는 바울 서신의 이신 칭의 및 건전한 복음의 가르침을 따라서 사는 성도의 의로운 삶과 관련된다(참고. 롬 1:17). 디모데전서의 저자는 거짓 선생들의 가르침과 대조되는 '유일하고 건전한 교훈'(τῇ ὑγιαινούσῃ διδασκαλίᾳ)을 언급한다(10절). 11절의 '그 복음'(τὸ εἰαγγέλιον)은 바울의 다른 서신에서 언급된 복음(구체적으로 그리스도께서 오심으로 가능해진 구원)과 다른 것을 가리킨다고 볼 이유는 없다(롬 15:16; 고전 9:14; 참고. Towner, 2006:131). 바울은 δικαίῳ의 반대말인 ἄδικοι(불의한 자들)를 고린도전서 6:9 등에서 사용했다. 중생한 의인은 더 이상 모세의 율법 하에 살지 않지만(롬 7:6; 갈 2:16; 3:19-26), 구약 율법은 그리스도인의 삶의 지침인 '그리스도의 법'(혹은 Christotelic law)이 무엇인지 근거를 제공한다(참고. 고전 9:21; 갈 5:14; 6:2; 보라. ESV Study Bible, 2008:2326).

에베소 성도는 모세의 율법이 아니라, 은혜, 복음, 평안, 믿음 그리고 사랑에 의해서 다스림을 받는 삶을 위해 부름을 받았다. 율법과 선행을 기초로 삼는 종교는 인간의 부패와 사탄의 속임수의 결과로 부패하고 만다. 이것은 팔레스타인 유대교와 소아시아의 교회들에서 볼 수 있었던 현상이다(참고. Vaughan, 1999:97).

1.2. 디모데전서 4:1-5[819]

디모데전서의 저자는 지속적으로 말씀하시는(λέγει, 현재 동사) 성령님의 권위에 의지하여 거짓 선생들의 정체와 사역을 드러낸다(1절; 참고. 계 2:7, 11, 17, 29; 3:6,

---

도의 주권에 대한 인정(딤전 3:16), 율법에 대한 긍정적 평가(딤전 1:8-11)를 근거로 든다.

819) 딤전 1장과 딤전 4장은 병행을 이룬다. 딤전 1:3-17에서 바울은 에베소 교회의 문제를 설명한 후, 딤전 1:18-20에서 디모데에게 그가 이미 알고 있는 것(즉 디모데는 목회에 필요한 은사를 가지고 있음)을 상기 시켜 사역을 하도록 한다. 딤전 4:1-5에서 바울은 에베소 교회의 이단에 대해 더 말한 후, 딤전 4:6-16에서 디모데에게 선한 싸움을 싸우도록 격려한다(참고. Mounce, 2000:233). 참고로 Fee(1999:768)는 딤전 3:16에 비추어서 딤전 4:1-2를 이해한다. Ryken (2007:153)도 바울이 '경건'에 대해 설명한 후(딤전 3:16), 딤전 4:1 이하에서 '불경건과 나쁜 신학'에 대해 말한다고 본다.

13, 22).[820] 목회서신의 바울 저작을 인정하는 Fee(1999:769)는 현재 동사 λέγει 를 바울의 교회들 안에 말씀하시는 성령님의 예언적(the prophetic Spirit) 사역을 가리킨다고 보면서도, 예수님을 통해서 다양하게 말씀하셨던 성령님의 사역도 염두에 둔 것이라고 본다. 유사하게 목회 서신의 바울 저작을 인정하는 Ryken(2007:153)은 성령께서 바울 당시의 어떤 선지자를 통하여 주신 예언을 가리킨다고 본다(참고. 마 24:10-11).

1절의 '후일에'(ἐν ὑστέροις καιροῖς)는 '종말에'와 동의어로 볼 수 있는데(참고. 3절의 현재 동사들),[821] 종말이 그리스도의 초림으로 이미 시작되었으므로, 종말론적 성령을 모시고 사는 그리스도인은 현 세대 안에서 이미 미래의 백성이다(Ryken, 2007:154; Fee, 1999:769; Knight III, 1992:188; Groenewald, 1977:53). 바로 이 성령과 더불어 에베소의 디모데와 성도는 속이는 영들과 악령들의 가르침을 따른 거짓 선생과 싸워야 했다(참고. 딤전 1:18). 바울은 이 영적 전쟁을 에베소 교회에게 교훈한 바 있다(참고. 엡 6:10-17). 그리고 바울은 영들 분별하는 은사와 예언하는 은사에 대해서도 교훈했고(고전 12:10; 14:29-32), 에베소 교회의 불순종하는 사람들 가운데 역사하는 영에 대해 주의를 주었다(엡 2:2; 비교. 딤후 1:6-7). 1절의 내용은 바울이 밀레도에서 에베소 교회의 장로들에게 했던 설교와 유사하다 ('제자들을 미혹하는 이리들', 행 20:29-30; 참고. Fee, 1999:769; Liefeld, 1999:148). 그리고 바울은 종말에 있을 믿음에서 떠나는 '배교'(ἀποστήσονταί τινες τῆς πίστεως, 참고. 딤전 4:1)와 '악의 활동'에 관해 언급한 바 있다(참고. 고전 7:26; 살후 2:1-2).

사탄의 소유권을 인정하는 의미인 '양심에 화인이 찍힌'(κεκαυτηριασμένων τὴν

---

820) 참고로 딤전 4:1의 '후일에'(ἐν ὑστέροις καιροῖς, NT hapax)는 딤후 3:1의 '말세에'(ἐν ἐσχάταις ἡμέραις)와 동일하다(Knight III, 1992:188). 두 표현은 목회서신의 저작로부터 먼 미래, 구체적으로 예수님의 최종 파루시아 때만 가리키지 않는다. 성령은 하나님이 신약 교회에게 주신 '종말의 은사'이시기 때문이다(욜 2:28-32; 행 2:17-21; 참고. Towner, 2006:289; Liefeld, 1999:149).

821) 딤전 4:1-5와 비슷한 현상이 딤후 3:1-5에서도 볼 수 있는데, 거기서도 미래(ἐνστήσονται, '올 것이다')와 현재(5절의 현재 명령형 avpotre,pou)가 섞여 있다.

ἰδίαν συνείδησιν, 비교. 딤전 1:19)⁸²²⁾ 거짓 선생들의 가르침의 배후에는 사탄이 있는데, 그들은 결혼과 특정 음식을 금하는 금욕주의(asceticism)를 가르쳤다(2절; 참고. 마 19:12; 보라. Mounce, 2000:238). 따라서 거짓 선생들은 '사탄의 봉'(dupes of Satan)이다(Fee, 1999:768). 이 가르침을 AD 2세기의 영지주의에서 볼 수 있는 이원론과만 직접적으로 연결한다면, 저자 당시의 상황(특히 유대적 상황)을 무시하는 시대착오적인 발상이 되고 만다(참고. Towner, 2006:293).

그 다음 저자는 음식법에 있어서 구약과 신약의 불연속성을 간파한다(3절). 거짓 선생은 의를 촉진시키는 방편으로 금욕을 가르친 것 같다. 바울은 특정 음식을 먹지 않는 문제(dietary restriction)를 논한 바 있다(롬 14:1-23; 고전 10:23-33; 골 2:16, 21; 딛 1:15). 이 구절들에서 바울은 그리스도인의 정결에 있어서 음식 자체가 더 이상 본질적인 것이 아님을 밝혔다. 하나님을 믿고 진리를 아는 자들은 구약의 음식법으로부터 자유했다(3절). 그리스도인은 하나님의 선하신 창조를 감사함으로 받아들이면 된다(참고. 막 6:41; 8:6; 14:22-23; 눅 24:30; 고전 10:30; 롬 14:6). 5절의 '하나님의 말씀'(λόγου θεοῦ)은 감사 기도에 종종 언급되는 구약 말씀(참고. 고전 10:25-26) 혹은 창세기 1장의 창조 후에 하신 "보시기에 좋았더라"는 말씀으로 볼 수 있다. 하지만 목회서신에서 '하나님의 말씀'은 주로 구약이라기 보다 '복음 메시지'를 가리킨다(예. 딤후 2:9, 15; 4:2; 딛 2:5; 참고. 고전 14:36; 고후 2:17; 빌 1:14; 골 1:25). 율법의 성취자인 그리스도 안에 있는 진리를 아는 자에게 음식법은 더 이상 구속력을 가지지 않는다(3절; 참고. Mounce, 2000:241).

---

822) 신약에서 딤전 4:2 이외에는 거의 나타나지 않는 '양심에 화인이 찍힌'(brand with a red-hot iron)이라는 표현은 거짓 선생들이 사탄의 소유가 되었다(bearing the brand of Satan)는 의미 외에도(Fee, 1999:768), 그들의 양심이 불에 지져져서 '마비되었다'(cauterized)는 의미로 볼 수 있다(Groenewald, 1977:254). 그리고 이 분사를 영적인 의미로 본다면, '완악한 마음'을 가리키는 롬 9:18, 11:7, 25 그리고 엡 4:18과 병행될 수 있다(참고. Mounce, 2000:237). '화인이 찍힌'이 현재 완료 수동태 분사로 나타나서, 완료된 행동 및 그것의 지속적 결과를 강조한다(Rogers & Rogers, 1998:493).

1.3. 디모데전서 6:2b-5

디모데전서 4:11과 유사한 표현인 6:2b의 '이것들'(Tau/ta)은 바로 앞의 '종에 관한 교훈'인 6:1-2a보다는 뒤따르는 구절들을 가리킨다. 여기서 저자는 '우리 주 예수 그리스도의 건전한 말씀'(ὑγιαίνουσιν λόγοις τοῖς τοῦ κυρίου ἡμῶν Ἰησοῦ Χριστου, healthy teaching; 딤전 1:10; 6:3; 딤후 1:13; 4:3; 딛 1:9, 13; 2:2, 8)과[823] '경건에 관한 교훈'(εὐσέβειαν διδασκαλίᾳ)을 따르지 않고, '다른 교훈'(혹은 '다른 교리')을 가르치는(ἑτεροδιδασκαλεῖ, to teach a different[heretical or false] doctrine; 참고. 딤전 1:3) 거짓 선생을 다시 경계한다(3절; 참고. Rogers & Rogers, 1998:497; 칼빈, 1993:516). 바울은 자신이 전한 말을 '그리스도의 말씀'이라고 밝힌 바 있다(고후 13:3; 참고. 눅 10:16). 여기서 저자의 논의에 있어서 중요한 것은, 구약의 율법 전체가 그리스도인에게 무의미하다는 것이 아니라, 율법의 성취자이신 그리스도의 오심이라는 관점에서 재해석되어야 한다는 사실이다. 디모데가 목회했던 에베소 교회가 경건한 삶을 위해서 무언가를 결정할 때, 신약의 가르침('우리 주 예수 그리스도의 건전한 말씀')이 구약보다 우선권을 가져야 했다. 율법의 성취를 깨닫지 못한 에베소의 율법주의자들은 팔레스타인 유대교의 오류와 다르지 않다. 예수님께서 바리새인과 논쟁하신 내용은 디모데가 에베소 교회를 위협한 거짓 선생들과 논쟁해야 할 내용과 크게 다를 것이 없다(참고. Vaughan, 1999:121). 4-5절에 의하면, 교만하여져서 '아는 척하는 바보'(pompous ignoramus)인 거짓 선생은 '논쟁'(ζητήσεις, 참고. 딤전 1:4; 딤후 2:23; 딛 3:1)과 '말다툼'(λογομαχία, 교리적이고 권위 있는 견해, 참고. 딤후 2:14; 딛 3:9)을 좋아하는데, 결과적으로 다툼과 분쟁만 유발시킨 어리석고(참고. 딤후 2:23) 무익한 것이었다(참고. 딛 3:9; 보라. Cranford, 1980:28). 4-5절에서 거짓 선생의

---

823) 저자가 사용한 '건전한'(혹은 '건강한', ὑγιαίνουσιν, healthy, wholesome)이라는 의학 용어는 예수 그리스도의 인격과 사역에 근거한 복음에 관한 가르침의 효과를 묘사하기에 적절하다(Towner, 2006:394). 그리스도의 인격과 사역을 떠난 가르침은 건강하고 경건한 생활을 유발할 수 없기 때문이다(참고. Mounce, 2000:336). '건강한'은 목회서신에 자주 등장하는데(딤전 1:10; 딤후 1:13; 딛 1:9; 2:1), 목회서신의 저자에게 있어서 건강하지 못한 거짓 교리는 '나쁜 신학'(bad theology)이며, '건강이상'(pathology)이다(딤전 6:4-5; 딤후 2:17; 3:8; 딛 1:15; 참고. Ryken, 2007:250; Vergeer, 1999:1633). 오직 그리스도의 복음만 병든 세상과 교회를 치유할 수 있다.

가르침이 유발시키는 악한 현상의 목록은 바울이 여러 곳(롬 1:29; 갈 5:20-21; 빌 1:15)에서 제시한 '악의 목록'과 유사하다(참고. Towner, 2006:396). 거짓 선생들의 가르침의 동기는 돈벌이였다(딤전 6:5-10; 비교. 살전 2:5; 딤전 3:3, 8).

1.4. 요약

거짓 선생은 신화와 족보라는 사변적 추론에 빠져 있었다(딤전 1:4). 구약의 율법 위에 자신의 사변적인 교리를 세웠으며, 자신을 율법의 전문가로 치켜세웠던 율법주의적인 거짓 선생들은 하나님의 구원 사역에 나타난 믿음(딤전 1:5; 2:1-7), 은혜의 가치를 떨어뜨렸고(딤전 1:12-17), 구원자 그리스도의 역할도 무시했다(딤전 1:15-17; 딤후 1:8-10; 참고. Mounce, 2000:lxix). 더 나아가 거짓 선생은 구약의 음식법을 문자적으로 준수했고, 금욕주의에도 빠졌다(딤전 4:1-5).[824] 교만하고 어리석은 거짓 선생은 논쟁을 좋아하는데, 결과적으로 에베소 교회 안에 분쟁만 유발시켰다(딤전 6:4-5). 구약에서 이탈했고, 율법주의에 빠졌으며, 그리스도께서 이루신 새 시대를 무시한 거짓 선생에 대항하여 디모데전서의 저자는 바울이 그랬던 것처럼 구약에 대한 그리스도 완결적 의미와 은혜로 받는 구원을 강조하여 에베소 교회를 하나 되게 해야 했다.

2. 디모데후서에 나타난 율법

에베소 교회 안에는 율법과 이신 칭의 문제는 물론, 부활(그리고 종말론)과 같은 기독교의 근본적인 신앙에 관한 교리적 탈선도 심각한 문제였다(참고. 딤후 2:16-18).

---

[824] Cranford(1980:29)는 거짓 선생들이 유대교로의 복귀를 꾀했다기보다는, 에베소와 그레데 교회가 유대적 유산을 수용하도록 하여 더 뛰어난 경건(super piety)으로 인도하려고 시도했다고 본다.

2.1. 디모데후서 1:3-5, 8-10

'조상 때부터 섬겨 오는 하나님'(τῷ θεῷ, ᾧ λατρεύω ἀπὸ προγόνων, 3절)은 구약 역사를 전제하는 표현이다. 저자와 디모데는 구약의 참 신앙을 계승한 인물이다. 저자는 '복음의 구약적(유대적) 뿌리'를 부끄러워하지 않는다(참고. 턴, 2003:214). 이와 관련하여 바울은 사도행전 24:14에서 비슷한 진술을 한 바 있다. 4절에서 서로 연결된 '눈물과 기쁨'은 고린도후서 7:7-9에 나타난 바울의 감정과 유사하다(참고. 디벨리우스, 1983:141). 하나님의 구원은 '우리의 행위를 따라 하신 것이 아니라'(οὐ κατὰ τὰ ἔργα ἡμῶν), 자신의 뜻과 영원 전부터 그리스도 예수님 안에서 주신 하나님의 계획과 은혜를 따라(κατὰ ἰδίαν πρόθεσιν καὶ χάριν) 하신 것이다(9절). 그렇다면 9절의 '성부의 뜻과 영원 전부터 예수님 안에서 성도에게 주신 은혜'는 어떤 것인가?[825] '원시복음'(창 3:15) 혹은 '선재 하신 그리스도의 은혜'라기보다는(contra Rogers & Rogers, 1998:501), 바울이 여러 곳(롬 8:28; 9:11-12; 엡 1:3-14; 3:8-11)에서 설명한 것 곧 주권적인 성부께서 영원 전에 자기 백성을 예정하심과 그리스도의 구속 사역을 통한 성취로 이해할 수 있다(참고. Towner, 2006:469-70; Liefeld, 1999:234; 칼빈, 1993:550).[826]

분명한 것은 '구원'(σώσαντος, 아오리스트 능동 분사)과 '거룩한 부르심'(καλέσαντος κλήσει ἁγίᾳ)은 구주 예수님께서 나타나심으로써(ἐπιφάνεια)[827] 선포하신 복음

---

825) 칼빈(1993:550)은 딤후 1:9의 '뜻'(πρόθεσις, 개역 개정판; 비교. 바른 성경은 '계획')과 '은혜'를 하나로 묶어 '은혜로운 뜻'으로 본다.

826) '구원'과 '하나님'에 대한 언급은 성도로 하여금 찬양과 감사를 드리게 한다(참고. 딤전 1:17; 6:15 이하). 바울의 경우도 마찬가지다(롬 11:33-36; 보라. Knight III, 1992:373). '딤후'를 스스로 신격화한 네로의 황제숭배 강요라는 시대적 배경 속에서 이해한다면, 명사 '구원' 및 '구주'에서 반로마적 메시지를 찾을 수 있다(참고. 디벨리우스, 1983:148).

827) 10절의 '나타나심' 즉 신현(epiphany)은 역사 가운데 예수님이 나타나신 사건을 가리키므로, 목회 서신에 종종 언급된 '신화'나 '사변'과 반대된다. 그리고 로마 제국의 제의의 관점에서 볼 때, 신현은 황제의 생일 축제나 즉위 축제와 관련되기에, 참 왕이신 예수님의 나타나심은 반로마적 메시지를 가진다. 따라서 명사 '나타나심'은 반(anti) 신화 및 반로마적 메시지를 가진다(참고. 디벨리우스,

이 주는 은혜라는 사실이다(10절). '거룩한 부르심'은 "우리를 불러 거룩하게 하신다"는 취지의 데살로니가전서 4:7과 간본문이다(참고. 고전 1:2; 보라. Liefeld, 1999:233; 디벨리우스, 1983:144). 9절의 '우리의 행위를 따르지 않고'(οὐ κατὰ τὰ ἔργα ἡμῶν)는 바울이 그리스도의 구원 사역에 근거한 은혜로 가능한 구원을 언급할 때 사용한 표현이다(특히 롬 9:11-12; 참고. 롬 4:13-16; 8:28-30; 9:7, 11-12; 갈 1:6; 2:16; 엡 2:9; 보라. Vaughan, 1999:153). 여기서 저자가 염두에 둔 것은 '행위'와 '믿음' 사이의 반명제가 아니라, '행위'와 '은혜' 사이의 반명제이다.[828] 행위 구원을 가르친 율법주의자들의 사역에도 불구하고, 에베소 교회 가운데 구주 그리스도를 통한 (딤후 1:10) 하나님의 구원 사역은 무효화 될 수 없었다(참고. 딤후 2:19).[829] 행위 종교에는 구원이 없다.

2.2. 디모데후서 3:14-17

율법을 잘못 해석했으며, 그리스도를 올바로 믿고 고백하지 않았던 거짓 선생들과 달리(참고. 딤후 2:18; 3:7, 13; 4:3), 디모데는 저자와 외조모와 어머니(딤후

1983:150-51). 바울 서신의 반로마 제국적 이해를 위해서는 리차드 호슬리, 『바울과 로마 제국: 로마 제국주의 사회의 종교와 권력』(서울: CLC, 2007)을 참고하라.

[828] 딤후 1:9의 '우리의 행위'를 설명하면서 Van Bruggen(2005:223, 227-28)은 유대인으로서 바울이 유대인 어머니를 둔 디모데에게 편지를 쓰기에, 유대인의 신앙의 한 부분으로서의 '율법의 행위'를 염두에 두었을 가능성을 인정한다. 그러나 Van Bruggen은 이 구절에서(그리고 '고후, 골, 살후, 딤전, 몬'에서는 전혀) 바울이 율법에 관해 부정적인 평가를 하지 않는다고 보면서, 유대인이건 비 유대인이건 간에 종교-윤리적 업적은 하나님의 구원의 기초가 될 수 없음이 요점이라고 본다. 참고로 Van Bruggen(2005:219, 224, 229)은 바울 서신의 '율법'을 하나님의 구약 계시로서의 율법이라고 넓게 보기도 하며, 종종 '유대인의 율법'만 배타적으로 가리키는 것은 아니라고 본다(즉 율법이 그레코-로마의 법을 가리킬 수 있다는 여지를 남김), 그리고 Van Bruggen은 '행위'를 (로마서와 갈라디아서의) 이방인 수신자들이 기독교로 개종 전에 행했던 '일반적인 종교 행위와 노력' 및 그들이 개종 후에 따랐던 할례, 안식법, 음식법이라고 본다(참고. 던, 2003:499). 바울이 유대교를 행위 종교라고 비판하지 않았다고 보는 Van Bruggen(2005:231)은 바울 서신들의 수신자들의 구성 즉 유대인 출신과 이방인 출신이 혼합된 성격을 간과한 채(참고. 유대전쟁사 2.16.4), 주로 이방인 그리스도인에게 초점을 둔다.

[829] Fee(1999:790)는 딤후 1:8의 '하나님의 능력'(δύναμιν θεοῦ)과 엡 3:20의 '우리 가운데 역사하시는 능력'(τὴν δύναμιν τὴν ἐνεργουμένην ἐν ἡμῖν)이 성령님을 가리키는 것으로 보지만, '능력'과 '성령' 사이의 직접적인 연관성은 확실하지 않다.

1:5)로부터 배워서 확신한 것들 안에 머물러야 한다(14절).[830] 구약의 모든 성경 (τα ἱερὰ γράμματα, the sacred writings)은 예수님을 믿음으로 구원에 이르는 지혜를 준다(15절). 예수님을 믿음으로 구원을 받는다는 사상은 바울에게 있어서 전형적인 것이다(참고. 롬 5:1; 갈 3:2; 엡 2:8). 구약 율법의 문자에만 집착하거나 호기심에 찬 사색에 빠져 있는 거짓 선생은, 성경의 핵심이요 알맹이가 되는 그리스도에 대한 신앙으로 인도하는 지혜를 얻을 수 없다(참고. 칼빈, 1993:593). 구약 성경(πᾶσα γραφή, 참고. 롬 1:2의 γραφαῖς ἁγίαις)도 신약 성경처럼 하나님의 감동으로 (θεόπνευστος, God-breathed) 된 것으로 유익하다(16절).[831] 바울도 성경을 통해서 말씀하시는 '하나님'이 주어로 기대되는 문장에서 '성경'을 배치한 바 있다(갈 3:8, 22). 왜 그런가? 성경은 하나님의 말씀이기 때문이다. 저자는 모든 성경이 영감으로 주어졌다는 것을 믿는 유대주의적인 유산을 공유한다(참고. Fee, 1999:793). 물론 구약 성경 자체가 사람을 구원하는 것은 아니며, 그것은 그리스도를 가리키는 것으로 적절히 해석되고 사용되어야 한다.[832] 구약 성경은 디모데가 기독교로 개종한 이후는 물론, 그의 유아 시절에도 중요한 기능을 했다. 디모데도 약 5살부터 부모로부터 율법 교육을 받았을 것이다. 15절의 τα ἱερὰ γράμματα(NT hapax) 혹은 정관사(τα)가 없는 형태는 랍비 유대교가 '구약 정경' 을 가리키기 위해서 전문용어로 선호한 것이다(참고. Vaughan, 1999:157; Mounce, 2000:563).[833] 그리스도를 믿음으로 구원이 가능하다는 복음의 진리로 인도하

---

830) 딤후 3:14의 παρὰ τίνων('누구들로부터')는 복수형이다.
831) 딤후 3:16의 형용사 '유익한'(ὠφέλιμος)은 딤전 4:8에서 육체의 훈련과 대조되는 '경건의 유익'을 설명할 때 등장한다. 그리고 그것의 명사형은 롬 3:1에서 유대인이 되는 것(구체적으로 할례)의 유익(ἡ ὠφέλεια)을 언급할 때 등장한다. 구속사에 있어서 유대인들이 할례, 성전, 언약을 받은 것은 큰 복이었다. 하지만 신약에서 유대인과 헬라인의 구분은 의미가 없다(골 3:11). 거짓 선생이 구약 성경을 잘못 해석하여 사람을 율법주의자로 만드는 것은 전혀 유익하지 못하고 논쟁만 일으키므로 해롭다(참고. 딤후 1:4; 딛 3:9).
832) 디벨리우스(1983:174)는 "본문(딤후 3:16)의 강조점은 영감에 있는 것이 아니라, 영감 된 성경의 이용에 있으며, 또한 성경이 어느 정도나 사람들을 지혜롭게 만들 수 있느냐 하는 질문에 대답해야 되기 때문에, '하나님의 영감으로 되었다'는 말은 속성을 규정해 주는 말로 이해해야 된다"라고 주장한다.
833) Mounce는 바울이 자주 사용하는 πᾶσα γραφή(all Scripture, 이것은 무정관사 명사임, 딤후 3:16) 대신에(참고. 롬 1:2; 15:4; 16:26; 고전 15:3-4), 딤후 3:15에서 τα ἱερὰ γράμματα를 사용한 데는, '구약'과 더불어 '신약의 복음 메시지'도 포함하려는 의도가 있었다고 본다. 왜냐하면 Mounce는 바울이 성

는 율법은 거짓 선생들에 의해서 야기된 '어리석음'(9절) 그리고 '속임'(13절)과 대조된다. 믿음으로 구원 받은 자는 성경을 통해서 교훈, 책망, 바르게 함, 의(δικαιοσύνη)로써 교육을 받아, 모든 선한 일을 행해야 한다(16-17절).

목회서신에서 '의'는 은혜로 구원 받은 사람이 갖추어야 할 '일반적인 올바른 행실의 특성'(the characteristic of upright behavior in general)을 가리킨다(딤전 6:11; 딤후 2:22; 3:16; 4:8; 딛 3:5; 참고. Bauer, 2003:248). 따라서 '의'와 '모든 선한 일'(πᾶν ἔργον ἀγαθόν)이 같이 등장하기도 한다(딤후 2:21-22; 3:16-17). 목회서신에서 형용사 '선한'(ἀγαθός, 딤전 1:5, 19; 2:10; 딤후 2:21; 3:17; 딛 1:16; 2:5; 3:1)은 영적이거나 신앙적 차원은 물론, 사회 속에서 '높은 수준의 칭찬할만한 가치를 충족시키는 것'을 가리킨다(참고. Bauer, 2003:3-4). 디모데후서의 저자에 의하면, 신약 시대에 구원의 실체를 경험하기 원하는 성도는 구약 전체를 그리스도 중심적(혹은 '그리스도 완결적')으로 이해하고 믿을 뿐 아니라, 올바르고 선한 행실을 갖추어야 한다.

2.3. 요약

디모데후서의 저자는 구약과 그것을 정통으로 계승한 유대적 뿌리를 자랑한다(딤후 1:3, 5). 구원을 위해서 사람의 행위를 강조한 거짓 선생의 가르침과 달리, 하나님의 구원은 사람의 행위가 아니라 그리스도 안에서 하나님의 계획과 은혜대로 이루어졌다(딤후 1:9). 구약 율법의 문자에만 집착하거나 사변에 빠져 있는 거짓 선생은 성경의 핵심인 그리스도에 대한 신앙으로 사람을 인도할 수 없다(딤후 3:15). 은혜로 구원을 받은 사람에게 선하고 의로운 행실은 필수적이다(딤후 2:21-22; 3:16-17; 4:8). 이 모든 사항들은 바울이 강조한 바와 일치한다.

경적 소망(scriptural hope)의 절정이 그리스도 안에서 성취되었음을 생각하고 있기 때문으로 보기 때문이다. Mounce의 이 주장이 옳다면, 그리스도를 중심에 둔 구약과 신약의 통일성이 분명해 진다(참고. Groenewald, 1977:136). 그리고 Mounce(2000:567)는 벧후 1:20을 예로 들어(πᾶσα προφητεία γραφῆς), 딤후 3:16의 무정관사 명사 πᾶσα γραφή는 정관사가 있는 경우와 의미상 차이가 없다고 본다.

3. 디도서에 나타난 율법

바울과 그레데 교회 사이의 관계는 바울과 에베소 교회의 관계보다 덜 분명하다. 바울이 로마로 항해하던 중 그레데와 첫 접촉을 했는데, 누가는 바울이 거기서 복음을 전했다고 기록하지 않는다(참고. 행 27:7-14). 디도서 1:5는 바울의 그레타 사역이 불완전한 것이었다고 밝히는데, 아마도 로마의 1차 투옥 이후를 배경으로 하는 것 같다. 그레데 교회는 오순절에 성령이 임한 것을 목격한 디아스포라 출신 그리스도인에 의해서 설립되었을 것이다(행 2:11; 참고. Cranford, 1980:26). 이방인 출신인 디도(참고. 갈 2:3)가 목회했던 그레데 교회는 디모데가 목회했던 에베소 교회보다 더 어려서 조직이 덜 갖추어졌던 것 같다(딛 1:5).[834] 에베소에서 디모데가 기존 교회를 개혁해야 했다면, 그레데에서 디도는 교회 조직을 새롭게 완성해야 했다. 이처럼 유동적이고 미완의 상태에 있었던 그레데교회의 모습으로부터 디도서의 2세기 저작을 주장하는 모순이다(참고. Ramsay, 1996:34). 참고로 BC 1세기부터 그레데 섬에 유대인들이 정착했다(Towner, 2006:696).[835]

3.1. 디도서 1:10-15

하나님께 복종치 않고, 헛된 말로 그레데 교회를 속이는 자들(φρεναπάται, 남

---

[834] 바울에게 있어서 디도는 문제가 많은 교회에 파송하기에 전략적으로 중요한 동역자였다(참고. 고후 7:5-7). 디도의 이름이 비록 사도행전에 등장하지 않지만, 바울 서신에는 13회나 등장할 정도로 그는 초대 교회에 무게 있던 인물이다(참고. Vergeer, 1999:1659).

[835] 행 2:11, 1마카비 15:23, 필로(*Legatio ad Gaium* 282), 그리고 요세푸스(유대고대사 17.327)는 그레데에 유대인이 많이 살았다고 전한다(참고. Knight III, 1992:297).

성 복수 주격 명사)은[836] '할례당'(οἱ ἐκ τῆς περιτομῆς)이다(10절). 할례당은 '유대인 출신 그리스도인'(행 10:45; 11:2; 갈 2:12; 골 4:11; 참고. Mounce, 2000:396) 혹은 '불신 유대인'(롬 4:12)을 가리킬 수 있다(참고. Bouma, 1953:197).[837] 그 당시 그레데에는 할례당 즉 유대인들이 많이 살고 있었다(참고. 유대고대사 17.12.1; 유대전쟁사 2.7.1). 할례당은 구약과 율법 조항에 대해 '사변적인 해석'을 했던 것으로 보이며(참고. 10절의 '헛된 말', '속이는 자'), 그레데의 가정 교회들을 어지럽혔고(11절), 거짓과 악함 그리고 게으름을 특징으로 하는 이방인들인 그레데인들처럼 행했다(12절). Groenewald(1977:165)는 할례당을 할례와 의식법 준수를 구원 받기 위한 필요 조건으로 여겼던 유대인 혹은 기독교로 개종한 유대인으로 본다.

13절의 "너는 그들을(αὐτοὺ, 거짓 선생에게 영향을 받은 그레데 성도) 엄하게 꾸짖어라"에서 '엄하게'(ἀποτόμως σπαρπλψ)는 신약에서 이 구절과, 바울이 고린도 교회를 엄하게 책망하지 않기 원한다고 언급하는 고린도후서 13:10에만 나타난다(참고. Mounce, 2000:400). 그레데 교회를 위협하던 '유대인들의 신화'(Ἰουδαϊκοῖς μύθοις)와 '그 진리(τὴν ἀλήθειαν)를 배반한 자들의 계명'(ἐντολαῖς)은 무엇인가?(14절). 유대인들의 신화와 계명은 마태복음 15:9와 마가복음 7:7에서 예수님께서 '바리새인의 규례'를 반대하시면서 인용하신 이사야 29:13 LXX를 암시하는 것 같다(참고. Mounce, 2000:401): '사람의 명령과 가르침'(ἐντάλματα ἀνθρώπων καὶ διδασκαλίας).[838] 그리고 '신화와 계명'은 바울이 하나님이 의도하신 법과 달리 사

---

836) 10절의 '속이는 자들'의 동사형(φρεναπατᾳ, 현재 능동 직설 3인칭 단수)은 신약에서 갈 6:3에만 등장한다 (디벨리우스, 1983:195).

837) Liefeld(1999:315)는 딛 1:10의 의미를 할례당(circumcision group)이 다른 그룹보다 문제를 더 많이 야기했다는 것이 아니라, 문제 야기자들은 다름 아닌 할례당이라는 뜻으로 본다. 이 해석은 10절의 부사 μάλιστα를 '특별히'가 아니라 '곧'으로 번역할 때 가능하다. 참고로 목회서신의 모든 거짓 선생들을 동일한 부류로 보는 Ellis(1993:663)는 10절의 '할례당'(circumcision party)을 완전히 꽃을 피운 AD 2세기 이전의 초기 '영지주의적 유대주의자'(gnosticizing judaizers)로 보는데, 그가 제시하는 한 가지 근거는 딤전 6:20의 '지식'(γνῶσις)이다.

838) 사 29:13 LXE: And the Lord has said, This people draw nigh to me with their mouth, and they honour me with their lips, but their heart is far from me: but in vain do they worship me, <u>teaching the commandments and doctrines of men</u>(διδάσκοντες ἐντάλματα ἀνθρώπων καὶ διδασκαλίας).

람이 만든 법(human-made laws)에 따라 금욕주의를 가르친 자들을 비판했던 골로새서 2:22와 유사하다: '사람들의 계명과 교훈'(τὰ ἐντάλματα καὶ διδασκαλίας τῶν ἀνθρώπων). 예수님과 바울처럼 디도서의 저자도 구원의 복음 안에서 자유하지 못하도록 얽어매는 유대인들의 인위적인 종교적 규율을 비판하고 있다.

15절의 깨끗한 것이 아무것도 없고, 양심과 마음이 더러워진(ἐμίανται)[839] 믿지 않는 자들은 누구인가?(참고. 학 2:13-14 LXX의 μεμιαμμένος와 μιανθήσεται). 이 유대인 출신 거짓 선생들은 구약의 제의적인 정결 및 부정결법(ritual impurity)을 그대로 지키려고 했던 것 같다(참고. 딤전 4:3).[840] 디도서 1:15는 바울이 로마서 14:20에서 했던 말과 비슷하다(참고. Bouma, 1953:202): "음식 때문에 하나님의 일이 무너지게 하지 마라. 모든 것이 다 깨끗하나, 남을 걸려 넘어지게 하며 먹는 그 사람에게는 악하다." 그리고 사람에게서 나오는 것이 사람을 더럽히지 않으로 들어가는 음식 자체가 부정하게 만들지 않는다는 예수님의 말씀도 연상시킨다(마 7:10-20; 참고. Schreiner, 1993:223).[841]

3.2. 디도서 2:11-14

11절의 Ἐπεφάνη(아오리스트 수동 직설 3인칭 단수, 'was manifested')는[842] 신화가 아

---

839) 이 현재 완료 수동태 직설법 3인칭 단수 동사는 거짓 선생의 더러워짐(has been defiled)이 역사적으로 성취된 사실임을 가리킨다(Mounce, 2000:401).

840) 딛 1:15는 할례당이 정결에 관한 율법을 준수한 것으로 볼 수 있지만, 그들이 나름대로 깨끗한 것만 추구했던 특정한 금욕주의적인 헬라 철학과 혼합된 사상을 견지한 것으로도 볼 수 있다(Vergeer, 1999:1665).

841) 신약에서 형용사 '깨끗한'(kaqara)이 27회 등장하는 가운데 적어도 15회는 마 5:18의 의미 즉 믿음으로 그리스도를 영접한 정결한 사람들과 관련된다(요 13:10-11; 참고. Vaughan, 1999:132). 따라서 15절의 '깨끗한 자들'은 딤전 1:9의 '의로운 자'에 해당한다고 볼 수 있다. 그렇다면 15절의 '더러운 자'는 딤전 1:9의 '법을 어기는 자'에 상응한다. 할례나 정결한 음식법을 지켜서 정결을 유지하려던 유대인들은 그리스도께서 교회와 만유를 새롭고 깨끗하게 하신 사역을 믿어야 했다.

842) 바울이 사용한 '신현 언어'(epiphany language)는 예수님이 하나님의 은혜로운 인격적이며 역사적인 계시임을 강조한다(참고. 딤전 6:14; 딤후 1:10; 4:1, 8; 딛 2:13). 그리고 '구원자'라는 호칭을 성부와 성자가 공유하신다는 사실은 성부와 성자께서 동등한 권한을 가지고 구원의 사역을 하시는 것을 강

닌 실제 역사 안에 하나님이 자기 백성을 구원하시기 위해서 간섭하신 것을 의미하는데(참고. 딤후 1:10), 그 간섭은 그리스도의 성육신을 제외하고 생각할 수 없다(참고. 딛 1:13; 3:4). 예수님께서 자신을 대속물로 주심으로써, 자기 백성을 모든 불법에서(πάσης ἀνομίας, all lawlessness) 구속하시고 깨끗하게 해서서, 선한 일들(καλῶν ἔργων)에 열심을 내는 자신의 소유된 백성이 되도록 하셨다(14절; 참고. 출 19:5; 겔 37:23).[843] 디도서의 저자가 이해한 '선한 일들'(딛 1:16; 2:7, 14; 3:5, 8, 14; 참고. 딤전 2:10; 5:10, 25; 6:18; 딤후 1:9; 4:14)은 바울이 이해한 것과 다르지 않은데, 선행은 구원의 조건이 아니라 '구원의 결과요 열매'이다(참고. 롬 2:6, 9-10; 11:6; 13:12; 고후 11:15; 갈 5:19; 엡 2:9-10; 5:11; 골 1:21; 보라. Groenewald, 1977; 186). 예수님이 대속물로 자신을 내어주신다는 내용을 담은 여러 구절(막 10:45; 갈 1:4; 엡 5:2; 딤전 2:6; 딛 2:14)은 상호 간본문이다(참고. Towner, 2006:759; Mounce, 2000:431).

3.3. 디도서 3:4-7

4-7절은 하나의 긴 문장인데, 복음이 매우 집약적인 형태로 나타난다.[844] 구주 하나님의 인자하심과 사랑은 사람이 행한 의로운 행위들(οὐκ ἐξ ἔργων τῶν ἐν δικαιοσύνῃ ἃ ἐποιήσαμεν ἡμεῖς)이 아니라(참고. 딤후 1:9), 그분의 긍휼을 따라 거듭남의 씻음(λουτροῦ παλιγγενεσίας, washing of regeneration; 비교. 마 19:28; 엡 5:26)과 [845] 성령님의 새롭게 하심(ἀνακαινώσεως πνεύματος ἁγίου, renewal of the Holy Spirit)

조한다. 참고로 예수님은 성부와 동등한 종말론적 심판자/주님의 지위를 가지고 계신다(참고. 딤전 6:13; 딤후 4:8). 예수님은 종종 성부와 함께 위치한다(참고. 딤전 1:2; 5:21; 6:13; 딤후 1:4; 딛 1:1; 2:13). '구원하다'라는 동사도 성부와 성자에게 적용된다(참고. 딤전 1:15; 딤후 1:9; 4:18). 영적인 복을 성부와 성자께서 주신다(참고. 딤전 1:12; 딤후 1:3). 성부와 성자는 바울의 경배 대상이다(참고. 딤후 1:3; 2:15, 24; 딛 1:7; 보라. Wieland, 1996:261, 266-267)

[843] 목회서신의 저자가 사용한 다양한 구약 암시는 신약 복음과 구약 사이의 연속성을 확보하면서도, 율법 아래서 살고자 하는 경향은 반대한다.

[844] 4-6절이 디도서 저자 당시의 '신앙고백'(예. Fee), '세례 찬송'(예. Jeremias) 혹은 '찬송'(예. Guthrie) 혹은 '예전 문구'(예. Hanson)에서 나온 것인지는 분명히 알 수 없다(참고. Oden, 1989:36).

[845] 칼빈(1993:420)은 '거듭남의 씻음'(딛 3:5)을 세례로 본다(그리고 Oden, 1989:36; Douma, 1953:222). 칼빈에 의하면, 사람을 거듭나게 하고 새로운 피조물로 만드는 분은 성령이신데, 성령의 은혜가 눈

으로 나타났다(4-5절; 참고. 롬 12:2; 엡 2:4-5). Mounce(2000:447)는 5절a를 "This is the heart of the creedal statement"라 부른다. 위에서 언급한 것처럼, 바울은 '행위 구원'을 여러 곳에서 반대했다(롬 3:20-28; 4:2-6; 9:11, 32; 11:30-32; 갈 2:16; 엡 2:8-9; 빌 3:9; 딤후 1:9; 참고. Groenewald, 1977:186; 디벨리우스, 1983:213). 바울은 그리스도인의 회심과 이신칭의를 논할 때, 성령님의 중심적인 역할을 종종 언급한 바 있다(고전 6:11; 고후 1:21-22; 갈 4:4-6; 빌 3:9; 살후 2:13; 참고. Fee, 1999:778). 그리고 5절의 '우리가 행한 의'(δικαιοσύνῃ)와 7절의 '그리스도로 말미암은 의롭다 하심'(δικαιωθέντες)은 선명한 대조를 위한 일종의 언어유희로 보인다(참고. Mounce, 2000:448).[846] 혹자(예. J.H. Houlden)는 여기서 디도서의 저자가 바울의 이신칭의 교리를 전수 받아 패러디했다고 보지만, 패러디 그 이상이다(참고. Hanson, 1982:191). 이신칭의는 그 자체로 끝이 아니라, 성도가 복된 영생을 상속하도록 하는 관문이다(참고. 롬 8:15-17; 엡 1:14).

이 본문의 저자의 논의를 도표로 요약하면 아래와 같다(참고. Fee, 1999:778-79; Oden, 1989:36):

언제	우리 구주 하나님의 인자하심과 사랑이 나타날 때
무엇	우리가 행한 의로운 행위들로 말미암지 않은 구원
기본적 수단	그분의 긍휼을 따라, 거듭남의 씻음과 새롭게 하심
대리인(agent)	우리에게 풍성하게 주신 성령님
수단	우리 구주 예수 그리스도

에 보이지 않고 숨겨 있으므로, 디도서의 저자는 가시적인 상징인 '세례'를 언급한다. 여기서 분명히 할 것은, 디도서의 저자가 '영적인 정결'(spiritual cleansing)을 염두에 두기에, '세례'라는 행위가 구원을 가져다 줄 수 없다는 사실이다.

846) Van Bruggen(2005:228)은 유대인 바울이 무할례자이며 동역자인 디도에게 말한 '행위들'(딛 3:5)은 구체적으로 '유대인의 율법의 행위들'만 가리키지 않는다고 본다. 하지만 디모데가 목회한 에베소와 디도가 목회한 그레데에 디아스포라 및 유대인 출신 그리스도인이 있었던 사실을 간과하지 말아야 한다(참고. 행 2:11; 19:10).

| 대리인의 목표 | 그리스도의 은혜로 의롭다 하심을 받아 영생의 소망을 따라 상속자들이 됨 |

위의 도표를 통해서 볼 때, 구원은 궁극적으로는 인자와 사랑이 충만하신 성부에게서 시작하여, 역사적으로는 성자의 은혜로운 사역을 통해서 효력이 발생하고, 경험적으로는 성령님의 사역을 통해서 유효하게 된다. 구원을 위해서 삼위일체의 협동 사역이 제일 중요하지만(Vergeer, 1999:1669), 구체적으로 볼 때 성령님의 사역이 두드러진 점에 주목할 만하다. 성령님의 사역(5절)이 성자의 사역(6절)보다 먼저 언급되는 점도 흥미롭다. 성령님이 은혜로 구원 받은 성도에게 임하면 그들은 선한 일을 한다(참고. 딛 3:1-2, 8). AD 1세기의 팔레스타인 및 디아스포라 유대교는 '행위 구원' 사상에 물들어 있었다(참고. Bouma, 1953:222). 그 당시 헬라인들에게도 의롭고 흠이 없는 삶이란 동료에게 해를 끼치지 않는 것이었으며, 선행은 공로로서 의를 유발시켰다(참고. Groenewald, 1977:186).

3.4. 디도서 3:9-11

그레데 교회는 어리석은 논쟁들(혹은 '어리석은 사변', foolish speculations, 참고. 딤전 1:3-7; 딤후 2:23)과 족보 이야기와 다툼과 모세의 율법에 대한 언쟁들을 피해야 했다(9절; 참고. Rogers & Rogers, 1998:511; Bouma, 1953:226).[847] 목회서신에서 어리석은 논쟁들(혹은 사변)을 어떻게 해석할 것인가는 중요한 문제다(참고. 위의 딤전 1:4, 7; 6:4의 설명). '족보 이야기'는 구약 성경에 등장하는 위대한 인물들과 가문에 관한 구약과 비정경적 유대 작품에 근거한 유대인들의 해석과 관련 있다(참고. Towner, 2006:795). 그런데 디도서의 저자가 볼 때, 족보 이야기는 구약 자체가 아니라, 그것을 변용시킨 유대인들의 허황된 이야기 즉 신화($\mu\tilde{\upsilon}\theta o\varsigma$)에서 온 것이다

---

847) 목회서신의 거짓 선생들은 본질에 있어서 같다. 그런데 그레데의 거짓 선생들은 에베소의 거짓 선생보다 덜 심각한 사람들로 보인다. 왜냐하면 그들은 딤 1:10-16 이후로 언급되지 않다가, 디도서의 마지막(딛 3:9-11)에야 다시 등장하기 때문이다(참고. Mounce, 2000:453).

(참고. 딛 1:14). 따라서 구약과 신약 시대의 유대교 사이에는 불연속성과 차이가 있기에, 거짓 선생들을 일종의 '혼합주의자'로 볼 수 있다(참고. Cranford, 1980:29).

거짓 선생은 한두 번 훈계한 후(참고. 마 18:15-17) 멀리해야 할 '이단에 속한 자' ($αἱρετικὸν$ $ἄνθρωπον$)라 불린다(10절; 참고. 벧후 2:1).[848] 디도가 거짓 선생들과 벌이는 신학적 논쟁으로는 그들을 변화시킬 만큼 유익하지 못했던 것 같다. 따라서 출교와 같은 '치리'가 필요하다(참고. 롬 16:17; 고전 5:5; 보라. Bouma, 1953:228). 그리스도의 대속의 은혜를 입은 깨끗한 성도와 달리 이단은 타락하여 죄를 지으며, 스스로 (교회의 훈계를 거부하여 교회의 가르침에 위배된 결과를 낸) 자신의 행동에 의해서 정죄를 받는다(11절; 참고. Hanson, 1982:195).

3.5. 요약

그레데 교회를 위협했던 거짓 선생들은 모세의 율법에 관심을 가지고 있었는데(참고. 딛 1:10의 할례당), 그들의 위협은 디모데가 목회하던 에베소 교회의 거짓 선생들의 그것과 비교해 볼 때 덜 급박하고 심각했던 것 같지 않다. 왜냐하면 그들이 그레데의 여러 가정교회들을 온통 뒤엎어 놓았기 때문이다(딛 1:11; contra Vaughan, 1999:124). 그레데의 율법주의적 성향의 할례당은 구약과 율법 조항에 대해 '사변적인 해석'을 했고 이방인들인 그레데인들처럼 거짓과 탐욕을 행했다(딛 1:10, 13). 공로 구원을 가르친 거짓 선생의 주장과 달리 성도의 '선

---

848) 이들이 '불신 유대주의자'인지, 아니면 '유대인 출신 그리스도인'인지는 더 깊이 논의해야 할 문제다. Towner(2006:695)는 딛 1:10의 '할례당'을 유대인 출신 그리스도인(Jewish Christians)으로 본다(그리고 Knight III, 1992:297). 영어 성경은 딛 3:10의 $αἱρετικὸν$ $ἄνθρωπον$을 다양하게 번역한다: a man that is a heretic(NEB, KJV), a factious man(NAS), a person who stirs up division(ESV). 바른 성경은 '이단에 속한 사들'이라고 단수형이 아니라 복수형으로 번역한다. 신약에 9회 등장하는 명사 $αἵρεσις$는 다양한 의미로 사용되다가(예. 유대인 그룹, 행 5:17; 15:5; 16:5; 유대인의 다른 그룹으로 간주된 그리스도인들, 행 24:5, 14; 28:22; 차이 혹은 분열, 고전 11:19; 갈 5:20; 이단, 벧후 2:1), 이 명사는 이그나티우스 시대부터 '이단'(heresy)이라는 부정적이며 구체적인 의미로 사용되었다(참고. Cranford, 1980:24-25).

한 일들'(딛 1:16; 2:7, 14; 3:1-2, 5, 8, 14)은 구원의 열매다. 유대인들의 어리석은 율법과 족보에 관한 논쟁은 구약을 임의로 변용시킨 유대인들의 사변과 신화에서 온 무익한 것이다(참고. 딛 1:14; 3:9). 여러 면에서 디도서의 율법 및 관련된 논의는 예수님(참고. 눅 18:9-14; 보라. Schreiner, 1993:210)과 바울의 율법 논의와 맥을 같이 한다.[849]

4. 목회서신에 나타난 율법관의 요약

목회서신이 다루는 주제는 많지만, 무엇보다 AD 1세기 중반의 교회가 '복음의 순수성'을 위해서 어떻게 싸워왔는가를 탐구할 수 있는 기회를 제공한다. 목회서신의 거짓 선생과 관련하여 분명한 것은 유대적 요소가 강하다는 점이다: '율법의 선생들'(딤전 1:7), '할례당'(딛 1:10), '유대인들의 신화'(딛 1:14), '율법에 대한 다툼과 논쟁' (딛 3:9), '허탄한 신화와 끝없는 족보'(딤전 1:4; 4:7; 딛 3:9). 이런 유대적 요소가 초기 영지주의와 혼합된 것으로 볼 수 있는 내용도 있다: 음식법에 근거한 금욕주의(딤전 4:3), 거짓된 지식(딤전 6:20). 그리고 "목회서신에 묘사된 거짓 교훈 중에 바울의 사역 기간 동안 알려져 있지 않았던 것들은 하나도 없다"(Carson, Moo & Morris, 1992:363).

목회서신의 저자가 율법관과 관련하여 사용하는 표현과 제시하는 사상은 대부분 바울의 이전 서신들에 나타난 것이다. 따라서 이런 간본문성에 근거해 볼 때, 목회서신의 바울 저작성을 인정하는 것은 자연스럽다. 예수님과 바리새인 사이에 율법 이해에 있어서 발생했던 대립이 바울/디모데/디도와 거짓 선생

---

849) 디도서의 거짓 선생들의 정체를 정확히 밝히기는 어렵다. 하지만 최근의 다수의 학자들이 주장하듯이, 그들은 '영지주의적 경향을 가진 유대 그리스도인'(Gnosticising Jewish Christian)으로 볼 수 있다. 아마도 그들은 갈라디아의 유대주의자들로부터 어느 정도 영향을 받았을 것이며(참고. Ramsay, 1996:33), 발렌티누스와 말시온이 가르친 2세기에 만개한 영지주의를 위한 기초 역할을 일정 부분 담당했을 것이다(참고. Cranford, 1980:27).

들 사이에 거의 비슷한 모습으로 재현되었다고 볼 수 있다. 유대교에서 기독교로 개종함으로써 은혜로 구원을 경험한 바리새인 출신 바울은 목회서신에서도 '바울의 새 관점주의자'의 오류를 드러낸다(참고. 딤전 1:13-14). 왜냐하면 바울이 율법에 열심을 내면서 유대교 안에 머물러 있었을 동안, 그는 구원 안으로 들어오지 못했기 때문이다. 그리고 율법의 문자적인 준수 혹은 왜곡된 준수는 사람을 구원하지도 못하며, 사람이 구원 안에 머물도록 만드는 것도 아니기 때문이다. 하지만 그리스도께서 성취하신 법은 구원 받은 신약 성도의 삶에 규범이 된다. 복음서의 바리새인들과 목회서신의 거짓 선생들에게 공통적으로 나타난 사항은 구약에 대한 그리스도 중심적 해석의 실패(혹은 거부) 및 행위 구원론적 율법주의였다. 따라서 바울이 쓴 목회서신에서 '구원을 획득하기 위한 율법 준수'로부터 벗어나는 것은 독자들에게 주요 이슈라 할 수 있다.[850]

디아스포라를 배경으로 하는 목회서신에서 거짓 선생들의 율법관은 1세기 팔레스타인의 유대교가 견지했던 율법관과 별 차이가 없다고 결론을 내릴 수 있다. 왜냐하면 바울의 사역 동안 초기 영지주의의 영향을 받은 유대인 출신 그리스도인의 율법주의는 복음의 진리에 위협적이었기 때문이다. 예수님과 바울의 가르침을 따라, 은혜로 구원 안에 들어온 신약 교회는 '그리스도의 법'(혹은 '그리스도의 계명', 참고. 마 5:17; 요 14:15, 21; 15:10, 12; 보라. Schreiner, 1993:221)을 따라 경건하게 살되, 불필요한 소모적 논쟁을 삼가야 한다. 바울은 이 모든 과정을 위해서 성령님의 사역이 필요하다고 강조한다(딛 3:5-6). 바울, 디모데, 그리고 디도처럼 오늘날의 말씀의 사역자들도 모든 성경을 목표지향점이신(the telic scopus)이신 구주 예수 그리스도를 중심으로 하여 분명하게, 비사변적으로, 건

---

850) 예수님의 초림부터 구약 제의의 중심지였던 돌 성전의 파괴까지는 구속사의 특수 기간인 '신구약 중첩기'였다. 구약(그림자, 유대교, 특정주의)의 요소는 사라지고 신약(새 시대, 실체, 보편주의)의 요소는 강화되던 전환의 시기였다(참고. 요 3:30). 이런 특수성에도 불구하고, 중첩기에 기록된 목회서신은 이단적인 행위구원 사상을 견지한 유대교에 구원이 있다는 여지를 남겨두지 않는다(참고. 요 8:24). 행위구원은 이방인들에게도 있었던 종교적 신념이다. 만약 예수님을 신앙의 중심에 두지 않고 행위를 중시하던 1세기 중순의 디아스포라 유대교에도 구원이 있었다고 결론을 내린다면, 오늘날의 이단들과 심지어 다른 종교에게도 마찬가지 결론을 내려야 할 것이다.

강하게 해석해야 한다. 설교자는 특히 구약 율법을 '그리스도 완결적 율법'으로 해석하고 설교해야 한다. 바로 그 때 은혜로 구원 받은 성도가 혼합주의와 거짓 가르침에 미혹되지 않고, 선한 일에 힘쓰게 될 것이다.

참고문헌

Bauer, W. 2003. BDAG. Chicago : Chicago University Press.

Bouma, C. 1953. I, II Timotheus en Titus. Filémon. Kok : Kampen.

Carson, D.A., Moo, D.J. & Morris, L. 1992. An introduction to the New Testament. Leicester : Apollos.

Cranford, L. 1980. Encountering heresy: insight from the Pastoral Epistles. *Southwestern Journal of Theology*, 22(2):23-40.

Downs, D.J. 2005. "Early Catholicism" and apocalypticism in the Pastoral Epistles. *Catholic Biblical Quarterly*, 67(4):641-661.

Edwards, B.B. 1993. The genuineness of the Pastoral Epistles. *Bibliotheca Sacra*, 150:131-139.

Ellis, E.E. 1993. Pastoral Letters. (*In* Hawthrone, G.F., Martin, R.P. & Reid, D.G., eds. Dictionary of Paul and his Letters. Leicester: IVP. p. 658-666.)

ESV Study Bible. 2008. Wheaton : Crossway Bibles.

Fee, G.D. 1999. God's empowering presence: the Holy Spirit in the Letters of Paul. Peabody : Hendrickson.

Goulder, M. 1996. The pastor's wolves: Jewish Christian visionaries behind the Pastoral Epistles. *Novum Testamentum*, 38(3):242-256.

Groenewald, E.P. 1977. Die Pastorale Briewe. Kaapstad : NGKU.

Hanson, A.T. 1982. The Pastoral Epistles. The New Century Bible Commentary. Grand Rapids : Eerdmans.

Knight III, G.W. 1992. The Pastoral Epistles. NIGTC. Grand Rapids : Eerdmans.

Lau, A.Y. 1996. Manifest in flesh: the epiphany Christology of the Pastoral Epistles. Tübingen : Mohr.

Liefeld, W.L. 1999. 1 & 2 Timothy, Titus. NIV Application Commentary. Grand Rapids : Zondervan.

Malherbe, A.J. 2005. "Christ Jesus came into the world to save sinners": soteriology in the Pastoral Epistles. (*In* Van der Watt, J.G., *ed*. Salvation in the New Testament: perspectives on soteriology. Leiden : Brill. p. 331-358.)

Mounce, W.D. 2000. Pastoral Epistles. WBC. Nashville : Thomas Nelson.

Oden, T.C. 1989. First and Second Timothy and Titus. Interpretation. Louisville : John Knox Press.

Pratt Jr., R.L (*ed*). 2003. Spirit of the Reformation Study Bible. Grand Rapids : Zondervan.

Ramsay, W.M. 1996. Historical commentary on the Pastoral Epistles. Grand Rapids : Kregel.

Rogers Jr., C.L. & Rogers III, C.L. 1998. The new linguistic and exegetical key to the Greek New Testament. Grand Rapids : Zondervan.

Ryken, P.G. 2007. 1 Timothy. Reformed Expository Commentary. Phillipsburg : P&R.

Sanders, E.P. 1977. Paul and Palestinian Judaism. Minneapolis : Fortress Press.

Schreiner, T.R. 1993. The law and its fulfillment: a Pauline theology of law. Grand Rapids : Baker.

Towner, P.H. 2006. The letters to Timothy and Titus. NICNT. Grand Rapids : Eerdmans.

Van Bruggen, J. 2005. Paul: pioneer for Israel's Messiah. Phillipsburg : P&R.

Vaughan, A.M. 1999. An investigation of the authenticity of the Pastoral Epistles: a response to the New Perspective on Paul. Ph.D. dissertation at Mid-America Baptist Theological Seminary.

Vergeer, W.C. 1999. 1, 2 Timoteus, Titus. (*In* Vosloo, W. & Van Rensburg, F.J., *eds*. Die bybellennium: eenvolumekommentaar. Vereeniging : CUM. p. 1627-71.)

Wieland, G.M. 2006. The significance of salvation: a study of salvation language in the Pastoral Epistles. Carlisle : Paternoster.

던, J.D.G. 2003. 바울신학. 크리스챤 다이제스트.

디벨리우스, M. 1983. 목회서신. 국제성서주석. 한국신학연구소.

칼빈, J. 1993. 고린도후서, 에베소서, 디모데전후서. 성서교재간행사.

칼빈, J. 1993. 요한복음 II, 요한일서, 야고보서, 디도서, 유다서. 성서교재간행사.

판 브럭헌, J. 1997. 목회서신들의 역사적 배열. 솔로몬.

Theology of the New Testament

제5부

일반서신 신학

01 고난 중의 소망:
목회서신과 히브리서를 중심으로

들어가면서

독일 카를스루에 조형예술대학 교수이며 『피로사회』의 저자인 재독학자 한병철이 명명한 '피로 사회'를[851] 사는 사람이 느끼기 쉬운 절망을 이기는 유일한 길은 소망을 회복하는 것이다. 그리스도인은 참 소망을 인간에 대한 철학적 이해나 신비적인 종교적 영성에서가 아니라, 성경에서 찾아야 한다. 이 글에서는 목회 서신과 히브리서가 피로와 고난 중에서 성도가 찾을 수 있는 소망에 대해 어떻게 말씀하는지 두 본문을 연역적으로 주해함으로써 살펴보고자 한다. 여기서 '연역적'이라 함은 단락의 요지를 먼저 밝히고 그 요지를 지지하는 대지들을 차례로 소개하는 방식이다. 각주 있는 설교문 형식으로 살펴보자.

---
851) 이 글은 『그 말씀』 2월호(2013), 76-86에 게재되었다. 참고. 한병철, 『피로사회』(서울: 문학과 지성사, 2012).

1. 목회서신에 나타난 고난 중의 소망

디모데후서 4:1-18의 요지는 "우리는 주님의 능력 받아 고난 중에서도 항상 말씀을 전파해야 한다"이다.

대지 1: 우리는 주님의 능력을 받아 고난 중에서도 항상 전도해야 하는가? 우리가 천국의 일꾼이 됐고 주님이 심판주로서 다시 오실 것이기 때문이다. 에베소에서 목회하던 젊은 일꾼 디모데를 향해 늙은 사도 바울이 로마 감옥에서 편지를 썼다. 디모데후서 4:1-5은 9개의 명령형 동사를 통해 디모데가 사역 중에 추구하고 반영해야 할 태도가 무엇인지 강조한다.[852] 특히 부정과거(aorist) 명령형 동사들은 행동의 '신중성'과 '긴급성'을 더한다.[853] 바울은 심판장이신 주님의 다시 오심과 하나님 나라(혹은 '천국을 통한 그분의 오심')[854]를 두고 법정에서 서약하듯이 1절에서 엄히 명령한다. "너는 말씀을 (계속) 전파하라(지속적 부정과거) 때를 얻든지 못 얻든지 항상 힘쓰라 범사에 오래 참음과 가르침으로 경책하며 경계하며 권하라"(참고. 딤후 3:16). 즉 사람의 생사 문제와 관련된 것이 전도이기에 진지하게 그리고 끈덕지게 열심히 복음을 전한 후 그 사람이 믿음의 뿌리를 내리도록 돌보며 도와야 한다는 것이다. 말씀 전파가 디모데의 사역에서 '우선순위'를 차지하도록 하라는 의미다.[855] 디모데가 말씀을 긴급히 그리고 열심히 전해야 할 이유는 많은 사람들이 욕망과 호기심을 채우지만, 진리를 거부하고 떠나고 있기 때문이다(3절). 3절의 "때가 이르리니"에서 알 수 있듯이, 이런 현상은 앞으로도 발생할 것이다. 바울 시대나 지금 우리 시대나 사람들이 진리의 말씀을 들으려고 하지 않는 경향은 여전하다. 하지만 성도가 복음을 더욱

---

852) G.W. Knight III, *The Pastoral Epistles*. NIGTC (Grand Rapids: Eerdmans, 1992), 451.

853) W.D. Mounce, *Pastoral Epistles*. WBC (Nashville: Thomas Nelson, 2000), 573; C.L. Rogers & C.L. Rogers III, *The New Linguistic and Exegetical Key to the Greek New Testament* (Grand Rapids: Zondervan, 1998), 506.

854) 참고. P.H. Towner, *The Letters to Timothy and Titus*. NICNT (Grand Rapids: Eerdmans, 2006), 598.

855) Rogers Jr. & Rogers III, *The New Linguistic and Exegetical Key to the Greek New Testament*, 506.

열정적으로 힘써 전해야 할 이유는 하나님 나라를 우리에게 맡겨 주셨고, 언젠가는 주님이 산 자와 죽은 자를 심판하러 오시기 때문이다. 때를 얻든지 못 얻든지, 즉 전도에 적합한 형편이든지 아니든지 항상 모든 상황을 전도의 기회로 삼아야 한다.

디모데후서 3:10-4:8의 결론 단락인 4:6-8은 '바울의 마지막 유언'이라 불리는데, 6절은 바울의 현재 상황, 7절은 과거 상황, 8절은 미래 상황을 다룬다.[856] 그런데 이 권면을 하는 바울의 형편은 어떤가? 로마 감옥에 있는 사도 바울은 매우 노쇠했다. 다메섹 도상에서 부활하신 예수님을 만난 후 약 30년 동안 오직 복음을 위해 쉬지 않고 달려온 바울의 삶은 이제 마감 직전이기에 영적 아들 디모데가 바통을 이어받아야 한다(6절). 6절의 "전제(drink offering)", 즉 부어 드리는 제물은 구약 제의에서 다른 제사에 동반된 제사를 연상시킨다(출 29:40-41; 민 28:7). '전제로 부어지고'는 현재 신적 수동태 직설법으로서 로마 황제가 아니라 하나님께서 바울의 마지막 삶을 통제하고 계심을 강조한다. 바울은 (그) 선한 싸움을 싸워 왔고(현재완료), (그) 달려갈 길을 마치고(현재완료), (그) 믿음을 지켰다(현재완료, 7절; 행 20:24; 빌 2:12-18). 여기서 정관사 '그'는 각각의 단어를 강조한다.[857] 바울은 '운동 경기' 및 '전투 용어'로 자신의 삶을 뒤돌아보며 정리한다(참고. 딤전 6:12). 이렇게 바울이 평생 동안 오직 복음만을 위해 믿음으로 달려올 수 있었던 이유는 무엇인가? 그는 자신을 위해 공의로우신 재판장 예수님이 의의 면류관을 예비하셨음을 알고 있었기 때문이다(8절). 바울은 네로 황제가 자신에게 사형 선고를 내릴지라도 공의로우신 재판장이신 예수님은 자신을 의롭다고 선언하시고 승리의 의의 면류관을 주심을 확신했다.

사실 바울은 전도인으로 한평생을 살면서 여러 고난을 통과했다. 디모데후

---

856) Mounce, *Pastoral Epistles*, 577.
857) 앞의 책, 579.

서를 기록하는 당시에도 몇몇 고난이 바울을 힘들게 했다. 첫째 고난은 바울의 동역자들이 떠나 버린 것이다. "데마는 이 세상을 사랑하여 나를 버리고 (아마 자기 고향인) 데살로니가로 갔고 그레스게는 갈라디아로, 디도는 달마디아로 갔고"(딤후 4:10). 한때 바울과 한 팀을 이룬 동지들이 뿔뿔이 떠나 버렸다.[858] 데마는 누가와 함께 종종 언급될 정도로 바울에게 매우 중요한 동역자였다(골 4:14; 몬 24). 하지만 바울을 버린(참고. 마 27:46), 데마가 사랑한 것은 이 세상, 즉 이 세대이다(참고. 창 25:29-34; 요일 2:15). 데마가 오는 세상의 영생을 맛보았지만 '옛 시대'를 선호하고 집착하게 된 것은 바울에게 견디기 힘든 고통을 안겨 주었을 것이다. 데마와 달리 바울과 성도는 이 세상이 아니라 주님의 나타나심을 사랑해야 한다(8절). 오직 누가만 끝까지 바울 곁에 남아 있었다. 세상적인 관점에서 볼 때 이렇게 쓸쓸한 최후를 맞이하는 바울은 실패자로 보인다. 하지만 하나님의 관점에서는 그렇지 않다. 바울이 겪고 있는 두 번째 고난은, 예를 들어 구리 세공업자(metalworker) 알렉산더가 로마 당국에 고발하는 것과 같이, 바울에게 해를 많이 끼친 것이다(14절).[859] 여기서 바울은 개인적인 원한의 감정을 따라 주님이 알렉산더를 심판해 주실 것을 기도하지 않는다. 왜냐하면 그는 알렉산더를 주님의 '복음'의 대적으로 파악하기 때문이다(15절; 참고. 교회 밖으로 출교된 알렉산더, 딤전 1:20).

바울의 인생 말년은 예수님의 모습과 비슷하다. 동역자들이 떠나 버린 것은 십자가를 지신 주님을 버리고 제자들이 뿔뿔이 도망간 것과 비슷하다. 예수님이 죽도록 충성하신 것처럼 전도자 바울의 생애는 고난 속에서 충성한 여정이었다. 주님이 십자가 위에서 자신을 죽이는 사람들의 허물을 용서하신 것처럼 바울도 그렇게 했다(딤후 4:16). 바울은 예수님을 닮은 사람이었다. 그리스도의

---

858) 딤후 4:21에 의하면, 디모데후서를 기록할 무렵 바울 주위에 몇몇 성도가 여전히 있었다. 그러나 바울과 전도 팀을 이룬 핵심 동역자들 대부분은 바울을 떠나 버렸다. W.L. Liefeld, *1 & 2 Timothy, Titus* (Grand Rapids: Zondervan, 1999), 297.

859) 참고. Towner, *The Letters to Timothy and Titus*, 631.

흔적을 가졌던 사람이었다. 그래서 하나님은 바울을 통해서 지중해 온 세계에 걸쳐 구원의 능력을 보여 주셨던 것이다.

사람의 냉담함, 공개적인 반대, 동역자의 불신실함, 늙음과 같은 육체적인 한계를 뛰어넘어서라도 주님의 판단과 상급을 소망하면서 우리 삶 속에서 복음을 전해야 한다. 하나님은 우리에게 하나님 나라를 맡겨 주셨고 심판주로 다시 속히 오실 것이다. 그러므로 열정과 긴급함을 가지고 전도에 임하자.

대지 2: 우리가 주님의 능력을 받아 고난 중에서도 전도할 때 어떤 일이 일어나는가? 전도는 생명의 주님을 높이는 것이어서 우리 속의 천국 소망이 더욱 분명하게 된다. 바울은 처음 변명(변호)할 때에 자신과 (증인이나 변호자로) 함께한 이가 한 사람도 없고, 다 그를 버렸으나 그들에게 허물을 돌리지 않으려고 한다(16절). 바울이 했던 처음 변명은 무엇인가? 바울이 두 번째로 로마 감옥에 갇힌 후에 열린 첫 재판에서 스스로 변호한 것이다(참고. 행 22:1; 25:16; 고전 9:3; 고후 7:11).[860] 그러나 로마의 교인 중에서 법정에서 바울을 변호하고 소송 절차에 도움과 조언을 준 사람은 아무도 없었다. 아마 이 순간이야말로 바울에게는 겟세마네였을 것이다. 바울은 법정에서 선 피고인 동시에 변호사였다. 바로 이 순간은 네로의 박해의 기운이 로마에서 일어나기 시작한 무렵이었다. 예수님을 겟세마네에서 다 버리고 도망간 제자들이나, 법정에서 외로이 변호하는 바울을 남겨 두고 떠나 버린 로마 교인이나 매한가지다.

하지만 바울은 임마누엘을 확신한다(17절). 주님은 바울 곁에 서서 그를 강건하게 해 주셨는데 이방인에게 말씀이 전파되도록 하려 하심이었다. 그리고 바울은 사자의 입으로부터 건져 냄을 받았다고 고백한다(17절; 참고. 시 22:21; 마 6:13). 바울은 로마 시민권자였기에 원형 극장에서 사자와 싸울 일은 없었던 것

---

860) Knight III, *The Pastoral Epistles*, 469; Liefeld, *1 & 2 Timothy, Titus*, 299.

으로 보인다. 그렇다면 바울이 건짐을 받은 '사자'는 누구 혹은 무엇인가? 네로 황제를 이렇게 은유적으로 표현한 것인가?[861] 혹은 로마 법정에서 바울을 향해서 예리한 비난의 직격탄을 퍼부은 검사인가? 아마 이 모두일 것이다.[862] 주님 이외에는 아무도 도와주지 않는 생사가 걸린 재판의 순간에 바울은 여전히 이방인이 구원을 받아야 한다는 사실에 모든 초점을 맞춘다. '주님, 나의 목숨을 구해 주옵소서. 나의 삶은 복음을 위한 고난의 연속이었는데 얼마 남지 않은 인생을 평안히 보내도록 도와주옵소서'라고 기도하지 않는다. 자신의 소명인 이방인 전도의 성취에만 모든 관심을 둔다. 로마 사람들이 법정을 가득 매웠을 것이다. 네로 황제도 배석했을 수도 있다. 하지만 죽음을 두려워하지 않고 제국의 한가운데에서 피고의 신분으로 주님의 죽음과 부활을 설교한 바울이었다. 바울은 디모데에게 명령한 것처럼, 자신이 때를 얻든지 못 얻든지 담대하게 복음을 전했던 것이다.

바울은 주님께서[863] 모든 악한 일에서 건져 내시고(참고. 마 6:13; 딤후 4:18), 승귀하신 그리스도 안에서 새롭게 완성될 천국에 들어가도록 구원하실 것을 확신한다(18절; 참고. 고후 5:8; 엡 1:3).[864] 그리고 영광이 주님께 세세토록 있기를 '송영'한다(참고. 갈 1:5; 엡 3:20-21; 빌 4:20; 딤전 1:17; 6:15-16). 이 짧은 송영을 통해서 바울은 주님의 영원한 위엄과 주권을 강하게 확증한다.[865] 죽음 앞에서 구원의 확신을 가지고 자신의 목숨의 주인을 송영하는 바울의 모습을 보라. 이것은 예수님이 십자가를 지실 때 보이신 모습과 같다. 목숨을 아버지께 의탁하신 우리 주님처럼 바울도 그렇게 하고 있다! 하나님은 우리를 이 땅에 보내실 때 어떤 사명을 주셨다. 그것은 주로 우리의 달란트를 따라서 우리가 기쁨 가운데서

---

861) 예를 들어, Liefeld, *1 & 2 Timothy, Titus*, 299.
862) 참고. Knight III, *The Pastoral Epistles*, 471.
863) 딤후 4:14, 17, 18의 '주'는 예수님을 가리키는 것 같다. 참고. Liefeld, *1 & 2 Timothy, Titus*, 300.
864) Rogers Jr. & Rogers III, *The New Linguistic and Exegetical Key to the Greek New Testament*, 434.
865) Towner, *The Letters to Timothy and Titus*, 648.

할 수 있는 일일 것이다. 그것이 무슨 일이든 간에 직장과 사업과 생업 속에서 주님의 복음이 전파돼야 한다. 직장은 그 자체 목적이 아니라 주님을 섬기는 통로, 주님의 복음이 전파되는 수단이다. 성도의 사업은 주님을 높이고 경배하는 수단이다. 바로 그때 더욱더 임마누엘의 역사와 번성함과 형통함이 있을 것이다.

주님은 우리에게 때를 얻든지 못 얻든지, 고난 중에서라도 항상 힘써서 전도할 것, 양육할 것을 명령하신다. 하나님께서 천국을 우리에게 맡겨 주셨고, 주님이 심판주로 오실 것이기에 우리는 전도에 힘을 더 내야 한다. 전도할 때 주님의 구원 능력과 임마누엘을 체험할 수 있고 우리 속의 천국 소망, 부활 생명, 상급을 확실하게 확인할 수 있다. 이 일을 위해 주께서 우리 곁에 서 계셔서 강건케 하신다. 아멘.

2. 히브리서의 고난 중의 소망

성도는 연말의 성탄절과 신년을 보내며 새로운 각오를 다짐하고 기도한다. 신년의 초반이 지나더라도 여전히 구주 예수님이 나를 위해서 세상에 오신 것이 기쁘고 새로우며, 하나님이 나를 통해서 하실 일이 기대되고, 환경이 새롭게 바뀌고, 어려움과 고통이 사라지고, 평강이 있는가? 구주 예수님이 태어나셨지만, 악한 헤롯 대왕은 여전히 다스렸고, 요셉은 목수 일을 계속했고, 동방박사들은 자기 나라로 돌아갔고, 베들레헴에서는 두 살 이하 남자 아기들이 살해당했다. 평강의 왕이 오셨지만 변한 것이 없지 않은가? 과연 예수님이 우리 삶의 밑바탕에 깔려 있는 죄와 슬픔을 몰아내셨는가? 오히려 아기 예수님이 구주로 태어나심으로 이스라엘 땅에 비극과 아픔만 더 커진 것은 아닌가? 하지만 우리가 당하는 고통과 문제와 환난 중에서라도 세상을 이기신 예수님은 우리조차 넉넉하게 이기도록 하신다(참고. 요일 3:8; 계 12:10-12). 그리고 하나님 아버지께서 모든 성도에게 징계와 훈계와 고난을 주신다(히 12:8). 십자가에서 고통당해 죽으셨고 부활하신 예수님은 우리 앞에서 달려가시는 모델이시며(히 12:1-2), 우리 손을 붙잡고 결승점까지 동행하신다. 왜 우리가 당하는 고난이 복인지 히브리서 12:4-14을 통해서 살펴보자. 이 단락의 요지는 "우리는 고난을 복으로 여겨야 한다"이다.

대지 1: 왜 고난을 당하는가? 신앙을 지키기 위해서 그리고 우리의 범죄 때문이다. 히브리서의 수신자들이 죄와 싸우기는 하지만 아직 피 흘리기까지 대항하지 않았다(4절). 4절에 육상 경기와 복싱 경기 은유들이 혼합되어 있는 것 같다.[866] 히브리서 10:33-34에서 수신자들이 겪은 고난을 소개한 바 있다. "혹은 비방과 환난으로써 사람에게 구경거리가 되고 혹은 이런 형편에 있는 자들과 사귀는 자가 되었으니 너희가 갇힌 자(투옥)를 동정하고 너희 소유를 빼앗기는 것(재산 몰수)도 기쁘게 당한 것은 더 낫고 영원한 소유가 있는 줄 앎이라." 하지만 아직 순교를 의미하는 피 흘리는 정도까지 상황이 악화되지 않았다(참고. 빌 2:8; 히 11:37; 계 12:11).[867] '피 흘림'은 2절의 예수님의 십자가의 죽음을 연상시킨다.[868] 수신자들이 겪은 환난은 신앙을 지키기 위해서다. 히브리서가 기록될 당시에 유대인들과 로마 황제의 박해가 있었다. 또한 고난을 생각할 때 수신자들의 개인적인 범죄에 대해서 하나님이 징계한 것도 배제할 수 없다.

지금도 많은 성도가 신앙을 지키려고 박해를 받는다. 또한 자신의 범죄로 인해 하나님께 고난을 당한다. 죄를 미워하시는 하나님은 범죄한 우리에게 질병이라는 고통, 경제적인 고통 등 다양한 고통을 주신다. 따라서 고통 가운데 있을 때 살아온 과거를 하나님 앞에 말씀과 기도로 돌아보면서 회개해야 한다.

---

866) Rogers Jr. & Rogers III, *The New Linguistic and Exegetical Key to the Greek New Testament*, 547.

867) P.T. O'Brien, *The Letter to the Hebrews*. PNTC (Grand Rapids: Eerdmans, 2010), 462; 비교. P. Ellingworth, *The Epistle to the Hebrews*. NIGTC (Grand Rapids: Eerdmans, 1993), 646.

868) Ellingworth, *The Epistle to the Hebrews*, 645.

대지 2: 우리는 어떻게 고난을 복으로 여기며 이겨야 하는가? 우리는 낙심하지 말고, 훈련시키시는 아버지의 사랑을 믿어야 한다. 특별히 유대교에서 기독교로 개종한 히브리서의 수신자들은 박해를 인내해야지, 유대교가 제공하는 '합법적인 종교'라는 틀 속으로 회귀할 수 없었다. 그런데 수신자들은 하나님께서 아들에게 하듯 수신자들에게 말씀해 주신 권면을 잊었다. "내 아들아 주의 징계하심(참고. 엡 6:4; 딤후 3:16)을 경히 여기지 말며 그에게 꾸지람을 받을 때에 낙심하지 말라"(5절; 참고. 잠 3:11-12). "주께서 그 사랑하시는 자를 징계하시고 그가 받아들이시는 아들마다 채찍질하심이라"(6절; 참고 잠 13:24; 계 3:19). 히브리서의 독자들처럼(참고 히 2:10-18) 예수님은 하나님의 아들이면서도 받으신 고난으로 순종함을 배우셨다(히 5:8). 그런데 1세기 세상의 종교는 고난을 조물주의 냉대 표시로 이해했기에 고난을 피하라고 가르쳤다. 하지만 고난은 하나님이 자기 백성을 징계하는 차원 그 이상이다. 성도도 고난을 당할 때 낙심하기 쉽다. '하나님께서 나를 사랑하시지 않는가? 나는 가치 없는 사람인가? 고난 가운데서 나를 속히 건지시지 않고 내버려 두시는 하나님은 살아 계시는가? 이 고난에 묻혀서 나는 다시 일어날 수 없는 것은 아닌가?' 하지만 이런 낙심을 하지 말아야 한다. 대신에 징계와 고난을 받을 때 하나님의 사랑을 믿어야 한다. '이것은 하나님께서 자녀를 사랑하셔서 때리시는 채찍질이다.' "여호와여 주로부터 징벌을 받으며 주의 법으로 교훈하심을 받는 자가 복이 있나니 … 여호와께서는 자기 백성을 버리지 아니하시며 자기의 소유를 외면하지 아니하시리로다"(시 94:12, 14). 주님께 고난과 징계를 받아서 주님의 뜻을 깨닫는 사람이 복이 있다. 이것은 지식적인 복이 아니라 체험과 관계 속에서 나오는 복이다. 우리 아버지 하나님은 자식을 버리거나 포기하지 않으신다.

성도는 징계가 훈련이므로 잘 견뎌야 한다. 하나님은 아들처럼 수신자를 대우하시는데, 여종이나 첩에서 태어난 사생자가 아니라 참 아들이라면 아버지의 징계를 받기 마련이다(7-8절; 참고. 시 119:67, 71). 7절에서 부모가 자녀를 징계하는 것은 일반적인 경험이므로 '금언적 현재형'으로 쓴다.[869] 육신의 아버지가 징계해도 자녀가 공경하듯이 모든 영의 아버지께 더욱 복종하며 살려고 노력해야 한다(9절). 육신의 아버지는 자기의 뜻대로(때로는 잘못된 방식으로) 징계했지만, 오직 하나님은 우리의 유익을 위해 그의 거룩하심에 참여하게 하신다(10절). 9-10절은 '작은 것에서 큰 것으로 발전하는 유비(lesser-to-greater analogy)'를 사용한다. 하나님의 징계는 우리의 죄악을 벗어 버리게 하여 거룩함으로 인도한다. 무릇 징계가 당시에는 즐거워 보이지 않고 슬퍼 보이나, 후에 그로 말미암아 연단 받은 자들은 의와 평강의 열매를 맺는다(11절; 참고. 갈 5:22; 히 2:10; 5:14). 11절은 징계를 받는 고통스러운 경험과 그것의 결과를 대조한다. 성도는 고난을 당할 때 회개하는데, 특히 거룩하지 않고 불의한 행실을 생각하고 회개한다. 진정으로 회개하는 사람은 하나님께서 얼마나 죄를 싫어하시는지 안다. 하지만 회개하는 사람은 하나님께서 회개하는 죄인을 긍휼히 여기시는 것을 믿어야 한다. 사탄은 우리에게 큰 죄 때문에 용서를 받지 못하고, 해결책이 없고, 출구가 막혀 있고, 하나님의 긍휼의 얼굴빛이 영원히 거두어졌다는 영원한 죄책감에 사로잡혀 '죄인'이라는 낙인을 선명하게 찍기를 원한다. 그러나 고난은 하나님의 거룩하심에 동참해 불의가 아니라 의의 열매를 맺도록 훈련시키는 기회이므로, 영적으로 깨끗하게 되는 송구영신의 기회가 된다. 범죄하는 악인의 영혼에게는 평안이 없다(사 48:22). 따라서 고난을 당해 회개할 때 참 평안이 임한다.

그런데 성도가 고난을 당할 때 피곤하고 낙심해 기도할 힘조차 없을 때가 있다. "피곤한 손과 연약한 무릎을 일으켜 세우고(긴급성을 강조하는 부정과거 명령형 동사) 너희 발을 위하여 곧은 길(정로, running track)을 만들어 저는 다리(영적인 연약함, 특별히 공동체의 연약한 성도)로 하여금 어그러지지 않고 고침을 받게" 해야 한다(12-13절). 12절은 권투 선수의 지친 모습을 연상시키는데, 피곤한 손과 연약

---

869) Rogers Jr. & Rogers III, *The New Linguistic and Exegetical Key to the Greek New Testament*, 547.

한 무릎은 고난 가운데 탈진해 낙심한 상태를 가리킨다. 히브리서 저자는 이사야 35:3-4를 인용하는데, 포로에서 귀환을 예언하는 이사야는 하나님의 조속한 개입을 통해서 포로 생활이라는 고난 중에 있던 이스라엘 백성으로 하여금 두려움, 낙심, 절망을 이기도록 권면한다. "너희는 약한 손을 강하게 하며 떨리는 무릎을 굳게 하며 겁내는 자들에게 이르기를 굳세어라, 두려워하지 말라, 보라 너희 하나님이 오사 보복하시며 갚아 주실 것이라 하나님이 오사 너희를 구하시리라." 두렵고 낙심할 만한 상황 속에서라도 하나님께 순종해 치료를 받아야 한다. 훈련시키시는 아버지는 상한 갈대 같은 자녀를 꺾지 않으신다. 흔들리는 심지를 완전히 꺼 버리지 않으신다. 고난 가운데 우리는 좌우로 치우치지 말아야 한다. "(너는 결승점을 바라보는 대신에) 좌로나 우로나 치우치지 말고 네 발을 악에서 떠나게 하라"(잠 4:27). 문맥상 좌우로 치우치지 않는 것은 죄와 싸우는 것이기도 하다(히 12:1, 4).[870] 고난당할 때 말씀을 읽고, 사랑의 아버지를 힘있게 바라보며 '정도(正道)'를 걸어야 한다. 그리고 온 가족이 '비대위'를 조직해 힙심에서 긴구헤야 한다. 가족의 힙심 기도로 고난을 이겨낼 때 가정이 새롭게 되고, 가정 천국이 이루어지고, 자녀에게 신앙 교육이 된다.

대지 3: 우리가 고난을 복으로 여기며 이겨 낼 때 어떤 결과와 약속이 있는가? 우리는 하나님과 사람 관계에서 거룩함, 의, 평강의 열매를 맺는다. 그렇다면 성도에게 고난은 왜 복인가? 고난을 당해서 회개하는 사람은 의와 평강과 거룩함의 열매를 맺기 때문이다. 하나님 앞에 회개할 때 우리가 사람들에게 행한 죄악도 회개해야 한다. 따라서 '모든 사람과 더불어 화평함(여성 명사)과 거룩함(남성 명사)을 좇아야 한다(참고 시 34:14; 마 5:9; 롬 14:19; 벧전 3:11). 이것(남성 단수 속격 관계대명사), 즉 거룩함이 없이는 아무도 주님을 보지 못하기 때문이다'(14절; 참고. 마 5:8). 14절의 "화평함"은 11절의 "평강"과 같다. 그리고 14절의 "거룩함"은 10절의 하나님의 성품인 "거룩하심"과 같다. 예수님의 대속의 죽으심 없이는

---

870) 참고. O'Brien, *The Letter to the Hebrews*, 471.

화평과 거룩함이 없다. "예수 그리스도의 몸을 단번에 드리심으로 말미암아 우리가 거룩함을 얻었노라"(히 10:10). 히브리서에서 '거룩함'은 선한 양심을 가지고 하나님께 가까이 다가가 교제하는 것이다(히 10:10, 22).[871] 예수님 때문에 화평과 거룩함을 덧입은 새사람이 되었다면, 성도의 관계 속에서도 새로운 관계를 맺어야 한다. 공동체의 화평과 거룩함을 통해 주님을 뵙고 교제하자. 주님을 보는 것은 영생을 경험하고 하나님의 현존 안에 사는 것이다.[872] 남을 미워하고 무시한 것을 회개하자. 남이 잘못될 때 속으로 은근히 기뻐한 것도 회개하자. 하나님과 관계가 회복되면 반드시 사람과의 관계도 회복돼야 한다. 그렇게 하나님은 인간관계를 회복시켜 주신다.

아버지 하나님은 자녀를 사랑하셔서 훈련시키신다. 주님은 고난을 통해서 자신의 거룩에 참여시키신다. 고난은 모든 성도에게 있다. 왜 나만 고통을 당하느냐고 불평하거나 낙심하지 말자. 거룩함과 의와 평강의 열매를 맺기에 고난은 복이다. 하나님께서 주시는 훈련과 고난은 잠깐이다. 주님은 우리가 긴 고난을 이겨 낼 수 없는 진토임을 아시기 때문이다. 고난은 우리가 새로워지고 하나님께 가까이 다가가는 복이다. 고난의 복을 통과한 성도는 고난 가운데 간절히 하나님을 찾고 긍휼을 바랐던 그 마음을 잃어버리지 말자. 아멘.

---

871) 참고. Rogers Jr. & Rogers III, *The New Linguistic and Exegetical Key to the Greek New Testament*, 548.

872) 참고. O'Brien, *The Letter to the Hebrews*, 473.

02 소통, 화해, 공존: 베드로전서와 요한계시록을 중심으로

들어가면서

왜 소통, 화해 그리고 공존이 이전 담론의 화두가 되어 왔고, 여전히 되고 있는가? 아마도 인류가 골 깊은 불통과 갈등의 시대를 지나왔고 지나고 있기 때문이다.[873] 그런데 공공신학(public theology)이 종종 다루는 이 세 주제는 서로 어떤 연관이 있는가? 소통을 통해서 화해가 이루어지고 결국 공존이 가능하므로, 앞선 것은 원인, 뒤따르는 것은 결과로 상호 연결된다. 이 셋이 긴장 속에 조화를 이루는 것을, 아파르트헤이트가 남긴 갈등과 상처를 교회가 앞장서서

---

[873] 이 글은 『교회와 문화』 35(2015), 139-67에 게재되었다. 플라톤의 이상국가론, 아리스토텔레스의 시민사회, 키케로의 시민공동체, 초대 교회의 공동체 및 기독교 공동체 운동, 아퀴나스의 신국과 지상국, 계몽주의 시대의 시민사회, 토마스 모어의 만민공동체, 프랑스 대혁명 이래의 국민주권론과 시민사회, 마르크스와 엥겔스의 결사체에 관한 통시적인 개념 발전을 위해서 박호성, 『공동체론: 화해와 통합의 사회, 정치적 기초』(서울: 효형출판, 2009), 61-277을 참고하라.

진실과 화해로 치료해 가고 있는 남아프리카공화국에서 볼 수 있다.[874] 혹자는 동아시아에서 발생한 유가철학이 가진 약점에도 불구하고, 만물에 짝이 있고, 모순과 대립보다는 어짊(仁; 한자는 문자적으로 두 사람 즉 나와 너의 합일)과 조화(和)를 추구하여 인류의 소통과 공존이 가능함을 역설한다고 주장하면서, 소통과 공존의 실현 조건으로 자기 수양을 강조한다.[875] 그러나 이 세상의 불통과 대립과 반목을 볼 때, 과연 소통과 공존이 자기 수양으로 가능한지 회의적이다.

MB정부와 박근혜정부의 심각한 문제 중 하나는 '소통하는 투명한 정부'를 기치로 내걸었음에도 불구하고 소통의 부재 및 그와 관련된 갈등이다.[876] 정부는 갈등이나 위기 상황이 발생할 때, 소통과 화해 대신에 회피하거나 공격하는 반응을 종종 보인다. 한 예로, 2014년 4월 16일에 발생한 세월호 침몰 사고에서 여실히 나타난 정부의 불통과 변명은 국민의 공분을 샀다. 소통이 안 되니, 대화를 통한 화해가 없고, 더 나아가 상호 이해와 존중 가운데 공존은 어렵게 되고 있다. 그 결과 독단적인 정책 집행과 사회 갈등은 점증해간다. 지역, 신분, 세대, 계층, 이념, 문화, 종교 간의 불통 그리고 남북한 간의 불화는 큰 사회적 비용을 치르게 한다.[877] 한 예로, 이승만 정권부터 전두환 정권까지 정부가 독

---

874) S. Barry, "Taking Responsibility for Reconciliation: A Christian Response to the Legacy and Challenges of the South African Truth and Reconciliation Commission(TRC)," *In die Skriflig*, 43(2009, 2), 363-64, 393-94.

875) 김진근, "소통과 공존의 가능성 측면에서 본 유가 철학," 『유학연구』, 23(2010), 304, 319.

876) 김재일, "소통하는 투명한 정부의 성과와 전망," 『한국정책학회 동계학술발표논문집 2013년도 자료』, 278, 283. 고려와 조선시대는 물론, 삼국시대에도 화백(和白)회의, 정사암(政事巖)회의, 제가평의(諸加評議)와 같은 정치적 소통의 전통이 있었지만, "(해방 후 남북한의) 분단의식은 다른 균열 구조와 교차하지 않고 중첩되면서 지배적인 이데올로기로 자리 잡게 되었고, 한국정치의 한계를 설정해 주는 프로크루스테스의 침대(Procrustean Bed)가 되었으며 한국정치의 불통의 원천이 되었다." 임혁백. "한국에서의 불통의 정치와 소통 정치의 복원," 『한국언론학회 심포지움 및 세미나』, 5(2011), 5, 12-13; 박삼경, "이데올로기를 넘어서 화해의 윤리 공동체를 향하여: 미학적 통일을 준비하는 그리스도인의 과제," 『한국기독교신학논총』, 91(2014), 186.

877) 중보자와 화해자이신 예수님을 통한 화해와 하나님의 형상인 타자를 구제하고 사랑하라고 강조한 칼빈의 가르침 위에서 남북한은 냉전 이데올로기에서 벗어나 긴장 완화와 평화 증진에 나설 때이다. 이를 위해서 한국 교회는 20세기 수십 년에 걸친 통독을 위한 독일 교회의 역할을 모델로 삼아, 상호 이해와 화해를 위한 대화 창구 역할을 하며 분단의 뿌리에 있는 죄를 회개하며, 인도주의 차원에서

점한 통일교육은 반공교육이라는 이름으로 체제 유지를 위한 수단으로 전락되었고, 통일이 아니라 남북한의 갈등을 고착시켰다. 그 당시 공공의 복리를 추구해야 했던 공익광고는 대중을 향해 국가 이데올로기를 주입하는 은밀한 폭력 행사 같은 측면도 있었지만, 요즘은 소통과 배려 등을 장려하는 경향으로 많이 개선되었다.[878] 그 결과 그 후의 남북 화해협력 정책은 통일 친화적이거나 열려 있지 못한 반공적 민족주의라는 장벽에 부딪치기도 했다.[879]

다시 남한 사회로 눈을 돌려보자. 잘못된 호혜성(互惠性) 문화인 끼리끼리 연고주의는 객관성과 공정성 그리고 합리성을 상실하도록 만드는 뿌리 깊은 숙환(宿患)이 되어 화해와 공존을 해친다.[880] 진정한 호혜성과 통합을 저해하는 무한 경쟁원칙에 근거한 신자유주의는 양극화 현상을 더 심화시켜 '피로 사회', '시기심 사회' 그리고 '앵그리 사회'를 다수가 경험하도록 만든다.[881] 경쟁 자체가 나쁘다 할 수 없지만, 경쟁을 위한 공정한 출발선이 보장되지 않는 점이 문제다. 정글처럼 강자가 독식한다면, '이웃사촌' 같은 공동체성은 와해될 것이 자명하다. 약자(소위 '지방'과 비수도권, 장애인, 비정규직 등)에 대한 법적인 배려와 공존하려는 의지 없이는 소통과 화해는 불가능하다. 결국 성장지상주의와 성과주의에 함몰된 자본주의 3.0에서 공존과 행복을 중요한 가치로 여기는 온정적이

교류와 지원을 하고, 새터민의 정착에 협조해야 한다. 안인섭, "칼빈의 화해 신학에 근거한 남북한 회해와 협력," 『기독교와 통일』, 5(2011), 4-15; 김병로, "기독교 관점에서 보는 남한과 북한의 화해와 협력: 사회적 측면," 『기독교와 통일』, 5(2011), 4-9; 박삼경, "이데올로기를 넘어서 화해의 윤리 공동체를 향하여: 미학적 통일을 준비하는 그리스도인의 과제," 195, 202.

878) 김미형, 『공익광고를 통해서 본 소통과 배려』(서울: 한국문화사, 2011), 5, 226.
879) 김용민, 정상돈, 원준호, 『갈등을 넘어 통일로: 화해와 조화의 공동체를 위하여』(서울: 통일부 통일교육원, 2004), 119, 122, 161.
880) 김준수, "교회연합을 위한 성경적 화해 사역 연구," 『성경과 신학』, 57(2011), 116; 박호성, 『공동체론: 화해와 통합의 사회, 정치적 기초』, 10.
881) 박호성, 『공동체론: 화해와 통합의 사회, 정치적 기초』, 28-29; 강용수, "연대와 공존을 위한 리더십 연구: 권위, 정의, 배려를 중심으로," 『해석학 연구』, 29(2012), 274-81. 자국어를 버려두고, 이른바 '언어제국주의'가 만들어낸 표준국제어인 영어로 모든 언어를 통일해야만 세계인이 정상적으로 소통할 수 있는 것은 아니다. 소통을 위해서 다양성과 소통하려는 의지도 중요하다. 박진수, "다언어 상황과 문화 공존의 방식: 언어국가주의, 언어제국주의를 넘어서," 『아시아문화연구』, 24(2011), 102.

고 따뜻한 자본주의 4.0으로 패러다임이 전환되어야 한다.[882]

기독교와 교회 안에도 소통, 화해 그리고 공존이 그리 원활하지 않다.[883] 교회-교단 사이의 갈등을 치유하고 화해하려면, 먼저 경건 훈련, 전도, 부흥과 같은 공통된 관심-주제에 대한 합의가 필요하고, 민주적인 의사결정 과정을 확보해야 하며, 지도자의 경건, 검소함, 순수함과 같은 신앙 인격 등이 요청된다.[884] 기독교의 대 사회 신뢰도 하락의 원인 중 하나는 세상에서 배타적인 불통과 독존 곧 뱀처럼 지혜롭지 못함이다. 교회가 세상과 소통하기 위해서는 진실한 동기를 가지고 적극적으로 소통을 시도해야 한다. 현대는 특히 '신유목기구'라 불리는 SNS를 통한 다중적이며 쌍방적인 관계 형성과 건전한 여론 형성 및 소통을 중요하게 여기는 시대이다.[885]

그런데 왜 소통과 화해와 공존을 성경 가운데 베드로전서와 요한계시록에서 찾을 필요가 있는가? 화해 주제를 많이 담고 있는 바울 서신과 비교하면[886] 이 두 서신에 관한 연구는 미흡하다. 바울 서신이 교회 안의 특정한 문제를 주로 다룬다면, 베드로전서와 요한계시록은 교회와 세상의 문제 곧 교회의 세상 지향적(world-directed) 사역을 다룬다고 할 수 있다. 이 두 서신은 교회를 향

---

882) 이정진, "패러다임 전환: 성장에서 공존과 행복으로," 『계간 민세』, 2(2012), 147-72.
883) 물론 한국교회사적으로 화해와 일치를 힘쓴 예외가 있다: 1952년에 축출된 고신교회와 화해하기 위해서 1954년 제 39회 총회가 발표한 '신사참배 취소 성명서' 그리고 1959년도 합동과 통합의 분열 직후에 결성된 '통합추진위원회.' 하지만 이 두 경우에 화해와 일치를 진정으로 원했는지는 의문이다. 왜냐하면 전자의 경우 고신교회가 일치의 조건으로 내건 고신교회의 축출이 과오였음을 총회가 성명서로 발표하라는 요청이 거부되었으며, 후자의 경우 통합추진위원회의 성명서가 발표된 직후인 1970년에 통합측은 분열의 주요 원인이었던 WCC에 가입해 버렸기 때문이다. 임희국, "분열된 한국 장로교회의 화해와 일치를 위한 제언," 『장로교회와 신학』, 8(2011), 229.
884) 박창훈, "프란시스 애즈베리(Francis Asbury)와 존 웨슬리(John Wesley): 갈등과 화해," 『한국기독교신학논총』, 86(2013), 139-40.
885) 권진숙, "SNS에 대한 목회신학적 성찰: 소통인가? 소외인가?" 『한국기독교신학논총』, 88(2013), 288; 임혁백. "한국에서의 불통의 정치와 소통 정치의 복원," 24.
886) R.J. Schreiter, *Reconciliation: Mission and Ministry in a Changing Social Order* (Maryknoll: Orbis Books, 1999), 42-62.

한 박해와 갈등이 심각한 역사적 배경을 가지고 있다는 점에서 공통점이 있다. 베드로와 요한은 로마 제국과 불신 유대인이라는 반(反)복음적인 외부 세력이 가하는 박해에 직면한 초대 교회가 어떻게 세상과 소통하며 공존할 수 있는지 가르쳐 준다. 이런 형편은 구체적인 양상만 다를 뿐, 안티 기독교 세력을 마주 대하는 오늘날 한국 교회가 처한 상황과 유사한 면이 있다.

이 글의 목적은 베드로전서와 요한계시록에 나타난 소통, 화해, 공존을 차례대로 살피고 한국의 현실에 적용하는 것이다. 이를 위해서 소통, 화해, 공존에 관한 본문의 역사적-의미론적-신학적 메시지를 연구하는 방법을 사용하여, 베드로와 요한이 밝히는 긍정적인 소통이란 삼위 하나님과 교회, 교회와 교회, 교회 안의 성도 간의 소통이며, (계시록이 보여주는) 부정적인 소통은 네로 황제의 강압적이며 니골라 당의 기만적인 소통이다. 두 사도가 말하는 화해란 근본적으로 어린양 예수님을 통한 화목인데, 성도의 재창조 사역으로 발전한다. 두 사도가 말하는 공존이란 삼위 하나님에게서 완벽한 모델을 찾을 수 있지만, 성도는 폭력과 박해가 만연한 세상 속에 살면서도 거류민과 나그네라는 성도의 정체성의 경계선을 강화하면서 세상 변혁을 추구해야 함을 밝힌다. 이 글의 마지막에 소통, 화해, 공존을 한국 교회가 어떻게 실현할 수 있는지 논의할 것이다.

1. 베드로전서와 요한계시록에 나타난 소통

일반적으로 '소통'(疏通, mutual understanding, communication)은 사물 혹은 사람이 서로 막힘이 없이 잘 통하고 이해하는 것 혹은 의미의 전달을 의미한다. 오래 전부터 간본문적 해석가들은 소리가 아니라 의미가 전달되려면 화자/저자-(문자적/비문자적)본문-1차 독자/청자 사이의 대화와 소통이 필요하다고 차원에서 대화주의(dialogism)를 강조했다. 소통을 위해서 **(1)** 대상을 공감하면서 인지하고 해석하는 기술과 능력, **(2)** 화자 자신의 소망과 필요와 목적과 연관된 진실을 솔직하게 드러내는 것, **(3)** 자신을 드러내는 것을 가능하게 하는 신뢰, **(4)** 대상을 신뢰함으로써 소통하는 가운데 예상되는 긍정적 혹은 부정적 결과 등을 고려해야 한다.[887] 따라서 배려 없이는 소통이 어렵다.[888] 성경적으로 볼 때, 소통이 문제가 된 시초적 사건은 아담의 타락이지만, 바벨탑 사건 이후로 소통이 본격적으로 문제가 되었다. 기독교가 말씀 중심의 소통을 강조한 것은 맞지만, 하나님께서 자신을 인간에게 계시하시며 소통하신 결정적 방식은 성육신이라는 방식이다. 즉 하나님의 말씀이자 형상이신 예수님의 성육신이 소통의 결정적이고 분명한 방식이다.[889] 하나님은 예수님을 통해서 사람과 소통과 화해를 이루셨을 뿐 아니라, 사람과 사람 사이의 화해도 이루셨다(엡 2:15).[890] 따라서 소통은 그 자체로 멈추지 않고, 더 나아가 화해로 이어진다.

1.1. 베드로전서에 나타난 소통

베드로전서는 네로 황제의 본격적인 불 시험과 같은 공식적이고 전면적인 박해가 닥치기 직전 곧 베드로가 순교하기 전에 터키의 서부지역에 있던 초대교회에게 보낸 회람 편지이다.[891] 따라서 한 통의 회람 서신이 보여주는 것은 베드로와 본도, 갑바도기아, 소아시아, 비두니아 교회 사이에 원활한 소통이 있었다는 사실과, 넓은 지역의 수신자들 사이에도 소통이 있었다는 점이다. 수

---

887) K.O. Gangel & S.L. Canine. *Communication and Conflict Management: In Churches and Christian Organizations* (Nashville: Broadman Press, 1992), 17-18.

888) 권진숙, "SNS에 대한 목회신학적 성찰: 소통인가? 소외인가?" 『한국기독교신학논총』, 88권(2013), 285-309.

889) K. Jørgensen, "Models of Communication in the New Testament," *Missiology*, 4(1976, 4), 466, 469.

890) R.A. Harrisville, "Is the Coexistence of the Old and New Man Biblical?" *Lutheran Quarterly*, 8(1956, 1), 20.

891) J.H. Elliott, *1 Peter* (New Haven: Yale University Press, 2000), 100; K. Jobes, *1 Peter* (Grand Rapids: Baker, 2005), 10; 참고. 네로의 박해가 로마 도시에 국한 되었다고 보는 P.J. Achtemeier. *1 Peter* (Hermeneia; Minneapolis: Fortress, 1997), 33.

신자들이 유대인 출신과 헬라인 출신으로 혼합되었지만 소통에 지장이 없었다.[892] 또한 수신자들은 다양한 그룹으로 구성되어 있다: 불신 주인 아래에서 어려움을 당하던 노예들(벧전 2:18), 불신 남편을 둔 부녀들(3:1), 남편들(3:7), 장로들(5:1-4), 젊은이들(5:5), 초신자들(2:2). 수신자의 다양한 인종과 신분의 구별이 소통을 가로막지 못했다.

베드로는 효율적인 신적 소통을 위해서 저자의 신뢰성인 에토스(예. 벧전 1:1의 '예수 그리스도의 사도'), 독자들의 공감을 얻도록 그들의 마음을 여는 파토스(예. 벧전 1:8의 독자를 향한 칭찬), 그리고 수사학적 기법 등을 동원한 체계적인 논증인 로고스의 상호 조화를 통한 설득을 시도한다.[893] 이것은 계시록에도 마찬가지인데, 충성된 복음의 증인인 사도 요한이 쓴 계시록의 진실성을 하나님이 친히 보증하신다(계 1:9; 22:16, 20).

베드로전서 1:2이 보여주는 바는 삼위 하나님 사이의 구원 사역을 위한 소통과 협력이다. 사람을 구원하시기 위해서 성부는 미리 아시고, 성령은 거룩하게 하시고, 성자는 순종하시고 피를 뿌리신다. 이런 신적 소통은 계시록에서도 볼 수 있다(계 1:4-5).

베드로는 2:17에서 "뭇 사람을 공경하라"고 권면하는데, 뭇 사람에 타 종교인이나 왕도 포함된다. 세상에 대해서 독단적이거나 배타적이거나 무례하지 않는 태도를 취하는 것이 성도가 세상과 소통하는 중요한 전제 조건이다. 이 때 교회는 말이 아니라 선한 행실로 소통하는 법을 배워야 하는데, 그래야 세상은 복음을 눈으로 볼 것이다(참고. 벧전 3:1-2).

---

892) Elliott, *1 Peter*, 95-96.
893) 베드로전서의 수사학적 기법에 관해서는 Elliott, *1 Peter*, 65-68; Achtemeier, *1 Peter*, 3을 보라.

베드로전서 2:19는 '세상에 흩어 뿌려진(dia-spora, 1:1) 말씀의 씨(σπορά, 1:23)'인 그리스도인이 불의로 가득한 세상과 어떻게 소통할 수 있는지 중요한 방법을 소개한다. 그것은 '하나님으로부터 오는 선한 양심'(συνείδησιν θεοῦ) 곧 복음으로 거듭난 양심이다(참고. 벧전 3:21). 하나님께서 주신 성도 안에 새롭게 된 양심(직역: '함께 아는 의식')은 거듭나지 못한 불신자도 희미하게나마 가지고 있는 양심과 소통할 수 있는 통로이다. 바로 이 선한 양심 곧 새로운 가치관에서 선한 행실이 나오는데(벧전 2:20; 3:2, 9, 11, 16-17; 4:16, 19), 선한 양심과 행실로부터 불신자들이 빛을 본다. 성도의 믿음의 언어나 종교적 관습보다는 이 선한 양심이야말로 소통에 효과적이다.[894] 베드로는 3:15에서도 교회가 세상과 소통하는 방식을 다룬다. 15절을 감싸는 13절의 선을 행함과 16절의 선한 행함과 17절의 선을 행함을 고려해 본다면, 베드로는 그리스도를 주로 삼고 닮아가는 선한 양심과 행실로 세상과 소통하라고 권면한다.[895] 선한 양심과 선한 행실은 믿음 자체이며, 성도가 불의하게 성도에게 고통을 가하는 세상과 소통하는 방식이다. 세상은 양심과 도덕으로써 교회와 복음을 이해하기 때문이다(참고. 행 24:16; 딤전 3:9; 히 9:14). 성도의 선한 양심과 행실은 성도를 욕하기를 좋아하는 습성과 무뎌진 양심을 가진 불신자를(참고. 벧전 4:4) 부끄럽게 만드는 효과를 가지고 온다(벧전 3:16). 성도의 선한 양심과 선한 행실이 불신자에게 낯설기 때문이다. 교회에 악의를 품은 불신자라 할지라도 그들 안에 선한 양심을 알아보는 일반은총이 남아 있다.

베드로전서 3:8은 성도 간의 소통의 방식을 다룬다. 그 방식들은 마음을 같이하여 한 뜻을 품는 것, 동정하는 것 곧 함께 고통을 당하는 것(συμπαθής), 하나님의 가족 구성원인 형제자매를 사랑하는 것, 애간장을 끓이는 것 같이 불쌍히 여기는 것(εὔσπλαγχνος), 그리고 낮아진 종처럼 겸손한 것이다(참고. 벧전 4:8-

---

894) 채영삼, 『십자가와 선한 양심: 베드로전서의 이해』 (서울: 이레서원, 2014), 172, 217, 249, 265, 315.
895) 채영삼, 『십자가와 선한 양심: 베드로전서의 이해』, 275, 277.

10). 동정, 사랑, 긍휼, 섬김은 예수님의 모습이므로, 베드로는 그리스도와 소통을 이룰 때 성도간의 소통이 원활함을 교훈한다.

베드로전서 3:18-22는 부활-승천하신 그리스도께서 악한 영들과 죽음에 대해 승리를 선포한 내용이다. 여기서 선포와 소통의 관계는 무엇인가? 박해 받던 수신자들을 위로하는 승리의 선포이다. 죽지 않고 살아 있는 악의 세력에게는 회개의 기회를 주는 선포이다. 그러나 끝까지 회개를 거부하는 자는 노아 당시의 불신자들처럼 심판을 면할 수 없다.

베드로전서의 저자 베드로는 물론[896] 수신자들과 구약 사이의 소통 즉 수신자들이 관련 구약 본문을 이해하는 간본문적 능력도 주목할 만하다. 이사야 40:6이하는 베드로전서 1:24에, 이사야 28:16, 시편 118:22, 이사야 8:14는 베드로전서 2:6-8에, 시편 34:12 이하는 베드로전서 3:10-12에 등장한다. 수신자들 가운데 유대인 출신이 있었을 것이며, 비유대인 출신들은 LXX를 통해서 구약을 접했을 것이다.

1.2. 요한계시록에 나타난 소통

베드로전서가 기록된 직후에 기록된 요한계시록은 네로 황제와 불신 유대인들의 공식적인 박해를 받던 터키의 소아시아의 7교회에게 보낸 위로와 소망

---

896) 예를 들어, 벧전 1:16의 구약 인용은 앞 단락 13-15절의 논증을 확고히 승인하려는(ratify) 수사학적 전략이다. 이런 구약 인용의 용례는 베드로전서에서 여러 곳에 나타난다(1:18; 2:3, 4-10, 22-25; 3:10-12, 14, 15; 4:8, 18; 5:5, 7, 8). 이렇게 많은 구약 사용을 통해서 추론해 본다면, 수신자들 가운데 구약에 익숙한 이들이 다수 있었을 것이며, 그들은 구약을 정경으로 존중했고, 구약 해석 방식(예. 중요 단어들을 연결하는 해석[catchword connection])에 대해서도 일정 지식을 가지고 있었던 것 같다. B. Witherington, *Letters and Homilies for Hellenized Christians. Volume II: A Socio-Rhetorical Commentary on 1-2 Peter* (Downers Grove: IVP, 2007), 96-97. 마찬가지로 계시록의 저자 요한도 구약을 능통하게 사용하며, 독자들도 구약 간본문을 이해할 수 있었다. D. Chilton, *The Days of Vengeance: An Exposition of the Book of Revelation* (Tyler: Dominion Press, 1990), 20-25.

의 회람 서신이다. 따라서 계시록은 먼 미래가 아니라 AD 1세기 관점에서 먼저 해석해야 한다.[897] 베드로전서처럼 계시록의 수신자들도 유대인 출신과 이방인 출신으로 혼합되어 있지만, 그들 간의 소통에 지장이 없다.

계시록에서 소통의 방식은 몇 가지 부류로 나눌 수 있다. 먼저 삼위 하나님 사이의 소통은 하늘의 보좌를 중심으로 원만한데, 성자의 구원 사역을 통해서 성도는 성부와 성령을 믿고 인식한다(계 1:4-5; 22:6, 16-20).[898] 그리고 삼위 하나님과 하늘의 보좌 주위의 4생물과 24장로의 소통도 원만한데, 창세기에서 성막/성전 제사를 미리 보여주는 에덴 동산 주제(예. 동쪽 문, 아담과 제사장의 사역을 묘사하는 동일한 동사, 그룹, 나무, 물 주제)가 새 에덴의 회복 이미지로 나타나는 신천신지에서 성취된다(창 2-3; 출 33:18; 34; 왕상 6-7; 겔 28:14; 계 21:1).[899] 따라서 창세기의 시작론(protology)은 그 후의 종말론(eschatology)을 내포하기에, 계시록과 다른 성경 사이의 대화가 이루어진다.[900] 또한 어린양과 신부의 소통은 결혼 관계로 나타난다. 하지만 하늘 보좌의 삼위 하나님과 계시록 2-3장의 지상의 7교회 사이에는 종종 원만하지 못한 소통이 나타난다. 하나님과 지상 교회 사이의 소통은 회개를 통해서 회복되며(계 2:5, 16, 22; 3:3, 19), 그 결과는 교회의 승리다.

소위 '사탄의 삼위일체'인 용, 바다에서 올라오는 짐승 그리고 땅에서 올라오는 짐승(거짓 선지자, 큰 성 음녀 바벨론) 사이의 소통은 계시록 13장에서 원만하지만, 결국 계시록 17장에서 파멸로 치닫는다. 따라서 악의 세력 사이의 소통과

---

[897] Chilton, *The Days of Vengeance*, 40; 송영목, 『요한계시록』 (서울: SFC, 2013), 36-37. 계시록의 기록 연대를 도미티안 당시 즉 후기 연대로 보는 입장을 위해서는 G.K. Beale. *The Book of Revelation* (NIGTC; Grand Rapids: Eerdmans, 1999), 27.

[898] L.A. Brighton, "Christological Trinitarian Theology in the Book of Revelation," *Concordia Journal*, 34(2008, 4), 293-94.

[899] J. Kilcrease, "Creation's Praise: A Short Liturgical Reading of Genesis 1-2 and the Book of Revelation," *Pro Ecclesia*, 21(2012, 3), 314-19, 324.

[900] 계 1:1-8과 22:6-21 사이의 주제와 언어적 병행과 대화도 주목할 만하다. J.A. Du Rand, *Die A-Z van Openbaring* (Vereeniging: CUM, 2007), 615.

화해와 공존은 일시적이다.

버가모 교회와 두아디라 교회에 잠입한 이단 니골라 당(계 2:15)이 소통하는 방법은 혼합주의와 타협이다. 니골라 당은 로마 제국의 박해를 피하기 위해서 황제 숭배를 할 수 있다고 보았기에, 신전 제사와 연관된 음행도 허용했다.

황제 네로의 소통 방식은 일방적이며 폭력적이었고, 위선적인 평화를 제시했다. 황제를 찬양하는 무리인 '아우구스티아니'(Augustiani)는 일방적으로 네로를 신격화했고, 사람이 황제를 신처럼 숭배하지 않으면 폭력과 죽음만 기다리고 있었다. 따라서 네로가 제시한 평화는 제국의 통합을 위한 정치적 수사였으며 강압이었다.

계시록의 환상 가운데 하늘과 땅의 소통도 주목할 만하다(계 12:12). 이 묵시적 화해(apocalyptic reconciliation)는 박해 중인 성도가 그러보는 믿음의 세계와 지상의 현실 사이의 소통을 염두에 둔 것이다.

1.3. 요약

베드로는 삼위 하나님 사이, 하나님과 교회 사이, 교회 안의 여러 그룹 사이에는 원활한 소통이 있음을 소개한다. 부활-승천하신 그리스도께서 악의 세력에게 승리를 선포하시는 일방적인 소통도 나타난다. 하지만 악의 세력은 이 승리의 선포에 회개와 믿음으로 반응한다면 구원을 얻을 것이다. 베드로처럼 요한도 삼위 하나님 사이, 하나님과 교회 사이, 소아시아의 여러 교회 사이에 소통이 원활하다고 밝힌다. 베드로는 교회와 세상의 소통에 큰 관심을 보이는데, 효과적인 소통의 방식은 성도의 선한 양심과 선한 행실이다. 소위 '사탄의 삼위 일체' 사이에도 소통이 원활하지만, 네로 황제는 강압적인 방식으로 제국의 사람들과 소통하려고 했고, 이단 니골라 당은 혼합주의 방식으로 소통을 시도했다. 덧붙여 베드로와 요한 그리고 수신자들은 구약을 잘 이해하고 대화하면서, 자신들의 논증을 위해서 능통하게 사용했다.

2. 베드로전서와 요한계시록에 나타난 화해

일반적으로 '화해'(和解, reconciliation)란 개인-국가-사회가 서로 가지고 있던 나쁜 감정이나 갈등과 다툼이 그치고 풀리는 관계 회복을 의미한다.[901] 화해는 갈등이 해소된 상태이며, 그 결과는 용서, 회복, 정의, 환대 등으로 이어진다. 신학적으로 볼 때, '화해'라는 개념은 구약부터 나타나지만 용어 자체는 불가타 번역을 통해서 도입되었다. 화해는 하나님과 인간 사이의 깨어진 관계 회복을 위해 주도권을 쥐고 계신 하나님의 구원 사역의 목적이자 완성이다. 이 화해 사역은 예수님의 중보자 역할을 매개로 하기에, 사람이 획득한 것이 아니라 발견한 것이다(롬 5:18-19; 고후 5:19).[902] 바울 서신에 15회 등장하는 '화해'는 칭의와 속죄의 결과 및 그리스도 안에서의 개인의 새 창조와 만유의 새 창조로 요약할 수 있다. 이제 교회는 화해 곧 관계 회복을 위해서 하나님의 대리자로서 화해케 하는 임무를 가지고 있다.[903]

그런데 화해가 이루어지는 몇 가지 방식이 있다: **(1)** 가해자와 피해자 모두가

---

901) 이희철, "화해의 현상으로서 환대: 환대의 목회신학,"『한국기독교신학논총』, 86(2013), 299-320; 박창훈, "프란시스 애즈베리(Francis Asbury)와 존 웨슬리(John Wesley): 갈등과 화해,"『한국기독교신학논총』, 86권(2013), 115-144; 박삼경, "이데올로기를 넘어서 화해의 윤리 공동체를 향하여: 미학적 통일을 준비하는 그리스인의 과제,"『한국기독교신학논총』, 91(2014), 185-207.

902) Schreiter, *Reconciliation: Mission and Ministry in a Changing Social Order*, 42-44; 에마누엘 카통골레 크리스 라이스,『화해의 제자도: 정의, 평화, 치유를 위한 기독교적 비전』(서울: IVP, 2013), 61.

903) 김경은, "화해사역을 위한 화해의 영성,"『신학과 실천』, 36(2013), 449-50. 하지만 바르트는 만인 화해설과 범(凡)은총주의를 주장하여, 만인구원론을 주장한다는 오해를 받고 있으며, 결과적으로 화해를 위한 그리스도의 사역이 별 다른 기여를 하지 못한다. 권문상, "칼 바르트의 신론적 기독론: 신적 화해 행위의 기독론적 형식에 대한 비판적 고찰,"『한국조직신학연구』, 16(2012), 12.

적극적으로 변화되어 마음의 상처를 치유하고 친밀한 관계로 거듭나는 것(참고. 폴 리쾨르). **(2)** 어느 한쪽이 상대방을 먼저 이해함으로써 관계의 변화를 추구하는 것(참고. 자크 데리다). **(3)** 양쪽이 서로의 필요에 의해 합의를 보는 방법. **(4)** 화해가 불가능함을 인정하고 포기하는 것.[904] 이 가운데 **(1)**이 이상적인데, 가해자의 회개와 피해자의 용서가 어우러져야 하는 것으로 이 모델을 구약 요셉과 형들에게서 볼 수 있다. 그리고 화해의 결과라 할 수 있는 환대가 가능한 몇 가지 방식이 있다: **(1)** 상대방과 공유하는 부분(경험, 가치관, 신앙, 신분 등)이 전제되어야 화해의 결과인 환대가 가능하다는 상호적 환대. **(2)** 자신의 내면적 상태 곧 자신이 남에게 일방적으로 베푸는 행위로서의 환대의 조건을 찾는 자기애적 환대. **(3)** 보상이나 타인의 환대를 기대하거나 요구하지 않으며, 자기애적 환대 같이 자존감 증진 혹은 자기 실현을 의도하지 않는 무조건적 환대.[905]

2.1. 베드로전서에 나타난 화해

바울이 화해와 관련하여 사용한 동사는 καταλλσσω인데(롬 5:10; 고전 7:11; 고후 5:18-20), 베드로전서에는 등장하지 않는다. 베드로는 사람이 금이나 은이 아니라 어린양 같은 그리스도의 피로 화해와 대속이 가능하다고 밝힌다(벧전 1:19; 참고. 히 9:12; 계 1:5; 5:9; 14:4). 즉 하나님과 사람과 세상 사이의 화해의 근원은 예수 그리스도의 화목 사역이다. 예수님의 화목 사역을 통하여, 성도는 하나님의 자녀/백성(벧전 1:2-3, 18; 2:9-10; 참고. 계 1:6), 치료 받은 자(2:24; 참고. 계 22:2), 목자의 인도를 받는 양이 되었다(2:25; 참고. 계 7:17).[906]

---

[904] 김재구, "용서와 화해의 목회적 모델로서의 요셉 이야기," 『한국기독교신학논총』, 73(2011), 37, 48; 김현수, "조건적 용서와 무조건적 용서의 화해를 향하여," 『한국기독교신학논총』, 76(2011), 282-85, 295.

[905] 이희철, "화해의 현상으로서 환대: 환대의 목회신학," 306-13.

[906] F.J. Van Rensburg, "Die Identifisering van Soteriologiese Metafore in 1 Petrus," *In die Skriflig*, 39(2005, 3), 602.

그런데 일반적으로 화해는 갈등이나 폭력을 전제한다. 개인 사이 보다 더 큰 차원에서 볼 때, 폭력은 적대적인 국가 간에, 국가 안에서 적대적인 그룹 간에, 그리고 인종차별과 같은 이데올로기가 존재하는 사회 안에서 발생한다. 개인 사이를 넘어선 큰 차원에서 볼 때 화해는 하나님과 사람 사이의 화해라는 기독론적 차원(벧전 1:19; 참고. 롬 5:10-11; 고후 5:18-19), 그리스도 안에서 이질적 인종(유대인과 이방인)과 계층이 하나가 되는 교회론적 차원(벧전 2:9-10; 참고. 롬 9-11; 엡 2:12-16; 골 1:22-23), 하늘과 땅의 만유가 만유이신 그리스도의 통치를 받는 우주적 차원이 있다(참고. 롬 11:15; 엡 1:9-10; 골 1:19-20). 그런데 진정한 화해는 폭력이나 갈등을 수면 아래에 덮어두는 성급한(hasty) 평화가 아니며, 무력을 동원한 사회 전복과 같은 해방운동으로 달성할 수 있는 것도 아니며, 단순히 갈등을 다루는 기술적인 노하우도 아니다. 참된 화해는 갈등과 폭력을 해결하는 전략이라기보다는 그런 악한 상황 속에서 화해의 은총을 입은 그리스도인이 고통을 감내하며 사는 영성의 실천이다(벧전 3:8-9, 17; 4:16). 베드로 당시나 현대나 불화와 억압과 폭력은 상존한다. 그렇다고 성도는 예수님의 재림이 유일한 해결책이라고 여기며 패배주의적인 염세주의로 살 수 없는데, 화해의 은혜를 입은 이로서 화해를 위한 대리인으로 살아야 한다(참고. 벧전 4:13). 참 화해는 피해자와 가해자가 그리스도의 화해의 은총을 입어 새 피조물이 될 때 가능하다.[907]

2.2. 요한계시록에 나타난 화해

교회를 사랑하사 죄에서 해방하신 어린양의 피로써 하나님과 성도 사이에 화해가 가능하다(계 1:5; 5:9; 14:3). 계시록의 시리즈 심판인 7인, 7나팔, 7접시의 재앙도 파멸이 아니라 결국 회개와 화해를 목적으로 시행된 것이다(계 9:20; 11:13; 16:11).

---

907) Schreiter, *Reconciliation: Mission and Ministry in a Changing Social Order*, 10, 18-27, 42-57, 60-62.

요한은 묵시문헌에 자주 등장하는 이원론적(dualistic) 논의를 사용하여 그리스도인이 세속주의에 빠지는 화해를 반대한다. 오히려 성도에게 거룩한 경계 곧 구별된 삶이 필요하다(계 14:4).

바울은 유대인들이 복음을 거부할 때 세상 즉 비유대인들과의 화해를 초래했다고 말한다(롬 11:15; 골 1:19-20). 더 나아가 바울은 하늘과 땅의 모든 것이 예수님으로 말미암아 화해하게 된다고 말한다(엡 1:9-10).[908] 요한은 비슷한 취지에서 신천신지를 언급 한 후(계 21:1) 승천하신 예수님께서 하나님과 만유 사이를 화해케 하신다고 밝힌다(계 21:5). 이 화해는 새 에덴으로의 회복과 관련된 재창조인데, 그것은 이전 상태로의 단순한 복귀가 아니라 더 낫게 회복되는 것이다. 재창조는 죄와 반역으로 뒤틀려진 세상을 멸절시키는 것이 아니라, 그것을 바로 잡고 사람을 하나님의 형상으로 회개시키는 것이다. 따라서 재창조 행위로서의 화해는 하나님께서 원래 의도하신 목적이 부족함 없이 갱신되어 성취된 것이라 할 수 있다.[909]

2.3. 요약

베드로와 요한은 로마 제국의 간헐적 혹은 전면적인 박해 상황에서 화해의 은혜를 입은 성도가 어떻게 화해의 대리자로 살 수 있는지 교훈한다. 복음 선포와 가르침은 교회 지향적(church-directed) 사역인데, 교회 설립의 첫 단계에서 집중해야 할 본질적인 사역이다. 그 다음, 교회가 감당할 궁극적 사역은 세상을 향해서 그리스도를 보여주는 삶으로 펼치는 화해 사역이다.[910] 복음의 선포

---

908) Schreiter, *Reconciliation: Mission and Ministry in a Changing Social Order*, 55-62.
909) 예수님 안에서 가능한 화해는 만유를 포함하는 넓이, 하나님과 완전히 소통하는 깊이, 그리고 하나님께서 자신의 형상대로 창조하신 만큼 완전히 결실하는 길이라는 특징들을 가진다. Come, *Agents of Reconciliation*, 29-30, 35.
910) A.B. Come, *Agents of Reconciliation* (Philadelphia: Westminster Press, 1960), 172.

로 개종이 발생하고, 가르침으로 성숙이 발생한다. 그런데 성도가 세상 안에서 삶으로 화목케 하는 사역은 복음의 가치와 세속적 가치 사이의 갈등을 종종 유발한다. 이 갈등은 진정한 화해를 위한 진통인 셈이다. 어린양 예수님을 통한 화해를 은혜로 받은 성도는 박해 중에서도 하나님의 화해라는 재창조 사역에 동참한다. 하지만 수면 아래에 상존하는 폭력과 갈등 구조를 제거하지 않고는 불안정하고 임시적이며 긴장감이 도는 화해는 가능하지만 참 화해는 소원하다. 참 화해를 구현하도록 성도는 화해의 영성 곧 심판을 구원으로 돌이키는 재창조 사역을 위한 경건을 실천해야 한다. 베드로와 요한에 의하면, 거듭난 양심을 가지고 있는 성도가 추구할 화해의 방식은 성도가 불신자를 먼저 이해함으로써 관계의 변화를 추구하는 것이며, 바람직한 환대의 방식은 불신자로부터 보상이나 환대를 기대하거나 요구하지 않는 무조건적 환대이다.

3. 베드로전서와 요한계시록에 나타난 공존

일반적으로 '공존'(共存, coexistence)을 정의내리면, 둘 이상의 사물 혹은 사람이 서로 도와서 함께 존재하는 것이다.[911] 두 당사자가 원만한 평화적 관계 속에서 공존할 수 있지만, 불편과 긴장 속에서도 공존도 가능하다. 여기서 긴장 속의 공존은 '동일화'가 아니라, 일정한 '거리 두기'라고 부를 수 있다. 1세기의 박해 상황을 염두에 둘 때, 이 거리 두기는 교회가 박해를 피하기 위해서 혼합주의의 유혹에 빠지지 않도록 하는 경계선 역할을 했다.

---

911) 김보경, "용재(容齋) 이행(李荇)의 굴원(屈原) 수용과 문학적 변용: 동일화와 거리 두기 그 긴장과 공존," 「동방한문학」, 56(2013), 353-96.

3.1. 베드로전서에 나타난 공존

사회-경제적으로 취약한 상태에 있던 성도가 불신 세상 속에서 거류민과 나그네같이 살기 위해서, 예수님의 자취를 따르는 거룩한 행실로써 인내해야 했다(벧전 2:21). 이 가르침은 요한계시록에도 동일하게 나타난다. 요한은 교회가 거류민과 나그네에게 어울리는 장소인 광야에 거해야 한다고 교훈한다(계 12:6, 12). 예수님은 충성된 증인(계 1:5)이신데, 버가모 교회의 순교자 안디바도 그러하며(계 2:13), 복음을 증거하는 교회를 상징하는 두 증인도 그러하고(계 11:7), 계시록의 기록자 요한도 마찬가지다(계 1:9).[912] 따라서 공존은 성도가 세상과 동화되는 것이 아니라, 거류민과 나그네로서 구별되게 사는 거룩의 실천이다(벧전 2:11). 여기서 주목할 점은 거류민과 나그네는 천성을 향해서 순례하는 교회를 가리키는 은유적 의미를 가지지만, 1세기 성도가 이 땅에서 가난과 곤경과 박해를 겪는다는 실제적 의미를 배제할 필요가 없다는 사실이다.[913] 이 세상은 죄악으로 가득 차 있는 사람이 사는 장소이다(벧전 4:3; 5:9). 하지만 베드로는 이 세상 자체를 악한 것으로 부인하지 않는다. 대신 악한 사회를 부인한다. 이 세상에는 '나그네와 행인' 그리고 '거룩한 제사장'으로 사는 교회를 위해서 하나님의 구원이 시행되고 있다.

그리스도인이 사회 안에 거하는 것은 불신자와 공존하는 그 자체가 목적이 아니라, 사회를 하나님 나라로 변혁하기 위한 공존이다. 따라서 공존은 조화가 아니라 갈등을 초래할 수 있다. 실제로 베드로는 그 당시 가치관이나 신념을 반박하고 도전하는데, 이 경우 공존이 불가능하다. 예를 들어, 거룩하게 살아야 할 그리스도인의 생활과 무관한 죄악의 욕망을 의미하는 '정욕'($\epsilon\pi\iota\theta\nu\mu\iota\alpha$)이라는 명사에 베드로의 비난이 담겨 있다(벧전 1:14-15). 터키에 살던 수신자들이

---

912) M.G. Reddish, "Followers of the Lamb: Role Models in the Book of Revelation," *Perspectives in Religious Studies*, 40(2013, 1), 66-77.

913) 은유적 의미는 Jobes, *1 Peter*, 62를, 문자적 의미는 Elliott, *1 Peter*, 312를 참고하라.

헬레니즘의 영향을 많이 받았을 가능성이 큰데, 헬레니즘에 의하면 욕망은 '가치중립적'이거나 '긍정적'인 것 혹은 육체와 영혼의 싸움에서 '불가피한 요소'로 간주되었다.[914] 하지만 베드로는 욕망을 부정적으로 이해한다(참고. 약 1:14).

베드로는 '세상으로부터' 교회를 부르시는 하나님뿐 아니라, '세상 속으로' 교회를 부르시는 하나님을 비중 있게 다룬다. 특히 '세상 속으로 부르심을 받아 공존해야 하는 교회'라는 주제를 다루는 베드로전서 2:18-3:12는 "이를 위하여 (불의한 일로 고난을 받으며 참는 것) 너희가 부르심을 받았으니"(2:21; 3:9)라는 인클루시오 구조를 보인다. 넓게는 썩어 가고, 허망하고, 더러움이 있는 세상 속에서 (비교. 벧전 1:4), 좁게는 성도는 까다로운 상사가 버티고 있는 직장의 사원으로서 (2:18-20) 그리고 불신 남편을 둔 가정의 아내로서(3:1-6) 그리스도를 본으로 삼아 살아야 한다(2:21-24).[915] 불의한 고난을 인내하신 그리스도의 본을 따르는 것은 그리스도와 화해를 한 사람이 마땅히 가져야 할 소통이다. 따라서 그리스도와 화해와 소통을 경험한 사람만 세상 속에서 의로운 고난을 당하면서도 세상 변혁을 위한 공존을 할 수 있다.

3.2. 요한계시록에 나타난 공존

성부 하나님은 이제도 계시고, 전에도 계셨고, 장차 오실 분이므로 현재, 과거, 미래라는 세 시제를 자신 안에 공존하게 하신다(계 1:4). 세 시제의 공존은 시작-알파와 마지막-오메가이신 성부와 성자를 소개하는 1:8과 17절과 성부와 성자가 하나의 보좌를 공유하시는 6:16과 성부와 성자가 친히 성전이 되신다는 21:22에서도 볼 수 있기에, 성부와 성자의 공존이 나타난다.[916] 어린양은 일곱 눈 곧 일곱 영을 가지고 있기에 성자와 성령의 공존도 나타난다(계 5:6). 결국

---

914) Witherington, *Letters and Homilies for Hellenized Christians*, 95.
915) 채영삼, 『십자가와 선한 양심: 베드로전서의 이해』, 205.
916) Du Rand, *Die A-Z van Openbaring*, 603.

삼위 하나님의 공존은 삼위 하나님의 협력 사역의 기초가 된다.[917]

계시록에 경계선을 구분 짓는 이원론적 사상이 강하기에 성도와 세상 사이의 공존을 찾기는 쉽지 않다. 하지만 요한이 가르치는 공존은 베드로전서의 공존에 관한 메시지와 상충되지 않는다. 왜냐하면 요한도 적대적인 세상의 권력 앞에, 성도는 인내하며(계 6:9-11; 12:11) 구별되게 살아야 함을 가르치기 때문이다(계 21:8, 27). 따라서 성도와 세상은 긴장 관계 속에서 공존한다.

요한은 옛 이스라엘과 새 이스라엘의 공존을 암시한다. 요한은 '유대인'이라는 명사를 명예스러운 것 곧 하나님의 참 백성이라는 의미로 사용한다(계 2:9; 3:9). 12지파에서 나온 144,000명은 새 이스라엘 백성이다(계 7:5-8). 하지만 다수의 혈통적인 유대인들은 교회의 박해자 역할을 하는 '사탄의 회당'이 되고 만다(계 2:9).

수신자들에게 있어 세상 나라를 하나님 나라로 변혁하기 위한 공존이 의미가 있다(계 11:15). 변혁을 위한 공존의 방법은 어린양의 피, 증거하는 말씀, 순교적 각오이다(계 12:11). 성도가 세상 속에 불신자와 공존할 경우 혼합주의에 빠지기 쉬운데, 요한은 정체성의 경계선 강화 곧 거룩한 구별된 생활을 강조한다(계 14:4-5). 어린양의 신부를 상징하는 새 예루살렘 성의 성곽이 안과 밖의 경계선을 잘 보여준다(계 21:17).

3.3. 요약

완벽한 공존은 삼위 하나님에게서 볼 수 있다. 그런데 베드로와 요한은 성도

---

[917] 베드로전서와 요한계시록이 밝히는 삼위 하나님의 공존과 협력을 빈번히 사용된 신적수동태도 증거한다(벧전 1:2, 5, 7, 12, 13, 18, 20, 23; 2:5, 6, 7, 8, 10, 21, 22, 24, 25; 3:9, 16, 18, 20, 22; 4:18; 5:1, 4; 계 11:19; 13:2 등).

와 세상이 다름을 인정하면서 서로 독자성을 추구할 수 있지만, 성도가 신앙을 포기하면서 까지 소통과 화해와 공존을 하지 말아야 한다고 주장한다. 베드로전서와 요한계시록의 수신자들은 로마 제국의 터키에 머물면서도 그리스도인으로서의 독특한 정체성을 '거리 두기'를 통해서 드러내야했다. 무조건적 수용이 아니라 변용을 통한 거리두기는 '팍스 로마나'를 위해서 혼합주의적 보편성에 함몰되지 않을 뿐더러 황제 숭배를 이해하고 공감함으로써 불신자와 동일화-획일화되는 함정에도 빠지지 않고, 신앙적으로 구별되는 것이다.[918] 공존은 게토화나 분파(sect)화를 거부한다. 사도들은 기독교 공동체가 동떨어져 반(反)사회를 형성하도록 권면하지 않는다. 교회는 죄와 사망으로부터 불러내신 하나님뿐 아니라, 이제 세상 속으로 부르신 하나님의 뜻을 헤아리고, 어떻게 변혁을 위한 공존을 성취할지 지혜를 모아야 한다.

4. 한국에서 소통, 화해, 공존을 위한 교회의 역할

최근에 논의 중인 공공신학(public theology)은 교회 내적인 차원을 넘어 공적인 차원의 논의들이나 사회의 여러 영역들(문화, 예술, 가족, 과학 기술, 경제, 정치)과 관련된 문제들을 다루는 신학적 시도인데, 비기독교 전통들이나 자연과학, 사회과학, 역사과학 등과 더불어 비판적인 대화를 시도한다.[919] 교회가 신앙고백을 확고히 하며 종교다원주의를 경계하면서, 대사회적 책무를 감당하기 위해서 공공적 증언의 주체 역할을 하려는 시도는 성경적이다. 교회의 공공적 증언이 제한받고 그 작업을 위해서 박해를 감수해야 했던 베드로와 요한 시대와 달리, 오늘 날은 공공적인 비판적인 대화가 자유롭다. 그럼에도 불구하고, 네로 황제의 공식적인 박해 직전에 기록된 베드로전서와 네로의 공식적인 박해 중

---

918) 참고. 김보경, "용재(容齋) 이행(李荇)의 굴원(屈原) 수용과 문학적 변용," 358-59.
919) 새세대교회윤리연구소 편, 『공공신학이란 무엇인가?』 (서울: 북코리아, 2007), 30, 61-62.

에 기록된 요한계시록의 수신자들이 살았던 터키의 형편과 현대 한국의 상황 사이의 유사점도 있다. 먼저, 긴장과 갈등이 상존하는데, 한국에서는 소위 '갑을관계'에서 예를 찾을 수 있다. 1세기에 로마 제국과 회당이 갑이라면, 교회는 을이었다. 종교의 자유가 있는 한국에서 대형교회가 갑이고, 소형교회는 을이 되어 공존과 상생이 쉽지 않다. 그리고 빈익빈부익부와 분배의 불균형으로 인한 승자독식 체제와 불공정한 출발선에 세워진 채 강요되는 무한경쟁을 대형교회와 소형교회 사이에서 볼 수 있다. 사회복지와 구제와 같은 기독교의 대사회 공헌이 타 종교와 비교해서 큼에도 불구하고 안티 기독교 세력과 교회에 비우호적인 분위기로 인해 기독교가 위축되는 경향도 있다. 이와 관련된 다양한 원인 중 하나는 교회가 광야성을 상실하여 거류민과 나그네로 살지 않을 뿐 아니라, 유일한 갑은 하나님뿐이라는 의식을 하지 못한 채, 교회가 세상 변혁의 주체가 되지 못하기 때문이다.

그렇다면 한국 교회가 소통, 화해, 공존을 어떻게 이룰 수 있는가? 정치-경제-종교가 분리되지 않은 1세기와 달리 교회는 정치나 경제의 기득권의 편에 서면 안 된다. 복음은 누리기 전에 섬기는 것이고, 영향력과 힘을 과시하는 것이라기보다 감동을 통한 변혁이기 때문이다. 교회가 기득권 편에 서면 정치화되기 쉬운데, 거기에는 세상과의 소통과 공존이 불가능하다. 교회 안의 세속주의는 세상과 거짓 화해를 촉구하기에 마땅히 경계 대상이다. 1세기 로마 제국처럼 그리고 베드로전서와 요한계시록의 수신자들의 다양한 출신 성분처럼 한국도 다문화 국가의 특징이 가속화한다. 교회가 외국인 노동자와 새터민 등을 전도와 섬김의 대상으로 삼아 소통을 돕고 공존을 이룰 때, 세상과 북한의 복음화를 앞당길 수 있을 것이다.

나오면서

　　소통, 화해 그리고 공존은 삼륜차의 세 바퀴처럼 맞물려 있다. 향후 10년에 지도자가 갖추어야 할 첫 번째 자질은 소통 능력이라는 최근 설문 조사가 있었는데, 이전이나 현재나 미래나 소통이야말로 영원한 화두다.[920] 베드로와 요한이 밝히는 긍정적인 소통이란 삼위 하나님과 교회, 지역 교회와 지역 교회, 교회 안의 성도, 두 저자/수신자와 구약 간의 소통이며, (계시록이 보여주는) 부정적인 소통은 네로 황제의 강압적이며 니골라당의 기만적인 소통이다. 참 소통의 근원은 삼위 하나님이시다. 삼위 하나님 사이의 소통은 교회 및 세상 속으로 확장된다. 무엇보다 성도는 선한 양심과 선한 행실로 불의한 세상 안에 공존하면서 소통해야 한다. 하지만 네로 황제나 니골라당과 같은 악의 세력은 강압적이거나 속임수로 소통을 시도했다. 두 사도가 말하는 화해란 근본적으로 어린양 예수님을 통한 화목인데, 결국 세상 속에서 성도의 재창조 사역으로 발전한다. 소통의 결과인 화해의 주도권은 하나님이 쥐시기에, 화해는 우리 밖에서 온 것 즉 우리가 만들어내지 않고 경험하는 객관적인 실재다. 화해의 범위는 하나님과 그의 백성들 사이는 물론이거니와, 보이는 온 세상과 그것을 넘어서는 만유이다. 따라서 깨어지고, 뒤틀리고, 단절된 상태를 전제로 하는 화해는 회복을 위한 새창조 사건이다. 예수님을 통한 화해를 은혜로 하나님과 화해된 성도가 추구할 환대는 불신자로부터 보상을 바라지 않는 무조건적인 것이다. 베드로와 요한이 말하는 공존의 완벽한 모델은 협동 사역을 하시는 삼위 하나님에게서 찾을 수 있는데, 성도는 폭력과 박해가 만연한 세상 속에 살면서도 거류민과 나그네라는 성도의 정체성의 경계선을 강화하면서 세상 변혁을 추구해야 한다. 경계선 강화는 결국 경계선 확장으로 이어진다. 삼위 하나님 사이의 갈등이 없는 완벽한 공존은 교회 안의 여러 그룹 사이의 결속과 공존을 위한 모델이 된다. 하지만 성도가 세상 안에 기독교에 적대적인 불신자와 공

---

920) 참고. 동아일보. 2014년 4월 3일자 보도.

존하지만, 혼합주의를 극복하기 위해서 구별된 삶으로 일정한 거리 두기가 필요하다. 한국 교회가 베드로와 요한이 가르치는 소통, 화해, 공존을 지혜롭게 적용한다면, 기독교인의 감소와 안티 기독교 세력의 장벽에 부딪힌 현실을 타개하는 기회가 될 것이다.

03 헬라어 강독을 위한 하나의 샘플: 베드로전서 1:3-12를 중심으로

들어가면서

이 글의 목적은 신약 성경의 세밀한 문법적 해석을 위해서, 헬라어 성경의 강독을 어떻게 교수할 수 있는지 하나의 샘플을 제시하는 것이다. 대학이나 대학원 과정에서 헬라어 성경강독을 교수하는 것은 단순히 단어의 변화표를 숙지시켜 단어를 분해하고 번역하는 작업에 국한되지 않고,[921] 다양하고 세밀한 문법적 해석을 통합적으로 수행하는 것이다. 이를 위하여 본문비평(textual criticism), 번역, 문맥(textual context), 사고구조분석(thought structural analysis)의 작은 단계(micro level)인 구문분석(syntactical analysis), 담론분석(discourse analysis)을 통한 구조분석(structural analysis), 그리고 내적 간본문성(intratextuality)에 기초한 어휘의

---

[921] 이 글은 『신약연구』 14(2015, 1), 111-134에 게재되었다. 참고. 예를 들어, 김병국, 『혼자 공부하는 신약성경 헬라어 강독』(서울: 도서출판 대서, 2008).

미분석(semantical analysis)을 고급 헬라어로 정교하게 구성된 베드로전서 1:3-12에 적용하여 차례대로 살펴볼 것이다.[922]

1. 베드로전서 1:3-12의 본문비평, 번역, 문맥, 구문분석

1.1. 본문비평

'하등비평'인 본문비평(textual criticism)은 사본을 통한 원본 추적 작업인데, 외적 증거인 비평사본(혹은 비평본)과 다수사본의 비교 및 내적 증거 중 특히 문맥을 고려해야 한다.[923]

3절의 현재 능동 분사 여성 단수 대격 ζῶσαν 대신에 여성 단수 속격 명사 ζωῆς로 표기하는 소문자 사본 하나(1852)가 있다. 하지만 후자는 사본상의 무게가 거의 없다.

6절 괄호(GNT 4판) 안의 ἐστὶν은 본문비평상의 특별한 문제가 없으며, 다수사본 헬라어 성경에서는 움직이는 ν가 없이 ἐστί를 괄호 없이 표기한다. 그리고 다수사본은 구문상 더 쉬운 표현인 아오리스트 수동태 분사 남성 복수 주격으로(λυπηθέντες) 쓰지만, 비평사본은 더 어려운 표현인 대격으로(λυπηθέντας) 쓴다. 덧붙여 6절의 ἀγαλλιᾶσθε는 '기뻐하다'(현재 능동 직설 2인칭 복수) 혹은 (가능성

---

[922] 자세한 것은 송영목, 『헬라어 강독의 원리와 실제』(서울: CLC, 2008)를 참고하라. 따라서 이 글에서는 최종 본문이 형성되기 이전 단계의 자료와 양식 및 편집비평, 사회-역사적 해석, 정경적 해석, 그리고 신학적 해석을 본격적으로 다루지 않는다. 하지만 어휘의미론 연구는 역사적 배경을 염두에 둘 수 밖에 없다.

[923] 이 글에서 참고한 GNT 4판(참고로 5판은 2014년에 출간됨)에서 빠트린 본문비평의 상세한 사항은 NTG 28판에서 볼 수 있다. 외적증거와 내적증거를 위해서 J.H. Greenlee, 『신약 본문 비평의 이론과 실제』(*Introduction to New Testament Textual Criticism*, 고영렬 장민석 역, 서울: CLC, 2012[1995]), 149-54를 보라.

이 낮지만) '기뻐하라'(현재 능동 명령 2인칭 복수)로 번역이 가능하다.[924] 그런데 이 동사는 화행론(話行論)의 관점에서 볼 때, 1차 독자들의 형편에 따라 다르게 번역될 수 있다.[925] 즉 기뻐하고 있는 독자들에게는 직설법으로, 기뻐하지 못하는 독자들에게는 명령형으로 들렸을 것이다. 이렇게 볼 수 있는 근거는 AD 1세기는 기록 문화라기보다 이야기 문화였기 때문이다. 실제로 베드로전서라는 기록된 서신은 하나였고, 1차 독자들은 청중으로서 낭독되는 메시지를 들었다.

7절의 원문은 명사 δοκίμιον(확실함, 시련)인가? 아니면 형용사 δοκίμιον(입증된, 진짜의)인가? p^{74}와 두 개의 소문자 사본을 제외한 나머지 사본들은 압도적으로 전자를 지지한다. 따라서 7절의 본문비평의 등급을 GNT 4판에서 논란의 여지가 없다는 의미로 {A}를 매겼다. 그리고 다수사본 (그리고 로베르토 에스띠엔의 1550년 판)은 '칭찬과 존귀와 영광'(ἔπαινον καὶ τιμὴν καὶ εἰς δόξαν)의 순서를, 비평사본 (그리고 NIV, 개역개정판, 바른 성경)은 '칭찬과 영광과 존귀'(ἔπαινον καὶ δόξαν καὶ τιμὴν)의 순서를 따르는데, 사본상 후자에 무게가 크다.

8절 상반절의 원문은 p^{72}와 대부분의 비평사본의 지지를 받는 아오리스트 능동 분사 남성 복수 주격 ἰδόντες인가? 아니면 다수사본의 지지를 받는 현재 완료 능동 분사 남성 복수 주격 εἰδότες인가? 전자를 지지하는 사본 상의 무게와 문맥 등을 고려하여, GNT 4판은 {A}등급을 매겼다. 그리고 8절 중반절에서 현재 능동(혹은 디포넌트) 직설 2인칭 복수 ἀγαλλιᾶσθε 대신에, 현재 능동(혹은 디포넌트) 명령 2인칭 복수 ἀγαλλιατε를 일부 사본(B C 1175 1852)이 지지한다. 후자는 8절 상반절의 ἀγαπᾶτε를 직설법이 아니라 명령형으로 이해하고, 거기에 맞춘 결과로 추정된다.

---

924) Contra ἀγαλλιᾶσθε를 미래적 현재 동사로 보는 T. Martin, "Critical Notes: The Present Indicative in the Eschatological Statement of 1 Peter 1:6, 8," *JBL* 111(1992, 2), 310-11. 따라서 Martin은 ἀγαλλιᾶσθε 바로 앞 단어인 관계대명사 ᾧ의 선행사를 ἐν καιρῷ ἐσχάτῳ로 보면서 (그리고 M. Dubis) 역시 미래적 의미로 이해한다.

925) L. Thurén in K.H. Jobes, *1 Peter* (BECNT; Grand Rapids: Baker, 2005), 93.

9절의 원문은 ℵ와 다수사본 등의 지지를 받는 ὑμῶν인가? 아니면 소문자 사본 하나(1505)의 미미한 지지를 받는 ἡμῶν인가? 아니면 B 등의 지지를 받는 이 인칭대명사가 생략된 형태인가? GNT 4판은 헬라어 성경편집자들 가운데 이견이 분분하기에 {C}등급을 매겼지만, ὑμῶν이 압도적인 사본상 지지를 받는다. 앞의 7절과 뒤의 10절에도 '너희'가 등장한다.

11절의 7번 째 단어인 미완료 능동 직설 3인칭 단수 ἐδήλου대신에 미완료 수동 직설 3인칭 단수 ἐδηλοῦτο(Ψ 33 642 등) 혹은 미완료 능동 직설 1인칭 단수 ἐδήλουν로 표기하는 소문자 사본 하나(5)가 있지만, 이 두 이문들은 대부분의 대문자사본과 다수사본의 지지를 받지 못하며 '성령님'을 주어로 하는 문맥에 부자연스럽다. 그리고 중반절의 현재 디포 분사 중성 단수 주격 προμαρτυρόμενον대신에 현재 디포 분사 남성 복수 주격 προμαρτυρόμενοι로 표기하는 소문자 사본 하나(1175)가 있으나, 바로 앞의 주어 '성령님'이 아니라 10절의 '선지자들'을 주어로 염두에 둔 표현인 후자는 사본 상 지지를 거의 받지 못한다.

마지막으로 12절의 원문은 ℵ와 다수사본 등의 지지를 받는 ἐν πνεύματι인가? 아니면 p^{72}와 B 등의 지지를 받는 전치사 ἐν(벧전에 50회 등장)이 생략된 πνεύματι인가? 사본상의 대등한 지지를 고려하여, GNT 4판은 편집자들 가운데 이견이 분분하다는 의미로 {C}등급을 매겼다. 하지만 전치사를 포함하는 전자가 베드로전서와 신약의 지배적인 용례에 적합하다.[926]

이상에서 살펴본 대로, 베드로전서 1:3-12의 본문비평의 결과, 이문을 원문으로 볼 경우가 없으므로 GNT 4판에 나타난 본문 그대로 받아들여도 무방하다.

---

926) B.M. Metzger, 『신약 그리스어 본문 주석, 제 2판』 (*A Textual Commentary on the Greek New Testament*, Second Edition, 장동수 역, 서울: 대한성서공회 성경원문연구소, 2005[1994]), 597.

1.2. 번역

성경 번역에는 크게 두 이론이 있다. 첫째는, 저자가 사용한 구문, 구조, 태(態), 법(法), 수(數), 시제와 시상(時相) 등에 충실한 문자적-상응적 등가(formal-correspondent equivalence) 번역이며, 둘째는 1980년대 중반부터 성경 번역에서 주류를 형성한 방법으로 독자에게 미치는 의사소통을 많이 고려한 의미의 역동적-기능적 등가(dynamic-functional equivalence) 번역이다. 번역가들에게 이 둘은 충돌하기만 하는 양 극단이 아니라 상호 보충적인 것인데, 여기서는 저자가 의도한 정확한 의미를 파악하기 위하여 저자가 사용한 형식에 충실한 번역을 추구하는 전자를 따른다.[927]

3절: 복되도다, 우리 주 예수 그리스도의 아버지 하나님. 그분은 자신의 많은 긍휼을 따라서 우리를 거듭나게 하셨는데, 죽은 자들로부터 예수 그리스도의 부활을 통하여 산 소망이 있도록 하기 위해서이며,

4절: 너희를 위해서 하늘에 간직되어온 썩지 않고 더럽지 않고 쇠하지 않는 유업이 있도록 하기 위해서이며,

5절: 하나님의 능력으로써 너희는 마지막 때에 나타나지기로 준비된 구원을 믿음으로 말미암아 보호받는다.

6절: 너희가 여러 가지 시험들로 말미암아 지금 잠시 근심하게 되지 않을 수 없지만[928] 그분 안에서[929] 크게 기뻐하는데,

---

927) GNT 4판의 마침표 등을 고려한 번역임. 참고. G.J.C. Jordaan, "Problems in the Theoretical Foundation of the Functional-Equivalent Approach," *Acta Theologia Supplementum* 2 (2002), 19-28.

928) 6절의 분사 δέον은 양보의 의미를 가진다. C.L. Rogers Jr. and C.L. Rogers III, *The New Linguistic and Exegetical Key to the Greek New Testament* (Grand Rapids: Zondervan, 1998), 567.

929) 개역개정판과 바른 성경은 전치사 ἐν과 관계대명사(ᾧ)의 선행사를 적절히 고려하지 못한 채 '그러므로'(wherefore)라고 번역한다. 관계대명사(ᾧ)를 중성 단수 여격으로 본다면 선행사는 3-5절 전체 내용이지만, 남성 단수 여격으로 본다면 선행사는 5절의 θεός이다. 참고. A.B. Du Toit in Jobes, *1 Peter*, 92.

7절: 너희 믿음의 그 확실함이[930] 불로 말미암아 단련되지만 결국 없어지고 마는 금보다 더 귀하여, 예수 그리스도께서 나타나실 때에 칭찬과 영광과 명예를 얻게 하려는 것이다.[931]

8절: 너희는 그분(예수님)을 보지 못했지만[932] 사랑하며, 지금도 그분을 보지 못하지만 믿으며, 표현할 수 없는 영광스러운 기쁨으로 크게 기뻐하니,

9절: 너희 믿음의 목표 즉 영혼들(너희 자신들)의[933] 구원을 받기 때문이다.[934]

10절: 구원에 관하여 너희를 위한 은혜에 대하여 예언했던 선지자들이 조사했고 주의 깊게 연구했는데,

11절: 그들은 자신들 안에 계신 그리스도의 영이 그리스도께서[935] 당하실 고난들과 이것들 후에 받으실 영광들을[936] 미리 증언하실 때, 그 영이 무엇들을[937] 혹은 어느 때를 가리키는지 살펴보았다.

---

930) 7절의 δοκίμιον을 개역개정판('확실함', 그리고 Afrikaans 성경[1999]의 'egtheid')과 달리 바른성경은 '시련'으로 번역한다. ESV는 이 둘을 통합하여 'the tested genuineness'로 번역하는데, C.L. Rogers Jr. and C.L. Rogers III, *The New Linguistic and Exegetical Key to the Greek New Testament*, 567; M. Zerwick, *A Grammatical Analysis of the Greek New Testament* (Roma: EPIB, 1993), 703에서도 동일한 입장을 볼 수 있다.

931) 다수 사본은 '영광과 명예'의 순서를 바꾸었다. 이 글에서 벧전 1:7의 구문분석의 경우처럼, 7절의 콜론을 마침표로 번역했다.

932) ἰδόντες와 ὁρῶντες는 양보의 분사다. C.L. Rogers Jr. and C.L. Rogers III, *The New Linguistic and Exegetical Key to the Greek New Testament*, 567. 분사 ἰδόντες 앞의 예기치 못한 부정어 οὐκ는 고전 헬라어에서 실례를 볼 수 있으며, 독자의 집중을 이끄는 수사학적 효과를 가진다. M. Dubis, *1 Peter: A Handbook on the Greek Text* (Waco: Baylor University Press, 2010), 15.

933) Zerwick, *A Grammatical Analysis of the Greek New Testament*, 704; J.B. Green, *1 Peter* (THNTC; Grand Rapids: Eerdmans, 2007), 27.

934) 9절의 κομιζόμενοι는 이유의 분사다. Achtemeier, *1 Peter* (Hermeneia; Minneapolis: Fortress Press, 1996), 104.

935) 11절의 τὰ εἰς Χριστὸν παθήματα는 '그리스도가 받으실 고난들'인가? 아니면, '그리스도를 위한 고난들'인가? 올바른 번역의 단서를 유사한 구문 형식을 가진 10절의 τῆς εἰς ὑμᾶς χάριτος와 고후 1:11의 τὸ εἰς ἡμᾶς χάρισμα에서 볼 수 있다. 이 세 경우 모두 전치사 εἰς 다음의 인칭 대명사는 제일 마지막에 등장하는 명사의 행동의 수신자(recipients)이다. 따라서 각각 '그리스도가 받으실 고난들', '너희가 받을 은혜', '우리가 받을 은사'로 번역하는 게 옳다. Jobes, *1 Peter*, 100.

936) 11절의 명사 복수형 '고난들과 영광들'은 그리스도와 수신자 사이의 고난과 영광에 있어 일체성과 연속성을 강조한다. Jobes, *1 Peter*, 105.

937) 남성 단수 대격 의문 대명사 '누구를'(who, τίνα)로 번역하는 개역개정판과 EVS와 달리(그리고 F.F. Bruce, E. Best), 바른성경은 중성 복수 대격 의문 대명사 '무엇을'(하지만 정확히는 '무엇들을', what

12절: 그들이 섬기고 있었던 것들은 자신들을 위한 것이 아니라 너희를 위한 것임이 그들에게 계시되어졌으니, 그것들은(그리스도의 고난들과 영광들) 이제 하늘로부터 보내지셨던 성령님으로써 너희에게 복음을 전한 자들로 말미암아 너희에게 전파되어진 것들이며, 천사들도 계속해서 살펴보기 원하는 것들이다.

1.3. 문맥

베드로전서 1:3-12는 단순한 기도가 아니라, 특별히 그리스도의 부활로 말미암아 자기 백성을 거듭나게 하시고 산 소망과 기업을 주시는 하나님의 크신 긍휼과 그것에 동반되는 여러 은혜를 찬양하는 '사도의 데스칸트'(apostolic descant)라 부를 수 있다(참고. 고후 1:3-11; 엡 1:3-14).[938] 그런데 이 삼위 하나님의 인격과 사역을 중심으로 하는 데스칸트는 역시 삼위 하나님의 인격을 중심으로 하는 '사도의 인사'(apostolic salutation, 1-2절)와 명령형으로 된 '출애굽 윤리'(Exodus ethics, 13-16절) 사이에 위치하여, 하나님의 인격에 걸 맞는 구원 사역의 은덕을 입은 성도는 거룩한 윤리를 실천해야 함을 교훈한다.[939]

---

things)로 번역한다. 벧전 1:11 상반절에 '그리스도'(who)가 언급되었으므로, 그리스도를 고난들로 이끈 상황 혹은 시간이 11절 하반절에 자연스럽다. Jobes, *1 Peter*, 103; C.L. Rogers Jr. and C.L. Rogers III, *The New Linguistic and Exegetical Key to the Greek New Testament*, 568; Zerwick, *A Grammatical Analysis of the Greek New Testament*, 704. Contra '누구를 혹은 어느 때를'로 번역하는 G.D. Kilpatrick, "1 Peter 1:11 τίνα ἢ ποῖον καιρόν" *Novum Testamentum* XXVII (1986, 1), 91-92; Dubis, *1 Peter*, 19.

938) M.H. Scharlemann, "An Apostolic Salutation: An Exegetical Study of 1 Peter 1:1-2," *Concordia Journal* 1(1975, 3), 108-18; "An Apostolic Descant: An Exegetical Study of 1 Peter 1:3-12," *Concordia Journal* 2(1976, 2), 9-17; "Exodus Ethics: Part One: 1 Peter 1:13-16," *Concordia Journal* 2(1976, 4), 165-70. 문맥의 다양한 차원에 관해서는 M. Silva, 『성경어휘와 그 의미: 어휘의미론 서론』 (*Biblical Words and Their Meaning: An Introduction to Lexical Semantics*, 김정우 차영규 역, 서울: 성광문화사, 1990[1983]), 219-35를 보라.

939) Kendal은 벧전 1:3-12를 베드로전서 전체의 서론으로 보면서, 이 단락에 주요 주제들이 미리 소개된다고 주장한다. D.W. Kendal, "The Literary and Theological Function of 1 Peter 1:3-12," in C.H. Talbert (ed), *Perspectives on First Peter* (Macon: Mercer University Press, 1986), 108-14.

1.4. 구문분석

구문분석은 무엇보다 문장 안에서 단어들이 어떻게 배열되고 연결되는가 (syntactic combination)에 관한 연구인데, 의미는 응집력 있게 짜인 단어들과 문장 안에서 결정된다.[940] 베드로전서 1:3-12는 분사와 관계 대명사를 자주 사용한 정교하게 구성된 네 개의 문장이다: 3-5절, 6-9절(참고. 7절의 콜론), 10-11절, 12절. 사도 베드로 저작성을 부인하는 이들은 갈릴리 어부 출신 베드로가 이런 고급 헬라어를 구사할 수 있었는지 의문을 제기한다.[941] 하지만 사도 베드로 저작성을 내증과 외증으로 증명하거나, 베드로의 지도로 실루아노(벧전 5:12)가 대필했다고 주장하는 이들도 적지 않다.[942] 베드로전서 1:3-12와 같이 다소 긴 문장으로 구성된 단락은 문법적 해석의 기초라 할 수 있는 구문분석과 번역에 있어서 다양한 어려움을 발생시킨다. 이런 경우에 세밀한 문법적 해석이 요청된다. 여기서 구문분석을 도표로 설명하기 위하여, 남아공의 노스웨스트대학교가 사용하는 사고구조분석의 작은 단계의 규칙들을 적용한다:[943]

(1) 주동사는 도표에서 가장 왼쪽에 위치시킨다.

(2) 동사에는 밑줄을 긋는다.

(3) 주어의 왼편에 짧은 수직선(|)을 긋는다.

(4) 주어에서 동사 쪽으로 화살표(→)를 그린다.

(5) 직접 목적어는 동사에서 2중 화살표(-»)로 연결한다.

---

940) K.L. McKay, *A New Syntax of the Verbs in New Testament Greek: An Aspectual Approach* (New York: Peter Lang, 1994), 5.

941) J.K. Elliott, *1 Peter* (The Anchor Bible; New Haven & London: Yale University Press, 2000), 120; Achtemeier, *1 Peter*, 4-5.

942) 예를 들어, F.H. Chase, S. Greijdanus, E.P. Groenewald, E.F. Harrison, E.G. Selwyn, C. Spicq, W.A. Grudem, U. Holmer and W. De Boor, P. Ketter, J.H.A. Hart, P.H. Davids, I.H. Marshall, J.R. Michaels, K.H. Jobes, F.J. Van Rensburg and B.J. De Klerk, S. McKnight, J.B. Green, D. Harink, B. Witherington III 등. 참고. R.C. Sproul, *1-2 Peter* (St Andrew's Expositional Commentary; Wheaton: Crossway, 2011), 18-19.

943) F.J. Van Rensburg and B.J. De Klerk, *Making A Sermon: A Guide for Reformed Exegesis and Preaching* (Potchefstroom: Faculty of Theology, 2005), 34-37.

(6) 간접 목적어는 동사에서 화살표(→)로 연결한다.

(7) 피수식어에서 수식어 쪽으로 화살표(→)를 그린다. 예를 들어, 명사에서 형용사 쪽으로, 그리고 동사에서 전치사구(혹은 부사) 쪽으로 화살표(→)를 그린다.

(8) 호격은 □ 안에 독립적으로 처리한다.

(9) 주동사에서 종속절(예. 분사, 부정사) 쪽으로 화살표(→)를 그린다.

(10) 동사에서 보어로 화살표(→)를 그린다.

(11) 접속사는 바로 앞, 뒤 단어와 하나로 취급하여 같은 줄에 배치한다.

(12) εἰμί의 보어는 εἰμί 아래가 아니라 오른편에서 └로 연결한다.

(13) 비슷한 문장의 구성요소는 하나로 묶을 수 있다. 예를 들어, 두 개 이상의 직접목적어는 동사에서 각각 선과 화살표로 연결하는 대신에, 하나의 선에서 각각 화살표로 연결한다.

(14) 도표의 페이지가 넘어갈 때는 ┴와 ┬와 표시한다.

(15) 한 문장 안에서 선이나 화살표로 연결하기 어려운 대등절은 헬라어 본문 왼편에 ⌈로 연결한다.

(16) καί와 같은 (후접)접속사는 도표의 수직선 왼편으로 옮기는 경우가 많다.

(17) 선행사에서 관계 대명사로 화살표(→)를 그린다.

(18) 동격은 좌에서 우로 계단식으로 표시한다.

(19) 생략된 단어(주로 동사)는 ( ) 안에 표기한다.

(20) 선과 화살표는 대부분 헬라어 본문의 왼쪽에서 움직이는데, 주동사가 중심축이다. 동격의 경우는 가끔 헬라어 본문의 오른쪽으로 선이 연결된다.

(21) 선과 화살표는 서로 마주칠 수 없다.

(22) 구문분석을 도표화할 때 헬라어 성경의 단어 순서를 바꾸지 않은 채 위에서 아래로 다시 쓴다.[944]

---

944) 참고로 수직이 아니라 주로 수평으로 도표가 전개되는 Bible Works Diagramming Module의 헬라어 성경 구문분석과 J.A. McLean이 제시한 구문분석의 공통된 문제점 중 하나는 성경의 단어 순서를 임의로 바꾼 것이다. J.A. McLean, *A Handbook for Grammatical Diagramming based on*

(23) 하나의 문장을 구성하는 단어들 모두는 서로 연결되어야 한다.

1.5. 요약

지금까지 베드로전서 1:3-12의 사본과 문맥을 고려하여 원본을 추적하는 본문비평, 직역에 기초한 번역, 문맥 연구, 단어들 사이의 관련성을 살피는 구문분석을 문법적 해석 방법론들에 기초하여 시도했다.[945] 이 연구를 바탕으로 하여, 이제 저자의 사고의 흐름과 전개를 살피는 사고구조분석의 좀 더 큰 단계(macro level)인 구조분석을 할 차례이다.

2. 구조분석

2.1. 담론분석의 단계

프레토리아대학교의 은퇴 헬라어교수 요하네스 로우(J.P. Louw)가 제시하는 저자의 사고구조를 분석하는 방법인 담론분석(혹은 콜론분석)은 저자의 사고의 흐름을 구조적으로 파악하기 위해서 세밀한 읽기(close reading)를 전제로 하기에 유용한 방법이다. 담론분석 단계는 다음과 같다:[946]

Philippians (Unknown Binding, 1993).

[945] 베드로전서의 구문에 나타난 셈어(semitic)의 영향에 대해서는 K.H. Jobes, "The Syntax of 1 Peter: Just How Good is the Greek?," *Bulletin for Biblical Research* 13(2003, 2), 168-69를 보라. 벧전의 헬라어에 담긴 셈어의 요소는 다음과 같다: (1) 속격 인칭대명사에 인칭 접미어가 생략되지 않고 함께 사용되는 셈어처럼, 베드로는 속격 인칭 대명사를 자주 사용한다. (2) 벧전에 히브리어 구문처럼 명사를 수식하는 형용사가 앞이 아니라 뒤에 위치하는 경우가 16회 있다. (3) 히브리어 ㄱ구문처럼, 베드로는 여격 명사 앞에 evn을 생략하지 않는다. (4) 베드로는 히브리어처럼 다양한 전치사(εἰς, κατά, περί, ὑπό)를 사용한다. 벧전의 전치사의 용례에 관해 L. Thurén, *Argument and Theology in 1 Peter* (Sheffield: Sheffield Academic Press, 1995), 66-74를 보라.

[946] E.A. Nida, J.P. Louw, A.H. Snyman and J.W. Cronje, *Style and Discourse* (Cape Town: South African Bible Society, 1983), 77-82. 갈라디아서를 남아공 방식으로 담론분석을 한 것을 위해서는

(1) 구조분석을 할 본문의 범위를 정한 후, 하나의 주어와 술어로 구성되어 최소 사고의 단위(thought unit)를 가리키는 콜론(colon)을 나눈다.

(2) 2회 이상 등장하는 단어들(접속사, 불변화사 등은 제외)을 각기 다른 방식으로 표시한다. 이 작업을 하면, 일정 부분에만 등장하는 수평적 표지들(horizontal markers)과 전체에 골고루 등장하는 수직적 표지들(vertical markers)이 드러난다.

(3) 수평적 표지를 중심으로 하여 콜라(cola)를 묶고, 수평적 표지를 반영한 소제목(caption)을 구(phrase) 형식으로 단다.

(4) 절(verse), 콜론, 주제, 묶여진 콜라 사이의 관련성을 도표화하고, 수평적 및 수직적 표지들을 정리한다.

(5) 도표에 나타난 묶여진 콜라의 상관성을 중심으로 기술한다. 예를 들어 서론, 본론, 결론 혹은 인과 관계 등을 기술한다.

2.2. 담론분석

A: 그리스도를 믿음으로 성도에게 계시된 하나님의 구원을 찬송함

1(3절) Εὐλογητὸς ὁ θεὸς καὶ πατὴρ τοῦ κυρίου ἡμῶν Ἰησοῦ Χριστοῦ,
2 ὁ κατὰ τὸ πολὺ αὐτοῦ ἔλεος ἀναγεννήσας ἡμᾶς εἰς ἐλπίδα ζῶσαν δι' ἀναστάσεως Ἰησοῦ Χριστοῦ ἐκ νεκρῶν, **(4절)** εἰς κληρονομίαν ἄφθαρτον καὶ ἀμίαντον καὶ ἀμάραντον, τετηρημένην ἐν οὐρανοῖς εἰς ὑμᾶς

3(5절) τοὺς ἐν δυνάμει θεοῦ φρουρουμένους διὰ πίστεως εἰς σωτηρίαν ἑτοίμην

4 ἀποκαλυφθῆναι ἐν καιρῷ ἐσχάτῳ

홍인규, 『헬라어 갈라디아서의 구조분석』(서울: 도서출판 신국, 2003)을 보라.

B: 새 생명을 가진 자의 마땅한 반응: 영광을 기억하며 시련 가운데 기뻐함

5(6절) ἐν ᾧ ἀγαλλιᾶσθε,
6 ὀλίγον ἄρτι εἰ δέον [ἐστὶν] λυπηθέντες ἐν ποικίλοις πειρασμοῖς,
7(7절) ἵνα τὸ δοκίμιον ὑμῶν τῆς πίστεως πολυτιμότερον χρυσίου τοῦ ἀπολλυμένου
8 διὰ πυρὸς δὲ δοκιμαζομένου,
9 εὑρεθῇ εἰς ἔπαινον καὶ δόξαν καὶ τιμὴν ἐν ἀποκαλύψει Ἰησοῦ Χριστοῦ·
10(8절) ὃν οὐκ ἰδόντες ἀγαπᾶτε,
11 εἰς ὃν ἄρτι μὴ ὁρῶντες πιστεύοντες δὲ
12 ἀγαλλιᾶσθε χαρᾷ ἀνεκλαλήτῳ καὶ δεδοξασμένῃ

C: 고난과 영광을 받으신 예수님처럼 구원을 받을 성도의 특권

13(9절) κομιζόμενοι τὸ τέλος τῆς πίστεως [ὑμῶν] σωτηρίαν ψυχῶν
14(10절) Περὶ ἧς σωτηρίας ἐξεζήτησαν καὶ ἐξηραύνησαν προφῆται οἱ
15 περὶ τῆς εἰς ὑμᾶς χάριτος προφητεύσαντες,
16(11절) ἐραυνῶντες εἰς τίνα
17 ἢ ποῖον καιρὸν ἐδήλου
18 τὸ ἐν αὐτοῖς πνεῦμα Χριστοῦ προμαρτυρόμενον τὰ εἰς Χριστὸν παθήματα καὶ τὰς μετὰ ταῦτα δόξας
19(12절) οἷς ἀπεκαλύφθη ὅτι οὐχ ἑαυτοῖς ὑμῖν δὲ διηκόνουν αὐτά,
20 ἃ νῦν ἀνηγγέλη ὑμῖν
21 διὰ τῶν εὐαγγελισαμένων ὑμᾶς [ἐν] πνεύματι ἁγίῳ
22 ἀποσταλέντι ἀπ᾽ οὐρανοῦ,

23 εἰς ἃ ἐπιθυμοῦσιν ἄγγελοι παρακύψαι [947]

절(verse)	콜라(cola)	주제	관련성
3-5	1-4	그리스도를 믿음으로 성도에게 계시된 하나님의 구원을 찬송함	전체 권면의 근거
6-8	5-12	새 생명을 가진 자의 마땅한 반응: 영광을 기억하며 시험 가운데 기뻐함	근거에 기초한 적용
9-12	13-23	고난과 영광을 받으신 예수님처럼 구원을 받을 성도의 특권	적용의 결과

표지들을 정리하면 다음과 같다: **(1)** 수평적 표지: (a) '기뻐하다'(ἀγαλλιᾶσθε, 콜론 5, 12), (b) '예언자'(προφῆται, 콜론 14, 15, 18), (c) '성령'(πνεῦμα, 콜론 18, 21). **(2)** 수직적 표지: (a) '(성부)하나님'(θεός, '아버지', 콜론 1, 2, 3, 5, 10, 11), (b) '예수님'('그리스도', '주', Ἰησοῦ Χριστοῦ, 콜론 1, 2, 9, 18[2회]), (c) '구원'(σωτηρίαν, 콜론 3, 13, 14), (d) '믿음'(πίστεως, 콜론 3, 7, 11, 13), (e) '시험'(δοκίμιον, '시련'[πειρασμοῖς], 고난[παθήματα]', 콜론 6, 7, 8, 18), (f) '영광'(δόξαν, 콜론 9, 12, 18), (g) '하늘'(οὐρανοῦ, 콜론 2, 22), (h) '시간'(καιρῷ, 콜론 4, 17), (i) '계시하다'(ἀπεκαλύφθη, 콜론 4, 9, 19), (j) '너희'('우리', ὑμᾶς, 콜론 1, 2[2회], 7, 13, 15, 19, 20, 21).

2.3. 심층구조

위의 담론분석의 결론을, 그레이마(A.J. Greimas)의 행역자 모델(Aktantenmodell) 이론에 근거하여 플롯(plot)화시킨 심층구조(deep structure)는 아래와 같은데, 이 것은 단순한 문법적 해석을 넘어 기호학적 이론에 근거한 것이다:

---

947) 수평적 표지들을 참고하면서 동시에 콜론 5와 12의 '기뻐하다'를 중심으로 하는 포괄식(inclusio) 구조를 고려한다면, 벧전 1:3-12는 콜론 1-4, 5-12, 13-23, 이렇게 세 등분 된다. F.J. Van Rensburg, "1 Petrus," in W. Vosloo and F.J. Van Rensburg (eds), *Die Bybellennium: Eenvolumekommentaar* (Vereeniging: CUM, 1999), 1716-17.

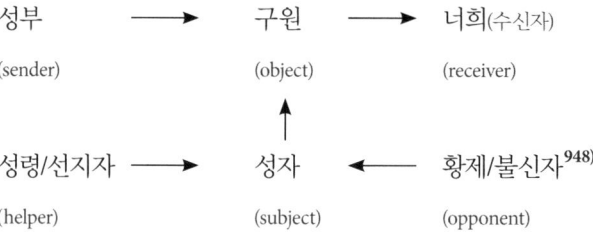

2.4. 요약

총 23개의 콜라로 구성된 베드로전서 1:3-12의 담론분석과 심층구조를 통해서 다음의 사실을 알 수 있다. 성부 하나님과 예수님께서 베드로전서의 수신자들('너희')에게 하늘로부터 믿음을 통한 구원을 주실 결정적인 시간이 도래했다. 하지만 수신자들은 구약의 선지자들이 성령으로 예언했던 바로 그 믿음을 소유하고 있기 때문에, 불신 세력으로부터 시험과 고난을 받지만, 잘 통과하여 하나님께 영광을 돌려야 한다.

3. 내적 간본문성에 기초한 어휘의미분석

위의 구조분석에 나타난 수직적 표지들(vertical markers) 중에서 의미가 분명한 '너희' 그리고 '하나님' 및 '예수님'과 같은 범주에 포함시킬 수 있는 '하늘'을 제외하고, '구원'(σωτηρίαν), '믿음'(πίστεως), '시험'(δοκίμιον, 시련, 고난), '영광'(δόξαν), '계시하다'(ἀπεκαλύφθη), 그리고 '시간'(καιρῷ)이 정확하게 어떤 의미인지 살펴볼 것이다. 어휘의미분석을 할 때 단어들이 베드로전서에 어떻게 사용되는가를 살

---

948) 여기서 대적(opponent)은 벧전 1장의 표면(surface)에 명시적으로 드러나지 않으므로 베드로전서의 역사적 상황을 염두에 둔 것이다. A.J. Greimas의 이론에 근거한 심층구조에 관해서는 T. Longman III, *Literary Approaches to Biblical Interpretation* (Leicester: Apolos, 1987), 34-37을 보라.

피는 내적 간본문성을[949] 살필 필요가 있는데, 단어의 의미 결정에 있어 통시적인 어원 연구도 일정 역할을 하지만 무엇보다 공시적 차원에서 문맥이 중요한 역할을 하기 때문이다.[950] 참고로 베드로전서 1:3-12에 구약의 인용은 없고 암시만 있는데, 그리스도 중심으로 계시역사의 점진을 연구하는 구약 간본문적(intertextual) 해석은 문법적 해석이 아니라 신학적 해석으로 분류된다.

3.1. 구원($\sigma\omega\tau\eta\rho\acute{\iota}\alpha$)

'구원'(참고. escape from mortal danger, 삼하 15:14; 시 26:7)은 베드로전서에 4회(1:5, 9, 10; 2:2; 참고. 벧후 3:15; $\sigma\acute{\omega}\zeta\omega$[מלט, to find safety, to save]는 3:21; 4:18) 등장한다. 베드로는 2장에서 성도가 이루어가야 할 '아직 아니'의 측면을 가진 미래 종말론적 구원에 이르는 방법으로써 말씀을 제시한다(2절). 베드로는 1장에 집중적으로 '구원'을 언급하는데, TDNT에서 포에르스터(G. Foerster)가 내리는 베드로전서 1장의 $\sigma\omega\tau\eta\rho\acute{\iota}\alpha$의 정의 즉 "심판으로부터의 구출이라는 일반적인 의미보다는, 구약 선지자들이 예언한 것의 성취로서 하나님과 관계가 회복되는 다가오는 영광의 은사(the gift of coming glory)"는 너무 피상적이다.[951] 왜냐하면 베드로전서 1장에서 구원이 박해 상황 가운데 언급되기에, 5절이 밝히듯이 고난과 위험으로부터의 현재적인 구출과 보호하심 그리고 9-10절이 밝히듯이 궁극적인 성도의 구원을 의미하는 것이 더 분명하고 자연스럽기 때문이다.[952] 흥미롭게도 위

---

949) 벧전 1:3-12에 등장하는 단어들이 벧전의 다른 곳에서 어떻게 사용되는지 살피는 내적 간본문성은 Robbins이 주장하는 본문의 단어와 구조의 패턴과 방식을 살피는 inner texture 그리고 본문이 다른 본문 및 문화-사회-역사적 정보와 가지는 관련성을 찾는 intertexture과 다르다. V.K. Robbins, *Exploring the Texture of Texts: A Guide to Socio-Rhetorical Interpretation* (Harrisburg: Trinity Press International, 1996), 7, 40.

950) Silva, 『성경어휘와 그 의미: 어휘의미론 서론』, 45-46, 61.

951) G. Foerster, "$\sigma\acute{\omega}\zeta\omega$ $\kappa\tau\lambda$" in *TDNT*, Volume VII (Grand Rapids: Eerdmans, 1975), 972, 978, 995-96. $\sigma\omega\tau\eta\rho\acute{\iota}\alpha$의 경우, LXX는 MT의 기본적인 의미는 변경하지 않지만, MT를 자유롭게 번역하기도 하며 특정 의미를 부각시킨다(비교. 욥 20:24; 사 10:22; 습 3:17). LXX가 신약의 문체에 미친 영향에 관해서는 Silva, 『성경어휘와 그 의미: 어휘의미론 서론』, 98을 보라.

952) J.P. Louw and E.A. Nida, *Greek-English Lexicon of the New Testament Based on Semantic*

의 담론분석(2.2)에서 보았듯이, 3-5절의 결론인 5절, 6-9절의 결론인 9절, 3-12절의 결론인 10(-12)절에 '구원'이 등장하여, 그리스도인의 삶에 있어서 구원이 과거의 그리스도의 부활에 정초해 있으면서도 미래에 완성될 것이지만, 현재의 실재로서 얼마나 중요한지 거듭 역동적으로 강조된다.[953] 베드로는 그리스도의 고난들과 영광들로부터 즉 그리스도 완결적(Christotelic)으로 구약에서 예언된 이 종말론적 구원을 확인했다.[954]

3.2. 믿음($πίστις$)

동사 $πείθομαι$(be persuaded, have confidence, obey)에서 유래한 '믿음'(참고. 합 2:4)은,[955] 베드로전서에 4회(1:5, 7, 9; 5:9; 동사는 1:8; 2:6, 7) 등장하는데, 베드로가 베드로전서의 앞부분(1장)에서 강조하는 명사이다. 이 네 경우 모두 '신실함'(faithfulness; 참고. 4에스라 3:32)보다는 '믿음'(faith), '신뢰'(trust) 혹은 '관계 안에서 충성을 유지함'(maintaining loyalty in a relation)이 나은 번역이다(참고. 히 11).[956] 여기서 성도가 완전한 신뢰의 상태까지 믿는 대상은 승천하신 예수님이 주신 종말론적인 구원이다(5, 8절). 단련된 확실한 믿음(7절)의 결과는 하나님의 능력으로 (사탄으로부터) 보호를 받고(참고. 5:9), 영혼의 구원과 칭찬을 얻는 것이다(5, 9절). 요약하면 베드로는 독자들에게 소망을 불러일으키는 구원에 이르는 믿음(saving faith)을 강조한다.

Domains, Volume 1 (Cape Town: Bible Society of South Africa, 1993), 214.
953) D.W. Kendal, "The Literary and Theological Function of 1 Peter 1:3-12," 108, 118; Elliott, 1 Peter, 337; D. Harlink, 1 & 2 Peter (Brazos Theological Commentary; Grand Rapids: Brazos Press, 2009), 47.
954) 벧전 1:10-12의 신학적 해석에 속하는 '그리스도 완결적' 혹은 '그리스도 회고적'(restropective Christological) 해석을 위해서는 Harlink, 1 & 2 Peter, 50-51을 보라.
955) C. Spicq, "$πίστις$" in Theological Lexicon of the New Testament (Peabody: Hendrickson, 1994), 110.
956) R. Bultmann, "$πιστεύω$ $κτλ$" in TDNT, Volume VI (Grand Rapids: Eerdmans, 1973), 199, 204, 212; J.P. Louw and E.A. Nida, Greek-English Lexicon of the New Testament, 376; Elliott, 1 Peter, 340.

3.3. 시험, 시련, 고난(δοκίμιον, 1:6, 7; πειρασμός, 4:12; παθήμα, 1:11; 4:13; 5:1, 9[모두 복수 명사])

'시험, 시련, 고난'(참고. 시 34:19)은 베드로전서 7회 등장한다.[957] 베드로전서의 역사적 배경이 박해 상황이라는 점에는 대부분의 학자들이 동의한다. 하지만 베드로가 언급하는 고난(pain, suffering)과 박해가 공식적이고 전면적이며 물리적이었는지, 아니면 간헐적이고 지역적이고 언어적이었는지 여전히 이견이 있지만, 후자를 지지하는 주석가가 점증하고 있다.[958] 베드로는 명사 παθήμα의 경우 신약의 16회 용례 중 4분의 1을, 동사 πάσχω의 경우 신약의 40회 용례 중 12회를 사용하여, 그리스도의 고난과 성도의 고난을 강조한다.[959] 베드로는 4-5장에서 성도에게 닥칠 불 시험(4:12)은 그리스도의 고난에 참여하는 것이라고 밝힘으로써(4:13), 성도가 그리스도께서 가신 고난(5:1)의 길을 걸을 때 동반되는 고난과 시련(trial)이 하나님의 냉대가 아님을 강조한다. 베드로는 이 사실을 1장에서 미리 밝혔는데, 터키의 수신자들은 여러 가지 고난을 당하신 예수님처럼(1:11) 여러 가지 시험들을 당했다(1:6). 여기서 성도가 당하는 '고난'은 '미래의 영광'(5:10)과 대조되지만, 고난과 승귀의 예수님에게서 볼 수 있듯이 영광을 위한 전제 조건의 역할을 한다.[960] 참고로 베드로는 1:7에서는 '고난'이 아니라, '확실함'이라는 의미로 δοκίμιον을 사용한다.[961]

---

957) H. Seesemann, "πειρα κτλ" in *TDNT, Volume VI* (Grand Rapids: Eerdmans, 1973), 30; W. Grundmann, "δοκίμιον" in *TDNT, Volume II* (Grand Rapids: Eerdmans, 1974), 255-56; W. Michaelis, "παθήμα" in *TDNT, Volume V* (Grand Rapids: Eerdmans, 1975), 930.
958) Elliott, *1 Peter*, 100; Achtemeier, *1 Peter*, 35.
959) Elliott, *1 Peter*, 347.
960) J. Kremer, "παθήμα" in *Exegetical Dictionary of the New Testament, Volume 3* (Grand Rapids: Eerdmans, 1993), 2.
961) 벧전 2:4, 7에서 예수님은 건축자들로부터 '거절당하신'(ἀποδοκιμάζω) 모퉁이 돌로 나타나는데, 이 동사는 δοκίμιον과 같은 어원을 가진다.

3.4. 영광($\delta\delta\xi\alpha$)

명사 '영광'(참고. כָּבוֹד, 출 16:7)은 베드로전서에 10회(1:7, 11, 24; 4:11[2회], 13, 14; 5:1, 4, 10; 참고. 동사형은 1:8 등) 등장한다(참고. 벧후 2:10). 동사 $\delta o\kappa\epsilon\omega$(think, admit)에서 유래하여 의미론적으로 큰 변화를 겪은[962] 명사 $\delta\delta\xi\alpha$는 신약에서 주로 영광스러운 신적인 존재 방식(divine mode of being)을 가리킨다.[963] 베드로는 4-5장에서, 그리스도를 위하여 고난당하는 성도에게 임하는 영광의 성령님(4:14), 고난당하는 성도를 기쁘게 하실 그리스도의 영광이 나타남(4:13; 5:1), 고난당하는 성도가 들어가는 하나님 아버지의 영원한 영광(5:10; 참고. 4:11), 그리고 양 무리를 잘 치는 장로에게 주어질 영광의 면류관(5:4)을 언급한다. 요약하면, 박해 가운데 있던 성도가 당하는 정당한 고난과 직분 수행에는 영광이 따른다. 베드로는 1장에서 시험으로 인한 믿음의 확실함을 가진 성도에게 재림의 주님은 영광을 주시며(7절), 예수님을 가시적으로 보지 못하지만 사랑하고 믿는 성도는 영광스러운 즐거움을 경험하고 있고(8절), 성령님은 구약 선지자들이 예언한 그리스도의 고난 후의 '영광들'($\delta\delta\xi\alpha\varsigma$, 1:3의 부활, 3:22의 승천과 재위, 1:7의 재림)을 드러내신다(11절).[964] 고난당하셨으나 승귀하신 그리스도를 즐거워하는 성도는 장차 칭찬을 받는다.

3.5. 계시하다($\mathring{\alpha}\pi o\kappa\alpha\lambda\mathring{\upsilon}\pi\tau\omega$)

동사 '계시하다'(참고. גָּלָה, 출 20:26)와 명사형($\mathring{\alpha}\pi o\kappa\mathring{\alpha}\lambda\upsilon\psi\iota\varsigma$, revelation)을 통틀어 베드로전서에 5회(1:5, 7, 12; 4:13; 5:1) 등장한다.[965] 베드로는 4-5장에서 그리스도의

---

[962] C. Spicq, "$\delta\delta\xi\alpha$ etc" in *Theological Lexicon of the New Testament* (Peabody: Hendrickson, 1994), 362-64. 이 경우에서 보듯이, 어원(etymology)은 의미결정에 별 도움이 안 되는 경우가 종종 있다.

[963] G. Kittel, "$\delta\delta\xi\alpha$" in *TDNT, Volume II* (Grand Rapids: Eerdmans, 1974), 247.

[964] Green, *1 Peter*, 29; Achtemeier, *1 Peter*, 111

[965] A. Oepke, "$\mathring{\alpha}\pi o\kappa\alpha\lambda\mathring{\upsilon}\pi\tau\omega$" in *TDNT, Volume III* (Grand Rapids: Eerdmans, 1974), 576.

고난에 참여하는 성도를 신원하시기 위해서 예수님의 영광이 계시되는(to make fully known, 4:13) 미래 종말의 때와 장로들이 장차 나타날(5:1) 영광에 참여할 것을 언급한다. 이 두 구절은 미래 종말론적이며 신원과 상급과 관련된다.[966] 베드로는 1장에서 말세에 계시될(1:5) 구원, 믿음을 지킨 성도를 신원하시기 위해서 예수님께서 미래에 나타나실 것(1:7), 그리고 구약 선지자들이 예언한 그리스도에 관한 내용의 의미를 성령님께서 그들에게 계시하시는 것(1:12)을 언급한다. 1장의 '계시하다'의 의미를 요약하면, 구약 선지자들이 그리스도의 구원 사역을 예언한 것이 종말에 성령님의 주도적인 역사로 밝히 드러나며(참고. 12절의 신적수동태 ἀπεκαλύφθη ἀνηγγέλη ἀποσταλέντι), 그것을 믿는 자들은 그리스도의 미래적 나타나심으로 신원을 받을 것이다. 구원계시사의 관점에서 볼 때, 신약 성도는 구약 선지자들보다 구원 계시가 충만히 드러난 특권적 전망대에 서 있다.

3.6. 시간(καιρός)

'시간'(참고. עֵת, 욥 39:18)은 베드로전서에 4회(1:5, 11; 4:17; 5:6) 등장하는데, 특별히 예수님으로 말미암은 종말론적인 구원과 심판의 '결정적인 순간'(decisive or critical moment)을 의미한다.[967] 베드로는 4-5장에서 하나님의 집에서 시작되는 심판의 때(4:17)와 하나님께서 겸손히 염려를 맡기는 성도를 높여주시는 회복의 때(5:6)를 언급한다. 하지만 베드로는 1장에서는 더 근본적인 결정적인 순간을 언급하는데, '이미 그리고 아직 아니'의 차원을 가지고 있는 종말론적 구원의 시간(1:5)과 그 구원을 이루기 위한 예수님의 고난들(비하)과 영광들(승귀)의 때(1:11)이다.

---

966) C. Spicq, "καλύπτω etc" in *Theological Lexicon of the New Testament* (Peabody: Hendrickson, 1994), 249.

967) G. Delling, "καιρός" in *TDNT, Volume III* (Grand Rapids: Eerdmans, 1974), 458; H.C. Hahn, "Time," in *NIDOTTE, Volume 3* (Grand Rapids: Zondervan, 1986), 837-39; Jobes, *1 Peter*, 101.

3.7. 요약

중요 단어들의 의미 분석(semantical analysis)은 저자가 말하고자 하는 본문의 핵심 메시지를 찾는 데 매우 유용한데, 살펴본 주요 6단어의 의미를 요약하면 다음과 같다: **(1)** 베드로전서의 독자들은 자신들이 겪고 있던 고난으로부터의 현재적인 '구출'과 보호하심 그리고 더 나아가 궁극적인 '구원'을 믿어야 했고, **(2)** 그들의 '믿음'의 대상은 종말론적인 구원인데, 단련된 확실한 믿음의 결과는 하나님의 능력으로 보호를 받고 영혼의 구원과 칭찬을 얻는 것이며, **(3)** 성도는 여러 가지 '고난'을 당하신 예수님처럼 여러 가지 시험들과 고난을 당하며, **(4)** 성도가 고난당하셨으나 '영광'스럽게 승귀하신 그리스도를 즐거워한다면 장차 '영광'(칭찬)을 받을 것이며, **(5)** 성도는 성령님께서 '계시하시는' 종말론적인 구원과 그리스도의 '나타나심으로' 장차 신원을 받을 것이며, 무엇보다 **(6)** 성도는 예수님의 고난과 승귀라는 결정적인 종말론적 '구원의 순간'이 이미 도래했음을 믿어야 한다. 이 요약은 담론분석의 요약(2.4)과 일치한다.

나오면서

지금까지 헬라어 성경 강독을 교수함에 있어서 다양한 문법적 해석방법론들을 유기적으로 통합하는 하나의 모델을 베드로전서 1:3-12에 적용하여 제시했다. 여기에 속하는 문법적 해석 방법론들은 내적 증거를 고려하면서 헬라어 성경의 비평 장치를 읽으면서 원본을 추적하는 작업인 본문비평, 역사적 배경을 고려하면서 직역에 충실한 번역, 전후 문맥 연구, 각 단어의 관련성을 도표로 파악한 구문분석, 저자의 사고 흐름을 이해하기 위해 세밀하고 정교한 헬라어 읽기를 통한 담론구조분석(저자의 사고를 요약한 심층구조도 포함), 베드로전서 안에 반복해서 등장하는 단어들(담론분석의 수직적 표지들)의 내적 간본문성에 기초한 어휘의미분석이다. 각각의 분석 방법들은 따로 존재하지 않고, 상호 유기적으로 연결된다. 이런 통합적인 문법적 해석은 역사적 해석과 신학적 해석의 기초가 되는 석의에 필수적인 과정이다. 대체로 기존의 문법적 해석 방법들은 유기적으로 연결되지 않고 개별적으로 남아 있었기에, 이 연구는 그런 약점을 극복할 수 있는 하나의 모델이다. 하지만 필자가 제시한 통합적인 문법적 해석방법이 표준 샘플이 될 수 없기에, 여기에 필요에 따라 음운론, 내러티브 해석, 수사학적 해석,[968] 화행론, 혹은 스타일 분석(style analysis) 등을 추가할 수 있다.

---

[968] 예를 들어, 고전 수사학적으로 볼 때 벧전 1:3-12는 독자로 하여금 뒤 따르는 주요 논의를 수용하도록 좋은 분위기를 조성하는 것을 목적으로 하는 *exordium*에 해당하는데, 3절에 ἀ로 시작하는 세 형용사(ἄφθαρτον καὶ ἀμίαντον καὶ ἀμάραντον)에서 수사학적 기교를 볼 수 있다. 이런 수사학적 기교는 베드로가 헬라어를 모국어처럼 여겨 문법과 구문을 완벽하게 구사했다는 사실과 반드시 일치하는 것은 아니다. B. Witherington III, *A Socio-Rhetorical Commentary on 1-2 Peter* (Downers Grove: IVP, 2007), 41, 49; Jobes, *1 Peter*, 79, 85. 그리고 J.W. Thompson, "The Rhetoric of 1 Peter," *Restoration Quarterly* 36(1994, 4), 237-50; R.L. Webb, "Intertexture and Rhetorical Strategy in First Peter's Apocalyptic Discourse: A Study in Sociorhetorical Interpretation," in R.L. Webb and B. Bauman (eds), *Reading First Peter with New Eyes: Methodological Reassessment of the Letter of First Peter* (Edinburgh: T&T Clark, 2007), 72-110.

Theology of the New Testament

제6부

요한서신과 요한계시록 신학

01 요한공동체의 삶의 정황

들어가면서

요한복음과 요한서신 그리고 요한계시록을 종합적으로 다루지 못하는 경향이 있다. 그것은 요한문헌의 저작 시기에 대한 불일치와 저자에 대한 다양한 입장 차이 등에서 그 원인을 찾을 수 있다.[969] 그러나 요한 문헌 전체가 예수님

---

[969] A. Feuillet, W.F. Howard, B. Vawter, R.E. Brown 등은 요한일서가 요한복음보다 먼저 기록되었다고 본다. 근거로는 요한복음이 먼저 기록되었다면 요한일서에 인용 구절이 있었을 것인데 없다는 것이다. 그러나 요한복음과 일서의 서론의 유사점은 간과할 수 없다. 그리고 이들은 다소 미래적인 종말론을 취하는 요한일서가 실현된 종말을 강조하는 요한복음보다 사상에 있어서 더 초기적이라고 주장한다. 그러나 둘 다 종말론에 있어서 '이미와 아니'를 취한다. 다른 한편 루돌프 볼트만, R. Schnackenburg와 DeSilva, Du Rand, 거스리 등은 요한복음이 요한일서(그리고 요한서신 전체)보다 먼저 기록되었다고 주장하는데 근거는 무엇인가? 요한 삼서에 등장하는 가이오, 디오드레베, 데메드리오라는 헬라-로마식 이름들은 요한공동체 안에 유대인과 헬라인의 혼합적인 분포가 시간이 지남에 따라 심화된 것을 의미한다. 요한복음의 고기독론은 그리스도인이 회당에서 출교된 것을 증거한다. 그러므로 요한서신의 수신자들은 이미 이러한 출교가 발생한 시점에 살았던 것으로 보인다. 그러므로 요한일서에 유대인과의 갈등과 그들의 위협이 거의 언급되지 않는다. 요한일서의 강조점은 유대인과의 갈등 속에서 그들을 개종시키는 것이라기보다는 시간이 지남으로 발생하는 공동체

의 제자요 세베대의 아들인 사도 요한의 기록으로 볼 수 있기에,[970] 독자/수신자들은 사도 요한의 목회적 돌봄의 대상들로서 소아시아 지역에 산재해 있던 교회들로 볼 수 있다(contra 불트만, 1983:13). 따라서 요한 문헌을 전체적으로 종합해서 살펴보는 것은 의미가 있는 작업이며,[971] 요한공동체의 삶의 정황을 본문으로부터 유추해 보는 것도 의미가 있다. '요한공동체'(Johannine community)라는 말은 사도 요한이 목회를 했던 교회들로서 요한문헌의 1차 수신자들이다.[972]

안의 교리적-신학적 문제를 해결하는 것으로 볼 수 있다. 요일 1:5와 3:11에는 ἀγγελία(메시지)라는 명사가 사용되는데, 아마 요한복음의 내용을 가리킬 수 있다(참고. Du Rand, 1997:161-62).

970) 이레니우스(130-200)는 처음으로 요한 문서를 에베소에 살던 사도 요한이 기록했다고 보았다. 이것이 교회의 전통이 되어왔다. 그러나 로마의 가이우스(3세기 초)는 요한복음과 계시록의 사도 요한 저작을 부인했고, 오리겐의 제자 디오니시우스(200-265)는 계시록의 사도 요한 저작을 부인했다. 유세비우스(260-340)는 계시록의 저자는 사도가 아닌 장로 요한으로 보았고 요한이서와 삼서의 저자를 의문시 했다. 그럼에도 불구하고 요한 문헌 전체를 사도 요한의 저술로 돌리는 전통이 여전히 강하다(조석민, 2001:46-47).

971) 요한복음-요한일서 그리고 요한복음-요한계시록의 연관성은 다음과 같다:(1) 요한복음과 요한일서와의 유사성은 다음과 같다: 빛과 어둠의 대조(요 1:4-9; 요일 1:5-7), 세상에 대한 부정적 평가(요일 2:15), 파라클레토스(요 14:16; 요일 2:1), 진리에 대한 강조(요 1:14; 요일 1:6), 영생(요 3:15-16; 요일 1:2; 2:25), 죽음에서 이미 생명으로 옮겨진 교회(요 5:24; 요일 3:14), 예수님이 그리스도요 하나님의 아들이라는 표현(요 20:30-31; 요일 2:22), 성부가 성자를 보내시고, 성자를 믿는 자는 생명을 얻음(요 3:16-17; 요일 4:9), '안다', '사랑하다', '하나님의 자녀'와 같은 표현 등.(2) 요한복음과 요한계시록과의 유사성은 다음과 같다: 어린 양(요 1:29, 36- ἀμνός;. 계시록에는 28회 모두 ἀρνίον), 로고스(요 1:1, 14; 계 19:13), 목양(요 10; 21:15-17; 계 2:27; 7:17; 12:5; 19:15), 생수(요 4:14; 6:35; 7:37-38; 계 7:17; 21:6; 22:1, 17)의 종말론적 이미지, 사람과 함께 거하시는 하나님(요 1:14; 계 7:15; 21:3), 성전의 파멸-부재(요 2:19, 21; 계 21:26), 숫자 7의 중요성(7개의 표적과 7교회-인-나팔-대접), 예수님이 사탄을 중요한 실체로 취급하심(요 6:70; 8:44; 13:2, 27; 계 2:9-10, 13, 24; 3:9; 13:9, 12; 20:2, 7, 10), 요한복음에서 신자와 세상의 대조는 계시록에서 하나님의 인 맞은 자와 짐승의 인 맞은 자의 대조와 비슷함, 인내, 증거, 영광, 하나님의 주권 등(참고. 쾨스텐버그, 2005:412-13).

972) Smalley(1984:xxi)도 자신의 요한일서 주석에서 이런 용어들을 교차적으로 사용한다. 여기서 분명히 할 것은 요한공동체라는 말을 사용한다고 해서 자료비평 혹은 양식비평의 입장을 수용할 수 없다는 점이다. 마치 요한공동체가 요한문헌의 집성의 역사의 단계에 있어서 점차적으로 자료를 산출하고 집성한 주체라는 입장은 사도 요한 저작과 상충되는 개념이다. 필자는 요한공동체가 주체가 되어 오랜 시간을 두고 만든 개정-편집의 층(literary strata)을 인정하지 않는다. 요한공동체는 요한문헌의 수신자이지 산출의 주체가 아니다(김동수, 2001:37). W. Meeks와 J. Neyrey 등은 Louis Martyn의 전승 비평적 입장에서 사회과학적 해석을 시도하는데 그 전제와 결과를 경계해야 한다. 그리고 종종 분파에 등장하는 '반사회적 언어'(anti-language)가 요한 문헌과 다른 신약 성경에 등장하지만, 그것은 단순히 기존 체제를 비판하고 반대를 위한 언어가 아니라 하나님의 의도에서 벗어난 현 상태를 바로 잡으려는 '변혁 언어'(trans-language)로 보아야 한다. 예수님이야말로 모든 사람들을 만나시고 말씀으로 가르치신 분이시며, 반대로 바리새인과 같은 유대 종교 지도자들이야 말로 전통에 메여서 반사회적으로 행한 사람이 아닌가! 마찬가지로 요한서신은 세상과 담 쌓고 사는 은둔적인 분파주의를 지지하지 않는다. 요한일서에는 '세상'이라는 용어가 종종 부정적으로 사용되지만(요일

그들의 정확한 삶의 정황을 재구축하는 것은 힘든 작업이고 가설적인 것이다. 그럼에도 불구하고 본문을 생생한 창문(vivid windows)으로 삼아서 유추해 볼 수 있다(DeSilva, 2004:449). 알란 컬페퍼와 R.E. 브라운 등은 요한공동체에 대해 나름대로 연구 결과물을 발표했다. 분명한 것은 사도 요한 저작을 전제로 하여 요한문헌을 종합적으로 살펴본다면 요한공동체의 내외부적인 모습을 상호 보충적으로 살펴볼 수 있게 한다(조석민, 2001:52).

1. 요한공동체의 삶의 정황[973]

1.1. AD 70년 전후로 유대인과 대결하던 공동체

요한복음은 반유대적인 색체가 강하다. 자칭 '모세의 제자들'인 유대인들은 예수님을 죽인 자들로서 이제는 요한공동체를 향해서도 살기가 등등했다. 그들은 마귀의 자녀였지 하나님의 가족의 일원은 아니었다(요 8:44). 이런 유대인들이 교회를 향해서 핍박을 할 수 있었던 시기는 주로 AD 70년 예루살렘 파멸 이전으로 보인다. 이 후에는 바리새인 중심, 구체적으로는 힐렐 학파 중심의 랍비 유대교로 축소되었기 때문이다. 물론 AD 70년 이후의 랍비 유대교와 그것의 영향을 간직한 디아스포라가 교회를 핍박했을 가능성을 완전히 배제할 수는 없다. 요한계시록에서도 요한은 이들 배교한 유대인들을 '사탄의 회'로 비난한다(계 2:9; 3:9). 이것은 요한공동체가 직면한 외적인 어려움이다. 유대인들은 로마 제국과 손을 잡고 교회를 박해했다(요 19:15; 계 13:12). 사회과학적 해석에 근거하여 학제간 연구를 하는 신약학자들이 종종 주장하듯이 요한공동체를

2:15-17; 3:11-15; 5:4-12), 사랑과 구원과 용서와 관련되어 긍정적으로도 사용된다(요일 1:5-2:2; 4:7-12; 4:13-15). 요한공동체는 먼저 자신의 정체성을 분명히 한 후에, 세상을 포기하지 말고 끌어안고 하나님의 구원으로 인도해야 했다(참고. 김상훈, 2003:85, 89, 101). 요한공동체는 그리스도의 복음을 순수하게 변증하고 요한 문헌을 다음 세대로 전수하는 데 기여했다(김동수, 2001:37).

973) 요한공동체의 3가지 대적을 위해서는 김상훈(2004:123)을 참고했다.

유대교나 사도 교회를 모체로 한 하나의 '분파'(sect)로 보는 것은 바람직하지 않다. 신약의 수신자들-공동체들은 모두 그 수에 있어서는 비록 소수였을지라도 사상과 삶은 은둔적이거나 반동적, 배타적 혹은 분파적일 수 없었다.[974]

1.2. 이단과 대결 중이던 진리 공동체

요한공동체 안에서 헬라의 이원론적 사상의 영향을 받은 자들은 예수 그리스도의 성육신과 그분의 구속의 사역을 받아들일 수 없었다. 1세기 말에는 초기 영지주의적 경향을 가진 세력 특히 케린투스와 같은 이들이 교회의 대적으로 자리매김했다. 이들은 요한공동체 내부에서 발생한 박해 세력으로서 분열주의자들이었다. 요한은 서신에서 이들을 대항하여 바른 기독론과 사랑의 실천을 근간으로 하는 윤리적 삶 그리고 균형 잡힌 종말론을 제시한다. 요한복음에는 이러한 내부적 분열이 언급되지 않았기에 요한복음이 기록된 후에 요한서신이 기록된 것으로 보인다.[975] 헬라 철학의 이원론을 가진 이단들은 세속화와 도덕적 해이에 빠졌는데 요한서신과 계시록에서 혼합주의적 색채를 지닌 자와 무관하지 않다.[976]

---

[974] Smalley(1984:xxiii)는 이들을 예수님에 대한 헌신은 고백했지만 여전히 율법적 유대주의에 충성하고 있었던 유대주의적 그리스도인이라고 부른다. 이들의 가르침은 유대교의 한 분파인 에비온파(the Ebionites)와 유사한 점이 있다.

[975] 안디옥의 감독 이그나티우스는 2세기 초반 인물인데, 서머나의 그리스도인들에게 편지를 쓰면서 누가복음에 등장하는 부활하신 예수님의 모습에 호소하면서 성육신과 고난의 실제성을 부인하는 몇몇 그리스도인들을 경계할 것을 촉구한다. 그리고 그리스도의 피를 믿지 않는 자에게는 심판뿐임을 밝힌다. 그들에게는 고아와 과부, 자유민이나 종, 배고픈 자와 목마른 자 그리고 고난당하는 자들은 안중에도 없었다. 이그나티우스는 사랑과 기독론을 연결시킨다. 이그나티우스가 경계한 대적들과 요한이 서신에게 경계한 자들을 동일시할 수는 없을지라도 유사점은 있다(보라. DeSilva, 2004:460).

[976] Smalley(1984:xxiii)는 이들을 이원론-영지주의에 기초하여 이방 종교적 배경을 가졌고 여전히 영향을 받고 있던 헬레니즘화된 그리스도인이라고 부른다.

1.3. 이방 세력과 대결 중이던 소수의 공동체[977]

로마의 황제 숭배사상은 알렉산더 대왕의 신격화의 영향을 받은 것이다. 물론 훨씬 이전인 페르시아나 고대 이집트까지 황제숭배는 소급된다. 알렉산더 사후 톨레미나 셀류키드 왕조에서도 황제 숭배가 지속되었다. 로마 제국에서 신적 영예를 부여하기 시작한 것은 로마에 의해 정복당한 그리스 백성들이었는데, 그들은 권력을 지닌 로마의 대표자들에게 지속적으로 그러한 영예를 제공했다. 아우구스투스 이후의 황제들은 아우구스투스의 신-왕 일치 정책을 계승했고, 단지 몇몇 폭군으로 알려진 황제들에 의해서 당대에 스스로를 신격화하는 경향을 띠고 있었다. 로마 시민들이 황제를 위해서 행했던 하나의 정규적인 제의는 헌주(獻酒)였는데, AD 30년 원로원은 공사적인 모든 연회에서 황제(의 영적인 현존: Genius)에게 바치도록 결정했다. 이 의식은 이후에 로마 제국의 국가 종교에서 황제의 수호신에 대한 제의로 정식으로 채택되었다. 아우구스투스는 전통적인 신들의 반열에 황제의 Genius를 포함시켜서 희생제사와 황제의 Genius에 근거한 공식적인 서약을 행하도록 하였다. 황제의 죽음은 신에게로 옮겨지는 영광으로 이해되었다. 죽어서 신이 된 황제는 국가 종교에 공식적으로 등록되고 로마의 전통적인 신들과 함께 숭배되었다. 따라서 자동적으로 당대의 살아있는 황제는 신의 아들이 된다. 갈리굴라, 네로, 도미티안은 생존 시에 스스로 신격화한 것으로 알려진다. 황제 제의 시에 포도주 헌주나 제의용 케익이 바쳐졌고, 특별한 제단에서 향이 태워지거나 동물 특히 황소를 잡아서 희생 제사를 드렸다. 희생 제사가 진행되는 동안 제단 옆에서는 찬가가 불리어졌다(김선정, 2003:30-31, 56).

소아시아는 물론 지중해 연안의 세계에 만연한[978] 황제 숭배(emperor

---

977) 이 단락은 김선정(2003)의 글을 참고하여 요약했다.
978) 그리스 도시들과 도시 동맹들 역시 황제에게 가장 큰 경의를 표하기 위해 경쟁하였는데, 반년마다 경기를 개최하고 경기와 문화를 결합한 축제를 열고, 황제에게 엄청난 희생제물을 바치곤 했다. 그

veneration)는 점차 황제 제의(imperial cult)로 발전되어, '로마의 평화'를[979] 위한 제국의 정치적인 전략으로 기능했다. 즉 황제는 황제 숭배를 구심점으로 해서 로마의 단결을 촉진시켰다. 따라서 황제에게 파견된 속주의 대사들이 황제에게 신적 경외를 표하는 칭호를 사용했다. 황제 제의와 관련된 사항들은 '신성한 법'으로 불리었고, 위반 시 단순한 처벌이 아니라 죽임을 당할 수 있었다. 이것은 이단의 문제가 아니라 반역의 문제였다. 황제 숭배는 신앙의 문제라기보다는 공공질서와 규율의 문제였다. 그러므로 황제 숭배에 참여하지 않는 사람은 승진기회의 박탈, 법적인 보호에서 제외됨, 공직임명과 경제적인 면에서 불이익을 감수해야 했다. 그러므로 황제 숭배는 공공 생활의 모든 영역에 스며들게 되었다.

지중해 연안의 대부분의 국가는 혼합종교를 가지고 있었기에 로마의 신과 황제 제의를 수용하는 데 별 어려움을 겪지 않았다. 그리고 유일신 여호와를 섬긴 디아스포라는 황제 숭배에 직접적인 강요를 받지 않았기에(예. 아우구스투스, 글라우디우스 등) 로마 제국과 적어도 '불가피한' 갈등에 처해 있지 않았다. 오히려 로마 제국은 유대인들의 유일신 종교와 자치를 많이 허용했다. 유대인들은 로마 황제를 '위해' 매일 희생 제사를 드릴 정도로 제국에 호의적이었다. 유대인들은 신과 왕을 하나로 보는 로마의 전통에 반대하여, 신과 왕을 구분했다. 즉 유대인은 신-왕 일치 사상이 아니라, 신-왕 분리 사상을 견지했다. 이것은 일종의 타협이었다. 왜냐하면 유대인에게는 하나님이 세우신 유대의 왕이 있었기

런 축제에는 도시 전체 인구가 참여했고, 고기를 무료로 나누어 주어 대부분의 사람들이 고기를 먹을 수 있는 유일한 기회였다. 이 축제는 그 지역의 귀족과 대지주, 정치가의 후원으로 열렸다. 이들은 또한 황제의 호의를 입었고, 제국의 피라미드 상층부의 권세가로 자리매김했다. 황제 제의는 후견인-단골손님 제도에 근거하여 경제적으로는 빈익빈 부익부를 확고히 했고, 정치적으로는 황제에 대한 충성을 더욱 분명히 한 수단이 되었다(참고. 리차드 호슬리, 2004:49).

[979] Pax Romana는 특별히 유대에서 인기가 없었다. 로마가 부과한 과도한 세금부담 등의 이유 때문이었다. 정도의 차이가 있겠지만, 다른 지역에서도 그러했다. 타키투스의 책에 언급된 칼레돈의 추장의 말을 들어보자: "(로마인들은) 이 세상의 약탈자들이다 만일 적이 부유하면 그들은 강탈하고, 만일 적이 가난하면 그들은 지배한다. 동방도 서방도 그들을 채우지는 못했다 그들은 약탈하고 살육하고 빼앗으며 그것을 '제국'이라 불리고, 폐허로 만들면서 그것을 '평화'라고 부른다"(참고. 리차드 호슬리, 2004:37).

때문이다. 따라서 유대인은 왕-황제를 '위해서' 제사를 드릴 수 있었던 것이다. 유대는 비교적 충성스러운 로마의 속주였다. 하지만 AD 66년 네로 통치시기에 로마 총독의 성전 금고 탈취 사건에 항의하여 유대인들이 황제를 위한 제사를 거부하였고, 이것은 유대-로마 전쟁의 도화선이 되었다.

그러나 로마의 박해 상황 중에 유대인보다는 기독교인이 황제 숭배에 보다 더 배타적으로 동참하기를 거부했다. 유대인과는 달리 기독교인에게 있어서 신-왕은 일치했고, 그 분은 바로 하나님(곧 예수 그리스도)이었다. 로마의 신-왕 일체 사상은 식민지 지배 이데올로기였다면, 기독교인의 신-왕 일체 사상이 그러한 로마의 이데올로기에 대응하는 것으로 볼 수 있다. 그러므로 기독교인은 유대인처럼 로마 권력과 타협할 수 없었다. 기독교인에게 있어서 로마와의 갈등뿐 아니라, 회당과의 갈등도 불가피했다. 로마인에게 있어서 처음에는 기독교가 유대교의 한 분파로 비쳐졌다. 점차 로마인은 기독교인을 로마의 황제-신, 전통적인 신이나 다른 민족의 신을 인정하지 않는 무신론자들로 보았다. 그리고 기독교와 유대교의 갈등과 구분이 명확해지자, 로마인들은 기독교를 로마로부터 합법적인 종교로 인정받은 유대교와는 다른 사교로 보게 되었다. 기독교의 확산은 로마의 사회 질서에 위협으로 간주되었다. 그러므로 황제 제의는 강제성을 띠고 기독교인에게 강요되었다. 1세기 중반 이후로 그리스도인들에게 황제 제의가 강요되었고, 향과 기도와 맹세를 바치는 것은 국가에 대한 충성의 표지였으며, 거부하면 불충성한 자로 여겨졌고 처벌되었다. 기독교인들의 이러한 제의와 집회에 참여하지 않은 이유로 재앙이 일어나는 것으로 여겨졌고, 결국 공공의 적으로 간주되었다.

네로 황제의 박해가 로마 도시에 국한 되었다고 볼 결정적인 단서는 없다. 그리고 도미티안 때의 박해가 로마 제국 전역에 걸쳐 진행되었다는 근거도 결정적이지 않다. 심지어 도미티안 때에는 박해가 없었다고 보는 이도 있다. 하지만 분명한 것은 네로 황제를 정점으로 하여 로마 제국은 황제 숭배와 로마 신 숭배를 강요했다. 그 강요가 간헐적이었다고 할지라도 로마 제국의 기독교 공동체에게는 위협적인 것이었다. 음녀 바벨론(계 14, 17-18)과 바다에서 올라오는 짐승(계 13:1) 등은 바로 이 로마 세력을 가리키는 상징이다. 황제 숭배와 성황제 성상 대한 숭배 강요, 신전 제물을 바치는 일은 그리스도인에게는 배교행위였다. 그것을 거부하는 자는 고난을 각오해야 했다. 사도 요한이 밧모 섬에 유배된 것은 바로 이런 이유 때문이 아닌가! 발아기적 형태의 영지주의적 색채를 가진 이단들이나 디아스포라 유대인들은 요한을 유배시킬 수 없었다. 요한공동체에게 있어서 오직 주와 하나님은 예수 그리스도를 통해서 구원을 이루신 하나님 뿐이었다. 이 남은 자들을 위해서 예수님은 종말론적으로 재림하실 것이다. 요한 당시에 지중해 연안에 복음의 전진을 통해서 로마를 영적으로 정복할 것이며, 313년 콘스탄틴의 기독교 공인으로 기독교에 대한 박해를 종식시키실 것이며, 결국은 최종 파루시아로 신원하실 것이다.

나오면서

요한공동체는 크게 3부류(이단, 불신 유대인의 위협, 이방 로마 제국의 황제와 신 숭배강요)의 대적과 전투하는 교회였다. 결국은 이들을 물리치면서 승리한 공동체였다. 그리고 요한의 대적들로부터 신학적으로 잘못된 것은 결국 윤리적인 면으로 반영됨을 알 수 있다. 특히 초대 교회는 '하나님을 경외하는 자'를 두고 유대교와 대결해서 승리했다. 그것은 디아스포라와 로마 제국에 대한 승리였다. 이들 대적들과의 경계선을 강화해야 했기에 요한은 이원론적인 성격을 가지고 진리를 직접적으로 변증했다. 그러나 경계선 강화가 곧 분파주의를 표방하는 것은 아니었다. 단지 공동체의 정체성을 우선적으로 강화하는 차원으로 보아야 한다. 그리고 복음서와 서신 그리고 묵시라는 장르의 차이는 요한의 논리와 용어 그리고 문학 스타일의 다양성을 초래했다.

02 요한서신의 구원론[980]

들어가면서

이 글에서는 요한일서를 중심으로 살펴보되, 요한이서와 삼서도 보충적으로 살필 것이다. 그리고 요한서신 전체의 저자는 사도 요한임을 전제로 한다. 구원론은 기독론과 성령론 그리고 교회론은 물론 윤리와 연결된 복합적인 주제다.

1. 구원과 관련된 어휘

요한복음처럼 요한일서도 영생의 현재적 경험에 대한 확신을 강조한다. 영

---

980) 이 글은 2002년 프레토리아대학교에서 열린 '신약의 구원론 세미나'에서 UNISA의 D.G. van der Merwe교수가 발표한 "Salvation in the Johannine Epistles"를 요약 및 번역한 것이다.

생은 요한일서에 적어도 10회 정도 언급된다. '영생'은 요한일서 1:2; 2:25; 3:15; 5:11, 13, 20에 등장하고, '영원한'이라는 형용사가 없더라도 '생명'이 절대적인 의미를 가질 때에는 영생을 가리킨다(요일 1:2; 3:14; 5:11-12, 16). 요한일서 3:14는 "우리가 형제를 사랑함으로 사망에서 옮겨 생명으로 들어간 줄을 알거니와 사랑치 아니하는 자는 사망에 거하느니라"고 말한다. 요한일서 1:1에서 예수님은 '생명'으로 불린다. 서신의 서두에 나오는 예수님의 이름에서 구원론적인 뉘앙스가 물씬 풍긴다. 바로 이 구원의 예수님이 요한일서 1:2의 사도의 선포의 객체가 되어 왔다. 요한일서 1:2의 4개의 동사는 생명이신 그리스도를 신앙하는 것의 절대적인 진정성을 강조하는 것이다.

2. 구원의 기독론적 차원

공동체 안에서 발생한 이단들을 언급한 후에 설명된 영생에 대한 약속은 신앙 안에 머무르는 기초요 목표이다(요일 2:25). 성자를 부인하거나 고백하는 것이 영생을 약속하신 성부를 소유하거나 소유하지 못하게 되는 전제 조건이 된다(요일 2:23). 요한일서 5:12-13에서도 요한은 에베소의 수신자들(요한공동체)에게 하나님의 아들을 믿음으로써 영생이 있음을 확신시킨다. 그러므로 하나님의 아들을 믿는 것 즉 기독론과 영생이 불가분적 관계에 있음이 두드러진다.

3. 하나님 중심의 구원론

요한일서 2:29부터 기독론 중심이 아니라 성부 하나님 중심으로 구원이 설명된다. 하나님에게서 난 자(요일 3:9; 4:7; 5:1, 4, 18), 하나님의 자녀(요일 3:1, 2, 10; 5:2, 19), 하나님에게 속한 것(요일 3:10; 4:2, 3, 4, 6, 7; 요삼 11)라는 표현에 주목할 만하다.

즉 하나님의 자녀는 하나님에게서 난 자로서 하나님 안에 거하는 동시에 하나님도 그 사람 안에 거하는 사람이다. 하나님 중심의 관점은 그리스도 중심의 구원론을 반대하는 것이 아니라 보충하는 것으로서, 구원을 다른 관점에서 설명할 뿐 아니라 구원받은 성도와 교제라는 주제를 연결한다. 즉 구원받은 자의 행동은 주로 하나님 아버지와의 관계를 통하여 증명된다. 요약하면 하나님의 아들 예수 그리스도를 믿는 자는 하나님에게서 난 자로서 영생을 가지고 있음을 확신하는 가운데 하나님과 교제를 나누고 있다(요일 5:1-5). 이러한 구원론을 믿지 않는 미혹하게 하는 자들 때문에 교회가 실제로 분열되었다(요일 2:26). 이 미혹하는 이단들은 자신들이야말로 성령의 인도를 받는 바로 그 하나님의 자녀라는 사상을 가지고 있었다(요일 2:20, 27). 요한일서 1:8-10에 의하면 이 이단들은 더 이상 죄를 짓지 않는다는 도덕적으로 완전주의적 입장을 견지했다. 이러한 과도하게 실현된 종말론은 더 이상 죄와 더불어 싸울 필요성을 사라지게 만들고 말았다.[981] 이단들은 일반 성도들을 마치 2류 성도 정도로 취급하는 영적인 교만도 보였다. 하지만 이단들이야말로 하나님을 안다고 하면서도 계명을 순종치 않고(요일 1:6-7), 하나님을 사랑한다고 말하지만 성도를 사랑하지 않는 위선적인 사람이었다(요일 2:7-11). 요한은 이단들을 물리치기 위해서 '처음부터 들은' 즉 예수님과 사도들로부터 전해진 가르침으로 돌아가서 호소한다(요일 2:24). 즉 요한은 예수님의 성육신을 통해서 죄악 세상을 구원하시려는 아버지 하나님의 구원의 계획을 확고히 붙잡고 계명에 순종하며 살 것을 설명한다.

4. 하나님의 가족: 구원의 은유

요한은 구원론을 가족의 은유로 설명하는 것을 즐겨한다: '하나님의 자녀'(요일 3:1-2, 10; 5:2), '하나님에게서 난 자'(요일 2:29; 3:9; 4:7; 5:1, 4, 18). 구원 받은 백성은

---

[981] 거듭나면 범죄할 수 없다는 이 주장은 구원파와 다를 바 없다.

하나님을 '아버지'라고 부른다(요일 1:2; 2:1, 14-15, 22-24; 3:1; 요이 4). 그러므로 요한의 가르침을 잘 따르는 자는 형제자매가 된다. 요한은 그의 공동체를 가족 이미지가 듬뿍 담긴 '자녀들'(요일 2:1, 12, 28; 3:7) 혹은 '사랑하는 자들'(요일 2:7; 3:2, 21; 4:1, 7, 11; 요삼 1, 2, 5, 11)이라고 친근히 부른다. 즉 구원받은 자는 하나님을 아버지로 모시고 가족으로 사는 공동체이다. 자녀는 아버지 하나님의 뜻을 따라서 그 규율에 맞추어 살아야 한다. 그것은 예수님처럼 빛 가운데 걸어가는 것이다(요일 1:7). 그러므로 요한의 대적들은 하나님의 가족 밖에 머물고 있다. 그들은 마귀의 자녀이고 이 세상에 속한 자녀들이다. 가족 은유로 나타난 구원론을 요약하자면 예수 그리스도를 믿음으로 말미암아 하나님의 가족의 한 부분이 되어, 빛의 자녀로서 윤리적으로 행해야 한다.

5. 구원에 있어서 예수님의 역할

하나님의 생명은 그의 자녀에게 계시될 때 오직 예수 그리스도 안에서 나타난다. 거룩하신 빛 되신 하나님은 오직 생명과 빛인 예수님 안에서 온전히 계시하시고 자녀를 깨끗케 하신다(요일 1:1). 그분은 교회를 구원하기 위해 의로우신 화목제물로 죽으셨다(요일 2:1-2; 3:16). 이처럼 아버지 하나님과 아들 하나님의 관계는 아버지 하나님과 그의 자녀인 교회의 관계의 기초가 된다. 이 관계는 매우 친밀한 사랑의 연합이다. 성부께서 자신의 구원의 빛을 아들의 성육신을 통해서 주셨듯이 이제는 교회의 희생적 사랑과 빛 된 생활을 통해서 나타내신다(요일 2:6; 3:3, 16 4:9). 이러한 교회의 생활이야말로 성육신적 삶(incarnational life)이다. 이런 성육신적 삶의 기초는 예수 그리스도의 성육신을 믿음으로 인정하여 하나님과 교제하는 것이다(요일 4:15). 결국은 희생적인 섬김으로 표출되어야 한다.

6. 구원의 수납

예수님이 하나님의 아들로서 화목제물로 이 땅에 보내졌다면 사람들은 어떻게 하나님의 백성들이 되는가? 요한일서 1:6에 의하면 사람들은 어둠에 속하여 빛이신 하나님과 교제할 수 없었다. 죄는 하나님과 양립할 수 없는 끔찍한 것이다. 구원의 수납은 다시 가족 은유로 설명되는데, 그리스도의 화목의 사역을 믿음으로써 하나님의 가족 안으로 태어나야만 한다. 성령으로 말미암은 신앙은 구원의 수단이다(요일 2:20; 5:5-6). 중생은 하나님의 가족 안으로 들어가는 것이다. 영생은 하나님의 가족 안에서 사는 것이다. 성령은 성도 안에 하나님의 거주하심을 확신케 한다(요일 3:24). 영생은 주로 공동체적인 교제로 나타난다. 그러므로 가인처럼 공동체 즉 하나님의 가족을 깨는 행동은 금해야 한다. 하지만 불법을 행한 자(요일 3:4) 즉 범죄한 하나님의 자녀는 죄를 고백해야 한다(요일 1:9). 세상으로부터 나오는 육신의 정욕, 안목의 정욕, 이생의 자랑이 죄악이다(요일 2:16). 하나님의 가족 안에서 지은 죄는 하나님의 자녀를 사망으로 인도하지 않는다. 그리스도께서 보혜사가 되시기 때문이다. 그러나 하나님의 가족 밖에서 지은 죄는 배교와 관련되며 사망으로 인도한다. 요한이서 6절 등에 의하면 이렇게 구원을 받은 자의 삶은 사랑의 실천과 계명을 실천하는 방식으로 매우 실제적이어야 한다(참고. 요일 4:7-8).

7. 구원의 결과

구원은 상태의 변화를 초래한다. 구원 받은 자는 개인적으로 마귀의 자녀에서 하나님의 자녀가 되고, 공동체적으로도 다른 신앙의 동료와 교제하게 된다. 구원의 결과로 하나님을 알게 되는 특권적인 지각을 가진다(요일 5:20). 요한이서 8절은 하나님의 자녀에게 상을 약속한다. 구원의 다른 결과는 신자가 진리 안에서 함께 수고하는 자를 동료로 두게 되는 것이다(요삼 8).

03   요한서신의 삼위 하나님과 윤리

1. 요한서신의 하나님 호칭

요한일서에는 하나님의 이름-호칭이 다양하면서도 아주 집중적으로 등장한다. θεός는 요한일서에만 약 60회 이상 등장하고, πατήρ는 12회 등장한다. '아들, 하나님의 아들, 그의 아들'이라는 호칭은 20회 등장하고, '예수 그리스도'는 11회(요 1-3서에는 총 15회), '의로운 분, 보혜사, 거룩한 분'은 한 번씩 등장한다. 흥미롭게도 요한서신 전체에서 예수님에게 κύριος라는 호칭은 따르지 않는다.[982] 반면에 바울 서신에서는 '주'가 지배적인 기독론적 호칭이다. 요한일서에서 성령은 πνεῦμα(4회), 진리의 영(2회), 하나님의 영(1회), 그 자신의 영(1회) 사용되었다. 그러나 성령이 '보혜사'로 불리지 않는다.

---

[982] '주'라는 호칭은 요한복음에 41회나 등장한다. '심판하다'라는 단어도 요한복음에는 30회 등장하나 요한일서에는 등장하지 않는다. 그리고 요한복음에 자주 등장하는 '보내다'와 '찾다'도 요한일서에 등장하지 않는다(Du Rand, 1997:159).

성부 하나님은 예수님과 매우 친밀한 관계를 가지시고, 빛이시고(요일 1-2), 사랑이시며(4:7-5:5), 성령을 통해서 자신의 아들을 증거 하시고, 악을 이기시고 성도에게 승리를 보증하신다. 요한복음과 요한일서 사이의 차이점에 주목해 보자. 이 차이점은 동일 저자가 아니라는 것을 증명하지 못하며 오히려 강조점과 수신자의 상황의 차이점[983] 그리고 복음서와 서신이라는 장르의 차이점 때문에 발생한다. 흥미로운 것은 요한일서는 그리스도 중심적이라기보다 하나님 중심적이다. 예를 들어, 요한복음에서 그리스도에 관해서 말해진 것은 하나님에게 돌려진다: 예수님이 빛이시다(요 1:4, 9; 8:12). 하나님도 빛이시다(요일 1:5). 그리스도의 계명과 하나님의 계명을 비교해 보라(요 13:34; 14:15; 15:10; 요일 2:3-4; 3:22-23; 5:2-3; 요이 4-6). 요한복음이 영광 받으시고 승귀한 그리스도를 강조한다면 요한일서는 성육신 즉 낮아지신 그리스도를 더 강조한다. 그리고 요한일서는 요한복음만큼 보혜사 성령을 강조하지 않는다. 요한복음이 그리스도의 죽음을 영광의 승리라고 보는 반면에 요한일서는 대속적이고 희생적이라고 본다(요일 1:7; 2:2; 3:16; 4:10). 구약 인용의 빈도에서도 차이가 난다(Du Rand, 1997:159).

2. 요한서신의 기독론적 고백 양식

요한의 메시지의 열쇠는 기독론에 놓여 있다(Du Rand, 1997:166). 요한은 그리스도이신 하나님의 아들은 실제로 사람이 되신 선재하신 하나님이심을 선언한다. 실제 인간이신 예수님은 그리스도이시다(요일 2:22; 5:1). 예수님은 하나님의 아들이시다(요일 4:15; 5:5). 예수님은 인간이 되신 참 그리스도이시다(요일 4:2). 물(세례)과 피(죽음)로 오신 분은 예수 그리스도이시다(요일 5:6).[984] 강조점은 예수

---

[983] 요한복음의 대적은 공동체 밖의 회당이지만 요한일서의 대적은 교회 안에서 발생했다.
[984] 여기서 '물과 피'를 요 19:34에 언급된 예수님의 옆구리에서 흘러나온 물과 피와 관련시키는 주장에 대해 살펴볼 필요가 있다. 예수님의 창자국난 옆구리는 나중에 실제적인 부활의 확실성을 증거 하는 표가 되었다. 신학적-상징적으로는 요한복음에서 물은 성령님을, 피는 예수님의 죽으심을 통한 새로운 언약을 세우시는 것을 상징한다. 그리고 예수 그리스도께서 물과 피로 '임했다'는 무슨 의미

님은 참 사람이시며 참 그리스도이시다.

3. 성령과 구원론

아들 하나님을 증거 하시는 성령님의 사역은 요한일서 1:1-4; 2:20-27; 4:1-6; 5:6-12에 요약되어 있다. 그래서 성령은 '진리의 영'(요일 4:6; 5:7)이라고 불린다. 요한일서 4:1에서 이단을 거짓 선지자로 부르기에, 요한의 대적들은 성령으로 어떤 특별한 계시적 체험을 하고 있다고 주장한 것 같다. 요한일서 2:20과 27절에 의하면 대적들은 성령으로 모든 것을 알고 기존 성도보다 더 우월한 체험을 하고 있다고 주장할 수 없다. 모든 그리스도인들은 예수님께서 주시는 기름부음 즉 성령을 소유하고 있기에 거듭난 통찰력을 가지고 있다. 거듭나는 것은 곧 성령을 소유하는 것이다. 그러므로 요한공동체는 영을 시험해야 했다. 왜냐하면 교회는 성령으로 진리를 변증해야 하기 때문이다(참고. 요 16:13). 교회가 진리를 변증함에 있어서 시금석이 되는 것은 태초부터 있던 말씀이신 그리스도의 성육신이다(요일 1:1; 2:13; 3:11). 요한은 "옛 것이 더 좋다"라는 식으로 전통을 변증하는 것이 아니다. 역사적 기독론(historic Christology)은 모든 시대의 기독교의 진리 여부를 판단하는 기준이 된다.

악의 지배하에 있는 세상에 빛이신 하나님이 정복하시려고(요일 1:5-2:27) 예수님을 이 땅에 보내셨다(요일 3:8). 그러므로 수신자들은 예수 그리스도를 통하여 자신이 강하고, 하나님의 말씀이 그 속에 거하고, 악한 자를 이미 이겼음을 알

인가? '경험되다' 혹은 '-를 통해서 도착하다'라는 뜻이 가능하다. 이 사실을 성령과 물과 피가 증거한다. 이 셋은 합하여 하나이다. 신 17:6에 의하면 구약의 증인은 2-3명이다. 요한은 그리스도이시며 하나님의 아들이신 예수님이 가지고 계신 참 인성(humanity)과 신성을 증거 하는 것은 3개라고 말한다. 십자가 위에서 흘러내린 물과 피는 메시아 예수님이 참 사람이심을 증거 한다. 그리고 사도들의 복음 선포사역에 역사하신 성령님도 예수님을 하나님의 성육하신 아들이라고 증거하셨다. 송영목, 신약신학 (서울: 쿰란출판사, 2011)의 해당 구절 주석에서 재인용.

게 된다(요일 2:14). 이런 구원을 받은 자는 요한 2-3서에 나타나듯이 순회 설교자를 환대하는 것과 같은 윤리적 삶을 살아야 한다(참고. Coetzee, 1993:218-26).

4. 윤리

요한일서 중심으로 윤리를 살펴보자. 이단들의 잘못된 윤리는 그들의 잘못된 신학의 결과이다: 그들은 죄로부터 자유롭다고 말한다(요일 1:8, 10). 그들은 하나님과 교제를 하지만 어둠 속을 걷고 있는 자들이다(요일 1:6). 하나님을 안다고 말하지만 불순종하는 자들이다(요일 2:4). 하나님을 사랑한다고 하지만 형제자매를 미워하는 자들이다(요일 4:20). 빛 가운데 거한다고 하지만 동료 그리스도인을 미워하는 자들이다(요일 2:9). 그러므로 요한은 하나님 안에 거하는 것은 곧 하나님에게 순종하는 것이고, 그것은 곧 예수님께서 걸어가신 길이다(요일 2:6). 의도적으로 죄를 범하는 것은 곧 하나님을 모르는 것이다(요일 3:3-6; 5:18). 죄를 습관적으로 짓는 자는 마귀에게 속한 자이다(요일 3:7-10). 성도는 서로 사랑해야 한다(요일 3:11-12, 17-18). 동료를 사랑하는 것을 거부하는 자는 영생을 소유하지 못한 증거다(요일 3:14-15). 하나님은 사랑이시기에 하나님을 아는 것은 사랑하는 것이다(요일 4:8-10). 이단들은 예수님의 성육신을 거부했기에 주님의 지상에서의 가르침을 무시했을 것이고 그것은 자연히 요한복음의 왜곡으로 발전했을 것이다. 요한의 대적들은 자신의 죄성을 부인하고, 그리스도의 속죄의 은총도 불필요한 것으로 만들어 버렸다. 따라서 그리스도에 관해서 바르게 가르친 지도자들의 권위를 무시하고 미워하고 말았다.

특별히 바른 기독론에 기초한 진리와 사랑이 요한서신의 양대 주제이다. 요한공동체는 거짓 가르침을 물리치고 바른 진리를 고수해야 했다. 하나님으로부터 시작된 사랑을 형제자매에게 실천하는 것은 곧 명령에 순종하는 것이다

(Marshall, 2004:537).

요한의 기여는 아래와 같다:

(1) 그는 정통교리(orthodoxy)로서 믿음의 본질을 주장한다. 믿음은 하나님의 아들로서 예수의 인격에 대한 바른 이해를 가지고 있다는 것을 분명하게 환기시켜 준다. 믿음은 진리 위에 기초해야 한다. 그렇지 않으면 그것은 구원하는 능력을 갖지 못한다. 믿음은 신적 계시에 대한 응답이지 인간의 주관적 견해가 아니며 지금 성경에 담겨있는 사도적 전승에 기초한다.

(2) 요한은 믿음이 사랑과 분리될 수 없다고 주장한다. 말뿐인 정통신앙은 기독교 신앙이 아니다. 기독교 신앙은 형제 사랑으로 나타나야 하며, 사랑이 없다는 것은 믿음이 없다는 증거일 뿐이다. 물론 믿음 없는 사랑 역시 진정한 기독교 사랑이 아니라는 것도 사실이다.

(3) 요한은 믿음이 의와 무죄성으로 표현된다고 주장한다. 신자는 하나님의 계명을 지키며 죄에 빠지지 않는다. 요한의 세계에서 도덕방임주의가 들어설 자리는 없다. 도덕적 관심이 결여되어 있다는 것은 참 믿음이 결여되어 있다는 것을 시사한다. 요한이 완전한 사랑과 무죄한 생활에 대해 주장하는 것은 우리 앞에 그리스도인의 생활을 위한 신적인 이상을 제시하는 것이며 하나님에게서 난 자라면 부족해도 그것을 향해 매진해야 한다는 것을 보여준다.

(4) 요한은 믿음과 확신을 결합시킨다. 신자는 그가 영생을 가지고 있다는 것을 알 수 있다. 그는 하나님과 교통할 수 있고 기도함으로 하나님 앞에 담대히 나올 수 있다. 요한일서에서 요한의 궁극적인 목적은 독자들에게 그

들이 예수 그리스도를 믿는 믿음을 통해서 영생을 가지고 있다는 확신의 확고한 근거들을 제시하기 위함이다.[985]

참고문헌

Coetzee, J.C. 1993. The letters of John. (*In* Du Toit., *ed*. Guide to the New Testament VI. Pretoria : NGKB. p. 201-26.)

DeSilva, D.A. 2004. An introduction to the New Testament. Downers Grove : IVP.

Du Rand, J.A. 1997. Johannine perspective. Johannesburg : Orion.

Marshall, I.H. 2004. New Testament theology. Downers Grove : IVP.

Smalley, S.S. 1984. 1.2.3 John. WBC. Waco : Word.

김동수. 2001. 요한서신과 요한공동체. 그 말씀, 7월호:36-45.

김동수. 2001. 요한서신의 주요 용어들 연구. 그 말씀, 7월호:81-88.

김상훈. 2004. Dominus et Deus ('주와 하나님'), 요한문헌의 역사적 정황의 종합적 이해. *신학지남*, 281:118-41.

김선정. 2003. 요한복음서와 로마황제숭배. 한들출판사.

루돌프 불트만. 1983. 요한서신. 국제성서주석. 한국신학연구소.

리처드 호슬리. 2004. 예수와 제국. 한국기독교연구소.

송영목. 2011. 신약주석. 쿰란출판사.

이한수. 요한문헌 강의안. 이한수교수 홈페이지에서 다운로드 (2006. 8.15).

조석민. 2001. 요한서신과 요한문서들의 관계성과 의미. 그 말씀, 7월호:46-52.

---

[985] 이 단락은 총신대 이한수교수 홈페이지에서 인용한 것임.

쾨스텐버그, A. 2005. 요한복음 (*In* 데스몬드 알렉산더 & 브라이언 로즈너 *eds*. IVP 성경 신학사전. IVP. p. 408-15.)

04 요한계시록에 나타난 예배

들어가면서

하나님은 어디에나 언제든지 자기 백성과 함께 계시기 때문에, 예배는 성도의 삶 전체를 포함한다. 하지만 하나님은 예배라는 특정한 시간과 상황에서 자신을 자기 백성에게 계시하기를 원하신다(Garrett, 1973:4). '공 예배'(public worship)를 정의하자면 "역사적인 구원 사역을 예전적 의식(liturgical ritual)을 통하여 재현함으로써, 회중이 이 사역의 주인이신 삼위 하나님을 뵈옵고 누리는 교제"이다. 여기서 간략한 용어 정의가 필요하다. '예전'(liturgy)은 '예배 양식'으로서 신자들이 공적 모임에서 행하는 바이다. 반면 '예배'는 예전과는 다소 다른데, 개인과 가정 혹은 특정 집단이 행하는 기도를 포함한 경건 생활을 지칭한다. 그런데 많은 경우에 있어서 한국의 공적 예배는 예전적 요소가 빈약한 집회적 성격을 띤다(참고. 헤세링크, 2003:42; 쿨만, 1984:30). 이 말은 공 예배 시 하나님의 구원의 사역을 재현하는 예전이 희박하며, 간소한 예배 순서를 따라 말씀과 찬양 중심의 집회적 형식을 띤다는 의미이다. 한국 교회의 예배가 이렇게 간소화된 집회 중심의 형식을 띠게 된 것은 이 땅에 복음을 전한 미국 선교사의 영향이 있다고 할 수 있다(보라. 유해무, 2005:86).

적지 않은 위대한 교회 찬송은 계시록의 찬송에서 영감을 받아 완성된 것이다.[986] 지금까지 계시록의 예배에 관한 연구는 주로 계시록 4-5장의 천상의 예배와 로마황제 숭배를 배경으로 진행되었다(참고. 김추성, 2007:100; 이승구, 2002:17-43). 하지만 계시록이 가지는 진한 구약 간본문성으로 인해 유대적 혹은 구약적 배경에서 예배가 연구되어 균형 잡힐 필요가 있다. 그렇다면 계시록의 예배에 관한 균형 잡힌 연구를 통해서 현대 예배에 어떤 의의를 주는지 살펴보는 것은 교회에 유익한 작업이다. 이 글에서는 요한의 예배의 기원과 배경 혹은 초대 교회의 예배의 모습을 추적하지 않을 것이다(참고. O'Rourke, 1968:408-09). 이 글은 다음의 절차로 전개될 것이다: **(1)** 계시록의 예배 주제와 구조, **(2)** 계시록에 나타난 구약 제의와 성취, **(3)** 로마 황제 숭배와 계시록의 예배, **(4)** 예배 공동체가 지상에서 드리는 천상의 예배, 마지막으로 **(5)** 현대 예배에의 적용. 이를 위해 특별히 계시록의 역사적 배경과 예배 관련 용어와 주제에 주목할 것이다.

1. 계시록의 예배 주제와 구조

1.1. 예배 언어로 본 계시록의 예배 주제

---

986) 이 글은 『한국개혁신학』 24(2008), 55-79에 게재되었다. 요한계시록의 전반적인 신학을 위해서는 필자의 '요한계시록의 신학'(성광문화사, 2007)을 참고하라. 1984년에 한국찬송가공회가 발행한 한글찬송가도 이를 증명한다. 송영(doxology, 1-8장) 중 계시록을 배경으로 하는 것은 2장과 7장이다. 찬양과 경배(9-55장)와 관련된 찬송 중 계시록을 배경으로 하는 것은 9장, 22장, 25장, 27장, 29장, 30장, 34장, 36장, 37장, 38장이다.

계시록 전체에 예배 언어가 스며들어 있다. '찬양하다'(αἰνέω)는 계시록 19:5에, '감사하다'(εὐχαριστέω)는 11:17에, '감사'(εὐχαριστία)는 5:12-13과 7:12에 등장한다. '노래하다'(ᾄδω)는 5:9, 14:3, 15:3에, 명사 '노래'(ᾠδή)는 동일 구절에 등장한다. 그리스도의 복음 때문에 순교한 자들이 하나님의 신원을 바라며 '외친다'(κράζω, 6:10). 구속 받은 자들이 큰 소리로 하나님과 어린양에게 외친다(7:10). '영광을 돌리다'(δοξάζω)는 15:4와 18:7에 등장하고, '영광'(δόξα)은 빈번히 등장한다(4:9, 11; 4:12; 11:13; 14:7; 16:9; 19:7). 영광과 관련된 용어인 '명예'(τιμή)는 4:9, 11절, 5:12-13, 그리고 7:12에 나타난다. 성도의 '기도'(προσευχή)는 5:8과 8:3-4에 나온다. 그리고 '아멘'(ἀμήν)이 규칙적으로 나타난다(1:6, 7; 3:14; 5:14; 7:12; 19:4). 음녀 바벨론이 심판을 받은 후에 등장하는 '할렐루야'(ἀλληλουϊά)는 신약에서 유일하게 계시록 19장에만 나타난다(1, 3, 4, 6절).[987] 위에서 언급된 성도가 드린 기도 용어 이외에, 그 어떤 것도 지상의 성도의 예배를 가리키지 않는다. 무엇보다도, '경배하다'(προσκυνέω)는 계시록 전체에 걸쳐 24회 등장한다. 따라서 이 용어를 분석하는 것은 요한의 예배 신학의 열쇠를 찾는 것이 된다. λατρεύω는 7:15와 22:3에서 볼 수 있다. 이방 신들을 경배하는 전문 용어로서 προσκυνε,w는 매우 고대의 것인데, 이 용어가 이방 헬라 문헌과 LXX에서는 지상의 우월한 자와 신에게 몸을 굽혀 경배하는 것을 뜻한다(창 27:29; 삼상 25:23; 삼하 14:33; 24:20). 이른 시기에 이 용어는 외적인 몸동작이라기보다는 경배하는 자의 내적인 태도를 가리켰다(창 24:26; 출 4:31; 24:1). 이 용어는 종종 제물을 가지고 제의를 통해서 하나님에게 다가가는 방법을 가리킨다(창 22:5; 신 26:10; 요 12:20; 행 7:43; 8:27; 24:11). 참되고 살아 계신 하나님에게 경배하는 것(προσκυνέω)은 이 용어가 등장하는 경우에 대부분 발견된다(4:10; 5:14; 7:11; 11:1, 16; 14:7; 15:4; 19:4, 10; 22:9).[988] 하지만 계시를 위해서 피조 된 도구인 천사 숭배(angel veneration)는 금지되고 예배의 초월적 근원이신 하나님만 숭배해야 한다(19:10; 22:8-9). 하지만 악령과 우상

---

987) 계 11:16-18에 의하면, 하나님께서 경배를 받으셔야 하는 이유는 교회의 대적을 심판하셨기 때문이다.

988) 계 3:9에 의하면 '사탄의 회'(τῆς συναγωγῆς τοῦ σατανα)가 빌라델비아 교회의 발 앞에 절하게 된다. 그리스도의 승리의 사역 위에 서 있는 교회는 대적을 물리치고 계속 승리한다.

을 숭배하는 경우도 있다(9:20). 구체적으로 용과 바다짐승과 그 형상을 숭배하는 경우가 있다(13:4, 8, 12). 그들에게 두려운 심판이 내려지며(14:9-11; 16:2), 그것을 거부하는 자에게 복이 임한다(20:4; 22:3). 이런 의미에서 요약하면, 계시록의 전체 주제는 참 예배와 거짓 예배를 구분하는 것이다(Bauckham, 1993:135; Friesen, 2001:197). 요한은 인류를 하나님을 경배하는 자와 용을 경배하는 자로 나눈다(보라. Peterson, 1988:68-69; Paulien, 1995:249-55).

요한은 앞으로 일어날 종말론적 사건의 드라마 전체를 초대 기독교 '예배의 맥락'에서 바라보았다.[989] 환언하면, 소아시아 7교회는 예배에 상응하는 사건을 앞으로 다가올 시대에 경험하게 될 것이다. 따라서 요한의 독자들은 공 예배 중에 장차 하나님이 행하실 모든 일을 미리 경험할 수 있었다. 계시록 전체는 은혜와 평강을 비인사말에 해당하는 복의 선포(1:5)로부터, "아멘. 주 예수여, 오시옵소서"(22:20)라는 끝맺는 기도, 그리고 마지막의 복의 선포(22:21)에 이르기 까지 지상에서 전투하던 초대 교회의 예배의 모습을 암시적으로 보여 주는 것으로 가득하다(보라. 쿨만, 1984:5-6). 동시에 요한은 승리한 천상의 교회의 예배를 수신자의 지상의 삶 속에 투영하기를 원했다(참고. 랄프 마틴, 1986:56).

1.2. 계시록의 구조에 미친 예배 주제

소아시아 7교회에게 편지를 쓴 후에, 요한은 성령의 감동으로 하늘 문을 통해서 들어가 천상의 법정/궁전에서 드려지는 예배를 본다. 이 천상의 예배(계 4, 5, 8, 14, 19장 그리고 찬송들과 예배적 제스쳐들)는 계시록 전체의 문학적-신학적 내용을 구성한다. 동시에 요한이 하늘에서 본 것은 그의 독자들의 지상의 예배를 위한 이상적인 모델이다(Nogueira, 2002:168). 계시록 4-5장에서 천상의 예배가

---

989) 계 1:3의 '이 예언의 말씀을 읽는 자'에서 독자들의 예배 상황을 발견할 수 있다. 왜냐하면 여기서 '읽다'(ἐγενόμην ἐν πνεύματι)는 예배 중에 말씀을 크게 낭독하는 것을 의미하기 때문이다.

시작되는데, 그 초점은 성부 하나님의 언약적 통치와 그리스도의 구속 행위이다. 나중에 하나님의 심판이 교회의 대적들에게 시행되도록 한 것은 다름 아니라 성도의 기도다(8:3-4; 참고. 6:10).[990]

계시록 전체는 예배의 요소를 상징적인 방식으로 다음과 같이 보여준다:[991]

(1) 예배로의 부름(계 1장): 이 부름은 인자 같은 분의 나팔 음성으로부터 나온다.
(2) 죄의 점검(계 2-3). 교회는 성령이 하시는 말씀 중에서 책망에도 귀를 기울여야 한다.
(3) 말씀을 가져옴(계 4:1-8:1): 이 단락에서 역사의 주관자이신 어린 양이 두루마리를 취하시자 굉장한 예배가 드려지는 것을 본다.
(4) 말씀을 읽고 설교함(계 8-13): 어린양이 두루마리를 여신 후 일곱 천사들에게 말씀을 주어 읽고 전하게 하신다.
(5) 봉헌(계 14:1-15:5): 빵과 포도주는 거두어져서 하나님 앞으로 가져와 진다.
(6) 성찬(계 15:6-19:10): 대접 재앙은 천사들에 의해 소아시아 7교회의 대적에게 부어지고, 음녀는 피를 마시고, 새 예루살렘이 참여할 어린양의 혼인 만찬이 그 뒤를 따른다.[992]

---

990) 교회가 예배 중에 드리는 기도는 하나님으로 하여금 교회의 대적을 물리치시도록 한다(참고. 눅 18:1-8).
991) 예배는 하나님과 그의 언약 백성 (영적인 의미에서 천사와 이미 죽은 자들도 포함하여)과의 천상의 만남이 지상에서 이루어지는 시간이다(히 12:22). 그러므로 자연스럽게 개혁교회의 예배는 '언약적 예배의식'(covenantal liturgy)의 특징을 가진다. 예배의 요소인 '예배로의 부름, 복의 선포, 말씀과 계명의 낭독, 말씀의 선포' 등은 하나님 편에서(a parte Dei) 내려오는 것이다. 반면에'하나님을 부름(votum), 신조의 고백, 기도 (설교전의 회개기도, 설교의 조명을 위한 기도, 목회-감사기도)와 찬송, 회개 그리고 헌금은 교회가 하나님께(a parte homini) 올려드리는 것이다. 우리가 하나님께 올려 드리는 것은 순전히 우리에게서 나온 것이 아니라, 하나님께 받은 것을 다시 올려 드리는 것이다. 따라서 예배는 하나님이 주도권을 쥐고 계신 쌍방적인 교제라고 정의할 수 있다. 이것은 성경의 모든 언약이 종주권적 성격처럼 하나님의 주권에 의한 것이지만 사람을 그 동반자로 삼아서 순종을 요구하는 쌍방적인 것이라는 사실과 유사하다(참고. 판 도른, 1994:16, 27-28).
992) 어린양의 혼인 잔치는 성찬과 관련된다. 교파와 교회마다 성찬의 방식이 다를지라도, 대체로 지

(7) 행진(계 19:11-22:21): 백마를 탄자가 나온다. 예수님을 따라 교회가 말씀을 가지고 세상을 향해 나아가는 장면이지만, 계시록에는 바울 서신들이 갖추고 있는 분명한 형식의 '복의 선포'가 마지막 부분에 나타나지 않는다(보라. Jordan, 2004:2-3).[993]

2. 계시록에 나타난 구약 제의와 성취

계시록의 예배 요소와 찬송들이 요한 당시의 기독교 혹은 유대교의 예전(회당이든 성전이든)을 반영하는 것인지는 분명하지 않다. 계시록의 보좌 환상이 유대묵시 중 제 4 Qumran(400, 2; 403, 1 등)에서 발굴된 문서에 나타나는 '메르카바 신비주의'(궁창 위의 보좌 방 안의 중심 무대인 보좌-마차)를 그 배경으로 하고 있다는 주장도 있다(참고. Ford, 1998:208; Smith, 1998:504). 넓게는 계시록의 찬송이 제의적 찬송(the cult hymn)과 서사적 찬송(the rhapsodic hymn)으로 구성된 그레코-로마 제국의 찬송에서 유래했으며, 좁게는 하늘 보좌와 비슷한 로마 제국의 법정을 상기시켜서 독자들로 하여금 오히려 그 유사성을 직시하여 동화되지 말 것

지난 2000년 동안 시행된 성찬식은 몇 가지 요소로 구성된다: (1) 하나님의 초청과 약속을 선언함(Declaration of God's Invitation and Promise). 이것은 성경으로부터 나온 성찬 제정사와 교훈을 통해서 분명해 진다(참고. 고전 11:23-26). 이 선언은 주님의 성찬이 봉종의 행위임과 우리를 먼저 사랑하신 것에 근거한 주님의 약속임을 강조한다. (2) 감사의 기도와 성령님의 사역을 바라는 간구(Great Prayer of Thanksgiving). 감사의 기도는 역사 안에서 일하신 하나님의 특정 행동을 기념하도록 한다. 성령님의 역사를 위한 간구는 떡과 포도주 자체에서가 아니라 축하를 통해서 우리를 그리스도와 연합시키는 성령님으로부터 능력이 옴을 고백하는 것이다(참고. 기독교 강요, 4.17.10). (3) 빵과 잔을 준비함(Preparing the Bread and Cup). 성찬에 필요한 빵과 포도주와 같은 여러 물리적인 요소들을 준비하는 것은 성찬에로의 초청의 은혜로운 말씀에 따라서 되어야 한다. (4) 성찬 자체(Holy Communion itself). (5) 성도 편에서의 감사와 기도의 반응(Response of Praise and Prayer). 이 요소들은 주님이 '떡을 취하시고, 감사하시고, 떼시고, 제자들에게 나누어주신' 4개의 동사에 상응한다. 우리도 떡을 받고, 그것이 우리에게 주신 하나님의 선물임을 선언하고, 하나님의 신실함에 대해 감사하고, 호의(hospitality)의 제스처와 함께 우리는 떡을 뗀다(보라. The Calvin Institute of Christian Worship, 2004:305-49).

993) 한 번의 공 예배에 복의 선포를 두 번 하는 (남아공)개혁교회처럼, 계 1:4-6과 22:21에서 '복의 선포'(benediction)를 두 번 한다.

을 가르치려는 목적을 가지고 있다고 보는 이도 있다(Ruiz, 1995:216). 혹자는 계시록의 예전적 요소의 기원을 유대 묵시 문헌에 종종 등장하는 천사 숭배(the angelic worship)와 황홀경적 환상 경험(ecstatic visionary experience)에서 찾는다(참고. Nogueira, 2002:166).[994] 하지만 계시록의 찬송들은 이런 외경의 묵시적인 찬송들보다는, 요한이 많이 의존하고 있는 간본문인 구약 선지서 중에서 에스겔 1-10장, 40-48장 그리고 이사야 6장의 보좌의 모습과 천사들의 경배와 더 관련된 것으로 보인다. 계시록에 나타난 천상의 예배는 소아시아 7교회가 드린 지상의 예배와 밀접히 연관되어, 박해 가운데 있던 계시록의 수신자들이 그것을 듣고 마음에 그려보면서 자신의 상징과 믿음의 세계(the world of symbol and faith)로 삼아서 힘과 소망을 얻을 수 있도록 의도되었다.

신약 성경 중에서 요한계시록은 아마도 히브리서를 제외하면 가장 예전적인 (liturgical) 책일 것이다. 이 사실은 계시록이 종종 구약의 성전을 언급하고(11:1, 2, 19; 14:15, 17; 15:5; 16:17), 언약궤(11:19), 제단(6:9), 촛대(1:12, 20), 향(5:8; 18:13), 연기(18:9, 18), 나팔(8:2), 대접(16:1) 등을 언급하기 때문이다. 그 외에 '어린양'(5:6, 7, 8), '거문고'(5:8; 14:4; 15:2-3), 그리고 '세마포'(15:6; 19:8, 14)와 같은 용어는 문맥에 따라서 예전적인 함의를 담고 있는지 결정해야 한다(참고. Paulien, 1995:254).[995]

---

994) 유대 외경과 묵시문헌(예. 황홀경 상태에서의 천상의 여행: 레위의 유언 3:8-10; 천상의 예배: The Ladder of Jacob 2:7-16; 하나님의 다양한 속성과 이름들: The Apocalypse of Abraham 17:8-15; 열린 하늘과 천상의 예배: 이사야의 승천 6:8-12)과 계시록 사이의 간본문성을 부인할 수 없다(보라. Nogueira, 2002:165-173). 하지만 요한은 자신의 황홀경적 경험을 소개하는 데 관심이 없고, 대신에 '성령의 감동'(ἐγενόμην ἐν πνεύματι)을 강조한다(참고. Du Rand, 1996:7).

995) Jordan(1999)의 예배적 구조에 의하면, 요한계시록은 창조의 7일에 차례대로 기초해 있는 레 23장에 나타난 '잔치의 해의 순서'(the order of the festival year)를 따른다. 그의 주장은 다소 주관적이고 추상적이지만 소개해 본다:
안식일: 빛(주님의 날) - 계 1장
유월절: 궁창의 사람들의 창조 - 계 2-3장
첫 열매들: 식물들 - 계 4-5장
유월절: 빛 - 계 6-7장(율법이 유월절에 주어졌다)
나팔들: 하나님의 백성들을 소집함 - 계 8-15장
대접들: 사람 - 대속의 날 - 계 16-19장
초막절: 큰 안식일 - 계 20-22장

여기서 주목할 것은 요한이 이러한 구약적 제의 용어와 사상을 특별히 그리스도의 십자가-부활-승천-재림 중심으로 이해하여 그리스도의 현재적 통치를 강조한다는 사실이다: **(1)** 계시록 1:4-5의 삼위 하나님의 순서, **(2)** '주의 날'(1:10), **(3)** '열린 하늘 문'(4:1), **(4)** 계시록에 등장하는 여러 찬송들, **(5)** 새 예루살렘에게 장막을 치심(21:3), **(6)** 구약의 돌 성전을 대체하신 새 예루살렘 성의 새 성전이신 그리스도(21:22-24), 그리고 **(7)** "아멘. 주 예수님, 오시옵소서"(22:20). [996]

(1) 계시록에는 그리스도 중심을 넘어서 삼위 하나님 중심적으로 이해해야 할 예전적 구절도 있다. 계시록 1:4-5에서 요한은 삼위 하나님으로부터 임하는 은혜와 평강을 말한다. 이 강복선언문은 전통적인 순서인 성부-성자-성령 대신에 성부-성령-성자의 순서를 취한다. 왜 이 순서를 따르는가? 성령님이 성부와 성자를 연결시키는 사역을 해서 그런가? 다른 설명은 1:5-6의 그리스도에 대한 묘사와 바로 뒤따르는 인자의 개시환상(1:9-20)과 4-5장의 보좌와 어린양 환상을 가깝게 두는 것이 자연스러워서, 성자와 성령의 자리가 바뀌었는가?(참고. 홍창표. 1999:148). 이것을 예전적으로 설명하면, 성부-성령-성자의 순서가 천상의 성전의 그림자인 지상의 예루살렘 성전의 구조를 염두에 둔 예전적인 순서(liturgical order)를 따른다는 것이다. 지성소의 법궤(ark, 계 11:19)는 다름 아닌 성부의 보좌 (발등상)이며, 성소의 어둠을 밝히는 일곱 가지를 가진 등대(lamp stand, 계 1:20)는 온 세상에 구원의 빛을 비추시는 일곱 영이신 성령을 상징하고, 제사장의 뜰에 있는 번제단은 예수 그리스도의 희생 제물 되심을 상징하기에 성부-성령-성자의 순서를 따르고 있을 지도 모른다.

(2) '주의 날'과 관련하여, 요한은 주의 날(ἐν τῇ κυριακῇ ἡμέρᾳ 즉 그리스도의 부

---

996) 계시록에 나타난 '주'(κύριος)와 같은 신앙 고백적 용어를 AD 1세기 요한공동체의 예배에서 사용된 신앙고백과 관련을 지을 수 있다.

활의 날, 참고. 디다케 14:1)에 환상을 보았다고 밝힌다(계 1:10). 구약의 안식일을 성취한 이 날은 초대 교회가 그리스도의 부활을 기념하여 예배를 위해서 모이는 시간이다.

(3) 계시록 4장에서 열린 하늘 문을 통해서 환상을 보러 요한의 영이 올라간다. 하늘에 열린 문(θύρα ἠνεῳγμένη ἐν τῷ οὐρανῷ)의 θύρα는 LXX에서 성소나 성전의 입구를 가리킨다(레위의 유언 5:1: At this moment the angel opened for me 'the gates of heaven' and I saw the Holy Most High sitting on the throne; 참고. 창 28:12, 17; 출 26:36; 1에녹 14:15).[997] 그렇다면 3:8과 20절은 지상의 교회가 주일의 공 예배를 통하여 천상의 성소(the heavenly sanctuary)에 계시는 그리스도를 알현하려고 하늘 성소에 들어가는 것을 가리킨다(참고. Gieschen, 2003:163).

(4) 계시록의 찬송과 관련하여, 5:9, 5:12-13, 12:10-12, 19:1-2와 19:6 등에 등장하는 찬송은 가장 오래된 기독교의 찬송가라 할 수 있다.[998] 계시록의

---

997) '열린 문' 이미지는 소아시아의 이방 종교에서도 발견된다고 보면서, 신현(theophany)을 위해서 사용된 에베소의 아데미 신전의 입구에 있던 문을 예로 드는 이도 있다(예. Nogueira, 2002:181). 열린 문에 관해 들을 때 에베소 교회는 아데미 신전의 그 문을 떠올리면서, 하늘의 문과 대조되는 그 문의 거짓됨을 깨달았을 수 있다. AD 1세기 지중해 연안에서는 천상의 여행을 통하여 사람의 영혼이 신을 찾아가려고 했는데, 점성술이나 마술을 혼합적으로 사용하여 발견한 예전적 주술을 황홀경적 천상의 여행을 위해서 외우기도 했다(Nogueira, 2002:182). 하지만 계시록에 마술과 점성술, 혹은 주문과 같은 혼합주의의 흔적을 볼 수 없다.

998) 개혁교회의 중요한 유산으로서 주로 하나님과 그분의 영광과 은혜와 나라를 찬양하는 시편찬송은 개인적인 체험과 경건에 대한 표현을 담고 있는 현대 찬송가나 복음송 앞에 예전 같은 위력을 발휘하지 못하고 있는 것 같다. 하지만 구약의 크고 광대하신 여호와의 구원을 찬양하면서 오실 메시아의 구속을 내다보는 시편찬송이 여전히 현대 교회에 감동과 은혜를 준다. 그러나 시편찬송만으로는 부족하다. 왜냐하면 계시록의 찬송과 같이 신약 성경에는 메시아 예수님의 성취된 구속을 돌아보는 더 분명한 찬송이 있기 때문이다. 참고로 남아공 개혁교회의 찬송가(Psalmboek, 2003)는 시편찬송 이외에 약 82편(1976년판에서는 50편)의 대부분 신약 성경에서 발췌한 Skrifberyminge(Bible songs)을 포함한다. 16세기 교회개혁 당시의 교회음악을 사용해야 진정한 개혁주의에 충실한 것이 되는 것이 아니다. 찬송의 가사는 성경적, 신학적, 신앙고백적, 보편적, 목회적 특징을 유지하는 것이 마땅하지만, 찬송 음악은 한 시대의 정서와 문화의 산물이므로 예전적이면서도 미적인 틀에 담아서 다양하게 표현될 수 있다. 이 현상이 CRC가 찬송가를 1987년에 개편할 때도 나타났다(참고. 헤세링크, 2003:53-54; Psalter Hymnal, 1987:7, 11).

찬송은 시간적으로 두 종류로 나눌 수 있다: **(1)** 일시적인 악으로부터의 구원을 노래하는 찬송들(계 4:6-11; 5:6-14; 7:9-12; 11:15-17; 12:10-12; 14:1-5; 15:2-4; 16:5-7; 18:2-23; 19:1-8), 그리고 **(2)** 찬송의 형태를 가지지 않으나 찬송의 내용을 담고 있다고 볼 수 있는 미래 종말론적 찬송들(계 21:1-22:5; 참고. Bratcher & Hatton, 1993:6). 계시록의 주요 사건들 전부가 찬송을 동반하는 것은 주목할 만하다. 이 찬송들은 바로 앞에 등장하는 사건 혹은 사실적 설명의 주석으로 기능한다. 이 주석은 하나님의 종말론적인 심판과 구원이 예수 그리스도를 통해서 시행됨을 주요 내용으로 한다.[999] 그러므로 이 찬송에는 핵심 주제로서의 구원론과 구원이 시행되는 시점으로서의 종말론, 구원의 대상인 동시에 찬양의 주체인 교회론 그리고 구원의 근거를 성취한 기독론이 혼합되어 있다.

(5) 새 예루살렘에게 장막을 치심과 관련하여, 하나님께서 자신의 언약 백성과 거하심(장막치심, 구약 광야의 성막을 연상케 함, 계 21:3)은 출애굽 주제와 관련되는데, 첫 출애굽의 목적은 새로운 언약 관계를 맺는 것이었기 때문이다(출 6:7; 15:17; 25:8). 새 창조의 환상(계 21:9-22:5)은 성도의 종말을 하나님 자신이 거하시며(21:22) 그분의 종들이 끊임없이 예배하는(22:3) 새 예루살렘 성으로 설명한다. 이는 구약 이스라엘이 모세의 율법 규정을 통해서 부분적으로만 실현했던 구약의 이상을 완성하는 것이다(Peterson, 2004:922). 따라서 그리스도 사건의 은덕의 핵심인 종말론적 출애굽을 경험한 요한의 독자들은 하나님의 장막이 되어 어린양의 노래 즉 새 언약의 노래를 부른다(계 15:3). 영원한 유월절 어린양이시며 새로운 모세이신 예수님은 구약의 유월절, 장막절, 출애굽 주제를 성취하셔서 새 예루살렘 성

---

999) 계 5:9-10, 12-13; 7:10, 12, 15-17; 11:15, 17-18; 12:10-12; 14:3; 15:3-4; 19:1-8에 나타나는 찬송들은 보좌 위의 성부 하나님과 더불어 어린양도 찬양한다. 요한은 유대인들의 유일신 개념을 극복한다. 그리고 이 찬송들은 계시록의 중심테마(Leitmotiv, *basso ostinato*= ground bass)라 할 수 있는 그리스도 사건(the Christ-event) 위에 계시록 전체의 줄거리가 구조적-신학적으로 통일성 있게 전개되고 있음을 보여준다(참고. Du Rand, 1993:310).

(예수님의 신부) 안에 임마누엘하셔서 예배를 받으신다.[1000]

(6) 종말론적 새 성전으로서 구약 제의의 중심이었던 옛 성전을 대체하신 그리스도와 관련하여 21:22-24가 중요하다. 일찍 죽임을 당하신 어린 양은 동시에 새 예루살렘성(신약 교회)의 새 성전이시다. 새 성전이신 어린양은 동시에 새 성전의 등(lamp)이시기에 만국이 그리스도의 빛 가운데로 다닌다. 신약의 우주적 교회는 제사장으로서 예수님을 새 성전과 등불로 삼고 살기에 더 이상 지상의 돌 성전을 필요로 하지 않는다(계 1:6; 5:10; 참고. Forrester et al., 1996:29; 랄프 마틴, 1986:36). 덧붙여 예수님이 새 성전이시라면 성도는 새로운 지성소이다. 신약 성도는 장과 광과 고가 동일한 새로운 지성소이다(계 21:16).

(7) 아멘. 주 예수님, 오시옵소서('Aμήν. Ναί, ἔρχου, κύριε Ἰησού)와 관련하여, 이것은 가장 오래된 초대 교회의 예배 기도문이라 할 수 있는데(참고. 고전 16:22), 아람어로 '마라나타'(μαράνα θα)이다. 이것은 명령형의 기도문이다. 디다케(10:6)에 보면, 이 기도는 특별히 성찬식과 관련된 식사 예식의 마지막에 드려진 기도문임을 알 수 있다. 부활-승천하신 그리스도께서 영으로 회중 가운데 임재하시는 것은 마지막 날에 있는 최종 파루시아를 보증하는 것이다. 그러므로 마라나타라는 이 오래된 기도문은 부활하신 그리스도가 제자들 앞에 현현했던 과거 사실(눅 24:36; 행 1:4; 10:40-41)을 지시함과 동시에 공동체의 성만찬에 그리스도가 임재하는 현재의 사실을 지시하며, 뿐만 아니라 그리스도께서 다시 가시적으로 나타나실 미래의 사실도 지시하는 예배-성찬식적 용어이다. 마라나타의 기도는 초대 교회의 성찬식

1000) 구약의 절기들이 대부분 이스라엘을 부르심과 구속하심처럼 과거의 구속 역사를 기억하는 것이기에, 신약 교회의 예배도 그리스도의 구속을 특별히 새 노래로 기려야 한다(참고. Garrett, 1973:9). 참고로 1984년 판 한글 찬송가 538장은 새 예루살렘 성을 장소로 잘못 이해한다. 새 예루살렘 성은 소아시아 7교회의 대적을 상징하는 음녀 바벨론과 반대되는 신부이기에 인격적으로 이해해야 한다(계 21:2).

에서 이미 성취되었다(계 3:20). 교회가 거행하는 성찬은 부활하신 그리스도께서 제자들과 식사하셨던 사건과 앞으로 기대되는 어린양의 혼인 잔치에서 누릴 식사 중간에 위치한다(쿨만, 1984:13-18).

3. 로마 황제 숭배와 계시록의 예배

소아시아는 물론 지중해 연안의 세계에 만연한 황제 숭배(emperor veneration)는[1001] 점차 황제 제의(imperial cult)로 발전되어, '로마의 평화'를 위한 제국의 정치적인 전략으로 기능했다. 즉 황제는 황제 숭배를 구심점으로 해서 로마의 단결을 촉진시켰다. 따라서 황제에게 파견된 속주의 대사들이 황제에게 신적 경외를 표하는 칭호를 사용했다. 황제 제의와 관련된 사항들은 '신성한 법'이라 불리어졌고, 위반 시 단순한 처벌이 아니라 죽임을 당할 수 있었다. 이것은 이단의 문제가 아니라 반역의 문제였다. 황제 숭배는 신앙의 문제라기보다는 공공질서와 규율의 문제였다. 그러므로 황제 숭배에 참여하지 않는 사람은 승진 기회의 박탈, 법적인 보호에서 제외됨, 공직임명, 경제적인 불이익을 감수해야 했다. 그러므로 황제 숭배는 공공 생활의 모든 영역에 스며들게 되었다.

요한계시록의 이른 기록 연대로 인해 네로의 황제 숭배를 살펴보는 것은 중요하다. 네로의 동전 중에는 그가 '세상의 새로운 선한 영'으로서 알렉산드리아의 신과 동등시 되었다. 이집트에서는 '세상의 구주요 은혜 베푸는 자'로 불리어졌으며, 로마 제국의 동쪽 속주의 동전에서는 네로를 '신'으로 칭하였다, AD

[1001] 그리스 도시들과 도시 동맹들 역시 황제에게 가장 큰 경의를 표하기 위해 경쟁하였는데, 반년마다 경기를 개최하고 경기와 문화를 결합한 축제를 열고, 황제에게 엄청난 희생제물을 바치곤 했다. 그런 축제에는 도시 전체 인구가 참여했고, 고기를 무료로 나누어 주어 대부분의 사람들이 고기를 먹을 수 있는 유일한 기회였다. 이 축제는 그 지역의 귀족과 대지주, 정치가의 후원으로 열렸다. 이들은 또한 황제의 호의를 입었고, 제국의 피라미드 상층부의 권세가로 자리매김했다. 황제 제의는 후견인-단골손님 제도에 근거하여 경제적으로는 빈익빈 부익부를 확고히 했고, 정치적으로는 황제에 대한 충성을 더욱 분명히 한 수단이 되었다(참고. 리차드 호슬리, 2004:49).

65년부터는 사후 신격화된 황제들에게만 허용되었던 빛나는 관을 쓴 네로 황제의 모습이 등장했다. 네로의 과대망상증이 극에 달하자 그의 궁전에 100피트나 되는 자신의 상을 세웠다. 황제의 경우 주로 흉상이, 신의 경우 주로 전신상이 제작되었다. 네로는 AD 59년 상류계급의 군인들로 구성된 Augustiani를 두어 그가 극장에 나타날 때 박수를 보내도록 했는데, 이러한 황제에 대한 환호에 사용된 단어는 신적 의미를 지니고 있다(참고. Cukrowski, 2003:58). 디오 카시우스에 의하면 네로가 그리스를 정복하고 돌아왔을 때 군중은 "네로. 우리의 아폴로 신이여. 태초로부터 계신 유일하신 분, 신의 승리여. 당신의 말을 듣는 이들은 복이 있으라"고 외쳤다. 여기서 분명히 알 수 있는 것은 네로는 신으로 불리어지고 숭배를 받고 있다는 점이다(보라. 김선정, 2003:47-48).

계시록 13:4와 12절에서 땅에서 올라온 짐승은 바다에서 올라온 짐승을 경배하도록 강요한다. 그러나 13:15와 14:3에 의하면 바다에서 올라온 짐승의 우상에게 경배하지 않고 하나님만 경배하는 사람도 있다. 계시록의 수신자들은 네로를 신으로 섬길 것인지, 아니면 하나님을 왕으로 섬길지 사생결단해야 했다(참고. Friesen, 2001:203).[1002]

[1002] 계 5:12에서는 이전에 성부 하나님에게 적용된 예배 용어(참고. 계 4:11)가 그리스도에게 적용되고 있다. 요한의 독자 중 유일신 사상을 견지한 유대인 그리스도인에게도 그리스도와 성부를 동시에 섬기는데 지장이 없었다(계 1:4-6; 7:9-10). 전능하신 만국의 왕이신 성부께서 그리스도를 통하여 이루신 구속 사역으로 인해 새로운 출애굽을 경험한 신약 백성은 새 노래를 부른다(5:9-10; 15:3). 요한은 예수님을 성부 하나님을 대체하는 분으로 소개하지 않고, 성부와 더불어 경배를 받으시는 분으로 소개한다. 이것을 계 11:15의 단수 동사($\beta\alpha\sigma\iota\lambda\epsilon\acute{u}\sigma\epsilon\iota$)와 22:3-4의 단수 대명사($\alpha\grave{u}\tau o\hat{u}$)가 지지한다(Bauckham, 1993:139). 오직 성부와 성자만 예배를 받으시기에 유일하게 합당하신 분이시다. 이 사실은 출 20:5의 예배규정에서 여호와에게 적용된 '질투하시는 하나님'(LXX: $\theta\epsilon\grave{o}\varsigma\ \zeta\eta\lambda\omega\tau\grave{\eta}\varsigma$; MT: אֵל קַנָּא)이 계시록에도 나타남을 의미한다($\check{\alpha}\xi\iota o\varsigma\ \epsilon\hat{\iota},\ \acute{o}\ \kappa\acute{u}\rho\iota o\varsigma\ \kappa\alpha\grave{\iota}\ \acute{o}\ \theta\epsilon\grave{o}\varsigma\ \dot{\eta}\mu\hat{\omega}\nu$; 계 4:10-11; 5:13). 그러므로 우상숭배는 불경죄이다(랄프 마틴, 1986:24). 참고로 Smith(1998:505)는 하나님을 왕으로 묘사하는 메르카바 신비주의를 'basileomorphism'이라 부른다.

4. 예배 공동체가 지상에서 드리는 천상의 예배

요한의 수신자들은 박해로 인해 거짓 예배 대상자를 숭배할 위험에 처해 있었다(2:6, 9-10, 13-15, 20-24; 13:4, 8, 12, 15; 14:9, 11; 16:2; 19:20; 20:4; contra 심각한 전면적 박해가 없었다고 보는 Kraybill, 1996:37-38). 황제 숭배를 거부하면 경제적인 위험에 처하게 된다(13:17). 하지만 그리스도의 대속의 사역으로 왕 같은 제사장 된 교회는 하나님을 거역하고 사람을 미혹하는 음녀 바벨론을 따르지 말고, 대신 창조주 하나님을 두려워하고 그 분에게만 영광을 돌려야 했다(1:6; 5:10; 14:7; 20:6). 짐승을 숭배하면 독한 헌데의 재앙을 받을 뿐 아니라, 유황불 못에 들어가서 일순간의 안식조차 없다(14:11; 16:2; 19:20). 지상의 예배는 단지 주일, 교회당 안에서만 한정되지 않고 박해 상황과 일생생활 속에서 그리스도의 신부로서 인내하며 믿음으로 승리하는 생활 그 자체이다(13:10; 22:10-15). 지상의 예배는 천상의 예배의 그림자로서 예기의 모습이다. 지상의 예배의 실체로서 예배의 완성을 제시한다. 밧모 섬에서 주의 날에 계시를 받은 요한은(1:10) 그리스도의 계시를 예배적 상황 가운데 낭독되도록 의도했다(1:3). 요한은 소아시아 7교회의 지상의 예배를 천상의 예배와 병행되도록 의도한다.[1003] 이것이 지상의 교회가 '마땅히 영과 진리로'(ἐν πνεύματι καὶ ἀληθείᾳ δεῖ προσκυνεῖν; '진리'는 요한복음에서 거짓의 반대가 아니라 그림자의 '실체'임) 드리는 경배다(요 4:24).

5. 현대 예배에의 적용

현대 교회의 예배는 유행이나 사람의 편의주 혹은 무속의 영향에서 자유

[1003] 계시록의 천상과 지상의 예배의 관계를 *The Songs of the Sabbath Sacrifice*(4Q400-07)에서도 볼 수 있다. 이 노래는 하늘의 예배와 지상의 예배 사이의 병행을 전제로 한다. 천상의 노래에 등장하는 1인칭 복수형(예. 우리의 제사장직, 우리 함께 높이세; 4Q400 2 6-8)은 지상의 예배 공동체가 천상의 예배에 참여하는 공동체적 경험을 의도한다. 지상의 예배는 천상의 예배의 불완전한 모형이다(참고. Nogueira, 2002:176).

로운가?[1004] 계시록에 나타난 예배에 비추어 본 지상 예배의 바람직한 모습을 유추해 보자: 계시록은 교회가 고난 가운데서라도 과연 하나님과 사탄(과 그의 추종자) 중에서 누구를 예배해야 할지를 분명히 계시한다. 계시록의 천상의 예배의 모습을 어떻게 우리의 지상의 예배에 적용할 수 있을까? 여기서는 계시록의 첫 번째 찬송인 계시록 4:11의 문맥을 중심으로 하여 지상의 예배의 모습이 어떠해야 하는지를 천상의 예배를 통해서 살펴보자: **(1)** 예배는 집단적이어야 한다. 예배는 언제나 개인적이고 내적인 것일 필요는 없다. 계시록 4:11은 교인 모두가 참여하는 집단적인 예배를 강조한다. 천군 천사와 모든 피조물 (4생물) 과 신구약의 구속받은 모든 성도(24장로)가 같이 경배한다. **(2)** 예배는 쌍방 대화적(responsorial)이어야 한다. 지상의 예배에서 우리는 위로부터 주어지는 성경 낭독, 설교, 성찬, 복의 선포 등에 생동감 있게 반응한다.[1005] **(3)** 예배는 계획된 질서가 있어야 한다. 천상의 예배에서 24장로와 4생물은 서로 방해하지 않았고 튀려고도 하지 않았다. 예배는 고린도전서 14:40이 밝히듯이 집단적이되 혼란스러우면 안 된다. 성경공부나 가정 예배와는 달리 주일에 모이는 공적인 예배는 형식을 갖추어 하나님의 보좌 앞으로 즉 하나님의 궁전 안으로 같은 신앙을 고백하는 지역교회가 함께 모이는 독특한 것이다. 우리는 예배라는 큰 잔치 가운데 신앙과 충성을 고백하고, 죄를 용서 받고, 기도를 올리고, 하나님의 말

1004) 그리스도의 화목케 하신 사역 없이는 우리가 하나님께로 나아갈 수 없다. 그리스도를 통하지 않고는 기도를 할 수 없고 예배를 드릴 수 없다. 따라서 예배는 그리스도를 중심으로 화해하고 만나는 현재적인 구속사건이다. 그렇다면 예배에서 잔치와 축하적 성격이 강화되어야 한다. 위기나 불행을 피하고 복을 받기 위해서 기독교로 개종하고, 예배를 드린다면 그것은 무속신앙의 영향과 접목된 것이다. 예배에 참석하지 않으면 벌을 받을 것 같기에 참석한다면 그것은 무속신앙이다. 오직 이 땅에서 받을 복에만 집착하는 기복주의는 무속신앙이다. 유교의 의식적이고 형식적인 요소는 예배를 윤리적 가르침에 집중하게 하는 동시에 의식주의적으로 변질시킨다. 하나님보다는 인간관계를 중시하고 위선적인 모습 속에서 위계질서를 만든다. 형제자매와 지체 의식 혹은 동료의식 보다는 상하복종식 계급제도로 교회의 직분이 변질될 수 있다. 불교의 사후 극락세계를 강조하는 것은 현재적 천국을 누리지 못하게 하고, 단지 고행과 인내로 현세의 일을 견디도록 할 뿐이다. 지극한 불심과 고행적 수행이 성도에게도 인위적인 소위 '몇 일 작정 기도'와 같은 것으로 나타난 것은 아닌지 점검해 볼 필요가 있다. 이것을 우리의 열심이 중요하지 않다는 말로 와전시키지 말아야 한다(이광희, 2003:124-54).

1005) 우리가 계시록의 천상의 예배의 광경을 지상 예배에 수용-적용하기를 원한다면, 우리의 예배 중에 사용될 수 있는 굉장한 색감과 음악 그리고 상징적 행동을 더욱 연구해야 한다(Garrett, 1973:6).

씀으로 교훈을 받으며, 하나님의 식탁에서 먹으며, 모든 은혜에 대해 찬양으로 반응하고 감사한다. **(4)** 넓게는 예배, 좁게는 찬송은 하나님 중심이어야 하고, 삼위 하나님의 과거와 현재 그리고 미래의 구원 사역을 올바로 인식하는 가운데 위로를 발견하고 즐기는 잔치여야 한다(계 1:4-6; 5:9-10; 참고. Chilton, 1990:162-64; 이정현, 2001:37).

나오면서

계시록 안에서 소아시아 7교회가 지상에서 드리는 예배에 관한 직접적인 언급을 거의 찾아 볼 수 없다. 하지만 계시록에 예배 용어가 전체에 걸쳐 산재해 있으며, 특별히 천상의 예배는 계시록의 구조에도 영향을 미친다. 계시록의 예수 그리스도는 구원의 사역은 물론 구약의 다양한 예전과 절기를 성취하신 분으로 성부와 동등하게 예배를 받으신다. 그리스도 사건의 은덕을 입은 소아시아 교회들은 지상에서 온 천사만물이 동참하는 천상의 예배에 참여함으로써 위로를 받고 환난을 극복할 수 있었다(참고. 히 12:22-24). 그들이 예배에 참여함으로써 로마 황제 숭배라는 우상숭배와 혼합주의의 유혹도 단호히 배격해야 했다.

최근 조사에 의하면 숫자적으로 성장하는 교회의 특징 중 하나가 간단한 예배라고 한다. 하지만 교회는 언약의 갱신으로서의 공적 예배를 삼위 하나님을 중심으로 질서 있는 예전적 요소에 담아서 행해야 한다. 유혹과 핍박이 있을 지라도 왕 같은 제사장이 된 성도는 우리 주 하나님과 그리스도의 나라를 온 세상에 건설하도록 삶의 예배를 드려야 한다(계 11:15). 그것은 다름이 아니라 예언의 말씀을 듣고 지키는 삶의 예배다(계 22:7, 18).

참고문헌

Bauckham, R. 1993. The climax of prophecy: studies on the Book of Revelation. Edinburgh : T&T Clark.

Chilton, D. 1990. The days of vengeance. Tyler : Dominion Press.

Cukrowski, K. 2003. The influence of the emperor cult on the Book of Revelation. *Restoration Quarterly*, 1&2:51-64.

Du Rand, J.A. 1996. "Gees" en "Geeste" volgens die Openbaring aan Johannes. *In die Skriflig*, 33(1):1-15.

Du Rand, J.A. 1993. A 'Basso Ostinato' in the structuring of the Apocalypse of John? *Neotestamentica*, 27(2):299-311.

Ford, J.M. 1998. The Christological function of the hymns in the Apocalypse of John. *Andrews University Seminary Studies*, 36(2):207-29.

Forrester, D.B. et al. 1996. Encounter with God: an introduction to Christian worship and practice. Edinburgh : T&T Clark.

Friesen, S.J. 2001. Imperial cults and the Apocalypse of John. Oxford : Oxford University Press.

Garrett, T.S. 1973. Christian worship. London : Oxford University Press.

Gieschen, C.A. 2003. Sacramental theology in the Book of Revelation. *Concordia Theological Quarterly*, 67(2):149-74.

Jordan, J.B. 2004. Jesus' representative and his assistants: worship in Revelation. *Rite Reasons*, 88:1-4.

Jordan, J.B. 1999. A brief reader's guide to Revelation. Florida : Transfiguration Press.

Kraybill, J.N. 1996. Imperial cult and commerce in John's Apocalypse. Sheffield : Sheffield Academic Press.

Nogueira, P.A.S. 2002. Celestial worship and ecstatic-visionary experience. *Journal for the study of the New Testament*, 25(2):165-84.

O'Rourke, J.J. 1968. The hymns of the Apocalypse. *Catholic Biblical Quarterly*, 30:399-409.

Paulien, J. 1995. The role of the Hebrew cultus, sanctuary, and temple in the plot and structure of the Book of Revelation. *Andrews University Seminary Studies*, 33(2):245-64.

Peterson, D.G. 1988. Worship in the Revelation to John. *Reformed Theological Review*, 47:67-77.

Peterson, D.G. 2004. 예배. (*In* 데스몬드 알렉산더 & 브라이언 로즈너 eds. IVP 성경신학사전. IVP. p. 913-23.)

Psalter Hymnal. 1987. Grand Rapids : CRC Publications.

Ruiz, J.P. 1995. Revelation 4:8-11; 5:9-14: hymns of the heavenly liturgy. (*In* Lovering Jr., E.H. *ed.* 1995 SBL seminar papers. p. 216-20.)

Smith, R.H. 1998. Worthy is the Lamb and other songs of Revelation. *Currents in Theology and Mission*, 25(6):500-06.

The Calvin Institute of Christian Worship. 2004. The Worship sourcebook. Grand Rapids : Calvin College.

김선정. 2003. 요한복음서와 로마황제숭배. 한들출판사.

김추성. 2004. 요한계시록에서 예배와 찬양: 계시록 4-5장을 중심으로. 제 43차 한국복음주의 신학회 논문 발표회. 그리스도신학대학교.

랄프 마틴. 1986. 초대 교회 예배. 은성.

리처드 호슬리. 2004. 예수와 제국. 한국기독교연구소.

유해무. 2005. 한국교회의 공예배와 교회의 개혁. *개혁신학과 교회*, 18:79-99.

이광희. 2003. 예배신학과 예배의식의 관계 속에서 본 한국 교회 예배개혁 및 갱신에 관한 연구. *교회와 문화*, 11:124-54.

이승구. 2002. 요한계시록에 나타난 우주적 예배와 우리의 예배. (*In* 제 3차 프로에클레시아 신학회 신학논문 발표회. 요한계시록과 교회의 미래. p. 17-43.)

이정현. 2001. 개혁주의 예배학. 서울성경대학원대학교 출판부.

존 헤세링크. 2003. 개혁주의 전통. 본문과 현장 사이.

쿨만. 1984. 원시기독교 예배. 대한기독교서회.

판 도른. 1994. 언약적 관점에서 본 예배의 아름다움. SFC.

홍창표. 1999. 2001. 요한계시록해설. 제 1, 2권. 크리스챤북.

05 요한계시록의 세대주의 전천년설과 역사적 전천년설 비평

들어가면서

지난 1960년-90년대도 여느 때처럼 요한계시록의 해석은 다양한 형태로 나타났다. 건전한 주석이 있었던 반면에, 해석가 자신의 시대적 배경에 맞추어 계시록을 해석하되, 문자적-미래적 (세대주의) 전천년주의 해석이 유행했다.[1006] 이

1006) 이 글은 『교회와 문화』 30(2013), 149-86에 게재되었다. 천년왕국의 성경적 근거를 주로 구약에 두는 <u>세대주의 전천년설에 의하면</u>, (1) 마지막 때에 세계적인 7년 대환난(참고. 단 9장의 70이레)이 있을 것인데, 대환난 전에 그리스도께서 '공중 재림'하신다. (2) 이때 죽은 성도가 부활하여 살아있는 성도와 함께 공중으로 휴거되어, 강림하시는 예수님을 공중에서 영접하며 대환난을 면하게 된다(살전 4:16). (3) 휴거된 자들이 7년 동안 진행되는 어린양의 혼인 잔치에 참여하는 동안, 지상에서는 7년 대환난과 적그리스도의 통치가 지속된다(단 9:24-27). (4) 대환난의 마지막 때에 예수님이 이 세상에 재림하여(First return of Christ to inaugurate the millennium), 아마겟돈 전쟁을 통해서 악의 세력을 정복하고 사탄을 결박하여 무저갱에 가둔다. 그리고 (5) 천년왕국을 건설하여 성도와 함께 왕 노릇하신다. (6) 천년왕국이 끝나 가면 사탄이 일시적으로 풀려나서 곡과 마곡의 반란이 일어난다. 그러나 (7) 주님이 다시 재림하셔서(Second return of Christ to begin the final judgment) 사탄의 세력을 파멸하시고 불 못에 던지신다. (8) 그 후 악인들이 부활하여 최후 심판을 받아 지옥으로 가고, 성도는 영원한 천국에서 산다. 반면에 <u>역사적 전천년설은</u> 그리스도의 재림을 두 단계 즉 공중 재림과

런 혼합된 방식의 해석은 그 당시 냉전시대라는 세계정세와 맞물려서 선풍적인 인기를 얻었다. 지금은 이 견해가 학계에서 인정을 받지 못하지만, 여전히 일반 성도의 생각 속에 정설인 양 남아 있는 듯하다. 실제로 한국에서도 1980-90년대에 '계시록 부흥사경회'가 자주 열렸다. 건전한 주석에 기초하지 않은 메시지임에도 불구하고, 처음 들어보는 생소한 내용에 그 모임에 참석한 성도는 귀를 쫑긋 세우고 아멘으로 화답하며 경청했다. 냉전 시대에 살았던 참석자들은 중공과 소련(그리고 EU와 아랍 국가)으로 대변되는 적그리스도의 세력을 물리쳐야 한다는 반공사상과 예수님의 재림의 긴박성을 상기하면서 일종의 두려움을 느끼면서 집회를 마칠 무렵에 열심히 기도했다. 그 결과 계시록의 내용은 성도에게 위로와 소망으로 다가오기보다는, 두려움과 경성함을 촉구했다.

이 글 앞부분에서 세대주의 전천년주의자들의 주장을 1960-90년대까지 연도 별로 나누어서 비평적으로 살펴볼 것이다. 우선적으로 이들이 무엇에 근거하여 그런 주장을 하는지 알기 위해서는 세대주의 전천년주의가 발흥하게 된 역사적 연구가 필요하다. 이 글의 뒷부분에서는 역사적 전천년설의 발흥을 역사적으로 소개하고 비평할 것이다.

1. 세대주의 전천년설[1007]

지상 재림으로 나누지 않고, 지상 재림만 인정하며, (예외가 있지만) 성도의 공중 휴거는 받아들이지 않는다. 그렇지만 7년 대환난, 아마겟돈 전쟁, 천년왕국의 기대는 세대주의 종말론과 동일하다. 주로 신약 성경에서 천년왕국의 근거를 확보하려는 역사적 전천년설에 따른 역사 마지막 때에 일어날 사건들의 순서는 다음과 같다: (1) 7년 대환난, (2) 그리스도의 재림, (3) 성도의 부활, (4) 적그리스도의 멸망, (5) 천년왕국, (6) 곡과 마곡의 반란, (7) 악인의 부활, (8) 백 보좌 심판, (9) 신천 신지(참고. 목창균, 1994:157-58).

[1007] 이 부분을 위해서 프린스턴신학교에서 석사학위를, 뉴 멕시코대학교에서 박사학위를 취득한 후, Kansas의 Tabor College에서 역사와 종교를 가르치고 있는 Richard Kyle(1998:66-113)의 글을 참고했다.

1.1. 16-17세기 영국의 천년왕국 및 묵시운동

　20세기 중후반에 미국에서 유행한 세대주의의 뿌리를 가깝게는 영국에서 찾을 수 있다. 16-17세기 동안 영국에서는 묵시 사상, 천년왕국 사상, 그리고 종말의 기대감에 취해 있었다. 영국국교회가 가톨릭과 결별한 것, 메리 여왕의 박해, 스페인 함대의 패전, 영국 시민전쟁, 찰스 1세의 참수형, 유럽 대륙의 30년 전쟁 등이 묵시 사상을 촉발했다. 이런 정세에 다니엘과 계시록 같은 묵시 장르의 성경, 점성술, 비정경적인 기독교 문서들, 그리고 노스트라다무스의 예언 등이 가세했다. 메리 여왕의 박해는 묵시사상에 기름을 부었고, 이 기간 동안 영국의 개신교도들은 유럽 대륙으로 옮겨 개혁주의자들과 교제했다. 그들은 AD 300-1300년에 천년왕국이 있었고, 세상의 종말도 100년 이내에 발생할 것이라고 믿었다. 루터와 멜랑히톤처럼, 영국의 교회 개혁가들인 John Foxe, John Napier와 Robert Pont도 1600년을 기점으로 하여 최후 심판과 세상 종말이 도래할 것으로 기대했다. 영국의 묵시 운동은 영국 시민전'과 관련된 1640-50년경에 절정에 도달한 후 쇠퇴했다. 16세기 대륙에서 일어난 교회개혁 이래로 많은 이들이 현실 사건들을 성경 예언의 빛 아래서 읽으려고 시도했다. 따라서 계시록의 '인-나팔-대접 재앙'은 그들의 눈앞에서 펼쳐지고 있었다. 영국에서는 단 7장의 네 짐승(바벨론, 페르시아, 헬라, 로마)의 환상에서 이름을 유추해 온 'The Fifth Monarchists'가 가장 급진적인 묵시주의자들이었는데, 필요한 경우에 폭력으로 지상 천국을 건설하려고 한 점 등에서 뮌스터의 농민혁명과 유사하다.

　1630년대에 천년왕국이 과거라고 보는 사람과 미래라고 보는 사람들로 나뉘어 졌다. 하지만 미래-문자적 천년왕국주의자들 안에서도 의견이 분분했다. 혹자는 그리스도께서 하늘에서 성도를 통하여 영적으로 통치하신다고 본 반면, 혹자는 이 땅 위에서 그리스도께서 통치하신다고 보았다. 하지만 이런 차이는

천년왕국주의자들에게 그리 중요한 것이 아니었다.[1008]

1.2. 18세기 영국과 유럽의 묵시운동

18세기에는 이전 세기의 열렬한 묵시운동이 일어나지 않았다. 따라서 적그리스도, 새예루살렘, 주님의 재림 등은 일상 대화의 주요 주제가 아니었다. 하지만 예외도 있었다. Isaac Newton 같은 이는 종말에 일어날 사건들에 대해 추측을 계속했다. 포르투갈의 리스본에서 일어난 지진, 프랑스 혁명과 위그노를 향한 박해는 묵시 사상에 영향을 미쳤다. 이 때 전천년설과 후천년설의 구분이 더 분명해졌다. 이 중에서 후천년설이 더 자유롭고 교육을 받은 계층에 의해 포용되어 1850년까지 주도하게 된 반면, 전천년설은 서민 계층에서 인기를 얻었다. 이 때 세속적 종말론이 대두되었다. 예를 들어, 뉴톤의 캠임브리지대학교 후임 교수였던 William Whiston은 주님의 재림과 최후 심판을 믿지 않았고, 지구와 행성이 충돌하거나, 아니면 핵전쟁과 생태계의 재앙이 세상 종말을 초래할 것이라고 보았다. 후천년주의자 가운데도 세속적인 경향이 나타났는데, 하나님의 개입 없이 인간의 지식 발전을 통해서 더 나은 세상을 만들면 유토피아 건설이 가능하다고 보았다.

프랑스에서는 낭트칙령(the Edict of Nantes, 1598)으로 프랑스의 개신교도(휴그노, Huguenots)가 종교의 자유를 얻었지만, 루이 14세(Louis XIV, 1685)는 그 선언을 폐지하여 개신교를 박해했다. 이 때 남부 프랑스에서 휴그노들이 반란을 일으켰는데, 그들은 'Camisards'라고 불린다. 그들은 자신들이 경험하던 고난과 박

1008) 참고로 러시아에서는 'Old Believers'라 불리는 사람들이 '러시아 정교회'를 적그리스도의 세력을 막는 세력으로 보면서(살후 2:7), 구원의 유일한 통로로 믿었던 모스크바를 중심으로 하는 정교회가 적그리스도에게 굴복하지 않도록 하기 위해서 기꺼이 순교자가 되려고 했다. 그들은 러시아 정교회의 예배를 그리스 정교회 양식으로 바꾸려고 시도했던 Tsar Alexis(1645-1676)와 그의 추종자들을 적그리스도요, 계 13장의 짐승들이라고 보았다. Old Believers 가운데 일부는 러시아 정부에 의해 살해 되었고, 17세기 후반부에 그들 중 20,000명은 스스로 불에 타 죽었다.

해를 천년왕국을 위한 준비 과정으로 보았다. 하지만 그들은 독일의 재세례파나 영국의 'the Fifth Monarchists'와는 달리 급진적인 사회 변혁이나 재산의 재분배를 주장하지 않았다. 대신 천년왕국을 준비하기 위해서 세상을 정화시키기를 원했다. 그들 가운데 Pierre Jurieu와 같은 이는 최후 심판의 날을 1689년으로 예언했다. 그들의 예언활동은 기존 정부에 대한 반역으로 발전될 수 있었기에 프랑스 정부는 그들 가운데 약 12,000명이나 죽였다. 그들은 1704년까지 저항하다가, 다수가 영국으로 이주했다. 1789-1799년의 프랑스 혁명(the French Revolution)도 묵시사상에 불을 지폈다. 그 당시 사람들은 프랑스 혁명을 새 시대의 시작으로 보았다(예. Suzette Labrousse와 Catherine Theot). 프랑스 이외의 지역(예. 영국)에서는 프랑스 혁명을 적그리스도의 활동의 시작으로 간주하기도 했다.[1009]

스웨덴에서는 기독교 신앙보다는 신화와 신비주의적인 제의로 무장한 묵시가가 있었는데, Emanuel Swedenborg(1688-1772)가 대표 인물이다. 그는 1757년에 최후 심판이 발생했고, 주님의 재림은 이미 영적으로 성취되고 있다고 보았다. 그의 불가시적인 새 시대(invisible new age)에 관한 강조는 뉴 에이지 사상의 선조로 간주될 수 있다.

1.3. John Nelson Darby(1800-1882)의 영향

세대주의의 가장 충실한 주창자는 영국의 J.N. Darby였다. 영국-아일랜드 가문(Anglo-Irish family)에 출생한 그는 Trinity College를 졸업한 후, 3년 만에 아일랜드 교회의 목사로 안수 받았다. 기존 교회에서 불편을 느낀 그는 예언에 관심을 많이 두었던 분파인 '플리머스 형제단'에 가입한다. 그는 이 분파 안에서

1009) '적그리스도'라는 표현은 요한서신에만 가현설주의자를 가리키는 데 등장하기에 일반화시키지 말아야 한다.

세대주의의 체계를 세우고, 그것을 영어권에 널리 보급했다. 전천년설은 19세기 동안 영국에 파도처럼 밀려왔다. 그러나 이것은 성경 특히 계시록에 예언된 사건들을 특정 연대와 연결시키려는 역사주의적 세대주의였다. 그들은 종종 사건의 시간을 예언한 관계로 '시간을 설정하는 게임'(date-setting game)을 했다고 평가 할 수 있다. Darby는 다른 형태의 전천년설 즉 세대주의 전천년주의자였는데, 그는 계시록의 첫 몇 장을 제외하면 대부분은 종말에 발생할 사건들을 예언한다고 보았다. 따라서 그는 자기 당시의 사건들과 계시록의 예언들을 엄격하게 연결시킬 필요가 없었다. 역사주의적 세대주의자에 의하면, 어떤 사건들은 예수님이 재림하기 전에 일어나야만 했다. Darby는 그 어떤 사건도 예수님의 재림을 방해할 수 없다고 말했다. 예수님의 임박한 재림에 대한 이러한 가르침은 세대주의 신학의 가장 호감이 가는 요소로 많은 사람들에게 간주되었다.

이런 예언에 대한 미래적 해석은 넘어, Darby의 종말론은 두 가지 원칙에 입각해 있다. 하나는, 이스라엘과 교회를 구분한 것인데, 하나님은 각자를 위해 다른 계획을 가지고 계셨다고 본다. 다른 하나는 엄격한 문자적 해석이다. 하지만 그의 체계는 독자적이라기보다는 선구자의 영향을 받은 것이다. 미래적 해석은 16세기 예수회 소속 프란시스코 드 리베이라의 영향을 받았고, 더 거슬러 올라가면 피오레의 요아힘과 비슷하다. 심지어 Darby가 언제나 발생할 수 있다고 주장한 성도의 휴거(rapture) 교리도 'Increase Mather'(1639-1723)에게서 볼 수 있다.

1.4. 19세기 미국에서의 세대주의

유럽에서는 천년왕국운동이 주로 주류에서 이탈한 변두리에서 일어났다면, 미국에서는 종교적 경험의 중심적 위치를 차지했다. Ernest Sandeen은 "19세기 초(-후반까지) 미국은 천년왕국주의에 취해 있었다"고 평가한다. 식민제국주의 시대와 시민전쟁(Civil War)이 지난 후, 미국에서는 후천년설이 대세를 이루었다. 그러나 19세기 초에는 역사적 전천년설이 밀물처럼 밀려와서 '밀러 운동'(Millerite movement; William Miller, 1782-1849)에서 절정을 이루었다. 동시에 주님의 재림이 가깝다고 믿은 많은 공동체(communal) 혹은 재림을 기다리는 (Adventist) 단체도 발생했다.

미국에 도착한 청교도들은 미국에 천년왕국적 사명(millennial mission)을 부여했다. 시간이 지날수록 미국은 스스로 하나님의 선민으로 보게 되었고, 자신의 적은 마귀의 세력으로 간주되었다. 점차로 청교도들은 묵시 전통을 미국화시켜서, 자신의 경험 안에서 예언적인 의미를 발견했다. Increase Mather는 천년왕국을 미래로 보면서도, 그 묵시적 의미를 그 당시 사건들 안에서 찾았다. 예를 들어, 그는 제국주의자들과 인디언 간의 전쟁인 King Philip's War(1675-1676)을 계시록 6장의 붉은 말의 환상이 성취된 것으로 보았다. Increase의 아들 Cotton Mather(1663-1728)는 묵시를 더욱 미국화시켰다. Cotton은 인디언을 '적그리스도'라고 부르지는 않았지만, 그들이 적그리스도의 특성을 가지고 있다고 보았다. 그는 1697년에 세상 종말이 온다고 보았다. 청교도들이 세상 종말을 예언할 때 계시록의 적그리스도의 통치 기간으로 간주된 '1260일'(42개월, 한 때 두 때 반 때)에 의존했다.

미국에서 19세기 후반까지 대세였던 후천년설 이 땅에서 성도는 윤리적인 완전함을 얻고 유지할 수 있다고 믿은 '완전주의'(perfectionism)와 손을 잡았다. 이 두 그룹은 복음전파, 뛰어난 도덕성 그리고 더 나은 양질의 삶을 촉진시키려고 했다. 후천년주의자인 조나단 에드워즈(1703-1758)는 대각성 운동을 천년왕국의 시작 조짐으로 보았다. 그는 하나님과 사람이 합력하여 황금시대를 만들 수 있다고 믿고, 로마 교황제도를 적그리스도로 보았다.

1750-60년대의 성경 주석가들은 종말 사건을 정치와 종교적 관점에서 해석했다. 그래서 제국주의자인 미국과 영국은 하나님의 예언적 계획을 이루는 도구로, 가톨릭 세력인 프랑스는 적그리스도로 간주되었다. 그러나 가톨릭이 사라지지 않자, 청교도들은 가장 가까운 적이었던 영국 정부를 적그리스도로 보기 시작했다.[1010] 많은 미국인들은 '혁명전쟁'(Revolutionary War)을 천년왕국을 초래하는 거룩한 십자군 전쟁으로 보았다. 19세기 초반의 제 2차 영적 각성은 또 다른 후천년주의적 승리의 낙관주의를 유발시켰다. 예일대학교 총장이었던 Timothy Dwight는 '2000년'에 천년왕국이 시작된다고 설교했다. 심지어 미국의 정치적이고 도덕적인 운명을 하나님 나라와 동일시하는 이도 있었다. 그래서 후천년설은 미국 안에서 더 나은 세상을 만들기 위해서 노예제 폐지, 절주, 국민의 참정권 확립과 같은 사회 개혁에 기여한 바 있다.

19세기 후반까지 후천년설이 계속 위력을 떨쳤지만, 19세기 초반에 전천년설은 죽지 않았다. 18세기 후반과 19세기 초반의 몇몇 사건들은 전천년주의자의 숫자를 늘렸다. 프랑스 혁명은 예언에 관심을 더 집중시켰으며, 또한 세상 종말이 가까웠다는 인상을 점증시켰다. 또한 영국으로부터 역사적 전천년설이 유입되었다. William Miller의 입장은 역사적 전천년설과 매우 유사했다. Miller는 계시록의 역사주의적 해석을 따랐으며, 성경의 문자적 해석을 시도했다. 성경 예언은 역사적 사건들 안에 그리고 미래적 발전 안에서 성취된다고 보았다. 보스톤의 목사였던 Joshua V. Himes가 Miller에 의해 지지자로 변화 된 후, 대중매체와 순회 집회 등을 통하여 Miller운동은 확산되었다.

다시 John Nelson Darby의 사상으로 돌아오자. Darby는 예언 구절을 문자적으로 해석했고,[1011] 전천년설과 환란 전 휴거설(pre-tribulational rapture)을 주장

1010) 이것은 교회-세상 역사적 해석이다.
1011) 계시록의 환상은 관련 구약본문들과 연결하여 상징적으로 해석해야 한다.

했다: 수 백 만 명의 성도가 갑자기 휴거된 후, 이 땅에는 대환난이 7년 동안 발생한다. 첫 3년 반 동안 이 세상의 형편은 더욱 악화된다. 그때 정치-군사적 힘은 유럽으로 이동되는데, EU는 적그리스도에 의해 지배를 받는다. 적그리스도는 중동에 7년 평화 조약을 체결시킨다. '666'의 표를 지닌 적그리스도는 본심을 드러내어 사람들에게 짐승의 표를 받도록 한다. 이때 적그리스도는 로마에서 예루살렘으로 옮겨 재건된 성전에서 하나님을 모독한다. 그리고 평화조약을 파기하고 유대인을 박해하는데, 이때 온갖 재앙들과 자연 재해가 발생한다. 그 후 아마겟돈 전쟁이 일어나 수 백 만 명이 죽고, 예수님이 재림하여 적그리스도를 불 못에 던지신다. 오랫동안 기다렸던 천년왕국이 시작되고, 성도와 더불어서 예수 그리스도의 통치는 예루살렘에서 시작된다. 천년왕국이 끝날 무렵, 무저갱에서 사탄의 세력이 놓여서 조직적인 세력을 형성하여 하나님을 대적하지만 하늘에서 불이 내려와 사탄의 세력을 무찌른다. 사탄은 불 못에 던져지고, 죽은 자는 최후 심판을 위해 부활한다. 하나님은 생명책에 녹명된 자를 위해서 신천지를 만드신다. 그 후 영원한 천국이 이어진다.

19세기 중반부 이래로 후천년설은 전천년설에게 주도권을 빼앗겼다. 시민전쟁, 복음전파가 미진한 점, 미국 안으로의 가톨릭의 유입, 1차 세계 대전은 후천년주의의 낙관적인 전망을 어둡게 만들었다. 이 새로운 견해는 전천년설을 부흥시켰을 뿐 아니라, 20세기의 미국 복음주의 진영에서 지배적인 종말론을 형성하게 되었다. 역사적 전천년설과 달리, 세대주의 전천년설은 주님의 재림을 정확하게 예언하지 않는다(물론 그렇게 하는 사람이 예외적으로 있음). 세대주의 전천년주의자들은 갑작스런 휴거를 믿고, 이스라엘과 유대인을 날카롭게 구분한다. 즉 하나님은 이스라엘과 교회를 동시에 취급하지 않는다고 본다. 하나님은 이스라엘을 위한 최종 계획이 진행되기 전에 교회를 지상에서 옮기신다. 그리고 재림이 공개적이라고 믿는 역사적 전천년주의자와는 달리, 세대주의 전천년주의자에게 있어서 주님의 재림은 휴거되는 성도만 알 수 있는 은밀한 사건이다.

1859-1872년 동안 Darby는 미국을 여행하면서 자신의 교리를 보급했다. 특별히 장로교와 침례교도들이 많이 동의했다. D.L. Moody(1837-1899)도 그 중 한 명이었다. 시카고의 무디성경학교와 LA의 성경학교 등에서 이 교리에 입각하여 교육했다. 여러 잡지(예. Our Hope, The Truth, Sunday School Times)도 발간했다.

C.I. Scofield(1843-1921)는 세대주의 전천년설의 보급에 중요한 인물이다. 1882년에 그는 달라스의 한 회중교회 목사가 되고, 1909년에 'Reference Bible'을 출판했다. 이 책은 1,000만부 이상 팔렸고, 즉시 세대주의의 표준서가 되었다. 그는 Darby의 7가지 세대(무죄, 양심, 인간 정부, 약속, 율법, 은혜, 왕국)이론을 더욱 다듬었다. 각각의 세대는 인간의 실패로 인해 하나님의 심판으로 끝난다고 보았기에, Scofield의 사고에는 묵시적 사상이 강했다. 따라서 인간의 역사는 점차적으로 더 악하게 되어 파멸을 향해서 가고 있다고 보았다. 실제로 1900년대 초반의 세계 전쟁과 여러 가지 사건들(이스라엘의 재건, 러시아혁명 및 러시아가 강대국으로 부상함, 유럽의 재편, 전제주의의 발흥 등)은 이런 암울한 분위기에 맞아 떨어지는 것 같이 보였다. 현대의 대중적인 세대주의 체계는 제 2차 대전 이전에 거의 확립되었다. 그 후의 세대주의자들은 핵무기 개발과 핵전쟁의 위협, 적그리스도가 세상을 컴퓨터와 TV를 통해서 지배할 것, 그리고 새롭게 전개되는 중동 정세를 그들의 사상을 위해 첨가시켰다.

1.5. 1960년대

1.5.1. J.F. Walvoord(1966)

1952-1986년 동안 달라스 신학교의 조직신학교수였고, 1986년 이래로 학장을 역임한 Walvoord는 성경 예언에 관심이 많았다. 그는 1966년에 계시록 주석을 썼다. 도미티안 황제가 AD 96년에 암살되기 전에 사도 요한이 밧모 섬에

서 기록한 계시록은 상징적으로 해석 되어야 한다는 암시가 없다면 문자적으로 해석되어야 한다(p. 8, 14). 계시록 1:7은 주님의 영광스런 재림의 모습이다(p. 39). 계시록 1:9의 요한이 본 것은 계시록 1장, 지금 있는 것은 계시록 2-3장, 장차 있을 것은 계시록 4장 이후의 내용이다(p. 48). 계시록 2-3장의 7교회는 교회 시대의 특정 기간을 가리킨다. 예를 들어, 에베소 교회는 1세기 후반의 그리스도의 교회의 영적 상태를 가리키고, 서머나 교회는 콘스탄틴 황제 이전까지의 교회의 박해와 시련을 가리킨다(p. 65). 만일 계시록이 연대적인 구조를 가지고 있지 않고 단지 도덕적 진리에 대한 상징적인 표현만 담고 있다면, 그것의 예언적 중요성은 최소화되고 만다(p. 101-102). 계시록 4장을 요한 당시에 성취된 것으로 보면, 계시록이 가지고 있는 미래에 대한 예언성을 빼앗아 버리는 것이다(p. 102). 계시록 4:1이 명시적으로 교회의 휴거를 언급하는 것은 아니지만, 그럼에도 이 구절은 교회 시대 후에 교회가 휴거 되어 천상의 교회 시대가 열릴 것을 보여준다. '교회'라는 명사는 계시록 4장부터 22:15까지 등장하지 않는다.[1012] 계시록의 기록 목적은 교회를 위한 하나님의 프로그램을 소개하려는 것이 아니다. 대신 예수님의 재림과 예언적 왕국 그리고 영원한 상태로 인도하는 사건들을 묘사하기 위함이다(p. 103). 계시록 2:25과 3:11은 휴거와 관련된 구절이지만, '교리'로서의 휴거는 계시록의 예언의 한 부분으로 보기 힘들다(p. 103).

7인-7나팔-7대접 심판은 7년 대환난 동안 천상에 있는 휴거된 교회와는 무관한데, 이 땅에서 일어날 일 즉 여호와의 진노의 큰 날에 관한 것이다(p. 122). 계시록 6-19장의 심판은 다니엘 9:27의 이스라엘의 프로그램(Israel's program)에 관한 마지막 7년 즉 그리스도의 재림으로 인도할 사건으로 이해되는 70이레와 관련된다. 계시록 6장은 마태복음 24:4-31과 유사하다(p. 123). 계시록 7장의 144,000명은 대환난 중에 구원받은 유대인이다(p. 140). 계시록 7:9-10은 대환난 기간 동안 이방인 가운데서도 예수님께로 돌아올 사람들을 보여 준다

1012) 하지만 교회와 관련된 표현은 많다(예. 두 증인, 여인, 144,000명, 새예루살렘 성)

(p. 144).[1013] 계시록 13:1의 바다짐승은 이방 지역인 지중해에서 올라오는 적그리스도의 세력으로 온 세상을 통치했던 로마 제국이 새롭게 부활한 것이다 (p. 198). 계시록 13:11의 땅 짐승은 배교한 교회의 우두머리다(p. 205). 666은 네로와는 무관하며 인간의 숫자이다(p. 210). 사탄의 삼위일체는 대환난 기간 동안 온 세상을 지배하게 될 것이다. 계시록 14장의 시온 산에 어린양과 함께 선 144,000명의 환상은 주님의 재림을 뒤 따라 천년왕국의 시작점에 일어나는 어린양의 궁극적인 승리에 대한 예언적 환상이다(p. 214). 계시록 16:16의 아마겟돈 전쟁은 대환난 마지막 단계에서 일어나는 갈등으로 볼 수 있다. 예수님의 재림이 아마겟돈 전쟁을 절정으로 치닫게 하실 것이다(p. 239). 계시록 19:11-13은 마태복음 24:27-31처럼 예수님의 재림을 가리킨다(p. 275). 계시록 20:5-6의 '첫째 부활'은 실제 육체적인 부활인데, 대환난의 마지막 시점에 환난을 통과한 성도가 죽음에서 부활할 것을 예언한 것이다(p. 299).

Walvoord는 이후에 일어날 세대주의 전천년주의자들의 사상적 기초를 놓았다고 볼 수 있다. 하지만 적어도 1966년 주석에서 그는 이후의 주창자들과는 달리 중동을 중심으로 하는 국제 정세와 계시록의 심판/환난을 연결하는 것을 즐기지 않는다.

1.6. 1970년대

1.6.1. J.F. Walvoord(1974)

이 책은 1966년의 주석과는 약간 다른 뉘앙스를 풍긴다. 1973년에 석유는 중동위기 가운데 정치적인 무기가 되었다. 그 당시 이스라엘과 팔레스타인 그리고 아랍 국가들 사이의 적대 관계는 불안요소였다. 1990년에 이라크의 사담

1013) '144,000명'(계 7:4)과 '셀 수 없는 많은 무리'(계 7:9)를 동일한 구원 받은 사람들로 보는 게 합당하다.

후세인이 사우디아라비아를 침공했다. 중동의 석유는 지구 전체의 문제로 발전한다. 전 세계 석유 생산의 3분의 2를 차지하는 중동은 종말의 예언과 관련하여 세계의 중심지다. 중동의 평화는 안정적인 석유의 공급과 결부되고, 결국 온 세상의 평화와 연결된다.[1014] 결국 이것은 아마겟돈 전쟁과 예수님의 재림과 관련 된다. 성경은 아직 일어나지 않은 사건들에 관해서 '예언적 파노라마'를 시간표처럼 보여 준다(p. 13). 성경은 이미 이 세상이 가장 큰 전쟁인 동시에 문명의 종말을 고하는 아마겟돈을 향해서 카운터 다운되고 있다고 설명한다(p. 15). 이와 관련하여 "이스라엘의 운명은 무엇이며, 서구 문명의 중심인 미국과 유럽에는 어떤 변화가 일어날 것인가?"라는 질문이 제기될 수 있다. 비극적이지만, 분명하게 아마겟돈은 우리 앞에 다가와 있다.

세상의 종말과 예수님의 재림으로 이끌 중동의 정세를 직시하는 사람들은 최종 심판자이신 예수님에게 돌아와야 한다. 20세기에는 과학기술의 발달로 부정적인 측면으로는 대량살상무기가 발명되었고, 사람들의 도덕적인 타락은 더 심각해 졌다. 데살로니가전서 4:13-18에 나타나는 참 교회의 휴거는 요한복음 14:3의 성취인데,[1015] 이 땅 위의 종교적 혼란을 심화시킬 것이다. 그래서 사탄 숭배와 같은 현상이 더 위력을 발휘할 것이다.

아마겟돈 전쟁(계 16:16)을 향해서 7년이라는 시간이 카운트다운 된다. 첫 3년 반은 이스라엘과 다른 세력이 평화 협정을 맺을 것이다. 나머지 3년 반 동안 대환란이 닥칠 것이다. 이때 중동에 권세를 발휘하려던 러시아 군대가 결국 패배할 것이다(겔 38-39). 유럽의 '지중해 연합'이 바벨론과 로마처럼 스스로 신격화할 것이고, 사탄의 세력이 되어 이스라엘을 핍박할 것이다(p. 28). 자연 재해

1014) 따라서 Walvoord에게 있어서, 예수 그리스도의 평화는 석유가 주는 평화보다 영향력이 적다. 그리고 중동의 석유 문제 때문에 홍수 이후에 노아에게 주신 세상 보존 언약은 무효화 된다.
1015) 요 14장의 중심 주제는 천상의 장소적 천국의 조성이라기보다는 오순절 성령님이 하나님의 가족인 교회 안에 내주하심이다.

와 신종 질병이 일어나서 인구가 급감할 것이다(마 24:7; 계 6:6-8; 16:13-14, 17-20; p. 28-29). 아마겟돈으로 모여들 군대는 남쪽의 아프리카, 북쪽의 유럽과 러시아, 그리고 동쪽의 중공이 유프라테스 강을 넘어올 것이다(단 11:44; 계 9:15-16; 16:12). 아마겟돈 전쟁에서 수 백 만이 죽을 것인데, 최종 승자가 결정되기 전에 예수님이 수많은 천사와 성도와 함께 하늘에서 강림하셔서 원수를 물리치고 평화의 나라를 이 땅 위에 세우신다(계 19; p. 30).[1016]

1966년 주석과는 약간 색깔을 달리하면서 중동과 지중해를 중심으로 하는 국제 정세를 자주 언급하는 Walvoord의 이 책에 의하면, 계시록은 문자적으로 해석되어야 하며, 다니엘서와 같은 다른 구약 예언서의 시간표와도 연결되어야 하고, 민족적인 의미의 이스라엘이 여전히 중요하다. 따라서 계시록의 상징적 해석과 영적 이스라엘의 중요성은 간과되고 만다.

1.7. 1980년대

1.7.1. 메어리 S. 렐프(1987)

미국의 비행기 조종사였던 렐프 여사는 누가복음 21:24를 이스라엘이 1948년에 독립되어 1967년에 예루살렘을 탈환한 것을 예언하는 것으로 본다.[1017] 계시록 13:18의 666을 거짓 메시아가 지배하는 마지막 세계 단일 정부의 특성을 대표하는 것으로 본다(p. 9). 계시록 13:16-18은 전자 화폐 시대를 예고한다(p. 31). 계시록 17:10-11의 여덟 번째 왕은 적그리스도의 세계 단일 정부인데, 로마 제국이 부활한 것이며 유럽 공동체 연합이다(p. 85). 데살로니가후서 2:2-8

1016) 여기서 Walvoord는 주님의 재림을 감람산강화에 잘못 호소한다(참고. 그의 책 p. 189).
1017) Kyle(1998:52)은 Girolamo Savonarola(1452-1498)가 이탈리아에서 임박한 세상의 멸망을 예언했다고 소개한다. 15세기 당시의 정치적 상황은 그로 하여금 그런 예언을 하도록 했다는 것이다. Florence는 시온이며, Savonarola 자신은 악을 물리치는 선지자라는 것이다. 이런 입장은 세대주의자에게서도 볼 수 있는데, 세상 교회 역사적 해석이 미래주의적 해석과 맞물려 있는 것이다.

의 '불법의 사람'을 바울 당시의 인물이 아니라 세상 마지막 때의 적그리스도로 본다(p. 121). 계시록 13:7의 바다짐승은 세계 독재자다(p. 139). 계시록 13:1-3의 바다짐승의 활동은 적그리스도의 왕국을 위한 것인데 북 아프리카와 지중해 연안의 유럽 국가를 가리킨다(p. 186). 마지막 전쟁은 이란, 이라크, 아프가니스탄, 파키스탄 등에서 일어난다(p. 187). 마지막 시대에 이스라엘과 세계 통치자는 7년 평화 조약을 맺고, 마지막 3년 반에는 소련이 이스라엘을 공격하며, 모든 민족이 예루살렘을 대항하여 모여들어 아마겟돈 전쟁이 일어난다(겔 38; 마 24:6; p. 194). 7년 환란은 누가복음 17:26-27과 마태복음 24:7 등에서 볼 수 있다(p. 208-09).

간략히 비평해 보면, 성경 주석상의 문제는 제쳐두고서라도, 오늘 날 국제 정세를 보면 이런 주장이 허무맹랑한 것임을 알 수 있다. 이 시대에 그 누가 유럽 연합과 컴퓨터 바코드를 적그리스도의 세력으로 볼 것인가?

1.7.2. 더그 클라크(1987)

이스라엘과 아랍(팔레스틴)의 갈등은 제 3차 세계 대전을 촉발시킬 수 있다(p. 16). 나치의 박해 속에서도 살아남은 이스라엘인들이 있다. 이것은 유대인이 선민이라는 것을 증명하는 것으로 볼 수 있지 않는가?(p. 51). 소련이 아랍 동맹국을 후원하여 이스라엘을 공격 한다(p. 56). 따라서 나토군과 유엔군이 이스라엘을 도와야 한다(p. 58). 계시록 17장의 짐승의 열 뿔은 온 세상을 다스릴 적그리스도의 세력이다(특히 EC; p. 67). 이 적그리스도는 벨기에 브뤼셀에 본부를 둔 유럽 연합의 수장(스테노스 파피로스)이다(p. 66). 이스라엘을 아랍이 공격하는 것은 원유 공급을 위협하는 것이기에, 결국은 원유를 의존하여 산업을 유지하는 서방 국가를 공격하는 것과 마찬가지다(p. 74). 다니엘 11:40의 예언의 성취되어, 나토와 EC는 북방 왕인 소련(과 바르샤바 동맹국)과 소련의 지원을 받은 이집트와 아프리카 국가(남방 왕)와 싸운다(p. 83). 이때 지진이 일어나 승리를 거두고 있던 소련과 아랍군을 죽인다(p. 102). 이스라엘을 괴롭힌 나라는 하나님의 벌을 받는다(p. 104). 온 세상의 은행 업무와 무역을 관장하는 세력은 브뤼셀의 EU의 수장이다(p. 111). 스테노스는 권력을 장악한 후 유대인과 기독교로 개종한 유대인들을 체포하여 총살시킨다(p. 179). 그리고 예루살렘에 세워진 성전을 장악하여 자신을 숭배할 것을 강요한다. 그는 적그리스도이며 유대인의 박해자다(단 12; 마 24:15-16; 계 12; p. 180, 226, 228). '스테노스 파피로스'는 헬라어로 666에 해당한다(p. 229). 스테노스는 원유를 북미대륙에 공급하는 것을 금하여 경제적인 어려움을 가한다. 스테노스는 EC의 권력을 잡도록 처음에 도와준 기독교와 가톨릭 세력도 박해한다(p. 234). 미국과 캐나다는 스테노스의 이스라엘 정복을 철회할 것을 요구한다(p. 182). 미국은 중공과 손을 잡고 스테노스를 몰아내려고 일전을 준비한다(p. 251). 다른 나라들로 스테노스의 통제에서 벗어나려고 한다. 유럽에서 미국을 중심으로 한 연합군과 스테노스 사이의 핵전쟁이 일어나 전체 인구의 3분의 2가 살상 당한다(p. 259). 악의 세력인 스테노스는 결국 파멸 당하는데, 그 때는 자기 백성을 구원하러 오시는 바로 구세주 예수님이 재림하실 때다(p. 281, 287). 짐승의 표를 받지 않은 자와 유대인을 배척하지 않은 자는 구원을 받는다(p. 289). 예수님을 구주로 믿는 자는 휴거된다(p. 293). 사탄은 지옥에 가고 새 세상이 도래한다(p. 293).

간략히 비평하면, 오늘 날 그 누가 유럽 연합을 적그리스도의 세력으로 볼 것인가? 그리고 미국이 전반적으로 이스라엘을 지지한다고 해도, 버락 오바마 미국 대통령의 대외 정책은 일방적으로 친이스라엘 정책을 추진하는 것이 아니다. 미국은 누구에 의해 임명받은 세계 경찰인가? 혈통적인 유대인은 여전히 전부 선민인가? 아니다.

1.7.3. H. Lindsey(1984; 한글 번역은 1993)

1903년 계시록에 관한 책을 쓴 C.I. Scofield와 달라스신학교의 J. Walvoord의 영향을 받은 홀 린세이의 책 '신세계의 도래'(There's a new world coming)는 200만부 이상이 팔렸다. 그리고 '휴거'(Rapture)라는 책도 선풍적인 인기를 끌었다. 계시록 4장에서 요한이 환상을 보러 하늘에 올라간 것은 데살로니가전서 4:15-18과 고린도전서 15:50-53의 휴거를 가리킨다. 그러므로 계시록 4-19장은 환란을 피하기 위해서 '휴거된 하늘의 교회'의 모습을 설명한다. 그러므로 이 땅에서는 휴거되지 못한 사람들이 7년 환난을 겪게 된다(참고. 계 6-19장의 인, 나팔, 대접). 그리고 계시록 19장 끝 부분은 예수님의 재림을 가리키고, 계 20장은 메시아의 실제 '천년' 왕국을 가리킨다. 그리고 계시록 21장 직전에 현재의 세상이 심판을 받아 파괴되고(벧후 3:10), 그리스도의 최후의 심판이 있은 후, 계시록 21-22장은 영원한 새 천국과 새 세상이 도래한다고 설명한다(p. 10; 번역본 페이지).

계시록은 AD 85-90년에 기록되었다(p. 12). 요한은 하나님의 시간이라는 자동차에 태워져서 19세기 이후의 '미래'로 옮겨졌다(p. 14). 계시록 1:7은 주님의 재림에 대한 예언이다. 예수님이 타고오시는 구름은 '성도'를 가리킨다(참고. 살전 3:13; 히 12:1). 예수님은 아마겟돈이라는 전쟁이 정점에 치달을 때 재림하신다(p. 22). 계시록 2-3장의 7교회는 예수님 재림까지의 온 세대를 통해서 전형적인 교회의 문제점들을 보여준다. 에베소 교회는 AD 33-100년에 일어날 일을, 서머나 교회는 AD 100-312년의 일을, 버가모 교회는 AD 312-390년의 일을, 두아디라는 AD 590-1517년의 일을, 사데 교회는 AD 1517-1750년의 일을, 빌라델비아 교회는 AD 1750-1925년의 일을, 라오디게아 교회는 AD 1900년에서 환란 기간 동안의 일을 설명한다 (p. 25, 62). 마태복음 24:32 이하는 주님의 재림의 전조를 보여 준다(p. 69). 휴거(마 24:40-44)의 전조로는 1948년 이스라엘이 나라를 재건하는 것, 1967년에 이스라엘이 아랍군을 물리치고 예루살렘을 탈환한 것, 러시아가 이스라엘의 적국이 된 것, 아랍 연맹이 이스라엘을 대적한 것, 중공군이 2억 명 이상이 된 것, EU를 통해서 옛 로마 제국이 부활한 것, 전쟁, 지진, 기근, 질병, 성도의 배교, 세계정부를 향한 움직임 등이다(p. 71-72).

시간 순서대로 일어날 계시록의 인, 나팔, 대접 재앙과 관련 있는 7년 환란은 다니엘 9:24-27이 예언한 바다(p. 91).[1018] 계시록 6:1의 흰 말을 탄 사람은 유럽에 있는 적그리스도의 세력이다(p. 93). 계시록 6:12-17의 광명체가 어두워지는 것 등은 소련 등이 보유한 핵무기의 사용과 대량 파괴와 전쟁을 묘사한다(참조. 계 8:12; p. 97). 계시록 7장의 이스라엘 12지파가 인을 맞은 것은 선민 유대인들이 구원을 받을 것을 의미한다. 이 144,000명은 휴거되지 않고 7년 대환난 동안 이 땅에서 그리스도를 증거한다(p. 115). 7나팔 재앙은 전 세계 인구의 3분 1을 죽일 것이다(p. 127). 1961년에 중공은 2억 명이나 핵무기를 보유한 군대로 무장시킬 수 있었다(계 9:16; p. 128). 계시록 11장의 성전 측량은 1967년 6월 이후로 아랍을 대항한 이스라엘의 힘이 성지 예루살렘에서 강력해 지는 것과 관련된다(p. 145). 계시록 12장은 유대인을 미워하는 세력을 소개하는데, 하나님은 기적적으로 유대인을 보호하신다(p. 157, 165). 계시록 13장의 두 짐승은 7년 대환난의 후반기 동안에 일어날 일인데, 미국의 지위를 위협하는 세력으로 단합한 EU와 관련 있는 두 적그리스도를 가리킨다(p. 168, 175). 666은 컴퓨터 바코드다(p. 183). 계시록 14장의 144,000명은 7년 대환난 동안 예수님이 보호하신 사람들이다(p. 185). 계시록 14:8과 18장의 바벨론의 파멸 예고는 대환란 말기에 일어날 일인데, 적그리스도 나라의 수도인 로마가 핵의 폭발로 두 번에 걸쳐서 파괴될 것을 예언한다(p. 189). 계시록 16장의 아마겟돈 전쟁은 7대 접 심판과 관련 되며 제 3차 세계 대전을 예고한다(p. 210). 계시록 18장은 신

[1018] 계시록의 3가지 7재앙 시리즈와 70이레가 간본문인지 의문이다. 그리고 계시록의 재앙 시리즈의 해석에 있어서 반복이론을 고려해야 한다.

바벨론인 유럽 공동체의 수도인 로마가 주도하는 세계 공동 시장의 최후를 보여 준다(p. 228, 233).

계시록 19장 후반부는 백마 타신 그리스도의 재림을 언급한다. 계시록 19-20장은 시간적으로 일어날 일이다(p. 252). 계시록 20:6의 첫째 부활은 성도의 육신의 부활이다(p. 260). 둘째 부활은 천년왕국이 끝날 무렵 불신자들에게 일어난다(p. 262). 사탄은 천년왕국 후 풀려나서 전쟁을 준비한다(p. 264). 그러나 사탄은 영원한 지옥 불에 던져질 것이다. 계시록 20:11-15은 최후 심판의 모습이다. 신천지는 옛 세상을 완전히 파괴한 후 만들어진다(p. 274). 새 예루살렘 성은 교회가 아니라 장소다(p. 277).

홀 린세이는 세대주의적 전천년주의적 해석을 하면서, 계시록의 사건을 시간의 흐름대로 일어날 것으로 보면서 문자적 해석을 한다. 그리고 홀 린세이 당시의 국제 정세에 기초하여 계시록을 끼워 맞추면서 미래에 일어날 여러 가지 일에 대해서 상상력을 동원한다.[1019]

1.8. 1990년대

1.8.1. J. Van Impe(1996)

14개의 신학교로부터 명예 박사학위를 받은 Van Impe는 대중적인 연설가이다. 계시록은 유대인, 그리스도인, 이방인의 미래에 대해 설명한다. 그리고 요한 당시부터 영원 후까지의 교회 역사를 가르쳐 준다(p. 7). 계시록 1:1의 '속히'

1019) 세대주의자들은 보수적이므로 성경해석에 있어서 그들은 역사비평가와 달리 일종의 '고백적 성격'을 가진다. '고백적 비평'(confessional criticism)은 성경을 읽을 때 하나님이 본문을 통해서 하시는 말씀하시는 바를 듣는 것이다. 그러나 '고백적'이라는 말이 '주관적' 혹은 '비학문적'으로 들리지 않으려면, 다양한 해석 방법론을 제대로 사용해야 한다(참고. Vanhoozer, 2008:20).

는 시간적으로 짧은 시간 안에가 아니라, 일단 어떤 사건이 일어나면 '신속히' 라는 뜻이다(p. 10). 계시록 1:7은 예수님의 재림을 가리킨다(p. 15). 계시록 1:19의 본 것은 계시록 1장 내용을, 지금 있는 일들은 계 2-3장을, 장차 일어날 일은 계시록 4장 이후를 의미한다(p. 22). 계시록 2-3장의 7교회는 홀 린세이가 주장한 것과 비슷하게 전체 교회 시대의 특정 시기와 관련된다(p. 23). 계시록 4:1은 휴거를 가리킨다(p. 48). 휴거 직후 이 세상은 7년 대환난을 겪는다(p. 49). 이 7년 대환난은 아마겟돈 전쟁으로 끝나는데, 그때 하늘 문은 다시 열려서 성도가 그리스도와 하늘에 함께 있다가 이 땅으로 다시 내려 올 것이다(계 19:11-16). 계시록 6-18장에 '교회'라는 단어가 나오지 않는데, 그리스도의 교회는 대환난 기간 동안 이 땅에 있지 않다(p. 49). 환난은 이스라엘이 고통을 겪는 기간이다(참고. 단 9, 12; 마 24). 계시록 12:1-5는 여인으로 상징되는 이스라엘이 이 땅에서 환란을 겪을 것을 설명한다(p. 50). 예수님이 재림하실 때(슥 14:4), 144,000명이 전파한 복음을 들은 이스라엘 12지파는 애곡할 것이다. 계시록 6-18장은 이 땅에 남은 자에게 임하는 대환난을 설명한다(p. 68). 계시록 20:8-9의 곡과 마곡이 일으키는 전쟁은 환란 기간 동안 러시아가 이스라엘을 침공하는 것이다(p. 240). Van Impe는 홀 린세이의 주장을 약간 수정하여 따른다.

1.8.2. J. Hagee(1996)

유대인에게 매우 호의적인 텍사스 주 샌안토니오 시에 1975년에 설립된 18,000명 교인의 초교파적인 Cornerstone교회의 목사이자 Global Evangelism TV의 회장인 J. Hagee는 North Texas University와 Southwestern Bible Institute에서 수학했다. 그는 이스라엘 수상이었던 'Yitzhak Rabin의 암살과 적그리스도의 도래'라는 부제가 붙어 있는 '종말의 시작'이라는 책을 썼다. 그는 책의 서문에서 유대인과 기독교인 그리고 휴거를 놓쳐 버릴지도 모르는 이를 염두에 두었다고 밝힌다(p. x-xi).[1020] 1995년 11월 4일, 아라파트 PLO의장과 더불어 노벨 평화상을 수상한 적 있었던 라빈(1922-1995) 이스라엘 총리가 극우 이스라엘 청년 Yigal Amir에서 암살당했다. 그의 장례식에는 서방과 아랍뿐 아니라 전 세계의 지도자들이 대거 참석했다. 라빈의 암살 이후, 노동당의 Shimon Peres가 수상이 되었는데, 그는 라빈의 평화 정책을 계승했다(p. 8). 이스라엘 사람들은 크게 두 부류로 나뉜다. 첫째 부류는, 종교적인 유대인들로서 이스라엘이 성지에서 거룩한 행위를 해야 한다고 본다. 둘째 부류는, 유대인의 종교적 신념에 중요성을 별로 두지 않는 이들로서, 관광산업, 기술발전과 경제적인 발전으로 부강한 나라를 건설하기 원한다. 후자는 선조들의 하나님보다는 사람의 노력에 부강하고 현대화된 젊은 이스라엘 건설을 위해서 더 많은 기대를 둔다(p. 16). 라빈의 암살은 둘째 부류의 사람들이 그들의 종교적 신념을 갈구하는 일을 단념하도록 만들었다. 라반의 암살은 주류 미국의 유대인 공동체가 유대교로 이동하려는 초기 운동을 격하시키도록 위협했다. 현대 이스라엘은 전통 종교적 전통을 많이 상실하고 나름 세속화 및 자본주의화 되었다(p. 17). 종교적인 유대인과는 달리, 다수의 정치화된 유대인들은 더 이상 메시아의 도래를 기다리지 않는다. 자유적인 시온주의(liberal Zionism)는 이스라엘은 유대인만의 나라가 아니라 20%의 아랍인도 고려해야 한다고 주장한다.

이스라엘 땅은 누구 것인가? 창세기는 아브라함의 후손 즉 유대인의 소유라고 밝힌다. 이스라엘의 적인 아랍 세력은, 만일 자신이 이스라엘을 물리치지 못한다면 코란도 거짓이며, 모하메드의 예언도 거짓이고, 승리주의적인 자신의 신학도 거짓이라고 생각하기에, 이스라엘의 생존과 번영은 도무지 있을 수 없는 일이라고 본다(p. 27). 1947년의 6일 전쟁과 1948년의 이스라엘 건국 및 1967년의 전쟁을 경험한 옛 세대들은 생존을 위한 전쟁을 치렀기에 의견이 일

[1020] 이것을 유대인이 들으면 어떤 반응을 보일까? 기독교인 중에 유대인을 걱정하는 친근한 사람도 있구나! 라고 생각할까? 아니면 기독교적 사고로 유대인들의 운명을 점친다고 생각할까?

치된다. 하지만 그 후 세대는 "그런 과거를 지난 일로 여기고 시리아가 골란 고원을 원한다면 넘겨주라! 지금 당장 평화를 원한다"고 주장한다. 이처럼 이스라엘은 이중적인 야누스의 얼굴을 가지고 있다(p. 29). 시편 89:28-34는 언약의 여호와께서 이스라엘의 미래를 보장하시고 지키실 것이라고 말씀한다(p. 30). 따라서 Hagee는 다른 세대주의자들처럼 시편 89편을 민족적 이스라엘에게 주신 약속으로 잘못 이해한다. 하지만 Hagee는 모세와 예수님 사이의 수많은 모형론적 관련성과 구약의 메시아 예언들을 분명하게 설명한다(p. 49-83). 1995년 12월 '지구의 운명을 가리키는 시계'(Doomsday Clock)는 자정 쪽으로 3분 더 당겨졌다. '핵 과학자들의 저널'의 회장인 L. Rieser는 자정에서 14분 떨어져 있다고 보았다.

지구 파멸의 아마겟돈 전쟁의 조짐은 많다: 지식의 폭발(단 12:4), 중동의 전염병(슥 14:12-15) 즉 핵무기의 보급, 이스라엘의 재탄생(사 66:8-10), 이스라엘이 고향으로 돌아옴(렘 23:7-8), 예루살렘은 더 이상 이방인에 의해 통치되지 않음(시 102:16), 지구촌이 되어 즉각적인 국제적 의사소통(계 11:3, 7-10), 속임(렘 9:5; 마 24:4), 기근과 역병(마 24:7-8), 지진(마 27:51; 행 16:26), 노아의 시대와 비슷한 상황(마 24:36-39; p. 84-100).

휴거가 갑자기 발생하기에, 성도는 깨어 있어야 한다(마 24:30; 25:1-13; 행 1:1; p. 106). 계시록의 재앙들은 휴거되지 못한 사람들이 겪을 환난을 묘사한다(p. 115). 그 무렵 적그리스도가 출현한다(요일 2:18). 세상은 컴퓨터의 도움 등으로 단일 경제 체제로 재편된다(계 13:15-17; 참고. 마 24:15). 우상숭배를 강압하는 적그리스도에 의해 복음주의적 신앙은 박해를 받는다(단 7:25). 666은 하나님의 완전에는 항상 모자라는 사탄과 적그리스도의 숫자이다(p. 114). 성전이 재건되고, 다시 태어난 러시아는 이슬람과 손잡고 이스라엘을 공격한다(겔 38-39; p. 147). 사탄이 유대인과 그리스도인을 박해하여 궁극적으로 하나님을 대항한다(p. 172).

그리스도께서 재림하셔서 아마겟돈 전쟁을 승리로 마무리하신다(계 19; p. 178). 이스라엘은 보호되고(창 12:3), 새 예루살렘이 도래한다(p. 183).

비평해 보면, 다른 세대주의자와 마찬가지로 Hagee는 창세기 및 구약 선지서들의 예언이 예수님의 초림으로 성취되지 않고 미래의 예수님의 재림에서 성취되는 것으로 본다. 감람산강화와 계시록의 이해에서도 명백한 오류를 보인다.

1.8.3. T. Ice와 T. Demy(1998)

Thomas Ice는 Tyndale신학교에서 박사학위를 받은 후 'Pre-Trib 연구소'('환란 전 휴거 연구소')의 소장으로 있으며, Timothy Demy는 달라스신학교에서 박사학위를 받은 후 해군 군목으로 다년간 섬겼다.

역사와 현대의 사건들은 하나님의 계획이 완전히 성취 될 최종 종말을 향해서 전진하고 있다. 특히 1948년에 이스라엘의 건국으로 인해 하나님의 계획은 더욱 결실을 향해서 나아간다. 즉 이스라엘을 보면 하나님의 계획과 시간표를 알 수 있다(p. 8). John Walvoord와 같은 이는 1990년대의 걸프전은 주님의 재림으로 인도할 만한 배경을 제공한다고 본다. 종말에 대한 성경 예언은 휴거 이후와 관련된다. 하나님은 현재 교회 시대 동안 미래의 시간을 위해서 세상을 준비시키신다. 그렇다면 교회 시대의 종말과 휴거에 대한 징조는 무엇인가? 그리고 이스라엘을 위한 하나님의 계획은 무엇인가?(p. 10). Ed Hindson 박사가 주장한 대로, 이 종말의 징조를 이해하기 위해서는 '사실'(예. 예수님이 재림하신다, 종말에 세상에 환란이 임한다, 최종 싸움에서 그리스도는 승리하심), '가정'(사실적 예언이 우리에게 세부적으로 설명하지 않은 것은 가정해야 함: 예. 종말에 러시아는 이스라엘을 공격할 것임, 참고. 겔 38-39장의 곡과 마곡), '상상'(가정에 근거한 순수한 추측임)이라는 세 열쇠가 필요하다(p. 12). 우리가 종말에 살고 있기에, 우리 시대에 일어나는 사건과 성경 예언은 연결되어야 한다(p. 13). 하나님의 시간표에 따르면, 지금은 교회 시대이고, 교회가 휴거되면 성취를 위한 준비의 시기를 보낼 것인데, 성취의 시기가 끝나면 성취의 시기가 시작되는데 이때 대환란이 7년 동안 지속되며, 대환란 끝에 주님의 재림이 있다(p. 15).

창세기 2:2에 근거해 볼 때(참고. 벧후 3:8), 창조 이래로 세상 역사는 6,000년 동안 지속되는데(즉 'septa-millennial theory'), 그 후 예수님이 재림하셔서 추가로 1,000년 동안 이 땅 위에서 다스리실 것이다. 창조 후 제 7일째의 안식은 1,000년 왕국에 해당하고, 제 8일은 영원에 해당한다. AD 2000년은 창조 이래로 6,000년이 마감되는 시간이기에 중요하다(p. 18). 교회 시대가 지나면 교회가 휴거되고, 그 후 70이레가 시작된다. 70이레는 3년 반 씩 두 개로 나누어지는 환란의 기간이다. 3년 반은 1290일로서 다니엘 12:11에 근거한다. 두 번째 3년 반은 다니엘 7:23-25의 네 번째 짐승이 통치하는 기간이다(참고. 단 11:36-39). 이 환란의 기간이 지나면 메시아 시대 혹은 천년왕국 시대가 시작된다(p. 28). 모든 세대주의자들은 미래주의자이다. J.N. Darby가 발전시킨 세대주의적 미래주의는 그리스도께서 휴거 시 그리고 재림 시에 강림하시는 것으로 보는 점에서 독특하다(p. 30). 전천년설은 교회 시대가 휴거에 의해 끝나면 7년 환란 시기가 시작되고, 그 후 예수님이 재림하시어, 1,000년 왕국이 시작되고 결국 영원한 천국이 도래한다고 본다. 마태복음 13장의 천국 비유가 교회 시대의 다양한 양상을 설명하고(씨 뿌리는 자[에베소 교회]-알곡과 가라지[서머나 교회]-겨자씨[버가모 교회]-누룩[두아디라 교회]-감추인 보화[사데 교회]-진주[빌라델비아 교회]-그물[라오디게아 교회]), Arnold Fruchtenbaum박사와 달라스신학교의 설립자인 L.S. Chafer박사가 주장하듯이, 교회 시대의 종말에 대한 징조는 계시록 2-3장의 7교회가 단계 별로 보여준다. 현 시대는 라오디게아 교회의 시대(1900년-현재)이다(참고. 딤전 4:1-3; 딤후 3:1-5; 약 5:1-8; 벧후 2:1-22; 유 1-25; p. 47, 50). 교회 시대의 마지막 징조들은 교회와 세상 정세를 파악하면 알 수 있다: 무신론, 자유주의, 에큐메니칼 운동,

배교, 도덕적 혼란, 미신을 발흥과 러시아, 중공과 UN의 득세, 1948년 이스라엘의 건국과 아랍과의 갈등, 석유 파동, 유럽의 10개국 연합, 세계의 독재자로 자처하는 지중해 연안의 지도자들이 중동 평화를 논의함, 러시아 군대가 이스라엘을 공격함(겔 38-39), 새 세계 지배자가 예루살렘 성전을 더럽힘, 그리스도의 재림을 대적하는 세상 연합의 저항과 그들의 아마겟돈에서의 패배(p. 57-58).

세계의 중심으로 예언된 예루살렘을 수도로 하는 민족적 이스라엘은 선민이기에(슥 12:2-3; 마 24:16), 휴거 이전(사 11:11-12; 겔 20:33-38; 습 2:1-2)과 1000년 왕국 이전(신 4:29-31; 사 27:12-13; 렘 16:14-15; 겔 11:14-18; 슥 10:8-12; 마 24:31)에 다시 모아진다(p. 64). 7년 환란의 중간에 다니엘 9:27이 예언한 대로 예루살렘에 새로운 성전이 세워진다(참고. 마 24:15-16; 살후 2:3-4; 계 11:1-19). J.D. Pentecost박사가 주장하듯이, 다니엘 2, 7장 그리고 계시록 13, 17장은 종말에 10개의 국가가 제계 정부를 구성할 것이라고 예언한다. 적그리스도를 묘사하는 계시록 13:12-17은 그가 온 세계의 정치, 경제, 종교를 단일체계로 만들 것으로 본다(참고. 계 17-18). 휴거 이후에 등장할 계시록의 환난과 심판은 다음과 같이 전개 된다: 첫 반(半) 심판은 7인이 신판이며, 나머지 반 심판은 7나말괴 7접시 심핀이다. 직그리스도는 666인데, 예루살렘 성전을 더럽힐 것이다. 7접시 심판 이후에 예수님의 재림이 발생한다(p. 198). 계시록의 시간 표현들인 '한 때, 두 때 반 때', '42개월', '1,260일'은 7년 대환란을 둘로 나눈 기간 즉 반이다(p. 173).

Ice와 Demy는 세대주의 주창자들인 Pentecost, Darby, Walvoord 등 주로 달라스신학교와 관련 있는 여러 학자들을 종합한다.

1.9. 한국 교회의 요한계시록 해석 경향

한국 성도 가운데 적지 않은 사람들이 세대주의 전천년설이 정설인 줄 알고 있다. 그러나 다행스럽게도 지난 1990년대와는 달리, 요즘은 계시록 강좌가 적지 않은 신학교에 개설되어 있다. 하지만 너무 짧은 강의 시간과 전문가의 부족으로 인해, 이것이 우리 학교-교단의 입장이라고 내세우기에는 시기상조로 보인다. 또한 계시록과 관련하여 신학교와 교단 교회 사이의 연속성이 희박하다. 한 예로, 교단의 신학교에서는 무천년설을 지지하며 가르치더라도 교단 목사들은 통속적인 전천년설로 설교한다. 심지어 지역 교회는 신학적 검증을 거치지 않고 소문으로 들은 '소위 유명한 강사'를 초청하여 계시록 세미나를 여는 경우도 있다. 이단이 계시록으로 세미나를 열고 자신의 교리를 세우며 포교하는데, 기성 교회 목회자들은 건전한 주석으로 잘 대응할 역량을 갖추고 있는지 의문이다. 계시록을 자주 의존하는 이단들은 잘못되었기에 상종하지 말고 피하면 된다는 소극적인 입장을 견지하기 쉽다. 올바른 계시록 해석과 교회를 섬기는 영향력이 확보되려면 좀 더 세월이 흐르고 계시록 전문가가 더 배출되어야 한다. 현 단계에서 무엇보다 계시록 전공자들이 지역 교회를 설교와 특강 혹은 사경회를 통해서 섬겨서 그 내용을 올바르게 알려야 한다. 무엇보다 목회자들을 대상으로 하는 교육도 절실하게 필요하다. 세대주의 전천년설의 오류에서 배울 수 있는 것은, 올바른 성경해석은 세계정세라는 컨텍스트가 텍스트를 지배하지 못하도록 해야 하며, 상징적 해석과 문자적 해석을 적절히 구분해야 한다는 사실이다.

2. 역사적 전천년설: 정성욱의 "세계복음주의 신학계에서 역사적 전천년주의의 현황"[1021]에 대한 비평을 중심으로

먼저 덴버신학교 정성욱의 주장(2.1-2.6)을 요약해 보자.

1021) '역사적 전천년주의 국제학술대회' 발제 글. 한국교회 100주년 기념관. 2012년 6월 11일.

2.1. 역사적 전천년설의 발흥

사도 요한의 두 제자 폴리캅(AD 69-155)과 파피아스(70-155), 저스틴 마터(103-165), 그리고 폴리캅의 제자인 이레니우스(130-202)의 미래 종말의 시나리오는 다음과 같다. **(1)** 적그리스도가 성도를 박해하는 대환난이 발생하고, **(2)** 대환난 끝에 예수님이 재림하여 적그리스도의 세력을 파멸시키고, **(3)** 죽은 성도가 부활하고 성도는 휴거되며, **(4)** 지상에 천년왕국이 세워진다. 천년왕국은 통치의 중심지인 예루살렘의 재건을 통한 풍요로운 결실이 있는 상태이다. **(5)** 천년왕국 이후 불신자가 부활하고, **(6)** 최후심판이 시행된 후, **(7)** 영원한 천국과 지옥이 세워진다. 이레니우스의 제자 히폴리투스(170-235)는 다니엘 9장의 '70이레'를 대환난과 적그리스도의 출현이라는 종말론과 연결하여 해석했다. 라틴 교부 터툴리안(160-225)은 그리스도인이 적그리스도가 시행하는 대환난을 통과할 것이며, 그 후 예수님의 재림이 있고, 성도의 몸이 신령하게 변한다고 주장했다. 콘스탄틴 황제의 신학 자문이었던 락탄티우스(240-320)에 의하면, 예수님의 재림과 심판 이후, 성도가 영생으로 회복되고 난 후, 천년왕국이 시작된다고 보았다(사 11:6-9).

2.2. 역사적 전천년설의 쇠퇴

4세기 후반-16세기까지 역사적 전천년주의가 쇠퇴했던 4가지 요인은 무엇인가? **(1)** 몇몇 교부가 천년왕국을 문질적인 복으로 설명한 것에 대한 반감이 일어났고, **(2)** 콘스탄틴 이후 로마 제국에서 기독교가 평안을 누릴 때 교회가 겪을 대환난 개념은 적합하지 않았고, **(3)** 몬타누스파 등 일부가 예수님의 재림과 천년왕국의 시작 시점을 예언한 것에 대한 반감이 일어났고, **(4)** 알렉산드리아의 클레멘트(150-215)와 오리겐(185-234)의 비문자적 해석이 발흥한 것이다. 4세기 후반의 티코니우스는 계시록과 성경의 예언을 비문자적으로 해석하여 무천년설의 입장을 따랐고, 어거스틴의 '하나님의 도성'도 마찬가지다. 무천년설에 입각하여 루터와 칼빈도 적그리스도를 미래 인물이 아닌 당대의 로마 교황제도로 보았고, 폭력으로 천년왕국을 건설하려던 재세례파를 반대했다. 그 후 청교도와 개혁신학자들도 대부분 이 입장을 견지했다.

2.3. 역사적 전천년설의 재 부흥

소수이기는 하지만 교회개혁시기에 역사적 전천년설을 따른 이들도 있었다. 독일계 칼빈주의자인 J.H. Alsted(1588-1638)는 이사야 2:1-4와 34:1-17을 지상의 천년왕국에 대한 묘사로 보았다. 영국계 영어학자인 J. Mede(1586-1638)는 아마겟돈 전쟁으로 적그리스도인 교황제도가 파멸된 후 예수님의 재림과 천년왕국이 발생한다고 보았다. 웨스트민스터회의에 참여한 청교도이자, 옥스퍼드대학교 교수였던 Thomas Goodwin(1600-1680), 미국의 청교도 J. Davenport (1597-1670), S. Mather(1626-1671), T. Dwight(1752-1817), 그리고 S. Sewall(1652-1730)도 역사적 전천년설을 따랐다.

18-19세기의 근대교회 시기에 J. Priestly(1733-1804), 영국의 개혁파 침례신학자 John Gill (1697-1771), 성공회 감독 J.C. Ryle(1816-1900), C.H. Spurgeon(1834-1892), B.W. Newton(1897-1899), 주석가 F. Delitzsch(1813-1890), T. Zahn(1838-1933), 주석가 P. Lange(1802-1884) 등이 있다. Henry Drummon이 주도한 'The Albury Conferences'(1826-1830)는 교회에 대한 심판과 유대인의 귀환이 있은 후, 예수님의 재림과 천년왕국이 있다고 보았다.

2.4. 세대주의 전천년설의 발흥

영국의 J.N. Darby(1800-1882)가 중요한데, 그는 이스라엘과 교회 각각을 향한 다른 목적을 하나님이 가지고 역사를 진행시킨다고 보았다. 그러므로 이스라엘과 교회는 각각 다른 운명과 소망을 가진다고 보았다. 종말의 시간표는 다음과 같다: **(1)** 대환난 직전에 예수님의 공중재림하시고, **(2)** 교회가 휴거되어 공중에서 혼인잔치가 벌어지고, **(3)** 지상에서는 적그리스도가 통치하는 대환난이 있을 것이며, **(4)** 예수님과 교회가 지상으로 재림하여 천년왕국이 시작되고, **(5)** 유대교의 성전과 제사가 회복된다. 세대주의 전천년설은 19세기 후반에서 20세기 동안 미국 중심으로 확산되었는데, 부흥사 D.L. Moody(1837-1899), W. Blackstone(1841-1935), C.I. Scofield(1843-1921. 1900년에 관주성경이 출판됨), 달라스신학교 설립자인 L.S. Chafer(1871-1952), Hal Lindsey, 그리고 'Left Behind'시리즈를 쓴 T. LaHaye와 J. Jenkins 등이 주요 인물들이다.[1022]

2.5. 최근의 역사적 전천년설주의자들

20-21세기 서구 복음주의 신학계의 역사적 전천년주의자들은 다음과 같다. 프린스턴신학교에서 실천신학을 가르친 장로교목사요 계시록 주석(1936)을 쓴 C. Eerdman(1866-1960), 풀러신학교의 G.E. Ladd(1911-1982), 마태복음 전문가인 Westmont대학교의 R.H. Gundry(환란 후 예수님 재림 시 휴거설), D.A. Carson(b. 1946. 천년설에 대한 글을 쓴 적 없음), D.J. Moo b. 1950; 환란 후 휴거설), 덴버신학교의 C. Blomberg(b. 1955. 환난 후 예수님 재림 시 휴거, 그 후 지상 천년왕국. 계시록 6-19장은 먼 미래의 사건. 참고. A Case for Historic Premillennialism: An Alternative to Left Behind Eschatology. Grand Rapids: Baker Academic. 2009), 에즈베리신학교의 B. Witherington III, R.H. Mounce, C.S. Keener, G.R. Beasley-Murray(그는 막 13장도 역사적 전천년설로 주석함), 덴버신학교 구약교수 R.S. Hess, M.D. Caroll 등이 있다. 조직신학자들로는 침례교 개혁신학자인 M. Erickson (b. 1932. 환란 후 휴거설), 피닉스신학교

[1022] 세대주의 전천년설에 관해서는 R. Kyle, *The Last Days are Here Again* (Grand Rapids: Baker, 1998), 66-113을 참고하라.

의 W. Grudem(b. 1948), 장로교신학자인 덴버신학교의 B. Demarest, 싱가폴 트리니티신학교의 Tony Siew, 박형룡, 박윤선, 박수암, 한정건, 이광복(세대주의의 징조와 무천년설의 상징적 해석을 신앙의 적용차원에서 수용하는 수정된 역사적 전천년설주의자) 등이 있다. 참고로 진보적 세대주의(progressive dispensationalism)는 역사적 전천년설과 유사하다.

2.6. 역사적 전천년설과 무천년설의 간략한 비교

역사적 전천년설과 무천년설의 공통점으로는 **(1)** 예수님 재림 전에 배도의 기간과 대환난이 있고, **(2)** 예수님 재림 시 생존 성도가 변화하고, 이미 죽은 성도는 부활하여 휴거된다. 이 두 입장의 차이점으로는 **(1)** 예수님 재림 후 지상에서 천년왕국이 이루어지는가?(역사적 전천년설의 입장). 정성욱은 창세기 1:28의 문화명령이 '지상'에서 마지막 아담이신 예수님에 의해서 성취될 것으로 본다. **(2)** 의인과 악인의 부활은 동시에 발생하는가?(무천년설의 입장).

2.7. 비평: 계시록과 미래적 종말론을 어떻게 이해할 것인가?

정성욱은 가장 성경적이고 학자들의 지지를 많이 받는 역사적 전천년설을 중심으로 종말론 논의가 정리되어, 더 이상 불필요한 소모적 논쟁은 없어져야 한다고 주장한다. 그러나 이 주장은 너무 나이브한 결론이다. 무천년설과 후천년설을 지지하는 자가 많이 있어, 그들을 무시할 수 없다. 이 주제와 관련하여 시간을 두고, 연구와 토론을 통해 풀어야 할 과제가 많다. 그중 몇 가지만 지적해 보면 다음과 같다:

(1) 이사야(2:1-4; 11:6-9; 34:1-17 등)가 예수님의 초림으로 임한 천국을 묘사하지 않고, 천년왕국을 문자적으로 묘사하는지 주석이 필요하다. 구약 예언서 가운데 예수님의 재림을 구체적으로 지시하는 구절이 있는지?

(2) 다니엘 9장의 '70이레'는 대환난과 천년왕국과 관련되어, 그것들을 문자적으로 예언하는지 주석이 필요하다.[1023]

(3) 공관복음서의 감람산강화의 대환난은 AD 70년 사건이 아니라, 미래의 적그리스도가 교회를 박해하는 사건인지 주석적 뒷받침이 필요하다. 마태복음 24장의 문맥은 대환난은 불신 유대인에게 임하는 심판이지, 성도가 미래에 당할 성도를 가리키지 않는다. 그리고 계시록에 '7년 대환난' 개념은 나타나지 않는다.

(4) 계시록 1:1의 '반드시 속히 일어날 일들'이 계 6-19장을 포함하여 먼 미래의 사건을 가리키는지? 계시록의 대 부분의 내용은 요한 당시에 일어날 일을 기록한 위로의 편지가 아닌가?

(5) 계시록 20장의 천년왕국에 관한 묘사를 상징이 아니라, 문지적적으로 어떻게 해석할 수 있는지? 계시록 1:1의 '보이시려고'와 '지시하셨다'는 환상을 비문자적으로 즉 상징적으로 해석해야 할 것에 대한 지침이 아닌가?

(6) 계시록 21장의 신천지와 새예루살렘성을 문자적인 미래의 실제 천국으로 볼지, 아니면 '이미와 아직 아니'라는 틀로 천국의 장소성과 인격으로 각각 해석해야 하는가?

(7) 데살로니가전서 4:16-17의 예수님의 재림과 휴거를 어떻게 해석해야 하는지? 바울은 성도의 부활과 교회의 휴거 시, 이 땅이 신천지로 순식간에 바뀌고, 이 땅에 영원한 천국이 임할 것을 설명하지 않는가?

(8) 베드로후서 3장의 재림 시에 있을 불 심판의 기능이 정화인지, 아니면 소

1023) BC 539년경, 다니엘이 포로로 잡혀 온지 69년이 지난 시점 곧 출바벨론을 1년 앞두고 주어진 예언인 70이레(단 9:20-27)를 어떻게 해석할 것인가? 가브리엘은 70이레가 지나야 이스라엘이 회복되리라고 말한다(24-27절). 70이레는 문자적으로 '70주간' 혹은 '70x7=490'을 의미하지만, 앞으로 490년이 지나야 귀환하게 된다는 의미는 아니다. '70이레'는 이스라엘이 바벨론에서 '회복되는 시점으로부터' '메시아의 오심으로 회복되는 전체 기간'을 상징한다. 가브리엘은 이스라엘의 회복을 위해서 '70이레'가 정해졌다고 말한다(24절). 바로 이 70이레가 지나면 (1) 이스라엘의 허물이 마치고, (2) 죄가 끝나며, (3) 죄악이 속함을 받으며, (4) 영원한 의가 드러나며, (5) 이상과 예언이 응하며, (6) 지극히 거룩한 자가 기름부음을 받게 된다(24절). 70이레가 시작되는 시점은 예루살렘을 중건하라는 말씀이 나오는 때부터이다(25절). 이 때로 부터 69이레가 지나면 기름부음 받은 자 곧 예수 그리스도께서 오셔서 사역하신 후 죽으신다.

멸인지? 베드로는 바울과 보조를 같이하여, 세상의 구성 요소가 불로 정화되어, 이 땅이 신천지로 바뀔 것을 설명하지 않는가?

여기서 또 기억해야 할 사항은 천년왕국 이론은 교리적 접근으로 풀 것이 아니라, 우선적으로 계시록의 해당 본문을 주석적으로 해결해야 한다. 그리고 '종말'이라는 용어를 미래적인 의미로 사용하려면 '미래적 종말론'으로 표현하는 것이 오해를 방지할 수 있다.

나오면서

AD 999년에서 1000년으로 전환 될 때 성 베드로 성당에서 교황 Sylvester 2세 집례로 미사가 자정 직전에 있었다고 한다. 사람들은 세상의 종말이 임박하였다고 믿었고, 서로 용서하고 자선을 베풀었다. 그러나 그 때 주님의 재림이 발생하지 않자 다시 일상생활로 돌아가 버렸다. 비슷하게 지난 1999년에서 2000년으로 전환될 때도, 전 세계적으로 적지 않은 소동이 벌어졌다. 무엇이 이런 세기말적 소동을 유발했는가?

계시록은 세상의 상황과 정세가 아니라, 예수 그리스도의 계시로 읽어야 한다. 즉 신문보도가 아니라, 구약과 신약 성경으로부터 계시록을 이해해야 한다. 1970-90년대 심지어 지금까지도 문자적 세대주의적 전천년주의자들은 이런 기초적인 주석 원칙을 무시했다. 더욱이 그들은 혈통적인 이스라엘을 아브라함의 언약과 계시록 7장의 144,000명에 근거하여 선민으로 보면서 신약 교회와 동일시한다. 이것은 신약 교회가 하나님의 새 이스라엘임을 무시하는 것이다. 따라서 그들은 선민으로 여기는 이스라엘이 살고 있는 중동의 정세에 민감하게 반응한다. 이 이유로 국제 사건과 정세로 성경을 해석하려는 우를 범하고 말았다. 분명한 것은 계시록은 요한 당시와 무관한 채로 세상 종말과 예수님의 재림이라는 미래의 시간표로 의도되지 않았다. 무엇보다도 우리는 종말론을 미래의 시간표가 아니라, 자신의 성육신으로 하나님 나라와 종말을 개시하신 예수님 중심으로 이해해야 한다. 계시록 4장을 휴거로 이해한 것, 다니엘 9장의 70이레의 관점에서 계시록을 이해하려고 한 것, 수많은 상징들을 문자적으로 해석한 것, 계시록 4:1-22:15까지 '교회'라는 단어는 없지만 동일한 의미를 가진 표현들(두 증인, 144,000, 아이를 해산 한 여인, 새예루살렘 성 등)의 중요성을 무시한 점, 마태복음 24장의 감람산강화를 인-나팔-대접 재앙과 연결 시켰으나 주님 재림 직전의 환란을 예언한 것으로 잘못 본 것 등은 전천년주의자들의 주석상의 오류들이다. 우리는 이런 오류의 찌꺼기를 올바른 성경 주석으로 씻어내어야 한다.

06 요한계시록의 구원론

들어가면서

요한계시록은 다양한 부류의 사람들로부터 사용되어 왔다. 지난 세기 중반 이후로는 남미나 아프리카의 억압받는 민중을 위한 정치-해방적인 본문으로,[1024] 남성중심적인 표현과 사상을 거부하면서 여성의 해방과 구원을 찾는 페미니즘의 본문으로,[1025] 칼 융과 관련된 정신분석학자들이 구원의 메시지를 찾는 본문으로,[1026] 최근에는 생태계의 보존 혹은 구원을 위해서 환경신학자

[1024] 이 글은 『신약연구』 13(2011, 1), 731-64에 게재되었다. Apartheid에 저항을 촉구하는 남아공의 신학자 겸 정치가인 A.A. Boesak, *Comfort and Protest: The Apocalypse from a South African Perspective* (Philadelphia: Westminster Press, 1987), 35, 38, 90. 그에게 구원은 '해방'이다.

[1025] 계시록을 페미니스트가 사용할 수 있는 '저항 문서'(resistance literature)로 보는 T. Pippin, *Death and Desire: the Rhetoric of Gender in the Apocalypse of John* (Louisville: WJK, 1992), 58-59, 103.

[1026] '묵시'를 의식적 실현(conscious realization) 안으로 자아(the Self)가 도래하는 중요한 순간으로 보는 E.F. Edinger, *Archetype of the Apocalypse: a Jungian Study of the Book of Revelation* (Chicago: Open Court, 1999), 5.

들이 애용하는 본문으로 사용되어 왔다.[1027] 따라서 계시록의 구원론은 갖가지 채색을 담은 만화경(kaleidoscope)과 같기에, 어떤 것을 선택해야 할지 결정하기는 쉽지 않다. 그런데 계시록은 성경의 결론이므로 계시록의 구원론은 성경 전체의 구원론을 밝히는 열쇠가 된다고 볼 수 있다.[1028] 그렇다면 계시록 자체가 제시하는 구원론을 어떻게 찾을 수 있는가?

이 글은 다음과 같이 전개 된다: (1) 요한계시록의 '구원'과 관련된 용어와 구절을 어휘의미론(semantics)적으로 연구한다. (2) 계시록의 전통적인 네 가지 해석에 따른 구원론을 '구원' 관련 용어와 본문을 중심으로 각각 살핀 후,[1029] 그 중에서 어느 것이 계시록의 기록 목적에 가장 적합한지를 결정한다. 이를 위해서 네 가지 전통적인 해석 방법들을 주석적으로 비교 연구(comparative study)할 것이다. (3) 가장 합리적인 계시록의 해석 방법으로 볼 수 있는 부분적 과거론의 관점에서 구원론을 연구하되, 계시록의 장르, 기록 목적, 구조와 연관지어 살핀다. (4) 마지막으로 세 가지 시리즈 심판(7인-7나팔-7접시)을 부분적 과거론에 입각하여 주석함으로써 구원론을 연구할 것인데, 이 작업은 계시록의 심판이 구원의 의미를 돋보이게 해주기 때문에 유용하다. 이를 위해서, AD 1세기 상황 안에서 심판과 구원의 예언이 어떻게 성취되었는지 구속사적으로 고찰 할 것이다.

본 연구를 통하여, 계시록의 구원론의 요점은 "박해를 받던 독자에게 그들이 그리스도 사건에 근거하여 새 출애굽 한 구원과 승리의 공동체임을 확신시

[1027] 계시록은 독자로 하여금 피조 생물을 중요하게 자신과 동일시하도록 촉구한다고 주장하는 P.S. Perry, "Things having Lives: Ecology, Allusion, and Performance in Revelation 8:9", *Currents in Theology and Mission* 37 (2010), 105-13.

[1028] 계시록이 '죄와 사탄의 완전한 정복 및 재창조'를 다루므로, 하나님께서 성경 제일 마지막에 배열하도록 인도하셨다고 볼 수 있다. 참고. E.P. Groenewald, *Die Openbaring van Johannes* (Kaapstad: NGKU, 1986), 15.

[1029] '구원'과 관련된 직접적인 단어는 계 19:1에 마지막으로 나타나기 때문에, 계시록의 구원의 완성을 다루는 계 21-22장은 이 글에서 핵심 사항만 간략하게 논의한다.

키고, 박해자들은 속히 임할 주의 날에 언약의 저주를 받을 것"임을 밝히고자 한다.

1. 요한계시록의 '구원'과 관련된 용어 및 구절 분석[1030]

이 단락에서는 계시록에 나타난 구원과 관련된 명사, 동사, 그리고 관련 구절 순서로 어휘의미론(semantics)을 통해 계시록이 말하는 구원을 살펴볼 것이다.

1.1. σωτηρία('소테리아' '구원')[1031]

소테리아(σωτηρία)는 계시록 3회 등장하는데(7:10, 12:10, 19:1), 구원은 하늘의 찬양 맥락에서 하나님께 속한 것으로 나타난다. 주로 소테리아는 '전쟁에서의 승리'와 관련되는데, 하나씩 살펴보자.[1032] 먼저 계시록 7:10에서 열방으로부터 구성된 교회가 서로의 언어를 이해하며(혹은 하나의 언어로) 구원과 승리의 찬송을 부르기에, 바벨탑의 언어의 혼잡(창 11:7-9)은 사라진다. 계시록 7:10의 '구원'의 문맥적 배경인 계시록 7:9는 로마 제국의 개선장군이 흰 토가(toga)를 입고 군중의 환호 속에 지나가는 모습과 닮았다(참고. 흰 두루마리, 종려나무 가지). 하지만 '셀 수 없는 큰 무리'는 자신의 승리의 근거를 무력이 아니라 어린 양의 십자

[1030] 참고. 송영목, 『요한계시록은 어떤 책인가?』 (서울: 쿰란출판사, 2007), 340-45. 물론 계시록의 구원은 다음의 용어로도 설명 가능하다: 어린 양, 피, 무지개, 흰 두루마리, 새 노래, 생명책에 기록된 이름, 어린 양의 혼인. 참고. R. Surridge, "Redemption in the Structure of Revelation", *Expository Times* 101 (1990), 231-32.

[1031] S.S. Smalley, *Thunder and Love: John's Revelation and John's Community* (Milton Keynes: Nelson Word, 1994), 147-48. 이 명사의 동사형은 한 번도 사용되지 않았다. 참고로 요한복음의 경우처럼 계시록에서도 '생명'(ζωή)이 구원론적(soteriological) 의미를 가진다(계 2:7, 10; 3:5; 11:11; 21:6; 22:1, 14).

[1032] W. Foerster, "σωτηρία", in G. Kittel (ed.), *TDNT, Vol. VII* (Grand Rapids: Eerdmans, 1975), 997-98; H.R. van de Kamp, *Openbaring: Profetie vanaf Patmos* (CNT, Derde Serie; Kampen: Kok, 2000), 217, 298, 422; Groenewald, *Die Openbaring van Johannes*, 189. 참고로 남아공의 해방신학자 부삭은 계시록의 구원을 '해방'(liberation)으로 본다. 참고. Boesak, *Comfort and Protest*, 88.

가에 두기에, 무력에 기초한 팍스 로마나(Pax Romana)와 대조되는 구원의 메시지를 찾을 수 있다.[1033]

사탄(용, 계 12:9)과 음녀 바벨론의 패망(계 18:21) 역시 보좌 위의 성부 하나님과 승천하신 어린 양이 거두신 '승리'의 결과이다.[1034] 그렇다면 계시록 12:10의 노래를 부른 '하늘의 큰 음성'은 누구의 것인가? 하나님의 보좌 주위의 24장로, 네 생물, 그리고 하늘의 성도, 제단 아래 있는 순교자(계 6:9-11)를 예리하게 구분하지 않고 모두 포함하는 듯하다.

유대인들이 출애굽을 기념하여 유월절에 불렀던 '할렐 시편'(시 113-118)과 유사한 노래를 부른 계시록 19:1의 '하늘에 있는 많은 무리의 큰 음성'은 계시록 12:10의 '하늘의 큰 음성'과 동일한 것 같다. 하늘의 음성은 보좌 위의 하나님께서 음녀 바벨론을 심판하셨기에 구원과 영광과 능력을 돌려드린다. 성부와 성자의 승리는 계시록의 독자 그리고 구원 받은 성도의 승리로 이어진다(계 12:11). 구원은 그리스도 사건에 기초한 승리이며(계 7:14; 12:11; 19:1),[1035] 천상의 찬양이 제공하는 '믿음의 상징적 세계'를 통해 계시록의 독자들은 예배(특히 찬송부를 때) 중에 이 승리가 자신들의 것임을 확신 할 수 있었다(참고. 계 1:3의 예배 상황). 여기서 놓치지 말아야 할 것은, 승리라는 구원이 '심판'을 전제로 한다는 사실이다.

1033) J.A. Du Rand, *Die A-Z van Openbaring* (Vereeniging: CUM, 2007), 308.

1034) 계 12장이 그리스도의 출생과 승천을 언급하기에, 사탄이 하늘에서 쫓겨난 것을 태고의 시간(antediluvian times)에만 국한할 수 없다. Contra B.J. Malina·J.J. Pilch, *Social-Science Commentary on the Book of Revelation* (Minneapolis: Fortress Press, 2000), 160.

1035) 계시록의 기독론이 신약 중에서 가장 독창적이라 할 수 있는 이유는 성자께서 성부 하나님과 동일한 영광과 찬송과 경배를 받는 사상이 현저하기 때문이다. 이 사실은 하나님의 구속사가 성자를 중심으로 전개됨을 의미한다(계 1:8, 17; 21:6; 22:13). 참고. G. Desrosiers, 『요한계시록 해석학 입문』 (*An Introduction to Revelation*, 이억부 역, 서울: 미스바, 2000 [2004]), 164; Du Rand, *Die A-Z van Openbaring*, 402, 529.

1.2. λύω('뤼오', '해방하다')와 ἀγοράζω('아고라조', '사다')

계시록 1:5는 예수님이 자신의 피로써 성도를 죄에서 풀어주신 것(λύσαντι, '해방하시고', 바른 성경)을 해방 즉 대속(ransom)으로 설명한다. 마귀의 일들 중 하나는 성도를 정죄하여 죄 아래 가두어두는 것이다(참고. 요일 3:8-9; 계 12:10).[1036] 5절의 "우리를 사랑하셔서서(ἀγαπῶντι) … 해방하시고(λύσαντι)"에서 두 개의 분사가 하나의 정관사(Τῷ)에 의해 지배를 받는다. 예수님이 이 두 가지 연결된 일을 하셨기 때문이다. '우리의 죄에서 우리를 해방하시고'라는 표현과 관련하여 다수 사본은 전치사 아포(ἀπὸ)를 사용하지만, 오래 된 사본은 전치사 에크(ἐκ)를 사용하는데, 이 두 전치사의 의미는 별 차이가 없다. 그런데 '해방하다'를 오래된 사본들(p[18], ℵ, A 등)은 뤼산티(λύσαντί λύω의 아오리스트 분사; '해방하다')로 쓰지만, 다수사본은 루산티(λούσαντί λούω의 아오리스트 분사; '씻다')로 쓴다. 이 두 분사는 발음이 유사하기에 필사자가 혼동했던 것으로 보이는데, '해방하다'가 사본 상의 지지를 더 받는다.[1037] 그리스도의 죄에서의 해방이라는 구원 사역은 성도를 구원의 상태인 하나님 나라(βασιλείαν, 즉 '왕')와 제사장으로(ἱερεῖς) 만들었다(계 1:6).

계시록 5:9는 네 생물과 24장로가 부른 새 노래인데, 죽임 당하신 어린 양은 열방 가운데서 보혈로 사람을 '사셨다'(ἠγόρασας). 이와 유사하게 계시록 14:3-4도 시온산 위에 선 144,000명 즉 구약과 신약의 모든 교회는 땅에서 사신바 된 사람들(ἠγορασμένοι, have been purchased)이라고 밝힌다.[1038] 그리고 '구속함을 받아'(계 14:4)라는 현재 완료 신적 수동태(divine passive) 분사는 구원에 있어서 그리스도의 대속의 피를 통한 하나님의 주도적 역할을 강조한다(참고. 계 5:6). 계시

1036) F. B chsel, "λύω", in G. Kittel (ed.), *TDNT, Vol. IV* (Grand Rapids: Eerdmans, 1977), 336-37.

1037) B.M. Metzger, *A Textual Commentary on the Greek New Testament* (New York: United Bible Societies, 2001), 662.

1038) ESV 등 대부분의 영어 성경은 "had been redeemed"(그리고 바른 성경: "구속함을 받은")라고 의역 한다. 계 1:5, 3:18, 5:9는 예수님을 'God's purchasing Agent'로 소개한다. 참고. Surridge, "Redemption in the Structure of Revelation", 233.

록 5:9의 '족속, 언어, 백성, 나라'는 창세기 10:5, 20, 31을 연상시킨다. 계시록의 독자와 신약 성도는 창세기 10장의 열방 가운데서 '새 출애굽 한 백성'이다(참고. 출 19:6과 계 1:6의 '나라와 제사장').[1039] 따라서 뤼오(λύω)와 아고라조(ἀγοράζω)의 어휘 의미론을 통해서 볼 때, 우선성의 관점에서 볼 때 구원을 죄 사함과 사탄의 권세에서 해방되는 영적이고 수직적인 차원으로 이해해야지, 정치-이념적 혹은 심리적인 수평적 차원으로 보기 어렵다.[1040]

1.3. 계시록의 구원론적 구절들[1041]

이 단락은 '구원의 성취'와 '구원의 결과'로 나누어 살펴볼 수 있다:

1.3.1. 구원의 성취

(가) 구원론적 틀 안에 나타난 하나님의 창조(계 4, 특별히 11절)
(나) 구원에 있어서 어린 양의 역할(계 1:5, 7, 13, 18; 2:8; 5:2, 5, 6, 8, 9, 12, 13; 6:2; 7:10, 14, 17; 11:8; 12:1, 4, 5, 7, 8, 10, 11; 13:8, 11; 14:1, 3, 4; 15:6; 19:8, 11; 22:20)[1042]
(다) 구원에 있어서 하나님의 심판의 역할(계 1:18; 6:2, 4, 5, 7, 9, 10, 12, 16, 17; 8:1, 5, 6, 8, 10, 12; 9:1, 13; 10:2, 8, 9, 10; 11:13, 15, 18; 12:9, 10; 14:7, 8, 10, 16, 19; 15:5, 6, 7, 8; 16:1, 6, 7, 8, 10, 12, 17; 17:1, 2, 8, 16; 18:2, 8, 9, 10, 15, 17, 19, 20, 21; 19:2, 3, 11, 15, 19;

1039) Van de Kamp, *Openbaring: Profetie vanaf Patmos*, 186-87.
1040) F. B chsel, "ἀγοράζω", in G. Kittel (ed.), *TDNT, Vol. I* (Grand Rapids: Eerdmans, 1976), 125-26. 하지만 뷔크젤(B chsel)은 계 5:9의 찬송 안에 '구원에 관한 교리'는 발견할 수 없다고 주장하지만, 이 입장은 구원과 구원론을 무관한 것처럼 구분하는 잘못된 이분법적 사고다.
1041) J.A. Du Rand, "Soteriology of the Apocalypse of John", in J.G. Van der Watt (ed.), *Salvation in the New Testament: Perspectives on Soteriology* (Leiden: Brill, 2005), 476.
1042) 계시록에서 예수님의 호칭은 다양하다: (1) '예수'(계 22:16; 참고. 계 1:1), (2) '어린 양'(28회), (3) '말씀'(계 19:11), (4) '사내 아이'(계 12:5), (5) '인자 같은 이'(계 1:13; 14:7). 참고. D. Guthrie, 『요한계시록의 신학』(The Relevance of John's Apocalypse, 정충하 역, 서울: 새순출판사, 1987 [1991]), 49, 55; Smalley, *Thunder and Love*, 152, 163.

20:9, 10, 12, 14, 15)

'네 생물'(계 4:7)로 상징되는 창조 세계와 '24장로'(계 4:4)로 상징되는 하나님의 백성을 위한 하나님의 구원의 사역은 계시록의 구원 사건이 전개되는 중심축인 어린 양의 인격과 사역을 필요로 하고, 필연적으로 교회의 대적을 향한 하나님의 심판을 초래한다. 특별히 7인-7나팔-7대접의 심판에서 출애굽 주제가 등장하기에, 계시록의 독자들은 '종말론적인 출애굽의 구원 공동체'였다.[1043]

1.3.2. 구원의 결과

(가) 구원의 능력을 활용함(계 2:7, 10, 11, 17, 26, 28; 3:4, 10, 12, 20, 21; 4:4; 6:9, 11; 7:13, 14, 17; 11:1, 3, 11, 12; 12:6, 11, 14, 16; 14:1, 3, 4, 5, 12, 13; 15:2; 17:14; 19:14, 19; 20:2, 4, 6, 12; 21:3, 4, 7, 27; 22:4, 12, 14, 17, 19, 20)[1044]

(나) 어린 양과 교회를 통한 지상의 통치를 인정함(계 1:5; 5:10; 11:15, 17; 12:5, 10; 15:3; 17:14; 19:1, 6, 15, 16; 20:4, 6)

(다) 구원의 최종 목표: 신천지와 혼인(계 21:1, 2, 3, 4, 5, 9, 10, 14, 22, 23, 27; 22:3)

구원의 성취를 통해서 일어나는 구원의 결과는 구원의 활용과 하나님의 지상 통치와 신천지를 통한 완성을 인정하는 것이다. 그러므로 계시록의 구원론은 하나님 나라의 도래와 완성이라는 종말론적 틀 안에서 작용한다. 알파와 오

[1043] 계시록의 '출애굽 주제'를 위해서는 R.D. Patterson & M. Travers, "Contours of the Exodus Motif in Jesus' Earthly Ministry", *Westminster Theological Journal* 66 (2004), 25-47; J.A. Du Rand, "초월적인 하나님의 관점" ("The Transcendent God-View", 송영목 역), 『신약연구』10 (2011, 2), 370을 보라.

[1044] 계시록에서 '구원의 능력을 활용하는 것'은 다음과 같다: 성령이 주신 말씀을 듣고 이김, 고난 중에서도 인내함, 예수님의 권세와 승리를 자신의 것으로 삼아 악과 싸워 이김, 예수님과 교제함, 하나님의 보좌에 함께 앉음, 순교자적 각오로 증인 역할을 함, 어린 양의 피로 정결하게 됨, 어린 양을 목자로 삼고 위로를 받음, 하나님의 소유됨과 보호를 확신함, 부활과 승천을 기대함, 정절을 지키는 제자로서 믿음으로 삶, 행위대로 갚으시는 하나님을 신뢰함, 생명과 언약의 하나님을 신뢰함, 구원의 완성을 기대함.

메가이신 성부와 만왕의 왕이며 만주의 주이신 성자의 왕권은 계시록 전체를 관통하는 광맥이다(계 1:5; 5:10; 11:17; 12:5, 10; 15:3; 17:14; 19:1, 6, 16; 20:4-6). '처음과 마지막'(ὁ πρῶτος καὶ ὁ ἔσχατος, 계 1:17) 그리고 '알파와 오메가'(τὸ Ἄλφα καὶ τὸ Ὦ, 계 1:8)라는 성자와 성부의 호칭에도 하나님이 역사를 주관하신다는 왕권 사상을 볼 수 있다. 계시록에 '이미 그러나 아직 아니'라는 구원론의 종말론적 구도가 나타나는데,[1045] 이런 현재성과 미래성은 단순한 시간적 흐름과 진행으로 파악될 것이라기보다, 그리스도의 과거의 구원 사역에 의해 현재와 미래가 결정지어진 것으로 보는 게 옳다. 즉 미래의 구원은 그리스도 사건 안에 이미 보증 받고 있다.[1046] 과거의 십자가와 부활을 믿는 사람은 현재 여기서 하나님의 통치를 (특별히 예배와 예배적 삶으로) 인정하며 살고, 미래적 구원의 보증이자 재창조의 완성인 어린 양의 혼인잔치를 (부분적으로 이미 임함) 신천지에서 즐기게 된다.[1047] 따라서 그리스도 사건은 하나님의 구원의 열쇠다.

1.4. 요약

명사 '구원' 및 동사 '해방하다'와 '사다'는 그리스도의 피로 가능하게 되었다. 주로 찬송의 맥락에 나타나는 구원 주제는 '승리'와 교차적으로 사용될 수 있

[1045] 여기서 주의할 것은 '아직 아니'(not yet)라는 의미도 가깝거나 먼 이중적 의미가 있다는 점이다. 환언하면, 주님의 십자가와 부활, 승천으로 요한 당시에 새 언약 시대가 이미 도래 했지만, 구약의 핵심적인 건물인 성전과 제의가 아직 남아 있었다. 그러므로 계시록의 이른 연대에서 볼 때, AD 70년 사건이 '가까운 아직 아니의 사건'이라면, 주님의 최종 파루시아(the Parousia)는 '먼 아직 아니의 사건'이다.

[1046] Guthrie, 『요한계시록의 신학』, 66.

[1047] 쾨니히(König)는 신약은 철저히 구원론적인 종말론적 용어로 그리스도의 전체 사역을 설명한다고 주장한다. 즉 그리스도는 교회를 위해서(for Church) 하나님의 창조의 목적을 실현하셨는데, 특별히 자신의 성육, 죽으심과 부활을 통해서 그러하다. 주님은 교회 안에(in Church) 성령님을 통한 역사로 또한 이것을 이루셨고, 마지막으로 교회와 함께(with Church) 자신의 최종 파루시아(the Parousia)로 이루실 것이다. 그러므로 구원론적 종말론은 그 마지막 분(ὁ ἔσχατος, 'the last One') 이신 그리스도로부터 기인해야 한다. 참고. A. König, *Jesus Christus die Eschatos: die Fundering en Struktuur van die Eskatologie as Teleologiese Christologie* (Pretoria: N.G. Kerk-Uitgewers, 1970), 535-36. Contra G. Goldsworthy, 『복음과 요한계시록』(*The Gospel in Revelation*, 김영철 역, 서울: 성서유니온, 1984 [1991]), 55.

다. 구원에서 어린 양의 역할이 결정적인데, 구원자 어린 양은 '심판'도 행하신다. 그 결과 하나님과 어린 양의 통치를 통해서 구원이 성취되고 있으며, 완전한 신천지의 도래로 구원은 완성될 것이다.

2. 계시록의 전통적인 네 가지 해석에서 본 구원론

이 단락에서 계시록의 전통적인 네 가지 해석 방법인 미래주의(futurism), 과거주의(preterism), 이상주의(idealism), 세상-교회 역사주의(world-church historicism)에서 말하는 구원이 무엇인지 각각 살펴볼 것이다.[1048] 각 입장을 대변하는 주석가를 두 명씩 선별하여, 그들이 구원과 관련된 용어와 구절을 어떻게 해석하는지 살펴볼 것이다. 그 다음 이 네 입장 중에 어떤 것이 계시록의 기록 목적에 가장 적합한지 평가해 볼 것이다.

2.1. 미래주의의 구원론

2.1.1. 토마스(R.L. Thomas)와 월부르드(J.F. Walvoord)의 주장

토마스(Thomas)는 "우리의 죄에서 우리를 해방하시고"(계 1:5)를 시편 130:8의 성취로 보면서, 예수님의 피로써 성도는 죄의 속박에서 풀렸다고 본다. "주님의 피로 사람들을 사서"(계 5:9)는 시장에서 노예를 사는 관습을 염두에 둔 표현으로, '유월절의 양'과 관련 있다고 본다. "구원이 보좌에 앉으신 우리 하나님과 어린 양께 있습니다"(계 7:10)에서 '구원'을 장막절을 배경으로 하여 '하늘에 있는 성도의 승리'로 본다(참고. '장막을 치실 것이다', 7:15). 토마스는 계시록 4:1 이하

[1048] 전통적인 네 가지 해석의 대표적 학자들의 구체적인 견해를 비교해 보려면 C.M. Pate, *Four Views on the Book of Revelation* (Grand Rapids: Zondervan, 1998)을 참고하라.

를 교회의 휴거 이후의 상태로 본다. "이제 구원과 능력과 우리 하나님의 나라와 또 그분의 그리스도의 권세가 이루어졌으니"(계 12:10)에서 '구원'은 '예기적인 승리'(proleptic victory)를 의미한다. "할렐루야, 구원과 영광과 능력이 우리 하나님께 있으니"(계 19:1)의 '구원'도 계시록 7:10과 12:10처럼 '승리'라고 본다.[1049] 요약하면, 토마스에 의하면, 구원은 '휴거되어 하늘에 있는 교회의 승리를 예기'하는 것이다.

계시록의 구원에 관한 월부르드(Walvoord)의 주장은 다음과 같다:[1050] "주님의 피로 사람들을 사서"(계 5:9)라는 찬송을 부른 24장로는 천사가 아니라, 예수님의 피로 사신 바 된 사람들이다. "구원이 보좌에 앉으신 우리 하나님과 어린 양께 있습니다"(계 7:10)는 '하늘에 있는 순교자들의 찬송'이다. "이제 구원과 능력과 우리 하나님의 나라와 또 그분의 그리스도의 권세가 이루어졌으니"(계 12:10)는 하늘에 있는 성도(즉 휴거된 교회)의 찬송이다. 사탄이 하늘에서 땅으로 쫓겨나는 것은 인류 역사에서 가장 끔찍한 기간인 '대 환난의 시작'을 의미한다. 사탄은 예수님이 재림하시기 직전까지 하늘에 있으며 세상 정부를 통제할 것이다. "할렐루야, 구원과 영광과 능력이 우리 하나님께 있으니"(계 19:1)라고 찬송하는 많은 무리는 대 환난 동안 순교한 성도로서 하늘에 있다.[1051] 요약하면, 월부르드가 이해한 구원이란 대 환난을 통과하여 하늘로 휴거된 성도에 초점

1049) R.L. Thomas, *Revelation 1-7* (Chicago: Moody Press, 1992), 70, 336, 400, 490; R.L. Thomas, *Revelation 8-22* (Chicago: Moody Press, 1995), 133.

1050) J.F. Walvoord, *The Prophecy Knowledge Handbook* (Wheaton: Victor Books, 1990), 549, 559, 570, 616.

1051) 월부르드는 계 1:19에 근거하여, 계시록이 연대기적 순서를 가진 예언으로 보면서 세 부분으로 나눈다: (1) 교회에 대한 예언(계 1-3), (2) 하늘과 종말에 관한 환상(계 4-18), (3) 예수님의 재림, 문자적 천년왕국, 그리고 영원한 상태에 관한 예언(계 19-22). 월부르드에 의하면, 계 4장은 지상 교회의 휴거와 하늘의 교회에 대한 예언이다. 그는 계시록의 42개월 혹은 1,260일을 대 환난의 기간이자(계 13:5), 단 9:27에 예언된 7년의 절반으로 본다. 그는 '7'과 '144,000'같은 숫자처럼 '42'와 '1,260'도 문자적 의미와 동시에 상징적 의미를 가진다고 보는데, 전자를 더 중요하게 여긴다. 한 예로, 그는 계 6-18장의 중심 주제를 실제 '7년 대 환난' 중에서 후반부 3년 반의 환난으로 본다. 참고. Walvoord, *The Prophecy Knowledge Handbook*, 518, 521, 542.

을 둔다.

2.1.2. 미래주의 구원론에 대한 비평

토마스와 월부르드처럼 미래주의자들은 예수님의 재림 이후 휴거된 천상의 교회가 경험할 미래적인 구원에 초점을 두기에, 계시록의 독자들과 직접적인 관련성이 없고, '반드시 속히 될 일들'(계 1:1; 22:6)이라는 계시록의 시간표와 맞지 않다. 물론 미래주의자들의 주장처럼, 요한 당시에 성취되지 않고 예수님의 최종 파루시아 시에 성취될 미래의 일도 있다(예. 천년왕국, 백 보좌 심판, 신천지).

2.2. 부분적 과거주의의 구원론

2.2.1. 칠톤(D. Chilton)과 판 더 발(C. Van der Waal)의 주장

계시록의 이른 연대를 따르는 칠톤(Chilton)은 다음과 같이 설명한다:[1052] "우리의 죄에서 우리를 해방하시고"(계 1:5)는 성도가 죄의 종살이로부터 해방된 것을 의미한다. "주님의 피로 사람들을 사서"(계 5:9)는 예수님은 성도를 죄로부터 구원하실 뿐 아니라, 통치명령을 수행하도록 하심을 의미한다(계 5:10). "구원이 보좌에 앉으신 우리 하나님과 어린 양께 있습니다"(계 7:10)는 144,000 즉 우주적 교회를 상징하는 셀 수 없는 무리가 부르는 찬송으로 요한 당시의 네로의 황제 숭배 강요와 이스라엘의 신성모독적 제사와 대조되는 것으로, 구원이 성부와 성자에게만 속함을 노래한다. "이제 구원과 능력과 우리 하나님의 나라와 또 그분의 그리스도의 권세가 이루어졌으니"(계 12:10)에서 구원은 하나님 나라 안으로 '승리적인 구출'(victorious deliverance)을 뜻한다. "할렐루야, 구원과 영

[1052] D. Chilton, *The Days of Vengeance: an Exposition of the Book of Revelation* (Tyler: Dominion Press, 1990), 6, 64, 179, 213,217-18, 315, 470.

광과 능력이 우리 하나님께 있으니"(계 19:1)는 음녀 바벨론 즉 배교한 예루살렘이 언약의 저주를 받아 파멸됨으로써 하나님의 구원과 영광과 능력이 나타났다는 의미이다. 위의 칠톤의 주장을 요약하면 다음과 같다: 구원은 하나님과 교회가 네로 로마 황제의 숭배 강요와 박해 및 불신 유대인의 박해에도 불구하고 승리하는 것, 하나님의 뜻대로 계시록의 독자인 일곱 교회가 통치 명령을 실행하는 것, 그리고 언약의 저주로서 예루살렘의 파멸로 설명된다.

계시록을 '언약의 책'으로 보면서, 이른 연대를 따르는 판 더 발(Van der Waal)에 의하면,[1053] "우리의 죄에서 우리를 해방하시고"(계 1:5)는 시편 130:8의 성취로 '고엘'이신 예수님이 골고다에서 교회를 위하여 죄에서의 탈출(구원, 해방)이라는 효력을 발생시키셨음을 의미한다. "주님의 피로 사람들을 사서"(계 5:9) 즉 예수님의 피로 '사신 바 된' 성도는 '사탄으로부터의 자유'와 '제사장으로 섬기는 자유'(계 5:10)를 받았으며, 하나님을 향하여 완전하고 거룩하다. "구원이 보좌에 앉으신 우리 하나님과 어린 양께 있습니다"(계 7:10)는 초막절을 배경으로(참고. 계 7:15의 '장막을 치실 것이다'; 슥 14:16) 열방 가운데서 구원 받은 셀 수 없는 큰 무리 즉 144,000명이 그리스도의 구원 즉 '승리의 순간'을 노래하는 것이다(참고. 시 3:8; 38:22; 욘 2:9). 이것은 아브라함의 언약이 성취된 것이다. "이제 구원과 능력과 우리 하나님의 나라와 또 그분의 그리스도의 권세가 이루어졌으니"(계 12:10)는 완전케 된 무리 즉 (지상에 있는 현세적인) '하늘의 교회'가 부른 찬송이다 (참고. 히 12:23). "할렐루야, 구원과 영광과 능력이 우리 하나님께 있으니"(계 19:1)는 계시록 1:5, 5:9, 14:4-5와 마찬가지로 유월절의 소망을 성취하신 예수님의 '부활의 빛' 안에서 이해해야 한다. 그리고 이 찬송은 '할렐시편'을 배경으로 하는데, 음녀 즉 배교한 예루살렘의 파멸이후 구원과 해방이 임할 것을 노래한다. 판 더 발의 주장을 요약해 보자. 예수님은 속히 일어날 사건인 AD 70년 사

1053) C. Van der Waal, *Openbaring van Jezus Christus II* (Oudkarspel: Drukkerij en Uitgeverij De Nijverheid, 1981), 31, 50, 54-55, 149, 180, 236, 311, 321-22.

건을 기점으로 하여, 계시록의 독자들의 구원과 승리를 위하여 아브라함의 언약, 초막절, 고엘, 할렐시편, 유월절 열망을 성취하셨다.

2.2.2. 부분적 과거주의의 구원론에 대한 비평

계시록의 사도 요한 저작과 이른 연대를 따르는 칠톤과 판 더 발은 구약의 간 본문에 근거하여, 계시록의 독자 당시에 발생할 음녀 바벨론이 파멸된 사건인 AD 70년 사건을 중심으로 구원의 계시사적인 의미를 찾는다. 판 더 발보다 칠톤이 계시록의 구원이 가지는 반(反) 로마적 함의를 더 적절히 강조한다.[1054] 하지만 적지 않은 부분적 과거론자들은 불신 유대인들을 계시록의 독자들을 박해한 세력으로 지나치게 강조하여, 또 다른 박해의 주체인 로마 제국의 역할을 간과하는 문제점을 갖고 있다.

2.3. 이상주의의 구원론

2.3.1. 핸드릭슨(W. Hendriksen)과 피이(G.D. Fee)의 주장

핸드릭슨(Hendriksen)에 의하면,[1055] "우리의 죄에서 우리를 해방하시고"(계 1:5)는 예수님의 초림을 통한 죄 씻음 및 죄의 속박으로부터의 해방을 가리키는데, 바로 뒤 재림을 예언하는 계시록 1:7과 더불어 요한은 초림-재림 사이의 전체 세대를 포함하여 논한다. "주님의 피로 사람들을 사서"(계 5:9)는 구속의 노래인데, 이 구속과 통치는 중보자(예수님)가 당하신 수난과 죽음의 보상이다. "구원이 보좌에 앉으신 우리 하나님과 어린 양께 있습니다"(계 7:10)는 셀 수 없는 큰 무리 즉 신구약 전체의 전투하는 교회(the entire Church Militant)를 상징하는

1054) Chilton, *The Days of Vengeance*, 224.
1055) W. Hendriksen, *More than Conquerors: an Interpretation of the Book of Revelation* (Grand Rapids: Baker, 1975), 67-68, 111, 134, 158, 171, 213.

144,000명이 부른 노래인데, 교회의 승리를 강조한다. "이제 구원과 능력과 우리 하나님의 나라와 또 그분의 그리스도의 권세가 이루어졌으니"(계 12:10)는 사탄의 패배는 그리스도 안에서 이루어진 구원이 천명(闡明)된 것이며, 하나님의 백성의 마음에 통치가 이루어진 것을 가리킨다. "할렐루야, 구원과 영광과 능력이 우리 하나님께 있으니"(계 19:1)는 계시록 12:10과 같은 내용으로서, 모든 시대에 걸쳐 존재하는 적그리스도의 왕국을 상징하는 음녀 바벨론을 이기신 하나님을 축하한다.[1056] 헨드릭슨의 주장을 다음과 같이 요약할 수 있다: 그리스도의 초림-재림 사이에 활동하는 적그리스도를 하나님이 물리치시고 승리한 것을 구원으로 보는데, 이것은 성도를 죄에서 해방시킨 그리스도 사건에 근거한다.

피이(Fee)의 주요 주장은 다음과 같다:[1057] 요한은 "우리의 죄에서 우리를 해방하시고"(계 1:5)를 통해서, 당시 그리스도인들은 비록 박해와 순교를 당했지만, '그리스도 안에서 자유인'임을 강조한다. 예수님이 계시록의 독자들을 현재적으로 사랑하시는(ἀγαπῶντι, 현재 분사) 그 사랑의 의의와 힘은 그리스도께서 이미 그들을 죄에서 해방하셨다(λύσαντι, 아오리스트 분사)는 사실로부터 나온다. "주님의 피로 사람들을 사서"(계 5:9)는 구약의 희생 제사로부터 온 문구이다(참고. 시 74:2). "구원이 보좌에 앉으신 우리 하나님과 어린 양께 있습니다"(계 7:10)에 시편 118:18-27의 메아리가 들린다. "이제 구원과 능력과 우리 하나님의 나라와 또 그분의 그리스도의 권세가 이루어졌으니"(계 12:10)는 예수님의 십자가와 부활을 통하여(즉 이유) 사탄이 궁극적으로 패배했다(즉 결과)는 선언이다. "할렐루

1056) 헨드릭슨은 계시록의 후기 연대를 주장하며 계시록의 주된 목적을 '악의 세력과 대항하여 싸우는 전투적 교회를 위로하는 것' 즉 핍박을 받고 있던 성도를 돕고 위로하는 것으로 본다. 그리고 계시록의 주제를 '그리스도와 그분의 교회가 사탄과 그를 따르는 무리와 싸워서 승리하는 것'으로 본다. 이상주의자는 계시록의 구원을 박해 받던 성도를 위로하여 승리하신 그리스도처럼 그들도 승리할 것을 확신시키는 것으로 본다. 참고. Hendriksen, *More than Conquerors*, 11-12, 20.

1057) G.D. Fee, *Revelation* (New Covenant Commentary Series; Eugene: Cascade Books, 2011), 9, 85, 112, 168-69, 264.

야, 구원과 영광과 능력이 우리 하나님께 있으니"(계 19:1)는 계시록 7:10, 12, 및 12:10과 관련되는데, '구원'은 하나님의 '영광'을 나타내고, 하나님의 '능력'에 의해서 수행된다.[1058] 요약하면 피이가 구원의 의미를 찾을 때 시편을 그리스도 중심적으로 해석하는 면이 종종 있으며, 계시록의 독자들의 형편을 고려하려고 나름대로 노력한다.

2.3.2. 이상주의의 구원론에 대한 비평

헨드릭슨과 피이의 장점은 계시록을 구약의 빛 안에서, 그리스도를 중심으로 하여, 상징적으로 해석하여, 모든 시대의 교회에게 적실한 메시지임을 밝히려고 노력한 것이다. 하지만 이 장점이 단점을 내포하는데, 이 해석 방법은 요한 당시의 구체적인 정황 속에서 계시록의 구원론적 메시지를 찾는 데 미흡하기 때문이다. 그들의 해석이 예수님의 초림-재림 사이의 전체 시대를 배경으로 하고 있기 때문에, '석의'라기보다는 '적용'에 가까운 면이 많다.

2.4. 세상-교회 역사주의의 구원론

2.4.1. 반즈(A. Barnes)와 리(F.N. Lee)의 주장

요즈음 세상-교회 역사적 해석을 하는 주석가는 거의 없기에, 이 관점을 따르는 최근의 주석가를 찾기 어렵다. 음녀 바벨론을 AD 96년의 '이방 로마 제국'(Pagan Rome)과 그 후의 '교황주의'(Papal Rome)로 동시에 보면서, 16세기 교회

1058) 피이는 요한이 독자들에게 로마 제국의 박해로 인해서 고난과 죽음이 그들 앞에 놓여있음을 경고하는 동시에, 하나님이 역사를 통치하심을 통해서 위로의 메시지를 전한다고 본다. 계시록이 사도 요한에 의해서 AD 1세기 말에서 2세기 초에 기록되었다고 보는 피이는 '사탄의 회'라 불린 불신 유대인의 박해를 무시하고(계 2:9; 3:9) 로마 제국의 박해만 부각시킨다. 참고. Fee, *Revelation*, xvii-xviii, xix-xx. 사도 요한이 AD 2세기 초까지 살았을 것이라는 피이의 주장은 오류다.

개혁의 역할을 중요시 하는 반즈(Barnes)의 설명을 들어보자.[1059] "우리의 죄에서 우리를 해방하시고"(계 1:5)를 다수사본을 따라 "우리의 죄로부터 우리를 씻으시고"(λούσαντι, washed us from our sins)로 해석한다(참고. 히 9:14). "주님의 피로 사람들을 사서"(계 5:9)는 베드로후서 2:1에서도 볼 수 있듯이, 값을 지불하고 구원하는 것이다. "구원이 보좌에 앉으신 우리 하나님과 어린 양께 있습니다"(계 7:10)는 다양한 의미의 구원 즉 '안전, 형벌로부터 구원, 영생으로 들어감, 보호, 번성, 승리'가 전적으로 하나님에게 달렸다는 의미이며, 하늘에 도달한 사람들이 부른 노래로 본다. "이제 구원과 능력과 우리 하나님의 나라와 또 그분의 그리스도의 권세가 이루어졌으니"(계 12:10)에서 '구원'은 사탄의 권세로부터 완전히 건짐 받는 것이다. "할렐루야, 구원과 영광과 능력이 우리 하나님께 있으니"(계 19:1)에서 '구원'은 계시록 12:10의 '구원'과 같은 의미로 본다. 이상의 반즈의 주장을 평가해 보자. 사본상의 증거가 약한 다수사본을 따른 것(계 1:5)이 설득력이 약하며, 구원을 통전적으로 보는 동시에(계 7:10), 구체적으로 보기도 한다(계 12:10; 19:1). 이 구절들에서 반즈는 구원 관련 구절들을 16세기의 타락한 천주교와 교회개혁의 빛에서 해석하지 않기에, 세상-교회 역사적 해석의 특징이 나타나지 않는다.

리(Lee)의 입장은 다음과 같다:[1060] "우리의 죄에서 우리를 해방하시고"(계 1:5)는 전체 세대를 통하여 역사적으로 이미 성취된 구원이다. "주님의 피로 산바된 사람들"(계 5:9)은 죽어 하늘에 간 성도와 땅에 살아 있는 성도 모두를 가리킨다. "구원이 보좌에 앉으신 우리 하나님과 어린 양께 있습니다"(계 7:10)는 '하늘에 있는 승리한 교회'(the Church triumphant in Heaven)의 찬송이다. "이제 구원과 능력과 우리 하나님의 나라와 또 그분의 그리스도의 권세가 이루어졌으니"(계 12:10)는 콘스탄틴 시대에 그리스도와 그리스도인들이 이방 로마 제국을 정복

1059) A. Barnes, *Revelation* (Grand Rapids: Baker, 1954), 44, 128, 184, 311, 406-08.

1060) F.N. Lee, *John's Revelation Unveiled* (Brisbane: Queensland Presbyterian Theological College, 2000), 10, 40, 61, 142, 229, 234.

한 것으로 성취되었다. "할렐루야, 구원과 영광과 능력이 우리 하나님께 있으니"(계 19:1)는 천상의 교회가 바벨론의 파멸을 알고 부른 찬송이다. 교회개혁 당시 로마교황 치하에서 유럽은 사치와 방종에 빠진 적이 있다(계 18:12-13).[1061] 요약하면, 리에 의하면, 계시록의 내용이 1차적으로는 AD 70년 이전에 이루어졌지만, 모든 시대에 걸쳐 이루어져 왔는데, 특히 4세기 이방 로마 제국의 기독교화 및 16세기의 부패한 교황제도의 개혁이 구원의 성취에 있어 중요하다.

2.4.2. 세상-교회 역사주의의 구원론에 대한 비평

세상-교회 역사주의는 주석가가 살던 시대 혹은 콘스탄틴 시대나 교회개혁 시대의 세상과 교회에서 일어나는 사건 혹은 인물과 연결하여 해석하려고 한다. 따라서 해석자마다 매우 주관적일 수밖에 없고, 요한 당시의 독자에게 적절한 주의를 기울이지 못하는 방식이다. 이 방식은 이상주의적 해석보다 더 '적용'에 가깝다.

2.5. 계시록 해석에서 '부분적 과거론'의 정당성

계시록 1:1은 계시록을 왜 '부분적 과거론'(partial preterism)으로 해석해야 하는지 근거를 제공한다.[1062] 1절의 '반드시 속히 될 그 일들'(ἃ δεῖ γενέσθαι ἐν τάχει)은 요한의 입장에서 볼 때 짧은 기간 안에 지체되지 않고(without delay) 반드시

[1061] 계시록의 이른 연대를 따르는 Lee는 계 2-3장의 일곱 교회가 우선적으로는 요한 당시의 일곱 교회를 가리키는 것은 옳지만, 이차적으로 모든 시대의 교회를 가리킨다고 본다. 따라서 7나팔과 7접시 재앙은 교회 역사 혹은 세상 역사를 통하여 연대기적으로 성취된다고 본다. 참고. Lee, *John's Revelation Unveiled*, 1-2, 8-9.

[1062] 부분적 과거론은 계 1-19장까지는 요한 당시에 속히 성취될 예언으로 보지만, 계 20장의 천년왕국과 계 21-22장의 신천지는 예수님의 최종 파루시아와 연관 지어 미래적 사건으로 남겨둔다. 따라서 계시록 전체를 요한 당시 특히 AD 70년에 성취된 것으로 보는 이단적 사상인 '완전 과거론'(full-preterism)과 구분된다. 완전 과거론을 위해서 J.S. Russell, *The Parousia: a Critical Look at the New Testament Doctrine of Our Lord's Second Coming* (Bradford: Kingdom Publications, 1996), 381을 보라.

일어날 긴박한 일들을 글자 그대로 가리킨다(참고. 요 11:29, 31; 13:27; 행 22:18; 계 3:11; 22:7, 12, 20).^{1063} 그리고 1절의 주동사 에세마넨(ἐσήμανεν σημαίνω의 아오리스트 능동 직설 3인칭 단수)은 "무언가를 상징적으로 의미하다"(to signify by some sort of sign, to show by a sign, to communicate by symbols; 참고. 단 2:28-30)는 뜻이므로, 요한은 계시록의 첫 절에서부터 계시록이 상징적으로 해석되어야 할 것을 가르친다. 에세마넨(ἐσήμανεν)은 동일한 어군에 속한 명사 세메이온(σημεῖον, 표적, sign)이 가리키듯이, 계시록의 독자로 하여금 겉으로 드러난 표현보다 심층의 깊은 의미를 캐내도록 인도한다. 요한이 그노리조(γνωρίζω, to make known; 참고. 갈 4:9) 대신에 의도적으로 세마이노(σημαίνω)의 아오리스트를 사용한 점에 주목할 필요가 있다. 따라서 에세마넨(ἐσήμανεν)은 '상징적인 의사소통'과 관련 된다.^{1064}

그리고 1절의 다른 동사 데읷사이(δεῖξαί: δείκνυμι의 아오리스트 능동태 부정사; 바른 성경과 개역 개정판: '보이시려고')는 계시록에 8회 등장하는데(계 1:1; 4:1; 17:1; 21:9-10; 22:1, 6, 8), 이 동사의 정확한 의미를 파악하기 위해서 용례에 주목해 볼 필요가 있다. 한 가지 예를 들면, 계시록 17:1의 "내가 보여줄 것이다"(δείξω, 미래 능동 직설 1인칭 단수)는 '상징적인 환상'(symbolic vision)을 목적어로 취한다. 따라서 계시록에서 데이크뉘미(δείκνυμι)는 단순히 '보여주다'(to show)라는 의미가 아니라, 상징적인 환상을 보여준다는 구체적인 의미이므로 세마이노(σημαίνω)와 병행을 이룬다.^{1065} 그리고 1절에서 에도켄(e;dwken, 바른 성경: '주신'; 개역 개정판: '주사')과 에세마넨(ἐσήμανεν, 바른 성경: '지시하신'; 개역 개정판: '알게 하신')이 어떤 관련성을 가지는지 밝히기 쉽지 않지만, 후자가 전자를 통해서 그것의 의미를 해석한다고 볼 수 있다. 여기까지의 논의를 정리해 보면, 계시록 1:1의 주동사 에세마넨(ἐσήμανεν)

1063) Van der Waal, *Openbaring van Jezus Christus II*, 41; Chilton, *The Days of Vengeance*, 52.
1064) 참고. K.H. Rengstorf, "σημαίνω", in G, Kittel (ed.), *TDNT, Vol. VII* (Grand Rapids: Eerdmans, 1975), 262-65.
1065) G.K. Beale, *John's Use of the Old Testament in Revelation* (Sheffield: Sheffield Academic Press, 1998), 297.

이 드러내고자 하는 내용은 성부 하나님께서 예수님에게 주셨던(ἔδωκεν) 계시이며 성부께서 자신의 종들에게 보이시기 위한(δεῖξαι) 계시인데, 예수님이 표면으로는 제대로 알 수 없는 깊은 뜻을 (천사를 보내어) 요한에게 알게 하신 것이다. 그러므로 부분적 과거론자들이 계시록을 해석하듯이, 계시록은 미래 역사에 대한 문자적 의미로 해석할 수 없고, 반드시 속히 일어날 일들에 대한 상징적 묘사로 보아야 한다.[1066]

부분적 과거론적 해석은 계시록이 도미티안 때가 아니라 네로 황제 당시에 기록되었다는 '이른 연대'를 지지한다.[1067] 그리고 이 해석은 네로의 기독교 박해와 그의 사후 로마의 혼란 그리고 유대-로마 전쟁이라는 대격변기를 종합적으로 고려한다.[1068] 소아시아 일곱 교회는 밖으로는 디아스포라의 불신 유대인과 이방 로마 제국의 황제와 로마 신 숭배 강요로 인해 고난을 당했다. 네로의 박해를 로마 도시로 한정해야 한다는 주장도 있지만, 그 범위를 로마는 물론 속주들로 확대해서 보는 것이 합당하다.[1069] 네로 황제가 수도 로마에서 시행한 박해가 속주들에게 직간접적으로 아무런 영향을 미치지 않았을 리가 없었을 것이다. 요한이 밧모 섬으로 유배된 것도 이 박해와 관련된다(계 1:9; 참고. 계 2:9, 10, 13; 16:6; 17:6; 18:24; 그리고 히 10:32-34; 벧전 2:12, 19, 20; 3:14-18; 4:12-19). 그뿐 아니라 내부적으로 일곱 교회는 이세벨과 발람 같은 거짓 선지자들(계 2:14, 20) 즉 혼합주의자의 위협도 받았다. 이런 환난과 고난은 정신적, 종교적, 영적, 경제적, 그리고 사회적인 모든 영역을 아우른다. 그러므로 하나님의 구원은 이 모든 영역에 대한 해결책이 되어야 한다. 따라서 계시록의 구원은 총체적인 관점에서

1066) Gentry Jr., *The Book of Revelation Made Easy*, 21.
1067) 계시록의 후기 연대에 대한 비평과 이른 연대에 대한 외증과 내증을 위해서 Gentry. *Before Jerusalem Fell*, 제 2-4장을 보리.
1068) "역사에서 네로의 박해와 예루살렘 멸망 사이의 6년만큼 악과 부패와 재앙으로 가득 찬 시기도 없었다. … 예루살렘의 비극은 최후심판의 축소판이었고, 이런 점에서 그 사건은 처음부터 종말을 내다보신 그리스도의 종말론적인 강화에 반영되어 있다." 참고. P. Schaff, 『사도적 기독교: 교회사 전집 1』 (*History of the Christian Church, 1*, 이길상 역, 고양: 크리스챤 다이제스트, 1887 [2004]), 316-17, 25.
1069) Schaff, 『사도적 기독교』, 310.

보아야 한다. 구원론이 총체적일 뿐 아니라, AD 60년대 중반의 이스라엘과 소아시아 그리고 로마 제국이라는 큰 틀 속에서 계시록의 구원론이 전개되어야 한다.[1070]

3. 부분적 과거론에서 본 계시록의 구원론

이 단락의 목적은 부분적 과거론의 관점에서 계시록의 구원을 전반적으로 간략하게 연구하는 것이다.[1071] 이를 위해서 계시록의 장르 및 기록 목적, 그리고 구조를 부분적 과거론적 구원론의 관점에서 살펴볼 것이다.

3.1. 계시록의 장르와 기록 목적 그리고 부분적 과거론적 구원론

계시록의 구원론은 계시록의 '장르' 및 '기록 목적'과 긴밀히 연관된다. 칠톤과 판 더 발은 물론 이상주의자(예. J. Du Preez)와 미래적 세대주의자(예. W.H. Shea, K.A. Strand) 역시 인정하듯이, 계시록의 장르를 '언약적 편지'(covenantal letter)[1072] 안에 담긴 '묵시적 예언'(apocalyptic prophecy)으로 볼 수 있다. 부분적 과거론자들은 AD 1세기 중순에 발생한 언약의 발전과 전환(예. 돌 성전의 파괴로 인한 신구약 중첩 시대의 종결)은 물론, 계시록의 상징을 관련 구약 구절과 요한 당시의 역사적

1070) 계시록의 부분적 과거론적 해석을 위해서 K.L. Gentry Jr., *The Book of Revelation Made Easy: You can Understand Bible Prophecy* (Powder Spring: American Vision Press, 2008), 27, 45, 70, 73; K.L. Gentry Jr.. *Before Jerusalem Fell: Dating the Book of Revelation* (Tyler: ICE, 1989), 131, 271; J.B. Jordan, *A Brief Reader's Guide to Revelation* (Niceville: Transfiguration Press, 1999), 29를 참고하라.

1071) 참고. 송영목,『요한계시록은 어떤 책인가?』, 345-47.

1072) 계시록의 언약적 구조를 위해서 Chilton, *The Days of Vengeance*, 167; Surridge, "Redemption in the Structure of Revelation", 234; J. Du Preez, *Die Koms van die Koninkryk volgens die Boek Openbaring* (Cape Town: Nasionale Boekdrukkery, 1979), 38-48; W,H. Shea, "The Covenantal Form of the Letters to the Seven Churches", *Andrews University Seminary Studies* 23 (1983), 71-84; K.A. Strand, "A Further Note on the Covenantal Form in the Book of Revelation", *Andrews University Seminary Studies* 21 (1983), 251-64를 참고하라.

성취라는 관점 안에서 다룬다.

계시록의 기록 목적은, 박해 받던 소아시아의 교회에게 하나님의 조속한 구원과 심판을 알려 위로와 승리에 대한 확신을 주기 위함이다. 이 기록 목적을 충족시키기 위해서, 요한은 계시록 초두에서부터(계 1:5) 그리스도로 말미암은 죄에서의 해방이라는 구원론적 선언을 적시(摘示)한다. 구원론적 주제는 기독론과 더불어 계시록 5:9에도 등장한다. 따라서 계시록의 기독론은 구원론 이해의 전제조건(sine qua non)으로 기능하며, 구원론은 그리스도께서 과거에 이루신 구원이라는 결정적 승리가 지속적으로 성취되어 가는 것과 관련된다.[1073] 이 말은 그리스도 사건이라는 복음은 계시록이 제시하는 구원의 핵심으로 자리 잡는다는 의미이기도 하다. 구원의 지속적인 성취를 위해서 그리스도는 유다 지파의 사자로서 일곱 영을 통해서 통치를 이루어 가신다(계 5:6). 계시록은 유대 묵시문헌에 없는 '기독론적으로 결정된 구원론'을 가지고 있다.[1074]

3.2. 계시록의 구원론적 구조와 부분적 과거론적 구원론

계시록 1:1의 주석적인 안내(참고. 이 글의 '2. 마'), 계시록 1:19의 세 가지 시간의 흐름, 그리고 그리스도 중심적인 언약적 구원을 종합적으로 고려한다면, 계시록의 '구원론적 구조'를 아래와 같이 제시할 수 있다:

계시록 1장　　　구원의 근거(과거의 그리스도 사건)
계시록 2-3장　　구원의 현재적(요한 당시) 적용
계시록 4-20장　 구원의 가까운 미래적 전개(구원과 심판)
계시록 21-22장　구원의 미래적 완성

1073) 참고. Goldsworthy, 『복음과 요한계시록』, 126. 이 주장은 부분적 과거론자와 특별히 이상주의자에게 중요한 공통분모가 된다.
1074) Goldsworthy, 『복음과 요한계시록』, 123.

'구원의 근거'는 그리스도께서 죽으시고 부활, 승천하심으로 이루신 구원 사건인데, 그 구원은 '계시록의 독자들이 살던 시대'에도 효력을 미치고 있었다. 그리고 '반드시 속히 일어날 일들' 즉 '가까운 미래'와 관련된 보좌 환상(계 4-5)과 음녀 바벨론에게 내려질 심판(계 6, 8-9, 16-18) 그리고 그 심판에 대한 성도의 반응(계 19)이 뒤 따른다. 천년왕국(계 20)은 초림과 재림 사이에 그리스도께서 통치하실 것을 상징적으로 묘사하기에, 구원의 미래적 완성과 무관하지 않다.

지면의 제약으로 인해 '구원의 미래적 완성'(계 21-22)을 상세히 다루기 어려운데, 이와 관련하여 두 란드(Du Rand)의 설명은 적실하다: "구원 받은 자들의 최종적인 구원론적인 운명은 신천신지, 새 예루살렘 성, 그리고 하나님과 누리는 완전한 생명의 회복으로 묘사된다. 성경의 이야기는 완전한 동산 즉 낙원으로 시작하고, 완전한 도성인 새 예루살렘으로 마무리한다. 구원의 신학적 정점(pinnacle)은 새 예루살렘이라는 상징으로 그려진 하나님과 더불어 누리는 완전한 생명이다."[1075]

3.3 요약

부분적 과거론은 언약의 하나님께서 성취하신 기독론으로 결정된 구원에 주목한다. 그리고 그 구원이 계시록의 독자들에게 실제적인 위로가 되기 위해서는, 1세기 당시에 대부분 성취되어야 한다고 본다. 물론 신천지와 새 예루살렘의 도래라는 구원의 완성은 그리스도의 최종 파루시아 때에 일어날 미래적 일로 남겨둔다.

[1075] 참고. Du Rand, "Soteriology of the Apocalypse of John," 19. 하지만 새 예루살렘 성은 일차적으로 구원 받은 '성도'이며(계 21:2, 9-10), 신천지가 '장소'다.

4. 세 가지 시리즈 심판(7인, 7나팔, 7접시)에서 본 계시록의 구원론

이제 세 가지 시리즈 심판 환상들(7인-7나팔-7접시)을 살펴봄으로써, 계시록의 구원이 구체적으로 어떤 특징을 가지는지 탐구할 단계에 도달했다. 세 가지 시리즈 심판을 연구하는 이유는 그것들이 계시록의 중간에 위치하며 많은 분량을 차지할 뿐 아니라, 계시록에서 심판이 구원을 더 돋보이게 하는(relief) 역할을 하기 때문이다. 언약론적 구원의 관점에서 볼 때, 계시록의 세 가지 시리즈 심판은 '언약의 저주'에 해당한다.[1076] 이것을 차례대로 살펴보자.

4.1. 7인 심판(계 6)에서 본 구원

넓게는 계시록 전체, 좁게는 계시록 6장은 AD 30-70년 사이의 종말 동안에 이스라엘에 임한 심판을 주요 주제로 삼는다.[1077] 계시록 6장의 인봉된 두루마리는 '새 언약 문서'(the treaty document of the New Covenant)인데, 그것이 개봉되면 배교한 이스라엘의 파멸이 드러난다. 계시록 6장은 '작은 묵시록'이라 불리며 예루살렘 성전의 파괴를 주요 내용으로 삼는 '감람산강화'(마 24; 막 13; 눅 21)와 강력한 간본문성(상호텍스트성)을 가진다(예. 전쟁[계 6:1-2; 마 24:6], 내전[계 6:3-4; 마 24:7a], 기근[계 6:5-6; 마 24:7b], 박해[계 6:9-11; 마 24:9-13], 지진 및 반[反] 창조[계 6:12-17; 마

1076) 교부 빅토리누스(Victorinus, d. 403)이래로 주장되었듯이, 7인-7나팔-7접시 심판은 연대기적으로 일어날 것이 아니라, 동일한 사건을 반복하는 것이다. 참고. Chilton, *The Days of Vengeance*, 14-17, 181; Du Rand, *Die A-Z van Openbaring*, 59. 배교한 유대인은 '사탄의 회'라고 불렸고(계 2:9; 3:9), 예수님과 복음의 증인들을 죽였으며 애굽과 소돔처럼 타락했다(계 11:8-9). 이 이유로 불신 유대인들은 (로마 제국과 더불어) 세 가지 시리즈 심판을 받게 되었다.

1077) Chilton, *The Days of Vengeance*, 181; Van der Waal, *Openbaring van Jezus Christus II*, 156. 그렇다고 계시록의 독자들을 박해했던 로마 제국에 대한 심판을 무시하는 것이 아니다. 바다짐승(계 13:1)과 음녀가 탄 붉은 짐승(계 17:3)은 무력으로 성도를 핍박했던 로마 제국을 상징하는데, 결국 불못에 던져지는 심판을 받는다(계 20:10). 요한 당시의 관점에서 로마 제국에 대한 심판은 어떻게 속히 일어나는가? 네로 황제의 자살 이후(AD 68), 세 황제(갈바, 오토, 비텔리우스)가 몇 개월씩 다스렸는데, 제국의 존립이 위태하여 그리스도인을 박해할 여력이 없었다. 그 동안 그리스도의 구원과 승리의 복음이 전파되었는데, 이것이 로마 제국에 임한 심판이다. 참고. 송영목, 『요한계시록은 어떤 책인가?』, 331.

24:15-31]).[1078] 따라서 7인의 심판은 전 세계적인 심판에 대해 말하지 않으며, 배교한 거룩한 땅, 거룩한 도시, 언약 백성이 받을 심판에 관한 것이다. 이와 관련하여 요세푸스의 '유대전쟁사'가 중요한 역사적 자료가 된다. 부활-승천으로 승리하신 그리스도께서 '승리'를 상징하는 흰말을 타고(계 6:2) 배교한 이스라엘을 심판하심으로써 자신의 승리를 적용하신다. 하지만 그 심판('전쟁'을 상징하는 칼과 붉은 말, 계 6:4; '기근'을 상징하는 검은 말, 계 6:5; '죽음'을 상징하는 청황색 말, 계 6:8)[1079]이 진행되는 동안 의로운 자들은 보호를 받는다(의로운 남은 자를 상징하는 '올리브와 포도주', 계 6:6). 여기서 '언약의 저주'인 전쟁과 기근과 죽음(참고. 레 26; 민 32:23-25; 겔 14:21)이 상징적으로 묘사되지만, 역사적으로 AD 66-70년의 유대-로마 전쟁을 통하여 성취되었다. 배교한 유대인들에게 박해를 받던 그리스도인을 상징하는 제단 아래 죽은 자의 영들은 '원고'(plaintiff)이다(계 6:9). 변덕스런 헤롯이나 네로가 아니라 거룩하고 참되신 대주재 하나님께 드린 순교자의 탄원(계 6:10)은, 악인을 심판해 달라는 구약의 탄원시와 유사하다(참고. 시 1:4-6; 3:7; 6:8-10).[1080] 의인이 받을 언약의 복은 언약의 저주와 대조된다. 하나님의 구원이 창조 이미지로 설명되듯이(참고. 고후 4:6; 5:17; 엡 2:10; 골 3:10), 계시록 6:12-14에서 심판은 반(反)창조 이미지(지진, 광명체가 어두워짐, 천지의 격변)로 나타난다. 이 반 창조 이미지는 구약 구절(출 10:21-23; 욥 9:5-6; 사 5:30; 13:10; 34:4; 겔 32:8)과 유사한데, '주의 날'(계 6:17)에 옛 세계인 이스라엘이 반 창조를 겪어(AD 70), 교회라는 새 창조 시대가

1078) 마 24:1-35는 '예루살렘 성전의 파괴'를 다루고, 36절 이하는 '예수님의 최종 파루시아'를 다룬다. 참고. R.T. France, *The Gospel of Matthew* (NICNT; Grand Rapids: Eerdmans, 2007), 936.

1079) 계시록에서 '칼'(ῥομφαία, 계 1:16; 2:12, 16; 6:8; 19:15, 21; μάχαιρα, 계 6:4, 13:10[2회], 14)은 구약의 '거룩한 용사' 주제와 '메시아 예언'을 성취하신 예수님께서 시행하는 심판과 연관된다(참고. 신 33:29; 사 49:2).

1080) 계 6:10의 '신원하다'(ἐκδικεῖς, to vindicate, 그리고 계 19:2의 ἐξεδίκησεν)와 눅 18:3의 과부의 간청인 '원한을 풀어주소서'('Εκδίκησόν, 그리고 눅 18:5의 ἐκδικήσω)는 같은 동사다. 로마 제국은 사형 재판 외에는 유대인에게 법률적인 자치를 허용했으므로, '하나님을 두려워하지 않는 불의한 재판관'(눅 18:2, 6)은 배교한 유대인이다. 따라서 구약의 탄원시와 더불어, 신약의 (초대)교회의 신원(vindication)도 계 6:10의 이해에 빛을 비춘다. 참고. D.L. Bock, *Luke 9:51-24:53* (BECNT; Grand Rapids: Baker, 1996), 1447.

열림을 의미한다. 따라서 7인의 심판은 물리적 세계의 종말과 무관하며,[1081] 출애굽, 주의 날, 반 창조를 통한 재창조, 언약의 저주라는 주제들이 상호 연결되어 있다.

4.2. 7나팔 심판(계 8-9)에서 본 구원

7나팔 재앙은 한때 하나님의 백성이었지만 배교한 유대인들을 향한다(참고. 마 23:35-36). 나팔 소리에 여리고가 무너졌듯이, 배교한 예루살렘도 그렇게 된다. 첫째 나팔은 출애굽 시의 재앙과 유사하며(참고. 출 9:22-26), 남은 자를 상징하는 푸른 풀(참고. 계 9:4)도 하나님이 악인을 심판하시는 중에 고난을 당한다. 둘째 나팔 심판(계 8:8-9)은 출애굽기 7:7-21 및 AD 70년 사건을 예언하는 마태복음 21:21-22와도 간본문이다. '바다'는 열방(요한 당시에는 로마 제국)을, '산'(출 15:17)은 이스라엘을 각각 상징한다(계 8:9; 참고. 계 17:15). 둘째 나팔 심판의 역사적인 성취를 찾아보면, 유대-로마 전쟁 시, 갈릴리 바다가 피바다가 되었다(유대전쟁사, 3.529-531). 셋째 나팔 심판(계 8:10-11)은 '새벽별'로 나타난 바벨론 왕의 패망(사 14:12-15), 나일 강의 악취(출 7:21), 그리고 이스라엘의 배교에 대한 심판에 등장하는 '쑥'(신 29:18; 렘 9:15)을 복합적으로 암시한다. 요한 당시의 배교한 유대인들이 멸망당할 바벨론 왕과 애굽의 네로가 되고 말았다. 넷째 나팔 심판(계 8:12)은 나라와 나라의 통치자의 패망을 예언하는 선지서와 동일한데(참고. 사 13:9-11; 겔 32:7-8; 욜 2:10), 로마 황제들과 헤롯 왕가가 살해당하거나 불명예스럽게 죽은 것으로 성취되었다. 다섯째 나팔 심판(계 9:1-12)은 메뚜기 재앙(출 10:12-15)을 암시하는데, 메뚜기 재앙이 5개월 동안 임한 것은 게시우스 플로루스 총독이 AD 66년 5월부터 5개월 동안 유대인 3,600명을 살해한 것으로 역사적으로 부분적인 성취를 보았다. 여섯째 나팔 심판(계 9:13-21)에서 유프라테스 강

[1081] 이 단락의 설명은 Chilton, *The Days of Vengeance*, 182-88, 190-91, 195-99; 239; Van der Waal, *Openbaring van Jezus Christus II*, 159, 161, 163, 169를 참고한 것이다. 그리고 요세푸스의 『유대전쟁사』, 2.18.9-19.7을 보라.

을 넘어 공격해 온 2억의 기마병은, 역사적으로 볼 때 성전의 타락한 제사와 우상 숭배에 빠진 이스라엘을 공격하러 북에서 내려온 로마군대를 가리킨다(계 9:20-21). 하나님의 비밀(계 10:7)을 담고 있는 일곱 째 나팔(계 11:15)은 제왕시를 연상시키며(시 93; 95, 96 등), 다니엘 2장에서 예언한 다섯 번째 왕국은 온 세상을 덮어버린 그리스도의 나라가 우주화 될 것을 가리킨다.[1082]

4.3. 7접시 심판(계 16)에서 본 구원

7접시 심판에 반복해서 등장하는 동사 '쏟았다'(ἐξέχεεν)는 에스겔서에서 이스라엘의 영적 음행(겔 16:36), 무죄한 자의 피를 흘림(겔 22:3-4), 하나님이 심판을 시행하심(겔 14:19)을 묘사할 때 등장한다(참고. 렘 10:25; 습 3:8). 첫째 접시 심판(계 16:2)은 종기(출 9:8-12)를 연상시키는데, 모세의 법에 의하면 언약의 저주이다(신 28:27, 35). 둘째 접시 심판(계 16:3)도 출애굽 시의 재앙(출 7:17-21)을 연상시키는데, 로마 군대가 갈릴리 전투에서 유대인을 죽여 피바다로 만든 것으로 성취되었다. 셋째 접시 심판(계 16:4-7)은 애굽에 임한 첫째 재앙을 연상시키는데, '물'은 생명과 복을 상징한다.[1083] 상징적으로 묘사된 식인(cannibalism, 계 6:6)은 예루살렘이 포위되었을 때 글자 그대로 성취되었다(참고. 유대전쟁사 6.3.3-4). 넷째 접시 심판(계 16:8-9)의 태양열의 재앙은 언약의 저주인데, 하나님의 보호와 언약적 복과 상반된다(참고. 출 13:21-22; 시 121:5-7; 사 49:10; 렘 17:7-8; 계 17:7-8). 심판 받는 동안 회개치 않는 모습(계 16:11)은 바로의 모습과 같다(참고. 출 7:13, 23 등). 다섯째 접시 심판(계 16:10-11)은 로마 제국을 상징하는 짐승의 보좌(계 13:1)에 대한 심판

1082) 이 단락의 설명은 Chilton, *The Days of Vengeance*, 225, 229, 236, 240-41, 244-45, 252, 258, 287과 Van der Waal, *Openbaring van Jezus Christus II*, 188, 197-200, 225를 참고한 것이다.

1083) 그러나 계시록 자체는 '물'이 '열방'을 상징한다고 명시한다(계 17:15). 그런데 '물을 주관하는 천사'(계 16:5)는 요한의 천궁도(zodiac)에 의하면 '아쿠아리우스'에 해당한다는 칠톤의 설명은, 계시록의 해석에 열쇠로 작용하는 구약이 점성술을 금하므로(왕하 23:5) 요한의 의도를 벗어난 것이다. 참고. Chilton, *The Days of Vengeance*, 401. 유대교가 헬라화 되었다는 것과 헬레니즘의 빛 안에서 계시록을 기록했다는 것은 별개다.

으로서, 통치자의 패망을 상징하는 어둠(출 10:21-23; 사 13:9-10)의 재앙이 불신 유대인은 물론 이방 세력에게도 내려질 것을 보여준다. 역사적으로 네로의 자살 이후의 로마 제국의 혼란으로 일부분 성취되었다. 여섯째 접시 심판(계 16:12-21)은 말라버린 유프라테스 강을 넘어 로마 군대가 이스라엘로 진격하는 것으로 성취되었는데(참고. 계 9:14), '아마겟돈'(계 16:16)은 황폐와 파멸을 상징한다(참고. 삿 5:19). 로마 군대를 통한 성전의 파괴는 예수님이 도둑같이 오신 것이다(계 16:15). 일곱째 접시 심판(계 11:17-21)은 '주의 날'에 동반되는 현상인 번개, 요란한 소리, 우레 소리, 지진으로 큰 성(계 11:8; 14:8) 곧 예루살렘이 파멸되고 만다. 언약의 관점에서 볼 때, 예루살렘은 디아스포라를 통해서 온 세상에 영향을 미쳤으므로, 만국의 성읍들도 무너졌다(계 16:19).[1084]

4.4. 요약

계시록 해석에 가장 적합한 방식인 부분적 과거론은 상징적으로 해석하되, 예언이 어떻게 속히 성취되었는가에 주목한다. 7인-7나팔-7접시 심판은 '주의 날', '언약의 저주', 그리고 '출애굽 주제'를 통해서 '점층적인 확장 및 반복'이라는 방식으로 전개된다. 이것은 계시록의 독자로 하여금 구원 즉 승리한 '새 출애굽 공동체'이며 '언약의 복과 재창조를 받은 자'라는 자기 정체성을 확립하도록 하며, 그들의 박해자들에게 임할 하나님의 언약의 저주와 진노가 반드시 속히 일어날 것을 확신하도록 하여 위로를 주기 위함이다. 예수님과 복음의 증인을 죽인 큰 성 예루살렘은 '애굽'과 같기 때문에(계 11:8), 열 재앙과 유사한 것을 받아 패망한다.

[1084] 이 단락의 설명은 Chilton, *The Days of Vengeance*, 329, 397-99, 402-03, 405, 414-16, 419 그리고 Van der Waal, *Openbaring van Jezus Christus II*, 282-84, 90을 참고한 것이다.

나오면서

계시록의 구원론은 계시록의 박해 받던 독자를 위로하고 신원하는 차원에서 해석되어야 하기에, 1세기 구속사 특히 그리스도 사건과 AD 70년 사건에 기초한다. 구원(승리, 언약의 복)이 무엇인가를 다른 측면에서 잘 보여주는 7인-7나팔-7접시 심판은 '반 창조, 출애굽, 언약의 저주, 주의 날'이라는 복합적인 주제들의 빛 안에서 상징적으로 이해되어야 한다. 계시록의 구원의 완성은 새 예루살렘과 신천지를 통해서 예수님의 최종 파루시아 때에 실현될 것이다(계 21:1-22:5).[1085] 이 부분은 부분적 과거주의가 소위 '재림'이라는 먼 미래의 성취로 인정하는 내용이다. 부분적 과거론은 불신 유대인에 대한 하나님의 심판을 우선적으로 고려하되, 로마 제국에 대한 심판도 무시하지 않는다. 계시록의 구원론은 이론에 그치지 말고, 모든 시대의 교회에게 적용되어야 한다. 그리스도 사건에 근거하여 새 출애굽을 경험한 성도는 하나님의 언약에 신실함으로써 구원과 승리를 삶에서 경험해야 한다. 이 구원과 승리는 성도의 마음에 내면화되거나 영적인 특성으로 국한되면 안 된다. 성도는 오늘날의 바다짐승(계 13:1)이 가하는 여러 모양의 박해 뿐 아니라, 음녀 바벨론이 퍼트린 혼합주의라는 유혹(계 17:1-5)이 만연한 이 세상 나라를, 우리 주와 그분의 그리스도의 나라로 만드는(계 11:15) 실제적인 승리와 구원을 위해 순교자적 각오로 열심을 다해야 한다(계 12:11).

1085) 참고. J.A. Du Rand, "The New Jerusalem as Pinnacle of Salvation: Text(Rev 21:1-22:5) and Intertext", *Neotestamentica* 38 (2004), 275-302.

07 부분적 과거론과
이상주의적 해석 비교

들어가면서

문자적이고 미래적인 해석 경향을 띠는 세대주의와 전천년주의를 제외한다면, 복음주의 혹은 개혁주의 진영에서 요한계시록을 해석하는 방식은 크게 '부분적 과거론'과 '이상주의적 해석'으로 나눌 수 있다. 전자는 19세기까지 계시록의 지배적인 해석 경향이었고, 후자는 19세기 이후로 지금까지 힘을 얻고 있는 방식이다. 이 둘은 접촉점이 없이 충돌하고 병행만 하고 있는가? 아니면 상호 보충적인 방식으로 긍정적인 결합 혹은 시너지 효과를 낼 수 있는가? 이 글에서 이 두 해석 방법의 대표적인 학자들의 주장을 비교해 보고자 한다. 그리고 비교의 범위를 계시록 이해에 있어서 중요한 본문들(시간적 표현, 사탄의 삼위일체, 음녀 바벨론, 7인-7나팔-7대접 재앙 시리즈, 천년왕국, 신천지 그리고 새 예루살렘 성)로 제한할 것이다. 이 글에서는 한국 장로교와 관련이 많은 Westminster Theological Seminary, Calvin Theological Seminary, Reformed Theological Seminary, Whitefield Theological Seminary, 그리고 Trinity Evangelical Divinity School에서 수학했거나 가르친 학자들을 중심으로 살펴볼 것이다. 이 두 견해에 대해서 필자의 비평을 다른 학자들을 인용하여 첨가할 것이다.

1. 부분적 과거론적 해석

'부분적 과거론'(partial preterism)은 계시록의 대부분의 내용을 과거 즉 요한 당시에 성취된 것으로 보지만, 일부 내용은 미래적 성취와 연관된다고 보는 입장이다. 따라서 '부분적 과거론'이라는 용어보다는 '부분적 미래론'(partial futurism)이라는 이름이 더 적절할 수 있다. 그리고 부분적 과거론은 주님의 최종 파루시아와 육체적 부활 및 최후 심판까지도 이미 AD 70년에 이루어진 것으로 보는 이단 사상인 '완전히 실현된 과거론'(완전과거론, 철저과거론, fully realized preterism)과 다르다.[1086] 이 글에서는 미국 텍사스 주의 Tyler시를 중심으로 전개된

[1086] 이 글은 『고신신학』 11(2009), 63-100에 게재되었다. 예수님의 성육신과 파루시아를 '언약 구속사의 관점'에서 나름대로 이해하려고 시도한 완전 과거론에 의하면, 예수님은 자기 백성 즉 유대인이 살던 '옛 세상 안'으로 오셨다(요 1:11). 환언하면, 예수님은 '세상 끝' 즉 유대교로 대변된 옛 세상(시대)이 사라질 무렵에 성육신하셨다(히 9:26). 예수님은 '이 세상' 즉 '아래 세상'(the world below)인 옛 언약 세상(the Old Covenant cosmos)과는 아무 분깃을 주장하지 않으셨다(요 8:23). 따라서 성도는 예수님을 '육체를 따라' 즉 옛 언약 세상의 관점이 아니라 성령을 따라 즉 메시아의 약속이 성취된 새 언약 세상(the New Covenant cosmos)의 관점으로 이해해야 한다(고후 5:16). 예수님의 승천은 옛 세상인 유대인의 시대로부터 떠나버림이다. 마 24:14의 '온 세상'은 사람이 살고 있는 우주가 아니라, 예수님께서 떠나버리신 아래로부터의 세상인 '유대인의 시대'(the Jewish age)로 본다. 그리고 마 28:20의 '세상 끝 날까지'를 '그 시대의 끝까지'('to the end of time'이 아니라, 'to the close of the age')로 보면서 마 24:3의 'the end of the age'([옛 세상인 유대인] 세대의 끝)와 병행하는 것으로 본다. 따라서 예수님의 승천과 재림 사이의 기간은 옛 세대가 종결되고 새 세대가 도래하는 변혁이 완성될 때 까지다. 이 세대들의 변혁의 과정을 막 16:20이 생생하게 묘사한다. King에 의하면 그리스도의 최종 파루시아로 인해서 유대인의 옛 세대가 종말을 고하고 새 언약 시대가 온전히 임한 시점은 AD 70년이다. 구속사의 '성취'가 아니라 '완성' 사건인 AD 70년에 사 65:17-19가 예언한 신천지가 도래했다. 보라. M.R. King, *The Cross and the Parousia of Christ: the Two Dimensions of One Age-Changing Eschaton* (Ohio: Writing and Researching Ministry, 1987), 376, 689-90. 그리고 J.S. Russell, *The Parousia*:

'Christian Reconstructionism'과 직간접적으로 연관된 신학자인 D. Chilton, J.B. Jordan, K. Gentry 그리고 K.A. Mathison을 중심으로 살펴볼 것이다. 이들은 모두 계시록이 AD 70년 이전, 즉 네로 황제의 박해시기에 기록된 것으로 보면서 이른 시기를 주장한다.

1.1. David Chilton

Reformed Theological Seminary에서 수학한 Chilton은 안타깝게도 40대 중반의 짧은 생을 살았는데, 계시록 주석 The Days of Vengeance(1987년, 3판은 1990년)에서 다음과 같이 주장한다.

1.1.1 시간과 관련된 구절

1.1.1.1. 계시록 1:1, 3과 22:6

'반드시 속히 될 일들'과 '때가 가깝다'는 말에서 알 수 있는 것은 계시록이 세계 역사 전체 혹은 세상의 종말이 아니라, 요한과 그의 독자들로부터 가까운 미래에 일어날 일과 관계 된다는 점이다. 계시록은 세상의 종말이 다가오는 것을 예언하는데, 그것은 물리적인 우주의 파괴가 아니라, 예루살렘의 돌 성전을 중심으로 했던 옛 세상 질서의 종말이다. 하나님의 집인 신약 교회가 거의 완성되었기에, 하나님의 옛 임시 처소는 사라져야 한다.[1087]

---

a Critical Inquiry into the New Testament Doctrine of Our Lord's Second Coming (Bradford: Kingdom Publications, 1878[1996]), 380.

1087) D. Chilton, The Days of Vengeance: an Exposition of the Book of Revelation (Tyler: Dominion Press, 1990), 51, 55.

1.1.1.2. 계시록 1:7

계시록 1:7은 계시록의 주제를 알리는데, 그것은 주님의 최종 재림이 아니라 새로운 하나님 나라인 교회를 건설하기 위해서 예수님이 심판하러 예루살렘에 오시는 것이다. 하나님의 영광의 구름 즉 천상의 전차(보좌)는 자신의 백성을 보호하시며 악인을 심판하시는 것과 관련된다(창 15:17; 출 13:21-22; 시 18:8-14; 사 19:1; 겔 32:7-8; 나 1:2-8; 마 24:30; 행 2:19).[1088] 그는 묵시적 용어로 묘사된 마태복음 24:30의 팔레스타인에 임할 재앙과 예루살렘 성전의 파괴를 문자적으로 보지 않고 상징적으로 올바로 주석한다.

1.1.1.3. 계시록 1:19

요한이 '본 것들'(ἃ εἶδες, things that you saw)은 인자 예수님이 일곱 금촛대 사이를 거니시고, 7별을 오른손에 쥐고 계신 것이다. '지금 있는 일들'(ἃ εἰσίν, what they are= what they signify)은 7별과 7촛대가 의미하는 바다. 그리고 '이 후에 일어나게 될 일들'(ἃ μέλλει γενέσθαι μετὰ ταῦτα, things that are about to happen)은 1절에서 밝힌 반드시 속히 일어날 일들이다.[1089]

1.1.2. 사탄의 삼위일체(계 13)

계시록 13:1의 바다짐승은 혼돈과 반역의 집단으로서 교회를 박해한 로마 제국을 상징한다.[1090] 열 뿔은 로마 제국의 10주의 통치자들을(17:12), 7머리는 황제의 가문을 가리킨다(17:9-11). 11절의 땅 짐승은 유대의 거짓 종교 지도자를

1088) Chilton, *The Days of Vengeance*, 64.
1089) Chilton, *The Days of Vengeance*, 78-79.
1090) Chilton, *The Days of Vengeance*, 327.

상징한다(참고. 마 24:5).[1091]

1.1.3. 음녀 바벨론(계 17-18)

구약에서 음녀는 거의 대부분 언약을 저버리고 거짓 신에게로 돌아간 국가나 도시를 상징한다. 여기서는 요한 당시의 거짓 교회인 배교한 이스라엘 백성을 가리킨다. 음녀를 교황이나 다른 것으로 보는 것은 주석이 아니라 '적용'이다.[1092]

1.1.4. 인, 나팔, 대접 심판(계 6, 8-9, 16)

7인 재앙은 '작은 계시록'(little Apocalypse)이라 불리는 감람산강화(마 24)에서 예언된 '전쟁과 국제 분쟁, 지진, 기근, 역병, 박해, 그리고 창조질서의 파괴'와 일치 한다.[1093] 7나팔 재앙은 언약을 저버린 이스라엘을 황폐하게 만드는 재앙의 연속인데 유대-로마 전쟁에서 파국을 맞이한다.[1094] 7대접 재앙은 우선적으로는 교회를 박해한 배교한 이스라엘이, 그리고 부차적으로는 이스라엘과 연결된 이방 나라(로마 제국)가 심판 받을 것을 상징적으로 그린다.[1095]

1.1.5. 천년왕국(계 20)

예수님이 성취하신 구원의 사역에 근거하여, 일반적으로 정통 기독교회는

1091) Chilton, *The Days of Vengeance*, 336.
1092) Chilton, *The Days of Vengeance*, 362.
1093) Chilton, *The Days of Vengeance*, 182. 그리고 역사비평가인 Mazzaferri도 요한이 거의 완전한 형태의 공관복음 전통을 알고 있었고, 따라서 감람산강화에 큰 관심을 보였을 것이라고 주장한다. 보라. F.D. Mazzaferri, *The Genre of the Book of Revelation from a Source-Critical Perspective* (Berlin: Walter de Gruyter, 1989), 51.
1094) Chilton, *The Days of Vengeance*, 236, 245.
1095) Chilton, *The Days of Vengeance*, 405.

열방을 개종시키는 복음의 능력에 대해서 낙관적이다. 승리하신 예수님 때문에 후 천년주의자처럼 교회는 승리하며 소망을 품어야 한다.[1096]

1.1.6. 신천지와 새 예루살렘 성(계 21)

신천지는 예수님의 초림으로 이미 시작되어 점차로 완성되어 가는 새로운 재창조된 세상 질서이지 물리적 세상은 아니다.[1097] 새 예루살렘 성은 종말론적인 신약 교회이다.[1098]

1.2. James B. Jordan

Westminster Theological Seminary에서 M.A.와 Th.M.을 마친 후 Central School of Religion에서 박사학위를 마친 Jordan은 1999년 소책자 A Brief Reader's Guide to Revelation과 Biblical Horizons에 실린 연재 글(Studies in the Revelation, 2005)에서 계시록에 관한 자신의 관점을 설명한다.

1.2.1. 시간과 관련된 구절

1.2.1.1. 계시록 1:1, 3과 22:6

유대인과 로마 사이의 전쟁(AD 66-70)이 아니라, 복음의 확장과 순교 및 성도의 신원을 다루는 요한계시록은 반복해서 문자적 의미에서 성취의 때가 가까이 왔다고 말한다(1:3; 22:10).[1099]

1096) Chilton, *The Days of Vengeance*, 496-98.
1097) Chilton, *The Days of Vengeance*, 538, 544.
1098) Chilton, *The Days of Vengeance*, 545.
1099) J.B. Jordan, *A Brief Reader's Guide to Revelation* (Niceville: Transfiguration Press, 1999), 13.

1.2.1.2. 계시록 1:7

모든 '땅'(유대인의 땅, land)이 구름을 타고 오실($\epsilon\rho\chi\epsilon\tau\alpha\iota$, 혹은 '가실') 예수님을 볼 것(깨달으며 이해할 것)이다(1:7). '구름을 타고'($\mu\epsilon\tau\grave{\alpha}$ $\tau\hat{\omega}\nu$ $\nu\epsilon\phi\epsilon\lambda\hat{\omega}\nu$, 구름과 함께)는 지상으로 임할 것을 결코 의미하지 않고, 다니엘 7:13에서 암시하는 바와 같이 예수님이 성부 하나님께로 가심을 의미한다. 즉 계시록은 어떻게 예수님이 승천하심으로 그의 나라를 시작하셨는가를 보여 준다.[1100]

1.2.2. 사탄의 삼위일체(계 13)

바다에서 올라온 짐승은 성부 하나님의 모사(counterfeit)이며, 땅에서 올라온 짐승인 거짓 선지자는 예수님의 모방이다. 성자 예수님이 말씀이시며, 성부 하나님의 '수'이듯이 유대 땅에서 나온 짐승(구체적으로 헤롯 왕조와 대 제사장)은 바다에서 올라온 짐승의 이름이요 수다.[1101] 그 바다짐승은 이방인들이고 그 수는 유대인이다. 666은 네로 황제와 아무런 연관이 없다. 이 숫자는 유대인의 수로서 종교지도자와 거짓 솔로몬의 수이다.[1102] 바다짐승의 '일곱 머리'는 다니엘 7장에 근거해 볼 때, 갈대아, 페르시아, 알렉산더, 헬라적 이집트, 헬라적 시리아, 헬라적 로마, 사탄적 로마를 가리킨다. 그리고 열 뿔은 머리들에 의해서 상징화되어지는 제국들의 통치자들이다.[1103]

1.2.3. 음녀 바벨론(계 17-18)

1100) Jordan, *A Brief Reader's Guide to Revelation*, 20.

1101) Jordan, *A Brief Reader's Guide to Revelation*, 47. Jordan처럼 예수님을 하나님의 숫자로 보는 것은 매우 추상적이고 주관적이다. 참고로 성경에서 삼위 하나님의 수는 3이다.

1102) Jordan, *A Brief Reader's Guide to Revelation*, 36.

1103) J.B. Jordan, 『계시록의 구속사적 연구』 (*Studies in the Revelation*, 이동수 역, 서울: 그리심, 2005), 144, 156.

바벨론은 예루살렘을 중심으로 이해할 수 있지만, 예루살렘 도시 그 이상을 의미한다. '옛 창조의 제사장적 백성의 중심지'인 바벨론-예루살렘은 거룩한 땅 전체와 할례 받은 자들이 사는 곳은 어디에나 해당된다.[1104]

1.2.4. 인, 나팔, 대접 심판(계 6, 8-9, 16)

7인, 7나팔 그리고 7대접은 같은 사건들을 반복한다는 주장은 잘못이다. 7인은 두루마리를 개봉하고, 7나팔은 두루마리의 내용을 선포하고, 7대접은 그 내용의 적용이다. 역사적으로, 7인은 AD 30년의 하나님 나라와, 7나팔들은 오순절로부터 유대인의 세대(즉 옛 창조 세계)의 끝인 AD 70년 직전의 시기와, 7대접들은 (AD 70년을 정점으로 하는) 마지막 사건들에 관한 것이다. 물론 하나님 나라는 그 시작과 중간과 끝에 있어서 동일한 성격을 가지므로 인, 나팔 그리고 대접 사이에는 많은 병행이 있다.[1105]

1.2.5. 천년왕국(계 20)

옛 세상이 심판을 받은 AD 70년에 천년왕국이 시작된다.[1106] 솔로몬의 성전 건축부터 AD 70년까지는 약 1,000년의 기간이다. 이것이 첫 번째 천년왕국인데, 더 큰 천년왕국(AD 70-예수님의 재림 사이)의 그림자다.[1107]

1.2.6. 신천지와 새 예루살렘 성(계 21)

1104) Jordan, *A Brief Reader's Guide to Revelation*, 43.
1105) Jordan, *A Brief Reader's Guide to Revelation*, 26.
1106) AD 70년이 신약의 계시역사에 있어서 전환점임을 부인할 수 없지만, 천년왕국을 도래시킨 예수님의 초림보다는 중요하지 않다. (신약)계시사의 두 축은 예수님의 초림과 재림이며, 그 안에 전환기적 사건들로는 오순절 성령강림, 돌 성전의 파괴, 신약 성경의 기록 등이다.
1107) Jordan, *A Brief Reader's Guide to Revelation*, 48.

신천지는 물질적인 것이 아니라 '통치 상'의 그 무엇으로서, 예수님의 승천 때 임했다. 그 이유는 승천하신 예수님이 다스리기 때문이다. 점진적으로 임하는 신천지가 완전히 임하는 것은 성도가 하늘 보좌 위의 예수 그리스도께 동참할 때이며, 사탄이 파멸될 때이다. 새 예루살렘은 천년왕국의 실재이며 오순절 이래로 새롭게 되어가는 신부다.[1108]

참고로 아래는 James B. Jordan 박사가[1109] 책임자로 있는 미국 플로리다의 Biblical Horizons의 '사명 진술서'(Mission Statement) 중 '사명과 비전'에 관한 내용이다(참고. www.biblicalhorizons.com):

우리의 비전은 우리의 연구와 출판으로 표현된다. 우리는 교회와 사회가 회복되어지려면 다음의 관점들이 반드시 회복되어져야 한다고 믿는다:

1108) Jordan, *A Brief Reader's Guide to Revelation*, 50.
1109) Jordan박사에 대해 상세히 소개하면 다음과 같다: 그는 1949년에 조지아 주의 아테네에서 출생했다. 어린 시절 루터교에서 자랐다. 그 후 로마 가톨릭 학교를 다녔고, 침례교 주일학교에 참석했다. 그 후 조지아대학교에서 비교문학 전공으로 1971년에 문학사 학위(B.A)를 받았다. 거기서 음악과 정치 철학도 공부했다. 그 후 CCC에서 활동하기도 했다. 그 후 군사 역사가(military historian)로 미국 공군에서 4년 동안 복무한 후, 미시시피 잭슨 소재 리폼드신학교에서 수학했다. 그 후 필라델피아 소재 웨스트민스터신학교에서 문학 석사 학위(M.A)와 '성경에 나타난 노예제도'를 연구하여 교의학으로 신학석사 학위(Th.M)도 받았다. 그는 1982년에 개혁교회 연맹(Association of Reformation Churches)에서 안수를 받았으며, 텍사스 주의 테일러 시의 웨스트민스터장로교회를 4년 동안 협동 목사로 섬겼다. 1987년에 목회를 그만둔 후, 교수와 저술 활동에 전념하기 위해서 텍사스 주 테일러 시 소재 Geneva Ministries에서 책임자로 섬겼다. 결국 그 기관은 1988년에 설립된 Biblical Horizons 의 전신이 되었다. 그는 1993년에 '모세 율법에 나타난 음식 규정'에 관한 연구로 문학박사 학위(D. Litt)를 영국의 Central School of Religion에서 받았다. 조던 박사는 2000년 이래로, 러시아의 상떼스부르크 소재 Biblical Theological Seminary의 성경학과장을 맡고 있다. 1년에 몇 주씩 러시아를 방문하여 구약과 종말론을 강의하고 있다. 지금도 개혁주의 진영에 속한 많은 다른 교단 교회들로부터 초청을 받아서 설교를 하고 있다. 지금은 플로리다주 나이스빌에 살면서, 왕성한 연구 활동과 더불어 암으로 투병 중인 아내 Brenda를 돌보고 있다. 조던 박사는 수많은 논문과 여러 책을 출판해 오고 있다. 그 중에서 몇 가지만 소개하면, *The Sociology of the Church*(1986), *Through New Eyes: Developing a Biblical View of the World*(1988; '성경적 세계관'으로 정연해 이동수에 의해 번역됨), *Creation in Six Days*(1999), 예배와 예전에 관한 책들 및 출애굽기의 율법, 사사기(1985), 다니엘서(2007), 계시록(1999)에 관한 주석을 썼다. 2007년 이후 스가랴 주석을 집필 중이다. 조던 박사의 동역자들인 Peter Leithart와 Jeffrey Myers는 그의 신학을 많이 의존하고 있다. 이들은 로만칼라를 착용하기를 즐겨하고, 유아성찬을 허용하며, NPP에 우호적이다.

a. 교회의 예배를 받으시며 우리에게 자신을 천국의 세 가지 주요 선물(새 인격과 관계, 하나님의 말씀, 생명의 성례들)로 주시는 위격들(persons)이신 아버지 하나님, 아들-형제-남편이신 하나님, 성령-보혜사-중보자이신 하나님을 인지하는 '삼위일체적 앎'(Trinitarian Awareness).

b. 성경이 말씀하는 곳마다 그리고 우리의 사고를 위한 유일한 궁극적 권위를 가진 성경만이 절대적으로 권위가 있다는 '성경 절대주의'(Biblical Absolutism). 이 노선을 따라, 우리는 과학과 역사에 대해 불안정한 우리의 이해를 재구성 하도록 하는 '6일 창조'와 '성경의 연대'의 중요성과 같은 하나님의 방법을 믿는다. 하나님이 성경을 해석하도록 우리를 가르치시는 방법인 성경상징주의와 우리의 죄악 된 예술적 경향을 개혁하시는 하나님의 방법인 성경적 이미지, 우리의 죄악 된 음악적 경향을 개혁하시는 하나님의 방법인 성경적 시편, 우리의 매일 생활을 개혁하시는 하나님의 방법인 성경적인 잠언 등을 수용한다. 오늘 날 우리는 고대와 중세 세계의 붕괴 이래로 세상 문명화의 가장 심각한 위기에 직면해 있다. 개신교 교회 개혁에 의해 제공된 문명화는 산산조각이 나고 있다. 다음 세기에 살 우리의 후손들이 기초를 놓을 수 있도록 우리는 반드시 세심한 주의를 성경 안의 모든 것에 기울여야 한다.

c. 성경 역사의 과정을 통하여 그것의 심리적-사회적-모형론적 측면 안에서 천국의 시작과 발전(이것은 세계사의 핵심이요 방향타이다)에 주의를 기울이는 '언약 역사적 성경 해석.' 언약-역사적 해석은 미국 기독교 안에 번성하고 있는 비성경적인 율법주의와 그리스도인으로 하여금 실제적인 세상의 관심으로부터 멀어지게 하는 예언적 억측과 공상에 대한 해독제이다.

d. 모든 이교적이며 반(半) 기독교적 사고의 불경건한 기초를 발가벗기는 동

시에, 성경적 원칙에 대한 모든 사상의 기초가 되는 '전제주의적 사고.' 로마서 1장에 의하면, 모든 사람은 자신의 공상의 세계 속에 산다. 성경은 우리로 하여금 온전함과 실재로 돌아오도록 하기 위해서 주어진 것이다.

e. 삶의 모든 영역에서 예수님의 왕 되심을 인정하는 '성경적 신정'(Biblical Theocracy). 특히 "모든 성경은 … 교육하기에 유익하기 때문에"(딤후 3:16), 우리는 모세 5경을 포함하여 모든 성경은 국민으로서의 생활을 포함하는 삶의 모든 영역에 교훈을 주기 위해서 주어졌다고 믿는다. 우리는 신정(theonomy)을 믿는 'Bahnsen주의자'처럼 모세의 율법을 이해하지 않는다. 그러나 우리는 성경의 다른 부분은 물론 모세 5경 안에서 하나님이 말씀하시는 바를 경청하려는 역사적 기독교에 속한다. 우리는 특히 모세를 통해 주어진 계시에 신중하고 민감한 해석을 시도할 것인데, 이 분야에 대한 연구가 거의 없기 때문이다. 또한 우리는 그리스도의 신정 통치가 집중되고 우선적으로 나타나는 교회 정치의 회복에 힘쓸 것이다.

f. 궁극적으로 모든 나라가 그리스도의 것이 될 때 까지 천국은 어려움이 있더라도 확장된다고 믿는 '성경적 종말론.' 오늘날 혹자는 고난과 천국의 외적인 연약함을 지나치게 강조함으로써, 그들은 역사 안에서 이루어지는 승리에 대한 성경의 약속을 부인하는 데까지 나아간다. 반면에 승리만을 강조하는 사람들은 천국의 전진을 위한 고난과 순교를 간과하기 쉽다. 우리는 이 둘 모두를 균형 있게 다룬다.

g. 주일을 주님의 날 즉 하나님이 오셔서 그의 백성과 맺은 언약을 갱신하는 시간으로 보는 '성경적 예배.' 언약의 갱신은 하나님이 우리를 예배로 부르심, 우리의 죄를 용서하심과 회복시키심, 그의 말씀으로 우리를 가르치심, 성찬으로 먹여주심, 그리고 증인의 삶을 위해 세상을 향해 나가서 정복

함으로 특징지어 진다. 또한 성경적 예배는 모든 회중이 기도와 찬양에 전심으로 적극적으로 참여할 때 가능하다. 만약 우리 시대에 교회가 부흥되기를 원한다면, 우리는 예배에 대한 성경적 비전을 회복해야 한다. 그리고 Biblical Horizons는 그러한 회복을 위해서 노력할 것이다.

h. 말씀 특히 평강의 왕의 전쟁의 노래인 '시편으로 찬양함.' 성부는 저자 하나님이며, 성자는 말씀 하나님이고, 성령은 음악의 하나님 즉 말씀을 노래하시는 호흡(성령)이시다. 교회가 하나님의 찬양으로 충만한 시대에는, 복음이 힘 있게 뻗어 갔다. 우리는 시편만 불러야 한다고 믿지 않는다. 하지만 건강식(healthy diet)을 위하여 하나님의 백성은 하나님이 성경 안에 주신 다른 노래들은 물론이거니와 우리 심령에 하나님 자신의 찬양(시편)을 필요로 함을 믿는다. 우리는 부흥과 개혁에 필수적인 생동감 있고 힘찬 시편 찬양의 회복을 위해 노력할 것이다.

i. 문제가 없을 수 없는 지역 교회는 여전히 하나님 나라의 중심임을 믿는 '기독교의 변혁.' 지역 교회는 하나님의 백성이 기본적인 도구와 활동으로 천국을 세상에 현시하도록 훈련을 받는 천국의 모판이다. 교회 안에서 우리는 우리가 굶주려 있음, 빵과 포도주를 하나님으로부터 무료로 제공 받음 그리고 세상을 향해 자비를 실천하는 법을 배운다. 교회 안에서 우리는 얼마나 무지한지 그러나 말씀으로 교훈 받아 진리를 세상으로 가지고 가는 법을 배운다. 교회 안에서 우리는 하나님 앞에 우리 자신의 부패한 자아들을 가지고 와서 새로운 피조물로 변혁되어 세상의 소금과 빛으로 살도록 훈련된다.

j. 마지막으로 우리는 오늘날 기독교 세계 앞에 놓인 문제들에 대해 관해서 진지한 반성을 하는 데 헌신할 것이다. 너무나 자주 그리스도인은 어떤 운

동에 빠져서 단순한 구호 안에 갇혀 생각하기 일쑤다. 이것이 위험함은 하나님과 사람 그리고 이 세상은 단순하지 않고 복잡하기 때문이다. 이념적 생각, 구호를 만드는 것, 그리고 과도한 수사학은 사람을 사람으로 대우하는 건전하고 성경적인 관점으로 대체되어야 한다. 이것은 특별히 문화 비평과 사회 변혁의 영역에 중요하다. 진지한 반성은 구호가 적힌 깃발 아래 행진하기를 원하는 사람들을 불편하게 만든다. 그러나 천국은 정치나 이념을 통해서 전진하는 것이 아니라, 복음의 전파와 사랑의 실천으로 전진한다.

1.3. Kenneth Gentry

Gentry는 Reformed Theological Seminary에서 M. Div.를 마친 후, Whitefield Theological Seminary의 박사학위 논문을 Before Jerusalem fell: Dating the Book of Revelation(1989)이라는 제목으로 출판했다. 그는 그 책을 계시록의 초기 연대 주창자이자 Reformed Theological Seminary의 교의학 스승이었던 Greg L. Bahnsen에게 헌정했다(참고. www.kenethgentry.com).

1.3.1. 시간과 관련된 구절

1.3.1.1. 계시록 1:1, 3과 22:6

$\ddot{\alpha}$ $\delta\epsilon\hat{\iota}$ $\gamma\epsilon\nu\acute{\epsilon}\sigma\theta\alpha\iota$ $\dot{\epsilon}\nu$ $\tau\acute{\alpha}\chi\epsilon\iota$(1:1; 22:6)는 (미래에) 갑자기 일어날 일들이 아니라, '짧은 시간 안에 일어날 것들'(NIV: must soon take place 혹은 NASB: must shortly take place)을 뜻한다(참고. 눅 18:8; 롬 16:20; 행 10:33; 12:7; 딤전 3:14).[1110] $\dot{\epsilon}\gamma\gamma\acute{\upsilon}\varsigma$($\dot{\epsilon}\nu$[in]+$\gamma\iota o\nu$[hand] 즉 at hand, 1:3; 22:10)를 시간적으로 가까운 사건을 가리킬 때 사용된다(참고. 마 24:32; 26:18; 요 2:13; 11:55; 7:2). 혹자는 계시록의 독자를 박해

1110) K.L. Gentry Jr., *Before Jerusalem Fell: Dating the Book of Revelation* (Tyler: ICE, 1989), 138.

하던 로마 제국이 수 백 년 후에 멸망하는데 어떻게 때가 가깝다고 말할 수 있는가 라고 묻는다. 하지만 "때가 가깝다"를 계시록이 기록된 이후 약 2000년 이상이 지난 이후에 일어날 미래의 일로 보는 것은 더 이해하기 어렵다. 분명한 것은 '때가 가깝다'는 계시록의 기록 시점에서 수년 내에 일어나야 할 일이라는 점이다.[1111]

1.3.1.2. 계시록 1:7

간본문들인 감람산강화(마 24:30; 26:64)와 구약 시가서와 선지서들(시 18:7-15; 사 19:1; 욜 2:1-2; 나 1:2 이하; 습 1:14-15)에 근거하여 '구름타고 오시는 것'을 예수님의 심판을 상징하는 것으로 본다. 물론 사도행전 1:11과 데살로니가전서 4:13 이하는 세상 역사의 끝에 구름 타고 오실 예수님의 최종 파루시아를 언급한다. 심판주로 오실 예수님을 볼 '찌른 자들'과 '땅의 족속들'(αἱ φυλαὶ τῆς γῆς)은 불신 유대인들(12지파)이며(참고. TDNT, 9:246; 그리고 간본문으로서 이스라엘 땅의 12지파를 언급하는 슥 12:10), 로마 제국은 행정적이고 부차적으로 연관된다.[1112] 일면 계시록은 감람산강화의 주석이다(참고. F.W. Farrar, J.S. Russel).[1113]

1.3.1.3. 계시록 1:19

'속히 일어날 일들'은 μέλλει동사가 아오리스트 부정사(γενέσθαι)와 함께 사용되어 'the things which are about to come'으로 번역되어, 가까운 미래에 일어날

1111) Gentry, *Before Jerusalem Fell*, 141. 계시록 수신자의 1차 박해자는 불신 유대인이다(계 2:9; 3:9). 그들에게 심판은 물리적으로 속히 AD 70년에 임했다. 2차 박해자인 로마 제국에게는 AD 68년 네로 자살 이후 로마 제국에 닥친 내전과 혼란 기간(AD 68년 6월에서 69년 12월) 동안, 별 다른 박해 없이 복음이 전파된 것으로 영적으로 설명할 수 있다. AD 64-68년 동안 네로가 박해를 일삼았다.

1112) Gentry, *Before Jerusalem Fell*, 123, 129.

1113) Gentry, *Before Jerusalem Fell*, 130-31.

일을 가리킨다(참고. 계 3:10).[1114]

1.3.2. 사탄의 삼위일체(계 13)

바다짐승은 네로를 정점으로 하는 로마 제국을, 일곱 머리는 로마 제국의 첫 일곱 황제들을 가리킨다.[1115] 땅 짐승은 유대인과 관련있다.[1116] 666은 네로를 가리킨다.[1117]

1.3.3. 음녀 바벨론(계 17-18)

로마는 하나님을 향해서 음행을 할 수 없다. 그러므로 성도를 핍박하고 죽인 예루살렘이다(계 11:8; 14:8; 16:6; 17:5-6; 18:21, 24; 마 23:34-48; 눅 13:33; 행 7:51-52).[1118] 음녀가 탄 일곱 머리를 가진 짐승은 교회를 박해하던 로마 제국이다(참고. 마 23:37 이하; 요 19:16; 행 17:7).[1119]

1.3.4. 인, 나팔, 대접 심판(계 6, 8-9, 16)

계시록이 배교한 유대인에 대한 심판을 주로 다루기에, 유대-로마 전쟁의 배경을 염두에 두고 옛 언약에서 새 언약으로의 전진을 살펴야 한다.[1120]

1114) Gentry, *Before Jerusalem Fell*, 141.
1115) Gentry, *Before Jerusalem Fell*, 240, 277.
1116) Gentry, *Before Jerusalem Fell*, 240.
1117) Gentry, *Before Jerusalem Fell*, 203, 215.
1118) Gentry, *Before Jerusalem Fell*, 240-41.
1119) Gentry, *Before Jerusalem Fell*, 241.
1120) Gentry, *Before Jerusalem Fell*, 132, 240.

1.3.5. 신천지와 새 예루살렘 성(계 21)

새 예루살렘 성은 음녀 바벨론과 대조되는 하늘의 예루살렘 신부다.[1121]

1.4. Keith A. Mathison

Reformed Theological Seminary에서 수학한 후, Whitefield Theological Seminary에서 박사학위를 취득한 종말론 전문가 Mathison은 Postmillennialism: An Eschatology of Hope(1999)에서 자신의 요한계시록 이해를 간략히 언급한다.[1122]

1.4.1. 시간과 관련된 구절

1.4.1.1. 계시록 1:1, 3과 22:6

요한은 자주 예수님의 오심이 가깝다고 말한다(1:1, 3, 19; 2:16; 3:10-11; 22:6-7, 10, 12, 20). 이 구절들 중 어떤 것도 계시록 1:7의 오심이 수 천 년 후에 일어날 것을 가리키지 않고, '임박한 오심'(impending coming)을 의미한다. 이와 관련 되는 것은 그리스도의 승귀 이후 한 세대가 지난 시점에 구속사적 그리고 언약적으로 중요성을 가진 그리스도의 유일한 오심인데, 바로 로마 군대에 의해서 성전과 예루살렘이 완전히 파괴된 AD 70년 사건이다.[1123]

1121) Gentry, *Before Jerusalem Fell*, 241.

1122) 참고. Mathison, *From Age to Age: The Unfolding of Biblical Eschatology* (Phillipsburg: P&R, 2009). 참고로 매씨슨의 칼빈의 성찬론은 고신대 개혁주의학술원에서 번역 출판되었다.

1123) K.A. Mathison, *Postmillennialism: an Eschatology of Hope* (Phillipsburg: P&R, 1999), 145.

1.4.1.2. 계시록 1:7

계시록 1:7의 '예수님의 승귀하심'이라는 주제가 계시록의 여러 구절에 나타난다(계 2:5, 16, 25; 3:3, 11; 16:15; 22:7, 12, 20). 하나님이 현재적 심판을 위해서 오신다는 구절은 구약과 신약에 산재해 있다(시 18:7-15; 104:3; 사 19:1; 나 1:2-8; 마 24:4-34). 예수님을 찌른 자들이 살아 있을 때 승귀하신 예수님이 심판을 위해서 오신다(마 24:34; 막 13:30; 눅 21:32).[1124]

1.4.2. 사탄의 삼위일체(계 13)

바다짐승은 일반적으로는 로마를 구체적으로는 네로 황제를 가리킨다. 짐승의 일곱 머리(13:1)는 황제들의 계통(the line of the Caesars)이다 참고. 17:9-11). 짐승의 10뿔 (13:1)은 제국의 주들의 통치자들(governors of the imperial provinces)이다(참고. 17:12). 땅 짐승은 '거짓 선지자'로 불리는데(16:13; 19:20; 마 24:5, 11), 기독교인을 핍박하고 동시에 유대인들로 하여금 로마 황제 숭배를 장려한 팔레스타인의 로마 총독 Gessius Florus와 같은 인물이다. 참고로 '666'(13:18)은 네로를 가리킨다.[1125]

1.4.3. 음녀 바벨론(계 18)

소돔과 애굽처럼 영적으로 타락한 '음녀 신부'(harlot bride)는 예루살렘이다(계 11:8; 14:8; 참고. 사 1:21; 렘 2:20-24; 겔 16, 23; 호 9:1).[1126]

1124) Mathison, *Postmillennialism*, 143-44.

1125) Mathison, *Postmillennialism*, 152.

1126) Mathison, *Postmillennialism*, 153.

1.4.4. 인, 나팔, 대접 심판(계 6, 8-9, 16)

7인의 재앙은 감람산강화에서 예수님이 예언한 것이다.[1127] 7나팔과 7대접 재앙은 출애굽 시의 열 재앙을 연상시키는데, 유대-로마 전쟁에서 성취되었다.[1128]

1.4.5. 천년왕국(계 20)

1,000년은 예수님의 초림과 재림 사이를 상징한다.[1129] 1,000년 왕국 동안 사단은 그리스도의 공생애 동안 파멸되었으나, 죄와 사탄의 세력은 주님의 최종 파루시아 때까지 여전히 활동 중이다.[1130]

1.4.6. 신천지와 새 예루살렘 성(계 21)

신천지는 전적으로 현재적 일도 아니며, 그렇다고 전적으로 미래의 일이 아니다. 그러므로 신천지는 예수님의 초림과 재림 사이에 일어나는 점진적인 성취로 보아야 한다. 새 예루살렘 성은 구약과 신약의 구원받은 하나님의 백성을 상징한다.[1131]

1127) Mathison, *Postmillennialism*, 148.
1128) Mathison, *Postmillennialism*, 150, 153.
1129) Mathison, *Postmillennialism*, 155.
1130) Mathison, *Postmillennialism*, 156.
1131) Mathison, *Postmillennialism*, 157. 참고로 부분적 과거론을 파악하기 위해서 다음의 주석이 유용하다. C. Van der Waal. *Openbaring van Jesus Christus: Inleiding en Vertaling*, Groningen: Uitgeverij de Vuurbaak, 1971(Volume II, 1981).

2. 이상주의적 해석

'이상주의적 해석'(idealism)은 계시록의 내용을 하나님과 사탄 사이의 싸움에서 하나님이 승리하신다는 입장으로 해석하는 것이다. 그리고 계시록의 내용(예언)을 요한 당시부터 그리스도의 재림 때 까지를 아우르는 것으로 이해한다. 그러므로 계시록은 위대한 도덕적인 원칙을 모든 시대의 성도에게 제공한다고 본다.[1132] 이상주의자들이 이렇게 해석하는 이유는 '묵시사상'의 한 가지 특징인 악한 현재의 시대와 구원의 미래의 시대를 날카롭게 나누어 역사를 선과 악의 대결로 보는 관점의 영향을 받은 것으로 추정된다.

이 글에서는 Grand Rapids의 Baker출판사를 통해서 출판된 W. Hendriksen, G.R. Osborne, 그리고 S.J. Kistemaker의 주석을 중심으로 하되, D.E. Johnson의 주석도 함께 살펴 볼 것이다. 이들은 모두 계시록을 도미티안의 박해시기에 기록 된 것으로 보면서 후기 연대를 주장한다.[1133]

2.1. William Hendriksen

1975년에 출판된 계시록 주석 More than Conquerors를 썼고 이전에 Calvin Theological Seminary에서 가르쳤던 Hendriksen(Th.D., Princeton Theological Seminary)은 한국 독자에게 많이 알려진 인물이다. 후기 기록 연대를 따르는 그는 계시록의 주제를 계시록 17:14에 근거하여 사탄과 그의 추종자를 물리치고

1132) 이 이유로 이상주의적 해석은 자칫 고대의 알레고리 해석으로 빠질 수 있다. 참고. Mazzaferri, *The Genre of the Book of Revelation from a Source-Critical Perspective*, 34.

1133) 계시록의 후기 연대를 주창한 Ladd는 AD 1세기 후반에 도미티안 황제가 그리스도인을 공개적이고 전면적으로 박해한 증거가 없다고 주장한다. 아마 도미티안의 박해는 간헐적이었을 것이다(참고. Dio Cassius, Roman History, 1:xxiii). 보라. G.E. Ladd, *A Commentary on the Book of Revelation of John* (Grand Rapids: Eerdmans, 1978), 8.

승리하는 그리스도와 그의 교회로 본다.[1134] 따라서 계시록 해석은 요한 당시의 소아시아 7교회의 상황에서 출발해야 하지만, 계시록은 모든 세대의 성도에게 해당되도록 의도되었다고 본다.

2.1.1. 시간과 관련된 구절

Hendriksen은 계시록을 이등분한다: 1부- 지상에서의 투쟁(계 1-11). 2부- 보다 깊은 영적 배경(계 12-22).

2.1.1.1. 계시록 1:1, 3과 22:6

'속히'는 계속해서 빠른 속도로 하나씩 연속적으로(in rapid succession) 사건들이 일어나는 것을 가리키지 않는다. '속히'와 "때가 가깝다"라는 표현과 의미는 미래주의적 해석에 치명타를 안겨준다.[1135] 이 주장에도 불구하고 주석을 해 가면서 Hendriksen은 신약 교회 전체 시대에 맞추어 해석함으로써 미래적 해석을 도입하는 자기모순에 빠진다.

2.1.1.2. 계시록 1:7

이 구절은 계시록의 중심 주제는 아니지만, 도미티안에 의해 박해받던 성도에게는 위로가 되는 예수님의 '재림'에 대한 통보다. 재림의 예수님은 영광 가운데 심판하러 오신다(단 7:13; 습 1:15; 막 14:62; 계 14:14). 예수님을 죽인 유대인들은 예수님이 메시아임을 보게 될 것이다(슥 12:10; 요 19:34, 37). 불신자들은 재림의

1134) W. Hendriksen,『요한계시록』(*More than Conquerors: an Interpretation of the Book of Revelation*, 김영익 역, 서울: 아가페출판사, 1975).

1135) Hendriksen, *More than Conquerors*, 57.

때에 절망하며 애곡할 것이다.[1136] 참고로 Hendriksen은 '한 때, 두 때, 반 때', '42개월', '1,260일'을 예수님의 초림과 재림 사이의 전체 교회 시기 즉 천년왕국으로 해석한다.[1137]

2.1.1.3. 계시록 1:19

요한은 계시록 1장에서 본 인자의 환상인 '네가 본 것'과, 일곱 교회 당시의 상황인 '이제 있는 일'과, 그 후 모든 앞날에 일어날 일들인 '장차 될 일'을 기록해야 한다.[1138] 따라서 Hendriksen은 미래의 일을 요한 당시 이후의 전체 교회에게 적용한다.

2.1.2. 사탄의 삼위일체(계 13)

바다짐승은 모든 시대에 걸쳐서 이 땅의 나라들과 그 나라의 정부를 통하여 작용하는 사탄의 핍박의 권능을 가리킨다. 따라서 바다짐승의 일곱 머리는 역사상 하나님의 백성을 핍박했던 구 바벨론, 앗수르, 신 바벨론, 메데와 바사, 마케도니아, 로마 제국과 같은 적그리스도의 나라들이다. 계시록 13:3의 바다짐승의 머리 하나가 죽게 되었다가 살아난 것을 박해자 네로가 자살 한 후 네로가 죽을병에 걸렸다가 회복 되어 도미티안 때 박해가 다시 발생한 것이라고 본다. Hendriksen은 계시록을 모든 시대에 걸쳐 해석하기에, 비록 후기 기록 연대를 주장하지만 네로 시대로 거슬러 올라갈 수 있다. 땅 짐승은 이 세상의 거짓 종교와 거짓 학문을 상징한다. 요한은 1세기 마지막 10년(AD 90-100) 동안에 이 두 짐승이 취한 핍박의 형태를 의미하는 용어로 묘사한다.[1139] Hendriksen

---

1136) Hendriksen, *More than Conquerors*, 60.
1137) Hendriksen, *More than Conquerors*, 173, 179.
1138) Hendriksen, *More than Conquerors*, 65.
1139) Hendriksen, *More than Conquerors*, 176-77.

이 바다짐승에서는 모든 시대의 적그리스도 나라와 세력의 핍박을 찾고, 땅 짐승에서는 AD 90-100년으로 한정하는 듯한 주석은 일관성이 결여되어 독자로 하여금 혼동을 초래한다.

2.1.3. 음녀 바벨론(계 17-18)

바벨론은 유혹의 중심지인 세상을 상징한다.[1140] 구체적으로 바벨론은 산업, 상업, 예술, 문화의 중심으로서의 세상인데, 성도를 유혹하여 하나님을 떠나도록 하는 것을 상징한다.[1141]

2.1.4. 인, 나팔, 대접 심판(계 6, 8-9, 16)

이 세 재앙 시리즈는 요한 당시에만 제한되지 않고 여러 세대에 해당 된다.[1142] 참고로 Hendriksen은 감람산강화의 자체 문맥과 전환을 이해하는 데 실패하여, 마태복음 24:29-30을 예수님의 최종 파루시아 직전의 환난으로 본다.[1143] 7인 재앙은 고통과 환난의 시대에 대한 상징인데,[1144] 감람산강화에서 말한 세상 종말과 연결된다.[1145] 따라서 여기서 Hendriksen은 음녀 바벨론이 아니라, 교회가 당하는 고통과 환난에 초점을 맞춘다. 7인과 동시성을 가지는 나팔 재앙은 사건의 연속으로, 언제 어디서나 끊임없이 일어날 수 있는 재앙을 가리킨다.[1146] 7대접 재앙은 신약 세대 전체에 걸쳐서 하나님이 악인을 심판하

1140) Hendriksen, *More than Conquerors*, 188.
1141) Hendriksen, *More than Conquerors*, 205-06.
1142) Hendriksen, *More than Conquerors*, 10.
1143) Hendriksen, *More than Conquerors*, 10.
1144) Hendriksen, *More than Conquerors*, 110.
1145) Hendriksen, *More than Conquerors*, 116.
1146) Hendriksen, *More than Conquerors*, 137.

실 때 전체 우주의 모든 부분을 도구로 사용하심을 보여준다.[1147] 7대접 재앙은 음녀 바벨론이 받을 최후의 심판이다.[1148] 참고로 계시록 16:15도 최종 파루시아로 본다.[1149]

2.1.5. 천년왕국(계 20)

예수님의 초림으로 천년왕국이 시작되었고, 그 후 일시적으로 사탄이 풀려나서 활동하지만 재림으로 인해 완성된다.[1150]

2.1.6. 신천지와 새 예루살렘 성(계 21)

계시록 21:1-22:5는 회복된 낙원의 이미지를 사용하여, 현재의 구속 받은 교회에 의해 예표 되는 장차 구속받을 우주에 대해 묘사한다. 그리고 신천지는 옛 세상이 불로 타서 정화된 물리적인 새로운 세상을 의미한다. 새 예루살렘 성은 천국의 '장소성'을 의미하지 않고, 이상적인 예수님의 신부로서의 교회다 (참고. 교회가 '성'으로 묘사된 사 26:1; 54:1; 엡 5:32).[1151]

2.2. Grant R. Osborne

2002년에 Baker 신약 주석 시리즈 중 계시록 주석을 쓴 Trinity Evangelical Divinity School의 신약학 교수인 Osborne의 견해는 다음과 같다.

1147) Hendriksen, *More than Conquerors*, 198.
1148) Hendriksen, *More than Conquerors*, 202.
1149) Hendriksen, *More than Conquerors*, 202.
1150) Hendriksen, *More than Conquerors*, 228.
1151) Hendriksen, *More than Conquerors*, 244-46.

2.2.1. 시간과 관련된 구절

2.2.1.1. 계시록 1:1, 3과 22:6

'역사의 임박한 종말'이 계시록의 핵심이다. '속히'를 '갑자기'(suddenly)로 이해할 수 없다. 그렇다고 '갑자기' 대신에 '임박함'으로 이해한다면 요한 당시로부터 약 1900년이 지난 시점을 어떻게 설명할 수 있는가 라는 어려움이 있다. 로마에 의한 교회의 박해가 임박했다고 보지 말고, "만물의 마지막이 가까웠다"(참고. 눅 18:8; 롬 16:20; 벧전 4:7)처럼 이해하면 된다고 주장한다.[1152]

2.2.1.2. 계시록 1:7

예수님을 찌를 자들은 타락한 모든 사람들 즉 영적인 의미로 예수님을 십자가에 죽인 죄인들 전체다. 마가복음 13:26과 데살로니가전서 4:17과 연관되는 예수님의 재림의 상황이다.[1153]

2.2.1.3. 계시록 1:19

요한이 본 것, 지금 있는 것, 장차 있을 것은 각각 1장의 개시환상, 2-3장의 편지, 4-22장의 환상을 가리키지 않고, 계시록 전체의 종말론적 관점과 서로 연결된다. 왜냐하면 계시록 2-3장은 현재(즉 요한 당시)만 포함하는 것이 아니고, 계시록 4-19장의 환상도 과거-현재-미래의 면이 혼합되어 있기 때문이다.[1154]

1152) G.R. Osborne, *Revelation. Baker Exegetical Commentary on the New Testament* (Grand Rapids: Baker, 2002), 54.
1153) Osborne, *Revelation*, 70.
1154) Osborne, *Revelation*, 97.

2.2.2. 사탄의 삼위일체(계 13)

바다짐승은 큰 성 바벨론이라고 불리는 제국을 이끌 적그리스도이다.[1155] 땅 짐승은 교회 안에서 일어날 이단 즉 적그리스도로서 사람들을 배교로 인도한다(참고. 살후 2:3; 요일 2:18; 4:1-3).[1156]

2.2.3. 음녀 바벨론(계 17-18)

계시록 18장의 광범위한 무역과 물품들을 고려해 볼 때, 음녀 바벨론은 예루살렘이라기보다는 불경건한 로마 제국으로 보는 것이 더 적합하다.[1157]

2.2.4. 인, 나팔, 대접 심판(계 6, 8-9, 16)

7인은 죄악 하에 있는 현재 세상 질서를 어떻게 끝낼 것인가를 보여 준다.[1158] 7나팔은 고대 세계와 현대 세계의 다양한 측면에 대해 말한다. 7인과 7나팔을 강화시킨 7대접은 세상 역사의 종말적 사건들과 종말의 도래를 다룬다.[1159]

2.2.5. 천년왕국(계 20)

Osborne은 무천년설과 후천년설을 무시하지 않지만 전천년설을 따른다.[1160]

1155) Osborne, *Revelation*, 495.
1156) Osborne, *Revelation*, 512.
1157) Osborne, *Revelation*, 635, 697.
1158) Osborne, *Revelation*, 298.
1159) Osborne, *Revelation*, 357, 602.
1160) Osborne, *Revelation*, 697.

2.2.6. 신천지와 새 예루살렘 성(계 21)

새 예루살렘 성은 '최종적인 지성소'요 '최종적으로 회복되고 변혁 된 에덴'이다. 음녀 바벨론이 사람과 장소성을 동시에 가지고 있듯이, 새 예루살렘 성 역시 신부인 동시에 하나님이 거하시는 장소다(참고. 계 21:3, 7-8, 24, 26).[1161] Osborne이 제시하는 장소성과 관련된 구절들은 그리스도의 신부라는 인격과 교회의 사역으로 이해할 수 있다.

2.3. Simon J. Kistemaker

Reformed Theological Seminary의 신약학 은퇴 교수인 Kistemaker(Ph.D., Free University)는 2001년의 계시록 주석에서 다음과 같이 설명한다.

2.3.1. 시간과 관련된 구절

2.3.1.1. 계시록 1:1, 3과 22:6

"속히 일어난다"는 표현의 한 가지 뜻은 성도를 향한 '박해'가 임박하게 임한다는 것이다. 과연 요한이 짧은 시간 안에 일어날 박해를 염두에 두었는지는 상당히 의문이다. 그리고 모든 시대를 거쳐, 하나님의 종들은 예수님이 그들에게 알리신 것들이 진실로 일어났음을 경험했다. 따라서 현대 그리스도인들도 주님의 약속된 재림을 열렬히 사모해야 한다.[1162] 여기서 Kistemaker는 요한 당시의 관점에서 파악하지 않고 전체 교회시대로 확장시켜 적용한다. 때가 가깝다는 말은 요한 당시의 성도들이 살아 있을 때, 하나님과 사탄, 그리스도와 적

1161) Osborne, *Revelation*, 733, 776.

1162) S.J. Kistemaker, *Exposition of the Book of Revelation*. NTC (Grand Rapids: Baker, 2001), 77.

그리스도, 성령과 거짓 선지자들, 교회와 부도덕 사이의 다툼이 발생할 것을 가르쳐 준다. 따라서 모든 시대의 성도는 계시록의 메시지를 적용해야 하고 주님의 재림을 사모해야 한다.[1163]

2.3.1.2. 계시록 1:7

마태복음 24:30과 관련된 것으로 예수님의 미래적인 재림을 가리키는데, 그것을 불신자와 신자들이 모두 볼 수 있다.[1164]

2.3.1.3. 계시록 1:19

요한이 '본 것'과 '지금 있는 것'과 '장차 있을 것'은 요한이 본 1장의 개시 환상이나 그 당시에 제한되지 않고 요한 당시로부터 우주적인 시간(cosmic time)까지의 전체 일들을 포함하기에, 과거, 현재, 미래의 교회에게 적용된다.[1165]

2.3.2. 사탄의 삼위일체(계 13)

다니엘 7장과 간본문성을 보이는 바다짐승은 그리스도에 대해 적의를 품고 있는 세상의 권세이다. '거짓 선지자'라고도 불리는(계 16:13; 19:20; 20:10) 땅 짐승은 그리스도를 패러디하는데, 대중의 사고와 행동에 영향을 미쳐 하나님을 대적하도록 만드는 세상적인 이론과 세속적인 철학을 가리킨다.[1166] '7'이 완전을 상징하기에, 반대로 불완전을 상징하는 6이 3개나 모여도(예. 666) 여전히 모방

1163) Kistemaker, *Exposition of the Book of Revelation*, 79.
1164) Kistemaker, *Exposition of the Book of Revelation*, 86.
1165) Kistemaker, *Exposition of the Book of Revelation*, 102.
1166) Kistemaker, *Exposition of the Book of Revelation*, 378, 388.

자에 불과한 사탄의 불완전한 업적을 짐승의 숫자 '666'이 보여 준다.[1167] 그러나 우리는 '사람의 숫자요 짐승의 숫자'라고 요한이 계시록 13:18에서 밝히기에 요한 당시의 짐승과 같은 어떤 사람(예. 네로)으로 보아야 한다.

2.3.3. 음녀 바벨론(계 17–18)

바벨론이 예루살렘이 될 수 없는 이유는, 하나님의 백성은 새 예루살렘 거룩한 도시 안에 살기 때문이다. 그러므로 큰 성 바벨론은 어둠의 왕국의 중심지이며 '우주적인 사탄의 세력'을 상징한다.[1168]

2.3.4. 인, 나팔, 대접 심판(계 6, 8–9, 16)

7인의 개봉은 시간 순서대로 일어날 것이라기보다는 동시 다발적 사건인데, 성도가 이 땅에서 '주님의 재림 시까지' 적그리스도의 세력에 의해서 고난을 받을 것을 암시 한다.[1169] 두루마리의 인을 떼시는 분이 그리스도이시고, 흰 말 타신 분도 그리스도라면 어색하다. 따라서 흰 말을 탄 자는 계시록 19장의 흰 말 타신 그리스도를 모방한 적그리스도의 세력이다.[1170] 그러므로 Kistemaker의 견해는 인 재앙의 초점이 하나님이 교회의 대적을 심판하시는 것이라기보다는, 교회가 (비록 악의 세력이 하나님의 허락 속에서 역사하지만) 적그리스도에 의해 고난을 당하는 것임을 암시 한다. 출애굽 시 10재앙을 연상시키는 7나팔 재앙은 역사상 특정한 시기 혹은 미래에 일어날 일을 가리키지 않고, 중생하지 못한 사악한 세상에서 역사하는 영적인 세력을 보아야 한다.[1171] 따라서

1167) Kistemaker, *Exposition of the Book of Revelation*, 395.
1168) Kistemaker, *Exposition of the Book of Revelation*, 455, 485.
1169) Kistemaker, *Exposition of the Book of Revelation*, 220.
1170) Kistemaker, *Exposition of the Book of Revelation*, 221, 223.
1171) Kistemaker, *Exposition of the Book of Revelation*, 284.

Kistemaker는 우선적으로 요한 당시의 상황에서 7나팔 재앙을 고려하지 않는다. 여섯 번째 천사가 나팔을 불 때 발생하는 계시록 16:14 이하의 아마겟돈 전쟁은 '우주적 시간의 종말'(at the end of cosmic time)에 일어날 궁극적인 대결을 가리키는 것으로 본다.[1172)]

2.3.5. 천년왕국(계 20)

사탄이 결박된 것을 상징적으로 보아야 한다면 1,000년 왕국도 예수님에 의해서 사탄이 패배했으며, 그리스도가 통치하시는 것으로 상징적으로 해석해야 한다.[1173)]

2.3.6. 신천지와 새 예루살렘 성(계 21)

신천지는 현재 세상이 사라져 버리는 것이 아니라, 영광스럽게 완전히 변형되는 것이다.[1174)] 교회를 상징하는 새 예루살렘 성은 '하나님의 영적 도시'인데, 하나님과 그의 백성 사이에 친밀한 교제가 있다.[1175)]

2.4. Dennis E. Johnson

2001년에 계시록 주석을 쓴 Westminster Seminary(California)의 실천신학 교수인 Johnson은 다음과 같이 설명한다.

1172) Kistemaker, *Exposition of the Book of Revelation*, 450.
1173) Kistemaker, *Exposition of the Book of Revelation*, 534.
1174) Kistemaker, *Exposition of the Book of Revelation*, 555.
1175) Kistemaker, *Exposition of the Book of Revelation*, 564.

2.4.1. 시간과 관련된 구절

2.4.1.1. 계시록 1:1, 3과 22:6-7

'반드시 속히'는 계시록의 독자들을 위협하던 세력들에게 영향을 줄 일들이 속히 일어 날 것이다.[1176] 계시록의 환상의 해석을 전적으로 요한 당시를 넘어서서 하는 것은 바람직하지 않다고 주장한다. 계시록이 AD 1세기를 배경으로 한다고 해서 현대 성도에게 교훈을 주지 못하는 것이 아니며 '타당한 병행'(valid parallels)이 있다.[1177] 계시록은 AD 1세기 관점에서 읽어야지, 21세기 관점에서 강압적으로 읽으면 안 된다.[1178] 계시록이 신약 전체 시대를 배경으로 하여금 적합성을 가지기에, 필연적으로 '42개월, 1,260일, 한 때 반 때 두 때'는 그리스도의 부활에서 재림 때까지의 전체 기간을 상징한다.[1179]

[1176] D.E. Johnson, *Triumph of the Lamb: a Commentary on Revelation* (Phillipsburg: P&R, 2001), 26.

[1177] Johnson, *Triumph of the Lamb*, 28.

[1178] Johnson, *Triumph of the Lamb*, 20-21. 또 다른 이상주의적 해석자인 빌라델비아 소재 웨스트민스터신학교의 신약학 교수인 V. Poythress는 '반드시 속히'를 소아시아의 7교회가 갈등의 모든 측면을 임박하게 경험할 것이며, 모든 시대의 교회가 이러한 영적 전쟁(spiritual war)을 겪고 있다고 주석함으로써, 요한 당시와 모든 신약 교회 시대를 혼용하고 만다. 이것은 '주석과 적용'을 혼용한 것으로서, 이상주의적 해석의 전형적인 오류를 보여준다. Poythress는 계 1:7을 예수님의 재림으로, 계 1:19의 요한이 본 것은 1:12-16 내용을, 지금 있는 것은 계 2-3장을, 앞으로 일어날 일은 계 4-22장을 가리키는 것으로 본다. 계 13장의 바다짐승은 모든 시대의 사탄화 된 국가와 같은 박해 세력을 상징하며, 성령의 모방자인 땅 짐승은 요한 당시에는 황제 숭배를 강요한 세력을 상징하며, 우리 시대에도 전제주의자에게서 이런 모습을 볼 수 있다. Poythress는 '우주적 적용'(universal application)을 주장한다. 음녀 바벨론은 요한 당시에는 로마 제국이다. 신천지는 포괄적인 혁신으로 재창조된 세상으로, 새 예루살렘 성은 하나님과 친밀한 교제를 나누는 예수님의 복된 신부이다. 보라. V.S. Poythress, *The Returning King: a Guide to the Book of Revelation* (Phillipsburg: P&R, 2000), 70, 74, 81, 138, 143, 160, 185-86. 참고로 또 다른 웨스트민스터신학교 교수였던 J.E. Adams는 부분적 과거론자로서 계시록의 초기 연대를 주장하기에 계시록이 배교한 유대인과 이방 로마 제국에 대한 심판을 다룬다고 본다. 그리고 그는 '성취된 천년왕국'(realized millennialism)을 계시록 이해의 기본 체계(basic system)로 인정한다. Adams는 부분적 과거론이 모든 시대의 교회에게 적합한 권면과 교훈을 준다고 올바르게 주장한다. 보라. J.E. Adams, *The Time is at Hand* (Phillipsburg: P&R, 1966), 41, 46, 49.

[1179] Johnson, *Triumph of the Lamb*, 189, 289.

2.4.1.2. 계시록 1:7

지구 위의 모든 이스라엘과 이방인이 모두 볼 수 있는 방식으로 오시는 예수님의 미래적 재림을 가리킨다(참고. 계 22:7, 12, 20).[1180]

2.4.1.3. 계시록 1:19

요한이 본 것은 현재 있는 일과 장차 있을 일을 포함한다. 요한은 자기가 본 것 즉(namely) 현재 있는 일(주로 계 2-3)과 미래에 일어날 사건(계 4-22)을 기록해야 한다. 그것은 곧 하나님의 말씀과 예수님의 증거다(계 1:2).[1181]

2.4.2. 사탄의 삼위일체(계 13)

바다짐승은 적그리스도의 세력으로서 요한 당시에는 로마 제국을, 땅 짐승은 로마 제국의 황제 제의를 부추기는 소아시아의 세력이다. '666'은 네로 황제를 가리킨다.[1182]

2.4.3. 음녀 바벨론(계 17-18)

음녀 바벨론은 교회를 억압하는 이방 세력으로서 요한 당시에는 로마 제국으로 구체화 되었다.[1183]

1180) Johnson, *Triumph of the Lamb*, 20-21.
1181) Johnson, *Triumph of the Lamb*, 32.
1182) Johnson, *Triumph of the Lamb*, 192, 196.
1183) Johnson, *Triumph of the Lamb*, 206.

2.4.4. 인, 나팔, 대접 심판(계 6, 8-9, 16)

1-4째 인은 현재적 사건을, 6번째 인은 역사의 절정 때에 발생하는 우주의 대 격변을 다룬다.[1184] 계시록 6장의 네 말과 대부분의 나팔 재앙은 교만한 세상 문명(요한 당시에는 로마 제국)을 파괴할 재앙을 상징하는데, 이 심판은 어린 양의 섭리에 따라 이루어진다. 이것은 결국 하나님이 자신의 대적을 정복하실 종말을 그림자로 보여 준다.[1185] 7나팔 재앙을 마태복음 24:6-8과 연결시키면서, 역사 가운데서 일어나는 제한된 재앙으로 본다. 이 제한된 재앙은 7접시 심판이 상징적으로 보여주는 역사 마지막에 있을 하나님의 통치를 거역하는 세상의 모든 세력들이 받을 최후 심판을 예기한다.[1186] 계시록의 연속적인 재앙들은 신랑이신 하나님이 신부 교회를 차지하기 위해서 다가오는 세력을 향해서 내리는 질투가 담긴 사랑의 표현이다.[1187]

2.4.5. 천년왕국(계 20)

그리스도의 통치에도 불구하고 성도가 고난을 피할 수 없는 천년왕국이 주님의 재림 전에 임한다고 믿는 무천년주의를 지지한다. 계시록의 독자들이 겪은 고난은 역사의 종말에 있을 환난과 비교하면 가볍다.[1188]

2.4.6. 신천지와 새 예루살렘 성(계 21)

이사야 65:17과 66:22의 성취인 신천지는 어린 양의 신부인 새 예루살렘 성

1184) Johnson, *Triumph of the Lamb*, 118.
1185) Johnson, *Triumph of the Lamb*, 122.
1186) Johnson, *Triumph of the Lamb*, 139, 224.
1187) Johnson, *Triumph of the Lamb*, 302.
1188) Johnson, *Triumph of the Lamb*, 284, 288-89.

을 위한 새 집(new home)이다.[1189]

3. 이 두 해석 방법의 유사점

부분적 과거론자들 안에서도 세부적인 주석에서 차이가 난다(예. 바다짐승의 7 머리, 10뿔). 이상주의자들의 경우도 마찬가지다(예. 숫자 666). 복음/개혁주의 진영에서 널리 수용되고 있는 이 두 해석의 유사점은 다음과 같다.

(1) 계시록의 상징을 해석할 때 외경을 의존하기보다는 그 상징의 근원인 구약 구절을 중요하게 다루어, 문자적 해석이 아니라 적절한 상징적 의미를 찾는다. 이런 공통점에도 불구하고 일반적으로 이상주의적 해석가들의 주석이 숫자적으로 많고 충실한 반면, 부분적 과거론자들의 주석은 적고 따라서 그들의 계시록 연구 주제가 특정적이고 구체적이다.

(2) 문맥을 비교적 잘 고려한다. 예를 들어, 계시록 21장의 문맥을 고려하여 '새 예루살렘 성'을 성도가 사후에 갈 장소로 잘못 이해하는 경향은 거의 없다. 하지만 이상주의자는 감람산강화의 문맥을 제대로 이해하지 못한다.

(3) 계시의 점진을 살핀다. 예를 들어, 7나팔의 재앙을 다룰 때 출애굽 주제의 빛으로 설명한다.

(4) 주로 반복이론을 따른다(예외. J.B. Jordan). 즉 '7중 구조'라는 특징을 가지고 있는 계시록의 환상을 해석 할 때, 사도 요한이 동일한 사건을 다른 각도에서 절정을 향해서 종말론적인 강조를 가지고 '반복'(recapitulation)하는 것으로 본다.[1190]

1189) Johnson, *Triumph of the Lamb*, 303. 미국의 이상주의와 거의 유사한 화란 개혁주의 진영의 이상주의적 해석을 보려면 다음 주석을 참고하라. S. Greijdanus, *De Openbaring des Heeren aan Johannes* (Amsterdam: H.A. Van Bottenburg, 1925); H.R. Van de Kamp, *Openbaring: Profetie vanaf Patmos* (Kampen: Kok, 2000).

1190) Johnson, *Triumph of the Lamb*, 46.

(5) 역사비평을 거부하고 사도 요한 저작성을 인정한다.

4. 이 두 해석 방법의 차이점

(1) 시간관: 부분적 과거론은 계시록의 시간적 표현을 잘 고려한다. 하지만 이상적 해석은 '반드시 속히 될 일들'이라는 계시록의 시간관을 무시한다. 즉 '반드시 속히'는 물론 '1,260일', '42개월'과 같은 표현도 예수님의 초림에서 시작하여 요한 당시를 거쳐, 예수님의 최종 파루시아 때까지 전체 신약 교회역사에 적용하려고 한다. 이상주의자들은 계시록의 상징이 전하는 메시지가 하나의 구체적인 사건(one concrete embodiment)로 보기 힘들다고 생각하기에 전체 교회 시대로 확장함으로써 '보편적인 적용'(universal application)이라는 미로에 빠져 버렸다.[1191] 부분적 과거론자와 달리, 이상주의적 해석가들은 계시록 이해에 있어서 중요한 간 본문인 감람산강화의 중요성을 인식했지만, 예외 없이 감람산강화의 의미를 제대로 파악하는 데 실패했다.

(2) 계시록의 기록 연대: 부분적 과거론자들은 네로 황제 통치 시에 기록되었다고 보지만, 이상론자들은 도미티안 황제 때 기록된 것으로 본다. 하지만 초기 연대 주창자인 Gentry의 계시록 연대 논의를 능가할 논리적 주장은 찾아보기 힘들다.

(3) 소아시아 7교회를 박해했던 1차 주체: 부분적 과거론자들은 소아시아 7교회를 박해한 1차 주범을 '배교한 유대인'으로 보지만(그리고 Anchor Bible주석시리즈 중 계시록 주석을 쓴 J.M. Ford 등), 이상주의자들은 이스라엘이 패망한 후에 기록 되었다는 후기 연대 때문에 '로마 제국'으로 본다. 따라서 부분적 과거론자들은 하나님의 심판이 우선적으로 불신 유대인에게 임하며,

---

1191) Poythress, *The Returning King*, 78.

부차적으로 로마 제국에게 임하는 것으로 본다. 반대로 이상주의자들은 적그리스도의 세력과 그것이 구체화 된 로마 제국을 음녀 바벨론으로 보고, 그들에게 임하는 심판에 초점을 맞춘다.

(4) 천년주의: 부분적 과거론자들은 승리의 후천년주의를(그리고 M. Kik 등), 이상주의자들은 무천년주의를 대체로 따르는 경향이 있다(예외. 전천년설을 따르는 Osborne와 '승리'를 주제로 보는 무천년주의자 Hendriksen).[1192]

(5) 계시의 점진을 살필 때, 이상주의자들과는 달리 부분적 과거론자들은 신약 안에서의 제 2성전의 파괴를 기점으로 하여 고려하여 유대교의 종말에 주의를 기울인다. 종말을 옛 세상인 유대교가 종식을 고하고 우주적인 하나님 나라의 새 언약이 도래하는 것으로 본다.

(6) 신천지를 이상주의자들은 주로 새롭게 회복되고 완성된 물리적 세상으로 보지만, 부분적 과거론자들은 승귀 하신 그리스도의 종말론적인 통치의 측면에서 이해한다.

(7) 이상주의자들은 계시록 1장의 시간적 표현(속히 될 일들, 때가 가깝다)을 주석하면서, 교회가 당할 임박한 어려움과 박해를 떠올린다. 하지만 부분적 과거론자들은 승귀하신 예수님이 교회의 대적에게 임박한 시간 안에 내리실 심판에 초점을 맞춘다.

(8) 큰 성 바벨론 음녀: 부분적 과거론은 불신 유대인으로, 이상주의는 우주적인 사단의 세력으로서 요한 당시에는 로마 제국으로 구체화 되었다고 본다.

1192) Gentry의 책의 서문을 쓴 ICE(Institute for Christian Economics)의 Gary North(1989, xiii)는 '후 천년주의의 지상적 종말론적 낙관주의'(postmillennialism's earthly eschatological optimism)가 '기독교 재구축주의자'의 모토가 되어야 하며, 그리스도인으로 하여금 세상에서 성경에 기초한 법적이고 윤리적인 청사진을 책임성 있게 적용하도록 한다고 주장한다.

나오면서

흥미로운 점은 이 글에서 소개된 학자들 모두 미국, 영국, 화란의 개혁주의 신학교에서 교육 받은 이들이라는 사실이다. 그리고 그들의 책들은 주로 복음주의 혹은 개혁주의와 관련된 출판사들인 Baker, P&R, ICE에서 출판되었다. 양 진영의 많은 공통점과 접촉점에도 불구하고 적지 않은 부분에서 계속해서 평행선을 긋고 있다. 따라서 이 두 진영은 독불장군식이 아니라 '개혁주의 비평적 실재론'(reformed critical realism; 참고. K. Vanhoozer, N.T. Wright 등)에 입각한 '인식론적 겸손'(humility of epistemology)과 '해석의 겸손'(humility of hermeneutics)이 필요하다.[1193] 양 진영은 자신의 인식론과 전제 그리고 주석 방법을 비평적으로 되짚어 볼 필요가 있다. 계시록 기록의 후기 연대에 기초하여 계시록 내용을 신약 교회시대 전체 속에서 이해하려는 이상주의적 해석은 계시록의 시간관과 계시록의 독자를 박해한 세력에 관한 이해에 있어서 중요한 오류가 있다. 그리고 이들은 우선적으로 계시록의 메시지를 계시록의 첫 독자의 상황에서 고려하지 못했다. 따라서 필자가 제안하는 것은 계시 역사의 점진적 발전을 잘 고려하는 부분적 과거론으로 '석의'를 한 후에, 현대 교회에 '적용'할 때 이상주의를 참고하는 것이 바람직하다. '철이 철을 날카롭게 하듯이'(Iron sharpening iron) 부분적 과거론과 이상주의적 해석은 계시록 해석을 위해 서로 도전을 줄 수 있다.

천년주의와 관련하여, 무 천년, 후 천년, 전 천년주의이든, 서로 비난하고 배척할 것이 아니라, 모두 영감 된 하나님의 말씀으로 믿기에 주님 안에서 한 형제자매임을 인정해야 한다. 그리고 계시록 해석에 있어서 "누구는 우리와 다르다"는 말이 불합리할 수 있음에 주의해야 한다. '우리' 안에 세부적으로 들어가면 의견이 다른 사람이 얼마든지 있을 수 있기 때문에, 아군 아니면 적군이라

1193) R. Edlin, "The Outrageous Idea of Christian Scholarship", Paper delivered during the Faculty Enrichment Seminar at Kosin University(2009. 4. 7).

는 편 가르기 식으로 접근할 수 없다. 대신 학문적인 토론을 통해서 다양함 속에서 일치를 추구해야 한다.

Theology
of the
New
Testament

제7부
기타 신약 신학

01 세월호 재앙을 구속하기: 신약의 관점에서

들어가면서

한국에서 매년 해난 사고가 약 700건 발생한다. 그중 20톤 미만의 소형 선박 충돌 사고가 제일 많다.[1194] 2014년 4월 16일, 진도 부근에서 304명의 고귀한 생명을 앗아간 세월호 참사가 발생했다. 100일이 지난 2014년 7월 24일에서 볼 때, 사망 294명, 실종 10명이다. 이를 두고 여러 학회에서 다양한 시각으로 문제점을 진단했다.[1195] 신학계도 예외는 아닌데, 총신대 『신학지남』 81(2014,

---

[1194] 이 글은 『고신신학』 16(2014), 27-50에 게재되었다. 신현식, "우리나라 선박 통신 운용에 관한 연구(여객선 세월호 침몰사고를 중심으로,"『한국전자통신학회논문지』, 9(2014, 6), 633.

[1195] 학회지로는 해양한국, 한국방재학회지, 지방자치, 노동법률, 사법행정, 과학기술연구, 한국전자통신학회논문지, 복지동향, 통일한국, 관훈저널, 플랫폼, 과학동아, 한국노어노문학회소식, 수필시대, 경제와 사회, 인물과 사상, 문화과학, 황해문화, 역사비평, 역사와 현실, 한국라깡과 현대정신분석학회, 마르크스주의연구, 비판과 대안을 위한 사회복지학회지, 민들레, Electric Power 등. 『기독교사상』, 2014년 7월호, 『복음과 상황』, 2014년 6월호(vol. 283), 『목회와 신학』 2014년 7월호는 세월호 사건은 한국교회에게 책임이 있다는 취지로 다루었다. 구원파의 그릇된 구원관, 도덕불감증, 배금사

2)은 세월호 사건에 대한 성경적 진단을 나름대로 내렸다.[1196] 기고자들은 구약의 의로운 하나님과 선한 목자와 정반대편에 서 있는 세월호 선장 같은 불의한 지도자들을 질책하고, 희생된 304명을 하나님의 형벌을 받은 죄인들이 아니라 불의한 사회구조의 희생양으로 이해했다. 그리고 기고자들은 신자유주의적 자본주의의 물질숭배를 경계하고,[1197] 사회학적 회개를 통한 원칙과 공의가 회복되는 계기로 삼아야 할 것을 제안했다.

그런데 세월호 참사 약 2달 후, 문창극 국무총리 후보의 하나님의 뜻에 대한 논란이 발생했다. 일제가 미개한 조선을 식민 지배한 것과 한국 전쟁은 미국을 남한의 우방으로 두시려는 하나님의 뜻이라는 문창극씨의 교회 강연이 뜨거운 이슈가 되었고, 논란이 거세지자 그는 후보에서 자진 사퇴했다. 문창극의 발언은 친일, 친미, 사대주의, 운명론이라는 비판을 받았으며, 조선(한국)이 구약의 이스라엘처럼 하나님이 선택하신 선민이라는 시대착오적인 사상에 근거하고 있다는 비판을 받았다.[1198] 신약 시대에는 예수님 안에서 우주적인 하나

상, 인명 경시 사상 등이 한국 교회에도 뿌리 내리고 있다는 진단이다. 참고로 6월 5일 성공회대 학생들은 세월호 시국선언에 동참했고, 서울신대, 총신대, 장신대 학생과 교수는 특별법 재정을 공개적으로 요구하거나 성명서를 발표함으로써, 소위 보수와 진보 진영 모두 동참했다. 복음주의 진영의 '세월호 참사를 기억하는 기독인 모임'의 촛불 집회도 매주 목요일 열리고 있다. 인터넷 기독 언론 매체인 '개혁정론'(www.reformedjr.com)도 이 주제와 하나님의 뜻을 간략히 다루었다. 안타깝게도 세월호 사건 1주년인 2015년 4월 16일 현재, 세월호 사건 진상 규명은 제대로 안 되었고, 특위조차 제대로 가동되지 않고 있다.

1196) 김희석, "지도자의 통치원리로서의 '공의와 의': 세월호 참사에 대한 언약신학적 반추," 『신학지남』, 81(2014, 2), 27-28; 박건택, "세월호 참사와 신학교육," 『신학지남』, 81(2014, 2), 3-6; 오성호, "세월호 참사에 관한 구약 신학적 교훈," 『신학지남』, 81(2014, 2), 33-63; 이풍인, "세월호 참사와 희생양 메커니즘," 『신학지남』, 81(2014, 2), 88-112; 신현우, "공관복음서를 통해서 본 세월호 참사," 『신학지남』, 81(2014, 2), 65-86.

1197) 세종대의 이은선은 MB정부 이래로 마성을 드러낸 정치와 경제의 불의한 합병인 신자유주의의 적폐를 지적한다. 이은선, "세월호 참사 이후의 한국 교회 여성과 정치," 『기독교사상』, 2014년 7월호, 161-62를 보라.

1198) 참고. 안재경, "하나님의 뜻은 함부로 말하는 것이 아니다," 2014년 7월 23일자 개혁정론 홈페이지. 조선 시대 철종 당시의 탐관오리의 만행에 저항했던 민초의 삶을 그린 '군도'(2014년 7월 23일 개봉)에 "운명을 바꾸기 위하여 인생을 건 자의 칼을 받겠다"는 대사가 나온다. 하지만 바울은 운명을 달리 해석한다. "갈라디아서는 칭의에 대해서 세밀하게 설명함으로써, 개인의 영원한 운명이 사적 행위, 제의에 참여함, 혹은 집단 규범을 준수하는 것에 달려 있다는 고대와 현대를 망라한 모든 개념

의 교회가 있을 뿐, 혈통적이고 민족적인 선민이 없기 때문이다. 문창극은 하나님이 한국과 미국을 사랑하시는 것은 맞지만, 한국과 미국이 교회 자체가 아니라는 평범한 이치를 간과한 것이 아닐까? 그리고 그는 세상에서 일어난 일에 내포된 심층적 분석을 생략한 채, 하나님의 섭리에 대한 자신의 신앙 정서에 따라 나이브하게 보편화시켰다는 비판도 받았다. 하나님은 악과 불의조차도 조장하셔서 자신의 뜻과 섭리를 이루어 가시는 분이 아니다. 그런데 세월호와 문창극의 발언을 연결하여 비판적으로 고찰한 시도가 필요하다.[1199] 문창극의 논리대로라면 선민 국가인 한국에서 발생한 세월호 사건은 하나님의 뜻에 따라 발생했기에 단순한 인재(人災)가 아니며, 단순한 천재(天災)도 아닌 것은 하나님의 긍정적인 뜻이 배후에 감추어져 있는 사건이기 때문이다. 여기서 몇 가지 질문이 일어난다. 세월호는 인재인가 천재인가? 만약 인재라면 배후에 하나님의 선한 뜻은 배제되어야 하는가? 인재와 천재는 동전의 양면인가? 하나님의 선한 뜻과 재앙도 동전의 양면으로 볼 수 없는가? 망각과 싸우고 있는 세월호 사건을 신약의 관점에서 새기기 위해서, 이 글은 이런 질문들을 염두에 두고, 세월호의 원인만 진단하는데서 그치지 않고, 교회가 세월호 재앙을 어떻게 하나님의 선한 뜻을 따라 구속(선용)할 수 있을지 해답을 찾아보고자 한다.

1. 인재 혹은 천재?

한국예술종합학교의 이동연은 세월호 참사를 묵시실존적 사건으로 규정한다: "묵시적인 것은 재난의 상태가 너무나 비현실적이고 끔찍하기에 재난의 순간이 그 어떤 말이나 행동으로도 설명할 수 없는 어떤 계시의 순간 같기 때문

에 반기를 든다." 안드레아스 쾨스텐버그, 스캇 켈럼, 찰스 퀄츠, 『신약개론: 요람, 십자가, 왕관』, (서울: CLC, 2013), 499. 구원과 복음의 은혜는 운명론을 무용지물로 만든다.

1199) 기독연구원 느헤미야는 "세월호와 문창극 사태로 비추어본 한국교회와 신학"이라는 주제로 2014년 7월 25일에 세미나를 가졌다. 발표자 중 한 명인 조석민교수는 세월호 사건은 하나님의 뜻이 아니라, 사악한 인간이 자유의지를 남용해서 빚어진 참사라고 진단했다. '개혁정론' 홈페이지에서 재인용.

이다. 그것이 실존적인 것은 사태의 원인이 언제나 이미 내재되어 있어 그 재난이 현시와 징후의 순간들을 반복하며 또 다른 재앙으로 다가올지 모르기 때문이다."[1200] 위의 주장은 세월호 사건이 형언할 수 없을 정도로 너무나 참혹할 뿐 아니라, 교회와 사회 곳곳에서 재발할 수 있다는 점에서 더 큰 우려를 지을 수 없다는 취지에서 나온 것이다.

그런데 만약 세월호가 인재가 아니라 천재라고 믿는다면 운명론으로 귀결하는가? 모든 재앙을 하나님의 심판이라고 보는 루터, 칼빈, 존 웨슬레 그리고 최근 존 파이퍼와 한국의 일부 대형교회 목사들이 이 입장에 서 있다고 할 수 있다. 이 견해에는 만유에 임한 하나님의 통치와 주권을 인정하는 편리한 장점은 있다. 이 편리한 장점은 하나님의 통치와 뜻이 실현되는 방식과 과정에 대한 고민은 물론, 하나님의 뜻을 세상 사건에 부여할 수 있는 성경적 검증을 간과할 때 가능하다. 바울이 교회를 통해서 하나님의 주권과 섭리가 만유에 실현된다고 주장하지만(엡 1:23),[1201] 하나님의 주권이나 섭리를 하나님의 뜻이라고 직접 연결시킬 때는 주의가 요망된다.

그런데 천재는 하나님이 초래하신 재앙을 가리키는가? 아니면 하나님이 허락하신 재앙을 의미하는가? 천재와 자연 재해는 어떻게 구분할 수 있는가? 자연 현상의 배후에 하나님이 계시므로, 그리스도인은 이신론적(deistic)이고 가치중립적인 표현인 '자연재해'를 이신론적으로 방치할 수 없다. 인간이 하나님께서 허락하신 피조물의 청지기 역할을 제대로 하지 못해서 발생하는 자연재해도 있고, 하나님께서 자연을 사용하여 일으키시거나 허용하신 자연재해도 있다. 그런데 엉뚱하게 예수님이 대형 재난 사고 자체를 종말론적인 대재앙의 전조 사건으로 해석했다고 보면서(참고. 마 24:7-8, 21), 세월호 사건을 예수님의 재림

1200) 이동연, "리맴버 미: 세월호에서 배제된 아이들을 위한 묵시록," 『문화과학』, 78(2014), 22.

1201) K. Snodgrass, *Ephesians* (Grand Rapids: Zondervan, 1996), 86.

에 대한 전조라고 잘못 보는 경우가 목회자들 가운데 종종 있다.[1202] 이것은 감람산강화의 문맥과 상징을 오석한 것이며, 의미를 오늘날에 잘못 적용한 것이다.

예수님이 십자가에서 죽으신 것은 하나님의 뜻이지만, 무고한 주님을 로마 군인에게 넘겨준 불신 유대인들의 죄와 맞물려 있다(행 2:23). 인간의 책임을 배제한 하나님의 뜻 논의는 부족하고 일방적이며, 더 나아가 운명론으로 이끈다. 더 나아가 하나님의 뜻을 이루기 위해서 동원된 도구라고 죄인을 미화시키고 죄를 정당화시키고 말 것이다. 만약 인간의 책임이 간과된 채 모든 사건들을 궁극적인 제일 원인자(Ultimate First Cause)이자 궁극적인 최종 원인자(Ultimate Final Cause)이신 하나님께서 일으키신(완화하면 '허락하신') 재앙이라고 본다면, 1980년 광주의 봄에서 자행된 시민 학살과 2014년 7월 내내 진행 중인 시온주의자들이 주도한 이스라엘의 팔레스틴인 공격도 하나님의 선한 섭리로 일어난 일이 된다. 이스라엘이 팔레스틴을 공격한 행동의 정당성은 구약 이스라엘을 신약 교회가 대체했다는 대체신학에 반기를 든 세대주의신학과 시온주의의 지지를 받는다. 만약 이것이 옳다면, 반인륜적 만행을 저지른 일본과 군부 독재와 시온주의자들은 아무런 책임을 질 필요가 없고 하나님의 뜻을 이루었기에 칭찬을 받아야 한다. 이런 논리라면 '강남복음'과 특정 지역인이 그 지역의 이익을 대변하는 주장도 하나님의 뜻이며 성경적 개념이 된다. 불공정한 출발선에 서서 경쟁에서 뒤쳐진 가난한 자와 지방은 안전에 두지도 않고 신자유주의적 자본주의와 기복신앙을 설파한 것이 '강남복음'이라면,[1203] 특정 지역에서 집권자들이 나와야 한다는 왜곡된 안경을 쓴 채, 예를 들어, 광주민주항쟁에서 살해된 것을 하나님의 선한 뜻으로 본다면 피해를 입은 지역민을 분노케 만드는 것이다. 만약 복음이 특정 지역과 특정 인종에게만 '아멘'이 된다면 그것은

1202) 예를 들어, 이문식, "그리스도인의 세계관적 성찰 요구하는 세월호 참사," 『목회와 신학』, 7월호 (2014), 77.

1203) 참고. 문승숙, "한국 밖에서 본 세월호 참사," 『역사와 현실』, 92(2014), 9, 11; 송영목, "신약의 복과 한국교회의 복 개념," 『본문과 설교』, 3(2010), 171-96.

거짓 복음이요 한낱 이데올로기에 불과하다. 부자와 기득권을 쥔 이가 사회-정치적 약자들을 품지 않는다면 샬롬은 요원하다.

세월호는 사람이나 더 큰 조직이 책임을 져야 할 인재인데, 그렇다면 누가 혹은 무엇이 초래했는가? 이에 대해 객관적인 분석이 다수 이루어지고 있다. 선박을 30년간 사용하도록 2008년에 해운법 시행 규칙을 변경한 것, 승선 인원을 늘리려고 불법으로 개조한 선박 검사와 과적을 눈감아준 정부와 해운 관련 업자들, 안전 운항 규칙을 무시한 것, 사람을 기업의 부품으로 취급하면서 비정규직에 의존한 해운사, 자기 목숨을 부지하기 위해서 상황 판단을 왜곡한 선장과 선원, 이윤을 위해서는 타인과 생명을 볼모로 잡아 인권에 무감각해진 사회, 경제적 능력을 중요시하고 그것을 정신없이 숭배하며 돈과 자신의 안위에 노예가 된 사회, 구조에 무능한 정부와 해경 및 부패한 관료주의(bureaucracy),[1204] 잘못된 정보에 기초하여 상황 판단을 잘못한 언론의 보도,[1205] 책임감과 자긍심이 낮은 비정규직의 열악한 근로 환경, 청해진해운과 연관된 구원파가 책임을 져야 한다. 한국 사회에 정치와 경제와 종교가 돌연변이 변종처럼 융합하여 공생 중이다. 이번 사고로 인해서 "도대체 국가가 무엇인가?"라는 질문을 많은 이들이 제기하는데, 국가가 책임져야 한다는 강한 주장은 포스

[1204] 이철희, "세월호 참사가 한국 정치에 묻는다,"『인물과 사상』, 194(2014), 107; 정태석, "세월호 참사를 사회재건의 계기로 만들어야 한다,"『경제와 사회』, 102(2014), 6-11; 손 디모데, "공동체 안에 스며든 관료주의적 사고와 관습들,"『목회와 신학』, 7월호(2014), 80-83; 이은선, "세월호 참사 이후의 한국 교회 여성과 정치," 162-63. 군사 독재와 유교적 권위주의 역사 속에서 공고해 져버린 관료주의의 중후군 중 하나는 구성원 전체를 동반자로 대하며 섬기려하지 않고, (7월 22일 시체로 발견된) 유병언 회장이나 세월호 선장처럼 높은 지위에 있는 사람이 자신의 자리를 유지하기 위해서 적시에 탈출해 버리는 것이다.

[1205] 참사 특종 언론보도는 신속하게 하다 보니 검증이 안 된 자료를 사용할 수 밖에 없었다. 이것도 경쟁에 내몰린 언론사의 이익이 초래한 신자유주의의 행태다. 참고. 방문신, "세월호 재난보도가 남긴 과제와 교훈,"『관훈저널』, 131(2014), 15. 유병언의 장남 윤대균과 언론이 명명한 '미녀 호위무사' 박모씨가 체포된 것을 보수 종편들은 영상과 사진을 띄워 연일 대서특필했다. 이것도 모자라 언론매체는 유대균과 인터넷 검색 순위 상위에 랭크된 박모씨의 이성관계에 호기심을 가지도록 유도했다. 이것에 대해 인권을 무시하고 세월호 사건의 본질을 흐리는 것이라는 비판이 있는데, 방송사의 태도에 변화가 필요하다.

텍의 김기홍에게서 볼 수 있다: "국가는 우리의 생명을 관리하고 유지하며 보호하는 대상으로 보이지만, 어느 순간 폭력을 자행하는 대상으로 전락할 수 있다. … 세월호 참사에서도 우리 눈 앞에서 벌어진 것처럼 (Homo Sacer와 같은) 국가는 제주도 수학여행의 기대와 즐거움으로 충만한 우리의 아이들을 바다 속으로 휩쓸려가도록 방치하면서 극단적으로 정치적-법적 공동체에서 배제시키는 모습을 보았다."[1206] 따라서 전체 국민 혹은 불특정 다수의 책임으로 돌리는 것은 책임자를 지나치게 보편화시키는 우를 범하는 것으로 보인다. 온 국민이 고통을 분담하면서, 세월호 사건으로 교훈을 받아야 하는 것은 사실이지만 공범이라고까지 할 수 있는가? 환언하면, 국민 모두가 공동책임적 존재인 것은 사실이지만,[1207] 세월호 참사의 공범으로 몰면서 '집단 우울증에 걸린 대한민국'과 같은 과도한 표현을 쓰는 것은 문제 해결에 도움이 될지 의문이다. 세월호 사건은 부패한 인간과 거대한 맘몬주의 구조가 만들어낸 인재이다.

2. 하나님의 선한 뜻과 재앙

신약 성경은 경고와 재앙을 통해서 자신의 선한 뜻을 드러내시는 하나님을 종종 소개한다(마 24:21-22; 눅 13:1-5). 그 선한 뜻은 회복으로 인도하는데, 심판의 궁극적 목적은 긍휼히 여기시는 하나님으로 말미암은 회개를 통한 회복으로 나타난다(참고. 계 16:11).[1208] 그런데 인간의 책임을 간과한 하나님의 뜻에 대한 논의는 맹목적이고 공허하다는 사실을 간과할 수 없다. 재앙과 하나님의 뜻은

1206) 김기홍, "생명정치와 세월호의 아이들을 방치한 국가," 『과학기술학연구』, 14(2014, 1), 181-82.

1207) 김경재, "조난당한 한국 기독교," 209.

1208) R.T. France, *The Gospel of Matthew* (NICNT; Grand Rapids: Eerdmans, 2007), 915-16. 참고로 유대인들에게 있어 전무후무한 대 재앙(마 24:21; 계 1:7; 7:14)이었던 예루살렘 성전의 파괴는 새 언약 공동체의 회복과 본격적인 시작으로 발전했다. 하지만 마 24:21과 계 1:7 등을 최종 재림 구절로 이해하는 이가 많다. 예를 들어, K. de Smidt, "Revelation 1:7: A Roadmap of God's *telos* for His Creation," *In die Skriflig* 47(2013, 1), 1-8.

인간의 책임과 연결되며, 인간의 책임을 무시하면 운명론에 빠진다.

그렇다면 하나님의 뜻은 무엇이며, 어떻게 찾을 수 있는가? 로마서 11:33-35에서 바울이 인정했듯이, 세상의 그 누가 만물의 창조자요 섭리자이신 하나님의 뜻을 다 알 수 있겠는가? 하지만 분명한 것은 하나님의 섭리와 뜻은 만유 가운데 임한다는 사실이다(골 3:11; 계 4:11). "하나님의 섭리란 하나님의 전능하고 언제 어디나 미치는 능력으로, 하나님께서 마치 자신의 손으로 하듯이, 하늘과 땅과 모든 피조물을 여전히 보존하고 다스리는 것이다. 그리하여 잎새와 풀, 비와 가뭄, 풍년과 흉년, 먹을 것과 마실 것, 건강과 질병, 부와 가난, 참으로 이 모든 것이 우연이 아니라 아버지와 같은 그의 손길로 우리에게 임한다"(하이델베르그 교리문답 27). 그렇지만 하나님의 섭리는 인간의 책임과 별도로 존재하는 하나님의 뜻이라 할 수 있는가?

혹자는 '하나님의 뜻'과 '하나님이 바라시는 것'을 구분한다. 그래서 전자는 피조물을 향한 하나님의 불변하는 계획의 성취에 초점을 두고, 후자는 피조물이 내리는 결정과 하나님께서 더 고차원적인 목표와 목적을 이루기 위해서 피조물을 다루시는 방식에 있어서의 유연성에 초점을 둔다고 본다. 그리고 하나님의 섭리는 이 두 경우에 적용되지만 작동하는 방식은 다르다고 주장한다.[1209] 하지만 이런 하나님의 뜻과 하나님이 바라시는 것 사이의 이런 구분은 철학자들의 언어적 유희로 비쳐지며, 하나님의 뜻이 무엇인지 발견하는 작업을 더 복잡하게 만들고 마는 것으로 판단된다. 이와 다른 각도에서, 어떤 행동이 도덕적으로 옳고 선하다면 그것은 하나님의 뜻과 일치하는가? 그렇다고 보는 입장을 '유신론적 메타 윤리'라고 부른다. 이와 관련하여 몇 가지 질문이 발생한다: "불신자의 도덕이 하나님의 뜻과 일치하는가?" "존재와 가치 사이에 연결고리가

[1209] 예를 들어, 가톨릭 과정신학자 J.A. Baracken, "God's Will or God's Desires for Us: A Change in Worldview?," *Theological Studies* 70(2010), 64.

있다고 하더라도, 행동의 옳음이 하나님의 뜻과 동일하다고 어떻게 말할 수 있는가?"[1210] 여기에 유신론적 메타 윤리를 지지하는 이들이 답해야 한다. 신약성경은 거룩하고 선하신 하나님께서 자신의 형상인 의와 거룩과 진실로 사람을 창조하셨다고 밝힌다(엡 4:24; 골 3:10). 물론 하나님의 선함과 옳음은 일반적인 세상의 옳고 선함을 배제하거나 거부하지 않고 초월한다. 세월호 사건의 경우, 하나님의 옳고 선함은 물론이거니와, 세상의 도덕조차 충족시키지 못한 매우 저급한 비윤리적인 요인들이 원인으로 작동했다. 따라서 세월호 사건이 지고의 선과 공의로 다스리시는 하나님이 주도하신 사건이라거나 그분의 선하신 뜻이라고 부를 수 없다.[1211]

신약 성경에서 하나님의 뜻(θέλημα)은 하나님이 계획하시고 이루시기를 바라시는 의도, 계획, 일, 행동, 명령, 가르침, 약속인데(마 7:21; 26:39; 막 3:35; 눅 22:42; 요 5:30; 6:38; 7:17; 9:31; 행 22:14; 고전 1:1; 고후 1:1; 히 10:7, 9-10), 삼위 하나님의 주권적인 뜻으로 성도를 구원하시는 것(마 18:14; 26:42; 행 22:14; 엡 1:9; 히 10:10), 하나님의 통치의 방식인 공의, 사랑, 진실(시 89:14) 그리고 고난을 무릅쓰고서라도 성도가 일상 가운데 거룩하게 사는 것(마 12:50; 21:31; 눅 12:47; 행 21:14; 롬 2:18; 12:1-2; 엡 5:17; 골 4:12; 살전 4:3; 5:16-18; 딤후 2:26; 벧전 2:15; 3:17; 4:2)으로 크게 분류할 수 있다.[1212] 당연히 신령한 지혜와 총명이 있어야 하나님의 뜻을 분별한다(골 1:9). 그렇다면 하나님의 선한 뜻과 세월호 재앙은 어떤 관련이 있는가? 이 주제는 다음 단락

1210) 참고. R.A. Larmer, "Goodness and God's Will," *JETS* 35(1992, 2), 193-98.

1211) 백석대 김윤태에 의하면, 인간의 책임(혹은 밑으로부터의 관점)과 하나님의 주권(혹은 위로부터의 관점) 사이의 모순되어 보이는 진술은 아담의 타락과 가룟 유다의 배반 등에서 볼 수 있다. 이 신비로운 긴장은 하나님의 숨겨진 절대적 뜻(hidden will of God)과 하나님의 나타난 제정된 뜻(revealed will of God)과도 연관있다(참고. 신 29:29). 하나님의 주권 아래에 인간의 책임을 두는 신칼빈주의는 그 역순을 따르는 알미니안주의 혹은 웨슬리주의와 구분된다. 하나님의 뜻은 다음의 세 가지 영역에서 달리 나타난다: 세상, 교회, 삼위일체. 나중에 이 셋은 각각 행위언약, 은혜언약, 구속언약으로 표현되었다. 내재적 삼위일체의 숨겨진 뜻이 경륜적 삼위일체의 나타난 뜻으로 표현된다. 김윤태, 『칼빈의 삼위일체적 언약신학: 통일적 상호관련성(페리코레시스)에서 본 하나님의 숨겨진 뜻과 나타난 뜻』(백석대 박사학위 논문, 2011), 7-9, 26, 172-73.

1212) 참고. W. Bauer, *BDAG* (Chicago: The University of Chicago Press, 2000), 447.

에서 다룰 것이다.

3. 인간이 초래한 재앙에 담긴 하나님의 선한 뜻

앞서 지적했듯이 세월호는 선장과 같은 특정 사람을 넘어 사회 조직이 초래한 참사이다. 다수가 동의하듯이, 세월호는 기득권을 가진 부패한 관료인 관피아와 (구원파)교피아의 합작품이다.[1213] 민주사회에서 국가 권력은 시민의 안전과 행복을 보장하지만, 이윤의 극대화를 목표로 삼는 신자유주의에서는 정부를 자본의 하수인으로 만들어, 관료주의-기득권-불법 로비에 취약한 '관피아'와 '해피아'가 발생한다.[1214] 이런 의미에서 세월호는 사람의 탐욕과 죄의 몸이 빚은 인재가 분명하다(롬 6:6).[1215] 이런 맥락에서 철학자 이도흠에 동의하면서 김경재는 집권당의 국가 권력-대기업중심의 경제구조-국가와 기업의 이익을 대변하는 어용언론과 어용학자들-그런 세력을 거룩이라는 이름으로 축복하고 인가해 주고 그 대가로 특혜를 받아 성장을 도모한 일부 대형교회의 카르텔(kartell)이 세월호의 원인이라고 세부사항이 담긴 거대 담론으로 진단하는데, 새겨들어야 할 대목이 적지 않다.[1216]

세월호 사건을 인재라고 결론을 내리면 하나님의 섭리를 배제하는가? 그리스도인은 세월호가 인재이지만, 그 가운데 함의된 하나님의 선한 뜻을 찾아야 한다. 여기서 선한 뜻은 사건을 직간접적으로 경험한 사람들이 교훈을 얻도록

1213) 신현식, "우리나라 선박 통신 운용에 관한 연구," 636. 참고로 『월간고신 생명나무』 8월 호(2014)는 이단 구원파를 특집으로 다루었다.
1214) 문승숙, "한국 밖에서 본 세월호 참사," 15. 소위 '해피아'는 부산의 특정 대학 인맥으로 구성되어 있는데, 고종석은 이것을 세월호의 원인으로 지목하는 '영남패권주의'와 연결 짓는다. 고종석, "세월호 참사와 그들 안의 파시즘," 『인물과 사상』, 194(2014), 14-15.
1215) 참고. 죄의 몸은 개별 그리스도인이 죄의 영향 아래에 있는 것이 아니라, 공동체적 개념이라고 보는 T. Holland, *Romans: The Divine Marriage* (Eugene: Pickwick, 2011), 189.
1216) 김경재, "조난당한 한국 기독교," 210.

의도된다. 실제로 2011년 3월 거의 2만 명의 인명과 230조원 이상의 손실을 낸 후쿠시마 원전 참사를 겪은 나누어진 일본 그리스도인들이 연합하여 사회를 섬기고, 일본인들이 하나님과 복음 앞으로 더 가까이 다가간 긍정적인 변화가 있었다. 혹자는 이것을 '그리스도인이 재난을 구속함'(redeeming disaster)이라 불렀다.[1217] 마찬가지로 세월호에 하나님의 경고도 있지만 선한 뜻도 있다. 후쿠시마 원전 사고 이전에 일본 교회가 분열되었듯이 게토화되고 나누어진 한국 교회가 재난 당한 자들을 일심으로 순수한 동기로 위로하고 섬김으로써, 세상을 섬기고 변화시키는 감화력을 회복해야 한다.

성도가 궁극적으로 소망하는 신천신지에는 사고와 참사 그리고 애통이 없고, 신해(新海)도 없다(계 21:1). 교회와 하나님을 대항하여 일어나는 혼돈과 불의와 적의를 상징하는 '바다'가 사라졌기 때문이다.[1218] 예수님은 이 세상을 신천신지로 변혁을 일으키시는 중이다(계 21:5). 그렇다면 신천신지가 이미 종말론적으로 부분적이기는 하지만 이 땅에 임해 있는데, 우리는 정의와 공의와 샬롬이 공존하여 하나님의 통치 원리로 이 세상에 작동하도록 할 수 있을까? 수많은 노란 리본을 단 수 많은 추모자들이 이구동성으로 말한 '미안하다'를 그리스도인은 "하나님 앞에 실천적으로 회개합니다"로 승화시켜야 한다. 자신의 무능과 죄악은 살피지 않은 채 타인을 개혁의 대상으로 낙인을 찍고 세상을 구원할 것 같이 개혁의 주체처럼 교만하게 나섰던 것, 주일 성수는 뒷전으로 하고 청소년들을 출세의 기반인 고득점을 위해서 학교와 학원으로 몰아부쳐 경쟁으로 내몬 것, 부정부패와 혼합주의와 야합한 것, 경건의 능력이라는 실속은 가볍게 여기고 겉을 광명의 천사와 경건의 모양으로 번지르르하게 장식한 것을 회개해야 한다.

[1217] S. Park, "Redeeming Disaster: After Fukushima's Tragedy, God moved Church Leaders to Disaster-Zone Frontlines, where They encountered Jesus in Fresh Ways while serving Their Neighbors," *Christianity Today* 57(2013, 6), 40-45. 따라서 후쿠시마 원전 사고를 일본의 우상 숭배에 대한 하나님의 심판이라고 단순화 시켜서 말하는 것은 나이브하다.

[1218] 송영목, 『요한계시록: 반드시 속히 일들을 통한 위로와 소망의 메시지』(서울: SFC, 2013), 372.

4. 세월호 사건이 한국 교회와 사회에 주는 교훈

앞서 지적했듯이 세월호 참사는 한국 사회의 인명 경시와 맘몬숭배, 산업화와 성장에 함몰된 기성세대와 기득권의 부패, 구조 시스템의 부작동을 실시간으로 생중계하여 한국의 민낯과 현재 수준을 폭로한 사건이다. 그런데 고통당한 자들과 그들에게 공감하는 자들에게 '종북'과 같은 몹쓸 말로 딱지를 붙이고 폄훼를 가한 몰지각한 이들도 있는데, 여기에 일부 근본주의적 기독교인들도 포함된다. 대통령의 약속에도 불구하고, 세월호에 대한 정확한 원인 규명과 보상은 아직도 요원한데, 이것은 참사 이후의 우리의 수준을 다시 보여준다. 세월호 수습을 위한 조사위 구성 및 수사권 부여 등을 두고 여전히 정치권은 쌈박질을 하고 있다.[1219] 위로가 필요한 사람들을 앞에 두고, 위로하기는커녕 채찍을 더하고 있는 일부 기독교인과 기득권을 가진 정치인들이 많다.

세월호 안에 기독 청소년들도 적지 않았는데, 이런 경우에 자주 회자되는 단어는 신정론이다. 하나님이 덕스러운 사람들을 향해 무관심하거나 적의를 가진 것처럼 보인 비정상적인 상황 앞에서 하나님의 정의를 변호하려는 시도인 신정론에 대한 논의는 예수님의 재림 때까지 계속 이어질 것이다. 왜냐하면 인간의 탐욕에 제동이 걸리지 않는다면 이러한 인재의 강도와 빈도는 더 높아질 것이기 때문이다.[1220] 하지만 신약 저자들은 복음 때문에 모두 박해를 경험했던 의로운 남은 자들이었지만, 하나님의 통치와 의로움과 선함에 대해 의문을 제기하지 않았다(참고. 계 19:2).

세월호가 남긴 긍정적인 면으로는 남을 구하려고 자기 목숨을 바친 교사와 학생이 있었고, 너무 혹독한 대가를 치르면서 사회의 구조적인 악과 취약성을

[1219] 2014년 7월 18일. 국민일보 3면.
[1220] 신국원, "재난 접근법: 신정론과 성경," 『목회와 신학』, 7월호(2014), 48-52.

돌아볼 계기가 되었다는 사실이다. 그리고 '남의 아이'가 아니라 '우리 아이'라는 공동체성의 강화, 가족의 중요성에 대한 재고, 고등학생들이 학업에 올인하도록 강요당한 성적지상주의에 대한 반성, 그리고 구원 받은 성도가 세상 속에서 실천하는 거룩과 공의로운 삶에 대한 강조 등이다. 성도는 편법 대신에 원칙, 물질 대신에 생명, 나 대신에 우리, 그리고 책임 전가 대신에 책임지는 모습을 갖추어야 할 것이다.

세월호로부터 교훈을 받아야 할 그리스도인이 사회와 교회의 부조리에 대해 방관하는 것은 부조리에 암묵적으로 동의하는 것이 되고 만다. 그리스도인은 악한 사회 구조에 반대하고 개혁하려는 의지적 선택을 해야 한다. 세월호 사건 앞에 성도는 기도와 회개를 넘어, 개인 의식과 사회 구조의 개혁과 변혁을 고민하고 행동으로 꾀해야 한다. 위험과 불의를 예방하는 규제를 법적으로 강화하고, 관피아같은 기득권이 작동하지 못하도록 조직 구성과 운영을 투명하게 하도록 촉구해야 한다. 규제가 없는 경쟁 구조 속에서 가능한 빠른 시간 안에 최대의 이윤을 내려는 자기 파괴적인 신자유주의를 보좌에서 끌어내려야 안전, 공평, 원칙, 윤리가 회복될 기반이 조성된다.[1221] 유혹하는 음녀 바벨론과 물질과 권세를 가진 바다에서 올라온 짐승이 잠시 공생을 하지만, 이런 악의 세력 간의 협력은 오래가지 못한다(계 17:16). 마찬가지로 관료주의와 부도덕한 기업의 공생 관계는 하나님의 심판으로 비극을 맞을 것이다.

대한민국에는 급속한 산업화와 경제 성장의 이면에 인권 유린, 최장 노동시간, 낮은 행복감, 높은 임시직 비율, 매년 2,000명에 달하는 산업재해 사망자, 빈익빈부익부 현상의 심화, 극심한 경쟁의 정글, 높은 노인 빈곤율과 자살율, 낮은 행복감이라는 어두운 그늘이 드리워져 있다. 한국은 겉으로는 선진국 대열 입구에 들어서 있지만, 속은 여전히 그렇지 못하다. 이 사실은 경건의 모

[1221] 문승숙, "한국 밖에서 본 세월호 참사," 11-12.

양과 능력을 동시에 겸비한 교회가 무엇인지 그리스도인으로 하여금 돌아보게 한다. 교회당 건물과 조직을 갖춘 교회라 할지라도, 만약 성도가 남을 배려하고 하나님의 구원의 은혜에 감격할 여유 없이 개교회 중심의 양적 성장이라는 실용화된 목표를 이루기 위한 부품 취급을 받거나, 성도가 세상 속에서 사랑과 공의와 생명력을 발휘하지 못한다면 신앙 공동체의 취약성을 드러내는 것이다.

다른 실제적인 문제는 "그리스도인은 재난을 당한 자들에게 위로와 치유와 공감을 어떻게 표현할 수 있을까?"이다. 고통당하는 자들에게 고통을 가중시키고 폐부를 찌르는 말을 던지는 것은 절대적으로 삼가야 할 것이다. 예를 들어, 한기총 부회장이 내뱉은 "가난한 학생은 제주도로 수학여행을 가면 안 된다"는 말이다. 2014년 7월 18일, 일단의 보수 단체는 단식 농성 중인 유족들에게 몰려와서 세월호 사건이 국가 경제를 침체시켰고 304명이 국가를 위해서 죽은 것도 아닌데 유족들이 왜 특별한 대우를 받으려 하는가라고 비판하는 시위를 벌였다. 불행하게도 그들의 주장에는 여전히 신자유주의 논리와 배금사상이 자리 잡고 있다. 하지만 순서상 국가를 위해서 충성하다가 죽을 기회조차 주지 않고, 기회를 박탈해 버린 국가와 사회구조를 질타하고 대통령이 약속한 대로 신속히 철저한 진상을 규명하는 것을 요구하는 것이 먼저다. 강한 자가 약한 자를 실족시키지 않도록 주의하는 것이 하나님의 뜻이며 성경적 원칙이다(롬 14:16). 두 말할 것 없이 약자는 세월호 유족들이다. 보수 단체 '엄마부대 봉사단'과 같은 강자가 유족들에게 고통을 가할 것이 아니라, 그들을 이해하고 위로해야 한다. 특별히 그리스도인은 관용을 모든 사람에게 알게 해야 한다(빌 4:5). 신자유주의에 익숙한 한국 교회는 돈을 거두어 유족을 도와주려는 노력에 머물지 말고, 특별법이 실행되도록 모든 해결의 과정에 실질적으로 도움을 주기 위해서 힘을 모아야 한다. 그리고 한국교회는 세월호로 희생된 그리스도인들이 바다에서 부활할 것에 대한 소망도 가르쳐야 한다(계 20:13).

더불어 한국교회는 칭의와 성화 곧 구원의 확신과 열매를 균형 있게 가르쳐야 한다. 세월호 사건으로 구원파가 사회에 해악을 끼치는 이단임이 폭로되었지만, 그렇다고 해서 사회가 정통 기독교를 칭찬하지도 않는다. 이단 구원파를 정죄함으로써, 기성 교회가 반사 이익을 얻으려 한다면 교회를 향한 사회의 따가운 눈총은 계속 될 것이다. 오히려 공익을 위한 이단종교 비판만이 사회적 공감대를 형성할 수 있고, 공신력을 얻을 수 있다.[1222] 그리고 기존 교회에게 이단과 다른 모습을 갖추고 있음을 보여주는 개혁의 실천이 필요하다. 해피아와 관피아와 유사한 교피아가 한국 교회에 있지 않는가? 특정 계파에 줄어 서야 담임목사로 나갈 수 있고, 교단 정치적으로 손해를 보지 않는다는 말이 왜 회자되는지 자문해야 한다.

장기적으로 한국 교회는 하나님의 통치의 원리인 공의와 긍휼이라는 세계관을 정립한 신실한 그리스도인이 사회를 주도하도록 청소년들을 교육해야 한다. 전문적이고 정직하게 선박의 안전을 점검할 수 있는 그리스도인 기술 공무원, 사람의 생명과 안전을 우선적으로 중요시하는 그리스도인 선주, 전문적인 기술로 운항을 하며 승객의 안전을 먼저 배려하는 그리스도인 선장, 올바른 지혜와 판단력과 용기를 갖춘 그리스도인 해경, 성장과 더불어 분배의 가치를 아는 그리스도인 입법가, 돈보다는 인권을 먼저 중요시하는 그리스도인 행정가를 배출해야 한다. 그리고 우리 사회는 환난 당한 자를 위로하는 그리스도인과 공공 영역에서도 칭의와 성화를 균형 있게 나타내 보이는 성도를 필요로 한다.

[1222] 탁지일, "이단문제 근본적인 대처 방안," 『기독교보』, 8월호(2014), 51.

나오면서

이 글은 목적은 세월의 망각과 싸우고 있는 세월호 사건이 인재이지만 하나님의 선한 뜻을 함의하는 사건임을 논증하는 것이다. 그렇다면 그리스도인은 세월호 사건을 통해서 어떤 교훈을 받고 적용해야 하는가? 먼저 하나님의 경고의 메시지를 들어야 한다. 그 경고는 교회나 사회가 회개하지 않으면 다른 재앙이 임한다는 것이다. 거짓 실용주의, 약육강식의 신자유주의, 맘몬숭배, 기득권의 횡포를 회개하지 않으면 소망이 없다. 더불어 복음의 공공성과 공적신학이 정립되어야 한다. 예수 그리스도의 생명으로 가득한 교회가 사랑과 정의를 사회에 실천하는 일군을 파송해야 한다. 복음의 능력이 교회당 안에 갇힐 수 없다. 이것은 다름 아니라 복음의 공공성을 회복하는 것이다. 또한 이것은 신앙의 사사화(私私化)와 게토화를 벗어나는 것이며, 기득권을 누리기 위해서 권력과 정치에 기생하려는 정치화된 교회를 극복하는 것이다.[1223)]

고난과 재난의 현장인 세월호 선실에 갇힌 자기 백성들과 고통당하시며 함께 계셨던 임마누엘께서, 교회가 이 재난을 구속하도록 회개의 영과 지혜와 용기를 주시기 원하신다. 하지만 교회가 이 하나님의 선한 뜻을 선용하지 못할 경우에, 재난은 가중 될 것이다. 교회는 사사로운 인정 때문에 악인을 무조건 두둔하거나 악조차도 복음의 원칙대로 처리하지 않고 희석시키려는 악한 정치적 기득권 세력을 억제해야 한다. 이것은 교회와 기독교 기관 안에 악의 평범성(banality)을 억제하고 거룩의 평범성과 복음의 공공성을 확보하는 길이다.[1224)] 특별히 그리스도인은 비리로 얼룩진 영남 해안가에 밀집한 원자력 발전소를

1223) 신원하, "세월호 사건을 통해 교회의 정치적 책임을 다시 생각해보다,"『목회와 신학』, 7월호(2014), 190. 개 교회의 문제는 당회와 같은 지도자들이 초래한 경우가 적지 않은데, 정작 개 교회의 문제 해결에 능력이 결여된 지도자들이 일반 성도에게 '가만히 있어라'고 말함으로써 민주주의보다 못한 기득권 교회 정치를 행하고 있지 않는지 스스로 돌아봐야 한다.

1224) 이은선, "세월호 참사 이후의 한국 교회 여성과 정치," 171. 참고로 연세대는 2015년 2학기에 세월호 사건을 다루는 과목을 개설했다.

주목해야 한다. 이것이 그리스도의 만유를 새롭게 하시는 현재적 사역과 장차 있을 세상의 온전한 갱신에 교회가 동참하는 실천적 방법이다. 그리스도인은 세상의 죄악된 옛 질서와 더러운 것들이 완전히 사라지고, 궁극적으로 정화되어 갱신될 신천신지를 소망한다(벧후 3:12-13).

세월호가 탐욕을 제어할 제어 장치가 고장난 신자유주의적 자본주의 체제를 향해 주어진 심판의 메시지라면, 정부와 그리스도인은 잘못된 시스템을 달게 고쳐야 한다. 교회는 타산지석으로 삼아 교회의 존재 목적과 정체성과 방향에 대한 근본적인 점검을 해야 한다. 그것이 재앙 속에서 하나님의 섭리를 깨닫고 선용하여, 세월호 재앙을 구속하는 방법이다. 그리고 세월호가 끔찍한 사건임을 깨닫는다면, 예수님이 재림하실 때 하나님이 악을 최종적으로 심판하실 여호와의 크고 두려운 날은 얼마나 더 무서울 것인지 인지해야 한다(살전 1:10).

02   개혁파와 장로파의 '신약의 구약 사용' 이해와 의의: 존 칼빈, 존 낙스, 제네바성경(1560)을 중심으로

들어가면서

개신교 개혁파와 장로파의 성경 해석의 특성은 넓게는 구약과 신약의 관련성, 좁게는 신약의 구약 사용 주제로 확인할 수 있다. 왜냐하면 구약과 신약의 통일성에 근거한 구원계시사적 해석이야말로 개혁파와 장로파가 가진 성경 해석의 특장(特長)이기 때문이다.[1225] 사실 "교회개혁이 거둔 성과 중 하나는 구약과 신약의 관계에 대해 좀 더 일관성 있는 기독론적 이해를 재발견한 것이

1225) 이 글은『개혁논총』35(2015)에 게재되었다. 이 사실은 남아공의 C. van der Waal, L. Floor, T.J. van der Walt, J.C. Coetzee, A.B. du Toit, J.L. Helberg, B.J. de Klerk, F.J. van Rensburg, G.J.C. Jordaan, F.P. Viljoen, J.A. du Rand, J.G. van der Watt, G.J. Steyn, 화란의 H. Ridderbos, J. van Bruggen, P.H.R. van Houwelingen, 미국의 R. Gaffin Jr., M. Silva, G.K. Beale, S. Greidanus, J.A.D. Weima, D.A. Carson, D.W. Pao, D.J. Moo, E.J. Schnabel, S.J. Kistemaker, D. Chilton, J.B. Jordan, R.C. Sproul, K.L. Mathison, K.L. Gentry Jr., K.L. Jobes, D.E. Johnson, M. Williams, C. Batholomew, 영국의 T. Holland 등의 저작에서도 확인할 수 있다.

다."[1226] 그럼에도 불구하고 개혁교회의 선구자라 할 수 있는 존 칼빈(1509-1564)과 장로교회의 설립자 존 낙스(1514?-1572)가 시도한 성경 해석 방식 가운데 신약의 구약 사용을 비교한 연구는 거의 없다. 이 두 사람의 구약이 사용된 신약 해석을 비교하는 연구에 개혁파의 입장이 반영된 장로파 저작인 제네바성경(1560)을 함께 비교한다면 이 셋 사이의 상관성은 잘 드러날 것이다.

이런 연구의 빈틈을 염두에 둔 채, 이 글의 목적은 개혁파와 장로파의 대표적인 두 인물인 칼빈과 낙스 그리고 제네바성경의 성경 해석을 신약의 구약 사용이라는 관점에서 비교하는 것이다. 이 목적을 달성하기 위하여 다음의 단계를 따른다: (1) 칼빈의 신약의 구약 사용 이해, (2) 낙스의 신약의 구약 사용 이해, (3) 제네바성경의 신약의 구약 사용 이해, (4) 칼빈, 낙스, 제네바성경 사이의 신약의 구약 사용 이해에 대한 비교, (5) 이상에서 논의된 결론이 주는 현대적 함의.

이 글은 낙스보다는 제네바성경의 신약의 구약 사용 이해가 더 발전되었으며, 제네바성경보다는 칼빈의 신약의 구약 사용 이해가 다소 더 철저함을 보여줄 것이다. 하지만 칼빈의 해석이 완전하여 보완할 것이 없다는 의미는 아니다. 16세기의 교회개혁가들과 교회 개혁의 소중한 유산을 신약의 구약 사용 주제를 통해서 검토한다면, 현대 개혁파와 장로파가 이 주제를 어떻게 진전시켜 석의와 설교에 접목할 수 있을지 도움을 얻을 수 있을 것이다.

1226) G. Goldsworthy, "Relationship between the OT and the NT," in *New Dictionary of Biblical Theology*, edited by T.D. Alexander & B.S. Rosner, 권연경 외 역, 『IVP 성경신학사전』 (서울: IVP, 2004), 137-48.

1. 칼빈의 신약의 구약 사용 이해

신약의 구약 사용 주제는 너무 광범위하기에, 여기서는 이 주제를 잘 보여주는 칼빈의 기독론적 해석을 요청하는 구절을 중심으로 고찰할 것이다. 칼빈에게 있어 신약의 구약 사용은 신구약의 관련성 이해와 맞물려 있다. 칼빈이 넓게는 신구약의 관련성, 좁게는 신약의 구약 사용을 이해한 방식은 '신구약의 유사점'을 다루는 『기독교강요』 2권 10장과 '신구약의 차이점'을 다루는 2권 11장에서 볼 수 있다. 칼빈에게 신구약은 '본질에 있어서' 동일지만, 그 둘은 '경륜' 혹은 '실행의 방식에 있어서' 다르다. 칼빈에게 있어서 구약은 미래 즉 그리스도 안에서의 성취를 내다본다(롬 1:2-3).[1227] 칼빈은 신구약의 동일한 본질을 상술하는데, 신약 성도처럼 구약 백성의 복은 땅에만 속한 것이 아니었다. 그들은 영생과 하늘에 속한 복을 소망했다(히 11:9-10, 13-16).[1228] 야곱은 죽음의 자리에서 영생을 소망하면서, "여호와시여, 제가 주님의 구원을 기다립니다"라고 고백했는데(창 49:18; 참고. 욥 19:25-27; 시 97:10; 112:9; 116:15; 사 51:6; 66:22-24; 겔 37:1-14; 단 12:1-2),[1229] 구약 족장들(그리고 백성)은 그리스도를 언약의 보증으로서 소유하였고, 미래의 복을 위해 그리스도께 일체의 소망을 두었다. 결과적으로 구약에서 주께서 이스라엘 자손과 맺으신 언약은 땅에 속한 것에 제한되지 않고, 영적이고 영원한 생명의 약속을 포함하고 있다.[1230] 이런 본질적인 동일함을 인식한 후 칼빈은 『기독교강요』 2.10-11에서 신구약의 차이점을 다섯 측면에서 논한다:[1231] **(1)** 하늘에 대한 관심으로 이끄는 구약의 현실의 유익에 대한 강조, **(2)**

1227) J. Calvin, *The Institutes of the Christian Religion*. Trans. F.L. Battles (Philadelphia: Westminster Press, 1960), 2.10.3. 이하 *Institutes*. 참고. 임용섭, "칼빈의 성경해석학적 공헌," 『개혁논총』 12호 (2009년): 133.

1228) *Institutes*, 2.10.10; 2.10.13.

1229) *Institutes*, 2.10.14.

1230) *Institutes*, 2.10.23.

1231) V.E. D'Assonville, *John Knox and the Institutes of Calvin: A Few Points of Contact in Their Theology* (Durban: Drakensberg Press, 1969), 72는 이 차이점을 간략하게 요약한다.

그리스도를 상징하는 형상들과 의식들을 통해서 전달된 구약 성경의 진리, **(3) 구약은 문자적이지만 신약은 영적임**(렘 31:31-34; 고후 3:16-11), **(4) 속박으로서의 구약과 자유로서의 신약**(롬 8:15; 갈 4:22-31), **(5) 구약은 한 민족에게**(신 10:14-15; 32:8-9; 마 10:5; 15:24), **신약은 모든 민족들과 관계됨**(사 2:8; 72:8; 슥 9:10; 엡 2:14-16; 빌 2:9-10; 골 3:11). 칼빈에 의하면, 이런 신구약의 차이점들에도 불구하고, 하나님을 변덕스러운 분으로 생각해서는 안 된다. 하나님은 각 시대에 따라 무엇이 적합한 것인가를 알고 계시므로 단지 각 시대에 따라 다양한 형식을 취하실 권한을 가지고 계시기 때문이다.[1232] 이것은 마치 의사가 청년의 병을 최선의 방법으로 치유했다가, 그 청년이 늙었을 때 다른 종류로 치료한다고 해서 그 의사를 변덕스럽다고 평가할 수 없는 것과 같다.[1233] 칼빈은 전반적으로 신구약의 유사점 혹은 연속성을 차이 혹은 불연속성보다 더 강조하는데, 신구약 전체에 동일한 하나님과 중보자 그리스도께서 계시기 때문이다. 칼빈은 차이 혹은 불연속성조차도 하나님의 경륜의 차이로 간주하지, 근본적인 본질적 차이로 보지 않는다.[1234]

이상에서 논의된 칼빈의 신구약의 관련성 이해를 염두에 두고, 신약의 구약 사용 방식을 기독론적 해석을 요청하는 구절을 중심으로 살펴볼 차례다.[1235] 여기서 칼빈이 구약을 신약적-기독론적으로 어떻게 해석한 것인지 먼저 고찰할 필요가 있는데, 그의 신약의 구약 사용 이해를 이해하는데 도움이 될 것이기 때문이다. 칼빈의 신학은 철저히 성경 해석에 기초하는데, 이것을 『기독교강요』에서 성경을 6,804회나 인용한 데서 알 수 있다. 그는 성경을 단순히 인용하는 차원을 넘어, 성경을 진지하게 연구하여 얻은 깊은 신학적 통찰력을 제

1232) *Institutes*, 2.11.13.
1233) *Institutes*, 2.11.14.
1234) 참고. S. Greidanus, *Preaching Christ from the Old Testament*, 김진섭 외 역, 『구약의 그리스도, 어떻게 설교할 것인가』 (서울: 이레서원, 2003), 206-208.
1235) 칼빈의 구약의 신약적 해석을 다루는 문단은 송영목, "칼빈의 성경 해석과 설교 이해," 『진리와 학문의 세계』 23호(2011년): 41-67을 요약한 것임.

시했다. 칼빈은 구약을 계시의 점진적 발전을 고려하여 그리스도 중심으로 해석한다. 칼빈은 구약 율법을 해석하고 적용할 때 그에 대한 제일 좋은 해석자인 예수 그리스도를 따라야만 한다는 것을 강조한다. 예를 들어, 칼빈은 '최초 복음'을 밝히는 창세기 3:15 주석에서,[1236] 인류와 뱀 사이에는 언제나 적대감에 가득 찬 분쟁이 있으며, 이러한 일은 지금도 나타나고 있다는 것을 의미한다고 본다. 칼빈은 여자의 후손을 예수님에게 일방적으로 쉽게 적용하는 것을 반대한다. 대신 뱀의 머리를 파괴할 여자의 후손을 사탄을 이길 '인류'로 본다. 물론 칼빈은 여자의 후손을 궁극적으로 사탄을 이기신 예수님으로 보면서, 예수님의 인도 아래 있는 신약 교회가 승리할 것으로 본다(요 12:31; 롬 16:20). 칼빈은 '여자의 후손'에서 '여자'를 마리아로 보는 가톨릭을 비판한다. 칼빈은 일방적인 그리스도 중심적 해석을 경계하고, 구약의 예언이 점진적으로 성취되어 궁극적으로 예수님이 성취자이심을 '계시사의 전진'에 따라 파악한다. 그리고 칼빈은 구약 주석 시 적절한 신약 간 본문을 인용하면서, 그리스도와 연합된 교회의 승리와 기쁨이라는 '공동체적인 해석'을 탁월하게 한다. 이런 주석 방식은 시편 22, 이사야 7:14, 53:8, 59:19 등에서 볼 수 있다.

칼빈은 신약 성경 역시 구약의 빛 아래 그리스도 중심으로 해석한다. 칼빈은 구약 전체를 예수님의 죽으심과 부활을 증언하는 것으로 파악한다(참고. 눅 1:70; 요 5:39, 딤후 3:15 주석). 그리고 칼빈은 성령의 조명으로만 그리스도 사건을 옳게 파악할 수 있다고 본다. 칼빈은 주관적 해석, 지나친 문자적 해석, 부자연스러운 해석을 거부하고, 성경의 핵심이요 알맹이인 그리스도 중심적 해석을 추구한다. 칼빈은 계시사의 전진을 고려하여 율법의 한시적인 기능을 간파할 뿐 아니라, 실체이신 그리스도께서 율법과 전체 성경의 목표이심을 강조한다(참고. 히 7:18 주석). 칼빈은 모형론을 적절히 사용하여, 신약 백성이 구약 백성과 비교하여 가지는 우월한 특권을 설명한다(참고. 히 7:19 주석). 풍유적 해석이 아니라

[1236] J. Calvin, *Genesis*, 칼빈주석편찬위원회 역, 『창세기』 (서울: 성서교재간행사, 1993), 137-40.

모형론은 칼빈으로 하여금 신구약의 통일성을 파악하도록 했다.

칼빈은 아기 예수님의 출애굽을 언급하는 마태복음 2:15에서, 마태는 출애굽을 회상한 호세아 11:1의 의미를 왜곡하지 않았다고 주석한다.[1237] 왜냐하면 마태는 구약 교회의 온 몸이 애굽에서 구출되었듯이, 이제는 신약 교회의 머리이신 그리스도께서 애굽에서 나오심을 인식했기 때문이다.[1238] 그리고 칼빈은 예수님이 마귀에게 시험을 받은 장면을 기록한 마태복음 4:1-10에서 인용된 시편 91:11-12, 신명기 6:13, 16, 8:3을 통해서 성경이 사탄을 대항하는 무기임을 강조한다고 주석한다.[1239] 예수님이 스불론과 납달리 지역에 구원의 사역을 펼치신 내용을 다루는 마태복음 4:13-16에 인용된 이사야 9:1을 통해서, 칼빈은 출바벨론에서 시작된 회복의 역사가 의의 태양이신 그리스도에게서 성취된다고 주석한다.[1240] 살인, 간음, 이혼에 관한 모세의 율법을 예수님이 재해석하신 것을 다루는 마태복음 5:21-32에서, 칼빈은 예수님은 율법의 본질, 목적, 목표를 가르치신 성실한 주석가라고 이해한다.[1241] 예루살렘 멸망의 징조 중 하나로서 광명체에 이상이 발생한다는 묵시적 표현인 마태복음 24:29를 칼빈이 설명하면서, 신약 간본문인 마가복음 13:24와 누가복음 21:25은 언급하지만, 동일한 표현으로 애굽에 임할 심판을 예언한 이사야 13:10과 같은 구약 간본문은 언급하지 않는다. 따라서 칼빈은 광명체의 이상을 통해서 유대인의 지도자들이 당한 심판을 적절히 밝히지 못했다.[1242] 예수님이 십자가에서 죽으시기

[1237] 칼빈의 신약의 구약 사용 이해에서 다루는 구절 중 상당수는 이 글 3에 있는 제네바성경의 신약의 구약 사용 이해에서도 다룰 것이다. 따라서 독자는 칼빈과 제네바성경의 신약의 구약 사용 이해를 분명하게 비교 및 대조할 수 있다.

[1238] J. Calvin, *Synoptic Gospels I*, 칼빈주석편찬위원회 역, 『공관복음 1』 (서울: 성서교재간행사, 1993), 167.

[1239] Calvin, 『공관복음 1』, 213.

[1240] Calvin, 『공관복음 1』, 228.

[1241] Calvin, 『공관복음 1』, 265.

[1242] J. Calvin, *Synoptic Gospels II*, 칼빈주석편찬위원회 역, 『공관복음 2』 (서울: 성서교재간행사, 1993), 352-53.

직전에 외치신 말씀을 기록한 마태복음 27:46 주석에서, 칼빈은 인용된 시편 22:1 대신에 암시된 고난당한 여호와의 종(사 53:3)을 언급한다.[1243] 부활하신 예수님이 제자들에게 자신의 죽음과 부활은 구약의 모세의 율법, 선지자들의 글, 시편의 성취라고 밝히신 누가복음 24:44 주석에서, 칼빈은 예수님이 구약에 없는 새로운 것을 가르치시는 것이 아니라 구약의 증거를 상기시키고 있을 뿐이라고 설명한다.[1244] 예수님이 초막절 마지막 날에 장차 성령을 주실 것에 대해 예고하신 요한복음 7:37-39을 주석하면서, 칼빈은 이사야 55:1의 암시로 보는 동시에 구약에서 성령의 풍성한 은사(참고. 38절의 ποταμοί)를 예언하는 구절 전체를 염두에 둔 것으로 해석한다.[1245] 요한복음 7:37-39의 성취 사건인 오순절 성령강림 사건을 다루는 사도행전 2:17-21을 주석하면서, 거기에 인용된 요엘 2:29를 통해서 칼빈은 성령이 오셔서 교회의 견고한 상태를 만드시는 시기인 말세를 새 시대의 출발점으로 이해한다.[1246] 예수님의 초림으로 시작된 말세를 언급한 히브리서 9:26을 주석하면서, 칼빈은 구약 백성은 불완전한 상태에 있었지만 그리스도의 오심과 죽으심으로써 그분의 나라는 모든 면에서 완성되어간다고 계시의 점진을 고려하여 주석한다.[1247] 칼빈은 시편 40:6-8을 길게 인용하는 히브리서 10:5-7 주석에서, 얼핏 보면 이 구약 본문이 메시아 시편과 무관하게 보이지만 다윗이 그리스도의 모형이기에 이 인용은 합리적이라고 설명한다. 그리고 히브리서 기자가 시편 40:6의 '귀'(אֹזֶן)를 '몸'(σῶμα)으로 변형시킨 것은 제멋대로 성경을 잘못 인용하여 곡해한 것이 아니라, 신체의 한 부분으로 전체를 설명하는 헬라식 용법을 따른 것으로 정확하게 해석한다.[1248] 하

1243) Calvin, 『공관복음 2』, 495.
1244) Calvin, 『공관복음 2』, 540.
1245) J. Calvin, *The Gospel of John 1*, 칼빈주석편찬위원회 역, 『요한복음 1』 (서울: 성서교재간행사, 1993), 278-279.
1246) J. Calvin, *Acts I*, 칼빈주석편찬위원회 역, 『사도행전 1』 (서울: 성서교재간행사, 1993), 79-80.
1247) J. Calvin, *Philemon, Colossians, 1-2 Peter, Hebrews*, 칼빈주석편찬위원회 역, 『빌레몬서, 골로새서, 베드로전후서, 히브리서』 (서울: 성서교재간행사, 1993), 207.
1248) Calvin, 『빌레몬서, 골로새서, 베드로전후서, 히브리서』, 215.

나님의 말씀의 영원함 설명하기 위해서 이사야 40:6-8을 인용하는 베드로전서 1:24-25 주석에서, 칼빈은 이사야 당시의 구약 교회의 회복 예고처럼 신약 성도도 거듭나서 말씀을 순종해야만 쓰러지지 않는 하나의 피조물 이상의 회복을 경험할 수 있다고 해석한다.[1249] 터키의 성도들의 고난을 블레셋에 도피했던 다윗의 경험에 비추어 설명하는 베드로전서 3:10-12 주석에서, 칼빈은 악행에서 자신을 지키는 이들을 하나님이 형통케 하신다고 주석한다. 하지만 칼빈은 시편 34:12-16의 LXX를 인용할 때 베드로가 가한 6가지 변형의 이유에 대해서 설명 없이 침묵한다.[1250] 칼빈은 구약의 수많은 암시를 담고 있는 요한계시록 주석과 설교를 남기지 않았다. 하지만 칼빈의 주석적 영향이 많이 포함된 제네바성경과 계시록을 10여회 인용한 기독교강요와 계시록의 환상과 밀접히 연관된 다니엘 주석 및 에스겔 1-20장 주석을 통해서 그의 해석을 추론해 볼 수 있다. 칼빈은 계시록의 악의 세력인 짐승들(계 13:1, 11; 20:2)을 교황주의자로 본 세상-교회역사적 해석을 따르고 있다.[1251]

신약의 구약 사용 방식을 연구할 때 칼빈은 MT를 LXX보다 더 권위 있게 보면서, 신약과 그 안에 사용된 구약 본문 사이의 표면적인 차이에 주목한다. 하지만 이런 차이에도 불구하고 구약과 신약의 '본질적 내용'에 있어서는 동일하다고 설명한다. 이런 예는 칼빈의 주석에서 자주 볼 수 있다(예. 마 4:14-16의 사 9:1-2 사용; 히 10:5의 시 40:8 사용).[1252] 칼빈은 구약 본문을 가지고 기독론적 해석을 무분별하게 시도하지 않고, 대신 구약 본문의 역사적-언어적 분석을 통해서 의미를 밝힌 후 기독론적 해석의 가부를 결정했다. 칼빈에게 있어 구약의 매 절 마다 기독론적 의미를 찾는 것은 불가능하다. 그렇게 한다면 기독론적 해석

1249) Calvin, 『빌레몬서, 골로새서, 베드로전후서, 히브리서』, 376-77.
1250) Calvin, 『빌레몬서, 골로새서, 베드로전후서, 히브리서』, 422. 6가지 변형의 이유에 대해서는 송영목, "다윗과 베드로의 대화: 벧전 3장에 나타난 구약 사용," 『교회와 문화』 24호(2010): 41-66을 참고하라.
1251) 자세한 것은 송영목, "칼빈이 요한계시록 주석을 썼다면," 『칼빈연구』 7호(2010): 151-75를 보라.
1252) Calvin, 『공관복음 1』, 228; 『빌레몬서, 골로새서, 베드로전후서, 히브리서』, 213.

에 대한 강박관념에 사로잡힌 'eisegesis'가 될 것이다. 칼빈이 구약과 신약의 연속성을 변호하면서(구약 선지자에게 암시적이었던 내용을 신약 기자가 명시화했다는 논리에 근거함) 기독론적-종말론적 해석을 신중하게 한 것은 비판 받을 일이 아니다. 그러나 칼빈이 기독론적으로 해석할 수 있는 구약 본문을 적극적인 해석을 하지 않았을 뿐 아니라, 신약 저자의 구약 사용 시에 발생한 변형의 이유를 기독론적 혹은 '그리스도 완결적'(Christotelic)으로 적극적으로 설명하지 않은 점은 아쉽다(예. 사 64:4를 인용하는 고전 2:8-9 주석; 시 34:12-16을 인용하는 벧전 3:10-12 주석).[1253]

2. 낙스의 신약의 구약 사용 이해

낙스는 성경 해석학이나 주석을 한 권도 남기지 않았기에, 그의 성경 주석이나 신약의 구약 사용의 특징은 아직까지 깊이 연구되지 않았다.[1254] 낙스의 신약의 구약 사용 이해는 자료의 제한으로 인해 연구하는 데 제한이 크다. 하지

1253) J. Calvin, *1 Corinthians, Galatians*, 칼빈주석편찬위원회 역, 『고린도전서, 갈라디아서』 (서울: 성서교재간행사, 1993), 361, 394. 이 단락은 송영목, "칼빈의 신약의 구약 사용 이해: 고린도전서 2:9를 중심으로," 『고신신학』 15호(2013): 35-56에서 요약함. 덧붙여 칼빈은 '이 세상'과 '오는 세상'의 중첩 즉 초림과 재림 사이의 중첩을 간파한다. 히브리서 2:6 주석에서 칼빈은 장차 오는 세대(세상)는 새로워지고 갱신된 세상인데, 육체의 부활 후에 기대하는 것만 아니라 그리스도의 왕국이 시작될 때부터 시작하여 최종적인 구속이 완성되기까지의 상태로 본다. 칼빈의 간본문적 해석도 중요하다. '오직 성경'이라는 원칙에 일치하여 칼빈은 성경의 다른 구절과 간 본문적으로 연결하여 이해한다. 성경이 성경을 해석한다고 할 때, (1) 성경의 다른 부분에 나타나는 동일한 의미에 비추어서 하나의 본문을 해석했으며(예. 시 50:13과 사 34:7), (2) 애매한 본문은 분명한 본문을 통해서 해석했으며(예. 사 17:9와 레 26:8 및 수 23:10), (3) 저자의 표현법과 성경의 일반적인 사용법을 이용하여, 성경을 성경으로 해석했다(예. 사 37:32과 사 9:7). 칼빈은 우리에게 문법-역사적 해석, 간 본문적 해석, 그리스도의 초림과 재림의 중첩 현상, 성경의 핵심인 예수 그리스도와 성도의 연합 사상, 모형론에 근거한 계시사의 전진, 주석과 적용의 조화, 이단의 해석에 있어서 무엇이 오류인지 간파함에 관해 모델을 제공한다. 칼빈은 적용을 동반한 해석을 시도했다. 석의의 적용 면에서 칼빈은 적절하다고 판단될 때 가톨릭(참고. 히 1:1; 3:6; 4:16; 5:1, 4; 7:12; 8:3, 5; 9:20, 26; 10:15; 13:1, 17 주석), 재세례파(참고. 마 5:34; 요 1:14; 행 8:12; 히 8:11 주석) 등을 비판했다.

1254) 참고. Tabor College의 R. Kyle, "John Knox's Methods of Biblical Interpretation: An Important Source of His Intellectual Radicalness," *JRS* 12(1986, 2): 57-70; R. Kyle, "John Knox: A Man of the Old Testament," *WTJ* 54(1992): 65-78을 보라.

만 낙스의 성경 해석의 세 가지 특징을 통해서 이 주제를 추론할 수 있다.[1255] 낙스의 성경 해석의 첫 번째 특징은 구약에 대한 과도한 강조이다. 구약과 신약 사이의 본질에 있어서는 연속성을 실행하는 방식에 있어서는 불연속성을 간파한 칼빈과 달리, 낙스는 구약과 신약의 실행 방식에 있어서의 불연속성에 주의를 기울이지 않았다. 낙스는 구약과 신약 사이에 본질에 있어 차이가 없음을 지나치게 강조하여, 결국 구약과 신약을 과도하게 동일시하고 말았다.[1256] 낙스는 구약이 신약에 계시될 것들을 예표한다고 보았지만,[1257] 대속이나 새 언약과 같은 주제를 제외하면 신약 성경이 구약 성경을 대체하는 것으로 보지 않았다. 낙스는 신명기 12장의 지정된 예배 처소와 우상 숭배에 대한 교훈의 결론 구절인 "내가 너희에게 명령하는 이 모든 말을 너희는 지켜 행하고 그것에 가감하지 말지니라"(신 12:32; 참고. 신 4:2)를 자신의 성경관과 성경 해석을 지배하는 전제로 여겼다.[1258] 따라서 낙스는 신성모독한 자를 처형하라는 레위기 24:10-23에 근거하여 세베르투스의 처형을 정당한 것으로 간주했다. 스코틀랜드교회의 '치리서'는 행음자를 처형하도록 명시했는데, 이것은 요한복음 8장의 간음한 여인을 용서하신 예수님의 교훈에서 벗어난다.[1259] 1553년 에드워드 6세 앞에서 행한 마지막 궁정 설교에서, 낙스는 "내 떡을 먹는 자가 내게 발꿈치

1255) 참고. Kyle, "John Knox's Methods of Biblical Interpretation," 60-62.

1256) J. Knox, *The Works of John Knox*. 2.111. David Laing ed (New York: AMS Press, 1966); D'Assonville, *John Knox and the Institutes of Calvin*, 73. 정정숙에 의하면, 구약에 대한 지극한 사랑은 낙스로 하여금 복음서와 에베소서에 나타난 은혜와 속죄의 진리를 강조하지 못한 약점이 되었다. 정정숙, "존 낙스의 교육사상 연구," 『신학지남』 9호(1982년 4): 145.

1257) *The First Book of Disciple*(1560)에 수록된 내용인데, 이승구, "요한 낙스와 제 1 치리서" (제 35차 한국성경신학회 논문발표회 자료집, 신반포중앙교회당, 2015년 1월 26일), 47에서 재인용.

1258) *The Works of John Knox*, 1.197. 출애굽한 이스라엘이 견지해야 할 거룩에 대한 권면(신 5-11) 다음의 신 12장부터 본격적인 법을 다룬다(law-code section). 신 12:32는 이스라엘이 우상숭배를 금지해야 한다는 첫 번째 계명(신 5:6-7)을 상술하면서 하나님의 말씀의 수위성과 충분성으로 결론을 맺는다. 참고. J.G. McConville, *Deuteronomy* (Apolos Old Testament Commentary; Downers Grove: IVP, 2002), 229. 칼빈은 신 12:32를 하나님의 계명을 가감하지 않고 받아들이며 그 가르침에 만족하도록 권고하는 신 5:32와 연결하지만, 크게 무게를 두지 않는다. J. Calvin, *Exodus I, Leviticus I, Numbers I, Deuteronomy I*, 칼빈주석편찬위원회 역, 『출애굽기 I, 레위기 I, 민수기 I, 신명기 I』(서울: 성서교재간행사, 1993), 334.

1259) D'Assonville, *John Knox and the Institutes of Calvin*, 74.

를 들었다"(요 13:18)를 본문으로 삼아 영국의 수많은 상황을 비판했다. 구약은 물론 신약의 사건과 사물과 인물은 낙스 당시의 사건과 사물과 인물에 곧바로 대입되었다. 칼빈은 낙스의 종교 의식에 담긴 과격한 입장에 대해 1561년 4월 23일자 서신으로 우려를 표했다: "(다른 종교 의식은) 비록 긍정적으로 증명이 안 되더라도 수용되어야 한다."[1260] 시간, 장소, 국가라는 상황의 차이를 인정한 칼빈과 달리, 낙스에게 그 차이는 척결해야할 틈이었다. 칼빈과 달리 낙스는 하나님의 계시에 있어서 역사적 과정의 발전 단계가 예언과 예표를 성취하신 그리스도 중심적 특성을 가지고 있음을 간파하는데 종종 실패했다.[1261] 그 결과물은 모범적 성경 해석이다. 낙스의 성경 해석의 두 번째 특징은 뚜렷한 문자적 해석인데, 물론 상징적이고 모형론적 해석도 필요한 경우 시도했다. 낙스는 자신의 문자적 해석의 경직성을 보완하기 위해서 칼빈의 내적 조명이나 루터의 그리스도 중심적 해석을 시도하지 않았다. 츠빙글리와 유사하게 낙스는 성경의 문자적 형식과 의미를 실제 내용 위에다 두었다. 그 결과 낙스는 구약 성경을 16세기 스코틀랜드의 개혁을 위한 문자적 모델을 제시하는 책으로 여겼다. 낙스의 문자적 해석과 맞닿아 있는 세 번째 성경 해석의 특징은 '예언적 해석'이다. 낙스 당시에 성경 해석과 연관지어 볼 때, 예언이란 성경이 해석되는 회집과 성경 해석과 적용의 기술이라는 두 가지 의미를 가졌다. 낙스에게 예언은 '주석적 적용'이라는 의미로 크게 다가왔는데, 그는 구약 사건들과 16세기 상황 사이의 역사적 유비를 문자적으로 찾아내었다. 그 결과 낙스는 구약과 신약 사이의 불연속성을 적절히 인식하지 못했을 뿐 아니라, 구약 이스라엘과 자신이 살던 스코틀랜드 사이의 병행만 주관적으로 발견하여 사상과 정책을 촉진시켰다.[1262] 스스로 구약 선지자로 인식한 낙스는 스코틀랜드에 신정국가를 건설

1260) D'Assonville, *John Knox and the Institutes of Calvin*, 71.

1261) D'Assonville, *John Knox and the Institutes of Calvin*, 75. 이런 오류는 R.J. Rushdoony(1916-2001)를 위시한 기독교재건주의자와 신율주의자(theonomist)에게서 볼 수 있다. 하지만 낙스의 개인 경건 생활과 목회 사역에 있어서 신약은 중요한 역할을 했다. Kyle, "John Knox's Methods of Biblical Interpretation," 70.

1262) 낙스의 '예언적 해석'은 계시록 해석 중 '세상-교회 역사적 해석'과 유사한데, 칼빈도 계시록을 세상-

하려고 했다. 가톨릭교인이 되는 것은 우상숭배자가 되는 것으로 간주한 것은 낙스의 구약의 예언적 해석으로부터 나온 것이며, 이 해석은 그의 구원관, 정치관, 성례관, 교회관, 그리스도의 제사장직에 대한 이해에 스며들었다.[1263]

낙스에게 구약에서 신약으로의 계시의 발전 및 전환이 그리스도 중심적 해석으로 강하게 나타나지 않지만 종종 감지되는데, 예를 들어 피를 먹지 말라는 계명과 십일조는 신약에서 폐지된 것으로 보았다.[1264] 설교를 예배의 중심이자 개혁의 가장 효과적인 방법으로 여긴 낙스는 성경의 정경성이나 구약의 기독론적 해석과 같은 학문적인 신학적 이슈에 큰 관심을 두지 않았다.[1265] 오히려 그는 그리스도께서 이미 이루신 승리에 근거한 교회의 승리를 강조하면서, 성경에서 행동과 실천의 모델을 발견하여 실천으로 옮겼던 행동가였다.

낙스가 신약에 사용된 구약을 어떻게 이해했는가를 보여주는 몇 가지 예를 살펴보면, 위에서 논의한 낙스의 해석학적 특징이 합당함을 확인할 수 있다. 마태복음 4장의 광야에서 예수님의 시험받으심을 주석하면서, 낙스는 하와, 아브라함, 욥, 광야에서 이스라엘, 다윗이 받은 시험을 구약 간 본문으로 언급한다. 여기서 낙스는 사탄이 사람을 파괴하기 위해서 가한 시험과 하나님이 선한 뜻을 이루기 위해서 허락한 시험을 구분한다.[1266] 낙스는 마태복음 4:4,

---

교회 역사적 해석 방법으로 이해했다. 칼빈에게 계시록의 짐승들(계 13:1, 11)은 로마 교황과 그의 추종자들이었고, 마찬가지로 낙스에게 있어서 계 18장의 음녀 바벨론은 적그리스도인 교황주의자들을 가리킨다. 참고. The Works of John Knox. 1.190-192. 모든 사람은 하나님 편에 속하든지 아니면 사탄 편에 속하기에 중간지대는 없는데, 사탄은 권력과 거짓 교리로 무장된 로마 가톨릭을 사용했다. 그러나 계시록의 저자 사도 요한이 16세기 교황이나 메리 여왕을 염두에 둔 것이 아니기에, 칼빈과 낙스의 견해는 저자의 의도를 밝힌 주석이 아니라 자신들 시대에 적용한 것이다. 참고. 송영목, "칼빈이 계시록 주석을 썼다면," 『칼빈 연구』 7호.(2010년): 151-75; C.S. Meyer, "The Geneva Bible," Concordia Theological Monthly 32(1961, 3): 144.

1263) The Works of John Knox, 3.34-35, 38, 51-52, 54-61; 4.373-420, 433-459, 467-520, 523-538.
1264) The Works of John Knox. 4.119. 참고. S. Reid, "John Knox, Pastor of Souls," WTJ 40(1977, 1): 8.
1265) Reid, "John Knox, Pastor of Souls," 15-16.
1266) The Works of John Knox, 4.96-97.

7, 10에서 예수님께서 신명기 6장과 8장이라는 성령의 검으로 영적 대적인 사탄을 이기셨는데, 이 사실은 고난과 시험 중에 있는 성도에게 동일하게 적용되어야 한다고 설명한다.[1267] 낙스는 예수님의 십자가의 죽으심을 설명하면서, 구약의 메시아와 구주에 대한 성취자로 오셔서 기적을 행하신 그리스도를 완전히 배척한 사건으로 설명한다. 예수님의 모습은 유대인들 나름대로 환상과 기대 가운데 기다린 메시아와 달랐기 때문이다. 낙스는 유대인들이 예수님을 죽임으로써 이방인이 아브라함의 언약의 자녀가 되리라는 언약이 성취된다고 언약 계시 발전적으로 이해한다.[1268] 예수님이 고난, 죽으심, 장사되심은 이사야 53장에 예언된 무흠한 어린양이 대속 사건이며 하나님의 공의를 완전히 만족시킨 구원 사건이고, 승천은 그리스도의 재위를 예언하는 시편 110편의 성취이다.[1269] 낙스는 왕이요 교회의 머리이신 예수님을 설명하면서, 이스라엘의 지도자 모세와 여호수아를 비교 대상으로 제시한다(참고. 수 1). 따라서 낙스에게 있어서 교회의 머리이신 예수님은 새 모세요 새 여호수아이다.[1270] 낙스는 반복되지 않는 예수님의 속죄 사건을 교황주의자들이 미사로 왜곡한 것을 염두에 두고, 심판을 면할 수 없는 이스라엘 백성을 위해서 기도하지 말라는 예레미야 14장을 인용한다.[1271] 이렇게 함으로써 낙스는 예레미야 당시의 남 유다가 받을 심판과 자기 당시의 가톨릭이 받을 심판을 직접 연결시킨다. 낙스는 하나님과 죄인 사이의 유일한 중보자이신 예수님이 당하신 고난을 설명하면서, 다윗이 반역을 일으켰던 아들 압살롬을 위해서 슬퍼했던 것을 언급한다.[1272] 여기서 낙스는 다윗을 예수님의 그림자로 이해한다. 낙스는 로마서 9장의 하나님의 예정과 그리스도의 죽음을 통한 구원의 기쁜 뜻이 이루어지는 것을 하나님의

[1267] *The Works of John Knox*, 4.112-114.
[1268] *The Works of John Knox*, 5.22.
[1269] *The Works of John Knox*, 2.101-102.
[1270] *The Works of John Knox*, 3.41.
[1271] *The Works of John Knox*, 3.59.
[1272] *The Works of John Knox*, 3.127.

주권을 강조하는 잠언 16장과 연결한다.[1273] 낙스는 첫 아담의 자유 의지의 오용과 마지막 아담이신 예수님의 순종을 대조하는데, 그가 '아담기독론'적 이해를 견지했음을 보여준다.[1274] 낙스가 문자적 해석을 주로 애용한 것은 부인하기 어렵지만, 그는 신약에 인용된 구약 본문은 물론이거니와 구약의 암시된 주제나 모형론을 적절하게 밝혀내어 자기 당시 교회에게 적용한 통찰력을 갖추었다.

3. 제네바성경(1560)의 신약의 구약 사용 이해

칼빈의 처제 캐써린(Catherine Jaqeumayne)의 남편 윗팅엄(William Wittingham, 1525?-1579)이 편집한 제네바성경은 1560년 4월 10일에 완성되었으며, 1568-1570년대 개정판은 칼빈의 교리문답을 반영했고, 1579-1615년대 개정판은 칼빈의 교리문답을 질문과 대답 형식으로 주해 부분에 추가했다. 1587년 이후 개정판은 칼빈주의자 톰슨(Laurence Tomson, 1539-1608)의 신약개정판을 반영했다. 따라서 제네바성경에 낙스보다는 칼빈의 영향이 더 컸음이 분명하다.[1275] 여기서 방대한 제네바성경을 모두 살필 수 없으므로, 과격한 개혁을 시도한 낙스의 입장이나 해석과 유사한 설명을 담고 있는 구절들과 신약과 구약의 관련성을 잘 보여주는 기독론적 해석을 요청하는 구절들로 한정해서 살필 수밖에 없다. 제네바성경의 해석 방식에 대한 연구가 여전히 미진하기에 상세하게 살펴볼 가치가 있다.

1273) *The Works of John Knox*, 5.141.
1274) *The Works of John Knox*, 5.140. 참고로 낙스는 예정론을 설명하면서 칼빈의 기독교강요와 시편 주석을 인용한다. *The Works of John Knox*, 5.22-23.
1275) C.C. Ryrie, "Calvinistic Emphases in the Geneva and Bishops' Bibles," *Bibliotheca Sacra* 122(1965): 23-30.

제네바성경의 신약의 구약 사용 방식을 이해하려면, 이 주제와 밀접한 관련성을 가진 구약의 신약적 이해를 먼저 살펴볼 필요가 있다. 제네바성경의 모세오경 해석을 살펴보면, 창세기 3:15를 그리스도와 교회의 승리를 예언하는 것으로 이해한다.[1276] 이것은 모세 저작인 창세기의 서론에서[1277] 오실 그리스도께서 죄로 타락한 세상을 구원하시고, 사탄과 죄악과 지옥을 이길 것이라고 밝힌 내용에서도 확인할 수 있다. 따라서 제네바성경은 창세기를 그리스도 중심적으로 이해하려고 애쓴다. 창세기 22:18의 아브라함의 언약을 사도행전 3:25와 갈라디아서 3:8과 연결시켜 이해한다.[1278] 창세기 49:10을 유다 지파 출신으로 이방인들에게 구원을 주실 예수 그리스도와 연결하여 이해한다.[1279] 창세기 서론과 달리 출애굽기 서론에는 그리스도 중심적인 해석에 대한 언급이 없다.[1280] 출애굽기 12:14의 유월절 제도가 그리스도의 오심으로 폐지될 것으로 해석한다.[1281] 레위기 서론에서 구약 제사들은 어린양 예수님의 보혈을 내다보는 것이라고 설명한다.[1282] 낙스가 세베르투스의 처형에 정당성을 확보했던 구절인 레위기 24:10-23을 제네바성경은 16세기에 적용하지 않는다.[1283] 이것은 성경의 좌우 여백의 제한 때문일 수 있다. 민수기 6:1-21의 나실인은 예수님에게서 성취된다고 설명한다.[1284] 신명기 서론에서 이스라엘의 40년간의 불순종(신 9:7)에도 불구하고 하나님의 큰 은혜를 강조하며, 하나님의 계명을 가감 없이 지키는 것의 중요성을 언급한다.[1285] 이것은 낙스에게 가장 중요한 구절인

1276) *The Geneva Bible*. A Facsimile of the 1560 Edition (Peabody: Hendrikson, 2007), 2. 이 글 각주에서 이하 *The Geneva Bible*.
1277) *The Geneva Bible*, 1.
1278) *The Geneva Bible*, 10.
1279) *The Geneva Bible*, 23.
1280) *The Geneva Bible*, 24.
1281) *The Geneva Bible*, 29.
1282) *The Geneva Bible*, 46.
1283) *The Geneva Bible*, 57.
1284) *The Geneva Bible*, 64.
1285) *The Geneva Bible*, 80.

신명기 12:32의 암시를 볼 수 있지만, 신명기 12:32에 대해서는 간본문만 밝히고(신 4:2; 수 1:7; 계 22:18) 추가 설명을 하지 않는다.[1286] 따라서 제네바성경에 미친 낙스의 영향이 크지 않고 간접적인 것으로 추론된다. 신명기 18:15의 모세와 같은 선지자는 하나님이 보내신 선지자들과 예수님으로 이해한다.[1287] 신명기 21:23을 갈라디아서 3:13과 연결하여 십자가에서 저주 받으신 예수님의 대속 사역으로 이해한다.[1288] 제네바성경의 여호수아 서론에서, 예수님은 참 여호수아로서 신약 교회를 새 가나안과 구원으로 인도하신다고 설명한다.[1289] 이것은 건전한 모형론적 해석의 전형이다. 같은 맥락에서 사무엘상 서론은 이스라엘 백성이 대적들로부터 구원을 가져다 줄 것으로 기대했던 인간 왕(사울)은 진정한 구원자이신 그리스도의 모형이라고 해석한다.[1290] 룻기 서론에서 이방 출신 룻은 다윗의 후손 그리스도께서 구원하실 이방인을 미리 보여주는 인물로 이해한다.[1291] 역대상 서론에서 아담부터 남 유다 왕들로 이어지는 족보는 다윗의 후손이신 예수님의 오심을 보여주는 목적을 담고 있다고 해석한다.[1292] 제네바성경의 시가서 해석과 관련하여, 시편의 서론에서 시편을 인간의 모든 경험과 하나님의 지혜를 담은 보물로 비유하며, 그리스도의 오심을 사모하는 자에게 임할 복을 소개하는 성경으로 이해한다.[1293] 시편 2:7을 그리스도의 탄생으로 이해한다.[1294] 시편 22편을 마태복음 27장 등과 연결하여 그리스도의 고난으로 이해한다.[1295] 시편 45편은 솔로몬과 애굽 여인의 사랑을 통

1286) *The Geneva Bible*, 87.
1287) *The Geneva Bible*, 89.
1288) *The Geneva Bible*, 90.
1289) *The Geneva Bible*, 97. 참고로 세상 창조로부터 가나안 정복까지의 기간을 2567년으로 단정한다.
1290) *The Geneva Bible*, 121.
1291) *The Geneva Bible*, 120.
1292) *The Geneva Bible*, 192.
1293) *The Geneva Bible*, 235.
1294) *The Geneva Bible*, 235.
1295) *The Geneva Bible*, 239.

해서 예수님과 교회의 관계를 내다본다고 해설한다.[1296] 시편 110편은 마태복음 22:44과 연결하여 그리스도 중심적으로 이해한다.[1297] 제네바성경은 중요한 메시아 시편들을 기독론적으로 이해하는 데 실패하지 않았다. 시편 150:3의 나팔로 찬양하는 것은 그리스도의 오심으로 신약 교회에서는 폐지될 것으로 본다.[1298] 이 입장은 칼빈이 예배 중에 악기를 사용하는 것을 꺼린 것과 유사하다. 잠언 9장은 신약 교회를 세우시는 지혜이신 그리스도의 사역으로 이해하는데, 이것은 지혜기독론에 입각한 적극적인 기독론적 해석의 예다.[1299] 전반적으로 아가서를 그리스도와 신약 교회의 사랑을 내다보는 것으로 이해한다.[1300] 제네바성경의 선지서 해석을 살펴보면, 이사야서 서론은 율법의 마침이신 그리스도께서 주실 화해를 하나의 주요 주제로 보는데, 이사야 7:14은 그리스도의 탄생으로 이해한다.[1301] 이사야 11:1의 이새의 줄기에서 나는 싹을 그리스도 중심으로 이해한다.[1302] 이사야 40장을 그리스도의 구원과 회복 사역으로 이해한다.[1303] 이사야 53장을 그리스도의 고난과 승귀로 이해한다.[1304] 에스겔 서론에서 회복의 예언은 그리스도와 새 성전인 교회를 통해서 성취된다고 이해한다.[1305] 에스겔 38:16의 '끝날'을 그리스도의 오심(초림)부터 세상 끝날(재림)까지라고 이해한다.[1306] 이것은 종말을 그리스도 초림과 재림 중심으로 이해한 예다. 다니엘 2:44-45는 흥망성쇠를 거듭하는 인간 제국과 다른 차원의

1296) *The Geneva Bible*, 244.
1297) *The Geneva Bible*, 261.
1298) *The Geneva Bible*, 267.
1299) *The Geneva Bible*, 270.
1300) *The Geneva Bible*, 281.
1301) *The Geneva Bible*, 283, 285.
1302) *The Geneva Bible*, 287.
1303) *The Geneva Bible*, 296.
1304) *The Geneva Bible*, 302.
1305) *The Geneva Bible*, 334.
1306) *The Geneva Bible*, 351.

영원한 그리스도의 나라로 이해한다.[1307] 다니엘 7:13-14는 신약 교회의 중보자이신 그리스도의 나라의 관점에서 이해한다.[1308] 다니엘 9:25-27의 70이레를 2성전의 건축부터 그리스도의 지상 사역의 기간과 AD 70년 예루살렘 성전의 파멸로 이해한다.[1309] 다니엘 12:1은 그리스도의 초림 당시에 교회가 겪을 고난과 하나님이 미가엘로 표현된 그리스도를 보내실 것으로 이해한다.[1310] 요엘 2:26은 그리스도께서 주실 풍성한 은혜로 이해한다.[1311] 요엘 2:28의 장래 일을 말하고, 꿈을 꾸고, 이상을 보는 것을 그리스도의 교회에서 복음과 성령으로 주어질 큰 은혜와 분명한 계시라고 이해한다.[1312] 해, 달, 별들이 급변할 것이라는 상징적 예언인 요엘 2:31을 이사야 13:10, 에스겔 32:7, 마태복음 24:29와 올바르게 연결하지만, 악한 권세자들의 파멸이라는 상징적 의미가 아니라 장차 있을 자연 질서의 변화라고 문자적으로 잘못 해석한다.[1313] 아모스의 기독론적 해석을 서론에서 언급하고, 아모스 9:11을 기독론적으로 해석한다.[1314] 미가 4:7은 다윗과 솔로몬 시대의 부강함을 성취하실 그리스도의 오심과 신약 교회의 번성으로 이해한다.[1315] 미가 4:13은 그리스도의 재림(last coming) 시에 대적이 파멸될 것을 내다본다고 설명하고,[1316] 미가 5:2, 4는 그리스도의 탄생과 그리스도의 나라의 견고함으로 이해한다.[1317] 하박국 3:2는 그리스도의 나

1307) *The Geneva Bible*, 358.
1308) *The Geneva Bible*, 362.
1309) *The Geneva Bible*, 363.
1310) *The Geneva Bible*, 365. 그리고 계 10:1의 힘센 천사와 12:7의 사탄을 무찌른 미가엘도 예수님을 가리킨다고 해석한다. *The Geneva Bible*, 118-119. 이 해석은 계시록의 천사기독론을 간파한 것이다. 하지만 계 17:1의 일곱 대접 심판을 시행한 천사조차 그리스도라고 보는 것은 무리다. *The Geneva Bible*, 120.
1311) *The Geneva Bible*, 369.
1312) *The Geneva Bible*, 369.
1313) *The Geneva Bible*, 370.
1314) *The Geneva Bible*, 370, 373.
1315) *The Geneva Bible*, 374-375.
1316) *The Geneva Bible*, 375.
1317) *The Geneva Bible*, 375.

라의 확장으로 이해한다.[1318] 학개 2:9의 평강은 그리스도께서 주시는 영적인 복과 지복(felicities)으로 이해하고,[1319] 스가랴 6:12의 싹을 그리스도로 이해하며,[1320] 스가랴 9:9는 마태복음 21:5와 연결하여 나귀타신 그리스도의 예루살렘 입성으로 설명한다.[1321] 스가랴 12:10은 요한복음 19:37과 연결하여 예수님의 몸이 찔린 것으로 이해하고,[1322] 스가랴 13:1의 더러움을 씻는 샘은 그리스도의 피로 인한 사죄로 설명한다.[1323] 하나님께서 보내실 사자이신 그리스도에 대한 예언을 포함하는 말라기서의 4:5에 예언된 엘리야는 세례 요한을 가리킨다.[1324] 이상에서 살펴 본대로 제네바성경은 구약 각권의 서론을 통해서 구약의 그리스도 중심적 의미를 강조하지만,[1325] 실제 본문 해석에 있어서 적극적으로 기독론적 해석을 시도하지 않는다. 그리고 낙스처럼 구약에서 스코틀랜드의 상황으로 직접 동일시하여 대입하는 방식은 제네바성경에서 거의 찾아볼 수 없다.

이상의 제네바성경의 구약의 신약적 이해를 염두에 두고, 이제 신약의 구약 사용 방식을 살펴볼 차례다. 제네바성경은 신약 복음서 서론을 간결하게 제공하는데, 속사도와 교부들의 의견을 많이 반영한다. 세리 출신인 사도 마태, 베드로의 제자로서 알렉산드리아에 처음으로 교회를 설립했고 네로의 통치 제 8년에 사망한 마가, 안디옥 출신 의사요 바울의 제자와 동역자로 88세까지 살다가 콘스탄티노플에 묻힌 누가, 세베데의 아들이자 사랑받는 제자로서 주님이

1318) *The Geneva Bible*, 378.
1319) *The Geneva Bible*, 379-380.
1320) *The Geneva Bible*, 382.
1321) *The Geneva Bible*, 383.
1322) *The Geneva Bible*, 384.
1323) *The Geneva Bible*, 380, 384.
1324) *The Geneva Bible*, 385-386.
1325) 제네바성경의 구약 각 권의 기독론적 서론은 R. Pratt Jr.가 편집한 *Spirit of the Reformation Study Bible* (Grand Rapids: Zondervan, 2003)의 구약 각 권 서론과 유사하다.

죽으신지 60년 후에 에베소 근교에 묻힌 요한이 복음서를 각기 기록했지만 네 복음서는 예수님이 이루신 구원이라는 내용에 있어서 통일성이 있다. 복음서에 대한 이런 서론적인 설명은 복음서 내용의 진정성을 거부하고 공동체의 편집을 주장하기 시작한 이성주의와 역사비평이 출현하기 이전의 입장이다. 마태복음 서문에서[1326] 복음의 실재이신 예수님 안에서 모든 약속은 '예'가 된다고 함으로 구약의 성취자이심을 밝힌다. 마태복음 2:15를 출애굽 사건으로 이해한다. 마태복음 4:1-10의 예수님의 시험 받으심을 신명기의 간 본문들로 설명한다.[1327] 마태복음 4:18의 어부를 제자로 부른 것을 고린도전서 1:27의 약한 자를 불러 강한 자 부끄럽게 하는 것으로 설명한다.[1328] 이것은 신약 안에서 일어나는 간본문적 해석의 예다. 마태복음 5:4의 위로를 이사야 61:2의 위로와, 마태복음 5:6의 의인의 배부름을 시편 73:12와, 마태복음 5:8의 마음의 청결함을 시편 2:4와 연결한다.[1329] 마태복음 5:21-32의 살인과 간음에 대한 재(再)정의를 구약 관련 율법을 들어, 내면의 상태에 중요성을 언급한다.[1330] 마태복음 5:17의 율법을 온전하게 하심을 복음이 율법의 성취라고 간략히 설명한다.[1331] 바리새인에게 선언된 화인 마태복음 23:14를 다수사본처럼 성경에 포함한다.[1332] 마태복음 26:67은 그리스도가 당할 고난을 예언하는 이사야 50:6의 성취이며,[1333] 마태복음 27:46은 시편 22:1의 '엘리엘리 라마사박다니'의 성취로 이해한다.[1334] 마태복음 28:20의 약속은 승천하실 예수님이 성령의 능력

1326) *The Geneva Bible*, 2.
1327) *The Geneva Bible*, 3.
1328) *The Geneva Bible*, 3.
1329) *The Geneva Bible*, 3.
1330) *The Geneva Bible*, 3.
1331) *The Geneva Bible*, 3.
1332) *The Geneva Bible*, 14. 하지만 베자사본은 마 23:14를 생략한다.
1333) *The Geneva Bible*, 16.
1334) *The Geneva Bible*, 17.

으로 교회와 임마누엘할 것으로 본다.[1335] 마가복음 16:20의 참 말씀을 확증한 참 표적을 거짓 교리에 거짓 표적이 따를 것이라는 신명기 13:3과 연결하여 역으로 강조한다.[1336] 예수님이 초막절 마지막 날에 설교에서 언급하신 성령(요 7:37-39)은 요엘 2:28의 설명에서 사도행전 2:17-21 대신에 언급된바 있다.[1337] 제네바성경의 신약 역사서인 사도행전 해석을 살펴보면, 사도행전 2:38을 이사야 4:3과 요엘 2:28의 성취로 본다.[1338]

제네바성경의 신약 서신서 해석을 살펴보면, 흥미롭게도 교회개혁가들에게 가장 중요한 본문인 로마서와 갈라디아서 서론에 가톨릭의 교리와 관행의 오류를 지적하거나 비판하는 내용은 없지만, 로마서의 서론에 이신칭의 교리는 명시한다.[1339] 구약 제의가 예수님 안에서 끝난 것을 주요하게 다루는 히브리서의 저자가 누구인지 모르지만, 바울은 아닌 것 같다고 설명한다.[1340] 히브리서 9:26의 '세상 끝'은 그리스도의 초림으로 정확히 이해한다.[1341] 인간의 모든 제도에 순종하라는 베드로전서 2:13을 로마서 13:1과 연결시키되, 16세기 당시의 시민불복종이나 저항사상을 언급하지 않는다.[1342] 하지만 까다로운 상전에게 순종하라는 베드로전서 2:18에서, 하나님을 거역하는 잘못된 명령을 내리는 사람에게 순종하지 말고 하나님께 순종해야 한다고 설명한다.[1343] 여기서 칼빈

1335) The Geneva Bible, 17.
1336) The Geneva Bible, 27.
1337) The Geneva Bible, 369. 요 4:6와 19:14의 '제 육시'를 정오로 보기에, 요한복음은 로마식 시간이 아니라 유대식 시간을 따른다고 본다. The Geneva Bible, 44, 53. 하지만 주님이 빌라도 앞에서 금요일 정오에 재판 받은 것은 사실이 아니다.
1338) The Geneva Bible, 55. 참고. Meyer, "The Geneva Bible," 143.
1339) The Geneva Bible, 70, 87.
1340) The Geneva Bible, 120.
1341) The Geneva Bible, 105. 참고로 야고보서는 알패오의 아들 사도 야고보가 썼다고 본다. The Geneva Bible, 107.
1342) The Geneva Bible, 109.
1343) The Geneva Bible, 109.

의 불복종사상과 낙스의 저항사상의 흔적을 볼 수 있다. 베드로전서 3:18-22를 성육신하기 전의 그리스도께서 성령으로 노아의 입을 통하여 회개를 선언한 것으로 해석한다.[1344] 이 해석은 어거스틴의 전통을 따른 것이다. 요한일서 2:12, 18의 적그리스도를 가현설자로 이해하며, 그 당시의 교황주의자로 보지 않는다.[1345]

제네바성경의 신약 묵시예언서인 계시록 해석은 이 글의 논의를 위해서 중요하다. 왜냐하면 계시록은 수많은 구약 암시로 가득하여 구원계시사적 해석을 요청할 뿐 아니라, 칼빈과 낙스가 교황주의자들과 싸울 때 종종 애용한 성경이기 때문이다. 계시록은 적그리스도의 세력과 싸우는 그리스도와 그분의 신부이자 새 예루살렘 성인 교회를 보여준다.[1346] 예수님의 호칭인 '유다 지파의 사자'(계 5:5)의 근원을 정확하게 창세기 49:9에서 찾는다.[1347] 계시록 6:2의 복음 전파의 결과인 흰말을 정결, 승리, 복으로, 6:5의 붉은 말은 복음이 거부당할 때 발생하는 잔인한 전쟁으로, 6:5의 검은 말은 기근과 물자의 부족으로, 6:8의 청황색 말은 질병과 죽음을 상징한다고 해석한다.[1348] 계시록 7:4과 14:1의 144,000명은 그리스도께서 구원하시는 유대인과 이방인 전체 성도(great and ample church)를 가리킨다고 본다.[1349] 계시록 12:7의 미가엘을 그리스도라고 이해함으로써 천사기독론을 발견하며, 계시록 13:1-10의 바다에서 올라오는 짐승을 네로 황제를 중심으로 하는 적그리스도의 세력인 1세기의 로마 제국으로 해석한다.[1350] 이 해석은 대부분의 교회개혁가들이 이 짐승을 중세의

1344) *The Geneva Bible*, 110.
1345) *The Geneva Bible*, 112.
1346) *The Geneva Bible*, 114.
1347) *The Geneva Bible*, 116.
1348) *The Geneva Bible*, 117.
1349) *The Geneva Bible*, 117, 119. 계 11:2-3의 42개월도 하나님이 정해두신 제한된 시간이라고 상징적으로 이해한다. *The Geneva Bible*, 118.
1350) *The Geneva Bible*, 119.

교황주의자들로 이해하는 것과 비교할 때 꽤 건전하다. 하지만 계시록 13:11의 땅에서 올라오는 짐승은 교황 Boniface 8세(1294-1303)가 왕권과 제사장권을 휘두른 것으로 해석한다.[1351] 계시록 15:3의 새 노래를 홍해를 건넌 이스라엘이 부른 구원의 노래(출 15:1 이하)와 연결시킨다.[1352] 계시록 16장의 7대접 재앙을 출애굽 시 10재앙과 연결하여 적절히 이해한다.[1353] 계시록 17-18장의 음녀를 계시록에 나타나지 않는 용어인 '적그리스도'라고 해석한다.[1354] 계시록 19:7의 어린양의 혼인잔치를 '이미'(초림에서 시작)와 '아직 아니'(재림에서 완성)의 관점에서 해석하며,[1355] 계시록 20:2의 천년왕국은 예수님의 초림부터 교황 실베스터 2세(946-1003)까지 교리가 순수하게 보존된 문자적인 1000년이라고 오석한다.[1356] 이 해석은 계시록의 숫자가 가지는 상징적인 의미를 간과한 것이다. 계시록 21:1의 신천신지를 부활 이후에 도래할 회복되고 갱신된 세상으로 해석한다.[1357] 더 나아가 계시록 9:6-7, 11:7-8, 13, 13:11; 17:4, 19:1-4에서 하나님의 자녀를 괴롭히는 적그리스도인 교황(특히 '마귀의 종'으로 묘사된 그레고리 7세)을 비판한다.[1358] 낙스와 칼빈에게도 사도 요한이 의도하지 않은 의미를 당시 16세기 상황에서 유추해 내는 이런 바람직하지 못한 경향이 있었는데, 이것은 교회개혁가들이 처한 반가톨릭 투쟁이라는 상황 때문에 발생했다. 이런 약점에도 불구하고 낙스보다 칼빈의 영향이 크게 반영된 제네바성경이 보여주는 구약이

1351) The Geneva Bible, 119.
1352) The Geneva Bible, 120.
1353) The Geneva Bible, 120. 참고로 계 16:7의 '되었다'를 재림 때의 최종 심판으로 본다.
1354) The Geneva Bible, 120.
1355) The Geneva Bible, 121.
1356) The Geneva Bible, 121.
1357) The Geneva Bible, 122. 제네바성경에서 번역과 설명이 상충하는 경우가 있다. 예를 들어, 눅 1:6에서 사가랴와 엘리사벳의 인품을 설명하는 δικα ωμα는 제네바성경이 'ordinance'(규례)로 번역하지만, 하나님께서 명령하신 제의에 외적으로 순종하는 'justification'(칭의)라고 설명한다. 제네바성경은 가톨릭과 다른 개신교의 가르침을 지지하려고 반교황적 해석을 시도했다. 예를 들어, 마 9:17의 낡은 가죽부대는 (가톨릭의) 미신적 의식으로 미혹된 마음이라고 설명한다. The Geneva Bible, 6.
1358) The Geneva Bible, 118-119, 120-121. 하지만 계시록에 '적그리스도'라는 용어는 나타나지 않는다. 참고. Meyer, "The Geneva Bible," 139, 144-45.

사용된 신약 본문에 대한 기독론적 해석의 기여와 성경 전체의 관주는 비교적 충실한 것으로 평가받아 마땅하다.

4. 요약 및 비교

칼빈의 저작들과 단 권에 많은 관주와 농축된 해설을 담은 제네바성경은 각각의 성경해석의 특징을 파악하는데 도움을 준다. 하지만 낙스는 성경 해석에 대한 논문이나 주석을 남기지 않았기에, 넓게는 성경해석 방법, 좁게는 신약의 구약 해석 방법을 파악하는 것은 제한적이다. 칼빈, 낙스, 그리고 제네바성경은 공통적으로 성경의 절대 권위를 인정했으며, 이 셋은 역사적 배경과 문자적 의미를 나름 찾았고, 정도의 차이가 있지만 그리스도 중심적 해석을 시도했으며, 반 가톨릭 정서도 공유했다. 이 셋 사이에 해석학적 차이점도 나타나는데, 16세기 칼빈으로 대변되는 개혁파와 낙스로 대변되는 장로파 그리고 개혁파의 영향이 담긴 장로교 유산인 제네바성경이 구약, 신약, 그리고 신약의 구약 사용을 이해한 방식은 아래의 표와 같이 비교할 수 있다:

	칼빈	낙스	제네바성경
구약의 신약적 해석	내적 조명을 강조하고, 문법-역사적 해석을 중시함. 매우 적극적이지 않은 기독론적 해석.	기독론적 해석은 다소 약하고 문자적 해석과 모범적 해석을 선호함. 구약의 기독론적 해석을 위해 종종 모형론을 사용함. 반 가톨릭적 적용이 강함.	각 권의 서론에서 기독론적 해석의 원칙을 강조하지만 편차가 있고 제한적인 기독론적 주해를 시도함. 문법-역사적 해석 시도함. 상징적 해석을 잘 하지만 가끔 문자적으로 오석함.

신약 해석	신약은 구약과 실행 방식에 있어서 차이가 있음을 인정하며, 신약에서 구약의 계시가 선명하게 발전했음을 인정함. 반 가톨릭적 적용이 나타남.	신약은 본질과 실행 방식에 있어서 거의 구약과 동일함. 주로 계시록 해설에서 반 가톨릭적으로 적용함.	신약과 구약의 간본문들과 연결시켜 신약을 해석함. 주로 계시록 해설에서 반 가톨릭적 적용이 나타남. 상징적 해석을 잘 하지만 가끔 문자적으로 오석함.
신약의 구약 사용 해석	구약이 사용된 신약 구절을 해석할 때는 다소 적극적인 계시의 발전을 찾음.	신약과 구약을 내용과 시행 방식에서 거의 동일시하기에, 다소 제한적이고 소극적인 방식으로 계시 발전이 신약에 있음을 인정함.	다소 적극적인 계시 발전을 찾음.

5. 나오면서: 16세기 개혁파와 장로파의 신약의 구약 사용 이해의 현대적 함의

오늘날 장로교회는 교회정치에 있어 낙스의 후예들이 발전시킨 장로교 체제를 따른다. 하지만 건전한 장로교회는 칼빈의 개혁주의 사상을 계승하여 발전시키고 있으므로, 오늘 날 개혁파와 장로파를 교회정치가 아니라 성경해석에서 구분하는 것은 쉽지 않다. 한국의 개혁파와 장로파는 낙스에서 제네바성경을 거쳐 칼빈에게로 더 발전된 신약의 구약 사용 해석을 인식하는 것으로 만족하지 말고,[1359] 한국 교회는 칼빈의 그리스도 중심적인 계시사적 해석을 더욱 발전시켜야 한다. 그런데 한국 교회의 설교자는 그리스도 중심적 계시 역사의 발전을 찾는 고단한 작업을 뒤로한 채 낙스가 자주 그러했듯이 더 쉬운 성경의 모범적 해석을 선택하지 않았는지 반성해 볼 일이다. 물론 모범적 성경해

[1359] 칼빈의 입장을 낙스는 다소 소극적으로, 제네바성경은 적극적으로 수용했다. 성경 해석 분야 이외에 낙스가 칼빈의 사상을 보존, 발전, 적용했다는 견해에 대해서는 조진모, "칼빈과 낙스", 『칼빈과 종교개혁가들』, 개혁주의학술원 편 (부산: 고신대학교 개혁주의학술원, 2012), 173을 보라.

석과 설교 자체가 비성경적인 것은 아니다. 구약이 사용된 신약 본문을 석의할 때 칼빈, 낙스 그리고 제네바성경은 성경의 절대적이고 영원한 권위와 통일성에 대해 한결같이 강조했다. 이런 강조점은 역사비평과 현대의 이념적 해석들이 성경의 영감성과 권위를 훼손하는 경향에 경종을 울린다. 칼빈의 개혁주의는 낙스의 장로교 형성에 다방면으로 영향을 주었지만, 칼빈 그리고 제네바성경과 달리 낙스는 과도하게 구약을 강조하면서 구약과 신약의 불연속성을 종종 간과했다. 오늘날 한국교회는 칼빈처럼 구약과 신약의 강한 통일성을 주석적으로 밝히되, 다양성도 적절히 간파해야 한다. 그리고 우리는 제네바성경이나 칼빈보다 더 적극적인 그리스도 중심적 해석을 신약의 구약 사용 이해를 통해 시도해야 하는데, 이를 위해 신약이 구약을 변형시켜 사용하는 이유를 기독론적으로 밝히는 최근 연구는 귀한 통찰력을 제공한다. 앞으로 신약의 구약 사용에 관한 해석학적 원칙과 방법론에 대한 연구가 더 촉진되어야 하며, 이런 통찰력이 실제 주석과 적실한 적용이 강력한 설교에 반영되어야 한다.

03 20세기의 개혁주의 신약신학: 헤르만 리덜보스, 리챠드 개핀 2세, 야콥 판 브럭헌 그리고 안드리 두 토잇을 중심으로

들어가면서: 20세기에서 현재까지의 신약 연구 흐름

지난 20세기는 역사적 예수 탐구(Historical Jesus Quest)가 활발히 진행된 시기였다. 그리고 종말론과 관련하여, 알버트 슈바이처(1875-1965)로 대변되는 철저(미래적) 종말론은 예수님을 묵시적인 환상가로 보았는데, 예수님이 선포한 하나님의 나라가 늦게 도착하자 자신의 죽음으로 그것을 촉진시켰다고 보았다. 마부르그대학교의 오토(Rudolf Otto. 1869-1937)와[1360] 캠브리지대학교의 다드(C.H. Dodd. 1884-1973)로[1361] 대변되는 실현된(혹은 실현되어 가는 현재의) 종말론은 신약의 종말론 중 이미(already realized)의 측면을 예수님의 인격과 사역에서 강조하는

[1360] 루터란 신학자요 비교종교학자인 루돌프 오토는 괴팅겐대학교에서 '마틴 루터의 성령론 이해'로 박사학위를 받았고, 그의 교수 자격 논문의 주제는 '칸트'였다.

[1361] 다드의 대표적인 제자로 David Daube와 W.D. Davies가 있다. Davies의 제자는 바울의 새 관점을 주창한 E.P. Sanders이다.

데 중요한 공헌을 했지만 일방적인 면이 있다.

불트만의 '비신화화'(demythologization) 작업도 간과할 수 없다. 불트만에 의하면 신약 기자들 당시의 신화적인 세계관은 저술을 위해 필요한 부분이었는데, 우리가 현재에 신약을 이해하려면 그것을 비신화화 해야 한다는 것이다. 실존주의 철학자인 하이데거의 영향을 받은 불트만은 주로 1차 대전 후에 발흥한 양식비평의 대가이기도 한데, 그의 제자들인 콘첼만, 케제만, 마르센 등은 편집비평을 2차 대전 후에 발전시켰다. 그리고 불트만의 제자로서 취리히대학교에서 가르친 에벨링(G. Ebeling. 1912-2002)과 쉴라터와 불트만의 제자이자 마부르그대학교에서 교수했던 푹스(E. Fuchs. 1903-1983)는 본문의 말 사건(wortgeschehen)과 현대적 선포를 중요시한 '신해석학'(New hermeneutics)을 발전시켰다.[1362] 이 시기의 전승 비평(tradition criticism)과 종교사학파적 해석 그리고 Q에 대한 연구도 주목할 만하며,[1363] 역사적 예수 탐구가 사회-과학적(social scientific)해석의 도움

[1362] 신해석학에 대해서는 소기천, 『훅스 & 에벨링: 해석학의 역사와 새로운 해석학』 (서울: 살림출판사, 2006) 그리고 J.M. Robinson & J.B. Cobb Jr. (eds), *The New Hermeneutic* (Harper & Row, 1964)의 제3장과 5장을 참고하라. 신해석학은 성경 본문 자체가 본문을 분석하기 위한 학문적이고 역사적인 노력(즉 역사비평)에 앞서 고유의 독자적인 말을 가지고 있으며 스스로 말을 하고 있다는 데에서 출발한다. 신해석학은 성경 고유의 언어세계를 발견하여 신학적 언어론의 설계를 감행하였다. 특히 언어를 존재 이해의 원천(즉 언어는 존재의 집)으로 파악한 후기 하이데거의 영향을 받아, 언어의 성격을 해석학에 적용시키려 하였다. 따라서 텍스트를 수동적인 대상으로 해석한다는 입장, 즉 현재적인 경험이 텍스트에 빛을 비추는 것이 아니라 반대로 텍스트가 현재의 경험을 조명하여 해석자가 예수님의 세계에 참여하고 하나님과 세계에 대한 새로운 이해를 가지게 된다고 주장한다. 성경 언어를 해석하고자 하는 일방적인 틀을 깨뜨리고, 오히려 무엇보다도 먼저 성경 언어가 선포하는 말을 들어야 한다고 지적한 것이 신해석학이 지니고 있는 장점이라 할 수 있다(참고. 위의 소기천의 책 p. 16, 24).

[1363] 종교사학파가 고대 근동의 종교들과 이스라엘의 종교 사이의 관련성을 따라 해석하려고 하지만, 이스라엘은 '하나님의 특별 계시 위에 근거한 종교'라는 독특성을 가지고 있다. 참고로 20세기의 로마 가톨릭 학자들은 역사비평을 본격적으로 수용하게 되었는데 그 배경은 다음과 같다. 교황 피우스 12세의 1943년 회칙(*Divino afflante Spiritu*)은 로마 가톨릭 교권의 공식문서로서 성경비평의 필요성을 처음으로 강조했으며, 성경의 의도와 목적에 따라 성경을 해석하고 다양한 성경 본문의 문학 장르에 주의할 필요가 있다고 강조했다. 로마 가톨릭이 비평이론을 도입한 두 번째 전환점은 흔히 '주교 성경위원회'(Pontifical Biblical Commission)의 『복음서의 역사적 진리에 대한 훈령』 (*Instruction on the Historical Truth of the Gospels*. 1964)이라고 본다. 이 문서는 *CBQ*, 26, 305-12에 실렸다. 세 번째 전환점은 2차 바티칸 회의(the Second Vatican Council)의 『신적 계시에 관한 교리 헌장』(*Dogmatic Constitution on Divine Revelation*)이다. 이것은 아봇(Walter M. Abbott)이 영어로 편집한 『2차 바티칸 문서』(*The Documents of Vatican 2*. Geoffrey Chapman, 1966)에서 볼 수 있다.

을 받아 가속화되었다.

20세기 후반부터 지금까지 논의 중인 '바울의 새 관점'에 대해서는 옥스퍼드대학교, 캠브리지대학교, 그리고 듀크대학교에서 가르친 샌더스(E.P. Sanders. b. 1937)의 『바울과 팔레스틴 유대교』(Paul and Palestinian Judaism. Minneapolis: Fortress Press, 1977)를 참고할 수 있다.[1364] 그리고 21세기 신구약 신학계에서는, 전반적으로 학제간의 상호보충적인 해석학을 추구하는 경향이 강하다. 물론 여전히 문법-역사적 해석에 기초한 계시사를 단차원적(mono-dimensional)으로 연구하는 분위기는 한국에서 팽배하다. 그리고 여성신학, 제 3세계 신학, 탈식민지 신학, 해방신학과 같은 이념비평(ideological criticism)과 이와 보조를 맞춘 독자 중심(reader-centered)의 해석학이 포스트모던 해석학에서 영향을 많이 미치고 있다.[1365]

20세기의 개혁주의 신약신학의 흐름을 헤르만 리덜보스, 리챠드 개핀 2세, 야콥 판 브러헌 그리고 안드리 두 토잇을 중심으로 살펴보자. 세 신약학자의 저서 전체를 다루는 것은 역부족이므로, 그들의 주요 저서를 중심으로 살필 것이다.[1366]

[1364] 샌더스는 1966년에 유니온 신학교에서 The Tendencies of the Synoptic Tradition라는 논문을 제출하여 신학박사학위를 받았다. 1990년에는 옥스퍼드대학교와 헬싱키대학교에서 박사학위를 받았다. 1990년부터 듀크대학교에서 교수하다가 2006년에 은퇴했다.
[1365] 신약 해석에 관한 간략한 역사적 흐름을 보려면 필자의 『신약해석학』 (부산: 신언출판사, 2006), 17-21을 보라.
[1366] 20세기의 복음주의 성경 신학자들 35인에 대한 소개를 위해서는 W.A. Elwell & J.D. Weaver (eds) 『20세기 복음주의 성경 신학자들』 (서울: 이레서원, 2001)을 보라.

1. 헤르만 리덜보스(Hermann N. Ridderbos. 1909-2007)

헤르만 리덜보스는 구원사와 성경신학을 강조한 20세기의 가장 중요한 신약 학자 중 한 명이다. 그는 화란 자유대학교에서 흐로세이드(F.W. Grosheide)의 지도로 『마태복음에 따른 산상설교의 의미』(De Strekking der Bergrede naar Matteüs. 1936)라는 논문으로 신학박사학위를 우등(cum laude)으로 받았다. 9년여 동안의 목회 후, 흐레이다누스(Sidney Greijdanus) 후임으로 1943년부터 1978년까지 깜뻔신학대학교(Oudestraat)에서 교수했다.[1367] 참고로 화란에서 깜뻔신학대학교는 레이덴(Leiden), 흐로닝엔(Groningen), 암스테르담(Amsterdam), 위트레흐트(Utrecht)대학교 다음으로 오랜 역사를 갖춘 대학이다. 그는 1991년 남아공 스텔렌보쉬대학교에서 명예 신학 박사학위를 받았다.

1964년에 세계신약학회(SNTS) 회장을 역임한 오스카 쿨만(Oscar Cullmann)의[1368] 신학적 영향을 일정 부분 수용한 리덜보스의 『구속사와 신약성경』 (Heilsgeschiedenis en Heilige Schrift van het Nieuwe Testament. Kampen: Kok, 1955, 영역 1963)은 한글로 『구속사와 성경』이라는 제목으로 번역되었다. 이 책의 제 8장과 12장은 신약의 정경적 권위와 관련된 문제들을 영감설이라는 교의학적 접근으

1367) 헤르만 리덜보스의 약력과 신학에 대해 리덜보스를 자신의 박사학위 심사관으로 모셨던 정훈택교수가 쓴 『헤르만 리덜보스: 교회를 위한 신학자』(서울: 살림출판사, 2003)가 상세한 정보를 제공한다. 그리고 https://en.wikipedia.org/wiki/Herman_Nicolaas_Ridderbos도 참고하라.
1368) 쿨만은 기원(시작)과 종말을 역사적 사건이 아닌 '단순한 예언'으로 보기에, 창조를 신화로 간주하고, 아담을 비역사적 인물로 이해한다. 그리고 예수님의 동정녀 탄생을 단순한 예언으로 보면서 비역사적 사건으로 간주한다. 쿨만은 불트만의 실존주의적 해석을 비판했지만, 자신도 불트만처럼 양식비평을 의존하여 역사비평을 공유했다. 이런 문제점에도 불구하고, 쿨만은 그리스도를 구속사의 주관자요 그리스도 십자가의 구속적 죽음과 부활을 구속사의 중심으로 제시함으로써 특히 세대주의적 시간 개념에 오염되어 있는 이들을 교정했다. 쿨만의 그리스도 중심적인 구속사 이해는 『그리스도와 시간』(한글판 1987), 194-95와 『신약의 기독론』(한글판 1991), 214-15에 잘 요약되어 있다. 오스카 쿨만(b. 1902)의 신학의 문제점을 위해서는 변종길. "하나님 나라와 성령의 사역" 『개혁신학과 교회』 3(1993), 70-73을 참고하라(특히 각주 18번). 변종길은 쿨만이 구속사에 있어서 이미와 아직아니 사이의 '긴장'을 강조한 것을 문제점으로 지적하지만, 쿨만은 초대 교회가 '이미'의 측면을 확신함으로써 '아직 아니'의 문제를 해결할 수 있다고 보기에 쿨만의 '긴장' 개념은 무리가 없어 보인다.

로 다루지 않고, 구원 역사적 방법으로 서술한다(특히 p. 24-25).[1369]

리덜보스의 주저 중 하나인『왕국의 도래』(De Komst van het Koninkrijk. Kampen: Kok, 1950, 한글판 1988)는 예수님의 삶과 죽음을 통해서 이 세상에 이미 임한 하나님의 역동적인 통치의 현재성에 큰 강조점을 둔다(p. 31-33. 특히 제 3-4, 8-9장). 리덜보스는 이 책의 마지막 장인 제 10장에서 하나님 나라의 미래 즉 성취와 완성을 다룬다.

리덜보스의 다른 주저인『바울: 그의 신학 개요』(Paulus: Ontwerp van Zijn Theologie. Kampen: Kok, 1966, 영역 1975, 한글판, 1985)에서[1370] 바울신학 전체를 파악할 수 있는 주요 개념은 구속사적 관점에서 바라보는 것이며, 이를 통해 예수님의 생애를 종말론적인 구원의 시기라고 주장한다. 결국 리덜보스에게 있어서 그리스도 사건이 바울신학의 출입문 격이다. 따라서 리덜보스의 결론은 바울신학의 기본 구조는 그리스도 중심의 신학인데, 대부분의 주제는 '이미와 아직 아니' 사이의 긴장을 반영한다(p. 53, 58, 62).

그리고 리덜보스는『마태복음 주석』(Het Evangelie van Matthe s. I, II. Kampen: Kok, 1941, 1946, 영역 1987, 한글판 1990)과 자신에게 명예신학 박사학위를 수여한 스텔렌보쉬대학교에 헌정한『요한복음 주석』(Het Evangelie naar Jahannes. Kampen: Kok, 1987, 영역 1997)등을 집필했다. 리덜보스의 신약신학은 주석을 위한 것이라고 할

1369) 이와 관련된 리덜보스의 책 Studies in Scripture and Its Authority (Grand Rapids: Eerdmans, 1978)는 1982년에『성경의 권위』라는 제목으로 번역되었다.
1370) 이 책에 대한 비평으로 변종길의 "헤르만 리덜보스의 바울신학에 나타난 주요 문제점,"『개혁신학과 교회』5(1995), 39-70을 참고하라. 변종길은 리덜보스 신학을 개혁주의적인 작품으로 인정을 하면서도, 크게 다음 세 가지 문제점을 지적한다: (1) 리덜보스는 오스카 쿨만의『그리스도와 시간』에 나타난 구속사 신학을 수용한 지나친 구속사적 도식으로 인해, 구속사에 있어서 개인의 반응과 회심의 측면을 간과하고 객관적이고 전체적인 측면을 강조함 점, (2) 프랑스 사회학파(예. 에밀 뒤르깽, 레비 브룰)의 영향을 받은 H.W. Robinson의 집합적인 인간 개념(corporate personality)을 그리스도와 교회의 연합을 설명하기 위해서 도입함 점, (3) 그리스도의 승천 이후를 '성령의 시대'로 보고, 성령을 '종말론적 은사'라는 측면에서 접근한 일방적 요소가 있다.

수 있는데, 그는 문법-역사적 해석에 기초한 신학적 해석을 통해서 신약의 차이보다는 종합을, 모순보다는 조화를 찾았다.

2. 리챠드 개핀 2세(Richard B. Gaffin Jr. 1936-)

1936년 북경의 중국 선교사 가정에 태어난 리챠드 개핀 2세(이하 '개핀')는 칼빈대학(1958)과 웨스트민스터신학교(B.D, Th.M, Th.D)를 졸업했고, 괴팅겐대학교에서도 수학했다(1962-1963).[1371] 그는 미국 정통장로교회(OPC) 목사인데, 목사 안수를 받은 1965년부터 웨스트민스터신학교에서 신약학을 가르쳤고, 1986년 이래로 교의학을 가르쳤다.[1372] 개핀은 1990년부터 2008년 은퇴하기 까지 성경신학과 교의학을 같이 가르쳤다. 그는 웨스트민스터신학교의 27번째 전임 교수였다. 개핀은 웨스트민스터신학교 구약 교수였던 영 (E.J. Young)의 사위다. 개핀은 100개 이상의 소논문을 썼고, 단행본 약 10권의 저자 그리고 편집인이었다.[1373] '성경신학의 아버지' 게할더스 보스(G. Vos)와 웨스트민스터신학교 교의학 교수 존 머레이(J. Murray)에게 헌정한 『부활의 중심성』(The Centrality of the Resurrection. Grand Rapids: Baker, 1978)은 개핀의 웨스트민스터신학교 신학박사 학위논문(1969)을 약간 수정한 것이다. 이 책에서 개핀은 다음과 같이 주장한다: "그리스도의 부활이 사도(바울)의 구원론적 교훈 전체에 있어서 핵심요소이다. 부활, 승천, 재위는 그리스도의 구속사의 절정일 뿐 아니라, 부활의 특별하며 구별된 성격과 그것의 비할 수 없는 풍요함의 모든 국면을 통하여 각개 신자의 구속 체험이 야기된다. 왜냐하면 변화시키는 그리스도의 인격을 통하여 부

1371) 아버지 리챠드 개핀 시니어(1907-1996)는 미국 정통장로교회(OPC) 소속으로 중국과 대만에서 1935-1976년까지 선교 활동을 했다.

1372) 개핀은 1968년 WTJ에 "Paul as Theologian"을 기고하여, 바울을 사도를 넘어 신학자로 이해했다. 따라서 그는 바울이 신학자가 아니라는 근본주의적인 경향을 일찍이 극복했다.

1373) 참고. http://www.opc.org/os.html?article_id=273

활만이 그에게 연합되는 자에게 살려주는 영이 되시게 하기 때문이다. 그 사건만이 새 세대, 종말론적 세대를 시작하게 하며 그곳에 다른 이들을 인도하고, 따라서 여러 형제 가운데 먼저 나신 자가 되신다. ... 칭의와 양자, 성화, 영화 모두는 공통적으로 구속사적이며 부활의 성격을 지닌 기원과 완성을 갖는다"(p. 176-77).[1374]

2012년에 다섯 가지 성경해석 방법론을 비교하는 책이 출판되었다. 덴버신학교의 C.L. Blomberg가 역사비평(본문비평, 전승비평) 및 문법적 해석(역사-문화적 배경, 본문의 구조 및 어휘 분석 등)을, 버지니아 침례교신학교의 F.S. Spencer가 문학적-포스트모던 해석(성경은 완성된 문학 작품으로서 cotext, intertext, context, open text를 어떻게 가지고 있는가를 분석)을, 뉴욕 포담대학교의 M. Westphal이 한스 가다머와 폴 리꾀르의 해석학에 기초한 철학-신학적 해석을, 시애틀 퍼시픽대학교의 R.W. Wall이 정경적 해석(인간 저자의 대리적 역할, 하나님의 인도로 각 권의 정경화 및 한 권 안에서의 배열, 성경의 교회 안에서의 예배 및 교리 교육 등에서의 용례 등을 연구)을, 그리고 웨스트민스터신학교의 R.B. Gaffin이 구원-역사적 해석을 각각 소개한 후 마태복음 2:7-15에 적용했다.[1375] 19세기 중순에 독일에서 '구원사'(heilsgeschichte)라는 용어가 사용되었지만, 개핀은 구속사적 해석의 뿌리를 그 이전인 16세기 교회개혁과 그 이후 프린스턴대학교에서 가르친 G. Vos(1893-1932)에게로 거슬러 올라가서 찾는다. 하나님의 자기 계시는 역사 안에서 유기적으로 성숙해져 가기에, 사도의 성경해석처럼 우리도 더 확실하고 충만한 계시인 신약의 빛 안에서 구약을 읽어야 한다. 개핀은 구속사적 해석의 기본적인 요소를 다음과 같이 요약한다: **(1)** 일반계시와 구분되나 그 안에서 기능하는 특별계시는 행위계시와 말씀계시로 나타난다. **(2)** 구속사는 역사 안에서 발생

1374) 위와 유사한 주장을 개핀의 다른 책에서도 볼 수 있다:『보는 것이 아니라 믿음으로: 바울과 구원의 서정』(*By Faith, Not By Sight: Paul and the Order of Salvation*. Phillipsburg: P&R, 2006)은『구원이란 무엇인가?: 바울과 구원의 서정』(2007)이라는 제목으로 한글로 번역되었다.

1375) R.B. Gaffin Jr., "The Redemptive-Historical View", in S.E Porter & B.M. Strovell eds, *Biblical Hermeneutics: Five Views* (Leicester: IVP, 2012), 89-110.

하는데, 성경의 구원계시사는 창조-타락-구원이라는 큰 틀을 따른다. 특히 타락이후의 계시사는 구속사이다. (3) 예수님은 구원계시의 정점이시기에, 단지 '종말론적인 오메가 점'(eschatological omega point)만은 아니다. 물론 예수님의 인격과 사역은 계시의 종말론적인 최종성(eschatological finality)이다(참고. 히 1:2). (4) 계시는 구원에 대한 해석인데, 말씀계시는 창조자와 구속자이신 하나님의 행위에 항상 초점을 둔다. (5) 성경은 정경적인 하나님의 자기 계시이다. (6) 계시가 구원의 해석이듯이, 성경의 해석은 이전에 있던 성경의 해석을 참고한다. 호세아 11:1을 인용한 마태는 어린 예수님의 입(入) 애굽을 마태복음 2:7-15에서 '실현된-미래적 출애굽 모형론'(realized-future-Exodus typology)으로 사용한다.

여러 편의 강연 원고와 저널에 기고한 글을 모은 책인 『그 날들에: 안식, 종말, 성령에 관한 성경신학적 가르침』(In These Last Days: Biblical Theological Teachings on the Sabbath, Eschatology, and the Holy Spirit)은 『이 모든 날 마지막에: 안식, 종말, 성신에 대한 성경신학적 교훈』(2007)이라는 제목으로 한글로 번역되었다. 이 책은 제 5장에서 '성령과 종말론'을 다루었는데, 그 외에도 신약 시대 즉 종말 시대에 벌어지고 있는 일들도 다루었다: '그리스도의 부활과 교회의 선교 사명', '소망의 표지', '하늘의 대 제사장 그리스도', '오늘날의 예언과 방언에 대한 이해', '은사 운동에 대한 비평', '성경 신학과 웨스트민스터 표준문서.' 개핀은 영광 받으신 그리스도의 영이자 성도의 종말론적 삶을 이끄시는 종말론적인 성령님을 강조하면서, "신약 성경 전체를 관통하는 관점은 예수님의 죽으심과 부활에 뿌리를 둔 종말론, 즉 미래에 혹은 심지어 임박한 앞날에 도래할 완성과 이미 실현된 성취, 이 양자로 구성되는 종말론이다"라고 주장한다(p. 70, 78).

Are Miraculous Gifts for Today? (Grand Rapids: Zondervan, 1996)는 한글로 『기적의 은사는 오늘날에도 있는가?: 은사에 대한 네 가지 관점』(2009)이라는 제목으로 번역되었다. 이 책에서 개핀은 오순절 사건의 유일무이성과 워필드(B.B.

Warfield)의 『가짜 기적들』(Counterfeit Miracles. London: Banner of Truth Trust, 1983)에 나타난 주장 위에 서서 은사 중지론을 주장한다. 개핀은 초대 교회의 정경적 원리와 관련된 예언적 은사와 같은 특별한 은사 그리고 사도적 교회 수립과 관련된 표적 은사는 중단되었지만, 나머지 은사들은 지속된다고 본다(p. 78). 이 책에서 개핀의 입장과 탈봇신학교 교의학 교수이자 신중수용론자 소시(Robert L. Saucy), 메트로 빈야드교회의 부목사이자 제 3의 물결주의자 스톰스(C. Samuel Storms), 그리고 센트럴성경대학의 신약학 교수이자 오순절 은사주의자 오스(Douglas A. Oss)의 견해를 비교해 볼 수 있다.[1376]

위에서 살펴본 대로, 개핀은 신약은 물론, 논쟁이 되는 교의학적 주제들을 주석학적으로 즐겨 다루었다. 개핀은 주경신학 위에 교의학이 진행되어야 하는 좋은 모범을 보여주었다. 하지만 개핀의 은사중단론과 같은 입장은 전통이나 교단의 입장에 의해서 결정될 것이 아니라, 세밀한 주석으로 비평되어야 한다.

3. 야콥 판 브럭헌(Jakob Van Bruggen. 1936-)

야콥 판 브럭헌은 화란 깜뻰신학교(Broederweg, Vrijgemaakt)에서 신학을 공부한 후, W.C. Van Unnik의 지도로 예루살렘공회의 연대에 관한 논문으로 위트레흐트대학교에서 신학박사 학위를 받았다(1973). 화란 개혁교회에서 1960-1967년까지 목회를 한 후, 그는 1967년부터 2001년까지 깜뻰신학대학교에서 신약학 주임으로 교수했다.

[1376] 이와 관련된 리챠드 개핀의 또 다른 책을 참고하라: 『오순절에 관한 견해들: 성령의 은사에 대한 신약의 가르침에 관한 연구』(Perspectives on Pentecost: Studies in the New Testament Teaching on the Gifts of the Holy Spirit. Phillipsburg: P&R, 1979[재판 1993])는 한글로 『구속사와 오순절 성령 강림』(2010)으로 번역되었다.

『지상의 그리스도: 제자들과 동시대의 사람들을 통한 그분의 삶에 대한 기술』(Christus op Aarde: Zijn Levensbeschrijving door Leerlingen en Tijdgenoten. Kampen: Kok, 1987. 영역 1998)은 『지상의 그리스도: 역사로서의 복음서 이야기』(2011)라는 제목으로 한글로 번역되었다. 이 책은 역사적 예수 탐구가 혼란스럽게 진행되는 오늘 날, 복음서에 대한 개론서 혹은 예수님의 지상 사역에 관한 개관서로 적합하다. 판 브럭헌에 의하면, 역사적 예수님의 사역 행적을 추적할 때, 가장 중요한 자료는 4복음서인데, 복음서들 간의 상호관련성을 고려해야 한다. 그리고 복음서들을 객관적으로 읽고 역사적 예수님에 관한 분명한 그림을 그려내는 일은 가능하다고 본다(p. 9). 이 책의 제목에 '그리스도'라는 명칭은 예수님의 지상 생애에 관한 그 어떤 연구도, 부활 승천 이후에도 계속 되고 있는 하나님의 메시아로서의 그분의 삶과 사역에 대한 믿음과 단절될 수 없다는 사실을 표현하기 위해서 의도적으로 선택되었다(p. 11). 즉 판 브럭헌은 '역사적 예수'와 '신앙의 그리스도'를 동일한 분으로 고백한다.[1377]

위의 책과 짝을 이루는 책은 『하나님의 아들의 복음: 4복음서에 따른 예수님의 인격과 가르침』(Het Evangelie van Gods Zoon: Persoon en Leer van Jezus volgens de Vier Evangelien. Kampen: Kok, 1996)인데, 『하나님의 아들 예수님: 메시지로서의 복음서 내러티브』(Jesus the Son of God: The Gospel Narratives as Message. Grand Rapids: Baker, 1999)로 영어로 번역되었다. 이 책의 제목에 '예수님'은 초대 교회의 믿음의 대상인 하나님의 아들 그리스도와 동일한 분임을 강조하려고 의도적으로 사용되었다. 위의 책 『지상의 그리스도』가 나사렛 예수님에 관한 '연대기적 자서전'으로 복음서를 읽은 것이라면, 이 책(1996)은 '하나님의 아들이신 예수님의 인격'이라는 내러티브의 (신학적) 메시지로 복음서를 읽은 것이다. 예수님 자신이 바로 복음이다. 따라서 예수님의 메시지는 철학이 아니라 인격이며 역사이다(p.

[1377] 판 브럭헌과 동일한 견해 즉 역사적 예수님 없는 신앙의 그리스도는 없다고 포쳅스트룸대학교의 마태복음 전문가 F.P. Viljoen교수가 다음 논문에서 주장했다. "Jesus sonder Christus of Christus sonder Jesus", *In die Skriflig* 36(2002. 4), 555-72.

9). 이 책은 판 브럭헌이 CNT시리즈의 제 3판에 공관복음 주석을 쓴 후에,[1378] 복음서의 주요 주제들을 함께 고찰한 것이다.

판 브럭헌의 책 『바울: 이스라엘의 메시아를 위한 개척자』(Paulus: Pionier voor de Messias van Israel. Kampen: Kok, 2001)는 Paul: Pioneer for Israel's Messiah (Phillipsburg: P&R, 2005)로 영역되었다. 판 브럭헌은 이 책의 1부에서 예수님의 개척자로서의 바울의 생애의 과정을 묘사하고, 2부에서 기독교회의 역사적 발전에 있어서 바울이 차지하는 위치를 논의한다. 이 책에서 판 브럭헌은 비평학자들이 바울 서신의 바울 저작성을 반대하여, '제 2 바울 서신' 등으로 분류하는 데 반대한다. 그리고 그는 바울의 인생, 서신들, 그리고 역사적 상황을 AD 1세기 역사를 나름대로 구축함으로써 함께 다룬다. 바울을 보는 사람은 궁극적으로 예수님을 보게 된다. 이것이 그리스도의 개척자인 바울이 원했던 바이기에, 그 자신은 그림에서 사라져 버렸다(p. xviii-xix).

『목회서신의 역사적 배열』(Die Geschichtliche Einordnung der Pastoralbriefe. Kampen: Kok, 1981)은 한글로 『목회서신의 배열』(1997)로 번역되었다. 판 브럭헌은 디모데전서와 디도서의 저작 시기를 바울의 제 3차 전도 여행 당시로 본다(참고. 한글판, p. 93). 그리고 디모데후서는 행 28장에 나타나 있는 첫 번째 로마 수감 당시에 쓰여진 것으로 본다. 이 견해는 목회서신이 행 28장 이후에 기록되었다고 보는 대다수의 입장과 반대된다.

본문비평과 관련하여 그는 '다수사본'을 따르는데, 소책자 『신약의 고대 본문』(Ancient Text of the New Testament. Winnipeg: Premier Publishing, 1997. 제 6판. 특히 p. 19,

---

[1378] 판 브럭헌은 역사비평의 전제를 배제한 채, *Markus* (Kok, 1988), *Mattheüs* (Kampen: Kok, 1990), *Lucas* (Kanmpen: Kok, 1996) 등을 CNT 시리즈로 출판했다. CNT는 2010년에 총 24권으로 완간되었는데, 특징으로는 역사 비평을 거부하고 그것의 문제점을 비판하며, 논증에 있어서 초대교부를 존중하고 성경의 역사성을 인정한다. 참고. http://www.cnt-serie.nl/

40)에서 그의 입장을 볼 수 있다. 그는 『다수사본을 따른 헬라어 신약성경』(The Greek New Testament according to the Majority Text. Dallas: Thomas Nelson Publishers, 1985)의 편집자 중 한 명이다. 하지만 다수사본 학자들처럼 후기에 필사된 비잔틴계열의 다수사본의 숫자에 근거하여 원본과의 일치성을 논하는 것은 무리가 있다.[1379]

판 브럭헌의 관심사는 넓은데, 특히 복음서, 바울, 사본학, 주석 등에 개혁주의 신약학자로서 공헌을 했다. 한 가지 아쉬운 것은 그의 신학이 세계신약학회(SNTS)에 거의 소개되지 않은 점이다. 개혁주의 신약학자들은 개혁신학의 연구 결과를 세계 신학의 중심 무대에 적극적으로 소개할 필요가 있지 않을까?

4. 안드리 두 토잇(Andrie Bernardus Du Toit. 1930-)

남아공 프레토리아대학교 신학부(Section A)[1380]에서 1971년 이래로 가르치다 은퇴한 안드리 두 토잇은 국제적으로 잘 알려진 『신약 가이드』(Guide to the New Testament. NGKB)시리즈의 편집자 및 기고자이다. 두 토잇은 프레토리아대학교에서 수학 후(BD, MA), 1959년에 바젤대학교에서 보 라이케(Bo I. Reike. 1914-1987)의 지도로 우등으로(cum laude)를 박사학위를 받았다. 보 라이케는 1982년에 SNTS의 회장을 역임했다. 그 후 두 토잇은 1959-1968년까지 화란개혁교회(Nederduitse Gerevormeerde Kerk)에서 목회를 했다. 그리고 그는 1971년 41세에 흐

1379) 자세한 비평은 송영목, "요한복음 1-12장에 나타난 P^{66}과 P^{75}의 용례 분석", 『신약연구』 14(2015, 2), 183-205; 신현우, 『사본학 이야기』 (서울: 웨스트민스터출판부, 2003), 267-72; D.A. 카슨, 『킹 제임스 버전 성경의 오류』 (서울: 이레서원, 1997); W.A. Elwell & J.D. Weaver (eds) 『20세기 복음주의 성경 신학자들』 (서울: 이레서원, 2001) 중에 브루스 M. 메츠거의 본문비평에 관한 내용(p. 425-31)을 보라.

1380) 2000년대 초부터 프레토리아대학교 신학과 Section A(남아공의 Nederduitse Gerevormeerde Kerk 교단 신학교. NGK는 1162개 지역 교회로 구성)와 Section B(남아공의 Nederduitse Hervormde Kerk교단 신학교)가 하나의 교수진으로 통합되어 있다.

룬에발트(E.P. Groenewald)교수의 후임으로 프레토리아대학교 신약교수로 부임했다. 그의 선임 교수와 달리 두 토잇은 1974년 화란개혁교회 총회가 아파르트헤이트를 지지하는 입장에서 철회할 것을 설득했고, 1986년과 1990년 총회에서 아파르트헤이트를 반대하는 데 중요한 기여를 했다. 그는 1965-1975년 동안 남아공 신약학회 저널 Neotestamentica의 편집장을 맡았다. 그는 2008년 스웨덴 Lund에서 열린 SNTS에서 회장으로 피선되었는데, 그것은 남반구에서 첫 사례였다. 두 토잇은 '남아공 신약학자들의 원로(doyen)'라 불린다(참고. Van der Watt 외, 2009:2). 그의 수제자들로는 요하네스버그대학교(University of Johannesburg) 의 명예 신약학교수인 두 란드(J.A. Du Rand)와 화란 라드바우드대학교 (University of Radboud) 신약학교수인 판 덜 바트(J.G. Van der Watt)다.

한글로 번역된 『신약 정경론』(서울: 엠마오, 1988)은 『신약 가이드 I』(Guide to the New Testament I. Pretoria: NGKB, 1979. 제 3판은 1989)의 "Section B: The Canon of the New Testament"(신약의 정경)를 번역한 것이다. 그는 이 책에서 복음 선포의 주체이자, 객체이신 그리스도를 잘 드러낸다(p. 132).

두 토잇은 『신약 가이드 IV』(Guide to the New Testament IV. Pretoria: NGKB, 1983)의 제 1장 "General Introduction to the Gospels"(복음서에 대한 일반적인 입문)를 썼다. 이 책에서 그는 복음서의 장르를 지상의 예수님의 사역을 통한 하나님의 종말론적인 구원 행위에 관한 '선포적인 역사적 내러티브'(kerugmatic historical narrative)로 분류한다(p. 2-3).

그리고 『신약 가이드 V』(Guide to the New Testament V. Pretoria: NGKB, 1985)의 제 1장 "The Pauline Letters- Oriental Remarks"(바울서신: 입문적 설명)와 제 2장 "Paul's Chronology"(바울의 연대기)를 집필했다. 두 토잇은 바울 서신을 목회적 돌봄과 회중을 교화시키려는 목적을 가진 인격적, 대화적, 체계적인, 수사학적 요소를 갖춘 상황문서로 본다(p. 2-16). 그리고 바울의 연대기를 바울 서신, 사도행전, 유대 자료, 고고학적 증거에 기초하여 다음과 같이 본다(p. 33-34): 바울의 개종(AD 33/34), 개종 후 예루살렘을 첫 번째로 방문(35/36), 다소에서 목회(46/47), 1차 선교(48), 예루살렘 두 번째 방문(48), 2차 선교(49년 5월-52년 4월), 3차 선교 및 옥중 서신 기록(52년 여름-56년 5월), 가이사랴에 투옥(56년 6월-58년 9월), 로마로 항해(58년 9월-59년 2월), 로마에서 1차 투옥(59년 3월-61), 석방 된 후 그레데, 에베소, 밀레도 등을 방문(61-63), 디모데전서 기록(61년 가을/겨울), 디도서 기록(61년 가을/62년 가을), 2차 로마 투옥 시 디모데후서 기록(63년 가을), 로마에서 순교(64년 7월 이전).[1381]

최근의 바울 연구서인 『바울에 초점을 모으기: 로마서와 갈라디아서에 나타난 설득과 신학적 디자인』(Focusing on Paul: Persuasion and Theological Design in Romans and Galatians. Berlin: De Gruyter, 2007)은 저자가 75세 생일을 맞이하여, 25년 동안 바울의 관점에 대해 새롭고 다차원적으로 연구한 결실을 모은 것이다. 이 가운데 남아공 신약학회 저널 Neotestamentica에 실린 글들도 많기에, 주석에 있어서 담론분석이 종종 등장한다. 두 토잇은 그가 사용한 1962-2006년 사이의 아프리칸스, 영어, 독어, 화란어 자료를 밝히고 있어, 그의 언어적 달란트를 엿볼 수 있다. 21개의 소논문으로 구성 된 이 책에서 두 토잇은 바울의 언어와 스타일 및 신학을 분석하기 위해서 전통적인 바울 연구 방법론의 장점에다, 최근의 언어학적, 문학적, 의미론적, 수사학적, 화행론적 해석, 화용론적 해석의 장점을 결합시켰다. 두 토잇은 방법론에 있어서만 아니라 상충되는 해석에 있어서 이분법적 접근 대신에 종합을 꾀한다. 예를 들어, 바울의 그레코-로마 배경과 유대 배경을 종합적으로 고찰할 것을 제안한다. 그리고 고린도전서 15:1 이하와 갈라디아서 1:11 이하의 바울 복음의 기원에 있어서 하나님으로부터 온 계시와 초대 교회의 전통을 종합적으로 고려하려고 한다. 그리고 바울신

1381) 위에서 소개한 판 브럭헌의 『목회서신의 역사적 배열』과 두 토잇의 입장을 비교해 보라.

학의 중심에 있는 '은혜의 중심성'을 논하면서, 믿음과 행위의 잘못된 이분법적 접근을 극복하려고 한다. 이 책의 제 2부 갈라디아서 연구에서 두 토잇은 바울이 사용한 수사학적 장치(예. 비난[vilification], 과장)로서 화용론적(pragmatic) 전략이 설득에 어떤 영행을 미치는지 논한다. 제 3부는 책의 절반 분량을 차지하는데, 로마교회의 사회-경제적 그리고 공동체의 상황에 관한 연구이다.[1382]

두 토잇이 편집한 『메시지에 초점 모으기: 신약 해석학, 석의, 그리고 방법론들』(Focusing on the Message: New Testament Hermeneutics, Exegesis and Methods. Pretoria: Protea Book House, 2011)에서 그를 비롯한 남아공의 개혁주의 성경학자들이 총 15장에 걸쳐 성경 본문을 언어학적, 문학적, 사회학적, 비평학적, 최근 해석 방법론적으로 어떻게 읽을 것인가를 다차원적으로(multidimensional) 논했다. 따라서 특히 남아공의 성경신학자들은 해석 방법론적인 발전에 큰 관심을 보였는데, 그들은 단차원이 아닌 다차원적이고 입체적이며 통전적인 성경 해석을 추구한다.

두 토잇은 학적인 글은 물론 실천적인 글도 썼다. 포쳅스트룸대학교[1383] 신약학 은퇴교수인 플루어(L. Floor)의 은퇴기념 논문집 『성령과 말씀』(Gees en Woord. Pretoria: NGKB, 1988. p. 218-30)에 기고한 실천적인 논문 "하나님 나라의 제자도: 그 당시와 오늘"(Dissipelskap in die Koninkryk: Destyds en Vandag)을 썼다. 이 글에서 '제자'에 관한 신약 안에서 어휘 의미론적 연구를 수행한 후, 파송하시는 주님의 주권을 믿고, 온전한 선택을 해야 하며, 예수님의 섬김과 고난을 따라 순종과 기도로 계속 배우고, 천국을 성취해 가야 함을 실제적으로 다루었다. 남반구 역사상 처음으로 SNTS의 회장을 역임한 두 토잇은 1999년 SNTS를 프레토리아대학교가 주최하는 데 주역을 담당하기도 했다.

1382) 참고. M.A. Getty의 Review, *CBQ* 70(2008), 877-79; F.G. Downing의 Review, *JSNT* 35(2008, 5), 84-86.
1383) 현재 공식 명칭은 '노스웨스트대학교 (North-West University) 포쳅스트룸 캠퍼스'다.

나오면서

지금까지 화란의 헤르만 리덜보스와 야콥 판 브럭헌, 미국의 리차드 개핀 2세, 그리고 남아공의 안드리 두 토잇의 신약신학 여정을 간략하게 살펴보았다. 4명의 학자들로부터 개혁주의 신약신학은 공통점과 더불어 차이점 혹은 다양성도 있음을 알 수 있다. 4명 가운데 특히 안드리 두 토잇에게서 볼 수 있듯이, 개혁주의 신약신학은 연구 주제의 확대는 물론 해석학적 방법론에 있어서도 계속 발전하고 있다. 이들의 연구를 발판으로 삼아, 개혁주의 신약신학을 발전시킬 의무가 후배들에게 있다.[1384]

1384) 이들의 신약신학 위에 혹은 신학과 보조를 맞추어 복음주의 신약신학을 발전시킨 이로는 O. Cullmann, F.F. Bruce, L. Morris, D. Wenham, G. Fee, G.R. Osborne, M. Silva, D.A. Carson, D.J. Moo, S.J. Kistemaker, R.T. France, W. Dumbrell, D. Guthrie, T.R. Schreiner, J.C. Coetzee, F.J. Van Rensburg, G.J.C. Jordaan, F.P. Viljoen, T.J. Van der Walt, J.B. Jordan, K.L. Mathison, G.K. Beale, R.H. Stein, P.T. O'Brien, T. Holland, P.H.R. Van Houwelingen 등이다.

04   21세기 개혁주의 신약신학의 흐름: 복음서, 사도행전, 바울서신, 베드로서신, 요한계시록 및 신약 종말론을 중심으로

들어가면서

이 글의 목적은 신약을 장르별로 나누어 개혁주의 신약신학의 21세기 흐름을 간략히 파악하는 것이다. 이를 위해서 각 장르별 대표적인 학자들의 견해를 소개할 것이다.

1. 복음서 연구의 흐름

지금은 '제 3차 역사적 예수 탐구'가 진행 중인데, 에즈베리신학교의 위더링튼(B. Witherington III)을 주목할 필요가 있다.[1385] 예수님을 하나님의 지혜이자

1385) 위더링튼은 고든-코웰신학교에서 목회학 석사를 마친 후(1977), 더럼대학교에서 박사학위(1981)를

현자로 이해하는 위더링튼은 『예수 탐구: 나사렛 유대인을 향한 제 3차 탐구』(The Jesus Quest: the Third Search for the Jew of Nazareth. London: Paternoster, 1995. p. 188-89)에서 사회과학적 해석의 도움을 받은 역사적 예수 탐구를 지지한다.[1386] 참고로 베드로서신을 주로 연구하는 포쳅스트룸대학교의 판 렌스버그(F.J. Van Rensburg)와 라드바우드대학교의 요한문헌 전문가 판 덜 바트(J.G. Van der Watt) 등은 사회과학적 해석 중에서 AD 1세기 문화인류학적(cultural anthropological) 모델을 적절히 사용하는 개혁주의 학자들이다.[1387] 이들은 명예와 수치, 제한된 제화, 도전과 응전, 정결과 부정결, 후견인과 단골손님 등과 같은 AD 1세기 문화적 개념과 가치에 주목한다.

복음서 연구에서 '1차 독자'이자 제 3차 삶의 정황(the 3rd Sitz im Leben)으로서 복음서의 공동체를 연구하는 개혁주의 신약학자로는 노스웨스트대학교 포쳅스트룸캠퍼스의 프랑소와 펄윤(F.P. Viljoen)이 있다. 마태복음 전공자인 그는 여러 차례에 걸쳐 마태공동체를 심도 있게 다룬바 있다. 유대인의 회당에서 자연스럽게 분리되고 있던 마태공동체에 대한 펄윤의 입장을 보려면, "마태, 교회, 반셈족주의"(Matthew, the Church and Anti-Semitism, Verbum et Ecclesia 2[2007, 2], 714) 그리고 "마태복음 서론에 나타난 마태공동체"(The Matthean Community according to the Beginning of His Gospel, Acta Theologica[2006, 2], 246)를 참고하라. 펄윤의 이런 연구는 AD 30년대 당시의 복음서의 '1차 삶의 정황'에 관한 연구에만 치중했던 이전의 해석 경향을 확장시킨 공헌이 있다. 따라서 AD 30년대의 예수님 당시의 상황을 복음서의 1차 독자들의 상황(AD 60년대 혹은 80년대)을 거쳐서 현대

받았다. 그 후 에쉬란드신학교(Ashland Theological Seminary)에서 약 10년 교수하다가 1995년부터 에즈베리신학교(Asbury Theological Seminary)에서 가르치고 있다. 그는 40권 이상의 단행본을 저술한 학자인데, 사회-수사학적 관점에서 신약 주석을 여러 권을 집필했다.

[1386] 하지만 위더링튼처럼 예수님을 '하나님의 지혜'(참고. 잠 8; 시락 24)이며 '현자'(sage)로 보는 것이 '이스라엘의 메시야'로 이해하는 것보다 더 옳은지 의문이다.

[1387] F.J. Van Rensburg. *Making a Sermon: a Guide for Reformed Exegesis and Preaching Applied to 1 Peter 2:11-12, 18-25* (Potchefstroom: Faculty of Theology, 2005)와 J.G. Van der Watt. *Family of the King: Dynamics of Metaphor in the Gospel according to John* (Leiden: Brill, 2000)을 참고하라.

독자에게 적용하는 단계가 바람직하다.[1388]

2. 사도행전 연구의 흐름

런던신학교(London School of Theology)의 Steve Walton은 사도행전 연구의 전환기를 민스터대학교의 헨헨(Ernst Haenchen. 1894-1975)의 사도행전 주석(The Acts of the Apostles: a Commentary. Philadelphia: Westminster, 1971)이 영어로 번역되면서부터라고 본다.[1389] 편집비평을 사용하여 헨헨은 누가를 초기 기독교에 관한 전승을 창조적으로 편집한 사람이라고 본다. 아버딘대학교의 하워드 마샬(I.H. Marshall)은 『역사가와 신학자로의 누가』(Luke: Historian and Theologian. Exeter: Paternoster, 1970)에서 사도행전 연구의 세 거장인 헨헨, 콘첼만, 디벨리우스가 1940-50년대에 제기한 문제에 관해 답을 했다. 이 세 명처럼 마샬도 누가의 신학적 관심에 주의를 기울이며, '구원'을 주요 주제로 보았다. 하지만 이 세 명과 달리, 마샬은 예수님과 초대 교회에 관한 누가의 묘사는 역사적 신빙성을 가지고 있다고 보면서, 신학과 역사를 이분법적으로 선택하라고 강요하는 것은 잘못이라고 주장한다.

사도행전의 해석 방법론과 관련하여 에모리대학교의 L.T. Johnson(1977)이 내러티브 비평을 적용했는데, 그것은 Robert C. Tannehill(1986-1990), E. Scott Spencer(1992) 그리고 David Gooding(1990)의 내러티브 해석을 위한

[1388] 국제신학대학원대학교 이강택교수의 웨스트민스터신학교 박사학위 논문(2010)은 복음서의 공동체 연구와 율법의 구속사적 해석을 결합한 것이다: *Matthew's Vision of the Old and New in Jesus: Social World of the Matthean Community vis- -vis Matthew's Understanding of Torah.*

[1389] 사도행전의 연구 흐름을 위해서 S. McKnight & G.R. Osborne (eds). *The Face of New Testament Studies: A Survey of Recent Research* (Grand Rapids: Baker, 2004), 229-50을 참고했다. 이 책에서 사도행전은 런던신학교의 Steve Walton이 썼다. 참고로 2015년 9월에 피츠마이어의 사도행전 주석이 분도출판사에서 번역 출판되었다.

초석이 되었다. G.A. Kennedy(1984), Duanne F. Watson(1991) 그리고 Ben Witherington(1998)은 사도행전의 (사회)수사학적 해석을 시도했다. 세인트 앤드 류스대학교의 P. Esler(1987)는 누가 신학의 사회-정치적 동기를 연구하기 위해서 사회과학적 해석을 시도했다.

하버드대학교에서 박사학위를 받은 퀘이커 교도 Henry Cadbury(1927)가 '누가-행전'(Luke-Acts)이라는 표현을 처음으로 만들었는데, Mikeal Parsons(1993)와 Richard Pervo(1983)는 누가복음과 사도행전 사이의 통일성을 정경, 장르, 내러티브, 신학적으로 재검토하여 이의를 제기했다. 디벨리우스 이래로 사도행전에서 20-30%를 차지하는 설교와 연설이 누가의 신학에서 차지하는 중요성에 관한 연구가 있어 왔다. W.W. Gasque(1974), F.F. Bruce(1974), 그리고 C.H. Gempf(1988)는 디벨리우스, 콘첼만, 헹헨과 달리 사도행전의 설교는 누가의 신학을 위해 고안된 것이 아니라 실제 역사적 사건이라고 주장했다. 사도행전의 바울 묘사를 역사적 신빙성이 떨어지는 것으로 본 John Lentz Jr.(1993)와 달리, Colin Hemer(1989)는 사도행전의 역사적 사건에 기초하여 바울의 연대기를 연구했다.

콘첼만은 누가가 예수님의 파루시아의 지연에 관한 답을 사도행전에서 기록했다고 본다. 하지만 하워드 마샬은 초대 교회의 초점이 예수님의 죽으심과 부활이지, 그분의 파루시아는 아니라고 반박한다. 그리고 바울은 파루시아 이전에 '기다리는 기간'이 있었음을 알았고(살전 1:10; 4:13-5:11), 파루시아의 지연은 사도행전의 저자 누가뿐 아니라 다른 지역의 교회들에게도 동일하게 적용되는 이슈였다. 그리고 바울서신과 사도행전에 나타난 성령님과[1390] 선교에 관한 신학 사이에는 상당한 연속성이 있다.

[1390] 20세기 사도행전의 성령에 관한 주요 연구는 Max Turner (1996), Robert Menzies(1994), J.D.G. Dunn(1970)에 의해 수행되었다.

Jack T. Sanders(1987)가 사도행전에 나타난 반(反) 셈족주의적 경향 즉 예수님의 죽음에 책임을 지고 비난 받아 마땅한 유대인들 전체에 초점을 두었다면, Jon Weatherly(1994)는 '예루살렘의' 유대인들이 예수님의 죽음에 책임을 져야 한다고 보았다. Jacob Jervell(1972)은 유대인들의 집단적인 개종에 관심을 두었다(행 2:41; 4:4 등). B.S. Easton(1954, 그리고 캐드베리, 콘첼만, 브루스)은 사도행전이 로마 제국을 향하여 초대 교회가 정당함을 변증한다고 보았다. 하지만 유니온신학교의 Paul Walaskay(1983, 2005)는 누가가 로마 제국을 위하여 초대 교회에게 변증을 제공한다고 보면서, 사도행전이 제 2성전시대 유대문헌들(예. 4에스라, 시빌린 신탁. 참고. 요한계시록)이 하는 방식으로 로마 제국을 공격하지 않는다고 주장한다.

트리니티복음주의신학교의 David W. Pao는 『사도행전과 이사야의 새 출애굽』(Acts and the Isaianic New Exodus. Grand Rapids: Baker, 2000)을 통해서, 출애굽이라는 성경신학의 광맥을 따라 누가복음의 일부와 사도행전을 분석했다. 고든콘웰신학교의 Eckhard J. Schnabel은 Acts: Exegetical Commentary on the New Testament (Grand Rapids: Zondervan, 2012)를 출판하여, 1162페이지에 걸쳐 최근의 사도행전 주석 경향을 종합했다. 그리고 총신대의 박형대는 『헤렘을 찾아서?: 헤렘의 빛으로 본 누가행전 연구』(서울: 그리심, 2011)라는 흥미로운 책을 출판했다.

지난 수십 년 동안 사도행전의 연구는 기존의 주장에 대한 새로운 의견 제시로 발전을 거듭해 왔고, 값진 주석들도 출판되었다. 앞으로 통전적인 해석 방식을 사용하여 더욱 균형 있는 사도행전 해석이 진행될 것으로 전망된다.[1391]

1391) 사도행전의 구약 사용에 관한 연구를 위해서 다음 책을 참고하라: 프레토리아대학교 G.J. Steyn의 *Septuagint Quotations in the Context of the Petrine and Pauline Speeches of the Acta Apostolorum* (Kampen: Kok, 1995). 참고. 총 4권에 걸쳐 약 4000페이지에 달하는 C.S. Keener, *Acts: An Exegetical Commentary* (Grand Rapids: Baker, 2015).

3. 바울서신 연구의 흐름

사도 바울의 인생과 그의 서신들의 정경성과 진정성에 관한 논의는 계속 되고 있다. 튀빙겐대학교의 F.C. Baur(d. 1860)는 바울 서신 중 에베소서의 바울 저작성에 대한 학자들의 확신을 흔들어 놓았다. 에베소서가 영지주의의 용어와 사상을 사용하고 있다는 바우어의 확신은 나중에 불트만, 케제만, 콘첼만에게 영향을 끼쳤다. 최근에는 에베소서가 완전히 발전된 영지주의를 배경으로 한다고 인정하는 이는 소수다. 목회서신의 바울 저작성에 도전한 것은 슐라이에르마허(1807)와 F.C. Baur(1835)로 거슬러 가는데, 그들은 목회서신에서 바울의 진정성이 인정되는 서신들과 다른 언어와 스타일, 교회 질서, 수신자, 대적자, 역사적 배경을 나름대로 연구했다. 하지만 I.H. Marshall과 그의 복음주의권 동료들인 E.E. Ellis, D.A. Carson, D.J. Moo, L. Morris는 바울 저작성에 전반적으로 동의한다. 그리고 유대-헬라-로마적 배경을 가진 사도 바울의 행적을 바울서신을 우선적으로 기초하여 구축할지, 아니면 사도행전에 기초할지도 논쟁 중이다. 사도 바울과 예수님 사이의 역사적, 신학적 관련성 연구도 중요하다. 또한 바울서신의 수신자들이 로마 제국과 유대회당을 향해서 어떤 입장을 견지했는지 W. Meeks, J. Gager, E.A. Judge 등이 다양한 의견을 개진했다. Dunn은 바울신학이 5개의 이야기 혹은 단계로 구성된다고 본다: 하나님과 창조, 이스라엘, 예수님, 바울 자신(예. 회심과 그 이후의 삶), 바울이 세운 교회.[1392] 지금까지 바울의 기독론, 구원론, 교회론, 성령론, 종말론, 율법관, 윤리 즉 바울신학은 계속 활발하게 연구 중이다.[1393]

1392) S. McKnight & G.R. Osborne (eds). *The Face of New Testament Studies: A Survey of Recent Research* (Grand Rapids: Baker, 2004), 326-48. 이 책의 '바울신학'은 J.D.G. Dunn이 기고했다.

1393) 참고. S. McKnight & G.R. Osborne (eds). *The Face of New Testament Studies: A Survey of Recent Research*, 283-348. 이 책의 바울의 삶과 편지들에 대해서 캘리포니아 Westmont College의 B.N. Fisk가 썼다.

바울의 율법관 및 구원관과 관련하여 남침례교신학교의 토마스 슈라이너(Thomas R. Schreiner)의 『신약신학: 그리스도 안에 있는 하나님의 영광』(New Testament Theology: Magnifying God in Christ. Grand Rapids: Baker, 2008, 한글판 2011)을 주목할 필요가 있다. 그는 풀러신학교에서 박사학위를 받은 후, 베델신학교에서 11년간 교수하다, 1997년부터 남침례신학교에서 가르치고 있다. 슈라이너는 신약 전체는 물론, 특히 바울신학과 관련하여 침례교 신학자이지만 개혁주의 특성을 강하게 가지고 있다. 그는 '바울의 새 관점'을 반대하는 대표적인 학자로 손꼽히는데, 위의 책 제 2부 제 11장 "바울 서신에서의 하나님과 그리스도의 구원 사역"과 BECNT 주석시리즈의 『로마서주석』(Romans. Grand Rapids: Baker, 1998)의 203페이지 이하를 참고하라.[1394] 유사한 맥락에서, 웨일즈 복음주의신학교(WEST)의 톰 홀랜드(Tom Holland)는 『로마서주석: 하나님의 결혼』(Romans: The Divine Marriage. Eugene: Pickwick Publications, 2011)에서 로마서를 '메시아 왕'이신 예수님을 중심으로 언약-구원론적으로 해석한다. 그는 새 언약의 절정을 그리스도와 교회의 결혼이라고 본다.

한국에서는 백석대 최갑종교수와 총신대 이한수교수가 바울신학에 중요한 기여를 하고 있다. 그들의 바울의 새 관점에 관한 비판적인 수용은 한국복음주의 신약학회의 저널인 『신약연구』에서 볼 수 있다: (새 관점에 비판을 날을 날카롭게 세운 학자인) 최갑종. "새 관점의 바울 연구 다시 보기." 『신약연구』 8(2009, 1), 93-124; (새 관점에 호의를 보이는 학자인) 이한수. "새 관점의 칭의 해석, 어떻게 볼 것인가?" 『신약연구』 9(2010, 2), 251-89. '바울신학과 새 관점'에 대한 또 다른 비판적 수용은 풀러신학교 김세윤교수의 『바울신학과 새 관점』(서울: 두란노, 2002)에서 볼 수 있다: "바울은 Dunn이 주장하듯이 율법의 행위들이 이방인들이 하나님의 백성의 일원이 되지 못하도록 막는다고 생각하기 때문에 반대하는

1394) 성경 주석에 관한 최근 정보는 www.bestcommentaries.com에서 볼 수 있다.

것이 아니라, 그것을 의를 얻으려는 인간적인, 그러므로 부적절한 시도라고 인식하기 때문에 반대하는 것이다. … 바울이 그리스도를 믿음을 율법의 행위들과 대조시키는 것은 율법의 행위들이 이스라엘의 언약적 독특성보다는 선행을 말한다고 이해할 때에만 이해할 수 있다. 우리는 유대교를 순전한 행위-의의 종교로 보는 전통적 견해도, 유대교 안에 있는 모든 행위-의의 요소를 부인하는 새 관점주의자들도 옳지 않으며, 유대교는 행위-의의 요소를 지닌 언약적 율법주의였다는 것을 알게 될 것이다"(p. 107, 115, 117, 141).[1395]

갈라디아서를 16세기 교회개혁 전통의 이신칭의의 관점에서 읽는 것에 동의하지 않는 숭실대 권연경교수는 『갈라디아서 어떻게 읽을 것인가』(서울: 성서유니온선교회, 2013. p. 25, 30-32, 114-15)에서 '믿음이냐 행위냐' 하는 물음, 곧 율법주의와 관련된 논쟁으로 파악하지 않는다. 대신 그는 바울이 갈라디아서에서 율법이 요구하는 삶의 자태와 동떨어진 갈라디아교회의 삶을 비판했다고 본다. 유대인의 신분적 표지에 해당하는 할례와 같은 몇몇 율법의 행위들을 준수하면서 그것이 마치 하나님의 백성의 신분인양 착각하며 자랑했던 갈라디아교회에게 바울은 진정한 순종에 이를 수 있는 믿음을 통한 성령님의 길을 따르라고 권면했다는 것이다. 따라서 갈라디아교회는 행위구원이라는 율법주의를 받아들인 사상범이 아니라, 믿음과 성령님의 길을 떠나서 마치 배교에 빠질 수 있었던 현행범들이다. 권연경은 전통적인 옛 관점의 문제를 두 가지 지적한다: **(1)** 이신칭의를 유대인과 이방인의 관계라는 구체적인 상황에서 논의하지 못한 점, **(2)** 갈라디아서 1-2장이 행위가 아니라 그리스도를 믿음으로 의로워진다는 것을 강조한다면, 갈라디아서 3-6장의 열매와 어떻게 조화될 수 있는가? 권연경은 새 관점의 약점도 지적한다: **(1)** 새 관점은 교회론의 문제를 구원론과 분리시킨 점. **(2)** 옛 관점처럼 새 관점도 '율법의 행위들'을 유대인의 신분적 표지는

[1395] 바울의 새 관점에 대한 개혁주의 입장에서의 비평을 위해서는 리폼드신학교 가이 프렌티스 워터스 교수의 『바울에 관한 새 관점: 기원, 역사, 비판』(서울: 개혁주의 신학사, 2012)과 이승구교수의 『톰 라이트에 대한 이승구의 개혁신학적 반응』(수원: 합신대학원출판부, 2013)을 보라.

물론 율법 전체로 파악한 점(예. James Dunn). 따라서 그는 옛 관점과 새 관점 모두 갈라디아서의 구원론을 구체적인 그 당시의 교회 상황에서 제대로 다루지 못했다고 본다. 더 나아가 권연경은 갈라디아서의 종말론과 관련하여 실현된 칭의가 아니라 미래적 칭의를 주장하면서('의의 소망', 갈 5:5), 성령의 역사로 일어나는 사랑의 행위와 열매를 미래적 구원에 있어 필수적인 요소로 강조한다.

바울의 새 관점을 비판하는 신약개론서로는 안드레아스 J.. 쾨스텐버거, L. 스캇 캘럼, 찰스 L. 퀄츠가 함께 쓴 『신약개론: 요람, 십자가, 왕관』(서울: CLC, 2013)이 있다(특히 p. 656-58).

4. 베드로서신 연구의 흐름[1396]

베드로서신은 비교적 적은 분량 및 '일반 서신'으로 분류되어 바울신학과 다르다는 이유 등으로 신약 연구에서 그리 각광을 받지 못해왔다. 1976년에 J.H. Elliott는 신약 주석의 '서자'(step-child)로 취급당하던 베드로전서 연구가 새로운 전기를 맞이하게 될 것이라고 밝힌바 있다. 그의 예상대로 최근에 적지 않는 학자들이 베드로전후서에 주목하면서 이 두 서신의 개별성과 특이성을 강조하는데, 각각 초대 교회의 다양성을 대변한다고 본다. 하지만 오랜 전에 M.L. Soards는 베드로전후서와 유다서가 '베드로학파'(Petrine School)에서 기원했다고 주장한 바 있다.

E.G. Selwyn(1947)은 베드로가 대서가 실라(벧전 5:12)와 함께 베드로전서를 기록했다고 주장한다. 하지만 적지 않은 학자들은 이 서신의 베드로 저작성

[1396] 참고. S. McKnight & G.R. Osborne (eds). *The Face of New Testament Studies: a Survey of Recent Research*, 373-90. 이 책의 베드로서신은 토론토 틴데일신학교의 R.L. Webb이 기고했다.

을 부인한다. 베드로전서가 그레코-로마의 전형적인 서신 형태를 가지고 있지만, 혹자(C.F.D. Moule, R. Perdelwitz, F.L. Cross, H. Preisker, M.E. Moismard)는 이전의 문학 형태에 편지 형식이 덧붙여진 합성 작품으로 간주하기도 한다. 예를 들어, 세례문답 설교인 베드로전서 1:3-4:11에다가, 실제 박해가 실제적으로 시작되었을 때 권면의 편지인 4:12-5:14와 1:1-2가 추가되었다는 가설이 있다. 이 가설은 J.N.D. Kelly(1969)등으로부터 주관적인 사변이라고 비판을 받았다. '세례'라는 단어는 베드로전서 3:21에 한 번만 사용되며, 베드로가 세례문답을 사용했을 가능성이 있지만, 이 서신의 대부분을 세례라는 격자에 끼워 맞추어 설명하기는 어렵다. 1:1-2와 5:12-14의 서신의 틀은 1:3-5:11의 편지 몸통과 잘 연결되어 있으며, 4:11의 송영은 베드로전서가 두 서신의 합성이라는 것을 증명하기보다, 새로운 사고 전개의 전환으로 보는 것이 자연스럽다. 즉 베드로전서가 수사학적 논의와 문학적 장치를 가진 실제 권면의 편지(paraenetic letter)였다는 것이다. J.H. Elliott는 베드로전서의 수사학적 논의와 장치는 독자들로 하여금 기독교 분파(sect)로서의 결속력을 강화시킨다고 보지만, D.L. Balch는 사회와 교회 사이에 있던 사회-정치적인 긴장을 완화시킨다고 주장한다(특히 2:13-3:12의 가정 규례).[1397] 하지만 베드로전서의 수신자들이 다소 위축되고 분리적이며 반동적인 뉘앙스를 가진 '분파'였는지는 의문이다. 1998년에 B.L. Campbell(1998)은 고전 수사학과 명예와 수치 및 도전과 응전이라는 문화인류학적 격자를 사용하여 베드로전서를 분석했다.

1397) Fika J. Van Rensburg도 가정 규례를 1세기 그레코-로마 문명의 빛에서 이해한다. 참고. "Household Servant in the First Century Greco-Roman Civilization"(Potchefstroom: Faculty of Theology, 1999), 1-25. 하지만 피터 R. 로저스는 가정 규례를 헬레니즘 세계 안에서 이해하기보다 시 34편과 잠 3장 같은 구약을 배경으로 이해할 것을 강조한다. 참고. 케빈 J. 벤후저 (ed), 『신약의 신학적 해석』(서울: CLC, 2011), 302. 베드로서신에 나타난 구약을 보려면 다음 책들을 참고하라. S. Moyise & M.J.J. Menken (eds), *The Psalms in the New Testament* (Edinburgh: T&T Clark, 2004), 213-29; S. Moyise & M.J.J. Menken (eds), *Isaiah in the New Testament* (Edinburgh: T&T Clark, 2007), 175-88; M.J.J. Menken & S. Moyise (eds), *The Minor Prophets in the New Testament* (Edinburgh: T&T Clark, 2009), 135-54.; G.K. Beale & D.A. Carson (eds), *Commentary on the New Testament Use of the Old Testament* (Grand Rapids: Baker, 2007), 1015-61.

Anchor Bible 시리즈의 베드로전서 주석(2000)을 쓰기 훨씬 전에, J.H. Elliott는 자신의 중요한 저서 Home for the Homeless(1981)에서 '나그네와 행인'은 베드로전서의 수신자들의 문자적으로 이해해야 하는 사회적 실재(social realities)를 언급한다고 보았다. 그리고 '하나님의 가족'은 고난당하던 독자들이 어떻게 대처하고 반응해야 하는가에 대한 지배적인 은유라고 주장했다. 반면 T.W. Martin은 '디아스포라'가 지배적인 은유라고 주장한다(참고. 벧전 1:1; 5:13). W.L. Schutter(1989)는 구약 본문들이 베드로의 해석 스타일을 밝히는데 결정적인 역할을 한다고 보면서, 베드로전서의 장르를 '설교적 미드라쉬'로 본다. 그리고 S.C. Pearson(2001)은 이사야 53장이 베드로전서의 기독론적 구절의 이해에 의미 있는 역할을 한다고 본다. E.J. Gréaux(2009)는 시편 34편이 베드로전서 3:10-12, 13-17절에서 인용된 목적을 다룬다. 다윗의 상황과 베드로전서의 수신자의 상황이 '고난과 구원'이라는 주제에 있어서 동일하기에, 베드로에게는 고난 중에서도 선한 삶과 주님의 선하심을 맛보도록 나그네와 행인(창 23:4; 47:9; 대상 29:15; 시 39:12; 69:8) 같은 독자들을 격려하려는 의도를 가지고 있다.[1398] R.L. Webb(1986), J.R. Michaels(1988), P.H. Davids(1990), 그리고 M. Dubis(2002)는 묵시 종말론적 성격을 강조한다. 그들은 종말론적 구원과 심판의 구절에 주목한다(벧전 1:5, 9-12; 2:12; 3:16-17, 20-21; 4:5, 17-18).

Westmont College의 Karen L. Jobes는 BECNT시리즈의 베드로전서 주석(1 Peter, 2005)에서 글라우디오 황제 당시의 유대인 축출 명령이 베드로전서 수신자들인 소아시아의 그리스도인들과 연관있다고 본다(p. 33). 그리고 그녀는 베드로전서 2:21-25의 그리스도완결적 해석을 시도한다(p. 195).

베드로전서의 사회적 배경과 관련하여, 1970년대 중반 이전까지의 정설은

[1398] E.J. Gréaux, "The Lord delivers Us: An Examination of the Function of Psalm 34 in 1 Peter", *Review & Expositor* 106(2009, 4), 605, 609.

로마 제국의 공식적인 박해였다. 논란은 네로 치하인지(AD 54-68) 아니면 도미티안(81-96)이나 트라얀 치하(98-117)인지에 관한 것이었다(참고. 벧전 3:15; 4:12, 16; 5:9). 최근에는 로마 제국의 공식적이고 전면적인 박해보다는 비공식적, 지엽적, 간헐적인 박해로 보는 입장이 많다(참고. 벧전 2:17).

이제 '베드로후서의 연구'를 살펴볼 차례다. 이 서신은 흥미롭고 주목할 만한 여러 특성을 가지고 있음에도 불구하고, 베드로전서가 받은 여전히 별다른 주목을 받지 못하고 있다. 이유는 짧은 분량, 논쟁적인 스타일 그리고 유다서와의 유사점 때문이다. 다른 중요한 이유는 E. K semann(1952) 등이 AD 2세기 이후 현상인 '초기 가톨릭주의'(early Catholicism)로 분류하여 부차적인 것으로 등급을 매겼기 때문이다.[1399] 하지만 T. Fornberg(1977)은 베드로후서를 유대주의의 영향이 줄어가던 AD 1세기 헬레니즘 세계의 상황 안에서 이해했다. 이 주장은 저자가 헬레니즘을 반대하면서, 복음을 헬레니즘의 용어로 번역했다는 입장이다. 하지만 Fornberg는 유대 묵시적인 구절을 간과했다는 비판을 받았다(참고. 벧후 2:4-22; 3:3-13). J.H. Neyrey(1977, 1980)은 베드로후서의 대적들의 배경을 헬레니즘과 유대주의의 논증 안에서, 그리고 하나님의 심판, 사후의 상태, 사후의 심판에 비추어 해석했다. R. Bauckham(1983)은 유다서를 의존한 베드로후서의 장르를 서신 겸 베드로의 고별 강화(혹은 유언)로 보았다. D.F. Watson(1988)은 베드로후서의 수사학적 해석을 시도하여 다음과 같은 구조를 밝혔다: 서론(exordium, 1:3-15), 논증(probatio, 1:16-3:13), 결론 (peroratio, 3:14-18). J.D. Charles(1997)는 베드로후서의 수신자들에게 교리보다는 윤리가 더 중요한 이슈였다고 본다(참고. 덕 목록[virtue list]이 나타나는 벧후 1:5-7).

[1399] 베드로후서와 유다서에 초기 가톨릭주의가 나타나지 않는다는 증거들은 다음과 같다: 교회의 직제에 대한 언급이 거의 없음, 2세대 그리스도인들의 쇠퇴, 신앙은 존재론적인 반응이 아니라 공동체의 공유된 믿음(벧후 1:1, 5; 유 3, 20), 전통은 진리 체계의 전승(벧후 2:21; 유 3), 구원은 미래의 소망이라기보다는 현재의 소유(벧후 3:15; 유 3), 하나님과 그리스도는 주로 구주로 여겨짐(벧후 1:1, 11; 2:20; 3:2, 18; 유 25), 공동체 규율로부터의 이탈은 심각한 범죄행위(벧후 2:17-22; 유 12-16), 재림에 대한 방어로 축소된 종말론(벧후 3:4-13). 참고. L.T. Johnson, *The Writings of the New Testament: an Interpretation* (Minneapolis: Fortress, 1986), 442.

베드로서신을 현대의 이슈와 연결하여 연구한 예들도 있다. S.R. Tracy(2006)는 가정 폭력 중에서 매 맞는 아내의 문제를 베드로전서 2:20-25와 3:9 등에 근거하여 다룬다. 그는 AD 1세기의 노예제도와 철저한 가부장적인 상황과 현대의 상황 사이에 차이를 인정하면서 네로 황제 당시 베드로전서의 수신자들의 상황을 고려한다. Tracy는 가부장적인 폭력에 적극 저항하라고 독려하는 페미니스트들과 그런 폭력을 남편의 구원을 위한 것이라면 감내하고 하나님의 공의를 구하라고 가르치는 전통적인 복음주의자들 모두 비판한다. 대신에 Tracy는 피할 수 있는 폭력은 피하고, 폭력적인 남편으로부터 피할 것을 제안한다.[1400] 생태신학에 관심이 많은 B.R. Rossing은 계시록과 베드로후서 3장을 비교하면서 지구온난화 문제를 다룬다. Rossing은 로마 철학 중 '세상을 파괴시키는 불'의 개념을 베드로가 차용한 것으로 보는데, 그리스도인이 더 늦기 전에 회개하고 지구를 보존해야 한다고 주장한다.[1401] 하지만 이런 로마 철학적이고 문자적인 해석은 베드로후서 3장에서 정당성을 확보하기 어렵다.

오랫동안 상대적으로 간과되어 온 베드로서신의 연구가 새로운 관점과 방법론과 주제 연구로 예전보다 더 활성화 되고 있다고 평가할 수 있다. 이 새로운 발전은 이 두 서신이 초대 교회의 상황과 발전에 대해 각각 다른 목소리를 대변하고 있다고 주장한다. 하지만 개혁주의 입장에서 이 두 서신의 베드로 저작성과 통일성을 더 강조할 필요가 있다. 이에 대한 좋은 예를 제시한 Fika J. Van Rensburg의 The Interpretation of 1 Peter (Potchefstroom: Faculty of Theology, 1997)는 베드로전서의 사고구조분석과 사회-역사적 배경 연구를 한 후, 하나님 중심의 신학적 해석을 시도하고 나서 설교 가이드라인까지 제시한다. Van Rensburg는

1400) S.R. Tracy, "Domestic Violence in the Church and Redemptive Suffering in 1 Peter", *Calvin Theological Journal* 41(2006, 2), 279-96.
1401) B.R. Rossing, "Hastening the Day when the Earth will Burn?: Global Warming, Revelation & 2 Peter 3", *Currents in Theology and Mission* 35(2008, 5), 363-73.

베드로전서 3:9의 권면을 문법-역사-신학적 해석을 통하여, 악으로 악을 갚지 말라는 베드로의 윤리와 그 윤리의 실행(praxis)인 에토스(ethos) 및 현대적 적용을 구체적으로 밝힌다.[1402] P.W. Pelix(2009)는 베드로전서에 나타난 그리스도의 대속적 고난과 죽으심(penal substitution)을 특히 구약의 제의의 빛 속에서 주요 구절(벧전 1:2, 18-19; 2:24; 3:19; 4:1)을 주석적으로 다루었다. 그는 이 대속적 구속이 구원의 중심으로 자리 잡지 못하면 구원론에 있어서 왜곡이 발생할 수 있다고 본다.[1403]

5. 요한계시록 및 신약 종말론 연구의 흐름

2010년 7월 이래로 웨스트민스터신학교 신약학 교수로 재직 중인 그레고리 빌(Gregory K. Beale. b. 1949)의 『신약성경신학: 신약 안의 구약을 드러내기』(A New Testament Biblical Theology: the Unfolding of the Old Testament in the New. Grand Rapids: Baker, 2011)는 구약과 연결하여 그리스도 안에서 '이미 임한 종말론'(inaugurated end-time)을 강조함으로써, 자신의 신약신학을 집대성한 책이다.[1404] 이미 그는 '성전' 주제로 성경신학을 소개한 적이 있다: 『성전과 교회의 사명: 하나님의 처소에 관한 성경신학』(The Temple and the Church's Mission: A Biblical Theology of the Dwelling Place of God. Leicester: IVP, 2004). 그리고 NIGTC 시리즈의 『요한계시록 주석』(The Book of Revelation. Grand Rapids: Eerdmans, 1999)은 이상주의(idealism) 진영에서 표준적인 주석으로서 기여하고 있다. 또한 그의 박사학위 논문과 관련된 『요

1402) J.T. Fitzgerald et al eds, *Animosity, the Bible, and Us: Some European, North American, and South African Perspectives* (Atlanta: SBL, 2009), 199-230.

1403) P.W. Pelix, "Penal Substitution in the New Testament in the New Testament: A Focused Look at First Peter", *The Master's Seminary Journal* 200(2009, 2), 171-97.

1404) 빌은 1981년에 캠브리지대학교에서 박사학위를 받은 후, 2004년에 세계복음주의신학회(Evangelical Theological Society) 회장을 역임했다. 빌은 고든콘웰신학교(1984-2000)와 휘튼대학교(2000-2010)에서 가르친 바 있다.

한계시록에서 요한의 구약 사용』(John's Use of the Old Testament in Revelation. Sheffield: Sheffield Academic Press, 1998)은 계시록의 구약 사용 연구에 있어서 영국 치체스터대학교의 스티브 모이스(S. Moyise)의 연구와 더불어 중요한 역할을 하고 있다.[1405] 참고로 요하네스버그대학교 명예 신약학교수인 두 란드(J.A. Du Rand. b. 1945)의 『요한계시록 A-Z』(Die A-Z van Openbaring. Vereeniging: CUM, 2007)는 그레고리 빌처럼 이상주의에 기초해 있다.[1406]

플로리다 소재 휫필드신학교(Whitefield Theological Seminary)에서 요한계시록의 기록 연대에 관한 논문으로 박사학위를 받은 젠트리 2세(Kenneth L. Gentry Jr. b. 1950), 전천년주의자 블레이싱(C. Blaising) 그리고 무천년주의자 스트림플(R.B. Strimple)이 공저한 Three Views on the Millennium and Beyond(1999)는 한글로 『천년왕국이란 무엇인가』(2011)로 번역되었다. 젠트리 2세의 '승리의 후천년주의'는 양차 세계 대전 이후로 숨을 죽이고 있던 후천년주의를 부활시키려는 몸짓으로 평가할 수 있다. 오랫동안 계시록 주석을 준비 중인 젠트리 2세가 쓴 『요한계시록 항해: 주요 이슈에 대한 특별한 연구』(Navigating the Book of Revelation: Special Studies on Important Issues. Fountain Inn: Goodbirth Ministries, 2009)는 계시록 해석 방법 중에서 가장 정확한 것으로 평가할 수 있는 부분적 과거론(partial preterism)에 근거한다.[1407]

휫필드신학교에서 기독교 사상 연구로 철학박사 학위를 받은 후천년주의자

[1405] 스티브 모이스는 버밍엄대학교에서 Frances Young교수의 지도 아래 박사학위를 받았다. 그는 The Old Testament in the Book of Revelation (Sheffield: Sheffield Academic Press, 1995) 외에 여러 책을 집필했고, '신약의 구약 사용'에 관한 시리즈물(Edinburgh: T&T Clark)의 공동 편집인으로 화란 Tilburg대학교 은퇴 신약학교수인 M.J.J. Menken과 함께 섬기고 있다.

[1406] 필자의 지도교수인 두 란드교수의 글들은 번역되었다: "The Transcendent God-View: Depicting Structure in the Theological Message of the Apocalypse of John", Neotestamentica 28(1994, 2), 557-73은 『신약연구』 10(2011, 2), 363-89에 실렸고, "Introduction to Revelation" in A.B. Du Toit ed. Guide to the New Testament. Vol. VI (Pretoria: NGKU, 1993), 227-63은 필자의 『요한계시록은 어떤 책인가?』(서울: 쿰란출판사, 2007)의 제 2장에서 볼 수 있다.

[1407] www.kennethgentry.com을 참고하라.

이며 리고니어신학교(Ligonier Academy of Biblical and Theological Studies)의 교장인 매씨슨(Keith A. Mathison. b. 1967)이 자신의 멘토인 스프로울(R.C. Sproul. b. 1939)에게 헌정한 From Age to Age: the Unfolding of Biblical Eschatology (Phillipsburg: P&R, 2009)는 한글로『종말론적 관점에서 본 성경 개관: 성경적 종말론의 전개』(2012)로 번역되었다.[1408] 1부 구약 성경과 2부 신약 성경으로 구성된 이 책에서 매씨슨은 종말론을 미래에 일어날 일로 이해하기보다, 하나님이 그리스도 안에서 가지고 계신 목적에 관한 성경의 교훈과 관계 짓는다. 매씨슨의 종말론에 관한 성경신학적 해석은 게할더스 보스, 헤르만 리델보스, 윌리엄 덤브렐, 그리고 그레고리 빌과 맥을 같이하고 있으며, 신구약의 연속성을 강조한다: "성경 종말론이 구속사의 끝에 초점을 맞추고 있는 것이 사실이지만, 그 구속사의 끝은 구속사 전체의 배경으로 이해할 수 있다. 신약에 기술된 구속사의 사건들은 구약에서 발견되는 약속의 성취다"(p. 33, 참고. p. 15, 40, 413). 매씨슨은 성경의 절정인 계시록을 이른 기록 시기(네로 당시)에 근거하여 부분적 과거론으로 해석함으로써 미래주의, 이상주의, 역사주의적 해석의 약점을 비판한다(p. 790, 792). 그의 감람산강화에 대한 해석은 톰 라이트(Wright)처럼 과거론 즉 AD 70년의 사건을 중심으로 전개된다(p. 459-61).[1409]

나오면서

이 글에서 일반서신과 요한서신의 연구 경향 그리고 신약 헬라어 연구는[1410]

1408) 현재 플로리다에서 목회하고 있는 스프로울은 화란 자유대학교 (Drs)를 거쳐 휫필드신학교에서 박사학위(2001)를 받았다. 참고로 매씨슨의 *Postmillennialism: an Eschatology of Hope* (Phillipsburg: P&R Publishing, 1999) 그리고『성찬의 신비: 칼빈의 성찬론 회복』(부산: 고신대 개혁주의학술원, 2011)도 참고하라.

1409) N.T. Wright. *Jesus and the Victory of God* (Minneapolis: Fortress, 1996), 365.

1410) 텍사스의 Baylor University Press에서 신약 각 권 성경의 헬라어 구문 중심의 문법 해설서 시리즈 (A Handbook on the Greek Text)를 출판 중이다. 누가복음, 사도행전, 에베소서, 베드로전후서, 유다서, 요한 1-3서가 출판되었다. 기존의 M. Zerwick의 *A Grammatical Analysis of the Greek New*

상세히 다루지 않았다. 이와 관련된 참고 문헌을 보려면 맥나잇 & 오스본 (S. McKnight & G.R. Osborne)이 편집한『신약 연구의 형세: 최근 연구 개요』(The Face of New Testament Studies: a Survey of Recent Research. Grand Rapids: Baker, 2004)의 제 18, 20-21장, 그리고 송영목,『신약주석』(서울: 쿰란출판사, 2011)을 보라.[1411]

부록: 남아프리카공화국의 신약학의 어제와 오늘

이글의 목적은 남아프리카공화국의 사법 수도인 블룸폰테인 소재 '오렌지자유주대학교' (Orange Free State University)의 요한문헌 전문가인 피터 드 빌리어 (Peter de Villiers)교수가 2005년에 쓴 글을 기초로 하여 남아공 신약학회의 처음 25년을 돌아보며 소개하는 것이다. 미국과 유럽이 한국 신학계에 큰 영향을 미친 것은 사실이지만, 한국 개혁주의 신학에 남아공의 영향도 적지 않다.

부록 1. 남아공 신약학회(NTSSA)의 설립 준비

'남아프리카공화국 신약학회'(The New Testament Society of South Africa; 이하 'NTSAA')는 1965년 3월 30일 화요일에 포쳅스트룸대학교(Potchefstroom)에[1412] 모인 11명의 작은 회원으로 설립되었다. 물론 남아공 신약학회가 조직되기 훨씬 이전부터 신약학 교육은 지속되어 왔었다. 예를 들어, 스텔렌보쉬대학교는 1866

Testament (Roma: EPIB, 1974)와 Rogers Jr & Rogers III의 *New Linguistic Exegetical Key to the Greek New Testament* (Grand Rapids: Zondervan, 1998)를 능가하는 매우 중요한 책들이다. 베드로전서는 Union University의 Mark Dubis가 2010년에 썼다. 구문 분석에 있어 저자의 주관성이 가미된 경우도 있지만, 매우 유용한데 신학적 논쟁도 가끔 추가한다.

1411) 콜럼비아신학교에서 43년간 교수한 찰스 쿠사(C.B. Cousar)가 쓴『신약성서개론: 하나님의 새로운 일에 대한 증언들』(서울: CLC, 2012), 273-302도 참고하라.
1412) 도시 이름 'Potchefstroom'은 '포트히터'(Pot)라는 성을 가진 사람이 '시내'(stroom)가 흐르는 도시의 '대장'(chef)이라는 뜻으로 보인다. 현재 인구 약 5만의 이 작은 도시가 남아공 최초의 수도였다.

년,[1413] 포쳅스트룸대학교는 1869년 이래로 신학교를 운영해 왔다. 이 외에도 남아공에는 Johannesburg대학교, Port Hare대학교, 남아공대학교(UNISA), Pretoria대학교,[1414] Rhodes대학교 및 여러 군소교단 신학교들이 있다.

1965년 설립 모임 시에 학회의 이름을 'Die Nuwe-Testamentiese Werkgemeenskap van Suid-Afrika'라고 붙였다. 처음에 이것을 영어로 'The South African Society of the New Testament'로 번역했다. 나중에 이것을 'The New Testament Society of South Africa'(NTSSA)라고 불렀다.

NTSSA의 설립 회원들은 누구인가? NTSSA는 남아공 구약학회(이하 'OTSSA')와 긴밀한 관련을 맺었다. OTSSA는 1957년 12월에 프레토리아대학교의 A. van Selms와 남아공대학교의 A.H. van Zyl이 주도하여 설립되었다. OTSSA의 설립 목적은 구약과 관련 주제들의 연구를 촉진하기 위한 목적으로 설립되었다. 이 목적은 NTSSA의 설립 목적과 동일하다. 1965년에 NTSSA가 설립되었을 때 OTSSA는 이미 설립된 지 8년째 접어들었기에, 이 후에 설립된 NTSSA의 구조와 활동에 관한 패턴을 제공했다. 이 두 학회는 활동을 총괄하는 서기(총무, secretary)를 두었다. 1966년에는 이 두 학회가 공동으로 'Biblical Research'라는 저널을 출판했다. 1967년이 되어서야 NTSSA는 Neotestamentica라는 독자적인 신약학 저널을 가지게 되었다. OTSSA의 서기였던 A.H. van Zyl이 NTSSA의 조직에 중요한 조언을 제공했다.

부록 2. NTSSA의 사회-정치적 배경

1413) 1676년 11월, 판 델 스텔(Van der Stel)이 처음으로 이 지역을 돌아본 뒤, 그 아름다움에 경탄하여 '스텔렌보쉬'(Stellenbosch; 뜻: '판 델 스텔의 숲')라는 이름을 붙이고 마을을 설립함으로써 스텔렌보쉬의 역사가 시작되었다. 이 도시는 남아공에서 입법 수도인 케이프타운 다음으로 오래된 도시다.

1414) 남아공의 행정수도에 위치한 프레토리아대학교는 1938-2008년 사이에 신약신학 전공으로 약 70명의 박사 학위자를 배출했다(참고. Van der Watt 외, 2009:1).

1950년대에 아프리칸스 학교들이 전국에 설립되었다. 참고로, 이 무렵 아파르트헤이트가 시행되고 있었는데, 적지 않은 신학생들이 아파르트헤이트 때문에 남아공을 제재 하지 않은 서유럽으로 유학을 했다. 그 무렵 유럽은 제 2차 대전 이후에 신학적 반성이 있었고, 반(反) 셈족주의의 실체도 드러나고 있었으며, 냉전의 기운이 만연했다. NTSSA와 OTSSA는 그들의 연구를 이러한 국제적인 분위기를 고려하여 연결시키려고 했다. 따라서 NTSSA는 소외와 배타주의를 극복하려고 했다. 남아공에서는 1970년대가 백인 정권 하에서 아프리칸스(Afrikaans)를 말하는 공동체의 지적인 삶이 강화되던 시기였다. 아프리칸스를 사용한 대학교들도 정부의 지원 하에 번성기를 구가했다. 아프리카너 중에서 젊은이들은 대학에서 7년 동안 신학교육을 받았다. 3년 동안 B.A.과정에서 공부하되 2년 동안 의무적으로 성경 언어를 이수해야 했다. 그 후 4년 동안 신대원 과정(Th.B; 한국의 M.Div)을 밟았다.

NTSSA가 설립된 지 5년 후인 1970년부터 20년 동안 주로 아프리칸스를 사용하는 대학교에서 70명의 신학 박사가 배출되었다. 따라서 교단 배경을 가지지 않은 일반 대학교에서도 신학과가 설립되어, 이 무렵 학위를 받은 젊은 학자들이 가르치고 연구할 수 있게 되었다. 한 예로 이 무렵 UNISA의 많은 신약학 교수들이 NTSSA에 가입하여 활동했으며, 그 결과 NTSSA는 1970-80년대에 빠르게 성장했다. 특히 NTSSA의 설립 멤버들이 대부분 아프리칸스를 사용하는 개혁교단 신약학자들임을 감안할 때 NTSSA는 초기부터 상당히 고도의 지적인 작업을 추구했음을 짐작할 수 있다. 흥미롭게도 NTSSA는 흑백 분리를 추진하던 그 당시 배경과 달리 상당히 개방적이고 포괄적인 입장을 견지했다.

부록 3. NTSSA의 설립

1964년 12월 17일 목요일, 프레토리아대학교의 Evert Philippus Groenewald

(1905-2002)가 주축이 되어 그의 집에서 소수의 젊은 신약 학자들이 모였다. 1965년 2월 11일, A.B. du Toit(b. 1931)이 신약학 연구를 광범위하고도 공동체적으로 수행하기 위해서 신약학 전공자들에게 편지를 보내었다. 1965년 5월 30일 포쳅스트룸에서 열린 첫 모임에서 Groenewald는 임시 회장에, A.B. du Toit은 임시 서기에 임명되었다. 아래의 11명은 설립 멤버들이다: S.P.J.J. van Rensburg, H.L.N. Joubert, W.J. Snyman, E.P. Groenewald, F.J. Botha, J.C. Coetzee,[1415] P.J. du Plessis, J.H. Roberts, W.J. van der Merwe, Tj. van der Walt, A.B. du Toit.

설립 총회 시에 다음 회기에 정식 회원으로 받아들인 사람들을 결정했는데 다음과 같다: J.J. Muller, J.L. de Villiers, S.J. du Plessis, L. Floor, F.C. Fensham, D.J. Bosch, A.J.F. Dreyer, J.P. Louw, Dr. Postma, I.J. du Plessis. 첫 모임에 W.J. Snyman교수가 "Die Prediking van Paulus- 'n Openbaringshistoriese Benadering"(바울의 설교에 관한 계시사적 접근), H.L.N. Joubert교수가 "Verklaring van die Nuwe Testamentiese Gelykenis"(신약 비유 해석), 그리고 S.P.J.J. van Rensburg교수가 "Heiliging in die Nuwe Testament"(신약에 나타난 성화)에 관한 글을 발표했다. 이 세 사람은 각각 남아공의 주류 개혁교단을 대표했다 (Gereformeerd, Nederduits Gereformeerd, Hervormd). 이 세 글은 에큐메니컬 관점에서 선별되었다는 점에 주목할 만하다. 하지만 남아공의 상황이 배타적이었음에도 불구하고, NTSSA는 처음부터 인종차별을 반대하고 에큐메니칼적 입장을 표방했다. 그러나 이들 대부분은 남성, 아프리칸스 사용자, 개혁교단이라는 동질 그룹임을 알 수 있다. 따라서 초기의 NTSSA는 개혁신앙에 관한 고백적 성격을 띠었다.

1415) 요하네스 크리스치안 쿠찌에교수(d. 2000)는 포쳅스트룸대학교의 신약학 발전에 중요한 공헌을 했다. 그는 W.J. Snyman교수의 지도로 『신약에 나타난 백성과 하나님의 백성』(*Volk en Godsvolk in die Nuwe Testament*. 1964)이라는 논문으로 포쳅스트룸대학교에서 박사학위를 받았다. 쿠찌에교수의 사고구조분석(Thought Structure Analysis)과 구속사적 해석은 Fika van Rensburg교수와 G.J.C. Jordaan교수 등이 계승, 발전시키고 있다.

1966년 케이프타운의 국회에서 암살당한 아파르트헤이트의 이념적인 기초 제공자 Dr. Verwoerd총리를 이어 'Dutch Reformed Church'의 지도자들과 깊이 관련된 B.J. Vorster가 총리가 되었다. 하지만 NTSSA 멤버들은 이러한 교회/신학과 정치의 연결 고리에서 비교적 자유로웠다고 평가된다. 하지만 예외도 있었는데, 아파르헤이트 이데올로기를 열렬히 지지했던 프레토리아대학교의 신약학교수 E.P. Groenewald와 스텔렌보쉬대학교의 교의학교수 F.J.M. Potgieter였다. 특히 Groenewald는 초대 NTSSA의 회장을 지내면서 인종차별에 관한 가장 포괄적이면서도 초기의 이념적 합리화 작업을 성경을 가지고 했던 인물이다.[1416] 하지만 A.B. du Toit과 J.H. Roberts와 같은 그의 제자들은 인종차별적 성향을 보이지 않았다. 다행스럽게도 Groenewald의 사상이 NTSSA의 회원 자격과 활동, 그리고 저작물에 반영되지 않았다.[1417] 실제로 1960년대 후반과 70년대에 들어서서 아파르트헤이트의 세력은 약화되기 시작했다.

NTSSA의 포괄성의 예로 들 수 있는 사람인 프레토리아대학교(1946년. Section A 즉 Hervormd교단)의 A.S. Geyser교수는 NTSSA의 회원이었는데, 인종차별을 격렬하게 반대한 인물이었다. 그는 백인 인종차별주의자들로 구성된 비밀 모임인 'Broederbond'의 서류를 남아공의 최대 주말 신문에 폭로했다. 하지만 그는 NTSSA의 '신약 배경 분과'의 회장으로 활동했다. 1984년 Neotestamentica

---

[1416] 남아공의 아프리칸스를 구사하는 백인들인 아프리카너의 이익을 대변하는 '아프리카너 형제단'(The Afrikaner Broederbond)은 (잘못된) 칼빈주의적 아프리카너로 구성된 배타적인 비밀조직이었다. 이 조직은 1918년에 H.J. Klopper, H.W. van der Merwe, D.H.C. du Plessis 그리고 목사 Jozua Naud 에 의해 조직되었다. 이 조직이 남아공의 정치와 사회에 끼친 영향은 아파르트헤이트로 이어졌다. 1948-1994년의 남아공 정치 지도자들 대부분은 이 조직의 맴버였다. 참고. http://en.wikipedia.org/wiki/Afrikaner_Broederbond.

[1417] 남아공의 인종차별 정책을 신학적으로 정당화시키는데 일조한 남아공의 개혁신학이 진정한 성경적 개혁신학인지 의문을 제기하는 사람이 있다. 하지만 이 문제는 그 당시 남아공의 개혁신학자들 전체의 입장에서 파악할 수 없고, 개별적으로 접근해야 할 사항이다. 스텔렌보쉬대학교의 Lategan(2009:36)은 성경의 오용 및 아파르테이트에 대한 고백과 사죄가 선행되어야 새로운 시작이 가능하다고 주장한다. 그러나 그는 지나치게 포용적인 입장을 취하여, 교회는 수구적인 패러다임을 벗고 교회 안의 여성의 역할과 동성애까지도 적극적으로 허용하고 포괄해야 한다고 주장한다.

는 생존 중이었던 Geyser교수를 위해서 특집 헌정호로 제작되었다. NTSSA가 가지고 있던 포괄주의에 관한 또 다른 예는 UNISA의 W.S. Vorster인데, 비록 그가 신약 문헌의 역사성에 대해서 역사비평적 입장을 견지했음에도 불구하고 1985년까지 총무로 활동하도록 의견을 모았다. 마지막 예는, 1967년 제3회 학회에서 발표한 사람들(Roberts, I.J. du Plessis, P.J. du Plessis)은 모두 개혁교단 배경을 가지고 있었지만 독일 학자들의 작품을 많이 참고한 점이다. 흥미로운 점은 로마교 학자인 Paul Decock이 1970년에 회원 가입으로 거절당했지만 학회에 참가할 수 있도록 서기였던 A.B. du Toit이 서신으로 통지한 점이다. 약 10개 국어를 구사하는 Decock은 포첼스트룸에서 열린 1980년 학회에서 글(The understanding of Isaiah 53:7-8 in Acts 8:32-33)을 발표했다.

'아파르트헤이트'로 인해 국제적으로 고립된 시기에 NTSSA는 주로 미국과 서 유럽의 학자들과 교류를 했다. 예를 들어, E.P. Groenewald,[1418] W.J. Snyman, J.J. Muller, H.L.N. Joubert와 J.L. de Villiers는 화란 자유대학교의 F.W. Grosheide의 문하생들이었고, P.J. du Plessis, T. van der Walt, I.J. du Plessis, J.H. Roberts, B.C. Lategan과 W. Nicol은 화란 깜뻔신학교의 Herman Ridderbos의 문하생들이었다. A.B. du Toit은 스위스의 Oscar Cullmann의 지도로 1959년에 박사학위를 받았다. H.J.B. Combrink는 화란 자유대학의 R. Schipper의 제자였다. 이 젊은 신학자들이 1950년대에 박사학위를 받고 남아공으로 돌아와서 NTSSA의 설립 멤버로 활동했다. 참고로 1990년대에 NTSSA는 7명의 여자 회원을 두었다. 처음 10년 동안 가장 많은 글을 발표한 사람은 J.H. Roberts로서 6회 발표했다. 5번 읽은 사람으로는 A.B. du Toit, F.C.

1418) Van der Watt 외(2002:1)는 Groenewald를 '남아공 신약신학의 아버지'라 불리기에 손색이 없다고 평가한다. Groenewald는 1985년에 Potchefstroom University로부터 명예 신학 박사 학위를 받았는데, 그 다음 해 출판된 계시록 주석(*Die Openbaring van Johannes*. Pretoria: NGKU, 1986)을 감사의 표시로 그 대학교에 헌정했다. 그 외에도 Groenewald는 마가복음, 누가복음, 요한복음, 고린도전후서, 목회서신(이 주석은 1977년에 Randse Afrikaanse Universiteit의 명예 D. Litt. et Phil.학위 수여에 대한 감사로 헌정함), 베드로전후서, 그리고 유다서 주석을 '아프리칸스 주석 시리즈'를 위해서 집필했다.

Fensham, J.P. Louw, W.S. Vorster였다. 한국에 잘 알려진 C. van der Waal은 4회 발표했다. 3회 발표자로는 고신대 총장을 지낸 황창기 교수의 지도교수였던 L. Floor등이 있다. 1회 발표자로는 헤르만 리덜보스의 제자로서 '하나님 나라의 도래'라는 박사 논문을 썼던 포첵스트룸대학교의 T. van der Walt 등이었다.

부록 4. NTSSA의 분과 모임[1419]

NTSSA는 1971년 7월 3개의 분과를 두었다: '신약 해석학', '신약 배경사', 그리고 '신약 신학.' 이 3분과는 각각 더 작은 분과들을 거늘게 되었다. 예를 들어, 해석학 분과는 '문학 비평 그룹'과 '번역 그룹', '해석학 그룹',[1420] 그리고 '신약 및 일반 언어학 그룹'으로 나뉘어 졌다. 신약 신학 분과는 '바울신학 그룹', '요한 신학 그룹'으로 나뉘어 졌는데, 공관복음 분과는 해석학 분과 중의 문학 비평 그룹으로 분류된 점이 이채롭다. 따라서 NTSSA는 총 7개의 분과/그룹에 대표자들을 두었다. 문학 분과에서는 A.B. du Toit, J.P. Louw, W.S. Vorster. B. Combrink, 그리고 J.A. du Rand 등이 담론분석(Discourse Analysis)을 종종 시도했다. 포스트모던 해석학으로 분류되는 독자반응 비평이 1983년 모임에서 시도되었고, 그 연구물이 Neotestamentica 18호에 개제되었다. 이러한 흐름은 NTSSA가 SNTS의 흐름과 거의 맥을 같이하는 것으로 평가된다. NTSSA는 학적인 활동만 한 것이 아니라 정치적인 이슈도 다루었다. 예를 들어, C. Breytenbach, J. Draper, A.B. du Toit, B. Combrink, 그리고 B.C. Lategan 등은 아파르트헤이트를 비판하는 글을 쓰기도 했다.[1421] 현재는 더 많은 분과와 그

1419) http://newtestament.co.za를 참고하라.
1420) 남아공 신약학회는 지나치게 해석 방법론에 몰두해 왔는데, '방법론 중독'(method-addiction)이라 부를 만하다. 물론 더 많은 악기를 연주하는 방법을 배우면 배울수록, 음악이 더 풍성해 지는 것은 사실이지만, 해석 방법론도 성경 언어와 같은 근본적인 신학 커리큘럼에 기초해 있음을 명심해야 한다(참고. Lategan, 2009:31).
1421) 1995년에 남아공의 흑인과 백인 연합팀이 럭비 월드컵에서 우승한 것을 다룬 영화 '우리가 꿈꾸는 기적: 인빅터스(Invictus)'가 한국에서 2010년에 개봉되었다.

룹이 부활절 기간을 이용하여 연례 모임을 가지고 있으며, 동시에 '신약의 구약 사용 연구 학회'도 영국의 간본문적 해석의 전문가인 Steve Moyise의 도움으로 몇 년 전에 조직되어 활동하고 있다.[1422]

부록 5. 현재 상황 및 평가

남아공의 영어권 신약학자들은 아프리칸스권 학자들보다 소수이다. 예전에 전자가 주로 영국이나 미국에서 유학을 했다면, 후자는 화란, 벨기에, 독일에서 유학을 했다. 주로 개혁주의 배경을 가지고 있는 아프리칸스권 학자들이 아파르트헤이트에 다소 방관적 입장을 취했다면, 영어권 학자들은 인종차별 정책에 반대했는데 예를 들어, Albert Nolan, 흑인으로서 영어권인 케이프타운대학교의 Itumeleng Mosala, 영어권인 크와줄루나탈대학교의 Gerald West와 J.A. Draper 및 독일계 남아공 학자인 Gunther Wittenberg 등이 있다. 이렇게 인종차별에 저항하다보니, 성경해석이 상황화되기도 했다. 노스웨스트대학교 포첩스트룸 캠퍼스는 여전히 개혁주의 해석학을 고수하고 있는데, 여전히 다수의

[1422] 영국에서 신약의 구약 사용 연구 모임은 'British Seminar on the Use of the Old Testament in the New Testament'라 불린다. 그 기원은 1963년 SNTS가 이 주제에 대해 준비한 것이다. 1970-4년 사이에 SNTS 모임 중에 'Jewish Exegesis in the New Testament Times'와 같은 세미나가 열렸다. 그러나 더 직접적으로는 1975년에 SNTS의 세미나 프로그램에 '신약의 구약 사용'이 포함된 것이다. 1975-6년에 St. Andrews대학교의 Matthew Black교수가 'The Christological Use of the Old Testament in the New Testament'라는 모임을 인도했다. 1977년에 Hull대학교의 Anthony Hanson과 Bangor대학교의 Max Wilcox (그는 M. Black의 제자였음)가 이 모임을 책임지게 되었다. 이 두 사람은 모임 이름에서 'Christological'이라는 표현을 생략하여, 신약의 구약 사용에 관한 전반적인 면을 다루도록 의도했다. SNTS 소속 영국 회원 중 일부는 여름에 모이는 SNTS모임과 별도로 SNTS모임에 참석하지 못한 사람들을 포함해서 따로 모이는 것을 원했다. 1970년대 중반에 Hanson과 Wilcox가 이 모임을 주선했다. 1980년에 J.L. North가 Hull대학교 교수로 임명되어, 1982년에 Hanson을 이어 이 모임의 회장이 되어 1999년까지 수행했다. 지난 20년 동안 이 모임은 매년 봄에 모였는데, 여름의 SNTS와 가을의 'British New Testament Conference'와 중복을 피하기 위해서였다. 이 모임이 'British New Testament Conference'의 한 부분으로 소속되어야 한다는 의견도 있었지만, 원래 그대로 남게 되었다. 모임 장소로는 1990년 이후로 N. Wales의 St. Deiniol's Library가 사용되어 왔다. 5개의 세션 중에서 대학원생들의 학위 논문을 발표하도록 권장하고 있는데, Durham대학교 신학과가 적극적이다. 영국 신약학회 회원들이 다양한 주제를 심도 있게 연구해서 발표해 왔다. 2000년부터 Chichester대학교의 Steve Moyise가 서기로 일하고 있으며, 2002년부터 Manchester대학교의 George Brooke가 회장으로 일하고 있다(참고. North, 2000:278-81).

아프리칸스권 학자들에게 영향을 미치고 있다. 하지만 아프리칸스권의 신진학자들은 이런 유럽 대륙의 영향과 개혁주의 전통으로 다소 자유로운 편이다.[1423]

NTSSA의 처음 25년은 젊은 신약학자들을 중심으로 기초를 놓고 도약하는 시기였다. 다행스럽게도 그들의 고백적이며 개혁 신학적 입장은 지금도 NTSSA 안에서 자리를 잡고 있다. 지금은 '세계 신약학회'(SNTS)와 보조를 맞추어 다양한 목소리가 NTSSA에서도 나오고 있는데, 예를 들어, 흑인들의 상황화신학과 여성들의 페미니즘 신학 그리고 식민지 후기신학 등이다. 지난 1999년에는 유럽과 미국 중심으로 열리던 SNTS를 프레토리아대학교에서 개최하여 남아공 신약학의 위상을 높이기도 했다. 현재 많은 NTSSA회원들이 SNTS에 소속되어 활동을 하면서 세계에 그들의 목소리를 내고 있다.[1424] 참고로 백인들의 소극적이며 방관적인 태도에도 불구하고, 2010년 월드컵 축구 대회가 성공적으로

1423) 이 단락의 평가는 필자가 크와줄루나탈대학교의 Jonathan Draper교수와 주고받은 이메일을 의존했다. 드라프교수는 아프리칸스권의 탁월한 신약학자들로 스텔렌보쉬대학교의 B.C. Lategan, 프레토리아대학교의 A.B. du Toit, 남아공대학교(UNISA)의 W.S. Vorster, 프레토리아대학교 출신으로 베를린대학교에서 가르치는 C. Breytenbach를 꼽았다.

1424) 스텔렌보쉬대학교의 신약학의 E. Mouton교수와 교의학의 D.J. Smit (2009:249-72)교수는 남아공의 뉴스, 신학계, 예배와 영성, 그리고 대중 여론과 삶에 있어서 예수님이 어떤 분인지 역사적 고찰을 했다. 먼저 라디오, TV, 신문에서 예수님과 관련하여 논쟁이 된 것은 '역사적 예수 탐구', '예수님의 부활', 그리고 '예수님의 치유 기적'이다. 2000년대 초반에 'New Reformation'라고 불리는 운동이 본격적으로 일어나 대중 매체를 통해서 제 1-3차에 걸친 역사적 예수 탐구의 결과를 적극 수용하려고 했다(예. Ben du Toit). 이 운동에 반대하는 조직이 일어나기도 했다(예. A. K nig. H. Hofmyer). 신학계는 지난 아파르트헤이트 시절과 그 후 정치-역사적인 이슈를 다루는 것을 부담스럽게 여겨서 문학적이고 비역사적 성경 해석에 치중해 왔다. 따라서 최근에서야 역사적 예수 탐구 연구가 본격화 된 감이 있다(예. A. van Aarde, F. Wessels). 흑인의 입장에서 역사적 예수 탐구를 하려는 시도도 많다(예. Takatso Mofekeng). 예배와 영성의 분야에서 예수님은 다양하게 표출된다. 남아공에서 기독교 단체 중에서 제일 큰 'African Independent Churches' 안에서도 다양성이 있다. 그 중 하나는 Limpopo주의 Moria시를 중심으로 하는 'Zion Christian Church'인데, 은사주의-예언-치유 사역에 초점을 둔다. 기독교 그룹 중 두 번째 큰 것은 (백인 중심의) 개혁교회이다. 그런데 1986년의 'Kairos Document: Challenge to the Church'는 주로 백인 정권에 저항하는 취지에서, 정치적인 과격한 변화를 추구하는 단체의 산물이었다. 대중 여론과 삶에 있어서 큰 영향을 준 인물로는 D. Tutu주교, A. Boesak, J. de Gruchy, D. Bosch, W. Nicol, 그리고 R. Botman 등으로 아파르트헤이트 시절 동안 흑인 해방과 민주화에 앞장섰다. 만델라가 집권하여 설립한 'Truth and Reconciliation Commission'(진실과 화해 위원회)의 활동과 맞물려 신학자들은 예수님 안에서의 흑백 간의 화해를 주장했다. 요즘은 역사적인 예수의 서구 스타일(Western style)은 흑인 주도의 남아공에 맞지 않다고 보는 다양한 계층의 사람이 점증하는 것 같다.

마무리되어 남아공의 저력이 온 세계에 알려지는 기회가 되었다.

참고문헌

Lategan, B. 2009. 'Quo Vadis' New Testament Studies? *Scriptura*, 100:30-38.

Mouton, E. & Smit, D. 2009. Jesus in South Africa: Lost in Translation? *Journal of Reformed Theology*, 3:247-73.

North, J.L. 2000. KAINA KAI ΠΑΛΑΙΑ: an Account of the British Seminar on the Use of the Old Testament in the New Testament. (*In* Moyise, S., ed. The Old Testament in the New Testament: Essays in Honour of J.L. North. Sheffield : Sheffield Academic Press. p. 278-81.)

Pieter de Villiers. 2005. Methodology and Hermeneutics in a Challenging Socio-Political Context: the First Twenty Five Years of the New Testament Society of South Africa (1965-1990)- Part Two. *Neotestamentica*, 39(2):229-53.

Pieter de Villiers. 2005. Turbulent Times and Golden Years: the First Twenty Five Years of the New Testament Society of South Africa (1965-1990)- Part One. *Neotestamentica*, 39(1):75-110.

Van der Watt, J.G., Du Toit, A.B. & Joubert, S. 2009. The Department of New Testament Studies, University of Pretoria (Dutch Reformed Church), 1938-2008. *Verbum et Ecclesia*, 30(3):1-6.

남아공 신약 해석학의 다양한 관점을 보려면 아래 두 책을 참고하라:

Hartin, P.J. & Petzer, J.H. (*eds*) 1991. Text and Interpretation: New Approaches in the Criticism of the New Testament. Leiden: Brill.

Petzer, J.H. & Hartin, P.J. (*eds*) 1985. A South African Perspective on the New Testament. Leiden: Brill.

05 신약성경의 예배에서 배우기

들어가면서

이 글의 제목은 '초대 교회의 예배에서 배우기'가 아니라 '신약성경의 예배에서 배우기'이다. 이유는 AD 1세기 초대 교회가 드린 실제 예배를 탐구하는 동시에, 신약의 결론인 요한계시록의 환상 가운데 등장하는 천상의 예배도 본 연구에 포함시키기 위해서다. 이 글의 목적은 다음 질문들에 답하는 것이다. 예루살렘 성전 예배와 바벨론 포로기 이후의 회당 예배는 신약교회의 예배에 어떤 영향을 미쳤을까? 복음서에 따르면 예수님과 제자들은 어떤 예배를 드렸는가? 사도행전과 서신서들에 따르면 초대 교회는 어떤 예배를 드렸는가? 요한계시록은 천상의 예배를 어떻게 소개하며, 현대에 어떻게 적용할 수 있는가?

1. 초대 교회에 미친 성전과 회당 예배의 영향

예수님과 제자들은 유대인이었으므로, 그 당시 유대교의 종교 관습을 전반적으로 따랐다고 보는 것이 자연스럽다. 다만 복음서에서 예수님이 유대교의 종교 관습을 공격한 경우는 예외다. 예수님이 최후 만찬을 유월절 식사로 거행하셨으므로, 유대인들이 가정에서 행한 종교 관습을 공유하신 것으로 보인다. 예수님은 갈릴리의 회당 예배도 공유하셨고(눅 4:16-30), 절기 때는 성전에도 가셨다(요 2:13 등). 예수님과 초대 교회가 드린 예배는 그레코-로마세계라는 이교 제사보다는 유대인의 예배 맥락에서 이해하는 것이 바람직하다.[1425]

1.1. 예루살렘 성전 예배의 영향

AD 1세기에 제사장들은 예루살렘 성전에서 아침과 저녁에 양 한 마리씩 제물로 드렸고, 안식일에는 두 마리씩 드렸다. 그리고 월삭, 유월절, 오순절, 장막절, 수전절, 부림절, 대속죄일에는 많은 짐승을 제물로 드렸다(참고. 날, 달, 절기를 성취하신 예수님, 갈 4:10-11). 요한복음에 의하면 예수님은 유대인의 명절 때 예루살렘 성전에 가셨는데(유월절, 2:13; 11:55; 명절, 5:1; 초막절 7:10; 수전절, 10:22), 요한은 명절의 희생 제사에 참여하기 위한 것이라고 명시하지 않는다. 성전을 만민의 기도하는 집으로 여기신(막 11:17) 예수님은 유대인들처럼 성전세를 내셨다(마 17:24-27). 오순절 후에 예루살렘 성도는 성전에 모였고(행 2:46), 베드로와 요한은 성전에 기도하러 갔다(행 3:1-3). 바울은 자신을 성전의 희생 제사와 연결시켰는데, 바울이 정결의식을 위해 짐승 제사를 드렸는지는 불분명하다(행 21:17-26). 그런데 예수님은 돌 성전의 예배가 아니라 '성령과 실체 안에서의 예배'를 제시

[1425] 이 글은 『개혁신학과 교회』 27(2013), 52-69에 게재되었다. 초대 교회의 예배가 대립의 각을 세울 수밖에 없었던 다신교적이며 혼합주의적인 그레코-로마 세계의 예배에 관해서는 R.P. Martin, "Worship" in G.F. Hawthorne et al (eds.), *Dictionary of Paul and His Letters* (Leicester: IVP, 1993), 983-84를 참고하라.

하셨다(요 4:23). 예수님의 십자가에서 희생 제물로 죽으시며 장차 성전은 파괴될 것이므로(눅 21:6), 짐승 제사를 드리던 돌 성전은 더 이상 본질적인 것이 아니다. 이와 관련하여 성전청결 사건(마 21:1-11; 요 2:13-22)에서 짐승을 이방인의 뜰에서 몰아낸 것은 짐승 판매와 연관된 부패는 물론, 희생 제사의 시스템 자체를 거부하신 의미가 있다. 예수님이 돌아가실 때 성전 휘장이 찢어진 것도 성전 제의의 종막을 고하는 상징적 의미를 가진다(마 27:31). AD 70년에 하나님께 정교한 방식으로 나아가도록 했던 옛 예배 시스템은 끝났다(마 12:6; 골 2:16). 따라서 성전 제의가 폐지됨으로써, 비록 AD 70년 이후에 랍비 유대교와 회당 예배가 존속되었더라도, 신구약 중첩기간의 실질적인 종막을 알렸다.

1.2. 회당 예배의 영향

바벨론 포로 이후로 시작된 회당은 나름대로 독자적인 역할을 했지만, 성전이 서 있는 한 유대인의 삶에 구심점이 되지 못했고 보완적이었다. 지중해 연안의 유대인들과 중앙-북부 유럽의 유대인들 사이에 몇 가지 관습에 있어 차이가 있었음에도, 회당의 주요 기도와 예배 방식에서 별 차이가 없었다.[1426] 1세기에 회당은 예배처소는 물론, 법정, 시장, 학교, 직업소개소 등의 역할도 병행했다. 유대인들은 안식일, 월요일, 목요일 그리고 절기 동안 성전에 가지 못한 경우에 모였다. 복음서에는 언급이 안 되어 있으나, 회당 예배의 일반적인 순서는 다음과 같다: **(1)** 회중 찬송(비교. 고전 14:26; 엡 5:19-20; 골 3:16-17). **(2)** 신 6:4-9, 11:13-21, 민 15:37-41이 혼합된 쉐마 낭독. 이것은 일종의 유일신 하나님에 관한 유대교의 신조임(비교. 롬 3:30; 고전 8:6; 12:5; 갈 3:20). **(3)** (가말리엘의 영향을 받은) 테필라(Tephillah, 혹은 Amidah, Shemoneh Esreh; 비교. 고후 1:3-7과 엡 1:3-10의 바울의 기도), **(4)** 율법서와 선지서 낭독과 (아마도 통역 및 성구집에 근거한) 해석(homily). 유대

1426) N. Solomon, "Jewish Worship", in J.G. Davies (ed.), *A New Dictionary of Liturgy and Worship* (London: SCM, 1986), 290.

인은 회당을 '가르침의 집'으로 여겼는데, 토라와 선지서는 월요일과 목요일 오전 그리고 안식일에 낭독되었으며, 토라를 낭독하는 주기는 3일을 넘으면 안 됨. **(5) 복의 선포와 회중의 아멘으로 응답**(비교. 고전 14:16; 고후 1:20; 계 22:21).[1427]

예수님은 '늘 하시던 대로'(바른 성경, κατὰ τὸ εἰωθὸς) 회당 예배에 참석하셨다(눅 4:16). 바울도 늘 하던 대로(κατὰ τὸ εἰωθὸς) 회당 예배에 참석했다(행 17:2; 그리고 13:14). 따라서 초대 교회는 회당 예배에 익숙했고, 일부분 계승한 것으로 보인다.[1428] 만약 예수님과 사도가 회당 예배와 유사한 초대 교회 예배 형식을 초대 교회가 따를 것을 비판하셨다면 이 둘 사이의 유사점은 없었을 것이다. 흥미롭게도 '회당'(συναγωγή)이 그리스도인의 집회 장소로 언급된 바 있다(약 2:2).

1.3. 요약

유대인들에게 있어서 예배는 하나님의 언약 백성이라는 그들의 정체성을 규정하는 종교 행위였다. 그들은 이스라엘과 언약을 맺으신 하나님의 구원적 사랑을 예배로써 기억하며 기념했다. 성전 예배와 달리 회당 예배는 덜 형식적이었고, 교육적 요소가 강했으며, 제사장의 기능이 뚜렷하지 않았고, 일반 성도의 참여가 뚜렷했다. 예수님은 성전과 회당 예배 자체를 반대하지 않으셨기에, 유대교 예배의 단절자라기보다는 완성자이시다.[1429] 역사적인 단절과 진공상태가 아니라 1세기 팔레스틴의 유대인으로 태어나신 예수님의 사역은 새로운 예배 즉 참 예배의 출발점이다. 따라서 특별히 회당 예배는 하나님의 섭리 가운데 초대 교회의 예배를 위한 도약판 역할을 했다고 볼 수 있다. 하지만 초대 교회는 회당예배의 요소 중 일부를 독특한 기독교의 신학적 이해를 반영하여 변

1427) Solomon, "Jewish Worship," 290; Martin, "Worship," 985.

1428) S.C. Farris, "Worship" in J.B. Green et al (eds.), *Dictionary of Jesus and the Gospels* (Leicester: IVP, 1992), 981-82.

1429) 함창기, "초대 교회의 예배 연구", 『천안외국어대학 논문집』 2(2002), 73.

형시켜 사용했던 것으로 보인다.[1430]

2. 초대 교회의 예배: 복음서, 사도행전, 서신서를 중심으로

초대 교회의 일원이었던 복음서 기자들은 초대 교회의 예배에 관해서 정보를 제공한다.[1431] AD 1세기는 예배를 포함하여 그리스도인의 삶의 많은 영역에 있어서 상당한 다양성을 보였다. 따라서 초대 교회의 예배에 관해서 획일화하거나, 과도하게 정확성을 주장하는 것은 무리가 있다. 또한 예배에 관한 광범위한 정보를 제공하는 AD 3세기의 교부들의 기록으로부터 초대 교회의 예배를 역으로 추론하는 것도 주의해야 한다. 앞에서 살펴본 대로, 초대 교회 예배의 적지 않은 부분은 유대교 예배, 특히 회당에게 일정 부분 빚을 지고 있다. 하지만 아래에서 살펴보겠지만, 구약적 예배에서 기독교적 예배로 넘어가는 중첩기 혹은 중도기에 속한 초대 교회의 예배는 공유된 유대교 예배 요소에 새로운 의미와 새로운 형태를 부여했다.[1432]

2.1. 예배 장소와 시간

2.1.1. 예배 장소

신약 성경은 초대 교회가 예배 모임을 위해서 특정 장소를 선호했다고 밝히

1430) C. Nassis, "The Use of Music in Christian Worship: Background and Early Evidence", *Phronema* 22(2007), 27.

1431) 복음서 내용의 직접적 배경인 AD 30년대의 예수님의 삶의 정황은 약 AD 60년대의 복음서 수신자들의 삶의 정황을 투영(transparency)한다. 하지만 양식비평의 가설(예. 저자로서의 복음서 공동체를 인정함, 신약 저자가 자료를 사용함에 있어 성령님의 영감 사역을 배제함)을 역사적 사실로 받아들일 수 없다.

1432) 정훈택, "신약성경에 나타나는 예배", 『신학지남』 71(2004, 2), 75.

지 않는다. AD 4세기까지 기독교 교회당이 건축된 적이 없으므로, 초대 교회는 주로 성도의 가정집(κατ᾽ οἶκον, '집을 돌면서')에서 모였다(행 2:42, 46-47; 16:15, 34, 40; 20:7-12; 롬 16:5; 골 4:15-16; 몬 2). 그리고 회당이나(약 2:2) 성전에 모이기도 했다(행 2:46).

2.1.2. 예배 시간

AD 321년에 일요일이 휴일로 지정되었으므로, 초대교인들에게 예수님의 부활을 기념하는 주일은 휴일이 아니었다. 따라서 노예와 같은 자유롭지 못한 성도를 배려한다면 주로 주일 저녁 시간에 헌금 순서가 포함된 예배를 드렸을 것이다(행 20:7; 고전 16:1-2; 참고. 요 20:19, 26; 계 1:10; 디다케 14:1). 예루살렘 교회의 경우는 매일 예배를 드렸으며, 가정집은 물론 성전에 모이기도 했다(눅 24:52-53; 행 2:46-47; 참고. 행 3:1, 11). 로마의 클레멘트(c. AD 96)는 고전 14:40에 근거하여, 주님께서 헌금과 예배를 질서 있게, 지정된 시간과 때에, 사려 깊고 규칙적으로 하라고 명령하셨다고 기록한다.[1433] 그런데 AD 1세기 그리스도인들에게는 현대 교회처럼 1년에 한 번만 부활절을 지킨다는 개념이 없었고, 매 주일이 부활절이었다. 따라서 이것을 간단히 적용해 보면, 현대 교회도 "매 주일은 작은 부활절이다"(Every Lord's day is a little Easter!)는 신학을 가지고 있어야 하며, 예배를 통해 그리스도의 부활의 현재적 권능과 영생 주심을 감사하고 축하해야 한다. 이렇게 할 때 오늘 날의 예배는 새 언약의 갱신을 위한 잔치가 될 것이다.

2.2. 초대 교회 예배의 요소들

신약 성경은 조직화된 예배 순서를 제시하지 않기에, 초대 교회의 예배 순서

1433) D.W. Bercot (ed.) *A Dictionary of Early Christian Belief* (Peabody: Hendrickson, 1998), 699. 그런데 쿨만(O. Cullmann)은 마 24:20을 근거로 일부 그리스도인은 안식일에 예배로 모였다고 추론한다. 『원시기독교 예배』(*Early Christian Worship*, 이선희 역, 서울: 대한기독교서회, 1984[1953]), 9.

에 관해서 정확히 알 수 없다.[1434] 여기서 예배의 요소들을 살펴보자.

2.2.1. 찬송과 신앙고백

그레코-로마 종교의 종교적 노래를 특징짓는 언어스타일의 요소를 살펴봄으로써 많은 학자들(예. E. Norden, J. Weiss, L. Thompson, R.P. Martin)은 신약 저자들이 그 당시의 찬송과 신앙고백을 성경을 기록할 때 사용했다고 주장한다.[1435] 예를 들어, 눅 1-2장의 세 찬송시들(Magnificat, 1:46-55; Benedictus, 1:68-79; Nunc Dimittis, 2:29-32)은 초대 교회의 예배에 사용된 것으로 본다. 따라서 이 세 찬송시들이 유대적인 어휘와 형식을 가지고 있기에(참고. 출 15; 삿 5; 삼상 2:1-10), 적어도 유대-그리스도인들은 예배 중에 즐겨 불렀을 것으로 추정한다(참고. 마 21:9; 눅 2:14).[1436] 그리고 예수님에 관한 중요한 진술인 요한복음의 서론에 초대 교회가 부른 찬송과 신앙고백(1-5절, 9-14절, 16-18절)이 동시에 나타나는 것으로 보는 이가 있다.[1437] 즉 초대 교회는 자신의 찬송과 고백하는(to confess, ὁμολογέω ἐξομολογέω) 신앙(교리)을 통해서 정체성을 드러내었다는 것이다(참고. 마 10:32-33; 14:33; 16:16; 롬 10:10; 빌 2:6-11).[1438] 확실한 사실은 초대 교회가 '시와 찬미와 신령한 노래'를 불렀다는 사실이다(고전 14:26; 엡 5:19; 히 13:15; 참고. 마 26:30; 행 2:47; 16:25; 약 5:13). 그리고 하나님의 구원을 높여 기리는 '새 노래'도 불렀다(계 5:9; 14:3; 15:3). 고전 14:7-8이 예배 중에 악기를 사용한 증거 구절인지는 분명하지

1434) 칼빈은 행 2:42(-47)에서 초대 교회의 예배 요소를 찾아서 스트라스부르크(1540)의 예전을 세웠다.
1435) L. Thompson, "Hymns in Early Christian Worship", *Anglican Theological Review* 55(1973, 4), 461.
1436) 학자들은 서정성과 율동적 스타일, 근접 문맥에 나타나지 않는 생소한 어휘, 기독교 교리에 관한 언급, 그리고 세례나 예배를 배경으로 하고 있다는 힌트로부터 찬송과 신앙고백문을 찾아낸다. R.P. Martin, 『초대 교회의 예배』(*Worship in the Early Church*, 오창윤 역, 서울: 은성출판사, 1989[1974]), 75-77, 83. 하지만 신약 저자들이 그 당시의 찬양과 신앙고백문을 자료로 사용했다는 가설이 성경의 영감을 부정하거나, 복음서와 서신서가 초대 교회의 예전이 확립된 매우 후대에 어떤 공동체에 의해서 기록되었다는 것을 전제로 할 수 없다. 왜냐하면 기록된 신약에 기초하여 초대 교회가 나중에 찬송과 신앙고백을 만들었을 수 있기 때문이다.
1437) Nassis, "The Use of Music in Christian Worship: Background and Early Evidence", 27.
1438) Farris, "Worship", 893.

않다.[1439] 참고로 트라얀 황제에게 보낸 총독 플리니(AD 111-112)의 편지들(The Letters of the Pliny the Younger)에 보면, "기독교인들이 해 뜨기 전에 마치 하나님께 하듯이 그리스도에게 불러 드리는 노래를 서로 번갈아 불렀다"고 전한다.

2.2.2. 기 도

초대 교회의 기도의 기원이 구약의 성전 예배나 회당 예배로 거슬러갈 수 있지만, 예수님이 보이신 기도의 모범에서 새로운 자극과 내용을 공급받았다(마 5:44; 눅 6:12; 11:2-4; 21:36; 참고. 행 1:14).[1440] 복음서의 주기도문은 초대 교회에서 사용된 것으로 보인다. 하나의 근거는 디다케(8, 10장)인데 마태복음 6:9-13의 주기도문과 거의 동일한 기도문을 제시하며, 하루 3회 반복할 것을 언급한다. 이것은 회당의 영향을 반영하는데, 왜냐하면 경건한 유대인들이 테필라를 하루 3회 반복했기 때문이다. 초대 교회는 예수님을 따라서 하나님을 '아버지'라고 기도 중에 불렀고(롬 8:15; 갈 4:6),[1441] 예수님을 '주'로 고백하며 기도했다(행 7:59-60; 9:17; 계 5:8).

2.2.3. 성찬 및 애찬(agape meal) 그리고 세례

2.3.3.1. 성찬 및 애찬

첫 번째 성찬은 정규 유월절 식사였다(참고. '[유월절 양을 잡는] 무교절의 첫날'에, 마 26:17; 눅 22:7). 그런데 예수님의 최후만찬(마 26:26-30; 막 14:22-26; 눅 22:14-23)은 복음서 기자들이 속한 초대 교회의 성찬을 다양하게 반영한다(참고. 행 2:46). 마태와 마가의 경우 떡과 포도주 각각을 위해 기도하지만, 누가와 바울(고전 11:23-

---

1439) Contra Nassis, "The Use of Music in Christian Worship: Background and Early Evidence", 26.
1440) 정훈택, "신약성경에 나타나는 예배", 102.
1441) Cullmann, 『원시기독교 예배』, 13.

25; 참고. 행 20:7)은 통합하여 한 번의 감사만 소개한다. 유대인들은 가정에서 누룩을 제거하는 것과 같은 준비를 함으로써, 유월절 동안 출애굽을 회상하고 자신들을 해방시킬 메시아의 오심을 기대했다(Mishna Pesahim 10). 이 유대인들의 회상과 기대는 바울이 주의 만찬을 설명하는데도 나타난다(고전 11:17-34, 특히 24-26절).[1442] 성찬식은 1세기의 실제 식사 상황에서 행해졌다.[1443] 실제 식사 상황이라면 어린 아이들도 성찬에 참여했을 가능성을 배제할 수 없다. 하지만 AD 100년경에 기록된 디다케는 성찬을 먹기 전에 죄를 고백해야 하며(14:1), 세례를 받은 사람만 빵과 포도주를 먹을 수 있다고 명시한(9:5). 그런데 행 2:46은 일상적인 표현인 "빵을 먹다" 대신에 "빵을 떼다"($\kappa\lambda\hat{\omega}\nu\tau\acute{\epsilon}\varsigma$ $\check{\alpha}\rho\tau o\nu$, breaking bread)라고 언급하기에, 성찬이 일상 식사를 넘어 특별한 의미를 가진 의식이었음을 암시한다. 초대 교회가 성찬식 마지막 시점에 했던 신앙고백(혹은 기도)은 '마라나타'였다(고전 16:22; 참고. 디다케 10:6). 아람어 '마라나타'가 사도 바울이나 디다케의 저자에 의해서 헬라어로 번역되지 않고 보존된 것은 초대 교회의 가장 오래된 기도문 중 하나인 이 표현이 대단히 중요한 위치에 있었음을 보여준다.[1444] 마라나타는 과거에 부활 하신 그리스도께서 제자들 가운데 오셔서 임재하심, 현재에 성찬의 빵과 포도주를 통해서 영적으로 임재하심, 그리고 미래에 최종 파루시아로 임재하심을 포괄하는 심오한 용어다. 고린도교회는 성찬을 포함하는 예배 전에 애찬(agape meal, 바른 성경: '자기의 만찬')을 먼저 시행했던 것 같다(고전 11:21-22, 34).[1445] AD 2세기 이래로 애찬과 성찬이 함께 시행되었다는 증거가 있다(디다케 10:1). 참고로 안디옥의 이그나티우스(c. AD 107)는 집사가 일반

[1442] Martin, "Worship", 984. 따라서 초대 교회의 성찬식이 무거운 분위기의 예수님의 최후만찬이 아니라 부활 이후에 제자들과 나누신 기쁨의 식사(참고. 행 2:46의 '기쁨', 눅 24:30-32의 '함께 먹다'로 번역 가능한 행 1:4의 $\sigma\upsilon\nu\alpha\lambda\iota\zeta\acute{o}\mu\epsilon\nu o\varsigma$)에서 연유했다는 Cullmann의 주장은 부분적으로 설득력 있지만 일방적이다. 『원시기독교 예배』, 15-16.

[1443] Cullmann은 행 2:42, 46절의 '떡을 떼면서'로부터 포도주를 먹는 것이 반드시 성찬식 때 필요한 순서는 아니었다고 본다. 『원시기독교 예배』, 15.

[1444] Cullmann, 『원시기독교 예배』, 15.

[1445] Contra 식사와 성찬이 동시에 거행되었다고 보는 정훈택, "신약성경에 나타나는 예배, 112. 하지만 성찬은 원래 일상 식사를 배경으로 한다고 보는 게 합당하다.

성도에게 분병 및 분잔을 했다고 전한다(참고. '음식 봉사'[διακονεῖν τραπέζαις], 행 6:2).[1446]

2.3.3.2. 세례

초대 교회의 예배에서 세례도 빼놓을 수 없다(고전 1:13-17; 10:1-17; 15:29; 엡 5:26; 골 2:12; 벧전 3:21; 참고. 마 28:19; 행 19:4-5; 엡 1:13). 그런데 초대 교회가 흐르는 물이 있는 강에서 침례를 행했다면(참고. 죽고 삶으로서의 세례, 롬 6:3-4),[1447] 장소상 침례와 성찬을 동시에 시행했는지는 확실하지 않다. 세례는 예수님의 이름으로(행 2:38) 시행하되, 세례 받는 사람이 회개(행 2:38)와 신앙을 고백한 후(행 8:37) 거행되었다. 온 집안이 세례를 받은데 유아세례의 흔적이 나타난다고 보는 이가 있다(행 16:15; 고전 1:16).

2.2.4. 설교 및 사도가 쓴 편지 낭독

예루살렘 교회와 이방지역에 있던 교회는 말씀의 가르침(복음적 설교)을 받는 일에 힘썼다(행 2:42; 갈 6:6; 딤전 4:13). 드로아에서 바울은 성찬 전후에 설교를 했다(행 20:7, 11). 설교에 대한 회중의 반응인 '아멘'은 회당 예배에서도 찾아볼 수 있는데, 고전 14:16등에 나타난다. 그리고 사도가 교회에 보낸 편지는 종종 공적 예배 모임에 낭독되도록 의도되었다(골 4:16; 살전 5:27; 계 1:3). 예배 중에 구약 성경도 읽고 설교했다(참고. 저스틴의 변증론 67).

1446) P.L. Gavrilyuk, "The Participation of the Deacons in the Distribution of Communion in the Early Church", *St. Vladimir's Theological Quarterly* 51(2007, 2-3), 256.

1447) P.F. Bradshaw, *Early Christian Worship* (Collegeville: Liturgical Press, 2010), 4.

2.2.5. 헌금

그리스의 고린도의 경우 매주 첫째 날이 임금을 지불하는 날이기에, 그 날 (즉 주일)에 헌금했다고 보는 것은 무리다. 헌금을 포함한 주일 예배의 의미는 예수님의 부활에서 찾는 것이 자연스럽다(고전 16:1-2; 참고. 눅 8:2-3; 행 4:34-37; 11:29-30).[1448]

2.2.6. 복의 선포

신약 서신들이 예배 중에 낭독되도록 의도되었다면, 복의 선포가 예배 처음(요삼 2; 계 1:4-5; 참고. 눅 24:50-51) 그리고 마지막에 있었을 가능성이 크다(고전 16:23; 고후 13:13; 갈 6:18; 빌 4:23; 살전 5:28; 살후 3:18; 딤전 6:21; 벧전 5:14; 유 24-25; 계 22:21).[1449] 신약 서신 가운데 특히 바울 서신의 흐름(epistolary flow)은 예배의 여러 요소들을 통합하여 초대 교회 예배 순서에 적합하도록 반영하고 있는 것으로 보인다.[1450] 그리고 아마도 거룩한 입맞춤으로 예배를 마쳤을 것이다(롬 16:16; 고전 16:20; 살전 5:26).

2.3. 초대 교회 예배의 특징

초대 교회는 그 당시 유대인들이 사용한 예배 용어 중 일부 사용했고, '하나님의 백성'이라는 정체성도 가지고 있었다. 그럼에도 유대인의 성전과 회당 예배와 구분되는 초대 교회 예배의 두드러진 특징은 '그리스도 중심적' 성격이다(참고. 계 5:12-14). 초대 교회는 의도적으로 유대인의 예배일인 안식일과 구분하기 위해서 일주일의 첫날을 예배 시간으로 삼았는데, 그리스도의 고난과 죽

1448) Martin, "Worship", 986.
1449) Cullmann, 『원시기독교 예배』, 26.
1450) Cullmann, 『원시기독교 예배』, 27.

으심과 부활은 물론 주님의 부활 이후 주일에 있었던 현현도 기념하기 위해서이다. 초대 교회 예배의 요소들인 찬양, 설교, 성찬, 신앙고백, 복의 선포도 예수 그리스도의 과거와 현재 그리고 미래적 현존을 기억하고 감사하며 예기하는 것이었다.[1451] 박해를 경험하던 초대 교회에게 예배 중에 임하시는 승천하신 예수님의 현존에 대한 소망과 재림이라는 미래 종말 사상은 어느 때보다 강력했다.[1452] 물론 여기서 삼위일체 중심적 예배의 요소들을 간과할 수 없다(고후 13:13; 엡 2:18; 히 9:14; 벧전 1:2; 참고. 디다케 7:1-4).[1453] 특별히 예배에 있어 성령님의 역할이 중요했다(요 4:23). 성령님은 예배 요소들이 교회의 성장을 합력하여 도모하도록 역사하셨고, 찬송과 기도와 설교와 신앙고백을 가능하게 하셨고, 예배에 예언과 방언 같은 은사적 요소들을 부여하셨고, 성찬에 있어서 그리스도와 성도의 과거, 현재, 미래적 연합을 이루셨다. 이러한 성령의 역사와 관련하여, 고린도교회의 경우 예언, 방언 및 통역, 계시를 말하는 예배의 은사적 요소들도 있었는데, 이 경우 모든 요소들은 공동체의 덕(edification)을 세워야 했다(고전 12:10; 14:3, 6, 12, 26).[1454]

2.4. 요약

초대 교회의 예배 순서는 확실히 알 수 없지만, 비교적 자유로운 분위기와 장소에서 다양한 요소들을 포함하고 있었음에 분명하다. 예수 그리스도 중심적인 예배 요소들은 그리스도의 몸인 교회를 강화하고 교화시키기 위해서였다(고전 14:5의 ἵνα ἡ ἐκκλησία οἰκοδομὴν λάβῃ). 요약하면 초대 교회는 말씀과 성찬이 함께 공존한 생동감 있는 예배를 드렸다(고전 10:2-3). 어거스틴의 말대로 '말

1451) Cullmann, 『원시기독교 예배』, 10, 20.
1452) 나형석, "예배와 집회는 다르다", 『기독교사상』 513(2001), 24.
1453) R.P. Martin, "Worship and Liturgy" in R.P. Martin and P.H. Davis (eds.), *Dictionary of the Later New Testament and Its Developments* (Leicester: IVP, 1997), 1236.
1454) 저스틴 마터 시대에(AD 100-165), 예언과 방언 및 통역은 사라졌고, 성찬식은 실제 식사의 역할이 아니라 하나의 제의적 식사로 변화되는 경향이 나타났다. 참고. Cullmann, 『원시기독교 예배』, 66.

씀'의 예배는 밀알들을 도리깨질하고 빻는 과정이며, 그 후 '세례'의 물로 반죽하고, 불로 구워져 '성찬'에 올릴 떡이 되었다.[1455]

3. 요한계시록에 나타난 천상의 예배와 현대적 적용

밧모 섬에서 주의 날에[1456] 계시를 받은 사도 요한은(계 1:10) 그리스도의 계시를 예배 상황 가운데 낭독되도록 의도했다(1:3).[1457] 그리고 요한은 소아시아 7교회의 지상의 예배를 천상의 예배(계 4-5)와 병행되도록 의도하는데, 지상 교회는 마땅히 성령님 안에서 실체의 예배를 드려야하기 때문이다(참고. 요 4:24). 신약성경 중에서 계시록은 히브리서를 제외하면 가장 예전적인 책이다. 이 사실은 계시록이 종종 구약의 성전을 언급하고(11:1, 2, 19; 14:15, 17; 15:5; 16:17), 언약궤(11:19), 제단(6:9), 촛대(1:12, 20), 향(5:8; 18:13), 연기(18:9, 18), 나팔(8:2), 대접(16:1) 등을 언급하기 때문이다. 그 외에 '어린 양'(5:6, 7, 8), '거문고'(5:8; 14:4; 15:2-3), 그리고 '세마포'(15:6; 19:8, 14)와 같은 용어는 문맥에 따라서 어떤 예배적인 함의를 담고 있는지 결정해야 한다. 계시록 전체는 예배의 요소를 상징적인 방식으로 다음과 같이 보여준다:

(1) 예배로의 부름(계 1): 이 부름은 인자 같은 분의 나팔 음성으로부터 나온다.
(2) 죄의 점검(계 2-3). 교회는 성령이 하시는 말씀 중에서 책망에도 귀를 기울여야 한다.
(3) 말씀을 가져옴(계 4:1-8:1): 이 단락에서 역사의 주관자이신 어린 양이 두루마리를 취하시자 굉장한 예배가 드려지는 것을 본다.

1455) 나형석, "예배와 집회는 다르다", 29에서 재인용.
1456) '주일'에 부활의 예수님이 만유의 주로서 다스리실 미래를 기대하는 종말론적 의미가 있다. Bradshaw, *Early Christian Worship*, 86.
1457) Cullmann, 『원시기독교 예배』, 6.

(4) 말씀을 읽고 설교함(계 8-13): 어린 양이 두루마리를 여신 후, 일곱 천사들에게 말씀을 주어 읽고 전하게 하신다.

(5) 봉헌(계 14:1-15:5): 빵과 포도주는 거두어져서 하나님 앞으로 가져와 진다.

(6) 성찬(계 15:6-19:10): 대접 재앙은 천사들에 의해 소아시아 7교회의 대적에게 부어지고, 음녀는 피를 마시고, 새 예루살렘 성(교회)이 참여할 어린 양의 혼인 만찬이 뒤따른다.

(7) 행진(계 19:11-22:21): 전쟁 맥락에서 백마 탄 분이 나온다. 예수님을 따라 교회가 말씀을 가지고 세상을 향해 나아가는 장면이지만, 계시록에는 바울 서신들이 갖추고 있는 분명한 형식의 '복의 선포'가 마지막 부분에 나타나지 않는다(참고. 계 22:21).[1458]

계시록의 수신자들은 박해로 인해 거짓 예배 대상자를 숭배할 위험에 처해 있었다(계 2:6, 9-10, 13-15, 20-24; 13:4, 8, 12, 15; 14:9, 11; 16:2; 19:20; 20:4). 그들이 로마 황제 숭배를 거부하면 경제적인 위험에 처하게 된다(13:17). 하지만 그리스도의 대속의 사역으로 왕 같은 제사장 된 교회는 하나님을 거역하고 성도를 미혹하고 박해하는 음녀 바벨론을 따르지 말고, 대신 창조주 하나님을 두려워하고 그 분에게만 영광을 돌려야 했다(1:6; 5:10; 14:7-8; 20:6). 로마 제국을 상징하는 바다 짐승(13:1)을 숭배하면 독한 헌데의 재앙을 받을 뿐 아니라, 유황불 못에 들어가서 일순간의 안식조차 없게 된다(14:11; 16:2; 19:20).

지상의 예배의 모습이 어떠해야 하는지를 천상의 예배를 통해서 살펴보자: **(1) 예배는 집단적이어야 한다.** 계 4:11은 교인 모두가 참여하는 집단적인 예

[1458] 계시록에 다양한 예배 언어가 등장한다: '찬양하다'($αἰνέω$, 19:5), '감사하다'($εὐχαριστέω$, 11:17), '감사'($εὐχαριστία$, 5:12-13; 7:12), '노래하다'($ᾄδω$ 그리고 '노래'[$ᾠδή$] 5:9, 14:3, 15:3), '외치다'($κράζω$, 6:10; 7:10), '영광을 돌리다'($δοξάζω$, 15:4; 18:7), '영광'($δόξα$, 4:9, 11; 4:12; 11:13; 14:7; 16:9; 19:7), '명예'($τιμή$, 4:9, 11; 5:12-13; 7:12), '기도'($προσευχή$, 5:8; 8:3-4), '아멘'($ἀμήν$, 1:6; 3:14; 5:14; 7:12; 19:4), 그리고 '할렐루야'($ἀλληλουϊά$, 19:3, 4, 6). 참고로 $προσκυνεῖν$의 용어상, 신약에서 20회에 걸쳐 하나님이, 14회에 걸쳐 예수님이 예배($προσκυνεῖν$)를 받으셨다. 정훈택, "신약성경에 나타나는 예배", 80.

배를 강조한다. 천군 천사와 모든 피조물(4생물)과 신구약의 구속받은 모든 성도(24장로)가 같이 하나님을 예배한다. **(2)** 예배는 쌍방 대화적이어야 한다. 지상의 예배에서 우리는 위로부터 주어지는 성경낭독, 설교, 성찬, 복의 선포 등에 언약적으로 반응한다. **(3)** 예배는 계획된 질서가 있어야 한다. 천상의 예배에서 24장로와 4생물은 서로 방해하지 않았고 튀려고도 하지 않았다(비교. 고전 14:40). **(4)** 넓게는 예배, 좁게는 찬송(새 노래)은 하나님 중심이어야 하고, 삼위 하나님의 과거와 현재 그리고 미래의 구원 사역을 올바로 인식하는 가운데 위로를 발견하고 즐기는 잔치여야 한다(1:4-6; 5:9-10).[1459]

나오면서

신약 전체 즉 복음서, 사도행전, 서신서, 그리고 계시록은 예배를 중요하게 다루며 언급한다. 성전과 회당 예배의 영향을 일부분 받은 초대 교회의 예배는 유대교의 예배의 한계를 넘어섰다. 초대 교회의 예배 특징 중 가장 두드러진 것은 유대교의 예배의 종막을 고하시며 완성하신 예수 그리스도 중심적 예배라 할 수 있다. 이 특징은 그리스도의 영이신 성령님의 역사로 가능했으며, 그 결과는 초대 교회의 강화와 성장이었다. 그렇다면 초대 교회의 예배가 가진 가장 두드러진 특징인 그리스도 중심적 예배를 오늘날 어떻게 계승할 수 있을까? 적용을 할 때, 초대 교회가 신구약 중첩기(그리스도의 초림-성전 파괴)라는 하나님의 특수한 구속사의 한 시점에 위치한 것을 고려해야 한다. 따라서 초대 교회의 예배 순서와 특성을 그대로 오늘 예배에 이식하는 것은 주의해야 한다. 대신에 초대 교회의 예배의 원리를 적용하는 것이 올바르다.

[1459] 이 단락은 송영목, 『신약신학』 (서울: 생명의 양식, 2008. 1쇄), 479-96에서 발췌함.

현대 교회가 추구해야 할 예배는 다음과 같다:

(1) 사람에게 초점이 맞추어지는 것이 아니라 하나님 중심의 예배(예. 예배의 일부로서의 간단한 임직식, 인간의 감정을 과도히 자극하지 않는 정숙한 악기 사용, 설교자가 하는 성령의 조명을 위한 기도 및 목회기도 및 복의 선포, 특정 교인을 위한 헌신예배는 지양).

(2) 질서를 갖추되 하나님과 영적 제사장들인 성도 사이의 쌍방적이며 생동감 있는 예배(예. 예배와 기도회 혹은 집회의 구분, 예배 순서가 올라가는 것인지 내려오는 것인지 대한 숙지, 집사의 수전과 분병 및 분잔).

(3) 보이는 설교인 성찬이 자주 시행되는 예전이 풍성한 예배(예. 장로의 저녁 심방 후 월 1회 성찬 시행, 오전, 오후[저녁]예배의 예전의 동일화).[1460]

(4) 성령님의 역사로 그리스도의 몸인 공동체의 강화가 이루어지는 예배(예. 온 가족 즉 소위 삼대 예배).

(5) 설교자가 구약과 신약을 함께 봉독함으로써 그리스도 중심적인 계시사적 설교가 있는 예배(예. 그리스도가 빠진 구약의 모범적 설교를 지양하고 설교 중 찬송은 지양).

(6) 그리스도를 통해서 이루신 삼위 하나님의 구원의 은혜를 주 내용으로 하는 시편과 새 노래를 회중이 함께 찬양하는 예배(예. 찬양대 운영을 재고, 성경 암송 효과를 주는 시편찬송을 부름. 비교. 찬송가 579장).

(7) 신앙고백이 강조되는 예배(예. 사도신경은 물론 니케아신경과 아타나시우스신경도 눈을 뜨고 고백함, 교리 설교).

(8) 삼위 하나님이 회중에게 주시는 복의 선포(혹은 예배 시작은 시 121:1-2를 통한 '예배로의 부름')로 예배를 시작하고 마치는 잔치로서의 예배(예. 다양한 복의 선포 구절을 성경 그대로 사용함).

1460) 달라스 남감리교신학교의 화이트(J.F. White)는 16세기 교회개혁이 이전 시기의 정당한 예전(예. 참회, 전체 구원 역사를 반복하는 성찬식 기도, 교회력과 성구집, 성찬 기도를 통한 신앙의 선포 및 초대 교회 당시 유대교에서 볼 수 있던 암송을 통한 감사표현)을 많이 버렸다고 비판한다. "Where the Reformation was Wrong on Worship", *Christian Century* 99(1982, 33), 1074-77.

(9) 그리스도 중심적 절기 예배(예. 부활절, 승천절, 맥추절 대신에 성령강림절, 추수감사절과 연결된 대강절과 성탄절).

(10) 주중의 삶의 예배로 이어지는 예배(예. 삶의 전리품으로서의 헌금).[1461]

1461) "이 모든 일(성찬)이 끝난 후 회중들은 각자 서둘러 선한 행위로 뛰어 들어야 하며, 하나님을 기쁘시게 하고, 아름다운 삶을 살아내야 한다"(사도전승 21). 나형석, "예배와 집회는 다르다", 24에서 재인용. 그리스도 중심적 예배에 관해 자세한 것은 B. Chapell, 『그리스도 중심적 예배』 (*Christ-Centered Worship*, 윤석인 역, 서울: 부흥과 개혁사, 2011[2009])와 The Calvin Institute of Christian Worship (ed), *The Worship Sourcebook* (Grand Rapids: CICW, 2004)을 참고하라.